Marion Landwehr

CAMP & HIKE Deutschland

100 Wanderungen rund um die besten Camping- und Stellplätze

BRUCKMANN

Inhalt

5. SÄCHSISCHE SCHWEIZ

6. MECKLENBURGISCHE SEENPLATTE

7. HARZ

8. LÜNEBURGER HEIDE

Inhalt

Vorwort

DIE PERFEKTE SYMBIOSE: WOHNMOBIL UND WANDERN

100 Touren mit passenden Campingplätzen im ganzen Land

DASS IN EIN EINZIGES BUCH nicht alle schönen Wanderungen ganz Deutschlands passen, von dem Gedanken musste ich mich erst einmal verabschieden – aber das fiel schwer, denn derart großartig präsentiert sich Deutschland als Wanderland! Hier trifft das Wort von Goethe voll zu: »Wozu in die Ferne schweifen? Sieh, das Gute liegt so nah«. Denn egal, mit welchem Wander-Anspruch man sein persönliches Eldorado sucht – es liegt quasi vor der Haustür.

Sollen es die hohen Berge und alpine Wanderungen sein? Dann sind der Chiemgau und das Berchtesgadener Land ebenso gut geeignet wie das Allgäu. Oder lieber ein Mittelgebirge? Dann ab in den Harz oder in den Schwarzwald! Oder gehören Sie zu den Flachlandindianern? Die Mecklenburgische Seenplatte oder die Lüneburger Heide bieten zahlreiche Tourenmöglichkeiten. So vielseitig wie das Land präsentieren sich die Wanderungen. Ich habe mich bemüht, für die jeweiligen Gebiete eine bunte Mischung für jeden Anspruch zusammenzustellen. So ist von der kurzen, aber durchaus kräftezehrenden Fünf-Kilometer-Tour bis zur gemächlichen 15-Kilometer-Strecke alles vorhanden, was das Wanderer-Herz höherschlagen lässt.

Und was liegt näher, wenn man den Tag in der Natur verbracht hat, ihn auch in der Natur ausklingen zu lassen? Das geht am besten, wenn man mit dem Wohnmobil unterwegs ist. In vielen Fällen habe ich schöne Wanderungen direkt von Stell- oder Campingplätzen aus gefunden – oder umgekehrt: Wo es eine gute Wanderung gab, habe ich den »passenden« Campingplatz dazu gesucht. Prinzipiell ballen sich alle Touren ganz ohne oder mit nur einer kurzen Anfahrt um einen bis drei Übernachtungsstandorte pro Wandergebiet. So verbringt man möglichst wenig Zeit auf der Straße und kann vom Übernachtungsplatz aus mehrere Tage mit Wander-Programm abdecken.

Bewusst habe ich auf »Mainstream«-Wanderungen verzichtet, in wenigen Fällen habe ich eine klassische Tour mit aufgenommen, wenn sie gar zu reizvoll ist und nicht ausgelassen werden sollte. Bei den Campingplätzen finden Sie kaum den Fünf-Sterne-Platz mit Animationsprogramm, sondern eher die naturbelassenen, überschaubar großen Plätze. Das entspricht meiner Meinung nach mehr dem Charakter einer Symbiose von »Camp & Hike«.

Viele schöne Fleckchen Deutschlands wollen nun von Ihnen entdeckt, viel Natur erlebt werden, und so mancher abgeschiedene Campingplatz wartet auf Ihren Besuch – ich wünsche Ihnen fantastische Erlebnisse in einem wunderbaren Wanderland!

Herzlichst, Ihre Marion Landwehr

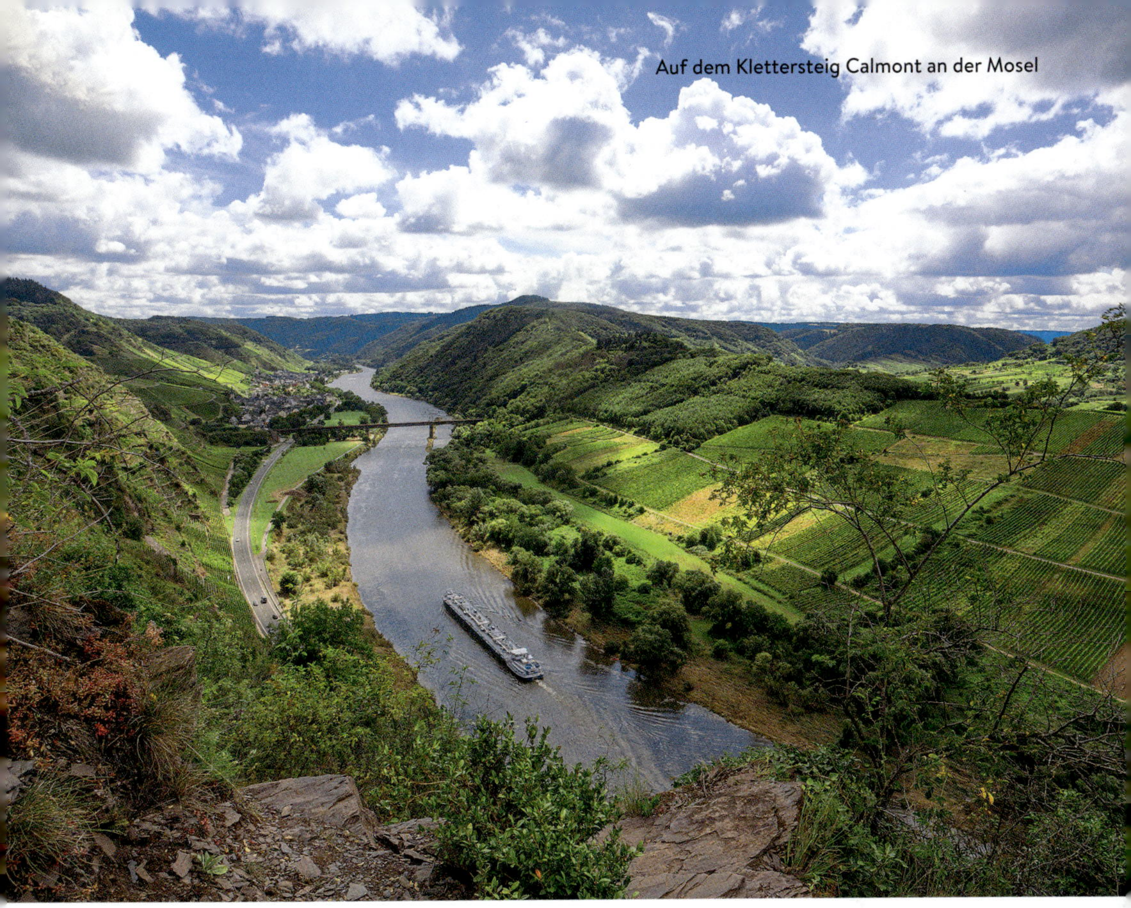
Auf dem Klettersteig Calmont an der Mosel

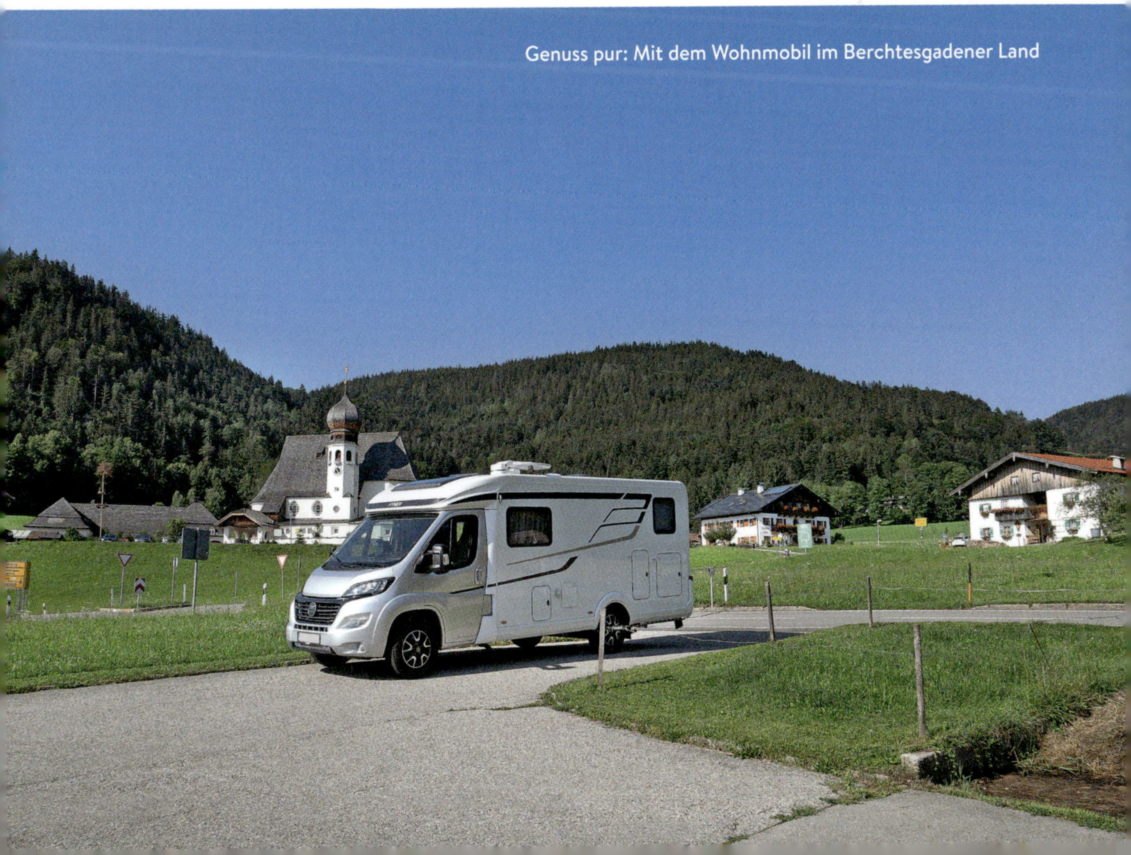
Genuss pur: Mit dem Wohnmobil im Berchtesgadener Land

Reit im Winkl – sanfte Bergidylle im Chiemgau

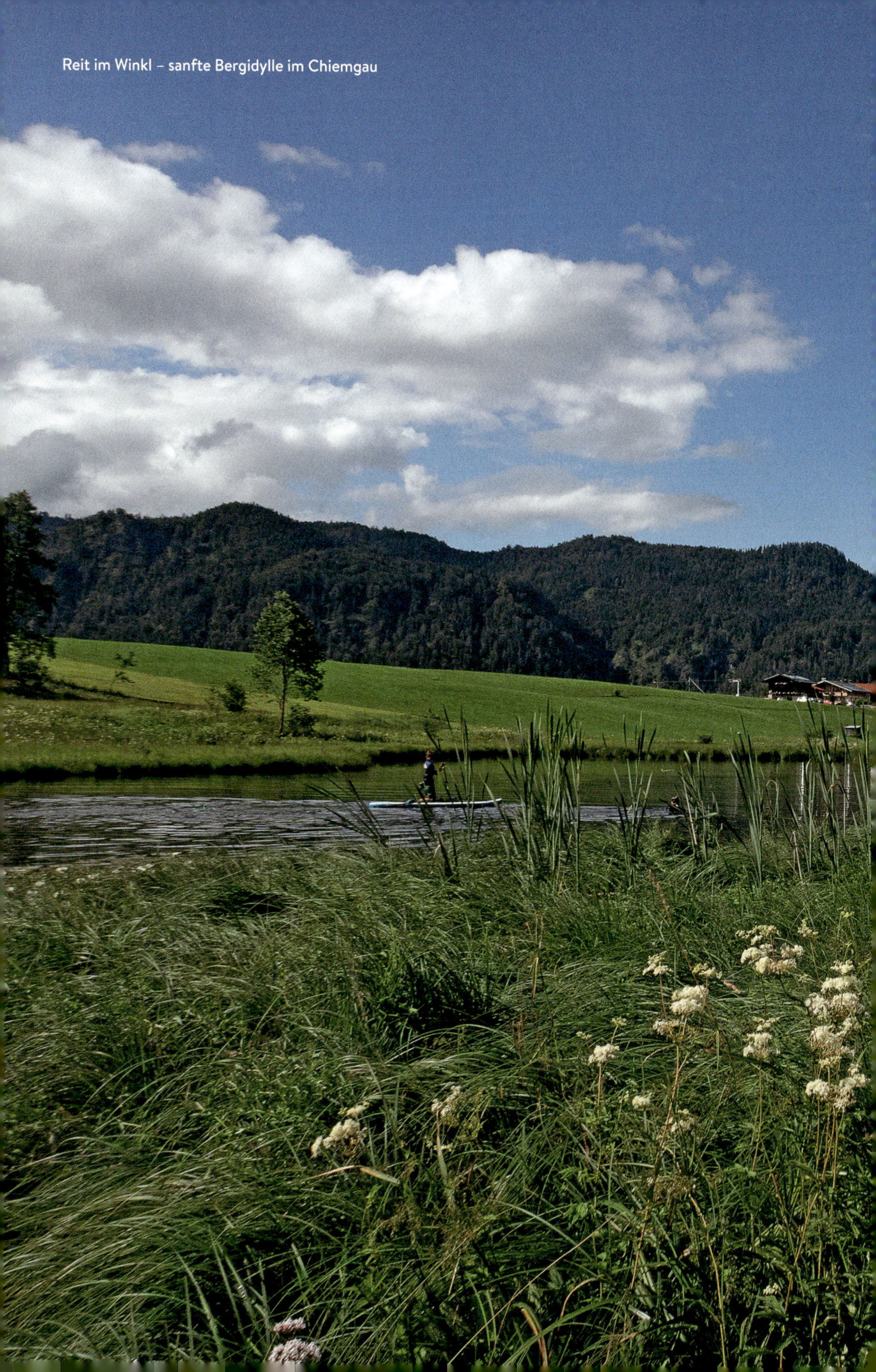

Chiemgau und Berchtesgadener Land

Grüß Gott in Bayern

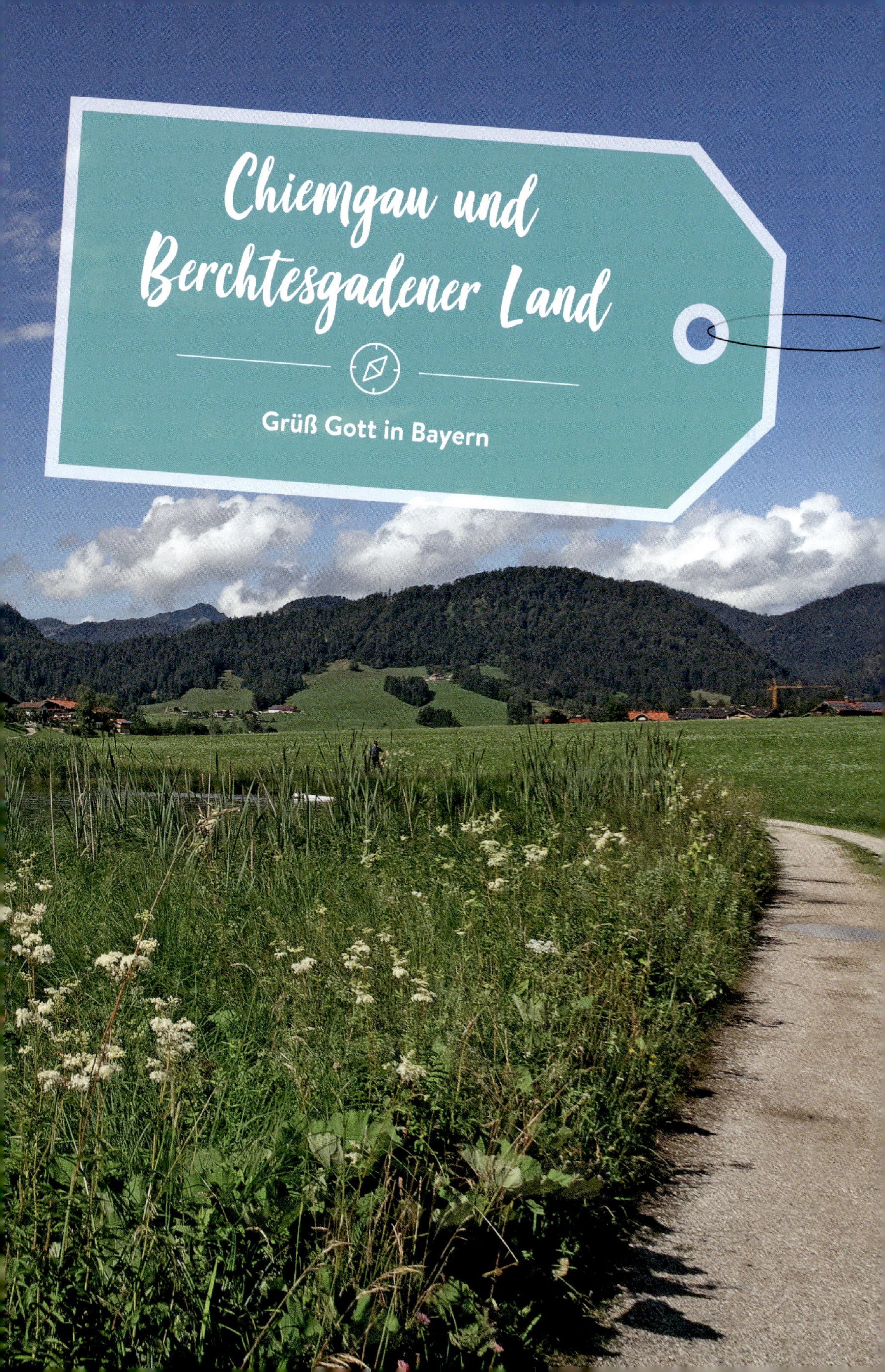

CAMPINGPLATZ

Campingplatz Litzelau

Schöne Natur, jede Menge Ruhe und ein Bach

Der Chiemgau und das Berchtesgadener Land empfehlen sich in jeder Hinsicht: Liebliche Natur und die schroffen Spitzen der Berge prägen das Landschaftsbild. Der glasklare Chiemsee ist ein Urlaubsidyll, und die Chiemgauer Alpen mit der dominanten Kampenwand sind ein Eldorado für Wanderer und Naturbegeisterte.

Kleiner, naturnaher und von Wald umgebener Platz im Achental nahe der Wanderung zur Klausenbachklamm. Die geräumigen Stellplätze bieten viel Privatsphäre. Wenig Geräusche, abgesehen vom plätschernden Wössner Bach. An der Rezeption gibt es das Nötigste zu kaufen und einen Kühlschrank mit Getränken. Dort kann man Semmeln für den Folgetag bestellen. Zum Campingplatz gehört das Wirtshaus Litzelau mit leckeren Gerichten zu fairen Preisen (große Portionen!). Gepflegte, neue Sanitäranlagen. Stromanschlüsse für jeden Stellplatz. Es gibt auf dem ganzen Platz verteilt Frischwasser, W-LAN ist kostenlos vorhanden.

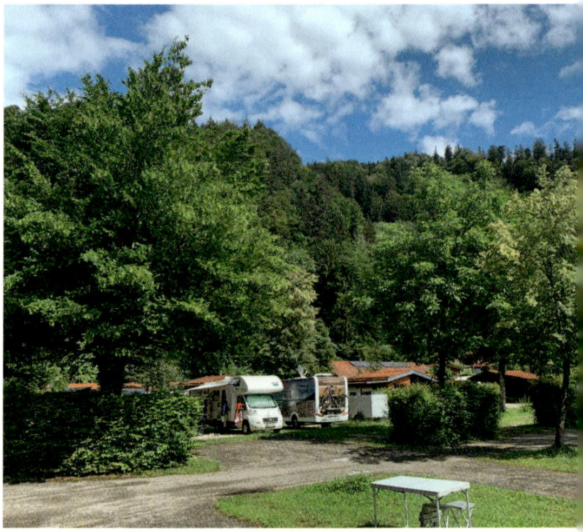

Info

GEEIGNET ALS
Wochenendtrip oder Mehrtagesurlaub

ADRESSE
Litzelau 4, 88246 Unterwössen, Tel. 08640/8704, E-Mail: camping-litzlau@t-online.de, camping-litzelau.de

ANFAHRT
Vom Chiemsee über die B305 Richtung Reit im Winkl fahren. Am Ortseingang von Oberwössen ist der Campingplatz links ausgeschildert.

GPS
47.717483, 12.478549

BESONDERHEIT
Der Platz liegt inmitten der Chiemgauer Berge, der Chiemsee ist nur eine halbe Stunde Fahrt entfernt. Wander- und Radtouren vom Platz aus und in der nahen Umgebung

CAMPINGPLATZ

Camping-Resort Allweglehen

Viel geboten inmitten der Bergwelt

In und um den Alpen-Nationalpark Berchtesgaden treffen Wanderer auf hohe Gipfel, tiefe Schluchten und reißende Gebirgsflüsse an der Grenze zu Österreich. Die nachfolgend beschriebenen Wanderungen versuchen, überlaufene Highlights zu umgehen, den Attraktionen auf anderen Wegen aber dennoch nahezukommen.

Der 5-Sterne-Platz hat ein großes Angebot, deshalb wird er auch stark nachgefragt: Vom beheizten Außenpool über den Wellness-Bereich bis zum sehr guten Restaurant und Kiosk ist alles vorhanden. Der Hauptteil des Platzes breitet sich um einen Hügel mit schönem Ausblick aus (steile Auffahrt!), ein Fußweg führt nach Berchtesgaden. Wer es ruhiger mag, dem sei der separat unterhalb des Hauptplatzes gelegene Wohnmobil-Stellplatz empfohlen – dort befindet sich auch die Ver- und Entsorgungsstation, jedoch stehen keine sanitären Anlagen zur Verfügung. Die Touren Almbachklamm und Königsweg liegen nur eine kurze Fahrdistanz entfernt.

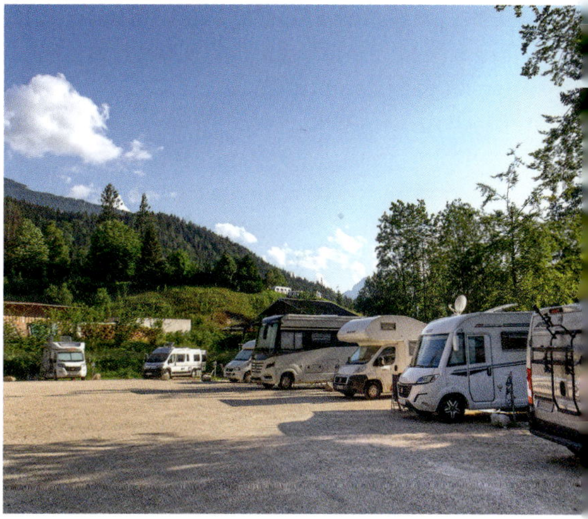

Info

GEEIGNET ALS
Wochenendtrip oder Mehrtagesurlaub

ADRESSE
Allweggasse 4, 83471 Berchtesgaden, Tel. 08652/2396, E-Mail: urlaub@allweglehen.de, allweglehen.de

ANFAHRT:
Von Berchtesgaden über die B305 in nordöstliche Richtung fahren. Etwa 4,5 km nach dem Kreisverkehr in Berchtesgaden zweigt nach rechts die Allweggasse zum Campingplatz ab.

GPS
47.646693, 13.039200

BESONDERHEIT
Durch die terrassenförmige Anlage toller Bergblick, kurze Wege vom Platz aus; Fahrradverleih, damit Ausflug zur Wanderung Almbachklamm gut möglich

WANDERUNG

1 Märchenschloss auf der Insel

Rundwanderung Herrenchiemsee

Das erste Event dieser kurzen, leichten, aber eindrucksvollen Wanderung ist die Anfahrt mit dem Schiff. An der Anlegestelle folgen wir nicht den Touristenscharen, die auf dem kürzesten Weg zum berühmten Schloss pilgern, sondern steuern zunächst nach rechts auf die Nordspitze der Insel zu. Dort wacht die malerische Seekapelle zum Heiligen Kreuz über den Chiemsee. Der Blick von hier aus ist etwas ganz Besonderes!
Nach diesem schönen Auftakt wenden wir uns gen Süden und biegen gleich nach links ab zur Pfarrkirche St. Maria, der Schlosswirtschaft Herrenchiemsee und dem alten Domstift. Danach geht es zurück auf den Hauptweg, weiter Richtung Süden und schließlich nach links zum prunkvollen Schloss. Hinter den munter plätschernden Springbrunnen erreichen wir über einen Kiesweg die Blumenrabatten und die Brunnen Latona, Fama und Fortuna. Die empfehlenswerte Führung durch das unvollendete Schloss dauert eineinhalb Stunden. An seiner Nordseite führt dann der Weg wieder zurück zur Bootsanlegestelle.

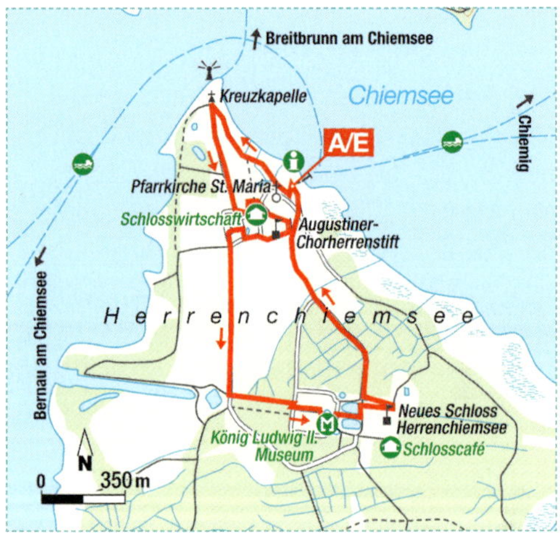

Info

DAUER
1.10 Std.

HÖHENMETER
30 Hm

LÄNGE
4,3 km

SCHWIERIGKEIT
Leicht

TOURENCHARAKTER
Einfach begehbare Wege ohne nennenswerte Anstiege, keine besonderen Anforderungen

AUSGANGS-/ENDPUNKT
Bootsanlegestelle der Insel Herrenchiemsee (Parken auf dem Festland für Wohnmobile zum Beispiel am großen Parkplatz Prien/Stock Hafen)

ANFAHRT
GPS: 47.860474, 12.402082
WoMo: A8 bis Ausfahrt Bernau, dann nach Prien und am ersten Kreisverkehr rechts dem Schifffahrtsschild bis zum Parkplatz der Anlegestelle folgen.

EINKEHR
Schlosswirtschaft Herrenchiemsee, Schloss-Café Herrenchiemsee

INFORMATION
chiemsee-chiemgau.info, herrenchiemsee.de, tourismus.prien.de

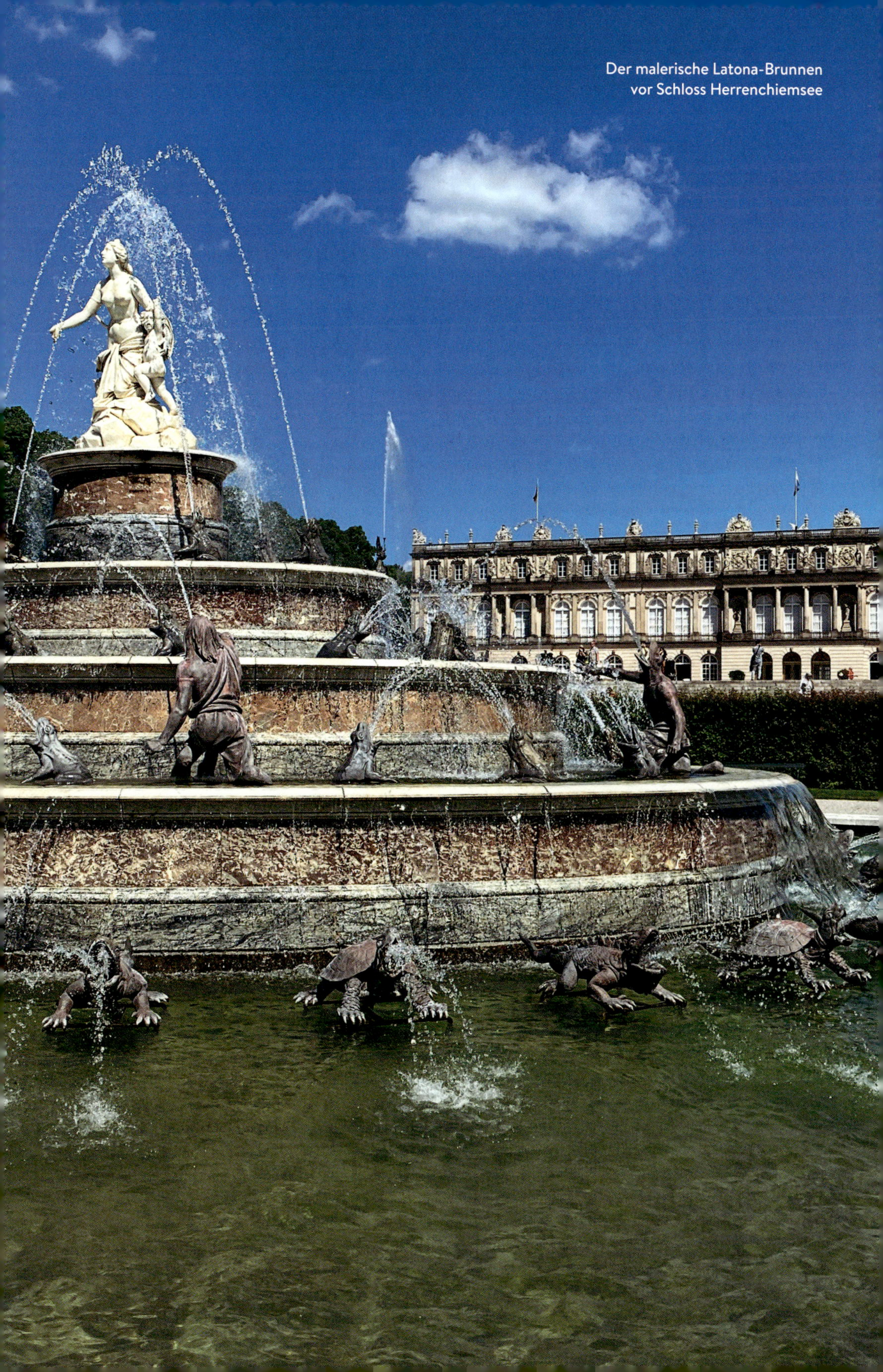

Der malerische Latona-Brunnen
vor Schloss Herrenchiemsee

WANDERUNG

2 Wahrzeichen des Chiemgaus

Auf den Ostgipfel der Kampenwand

Natürlich könnte man auf die Kampenwand laufen – aber da es oben noch anstrengend genug wird, gönnen wir uns eine Fahrt mit der nostalgischen Gondel der Kampenwandbahn. Von der Bergstation ist es nur ein Katzensprung zur Sonnenalm, wir folgen Richtung Steinlingalm und Kampenwand immer der Markierung mit dem roten Punkt. Mit einem kleinen Schlenker, der vom Hauptweg abzweigt, erreichen wir das Andachtskreuz. Hier wartet ein gigantisch schöner Blick auf den Chiemsee und das Chiemgau auf uns. Weiter geht es entlang der Nordseite der Kampenwand bis zu einer Abzweigung. Nach links erreicht man die Steinlingalm, nach rechts den Ostgipfel der Kampenwand, den wir uns nun vornehmen. Dazu rechts abbiegen, es folgt nach wenigen hundert Metern der Aufstieg durch ein breites Geröllfeld, das nach oben hin immer steiler wird – hier sind Trittsicherheit und Schwindelfreiheit gefragt, aber der Aufstieg ohne ausgesetzte Stellen ist gut machbar.

Schließlich kraxelt man durch einen schroffen Felsengarten in die Schlechtinger Scharte und passiert die sogenannten Kaisersäle. Der letzte

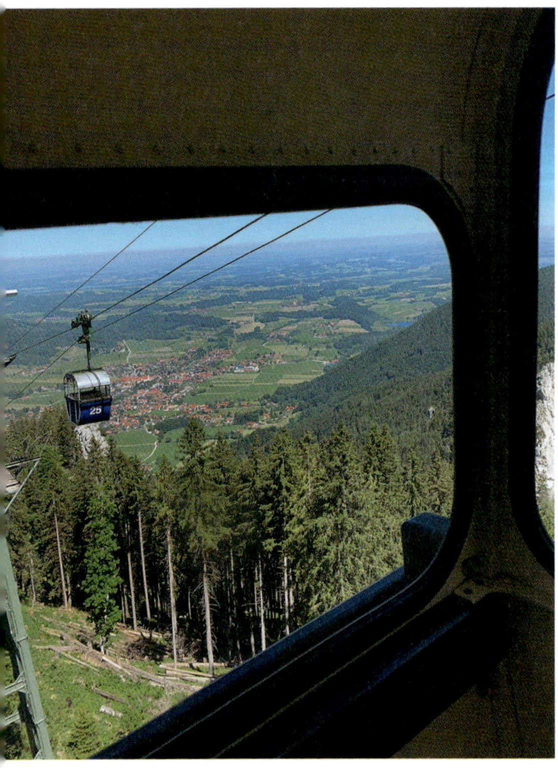

← Die nostalgische Kampenwandbahn könnte uns Auf- oder Abstieg abnehmen.
→ Das Andachtskreuz bietet einen Vorgeschmack auf das eigentliche Gipfelkreuz auf dem Ostgipfel. Man erreicht es über einen lohnenswerten Umweg vom Hauptweg aus. Meist geht es hier ruhiger zu als am Ostgipfel.

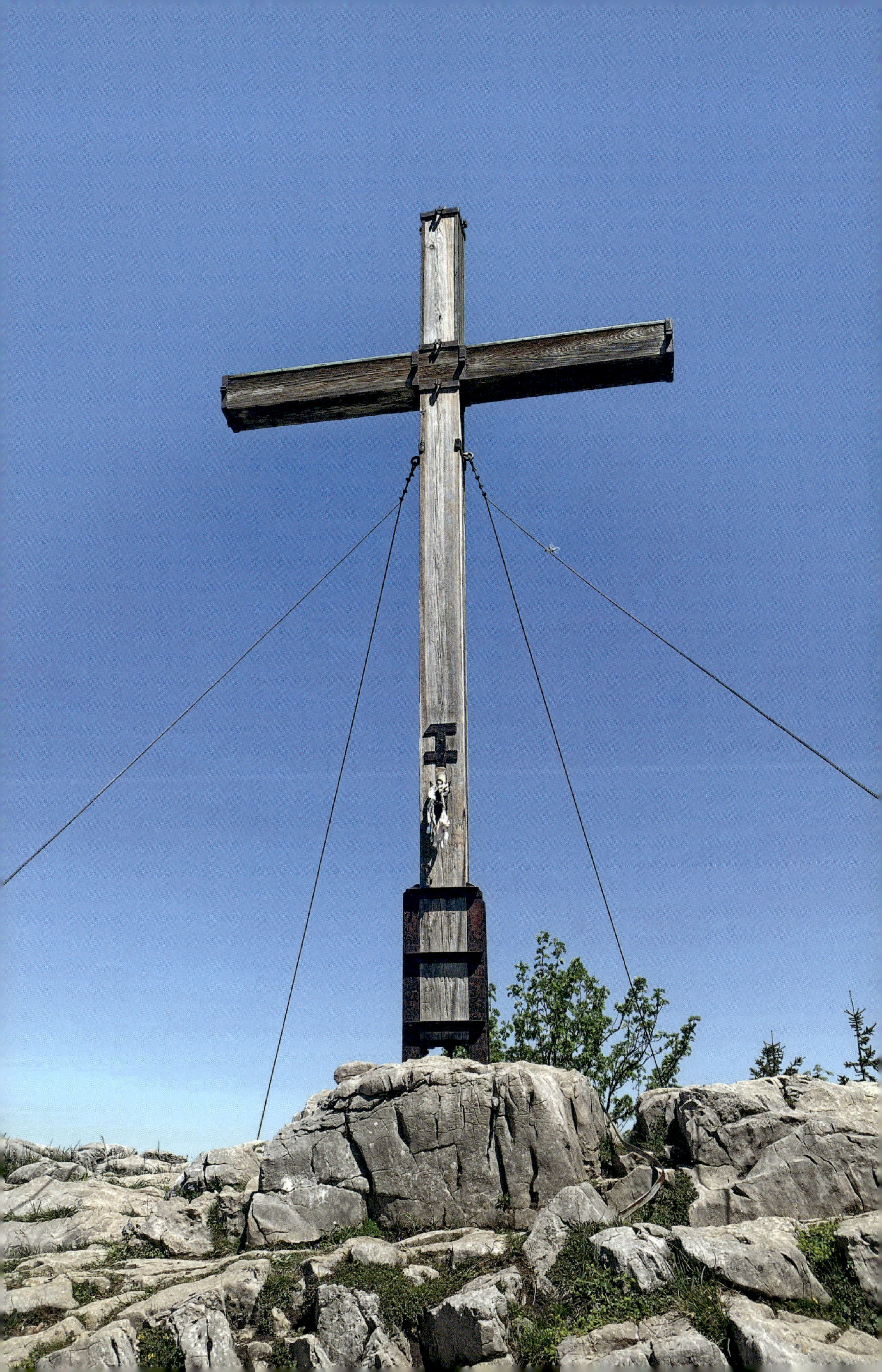

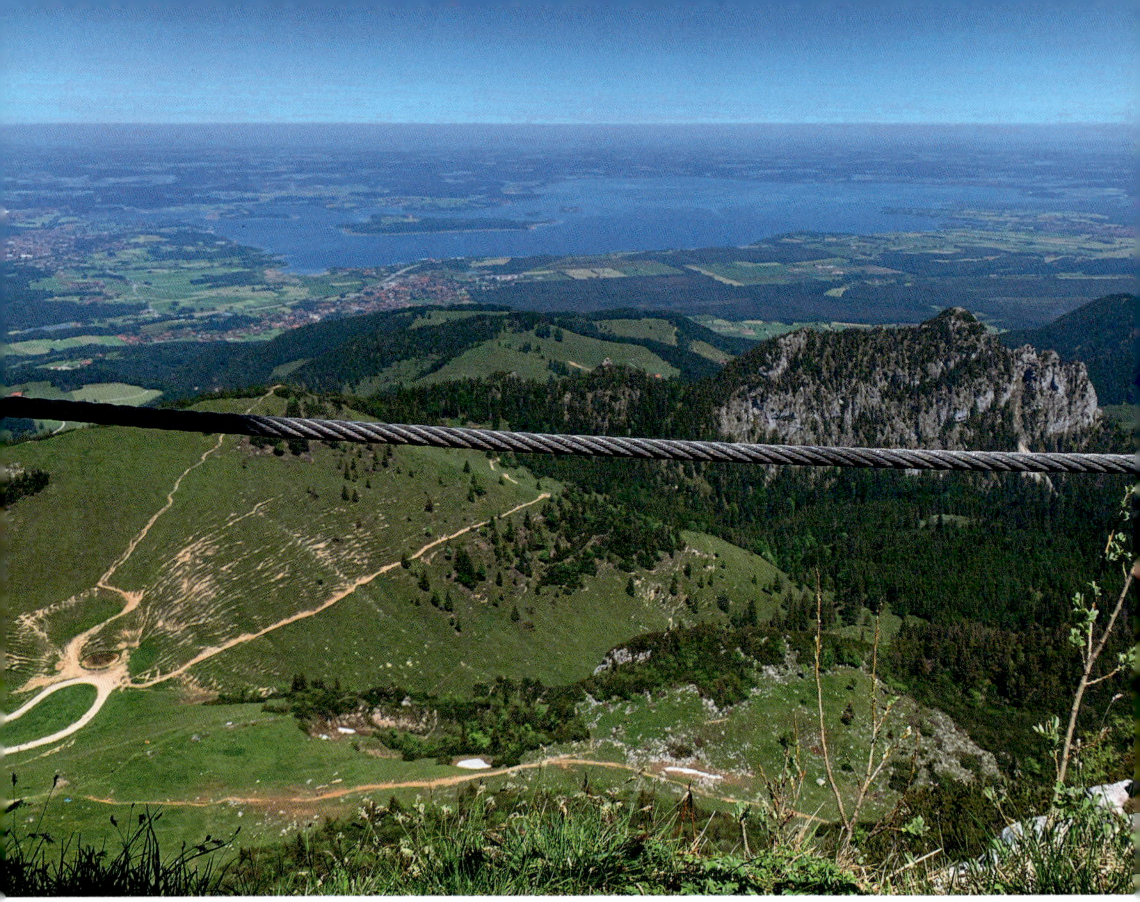

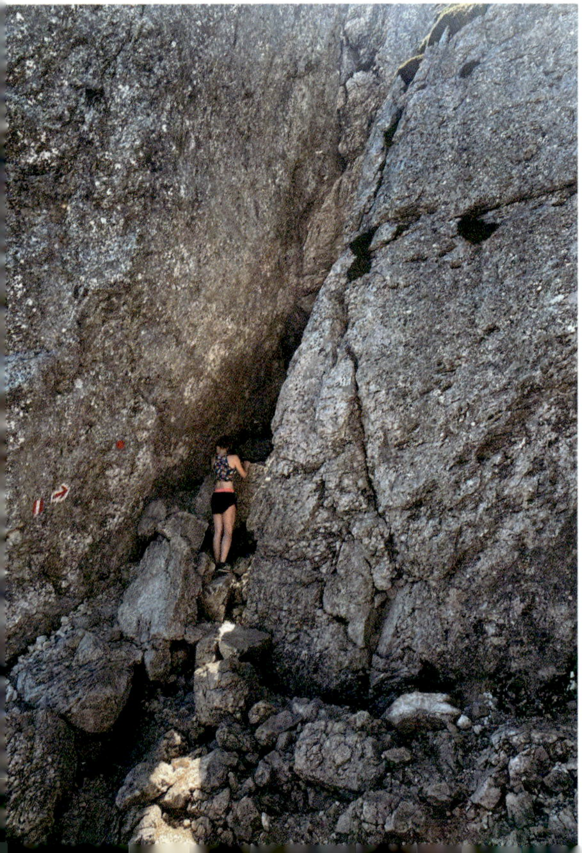

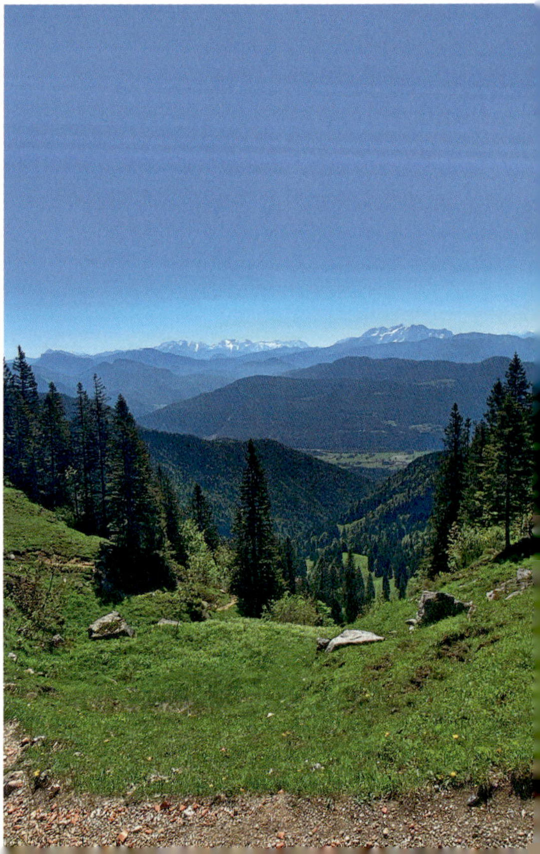

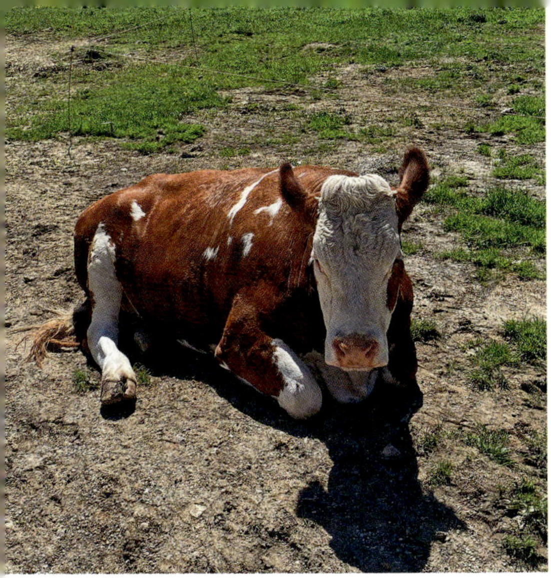

← Die Kühe hier oben sind es gewohnt, dass täglich einige Menschen ihre Wege kreuzen. Ganz unerschrocken liegen sie mitten auf den Wegen und beäugen die Besucher der Kampenwand fast wohlwollend, so war mein Eindruck ...

← Das ist der Ausblick, der sich an der Bergstation der Kampenwandbahn präsentiert: Unendliche Weite, unten Aschau und der Chiemsee – man fühlt sich wie auf dem Gipfel der Welt! Und es wird noch besser, wenn der Ostgipfel erreicht ist ...

← Noch einmal tief durchatmen, dann beginnt ein abenteuerlicher Aufstieg durch eine Felsenscharte – für alle Fitnesslevel gut machbar!
↙ Von hier oben präsentiert sich der Chiemgau in all seiner Pracht. Berge, so weit das Auge reicht. Ein Paradies für Wanderer!

dieser Felsen ist mit einem Stahlseil gesichert, danach haben wir es fast geschafft – eine stählerne Brücke führt hinüber zum Chiemgaukreuz auf dem Ostgipfel. Es ist das größte Gipfelkreuz der Bayerischen Alpen, errichtet zum Gedenken an die Gefallenen und Vermissten der beiden Weltkriege. Rund ums Kreuz bietet sich ein fantastischer Panoramablick auf das Priental und die Zentralalpen.
Über das Geröllfeld geht es nun wieder hinunter und zur Steinlingalm, dann folgen wir dem Rundweg ein Stück hinab Richtung Aschau. Oberhalb der Schlechtenbergalm biegen wir links auf den »Königlichen Reitweg« ab und begeben uns auf den Wiederaufstieg zur Bergstation. Erneut ist Trittsicherheit gefragt, der Weg ist streckenweise sehr steil. Dann folgen wir der Beschilderung Richtung Bergstation der Kampenwandbahn, die wir nach einem Waldstück und einem weiteren herrlichen Chiemsee-Blick erreichen.

Info

DAUER
2.30 Std.

HÖHENMETER
330 Hm

LÄNGE
5,8 km

SCHWIERIGKEIT
Schwer

TOURENCHARAKTER
Anspruchsvolle Tour, alpine Erfahrung, festes Schuhwerk, Trittsicherheit und Schwindelfreiheit unbedingt erforderlich

AUSGANGS-/ENDPUNKT
Bergstation der Kampenwandbahn (Parken auf dem Parkplatz der Talstation der Kampenwandbahn, An der Bergbahn 8 in Aschau im Chiemgau)

ANFAHRT
GPS: 47.752699, 12.352324
WoMo: Nach Aschau im Chiemgau fahren, in der Ortsmitte über die Kampenwandstraße der Ausschilderung Talstation Kampenwandbahn folgen

EINKEHR
Sonnenalm, Steinlingalm, Schlechtenbergalm, Möslarnalm

INFORMATION
chiemsee-chiemgau.info, kampenwand.de, aschau.de/kampenwand

3 Alpenidylle mit vielen Highlights

Premiumweg Klausenbachklamm

Ein Wildfluss, eine Klamm mit rauschendem Wasserfall, das Bergpanorama und ein Hochmoor – kann eine Wanderung abwechslungsreicher sein? Wohl kaum … Die Klausenbachklamm bei Reit im Winkl bietet alle genannten Attraktionen. Los geht's am Sportplatz mit der Beschilderung »Rundweg Klausenbachklamm« und zunächst über Wiesen, dann durch den schattigen Wald in stetem Auf und Ab. Bald ist der breite Wildfluss Lofer erreicht, dessen Ufer zu einer Pause verleitet (später folgt jedoch eine noch schönere Stelle mit kleinem Strand). Nach etwa einer halben Stunde Gehzeit wandern wir nach links hinauf zum Hochmoor Mühlau. Man geht links am Moor entlang und dann durch einen Wald auf schattigen Wegen bergauf. Der Anstieg ist moderat und beträgt etwa 180 Höhenmeter. Kurz nacheinander folgen zwei Almen (nicht bewirtschaftet). Zwischen ihnen vollziehen wir eine Wendung um beinahe 180° und gehen nun in nördlicher Richtung bergab. Wir überqueren noch einmal die Lofer über den sogenannten Krautloidersteg, darunter befindet sich ein kleiner Badestrand. Über weite Wiesen, garniert mit der schönen Bergkulisse, wandern wir dem Highlight entgegen. Wir kommen an einem kleinen See vorbei und zweigen dann ab zur Klausenbachklamm. Auf dem Klammsteig mit seinen Holzbrücken umfängt einen die Kühle der Schlucht. Die Natur ist sich hier selbst überlassen, es ist ein magischer Ort! Nach diesem Naturspektakel lassen wir die Tour langsam ausklingen und gehen um den Sportplatz herum zurück zum Ausgangspunkt.

Info

DAUER
2.50 Std.

HÖHENMETER
240 Hm

LÄNGE
9,6 km

SCHWIERIGKEIT
Mittel

TOURENCHARAKTER
Mittelschwer mit einem Steig durch die Klamm (unwegsam, mitunter auch rutschig, kann bei starker Nässe umgangen werden), Trittsicherheit vorteilhaft

AUSGANGS-/ENDPUNKT
Parkplatz am Sportplatz Reit im Winkl (Tiroler Straße 37)

ANFAHRT
GPS: 47.675316, 12.466235
WoMo: Über die B305 und Oberwössen Richtung Süden nach Reit im Winkl fahren, im Ort links auf Tiroler Straße, der Parkplatz folgt linker Hand

EINKEHR
Unterwegs keine, zahlreiche Restaurants in Reit im Winkl (sehr empfehlenswert die Stoaner Alm mit fantastischer Aussicht, mit dem Wohnmobil nicht ganz nach oben fahren, da kaum Wendemöglichkeit. Unbedingt reservieren!)

INFORMATION
chiemsee-chiemgau.info, reitimwinkl.de

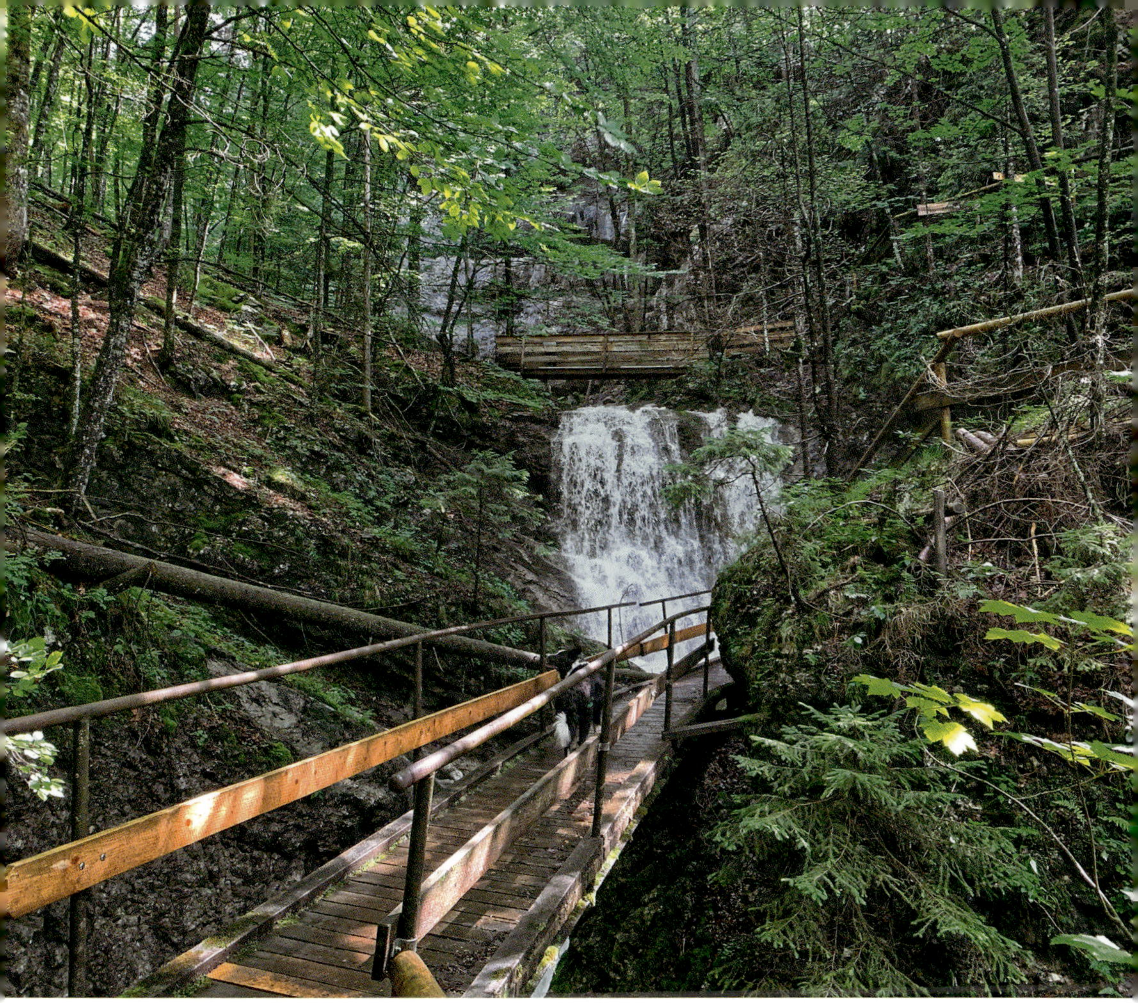

↑ Imposant stürzen sich die Wassermassen in der Klausenbachklamm über mehrere Stufen hinab.
↓ Das Hochmoor Mühlau bietet einen Kontrast zur Klamm. Alles ist sattgrün und Stille umfängt uns.

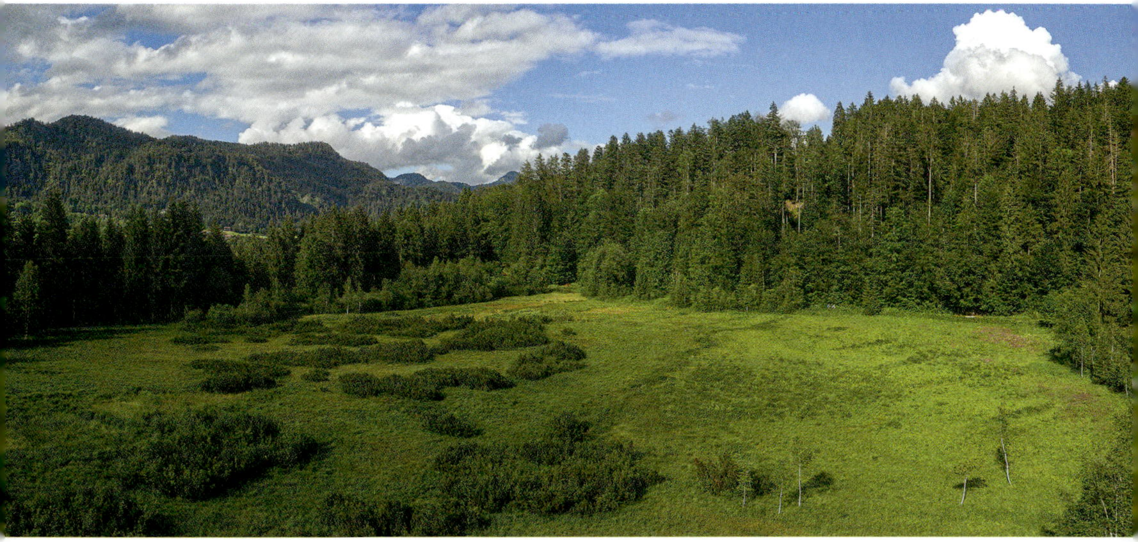

WANDERUNG

4 Traumhafte Schlucht

Durch die Almbachklamm nach Ettenberg

Die Almbachklamm ist meine erklärte Lieblingsschlucht. Fast drei Kilometer lang geht es ab dem Kassenhäuschen (Zugang kostenpflichtig, Hunde an der Leine erlaubt) durch die wildromantische Klamm, vorbei an rauschenden Wasserfällen, Kaskaden und Gumpen, über Brückchen, Leitern, Treppen und einen Tunnel an den Felsen entlang. Immer begleitet vom munter rauschenden Almbach.

Die Klamm ist nicht ganz einfach zu begehen, kurze, ausgesetzte Passagen fordern die Konzentration, aber an allen kritischen Stellen gibt ein Stahlseil im Felsen Halt. Über die gesamte Strecke führt ein gut gesicherter Steig. Insofern lässt sich die Almbachklamm ohne weiteres begehen, auch bei Höhenangst ist sie unproblematisch. Eine Ausschilderung existiert nicht, sie fehlt aber auch nirgends – es geht geradeaus durch die Klamm, und alle Optionen sind auf gelben Wegweisern vermerkt. Am Ende machen wir noch einen kleinen Abstecher zum Sulzer Wasserfall, mit 114 Metern Fallhöhe einer der höchsten Wasserfälle Deutschlands.

Danach wandern wir zurück zur Abzweigung nach Ettenberg. Anhaltend steil und über unendlich viele Stufen geht es knackig bergauf, bis wir an einer Wallfahrtskirche aus dem Wald heraustreten. Zur Belohnung für die Strapaze kehren wir beim Mesnerwirt ein, bevor wir mit herrlichem Bergpanorama vor Augen erst über Wiesen, dann durch den Wald und zuletzt über den jäh hinabführenden Hammerstielsteig den Rundweg beenden. Eine weniger steile, dafür längere Variante führt vom Sulzer Wasserfall weiter bis zur Staumauer Theresienklause und von dort in angenehmen Serpentinen nach Ettenberg. Eine Abstiegsalternative führt über den Gatterlweg.

Info

DAUER
3.15 Std.

HÖHENMETER
362 Hm

LÄNGE
4,75 km

SCHWIERIGKEIT
Schwer

TOURENCHARAKTER
Gute Grundkondition, Schwindelfreiheit und festes Schuhwerk unbedingt erforderlich. Steile Passagen bergauf und bergab sowie ausgesetzte, schmale Stellen in der Klamm. Teilweise rutschig

AUSGANGS-/ENDPUNKT
Parkplatz Kugelmühle

ANFAHRT
GPS: 47.670379, 13.031499
WoMo: Von Berchtesgaden auf der B305 (Berchtesgaden-Salzburg) nach Norden fahren, die Klamm befindet sich nach 7 km links von der Bundesstraße.

EINKEHR
Mesnerwirt, Gasthaus zur Kugelmühle am Start-/Endpunkt

INFORMATION
berchtesgaden.de, almbachklamm.com

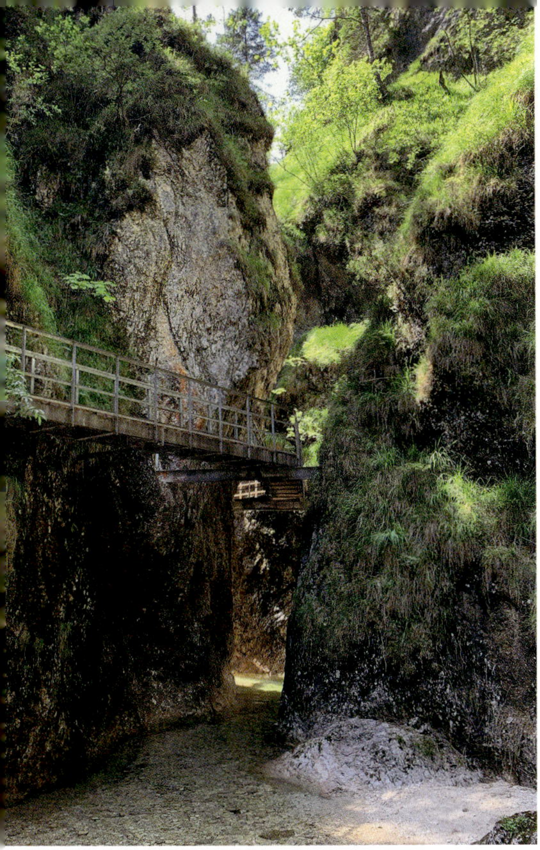

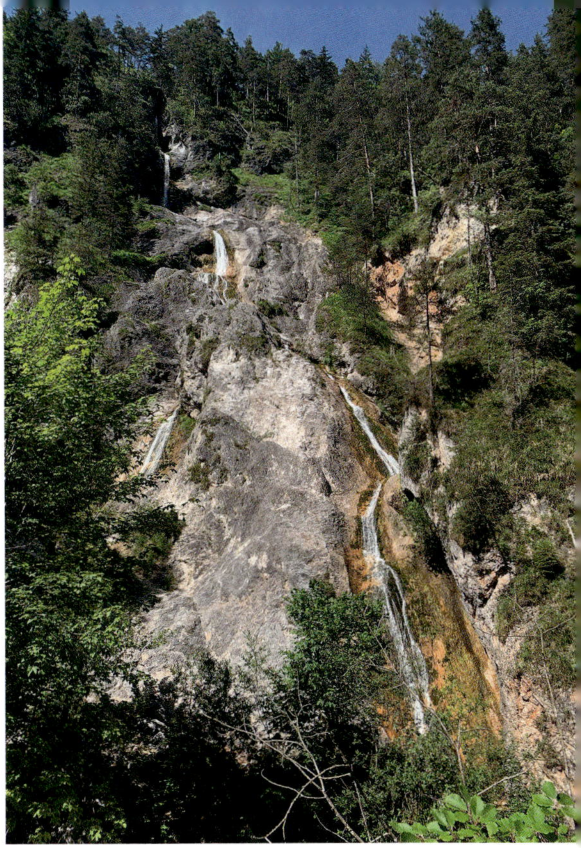

↑ Stege und Brücken führen durch die Klamm; am Ende dann der Sulzer Wasserfall.
↓ Nach einem beschwerlichen Aufstieg nach Ettenberg folgt der entspannte Abstieg zurück zum Startpunkt.

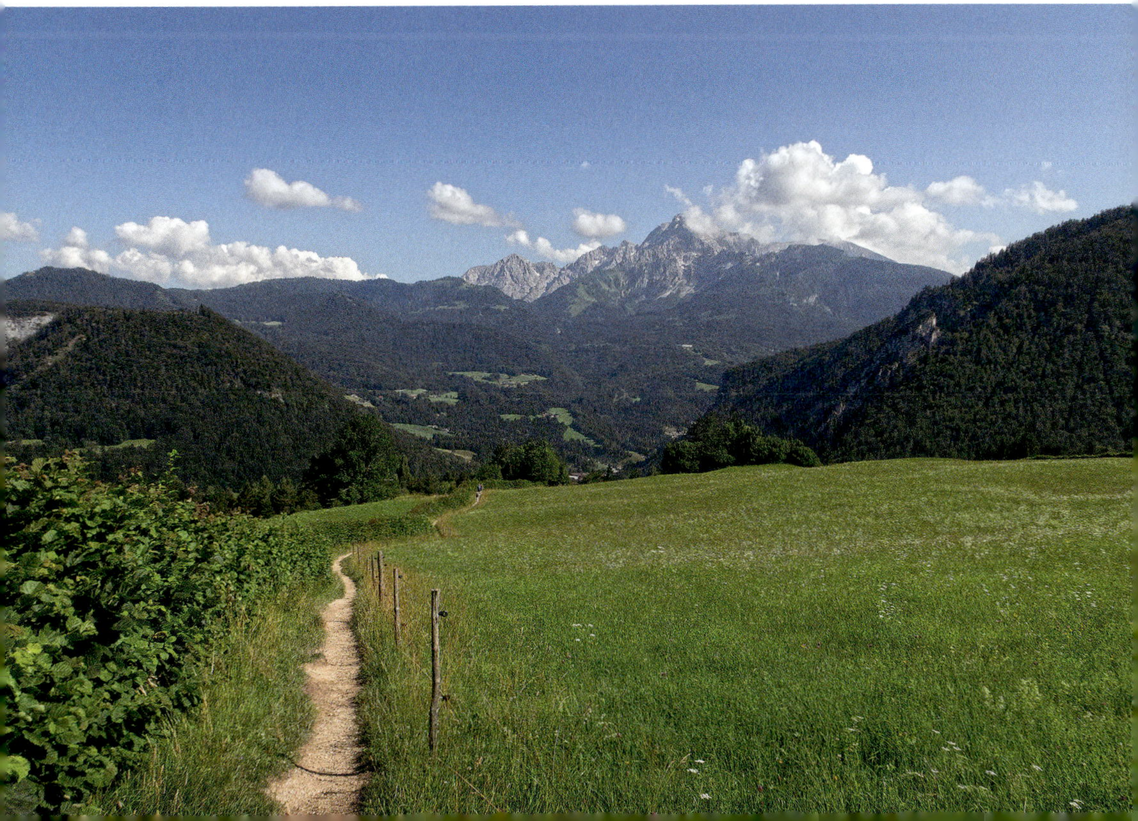

WANDERUNG

5 Den Watzmann im Blick

Traumpanorama auf der Kneifelspitze

Ausgangspunkt dieser abwechslungsreichen Wanderung ist die Wallfahrtskirche Maria Gern, das Ziel die Berggaststätte Paulshütte auf der Kneifelspitze. Nach dem Besuch der Kirche folgen wir den gelben Schildern, die uns den Weg zum Gipfel weisen. Zunächst wandern wir steil bergauf zum Parkplatz beim Lauchlehen, dann folgt ein Abzweig nach rechts zur Marxenhöhe. Die Belohnung des kurzen Umwegs ist ein gigantischer Blick auf Berchtesgaden und das Berchtesgadener Land. Über einen Wiesenweg gelangen wir schließlich in den Wald und nehmen zuletzt, immer den gelben Schildern folgend, den steilen Zickzack-Aufstieg in Angriff. Am Ende dieser Strapazen mündet ein Fahrweg in unseren Weg ein – diesem folgen wir nun nach links und erreichen kurz darauf die Berggaststätte und mit ihr den Gipfel der Kneifelspitze. Ein kleiner Abzweig führt zu einem Aussichtspunkt über die Salzburger Tiefebene.

→ Vom Aussichtspunkt Marxenhöhe aus liegt der 2713 Meter hohe Watzmann, vor allem nach einem schneereichen Frühsommer, oft in den Wolken.
↓ Die beiden Wanderer marschieren von der Marxenhöhe zurück Richtung Parkplatz Metzenleiten. Die Tour klingt ruhig aus.

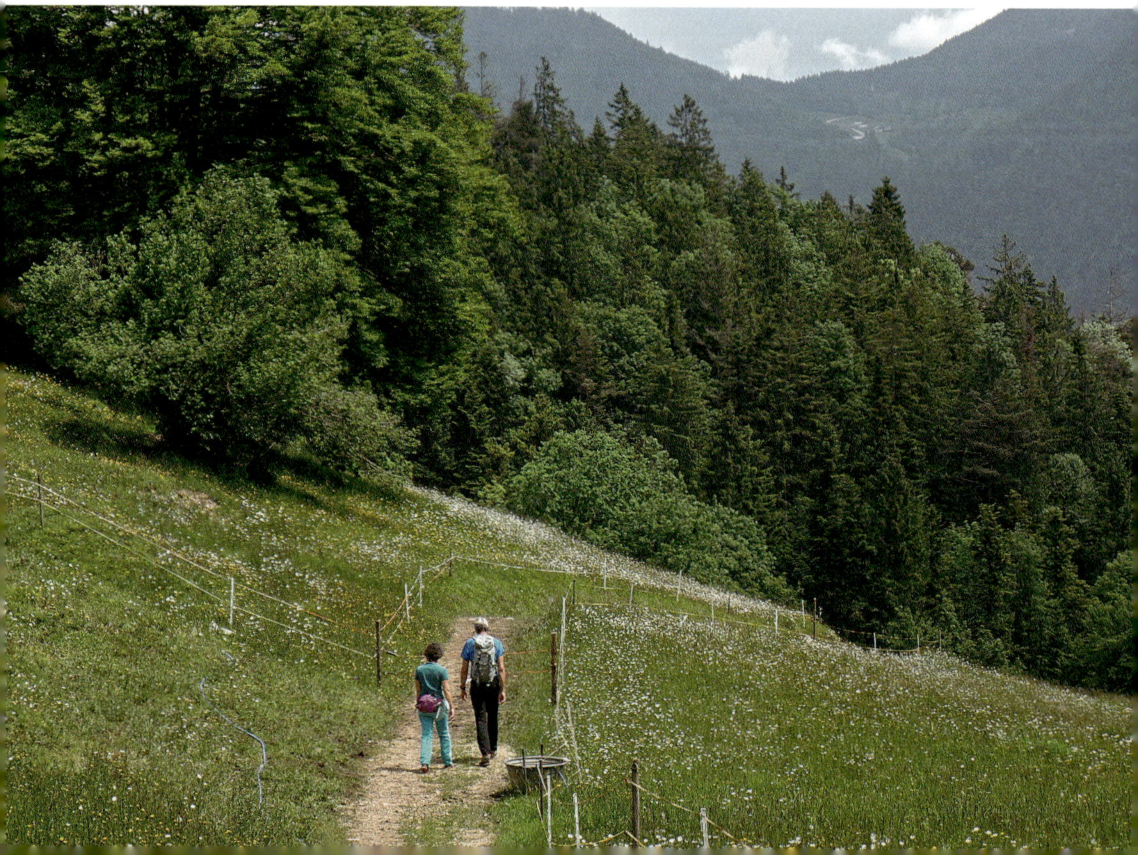

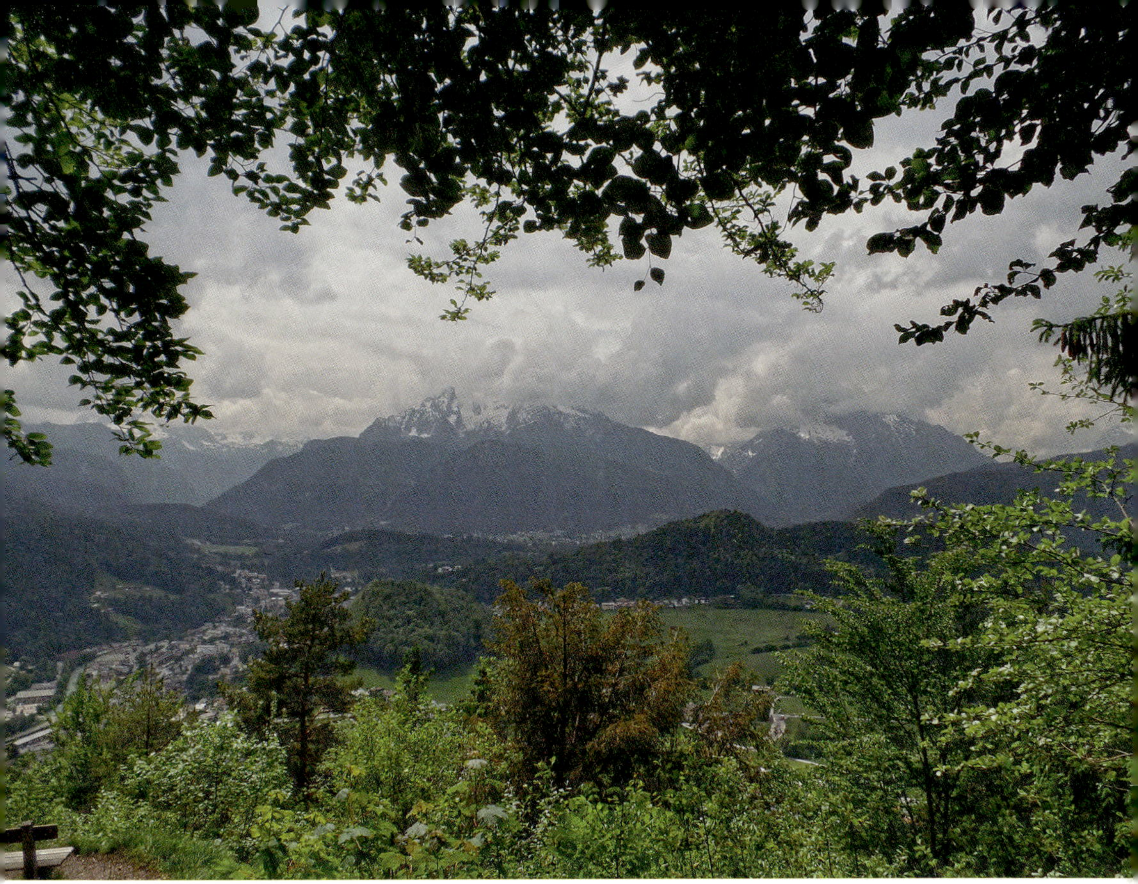

Zum leckeren Essen (besonders empfehlenswert sind die Germknödel!) gesellt sich ein sagenhafter Panoramablick auf den Berchtesgadener Talkessel und den Watzmann. Zurück wandern wir – nun der Ausschilderung »Maria Gern« folgend – die Serpentinen steil bergab, halten uns aber an der Kreuzung links und genießen so noch einmal andere Blickwinkel auf die Bergwelt. Aus südlicher Richtung nähern wir uns dem Ausgangspunkt.

Info

DAUER
2.30 Std.

HÖHENMETER
50 Hm

LÄNGE
6,9 km

SCHWIERIGKEIT
Mittel

TOURENCHARAKTER
Kurze Wanderung auf gut begehbaren Wegen mit einigen Höhenmetern und steilem Anstieg über Serpentinen

AUSGANGS-/ENDPUNKT
Wallfahrtskirche Maria Gern in Berchtesgaden

ANFAHRT
GPS: 47.653616, 13.002622
WoMo: Von der Ortsmitte Berchtesgaden über die B305 in nördliche Richtung bis zur Abzweigung der Salzburger Straße, dort nach links, dann über die Straße Nonntal auf die Locksteinstraße, dieser knapp 3 km bis zur Kirche folgen, Parken unterhalb der Kirche.

EINKEHR
Paulshütte

INFORMATION
berchtesgaden.de,
kneifelspitze-berchtesgaden.de

WANDERUNG

6 Himmlische Wanderung

Zum Purtschellerhaus in 1692 Metern Höhe

Ja, diese Wanderung ist kurz, aber jaaaa, sie hat es in sich! Denn über eine steile Treppe, die kein Ende nehmen will und einen anschließenden Steig geht es bergauf, alle Höhenmeter müssen also auf nur eineinhalb Kilometern Strecke bewältigt werden. Das Ziel ist jede Mühe wert: Das urige Purtschellerhaus lockt nicht nur zur Einkehr bei leckerer Kost und fantastischem Blick – mitten durch die Hütte verläuft zudem die Grenze zwischen Deutschland und Österreich!

Zunächst führt der Hinweg noch identisch mit dem Rückweg über einen Forstweg und der Ausschilderung zum Purtschellerhaus folgend (gelbe Wegweiser). Früh schon offenbart sich ein Blick auf die scheinbar im Himmel thronende Hütte hoch oben auf 1692 Metern Höhe. Am Eckersattel gilt es, sich für den deutschen (rechts) oder den österreichischen (links) Weg als Aufstieg zu entscheiden. Es empfiehlt sich, hoch dem deutschen Weg zu folgen, damit wir die Holzstufen knieschonend bergauf bewältigen. Von der Hütte ist die Aussicht auf den Hohen Göll, die Chiemgauer und die Berchtesgadener Alpen sensationell. Der Rückweg auf der österreichischen Seite folgt der Beschilderung »Roßfeldstraße«. Über einen schön angelegten Weg mit herrlicher Aussicht aufs Salzachtal geht es bergab und auf den Forstweg vom Beginn; dann auf diesem zurück zum Parkplatz.

→ Ganz dort oben thront das Purtschellerhaus, Ziel unserer Wanderung. Es geht also ordentlich bergauf …
↘ Ein Kuriosum: Mitten durch die urige Hütte mit Traumblick in alle Richtungen verläuft die Landesgrenze zwischen Deutschland und Österreich.

Info

DAUER
1.30 Std.

HÖHENMETER
381 Hm

LÄNGE
3,5 km

SCHWIERIGKEIT
Schwer

TOURENCHARAKTER
Traumhaft schöne, aber kräfteraubende Panorama-Wanderung mit vielen Holztreppenstufen und steilem Auf- und Abstieg; viele Höhenmeter auf kurzer Distanz. Trittsicherheit und gute Grundkondition erforderlich

AUSGANGS-/ENDPUNKT
Parkplätze bei der Alm Ahornkaser an der B999

ANFAHRT
GPS: 47.617631, 13.078328
WoMo: Über Berchtesgaden und die B305 Richtung Oberau und bis Mautstelle Roßfeld-Panoramastraße in Eck fahren

EINKEHR
Purtschellerhaus, Ahornkaser am Start-/Endpunkt

INFORMATION
berchtesgaden.de, purtschellerhaus.de

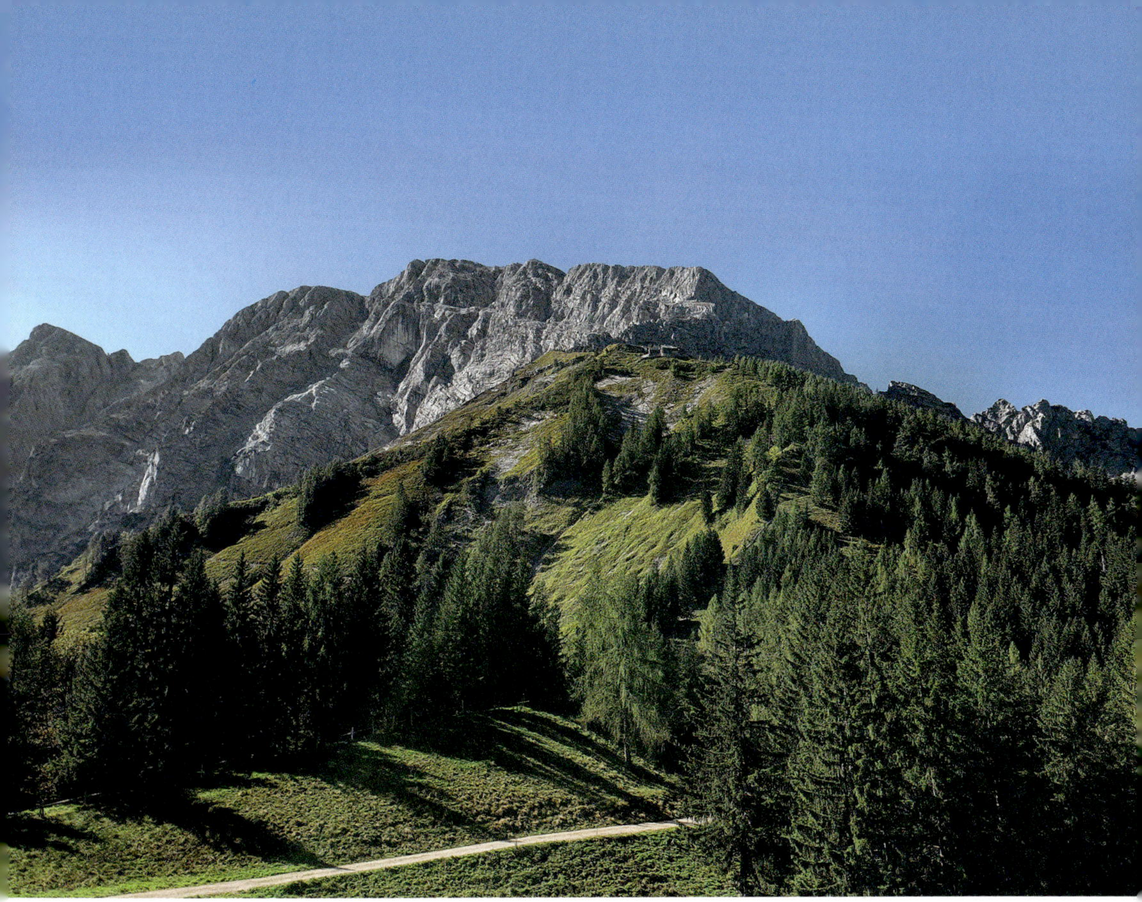

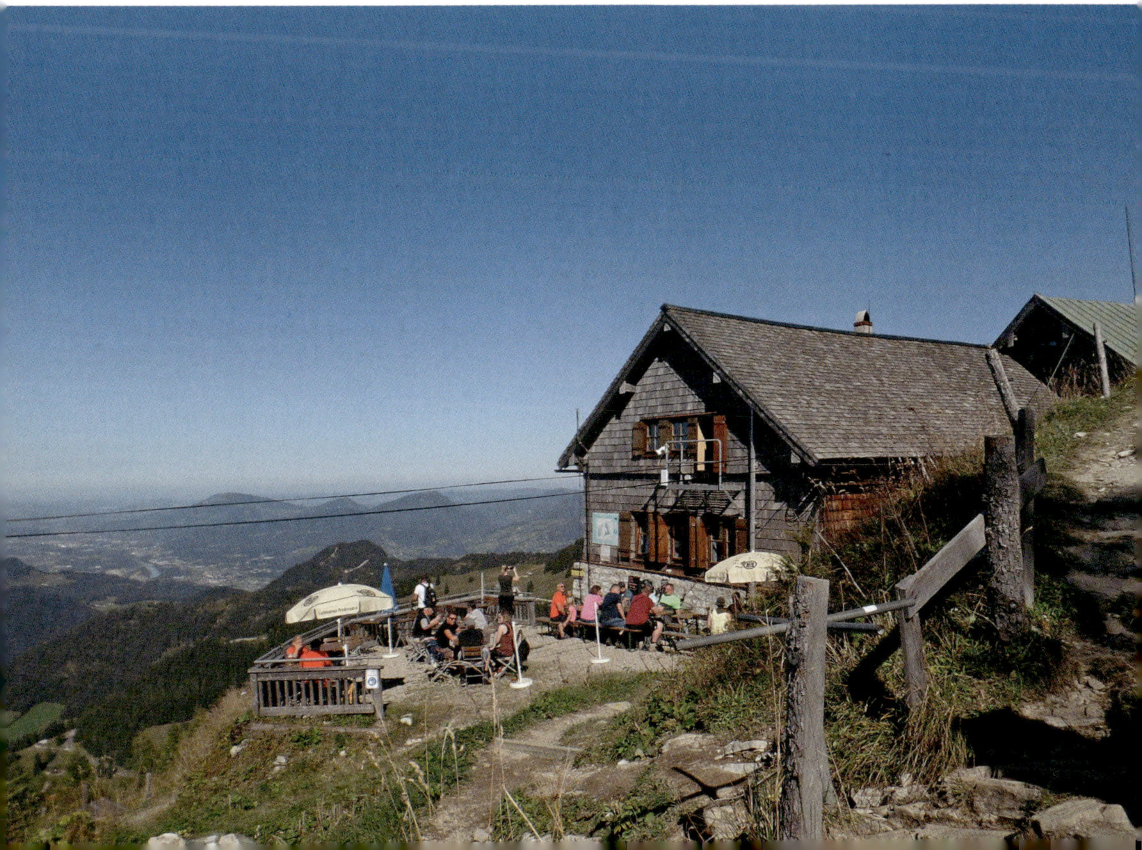

WANDERUNG

7 Majestätische Kulisse

Auf dem Königsweg am Jenner

Der Königssee ist nicht nur das Highlight im Berchtesgadener Land – und entsprechend gut besucht. Ein Weg, der zwar nicht einsam, aber keineswegs überlaufen ist, ist der wahrhaft königliche Weg am Jenner. Gemütlich führt er vorbei an Almen und Wiesen, stets die traumhafte Bergwelt im Blick. Die gelben Schilder weisen uns den Weg.

Vom Parkplatz aus laufen wir zunächst durch den schattigen Wald und erreichen nahe der Mittelstation der Jennerbahn den künstlichen See für die Beschneiungsanlagen, über den die Gondeln der Jennerbahn hinwegschaukeln. Unbedingt Badesachen mitnehmen, es ist herrlich, sich im klaren Wasser zu erfrischen. Wir erreichen schließlich die ersehnte Stelle mit dem wunderschönen Blick auf den Königssee. Anschließend versüßt uns der neben uns her plätschernde Königsbach den folgenden steilen Anstieg. Der Waldweg führt stracks den Berg hinauf, bis wir erschöpft die bewirtschaftete Königsbachalm erreichen und uns einen deftigen Erbseneintopf schmecken lassen.

Nach der Stärkung geht es weitere 60 Höhenmeter aufwärts, dann ist der Anstieg geschafft und der Weg führt in nördliche Richtung über Kuhweiden (der Sonne ausgesetzt) zurück zur Mittelstation der Jennerbahn. Ganz am Ende lassen wir die Wanderung auf einem ebenen, breiten Forstweg durch den Wald ausklingen. Zum leckeren Essen (besonders empfehlenswert sind die Germknödel!) gesellt sich ein sagenhafter Panoramablick auf den Berchtesgadener Talkessel und den berühmten Watzmann. Zurück wandern wir – nun der Ausschilderung »Maria Gern« folgend – die Serpentinen steil bergab, halten uns aber an der Kreuzung links und genießen so noch einmal andere Blickwinkel auf die Bergwelt. Aus südlicher Richtung nähern wir uns dem Ausgangspunkt Hinterbrand.

Info

DAUER
3 Std.

HÖHENMETER
310 Hm

LÄNGE
9,4 km

SCHWIERIGKEIT
Mittel

TOURENCHARAKTER
Leicht begehbare Wege, steiler Anstieg zur Alm, gute Grundkondition vorteilhaft

AUSGANGS-/ENDPUNKT
Parkplatz Hinterbrand, Schönau am Königssee

ANFAHRT
GPS: 47.595426, 13.023474
WoMo: Von der Ortsmitte Berchtesgaden Richtung Hauptbahnhof, dann etwa 200 m nach einer Tankstelle scharf links und bei der Obersalzbergbahn rechts auf die Salzbergstraße abbiegen. Dieser lange folgen, am Kreisverkehr Richtung Hinterbrand fahren

EINKEHR
Restaurant Halbzeit an der Jennerbahn-Mittelstation, Königsbachalm

INFORMATION
berchtesgaden.de, jennerbahn.de

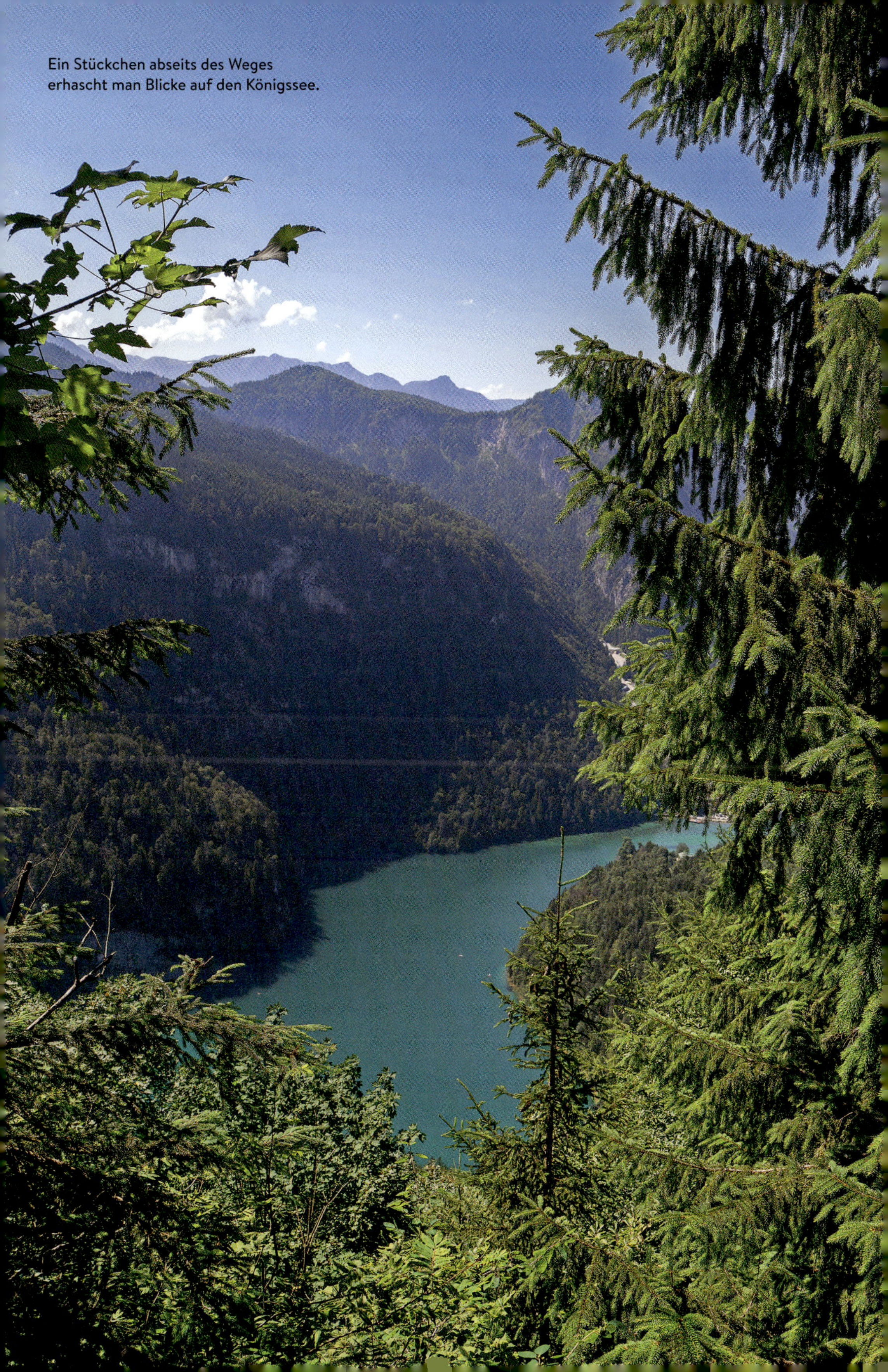

Ein Stückchen abseits des Weges
erhascht man Blicke auf den Königssee.

WANDERUNG

8 In den Ramsauer Dolomiten

Genusswanderung vom Hirschbichl zum Hintersee

Um dieselbe Strecke nicht hin und zurück zu laufen, empfiehlt es sich, vom Hintersee mit dem Almerlebnisbus (im Sommer Abfahrt mehrmals täglich) zum Hirschbichl zu fahren. Von dort folgt man den gelben Wegweisern zurück zum Hintersee und hat dabei mehrere Möglichkeiten, an Haltestellen wieder in den Bus zu steigen. Über kurze Aufstiege lassen sich mehrere kleine Almen erreichen. Alternativ kann man natürlich auch auf die Busfahrt verzichten und die Wanderung am Hintersee beginnen (der Ausschilderung Hirschbichl folgend). Sie hat dann am Hirschbichl ihren Umkehrpunkt und führt auf demselben Weg zurück.

Vom Hirschbichl an der österreichischen Grenze wandern wir zunächst auf der Passstraße einige hundert Meter bergauf bis zum Sattel und dann über einen Steig durch den Wald hinauf zur Litzlalm. Dort präsentiert sich ein Top-Ausblick auf die Ramsauer Dolomiten, wie die Felsabbrüche eines Teils der Reiter Alm genannt werden. Über einen Forstweg geht es zurück zum Hirschbichl und auf einem bequemen Genussweg durch das Klausbachtal hinab zum Hintersee. Während der Weg durch das sanft abfallende Tal führt, begleitet uns der Klausbach. Von einer Hängebrücke aus bietet sich ein Blick auf die Mühlsturzhörner. Vorbei an der Lahnwald-Diensthütte führt der Weg anschließend wieder zurück zum Nationalpark-Infozentrum Klausbachhaus.

↗ Wieder auf dem Rückweg verläuft die bequem zu gehende Strecke vom Hirschbichl ins Klausbachtal.
→ Der Kaser befindet sich fotogen gelegen auf dem Weg vom Hirschbichl zur Litzalm auf österreichischer Seite.

Info

DAUER
2.30 Std.

HÖHENMETER
80 Hm bei Busfahrt, 550 Hm bei Hin- und Rückweg

LÄNGE
11,4 km (einfacher Weg)

SCHWIERIGKEIT
Mittel

TOURENCHARAKTER
Traumhaft schöne Wanderung auf bequem zu begehenden Wegen; steiler Anstieg zur Litzlalm. Beim Wandern von Hin- und Rückweg einige Höhenmeter und eine lange Wegstrecke

AUSGANGS-/ENDPUNKT
Parkplatz des Nationalpark-Infozentrums

ANFAHRT
GPS: 47.755582, 12.796254

WoMo: Von Berchtesgaden über die Straße Im Tal in westliche Richtung abbiegen, sie mündet in die Hinterseer Straße; dieser bis zum Ende folgen.

EINKEHR
Alpengasthof Hirschbichl, Jausenstation Litzlalm, diverse Almen am Wegesrand

INFORMATION
berchtesgaden.de, almerlebnisbus.com/fahrplan

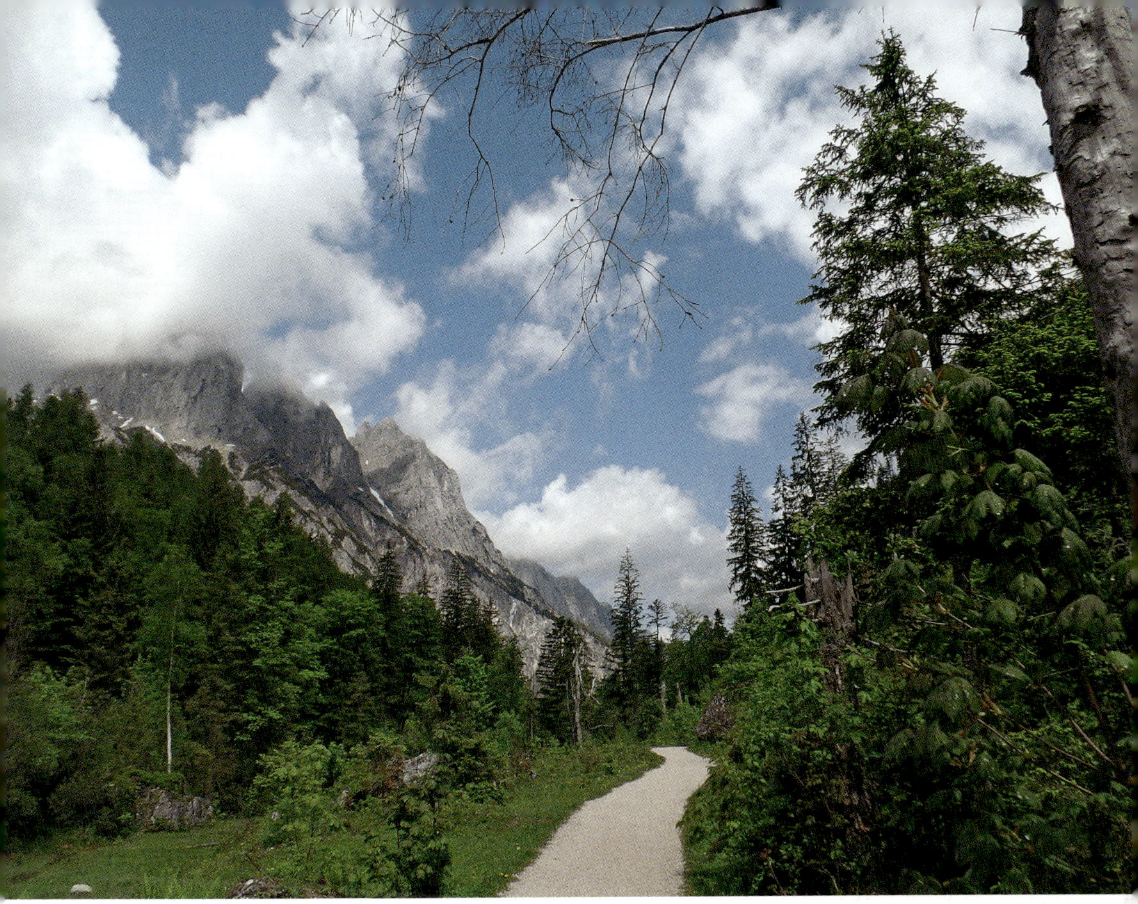

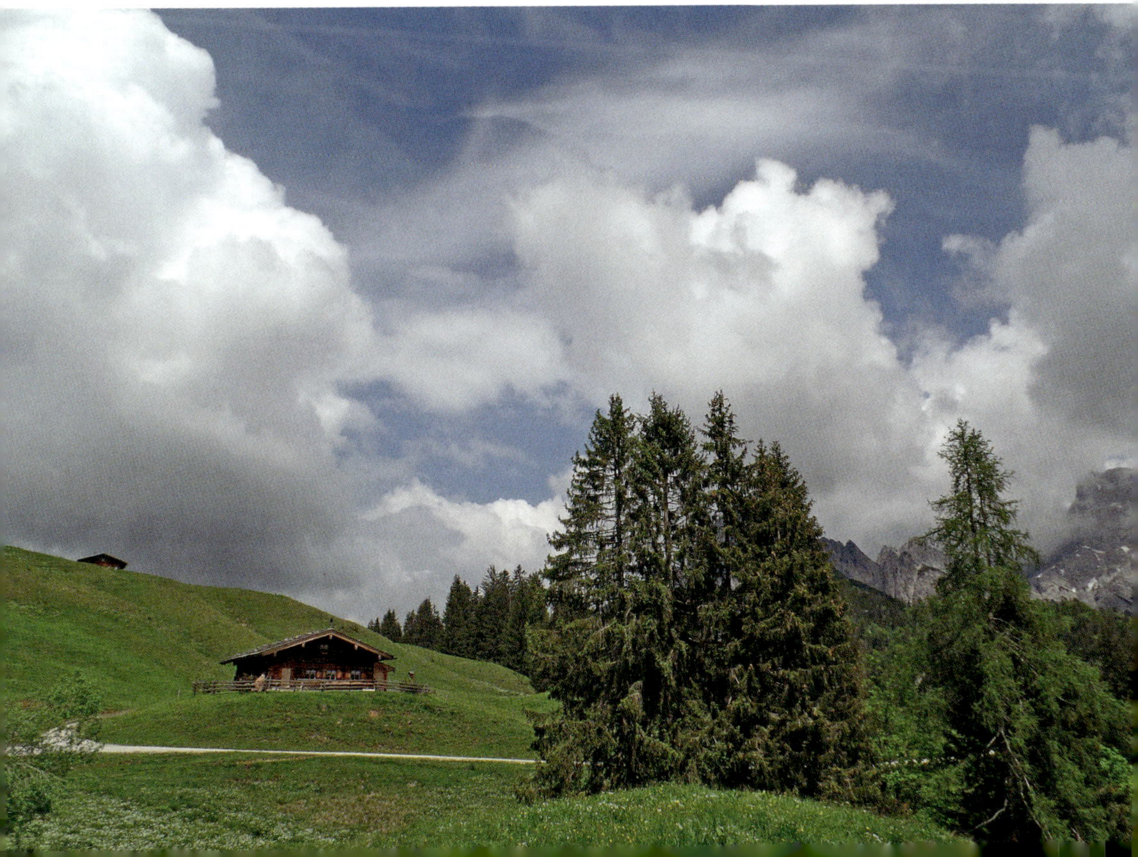

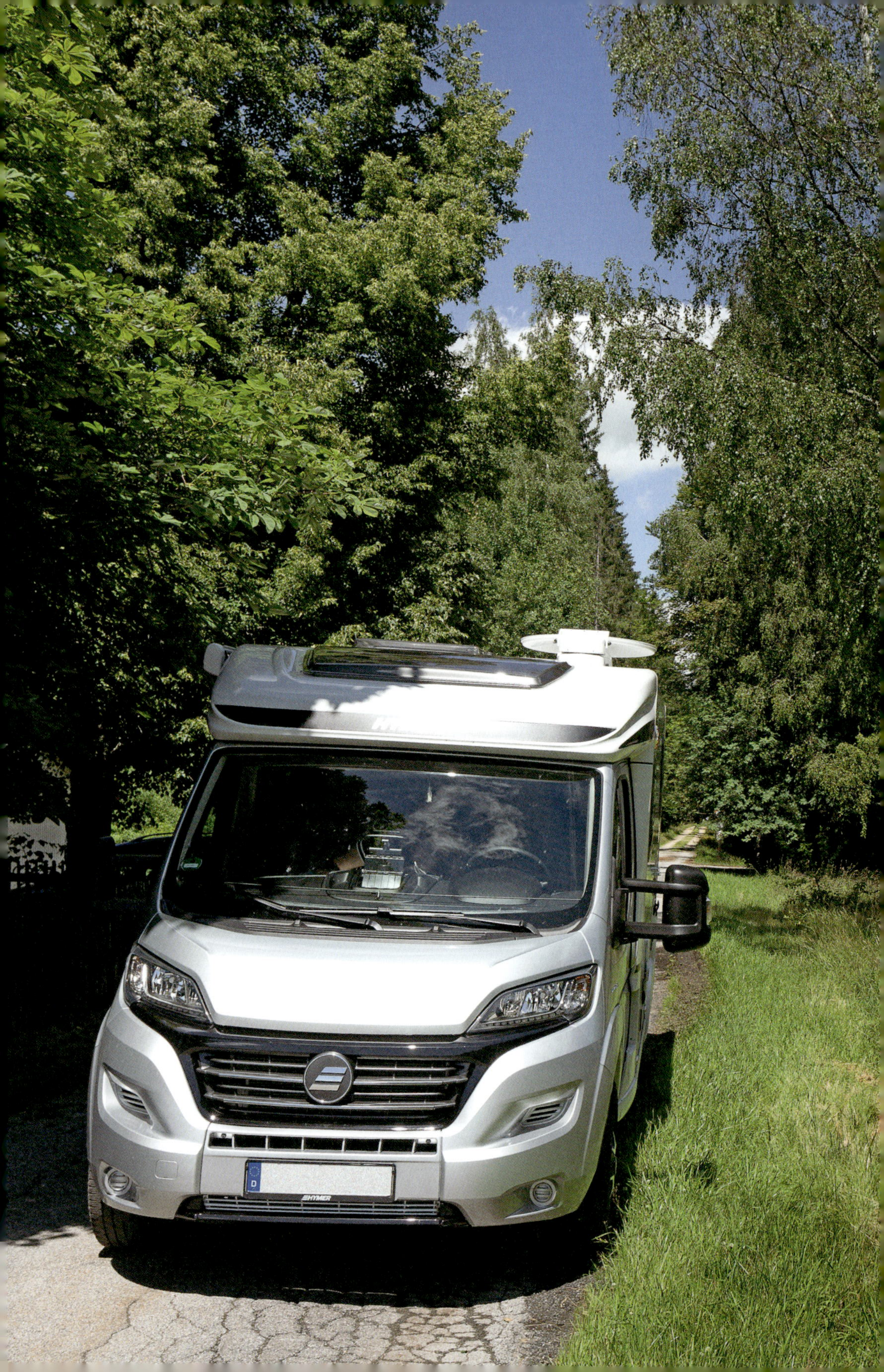
HYMER

Bayerischer Wald

Grenzenlose Wildnis

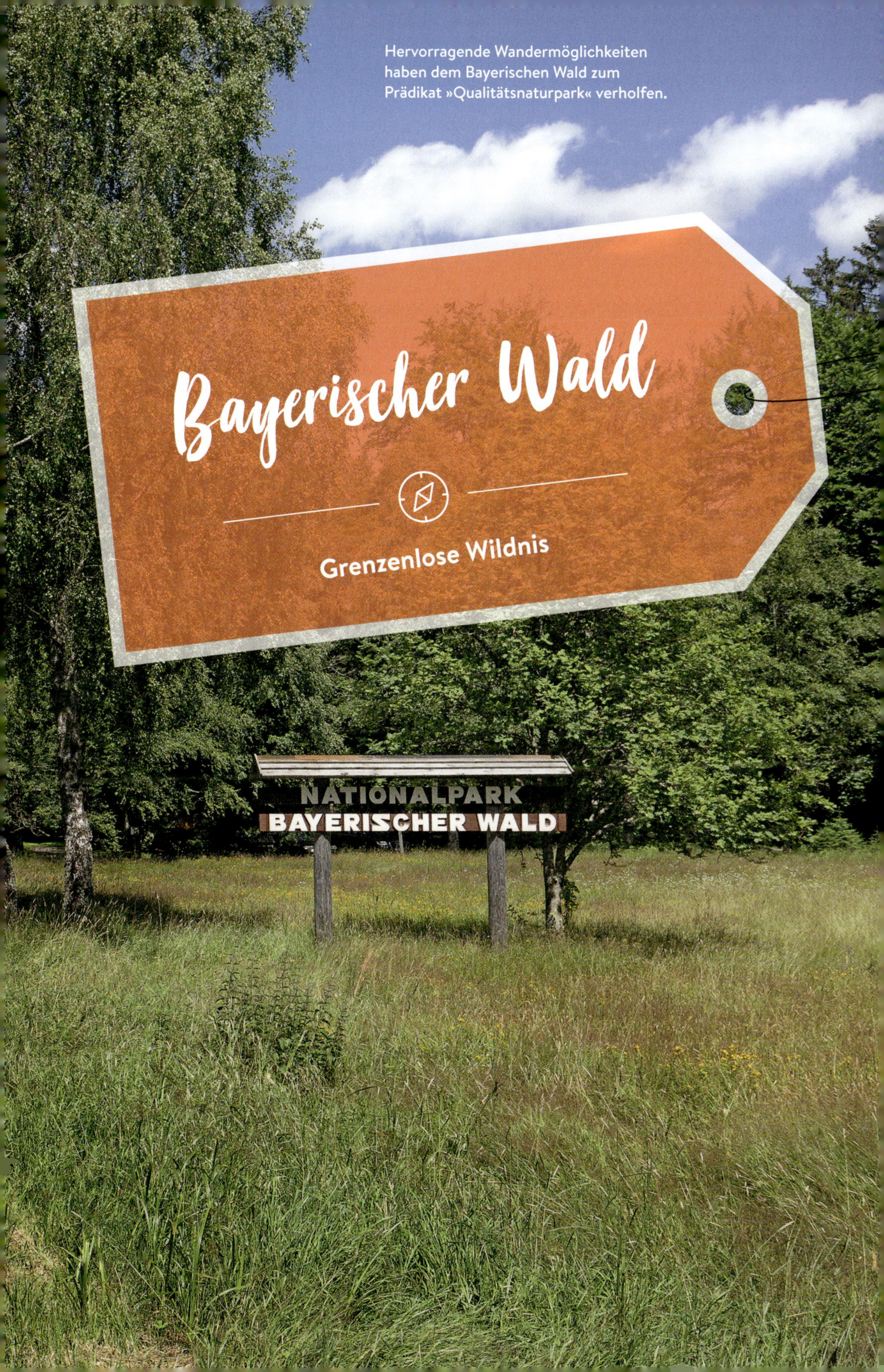

Hervorragende Wandermöglichkeiten haben dem Bayerischen Wald zum Prädikat »Qualitätsnaturpark« verholfen.

CAMPINGPLATZ

Campingplatz Klingenbrunn

Dem Wald ganz nah

An der Grenze zwischen Bayern und Tschechien befindet sich der Nationalpark Bayerischer Wald, der erste Nationalpark Deutschlands. Zahlreiche Wanderwege führen durch die geschützte Natur des Mittelgebirges. Der schicke Luftkurort Zwiesel ist bekannt für seine Glasindustrie.

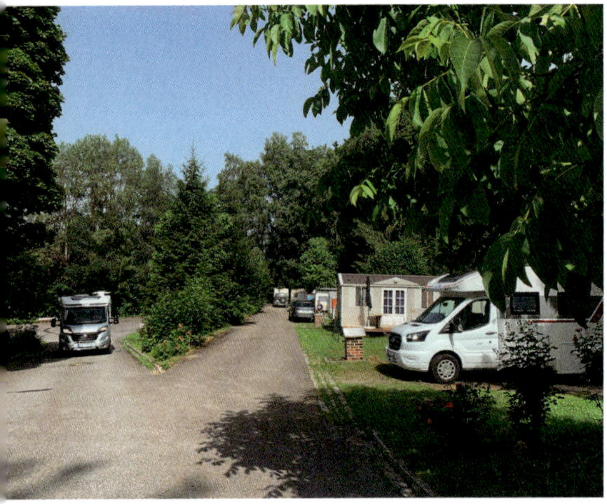

Einer von nur zwei Campingplätzen, die an das Gebiet des Nationalparks grenzen (im Nationalpark selbst ist das Campen nicht erlaubt): ein ruhig gelegener und zwanglos geführter Platz, von Wald umgeben. Jeder sucht sich seinen Stellplatz selbst aus. Der Platz in Klingenbrunn hat neue, saubere Sanitäranlagen, Be- und Entwässerung sowie Strom für jeden Stellplatz. Eine kleine Gaststätte mit Biergarten und ein Semmelnservice sind ebenfalls vorhanden. Über das freie W-LAN gibt es relativ guten Empfang. Manko: Die Betreiber sind nur schlecht telefonisch oder per Mail erreichbar. Man sollte Hunde mögen, sie laufen weitgehend frei auf dem Platz herum.

Info

GEEIGNET ALS
Wochenendtrip oder Mehrtagesurlaub

ADRESSE
Bergstraße 44, 94518 Klingenbrunn/Spiegelau, Tel. 08553/727, E-Mail: info@camping-nationalpark.de, camping-nationalpark.de

ANFAHRT
Zwischen Klingenbrunn und Spiegelau am Südwestrand des Nationalparks gelegen

GPS
48.916881, 13.331528

BESONDERHEIT
Sowohl die Startpunkte der beiden Wanderungen innerhalb des Nationalparks als auch die Ausgangsorte in Zwiesel sind mit dem Wohnmobil schnell erreicht.

CAMPINGPLATZ

Campingplatz Lam

Fern von allem Trubel

Er ist der dominante Berg und das Markenzeichen des Bayerischen Waldes: Der Große Arber ist mit einer Höhe von 1456 Metern der höchste Berg in der Region, der höchste Gipfel Bayerns außerhalb der Alpen und nach dem Feldberg im Schwarzwald sogar der zweitgrößte Berg Deutschlands.

Am Rande der verschlafenen Marktgemeinde Lam liegt dieser kleine, übersichtliche und privat geführte Campingplatz. Eine Wiese bietet Stellflächen für zehn Reisemobile, alle Plätze haben Stromanschluss. W-LAN wird angeboten, funktioniert aber nur im Sanitärgebäude. Duschen und WC nicht topmodern, aber sehr sauber. Waschmaschine, Ver- und Entsorgung sowie Frischwasseranschluss vorhanden. Das Ortszentrum am Marktplatz mit Gastronomie ist zu Fuß in zehn Minuten erreichbar. Einen kurzen Spaziergang entfernt gibt es auch ein Freibad und ein Hallenbad.

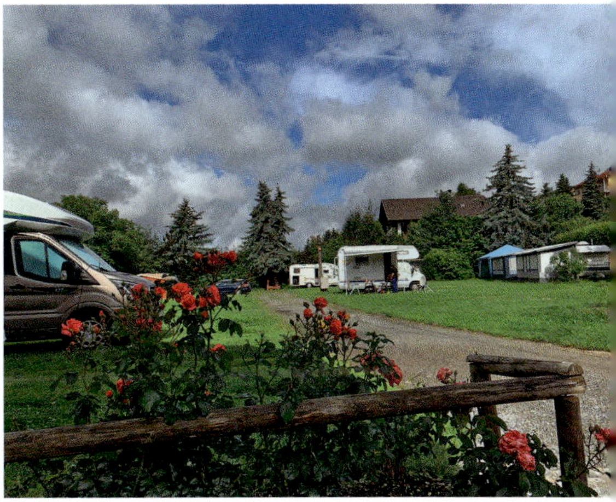

Info

GEEIGNET ALS
Wochenendtrip

ADRESSE
Ginglmühlerweg 1, 93462 Lam, Tel. 09943/13 86, E-Mail: hubert.falkner@t-online.de, camping-wohnmobilstellplatz-lam.obsg.de

ANFAHRT:
Von Bodenmais über Drachselsried, Arnbruck und Arrach nach Lam fahren. Der Campingplatz liegt am Ortseingang links (ausgeschildert).

GPS
49.193521, 13.052605

BESONDERHEIT
Von diesem Platz aus gelangt man schnell zu den Wanderungen Kleiner Arbersee, Großer Arber und Rißlochwasserfälle.

9 Verborgener See

Über den Rachel zum Rachelsee

Der Startpunkt am Parkplatz Gfäll ist nur mit dem Nationalpark-Bus, dem »Igelbus«, erreichbar (das gilt auch für die alternativen Ausgangspunkte). Von der Schutzhütte an der Haltestelle wandern wir in westliche Richtung, es geht gleich stramm zum Rachel, dem höchsten Berg im Nationalpark, hinauf. Oben belohnt ein schöner Panoramablick vom Gipfelkreuz. Man sieht von hier auch sehr eindrücklich die Sturm- und Käferschäden – doch überall wächst junger Wald nach. Es folgt der Abstieg zum Rachelsee, der rechts unten auch schon hin und wieder durch die Bäume funkelt. Auf halbem Weg dorthin passiert man die Rachelkapelle, die aber kein Gotteshaus ist, sondern ein überdachter Aussichtspavillon – mit Blick auf den Rachelsee unten und den Gipfel des Rachels oben.
Über einen verschlungenen Pfad geht es weiter steil den Berg hinunter zum Ufer des Rachelsees. Das Baden ist verboten, auch Hunde sind nicht erlaubt. Es gibt keinen Rundweg um den See, da das Gebiet unter strengem Naturschutz steht. Wir genießen noch einmal den Blick auf den Berg und die Rachelkapelle, dann machen wir uns auf den Rückweg. Vorbei an einer Nationalpark-Toilette wandern wir in einem großen Bogen und streckenweise auch über steinige und wurzelige Pfade durch dichten Wald zurück (etwa eine Stunde ab dem See). Wenn der Weg besser wird, haben wir das Ziel fast erreicht.

↗ Auf dem höchsten Berg des Nationalparks Bayerischer Wald, dem Rachel, thront ein Gipfelkreuz.
→ Der Rachelsee ist ein eiszeitlicher Karsee. Man kann an seinen Ufern entspannen, aber nicht im See baden.

Info

DAUER
3.45 Std.

HÖHENMETER
524 Hm

LÄNGE
11 km

SCHWIERIGKEIT
Schwer

TOURENCHARAKTER
Festes Schuhwerk und Trittsicherheit erforderlich, evtl. Wanderstöcke für den steilen An- und Abstieg. Ab der Hälfte unwegsame Passagen

AUSGANGS-/ENDPUNKT
Per Nationalpark-Bus zum Parkplatz Gfäll

ANFAHRT
GPS: 48.960553, 13.374671

WoMo: Mit dem Wohnmobil nach Spiegelau fahren (liegt zwischen Zwiesel im Norden und Grafenau im Süden) und von dort mit dem Igelbus zum Ausgangspunkt.

EINKEHR
Keine

INFORMATION
bayerischer-wald.de,
bayerwald-ticket.com

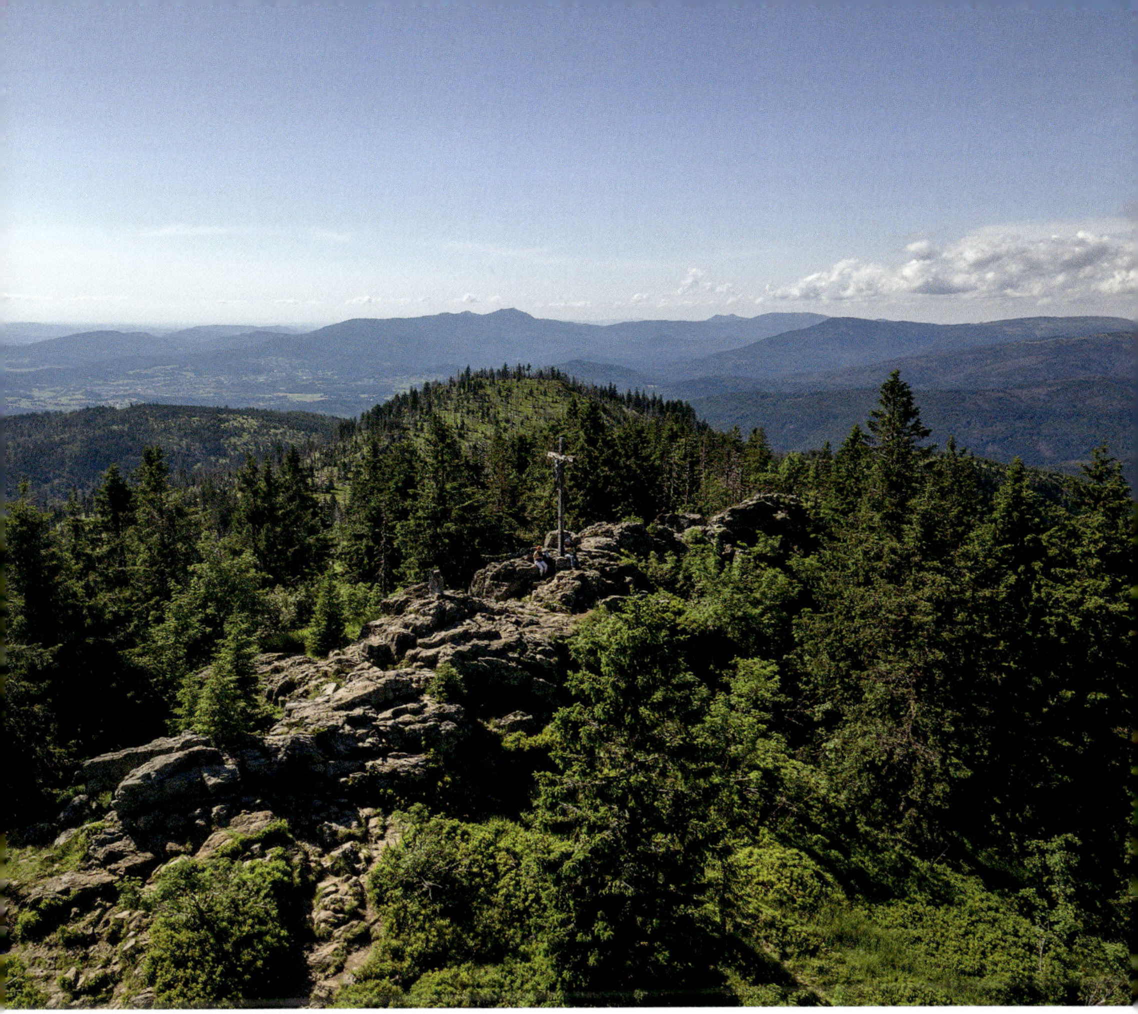

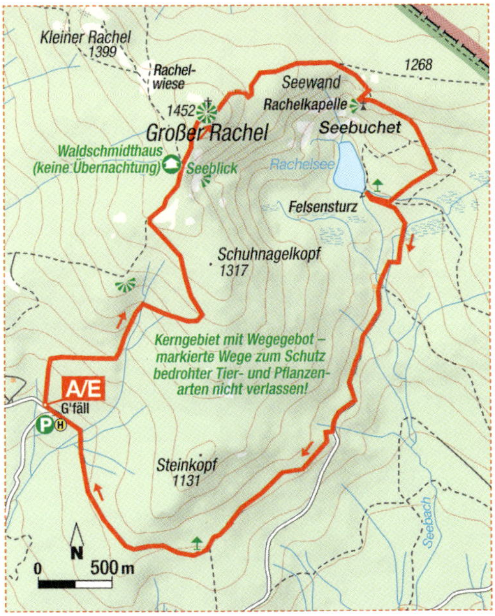

Kleiner Rachel
1399
Rachel-
wiese
1268
Seewand
Rachelkapelle
1452
Großer Rachel
Seebuchet
Waldschmidthaus
(keine Übernachtung)
Seeblick
Rachelsee
Felsensturz
Schuhnagelkopf
1317
Kerngebiet mit Wegegebot –
markierte Wege zum Schutz
bedrohter Tier- und Pflanzen-
arten nicht verlassen!
A/E
G'fäll
Steinkopf
1131
Seebach
N
0
500 m

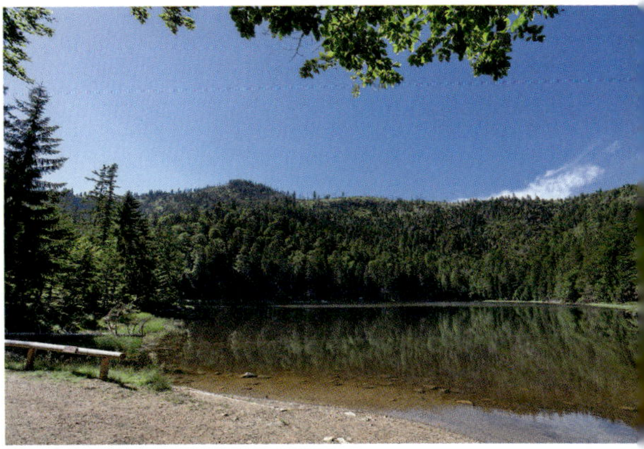

WANDERUNG

10 Im Herzen des Nationalparks

Urwald auf dem Rundweg »Siebenschläfer«

Auf der geruhsamen Tour durch das Zentrum des Nationalparks Bayerischer Wald begleitet uns der Siebenschläfer – ein guter Einstieg in das Kerngebiet! Der Weg ist mit einem schwarzen Siebenschläfer auf gelbem Grund sowie dem Holz-Wegweiser »Großer Rundweg« gekennzeichnet. Vom Parkplatz geht es zunächst über einen breiten Forstweg, nach einem weiteren Parkplatz in den dichten Wald und – der Beschilderung »Mittelsteighütte« folgend – mitten hinein in den Urwald. Hier zeigt sich das Konzept des Nationalparks sehr deutlich: Die Natur wird sich selbst überlassen, der Wanderer steigt über umgestürzte Bäume oder weicht ihnen aus, die Strecke führt durch Furten und über Stock und Stein. Die entsprechende Passage ist die einzige steile Stelle der Rundtour. Schließlich trifft der Mittelsteighütte-Weg auf eine breite Forststraße, der wir noch 2,2 Kilometer bis zum Parkplatz folgen. Unterwegs ist nach links ein Abstecher zum Großen und zum Kleinen Falkenstein ausgewiesen.

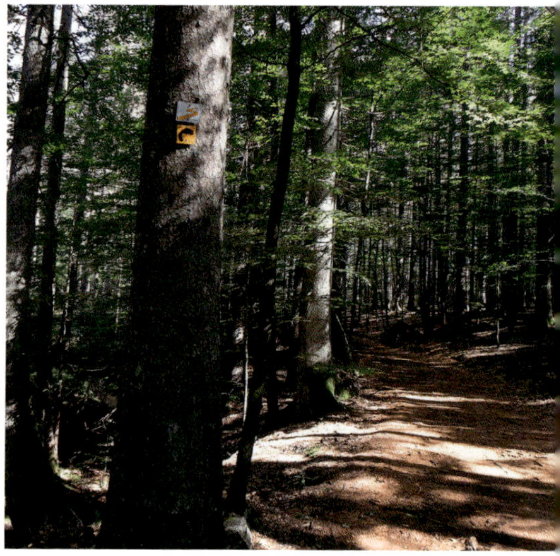

↑ Immer dem Siebenschläfer-Symbol hinterher!

Info

DAUER
2.15 Std.

HÖHENMETER
170 Hm

LÄNGE
7,3 km

SCHWIERIGKEIT
Mittel

TOURENCHARAKTER
Breite Forstwege, unwegsamer Abschnitt über den Pfad Mittelsteighütte (nach Regen rutschig)

AUSGANGS-/ENDPUNKT
Parkplatz P1 in Zwieslerwaldhaus

ANFAHRT
GPS: 49.087827, 13.246545
WoMo: Von Zwiesel über die B11 in nördliche Richtung fahren, nach dem Nationalparkzentrum Falkenstein rechts abbiegen, der Parkplatz folgt nach 3,5 km.

EINKEHR
Am Start-/Endpunkt die Gaststätte Zwieslerwaldhaus Alm

INFORMATION
bayerischer-wald.de

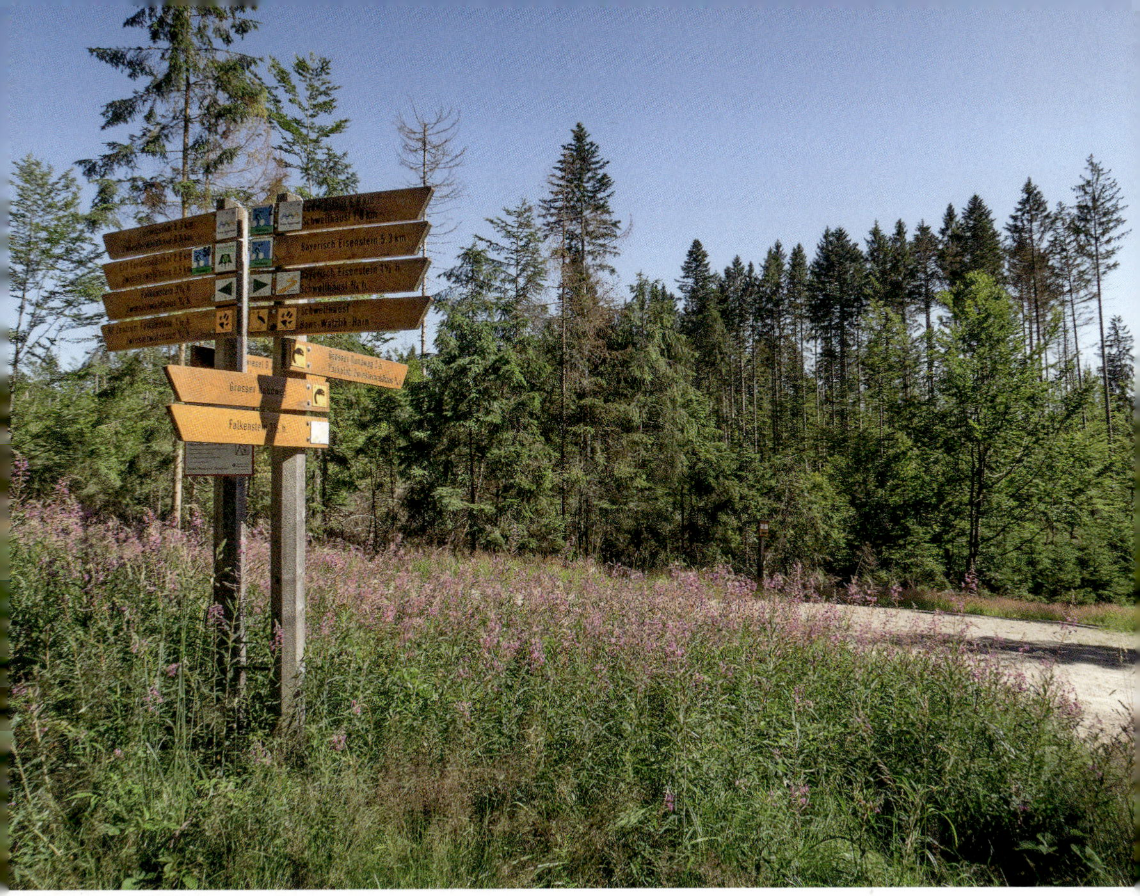

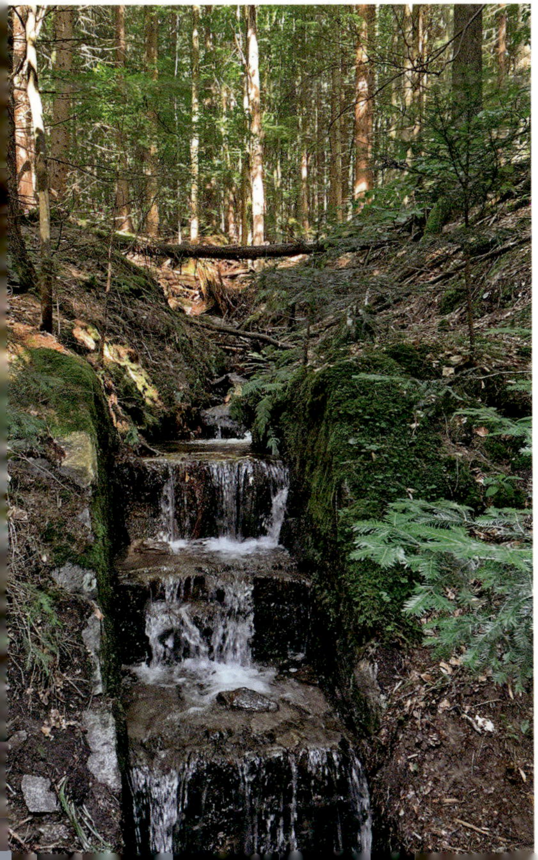

↑ Viele Wege kreuzen sich hier, kurz bevor der Rundweg »Siebenschläfer« urwaldartig wird.
← Im wahrsten Sinne des Wortes querfeldein und über Stock und Stein führt der Weg und offenbart die Wildheit des Nationalparks Bayerischer Wald.

Tipp

GLASSTADT ZWIESEL

Zehn Kilometer vom Startpunkt dieser Wanderung entfernt liegt die Stadt Zwiesel, bekannt für ihre Glasindustrie und Kristallmanufakturen. Das Glasmuseum Theresienthal in der »Glasstadt« zeigt Glasobjekte des 19. Jahrhunderts. **museen.de/glasmuseum-theresienthal-zwiesel.html**

11 Zauberhafte Flusswanderung

Kurzweilig am Schwarzen Regen entlang

Entspannter geht's kaum – immer mehr oder weniger nah am Schwarzen Regen entlang führt uns diese als »Flusswanderung« (Weg 21) ausgeschilderte Tour durch ein Stück Kanada mitten in Bayern. Der reißende Fluss begleitet die gemütliche Wanderung mit seinem lauten Rauschen. Manchmal kommt man ans Ufer heran und kann die Füße im klaren Wasser kühlen.

Teils urwaldartig mit viel Farn, teils lieblich, dann wieder rau präsentiert sich die Landschaft entlang des Wegs, der immer neue Impressionen beschert. Ein Highlight ist die alte Holzbrücke, die den Fluss malerisch überquert – eine zweite, noch ältere Brücke versteckt sich hinter der ersten. Wir entfernen uns von den Flussufern und wandern der Beschilderung »Außenried« folgend in den Ort. Von dort aus fahren wir mit der im Stundentakt fahrenden Waldbahn zurück zum Ausgangspunkt am Bahnhof Zwiesel (oder laufen alternativ denselben Weg retour).

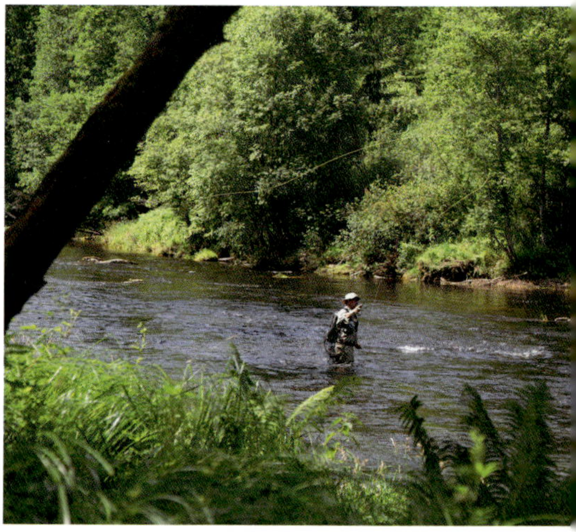

↑ Ein Fliegenfischer probiert im Schwarzen Regen sein Glück.
↗ Hier wäre so eine Stelle, an der man direkt am Ufer die Füße ins Wasser strecken könnte.
→ Meist besteht die Flusswanderung nur aus einem ganz schmalen Pfad.

Info

DAUER
2 Std.

HÖHENMETER
130 Hm

LÄNGE
8,9 km

SCHWIERIGKEIT
Leicht

TOURENCHARAKTER
Festes Schuhwerk vorteilhaft, nach Regenfällen können die schmalen Pfade matschig sein.

AUSGANGS-/ENDPUNKT
Parkplatz am Bahnhof Zwiesel

ANFAHRT
GPS: 49.020847, 13.227190
WoMo: Über die B11 nach Zwiesel fahren, der Bahnhof der Waldbahn befindet sich am Bahnhofsplatz 3.

EINKEHR
Unterwegs keine, Gastronomie in Zwiesel

INFORMATION
bayerischer-wald.de, zwiesel.de, laenderbahn.com/waldbahn

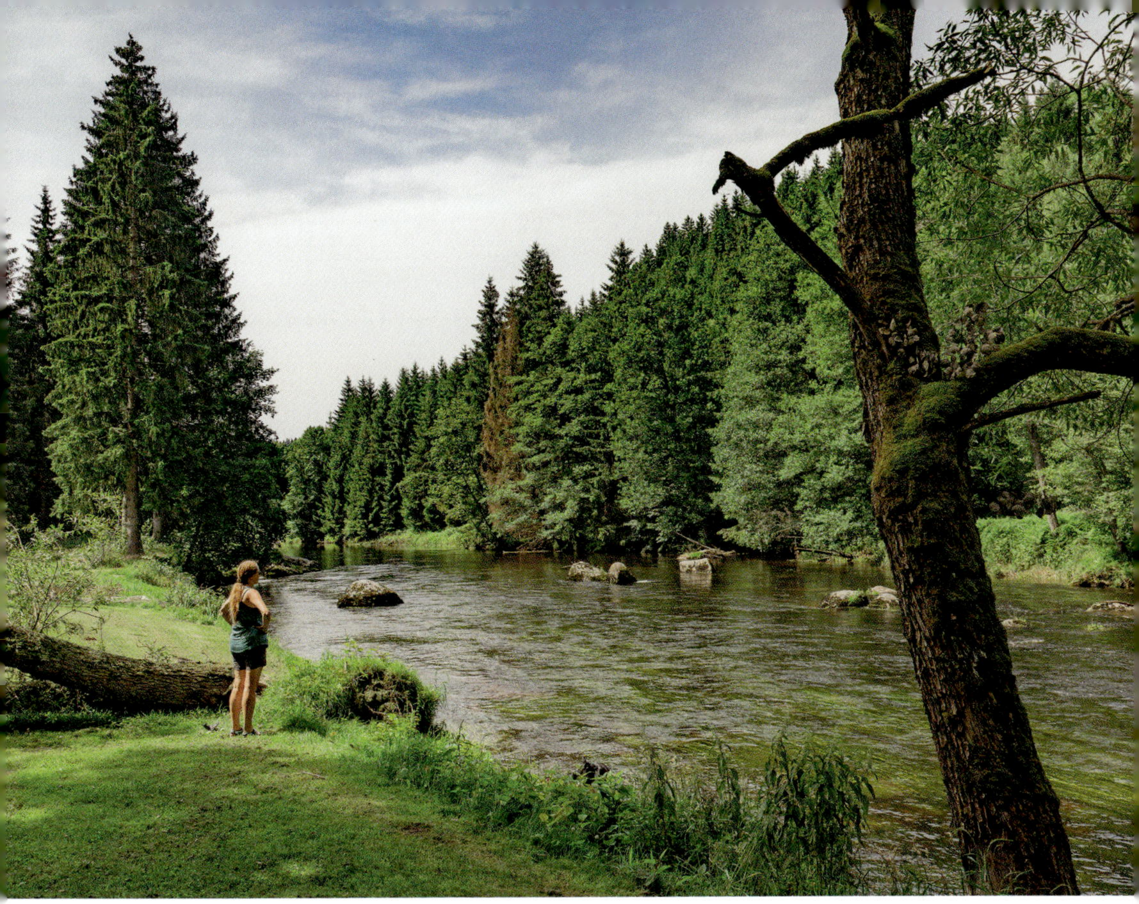

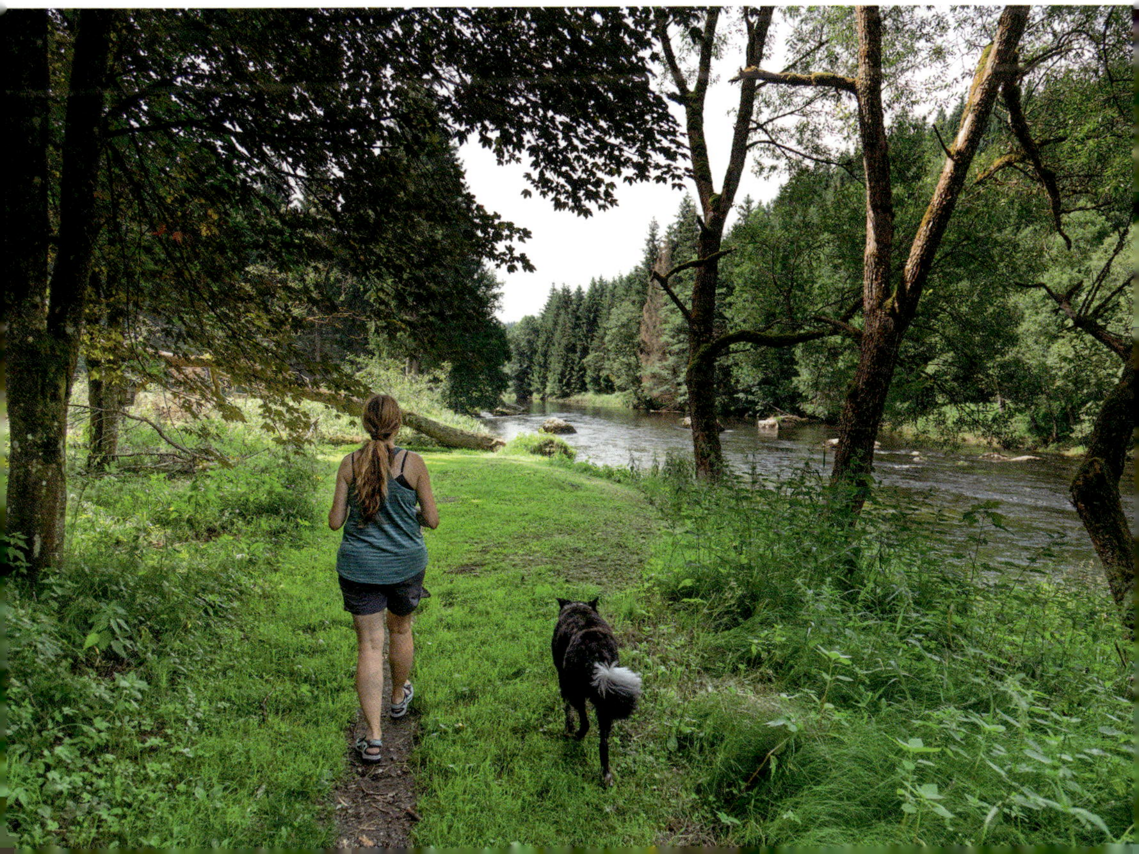

WANDERUNG

12 Ein gläserner Kreuzweg

Entspannte Wanderung auf den Hennenkobel

Am Rand des Bayerischen Waldes liegt der Hennenkobel, von dessen Gipfel aus man einen Fernblick über den Ort Regen bis hin zum Großen Arber genießt. Zunächst geht es vom Parkplatz einen breiten Forstweg hinauf, gleich zu Beginn an einer hübschen Kneippanlage vorbei. Lange wandern wir bergauf, bevor es kurz vor der Abzweigung zum Gipfel noch ein Stückchen geradeaus zu einem kleinen See und dem historischen Quarzbruch geht (ausgeschildert, Sackgasse). Informationstafeln geben Auskunft darüber, dass der Bruch am Hennenkobel Mitte des 19. Jahrhunderts ein wichtiger Quarzlieferant für die Glasindustrie des Bayerischen Waldes war. Zurück auf dem Hauptweg, führt der Weg nun rechts hinauf über einen Steig zum Berggipfel. Ein Kreuzweg mit Glaskunst begleitet diesen Streckenabschnitt. Das große Gipfelkreuz auf einem einzeln stehenden Felsen oberhalb einer Schutzhütte ist über eine kleine Kraxeleinlage erreichbar, ein Handlauf erleichtert die Passage. Ein herrlicher Panoramablick entschädigt für die Kraftanstrengung! Anschließend geht es zwar bergab, jedoch recht steil und steinig, unterbrochen von wenigen ebenen Wegstücken. Wir nähern uns wieder der Zivilisation und gelangen an der Rückseite des Schlosses Rabenstein vorbei zum Wanderparkplatz.

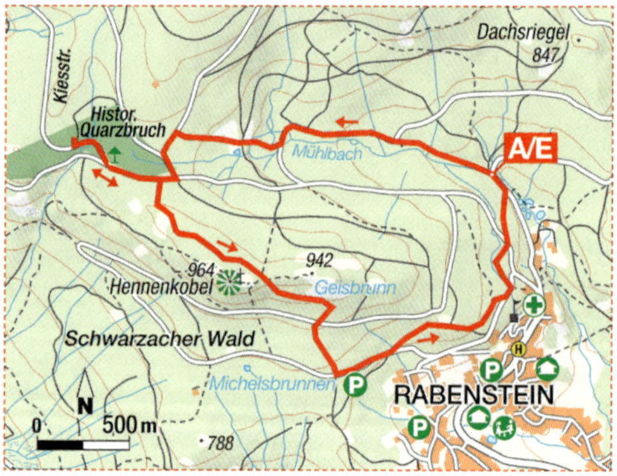

Info

DAUER
2 Std.

HÖHENMETER
210 Hm

LÄNGE
7,1 km

SCHWIERIGKEIT
Mittel

TOURENCHARAKTER
Überwiegend gut begehbare Wege, felsiger Aufstieg zum Gipfelkreuz, anschließend steiniger, steiler Abstieg

AUSGANGS-/ENDPUNKT
Wanderparkplatz Rabenstein

ANFAHRT
GPS: 49.049517, 13.201618
WoMo: Über Spiegelau, Frauenau und Zwiesel nach Rabenstein fahren, durch den Ort hindurch, gleich nach dem Hotel Robenstein folgt der große Wanderparkplatz.

EINKEHR
Keine

INFORMATION
bayerischer-wald.de, zwiesel.de

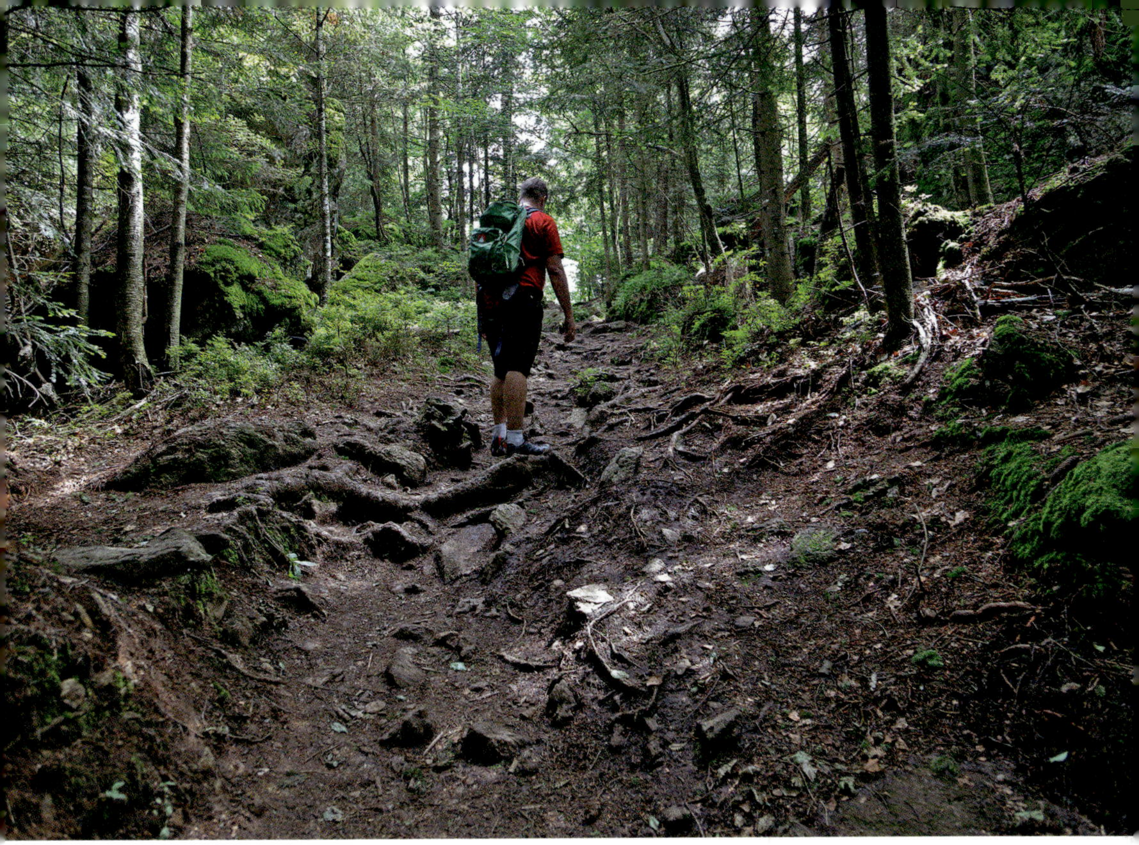

↑ Unwegsam und steil, aber nur kurz ist die Passage vor dem Gipfel.
↓ Eine einsame Lore ist eines der Relikte im historischen Quarzbruch. ↓ Gipfelkreuz am Hennenkobel

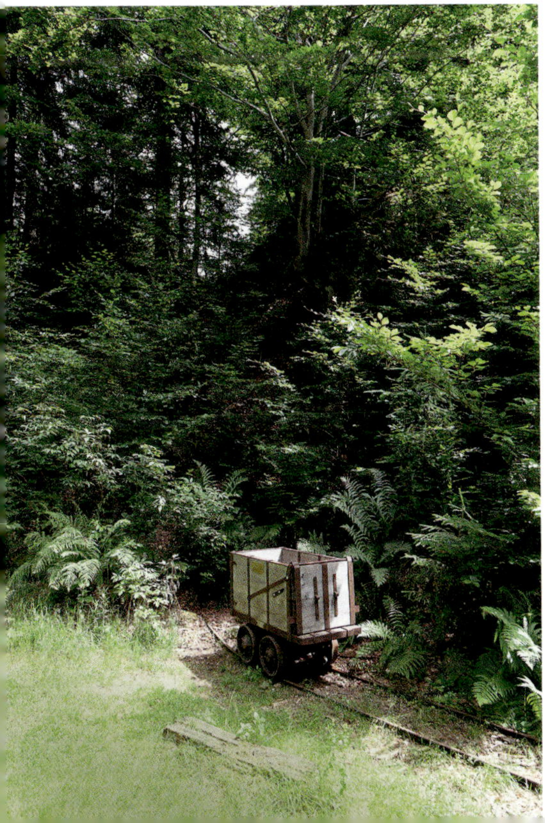

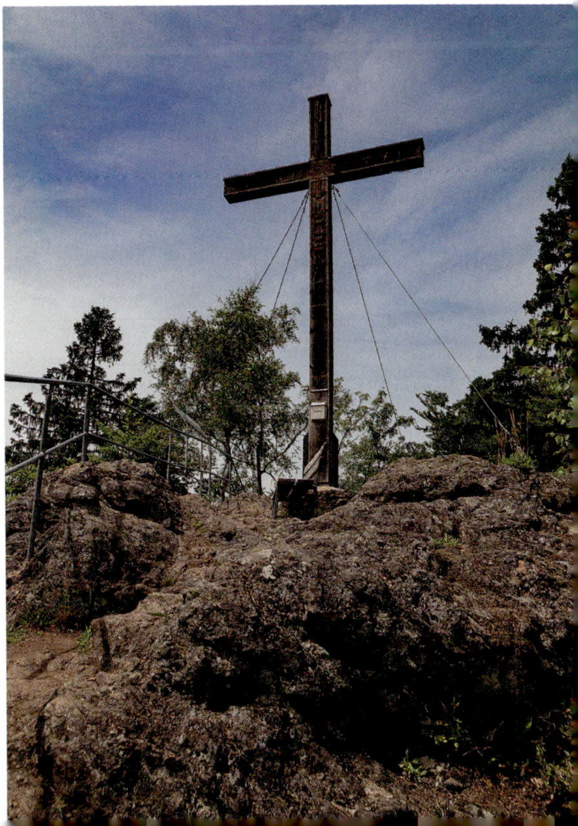

WANDERUNG

13 Zum König des Bayerischen Waldes

Über das Mittagsplatzl auf den Großen Arber

Während am Startpunkt der Tour, am Großen Arbersee, noch einiger Trubel herrscht, wird es auf dem Weg über die frühere Almweide Mittagsplatzl zum Großen Arber deutlich ruhiger – nur im Gipfelbereich geht es wieder lebhafter zu, wenn man auf die Gäste trifft, die mit der Seilbahn heraufgegondelt sind. Zunächst leiten die Wegweiser »Hauptwanderweg« (grüne Schilder) zum Gipfel und ab diesem ist der Große Arbersee als Rückweg ausgeschildert.

An der Südostflanke des Großen Arbers wandern wir vom See aus in einem weiten Bogen um die Arberseewand, die oberhalb des Gewässers aufragt. Es geht stetig aufwärts, bis wir nach knapp fünf Kilometern das Mittagsplatzl erreicht haben. Damit sind schon fast 400 Höhenmeter bewältigt, bis zum Gipfel des Berges kommen dann »nur noch« knapp 150 Höhenmeter hinzu. Hoch über dem Großen Arbersee gelegen, bieten sich vom Mittagsplatzl aus tolle Blicke auf den Karsee aus der letzten Eiszeit.

Es folgt nach einem Anstieg über einen felsigsteinigen Pfad der 1456 Meter hohe Gipfel des Großen Arbers. Mit ein bisschen Kraxeln gelangen wir auf einen Felsen mit dem Gipfelkreuz, das den höchsten Berg des Bayerischen Waldes markiert. Nach einem wunderbaren Ausblick bis zu den Alpen wandern wir

↗ Im Gipfelbereich des Großen Arbers präsentiert sich dieser Blick über den Bayerischen Wald.
↘ Die kleine Arberkapelle unterhalb des Gipfels hat eine jahrhundertealte Tradition. Hinter ihr ein Felsaufbau mit Panoramablick

Info

DAUER
3.30 Std.

HÖHENMETER
550 Hm

LÄNGE
11,4 km

SCHWIERIGKEIT
Schwer

TOURENCHARAKTER
Gute Grundkondition und Trittsicherheit erforderlich, zwei Kraxeleinlagen und steile An- und Abstiege auf zum Teil felsig-steinigen Pfaden. Einige Höhenmeter. Zu beachten: Im Frühjahr und im Herbst kann Schnee liegen, im Sommer steckt der Gipfelbereich oft im Nebel, deshalb warme Kleidung mitnehmen!

AUSGANGS-/ENDPUNKT
Parkplatz des Großen Arbersee

ANFAHRT
GPS: 49.099173, 13.158344
WoMo: Aus Richtung Lam über die Lamer Straße und über Lohberg Richtung Süden, man passiert den Parkplatz des Großen Arbersee automatisch.

EINKEHR
Unterwegs: Arberschutzhaus, Eisensteiner Hütte (jeweils kurzer Abstecher), am Start-/Endpunkt: Arberseehausl

INFORMATION
bayerischer-wald.de, arberland-bayerischer-wald.de

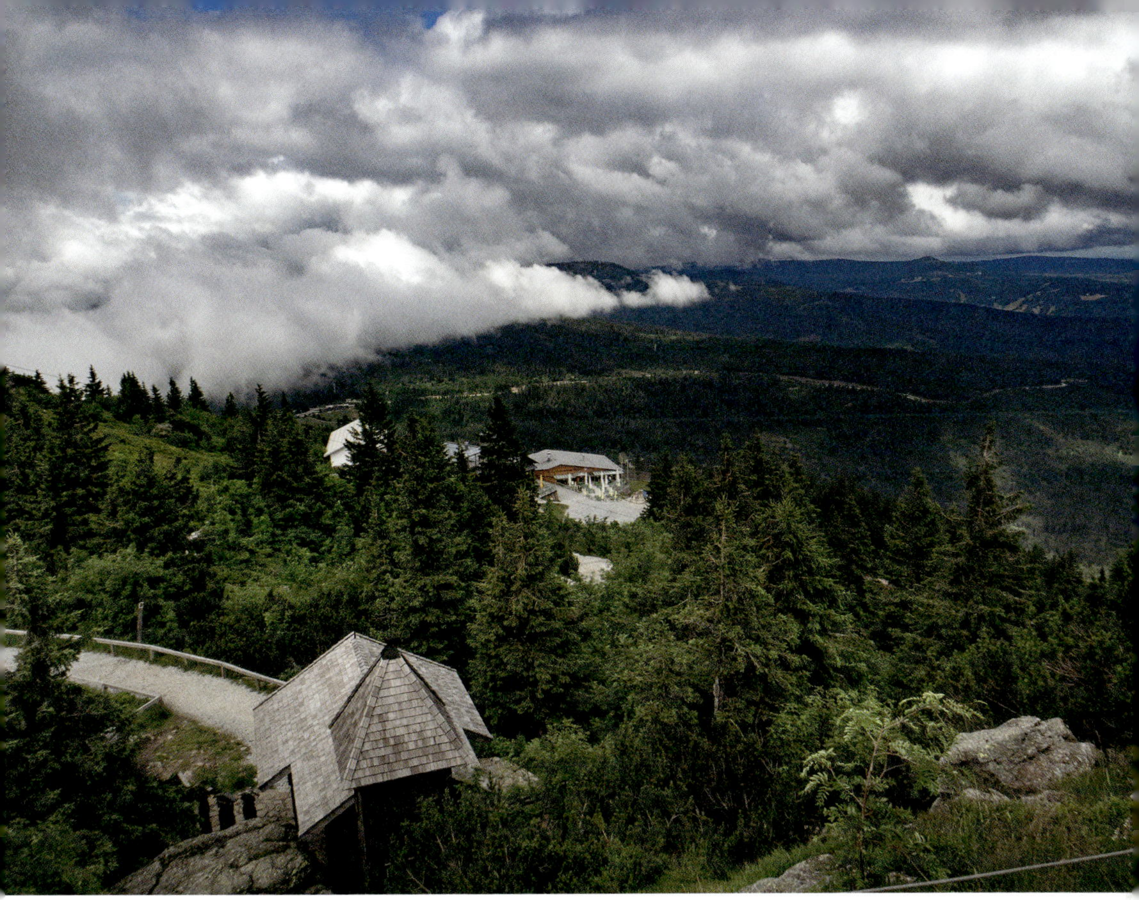

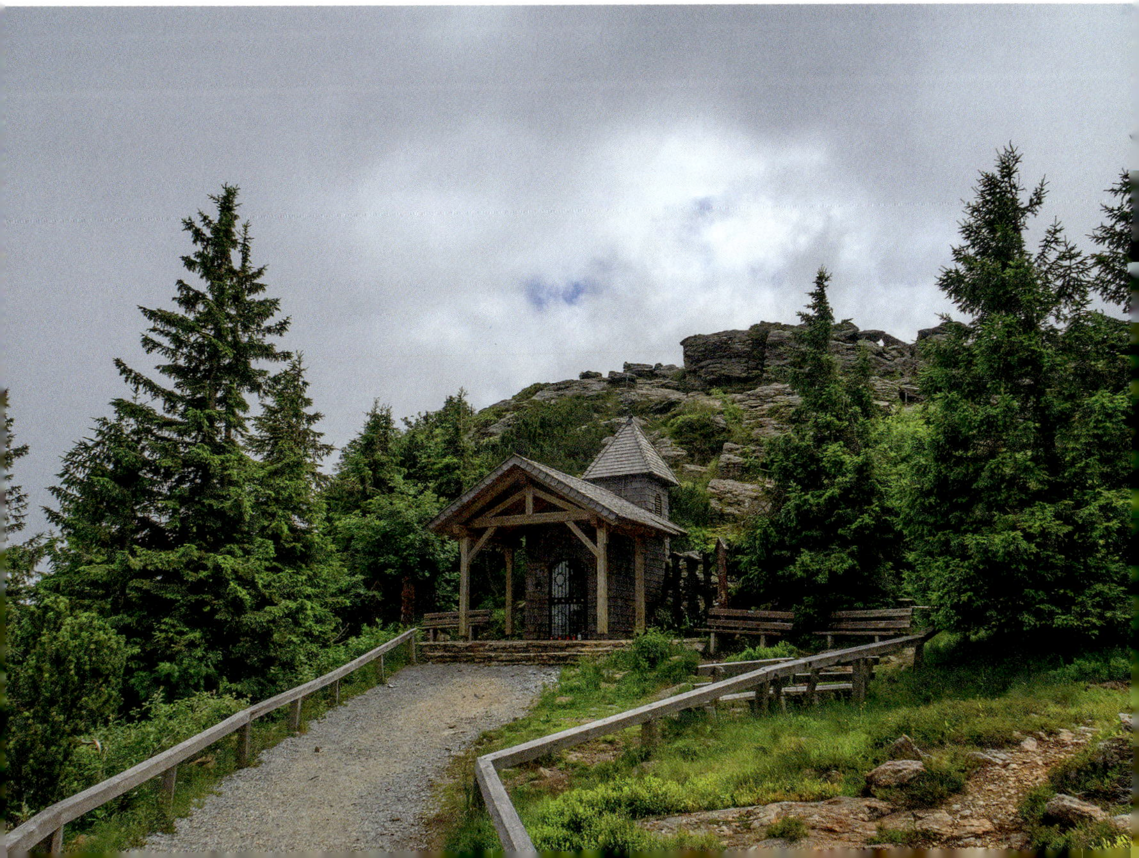

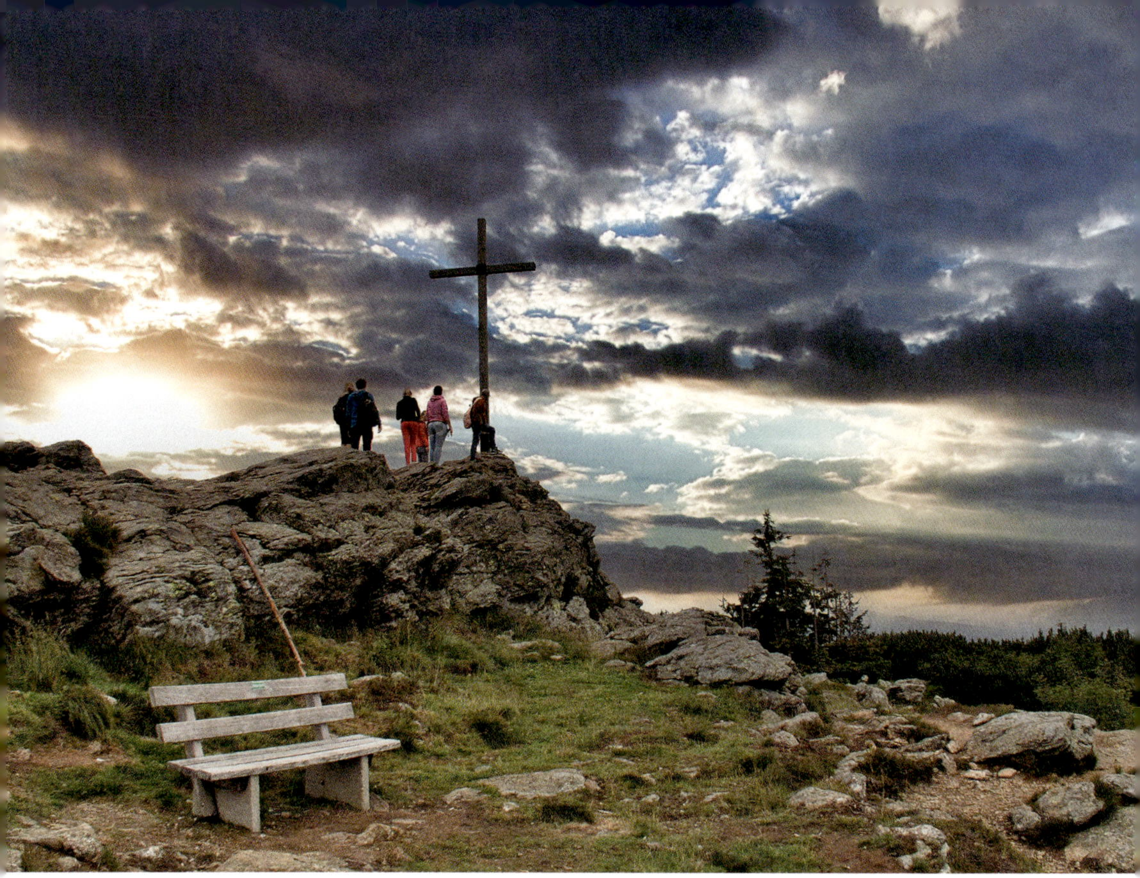

↑ Und hier ist er endlich: Der Gipfel des Großen Arbers, mit 1456 Metern der höchste Berg des Bayerischen Waldes.
↓ Start- und Endpunkt der Wanderung ist der idyllische Große Arbersee an der Südflanke des Berges.

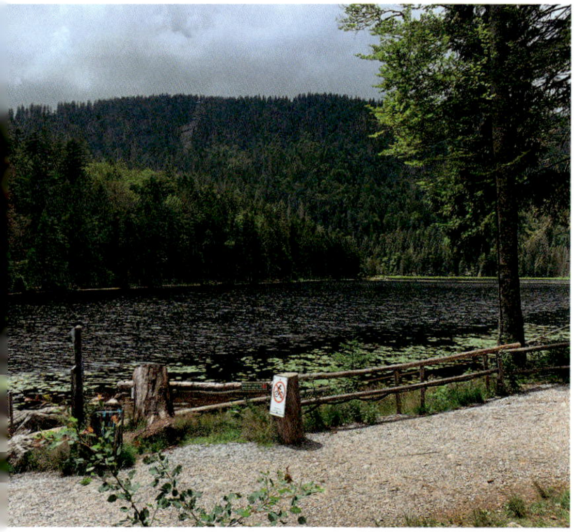

Richtung Bergstation der Seilbahn (über einen kurzen Abstecher wären die Gastronomien Arberschutzhaus und Eisensteiner Hütte erreichbar) und gelangen zur Arberkapelle, meinem Lieblingsplatz auf dieser Tour. Neben dem Gotteshaus klettert man auf den Felsaufbau und genießt noch einmal einen sensationellen Panoramablick über den Bayerischen Wald (diesmal mit dem Arbergipfel im Bild). Von jetzt an geht es nur noch bergab, das allerdings steil. Wir wandern zwischen Farn hindurch und an einer 260 Jahre alten Buche vorbei. Nun aus nördlicher Richtung kommend erreichen wir schließlich wieder den Großen Arbersee – und können zum Ausklang der kurzen Wanderung noch eine Tretbootfahrt unternehmen …

WANDERUNG

14 Beschauliche Runde

Einmal um den Kleinen Arbersee

Der Kleine Arbersee muss keineswegs im Schatten seines größeren Namensvetters stehen – im Gegenteil: Weitaus beschaulicher präsentiert sich der Bergsee, der aus der letzten Eiszeit stammt, am nördlichen Hang des Arbers in einem Naturschutzgebiet. Dass man nicht bis zum Seeufer fahren kann, wirkt sich ebenfalls positiv aus. Wir starten deshalb einen kleinen Spaziergang vom See entfernt am Wanderparkplatz bei der Mooshütte und folgen den Wegweisern mit dem stilisierten Glasbläser.
Wer nicht bis zum See laufen möchte, dem sei eine Fahrt mit der Kleinen Arberseebahn empfohlen. Sie tuckert am Bahnhof in Lohberghütte los und kutschiert ihre Fahrgäste zum Seehäusl am Westufer des Sees.
Wählen wir den Weg zu Fuß, ist nach knapp eineinhalb Kilometern das Seeufer erreicht – wir gehen gegen den Uhrzeigersinn und passieren die Einkehrmöglichkeit Seehäusl. Weiter geht es immer am See entlang auf naturbelassenen Wegen und stets mit Blick auf die drei Inseln. So umrunden wir den See einmal in aller Ruhe und gehen schließlich über die gleiche Strecke wie auf dem Hinweg zum Parkplatz zurück.

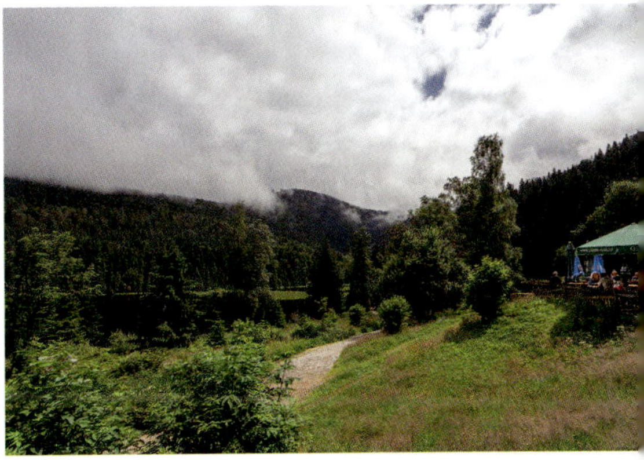

↑ Einkehr Seehäusel (rechts) am Ufer des Kleinen Arbersees

Info

DAUER
1 Std.

HÖHENMETER
40 Hm

LÄNGE
4 km

SCHWIERIGKEIT
Leicht

TOURENCHARAKTER
Sehr einfacher Spazierweg auf gut begehbaren Wegen

AUSGANGS-/ENDPUNKT
Wanderparkplatz Kleiner Arbersee (beim Berghotel Mooshütte)

ANFAHRT
GPS: 49.137524, 13.130315
WoMo: Aus Richtung Lam über die Lamer Straße und über Lohberg Richtung Süden, nach einer scharfen Linkskurve folgt rechter Hand der Parkplatz.

EINKEHR
Unterwegs: Seehäusl am Kleinen Arbersee, am Start-/Endpunkt: Berghotel Mooshütte

INFORMATION
bayerischer-wald.de, wenzl-bodenmais.de/kleine-arberseebahn

15 Eine Naturgewalt

Die Rißlochwasserfälle bei Bodenmais

Nach Regenfällen ist das Spektakel besonders beeindruckend: Dann rauscht der Rißbach, ein von mehreren Zuflüssen gespeister Fluss, so tosend bergab, dass man auf dem Wanderweg das eigene Wort nicht mehr versteht. Und der Weg hat es in sich: Sehr felsig und nicht nur nach Regen rutschig, führt er am Rißbach entlang bergauf, bis schließlich nach eineinhalb Kilometern der Wasserfall erreicht ist. Von einer Brücke aus steht man ergriffen vor dem Becken, in das sich die Wassermassen ergießen. Es ist beeindruckend!
Um dorthin zu gelangen, wendet man sich an einer Gabelung hinter dem Wanderparkplatz nach links. Dann geht es gleich steil und sehr felsig bergauf. Dieser Weg ist einfacher hoch zu gehen als herunter. Am Wasserfall überqueren wir die Brücke und folgen der Wegmarkierung »2« weiter steil nach oben. Nach zwei Holzbrückchen ist die höchste Stelle des Rundwegs erreicht. Wir wandern einen etwas breiteren, aber weiterhin felsigen und immer noch nicht bequemen Weg steil bergab, bis wir wieder auf die Gabelung treffen. Alternativ kann man natürlich auch ab der Wasserfallbrücke denselben Weg zurückgehen.
Die Natur entlang des Wegs bleibt sich komplett selbst überlassen, was die urtümliche Ausstrahlung des Wasserfalls unterstreicht. An manchen Stellen kommt man bis ans Wasser heran. Vor allem an heißen Sommertagen ist die Wanderung ein Genuss!

↗ Von Wurzelwerk durchzogen ist der steile Aufstieg, der zum Wasserfall führt. Manchmal ist er rutschig, dann ist besondere Vorsicht geboten.
→ Nach Überqueren der Brücke kommt man beim weiteren Aufstieg ganz nah an den tosenden Wasserfall heran.
↘ Wilde Natur am Rißbach

Info

DAUER
2 Std.

HÖHENMETER
210 Hm

LÄNGE
3 km

SCHWIERIGKEIT
Schwer

TOURENCHARAKTER
Felsiger, steiler Aufstieg entlang des Rißbachs. Stark von Wurzeln durchzogene Abschnitte. Nach Regen feucht und zum Teil rutschig. Trittsicherheit und festes Schuhwerk unbedingt erforderlich!

AUSGANGS-/ENDPUNKT
Wanderparkplatz Rißlochfälle

ANFAHRT
GPS: 49.070148, 13.103803

WoMo: Im Zentrum von Bodenmais auf den Rißlochweg in nördliche Richtung abbiegen, die Straße komplett durchfahren, der Wanderparkplatz befindet sich am Ende des Rißlochwegs.

EINKEHR
Unterwegs keine, Gastronomie in Bodenmais

INFORMATION
bayerischer-wald.de, bodenmais.de

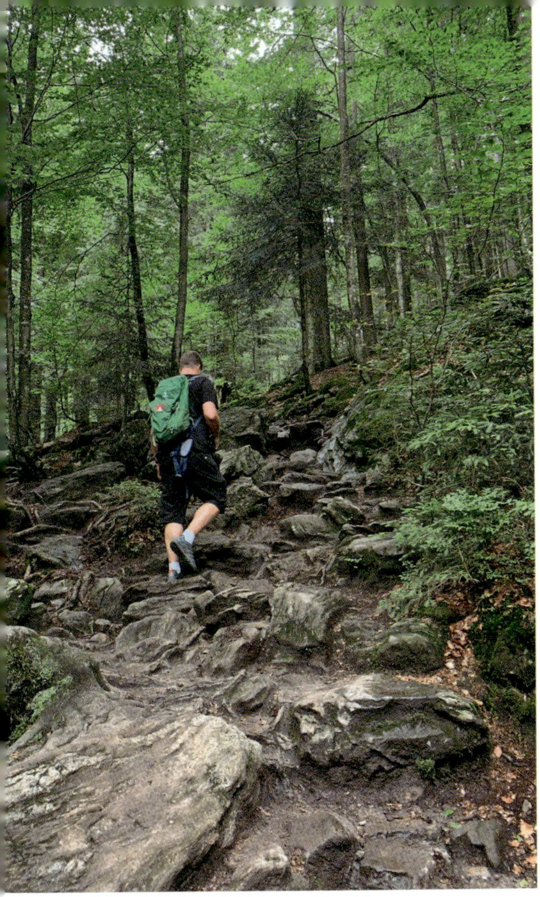
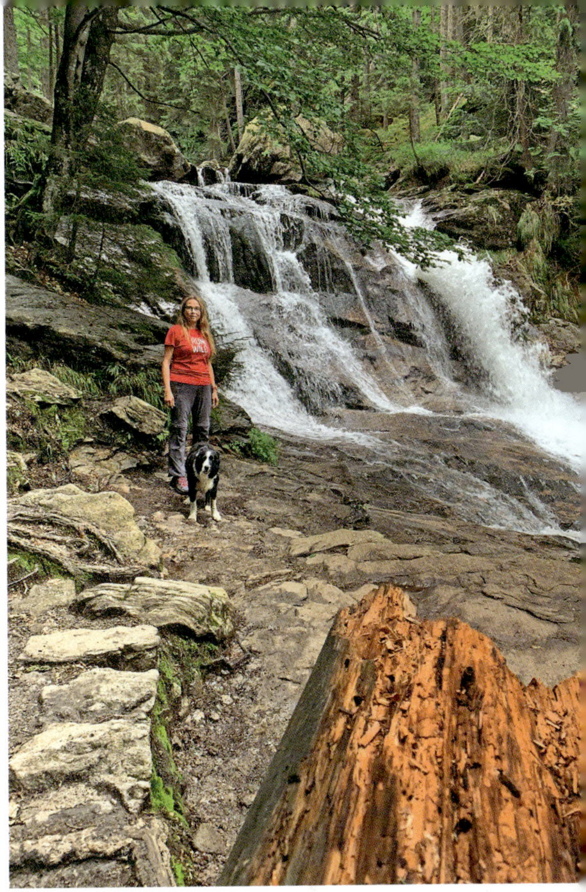
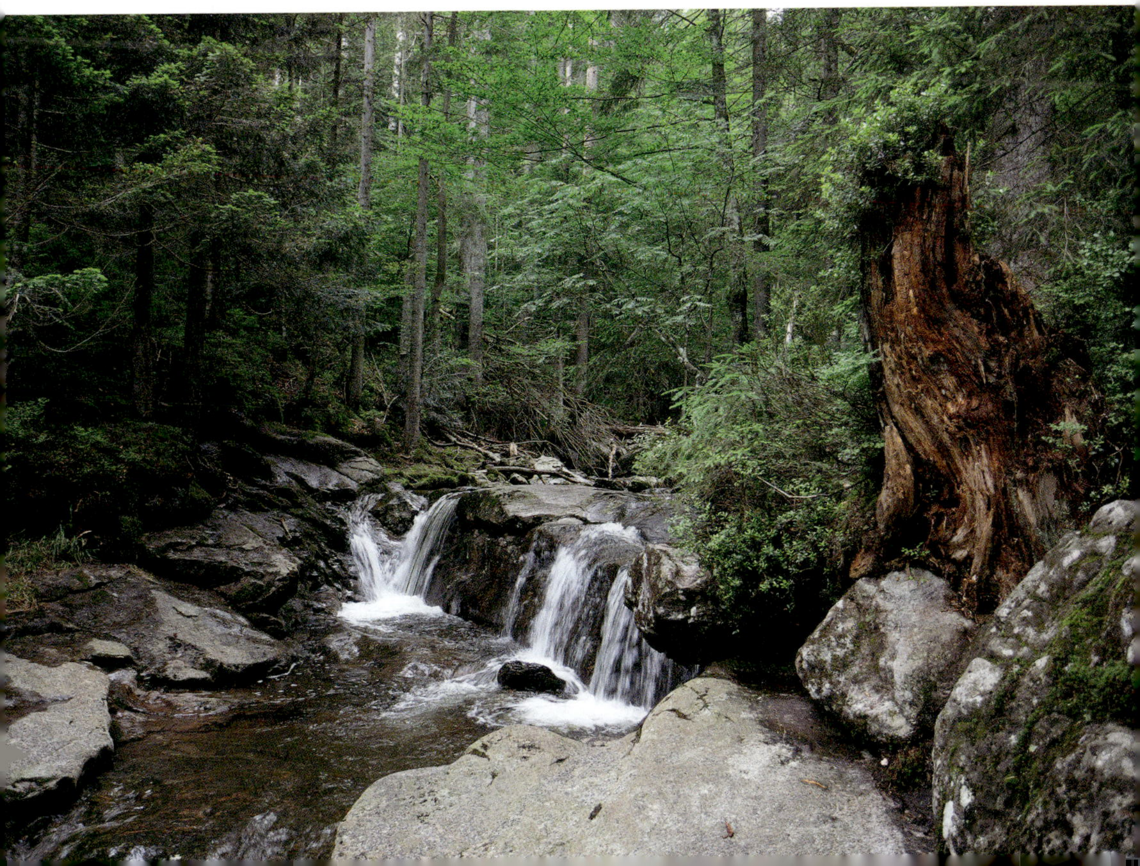

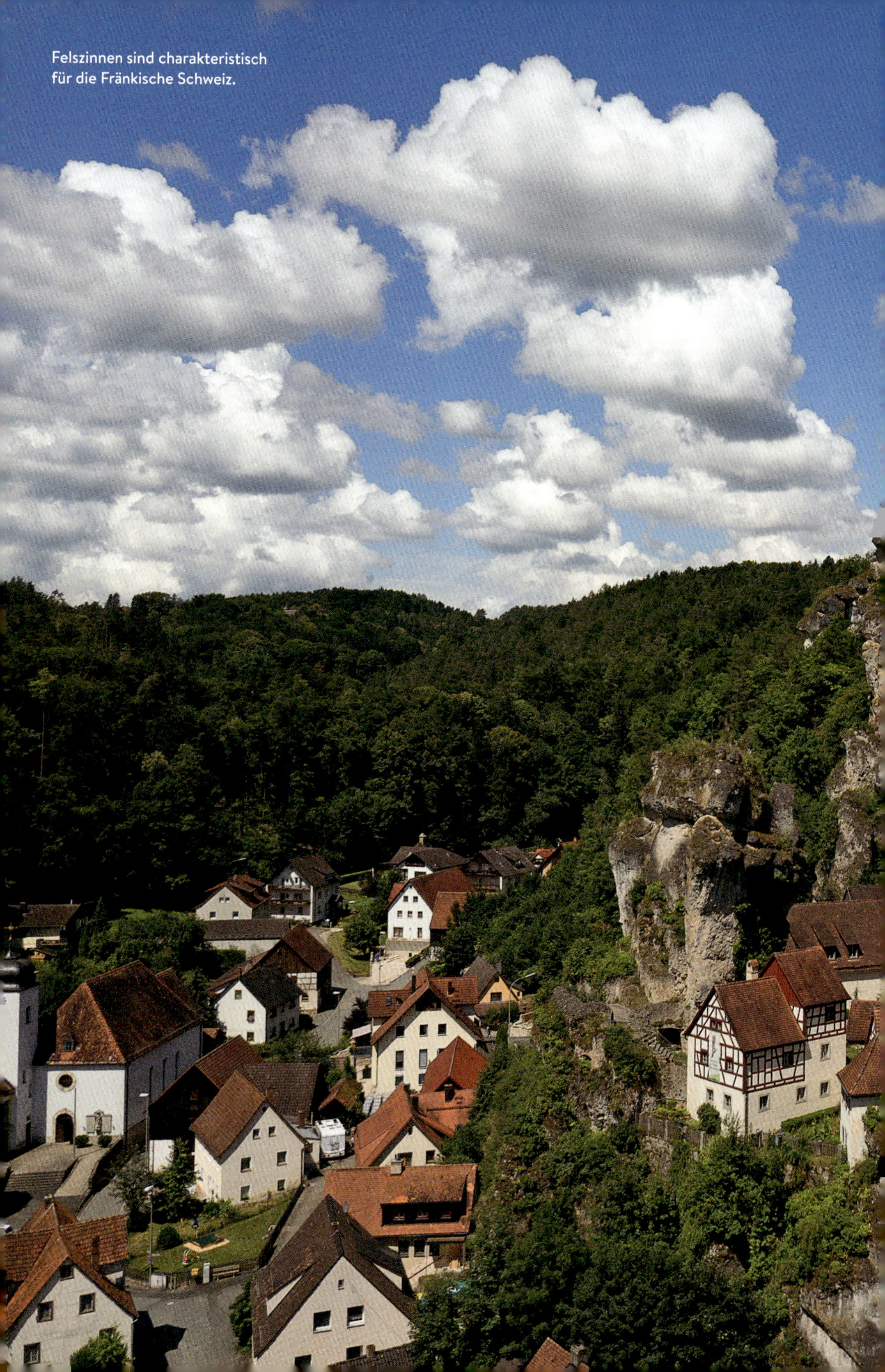
Felszinnen sind charakteristisch für die Fränkische Schweiz.

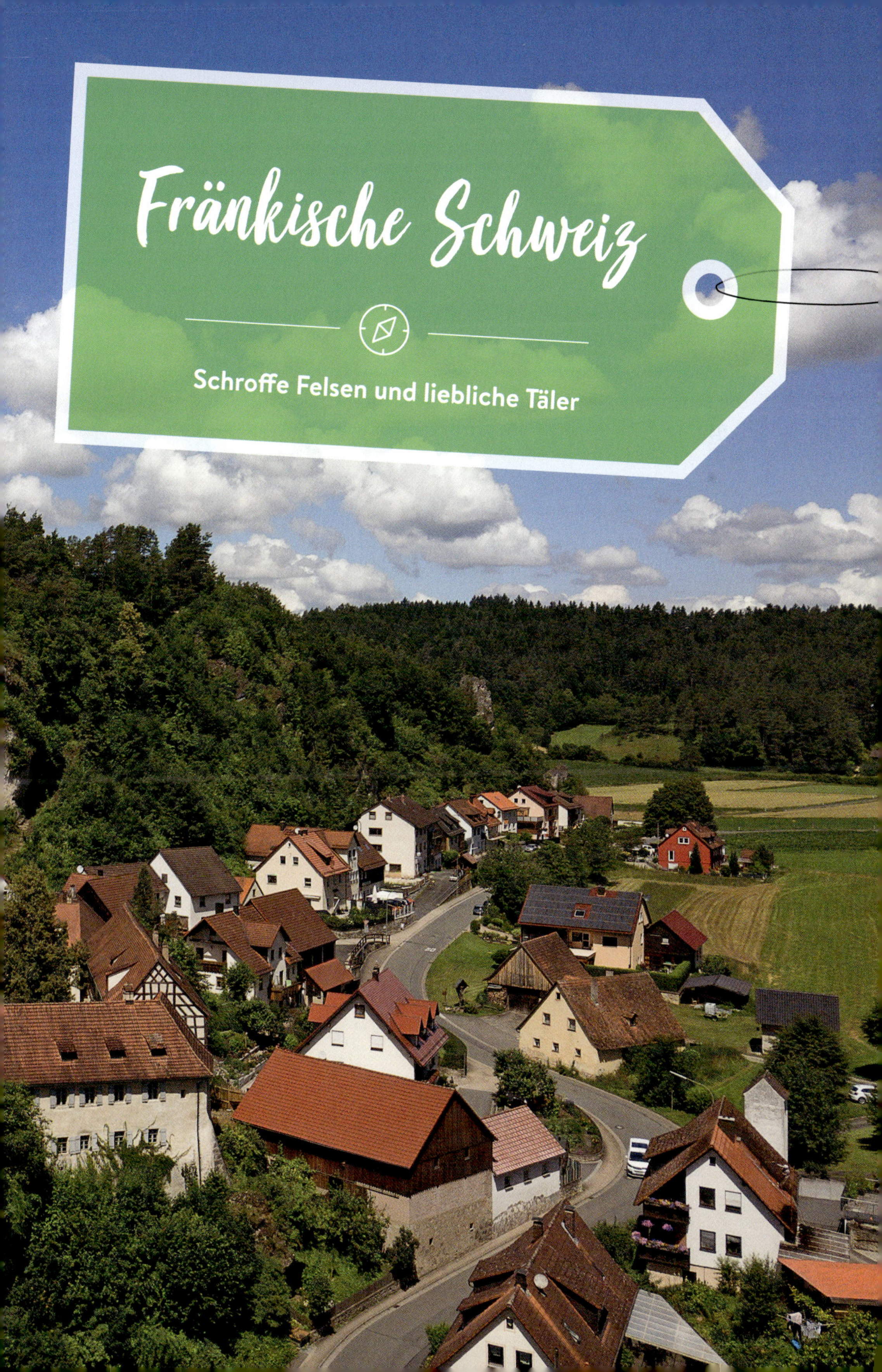
Fränkische Schweiz
Schroffe Felsen und liebliche Täler

CAMPINGPLATZ

Campingplatz Steinerner Beutel

Perfekter Ausgangsort an der Wiesent

Die Fränkische Schweiz in Oberfranken zeichnet sich durch Berge und Hügel, aber in erster Linie durch markante Felsformationen, Höhlen sowie Burgen und Ruinen aus. Das Gebiet ist überschaubar weiträumig, die Wege sind nicht weit – und bislang von den größeren Touristenströmen verschont.

Der Campingplatz Steinerner Beutel liegt mitten im Gebiet der Fränkischen Schweiz und verfügt außerdem über einen direkten (kostenpflichtigen) Zugang zum beheizten städtischen Freibad. Die Wohnmobile stehen auf zwei großen Wiesenflächen, eine davon erstreckt sich direkt an der Durchgangsstraße. Viele Dauercamper nutzen den Platz. Die Sanitäranlagen sind renoviert und sauber, Waschmaschine und eine Gaststätte mit Biergarten bereichern das Angebot. Direkter (kostenloser) Zugang zum Freibad, außerdem Fliegenfischen möglich sowie Bootfahren auf der Wiesent. Täglich frische Semmeln, einmal wöchentlich fährt ein Verkaufswagen einer ortsansässigen Metzgerei vor. W-LAN (kostenpflichtig) vorhanden.

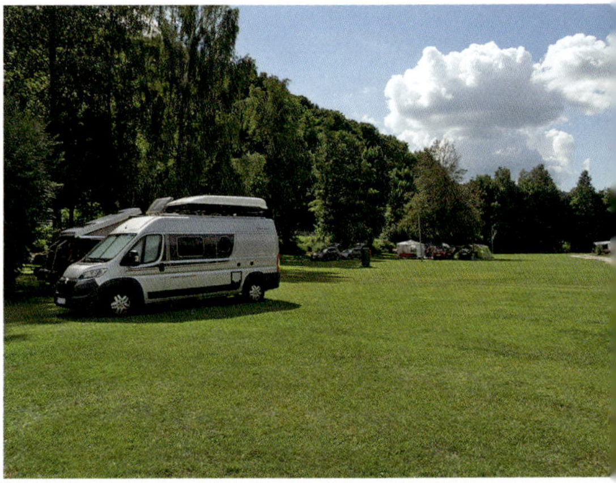

→ Wanderung auf dem Geo-Pfad von Plankenfels (Tour 18)

Info

GEEIGNET ALS
Wochenendtrip oder Mehrtagesurlaub

ADRESSE
Hauptstraße 54, 91344 Waischenfeld, Tel. 09202/359, E-Mail: mai.roland@t-online.de, campingplatz-waischenfeld.de

ANFAHRT
Waischenfeld befindet sich inmitten des Dreiecks Forchheim, Bayreuth und Coburg, der Campingplatz liegt an der Umgehungsstraße des Orts (Hauptstraße) direkt nach einer Tankstelle (Fahrtrichtung Norden).

GPS
49.851045, 11.341807

BESONDERHEIT
Da alle Wanderungen in überschaubarer Fahrdistanz zum Platz liegen, reicht er als einziger Übernachtungsstandort in der Fränkischen Schweiz aus.

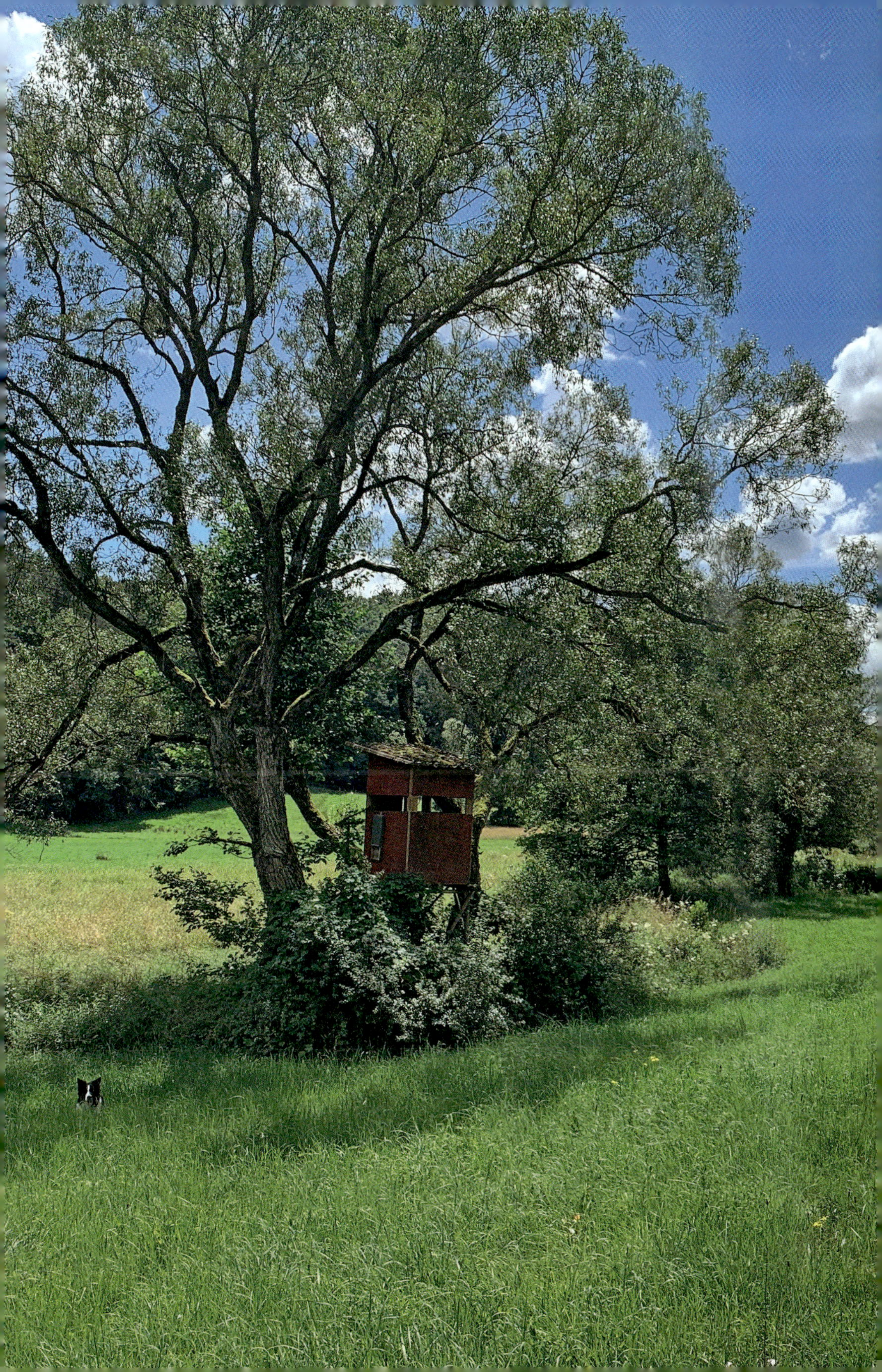

WANDERUNG

16 Seltenes Naturschauspiel

Zu den Sinterterrassen im Lillachtal

Wie eine Tropfsteinhöhle im Fluss muss man sich dieses seltene Naturphänomen vorstellen, das im Rahmen einer wunderschönen, abwechslungsreichen Wanderung einen Teil des Weges bestimmt. Es geht ins liebliche Lillachtal hinein, zuvor jedoch durch den Ort Weißenohe bis nach Dorfhaus. Am Ortsende kommen wir an diversen landwirtschaftlichen Direktvermarktungen vorbei – es gibt frische Milch vom Bauernhof zu kaufen, selbstgemachtes Eis oder Marmeladen. Kleingeld nicht vergessen!

Nach den Fischzuchtbecken folgen schon bald die ersten Sinterterrassen, die durch Kalkablagerungen entstanden sind. Es stehen mehrere Informationstafeln am Wegesrand, an denen wir uns über dieses Naturphänomen schlau machen können. Aber noch viel wichtiger ist: die wunderschöne Umgebung genießen und den liebevoll angelegten Weg, der über Holzstege, Treppen und Plattformen neben den Terrassen entlangführt.

Immer der Markierung mit dem gelben Balken beziehungsweise gelben Kringel folgend, erreichen wir einen breiten Weg, von dem wir nach links in den Wald abbiegen. Wir kommen zur einer romantischen Holzbrücke mit Schutzhütte (perfekt für ein Picknick) am Umkehrpunkt der Wanderung. Noch einmal geht es – nun auf der anderen Seite des Lillachtals – über einen Waldpfad, dann über eine gepflasterte Straße zurück zum Ort und oberhalb von diesem zurück zum Parkplatz.

↗ Die Wanderung verläuft zunächst sonnig direkt an der Sintach entlang, die über kleine Kalkstufen in das Tal herunterfließt. → Dann geht es bergauf und der Weg wird schattiger. Oberhalb einer größeren Felsstufe ist er mit Holzgeländern gesichert.

Info

DAUER
2 Std.

HÖHENMETER
160 Hm

LÄNGE
7,3 km

SCHWIERIGKEIT
Leicht

TOURENCHARAKTER
Gut zu begehende Wege, moderate Steigungen, Treppen entlang der Sinterterrassen

AUSGANGS-/ENDPUNKT
Parkplatz West in Weißenohe

ANFAHRT
GPS: 49.628976, 11.250408
WoMo: Über die B2 nach Weißenohe fahren, in der Ortsmitte auf die Hauptstraße abbiegen, Parkplatz liegt direkt an der Kreuzung.

EINKEHR
Am Ortsende von Dorfhaus Selbstversorgungshäuschen, am Start-/Endpunkt Klosterbrauerei in Weißenohe

INFORMATION
frankenlandler.com, fraenkische-schweiz.com

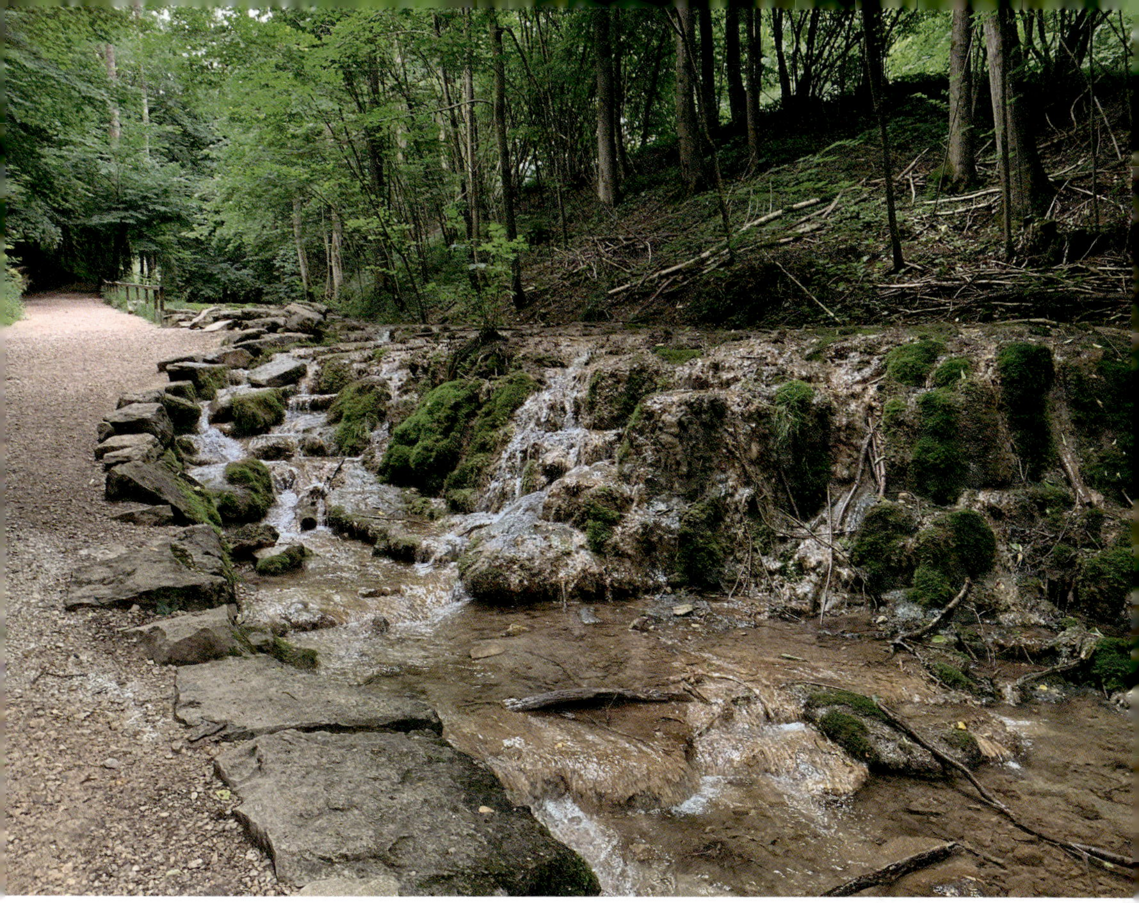
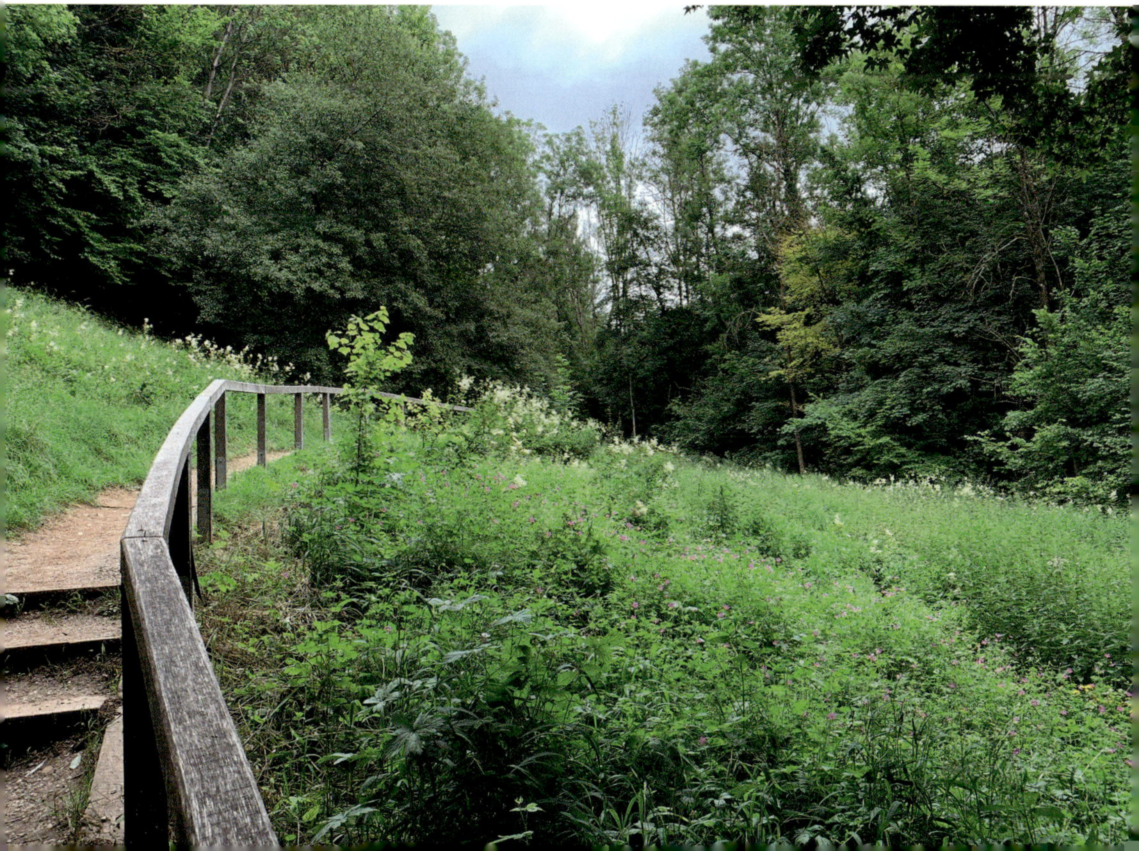

WANDERUNG

17 Markante Formationen

Von Gößweinstein zum Felsentor

Start und Ziel ist das wunderschöne Gößweinstein, für das man sich vor oder nach dem Wandern unbedingt Zeit nehmen sollten. Der Parkplatz liegt mitten im Ort, sodass eine Erkundung problemlos möglich ist. Zunächst geht es aus Gößweinstein hinaus und über die Umgehungsstraße hinweg, dann über Felder, Wiesen und durch den Wald hinunter in den Felsenort Tüchersfeld. Dort befindet sich die Attraktion des Wegs, die Felszinnen (auch Zeckentürme genannt). Eine davon kann man erklimmen, hierfür muss man durch den Ort bis zum Feuerwehrhaus gehen und dann von hinten hochsteigen.
In Tüchersfeld gibt es das Museum Fränkische Schweiz und ein breites gastronomisches Angebot (Cafés, Restaurants und Läden mit Erzeugnissen von den umliegenden Bauernhöfen). Wir verlassen den Ort, queren die Straße und eine Brücke und gelangen zum Campingplatz Jurahöhe mit Gastronomie. Danach geht es rechts steil bergauf in den Wald. Wir verlassen das Flusstal und erreichen eine Hochebene. Weiter an zwei Orten vorbei, teils über eine kaum befahrene Kreisstraße, genießen wir die Blumenpracht auf den Wiesen. In einer großen Schleife über Felder und durch den Wald nähern wir uns wieder Gößweinstein – in der Ferne erblicken wir schon die Basilika mit Franziskanerkloster. Von zwei Aussichtspunkten aus bieten sich besonders schöne Blicke, bevor es in den Ort zurückgeht.

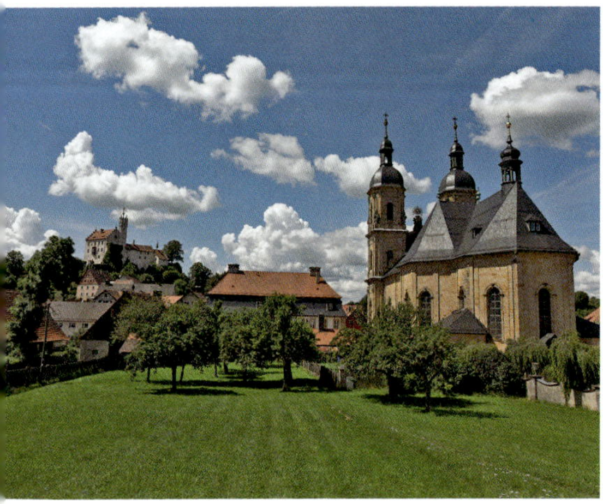

↑ Nach der Wanderung sollte man unbedingt den schmucken Ort Gößweinstein anschauen.

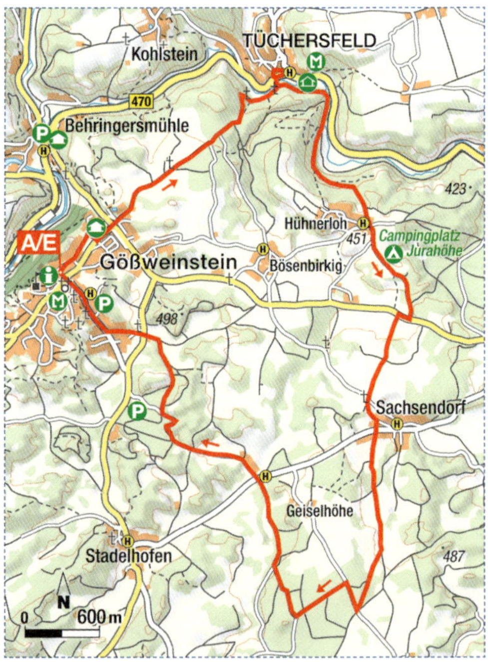

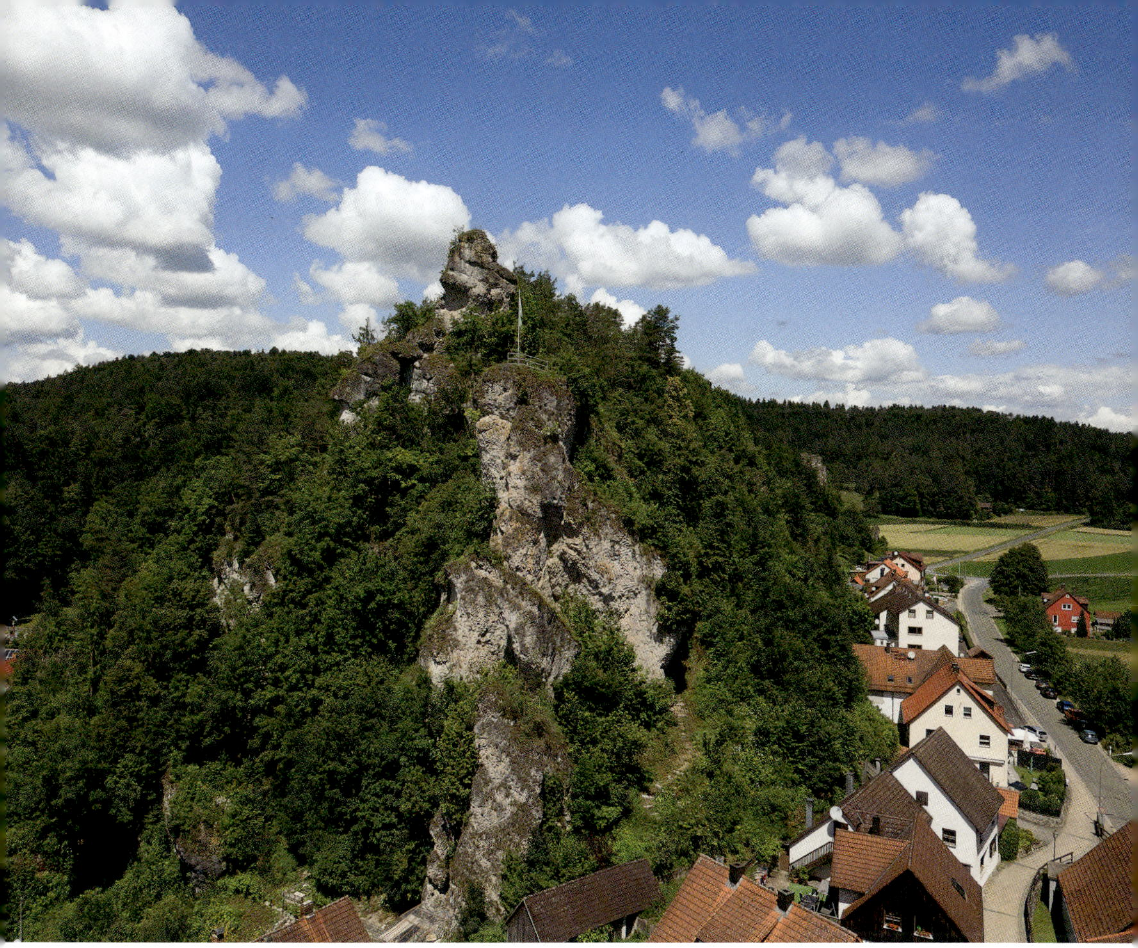

↑ Höhepunkt der Wanderung sind die Felszinnen.

Info

DAUER
4.15 Std.

HÖHENMETER
347 Hm

LÄNGE
13 km

SCHWIERIGKEIT
Mittel

TOURENCHARAKTER
Mittelschwer aufgrund der Länge. Gut begehbare Wege, Klettereinlage an den Felszinnen optional

AUSGANGS-/ENDPUNKT
Großer Parkplatz An der Martinswand

ANFAHRT
GPS: 49.768531 11.331931
WoMo: Über Waischenfeld und vorbei an der Burg Rabenstein nach Gößweinstein fahren (enge Ortsdurchfahrten, steile Straßen, aber alles mit Wohnmobil möglich). Nach Gößweinstein über die Petzoldstraße, die Straße An der Martinswand zweigt rechts ab.

EINKEHR
Gastronomie in Gößweinstein (Start- und Zielpunkt), in Tüchersfeld und der Gaststätte des Campingplatzes Jurahöhe

INFORMATION
fraenkische-schweiz.com, frankentourismus.de/orte/goessweinstein

WANDERUNG

18 Abwechslungs- und lehrreich!

Erdgeschichte erwandern am Plankenfels

Mancher wird von einer Wanderung mit erdgeschichtlichem Fokus etwas mehr Geologie erwarten, aber die Tour ist in Sachen Idylle und Abwechslungsreichtum auf vergleichsweise kurzer Strecke kaum zu überbieten. Es gibt eine Wegmarkierung (blaues Schild mit Aufschrift »geo«). Ich empfehle jedoch, die Runde gegen die Laufrichtung der Ausschilderung zu gehen, da man damit den steilen Aufstieg gleich zu Beginn hinter sich bringt und dieser zudem durch den schattigen Wald führt. Orientieren kann man sich trotzdem an den Ausschilderungen, deren Pfeile dann eben in die andere Richtung zeigen. Zudem ist der Weg mit einem gelben Kringel markiert.

Nach dem steilen, einen Kilometer langen Aufstieg folgt schon bald ein Highlight der Tour: der fantastische Panoramablick vom Plankenstein aus über die Höhen der Fränkischen Schweiz. Anschließend geht es hinab in den gleichnamigen Ort und über 1,2 Kilometer auf einer schmalen, kaum befahrenen Teerstraße bis zum Dörfchen Meuschlitz. Direkt danach biegen wir links ab und wandern auf einem Wiesenpfad hinunter ins beschauliche Lochautal. Kurz steigt der Weg im Wald an, dann verläuft er zwischen blühenden Wiesen, durch die die Lochau mäandert.

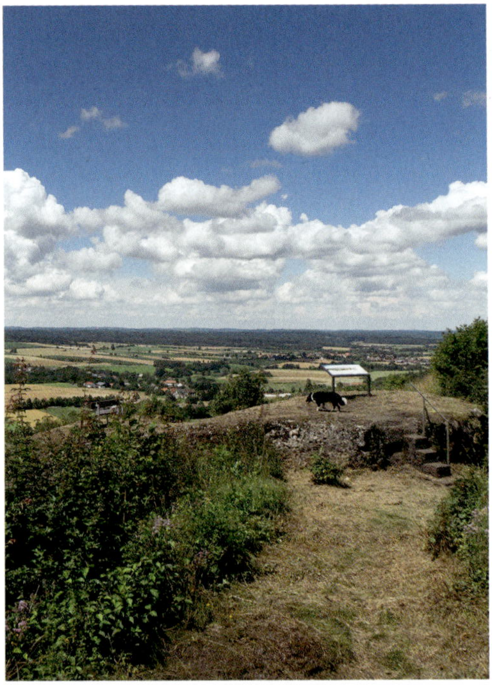

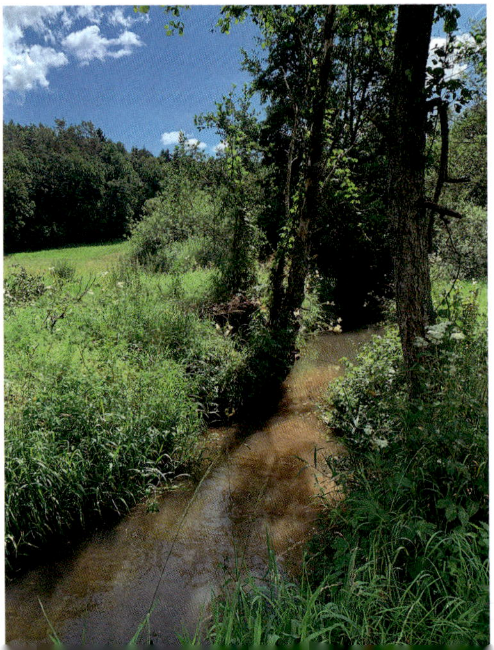

↗ Das Beste kommt hier zu Beginn: Der Ausblick vom Plankenfels ist einfach großartig.

→ Am Ende der Tour führt der Weg am idyllischen Bach Lochau entlang.

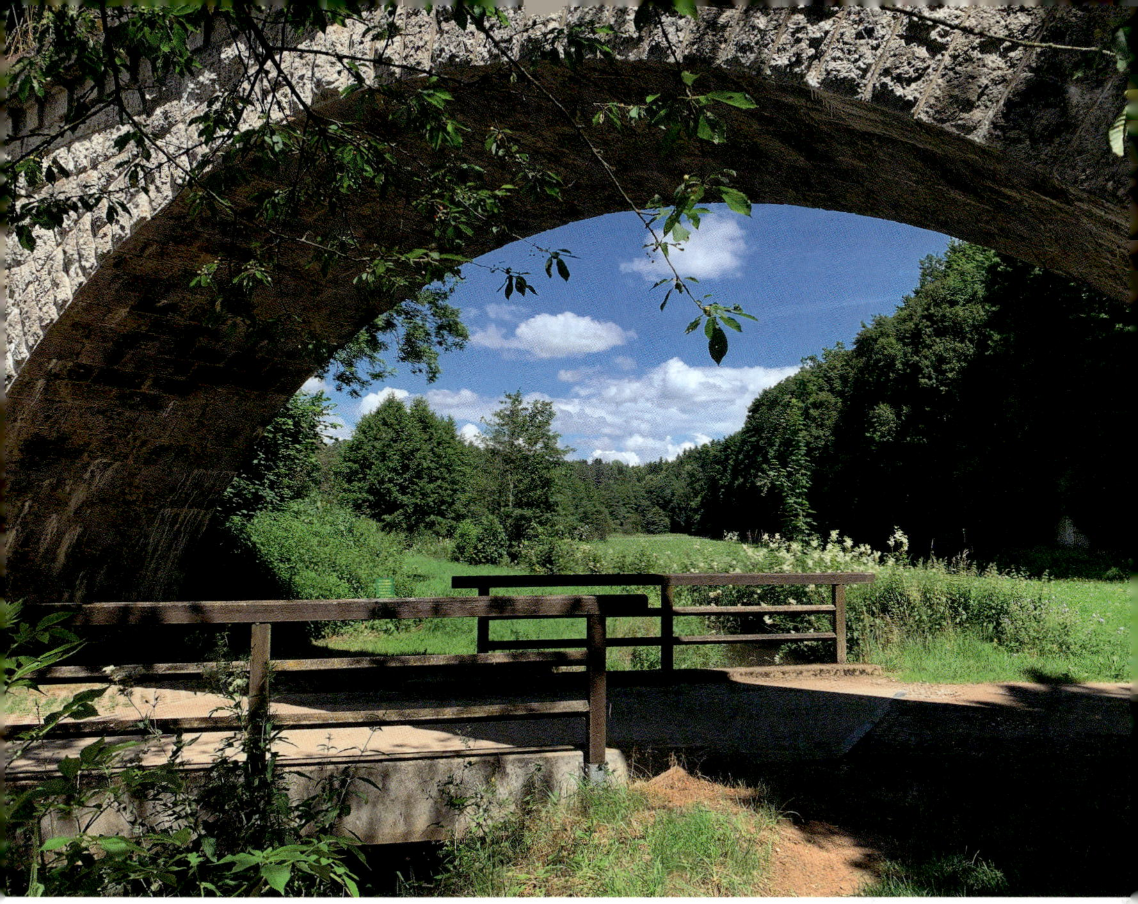

Wir überqueren den Bach auf einer Brücke, geradeaus führt uns ein kurzer Abstecher zum alten Steinbruch. Wieder zurück auf dem Hauptweg ist es nur noch ein knapper Kilometer bis zum Ausgangspunkt.

↑ Schon der Auftakt der Wanderung verheißt etwas Besonderes: Munter plätschert die Lochau unter der Brücke hindurch, darüber spannt sich eine malerische Steinbrücke.

Info

DAUER
2 Std.

HÖHENMETER
160 Hm

LÄNGE
6,1 km

SCHWIERIGKEIT
Mittel

TOURENCHARAKTER
Steiler Anstieg zu Beginn, dann über schmale, zum Teil zugewucherte Wiesenpfade, ansonsten bequeme Wege und eine kurze Strecke über die Teerstraße

AUSGANGS-/ENDPUNKT
Wanderparkplatz Plankenfels

ANFAHRT
GPS: 49.886677, 11341096
WoMo: Von Waischenfeld nach Plankenfels fahren, der Wanderparkplatz liegt unmittelbar am Ortseingang hinter dem Gasthof Schwarzer Ritter.

EINKEHR
Unterwegs keine, direkt am Parkplatz (Ausgangs-/Endpunkt) Gasthof Schwarzer Ritter

INFORMATION
fraenkische-schweiz.com, plankenfels.de

WANDERUNG

19 Im Tal der Aufseß

Brauereien, Schloss und Höhlen

Durchs schöne Aufseßtal führt der abwechslungsreiche Weg, der auf dem Parkplatz unterhalb von Schloss Unteraufseß startet. Ein gelber Balken dient als Markierung. Die Schlossanlage gehört zu den ältesten in Oberfranken, in ihrem Innenhof befindet sich die markante evangelische Schlosskirche in schlichtem Barock. Wir wandern im Uhrzeigersinn entlang des Flusses Aufseß. Dass hier Forellenzucht betrieben wird, zeigen einige Fischzuchtbecken. Wir überqueren nach etwa drei Kilometern den Fluss und wenden uns anschließend in nördliche Richtung.
Wer gerne Höhlen erkundet, sollte für diese Wanderung eine gute Taschenlampe mitnehmen. Die Höhle Fuchsloch – eigentlich ein ganzes Höhlensystem – ist mit einer kleinen Kletterei zugänglich. Die Schweizerhaushöhle wurde früher zur Lagerung genutzt. Man kann sehr weit in die riesige Höhle hineingehen, es ist allerdings wirklich stockdunkel darin.
In der kleinen Siedlung Heckenhof erreichen wir den Brauereigasthof Kathi-Bräu – mehr als nur eine Einkehr! Das charmante fränkische Wirtshaus mit einem schönen Biergarten und leckerem Landbier genießt Kultstatus. Hier führt auch der »Brauereienweg« vorbei. Nach der Stärkung wandern wir durch Heckenhof und weiter Richtung Norden am Galgenhügel vorbei bis zur Ortschaft Neuhaus. Mit einem kleinen Abstecher erreicht man über den Friedhof von Neuhaus den Felsengarten mit der Felsnadel »Himmelssteuberer«. Anschließend geht es vom Friedhof wieder am Ufer der Aufseß entlang zurück in den gleichnamigen Ort zum Parkplatz.

Info

DAUER
4 Std.

HÖHENMETER
160 Hm

LÄNGE
12,2 km

SCHWIERIGKEIT
Mittel

TOURENCHARAKTER
Mittelschwere Wanderung mit moderaten Steigungen, aufgrund der Länge gute Grundkondition vorteilhaft

AUSGANGS-/ENDPUNKT
Wanderparkplatz in Aufseß an der Straße nach Heiligenstadt

ANFAHRT
GPS: 49.910329, 11.223889
WoMo: Vom Campingplatz Steinerner Beutel Richtung Plankenfels fahren, am Ortsrand von Plankenfels dann links ab nach Aufseß, der Wanderparkplatz befindet sich Ecke Bamberger Straße und Unterer Schloßberg.

EINKEHR
Unterwegs: Brauereigasthof Kathi-Bräu (und weitere Brauereigasthöfe in Heckenhof), am Start-/Endpunkt: Brauereigasthöfe in Aufseß

INFORMATION
fraenkische-schweiz.com, aufsess.de, kathibraeu.de

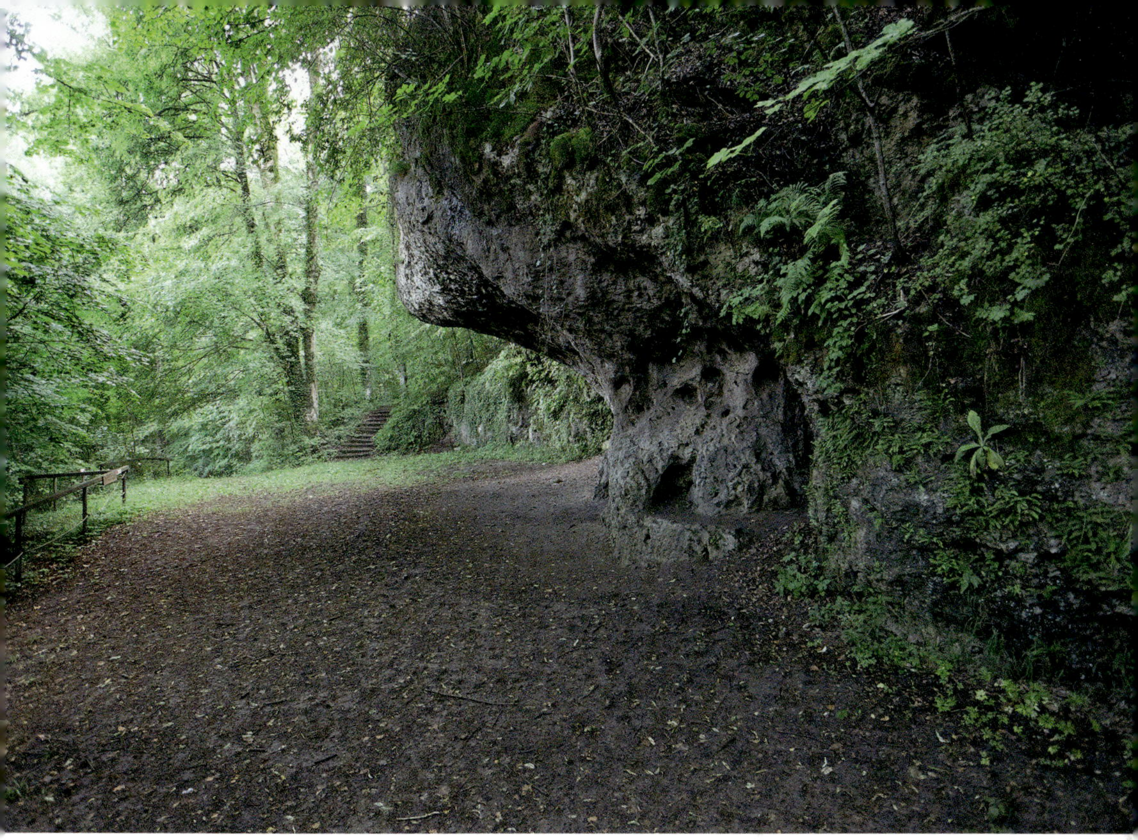

↑ Das Highlight auf der Strecke ist die Schweizerhaushöhle.
↓ Vorbei geht es auch an Schloss Oberaufseß. Die Anlage ist von einer Mauer mit Rundtürmen umgeben.

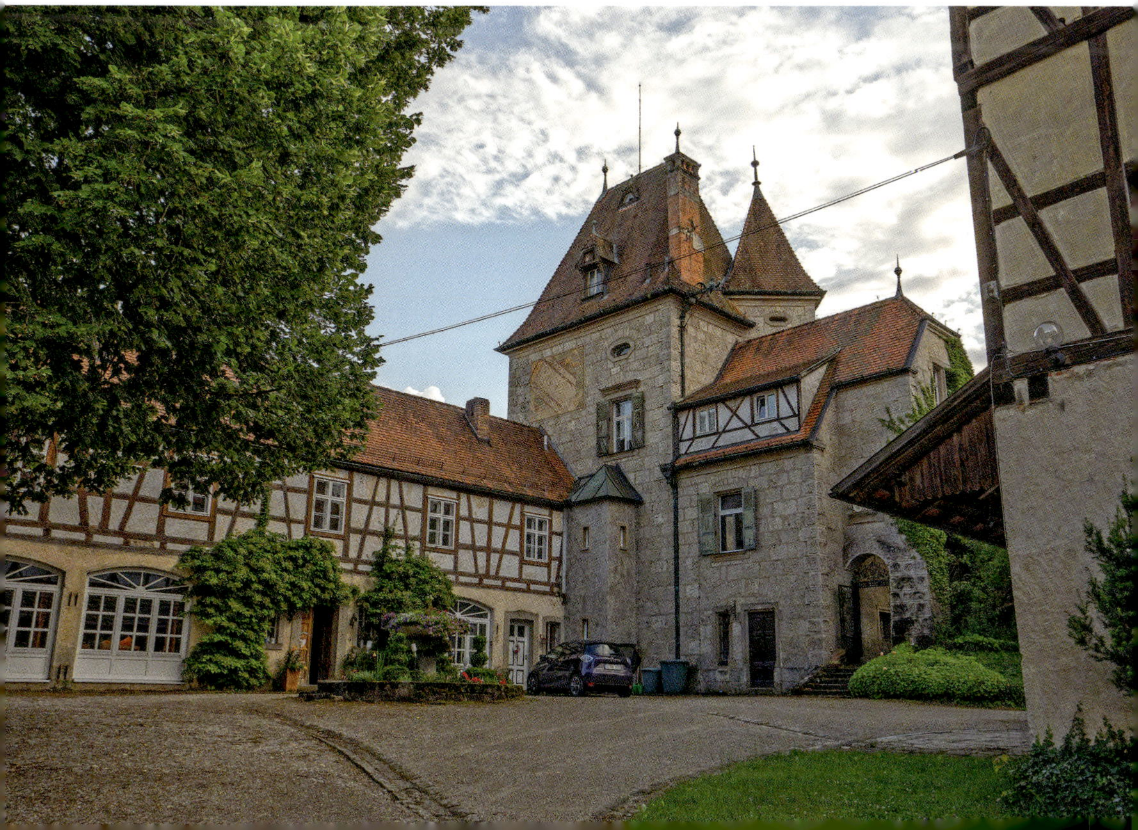

WANDERUNG

20 Tour voller Geheimnisse

Über den Promenadenweg rund um die Burg Rabenstein

Zwar bewältigt die Wanderung auf relativ kurzer Strecke schon ein paar Höhenmeter, die über dem Tal aufragende Burg Rabenstein lohnt diesen Kalorienverbrauch jedoch allemal. Neben der Burg stehen zwei weitere typische Attraktionen der Fränkischen Schweiz auf dem Programm, nämlich Höhlen und Felsen. Der Promenadenweg trägt seinen Namen dabei zu Recht. Herrliche Blicke und bedeutende Sehenswürdigkeiten reihen sich hier aneinander.

Über Felsenstufen und Treppen führt der gut ausgeschilderte Weg (mit »Promenadenweg« beziehungsweise der Königsfigur aus dem Schachspiel markiert). Neben der mittelalterlichen Burg Rabenstein liegt auch die Sophienhöhle auf der Strecke. Sie ist eine typische Tropfsteinhöhle der Fränkischen Schweiz, die im Rahmen von Führungen besichtigt werden kann. Frei zugänglich ist die Ludwigshöhle, die ihren Namen vom bayerischen König Ludwig I. hat – 1830 lud ihn der Graf von Schönborn-Wiesentheid zum Tafeln in die Höhle ein und ließ dafür den Boden ebnen.

Den Höhepunkt der Tour markiert die mittelalterliche Burg Rabenstein mit einer eigenen Falknerei. An ihrem Parkplatz beginnt und endet die Wanderung.

↗ Majestätisch wie ein Adlerhorst sitzt die Burg Rabenstein auf einer Felsspitze. Ein Blickfang, der weithin sichtbar ist!

→ Die Sophienhöhle ist eine aktive Tropfsteinhöhle. Man kann im Rahmen von Führungen den unterirdischen Palast besuchen.

Info

DAUER
2 Std..

HÖHENMETER
170 Hm

LÄNGE
3,9 km

SCHWIERIGKEIT
Mittel

TOURENCHARAKTER
Auf kleinen Pfaden, Trittsicherheit und festes Schuhwerk jedoch unbedingt erforderlich

AUSGANGS-/ENDPUNKT
BWanderparkplatz der Burg Rabenstein

ANFAHRT
GPS: 49.818949, 11.364139
WoMo: Von Waischenfeld Richtung Süden fahren, zum Parkplatz der Burg geht es von der Kreisstraße nach links (ausgeschildert).

EINKEHR
Am Start- und Endpunkt Gutsschenke der Burg Rabenstein

INFORMATION
fraenkische-schweiz.com, burg-rabenstein.de

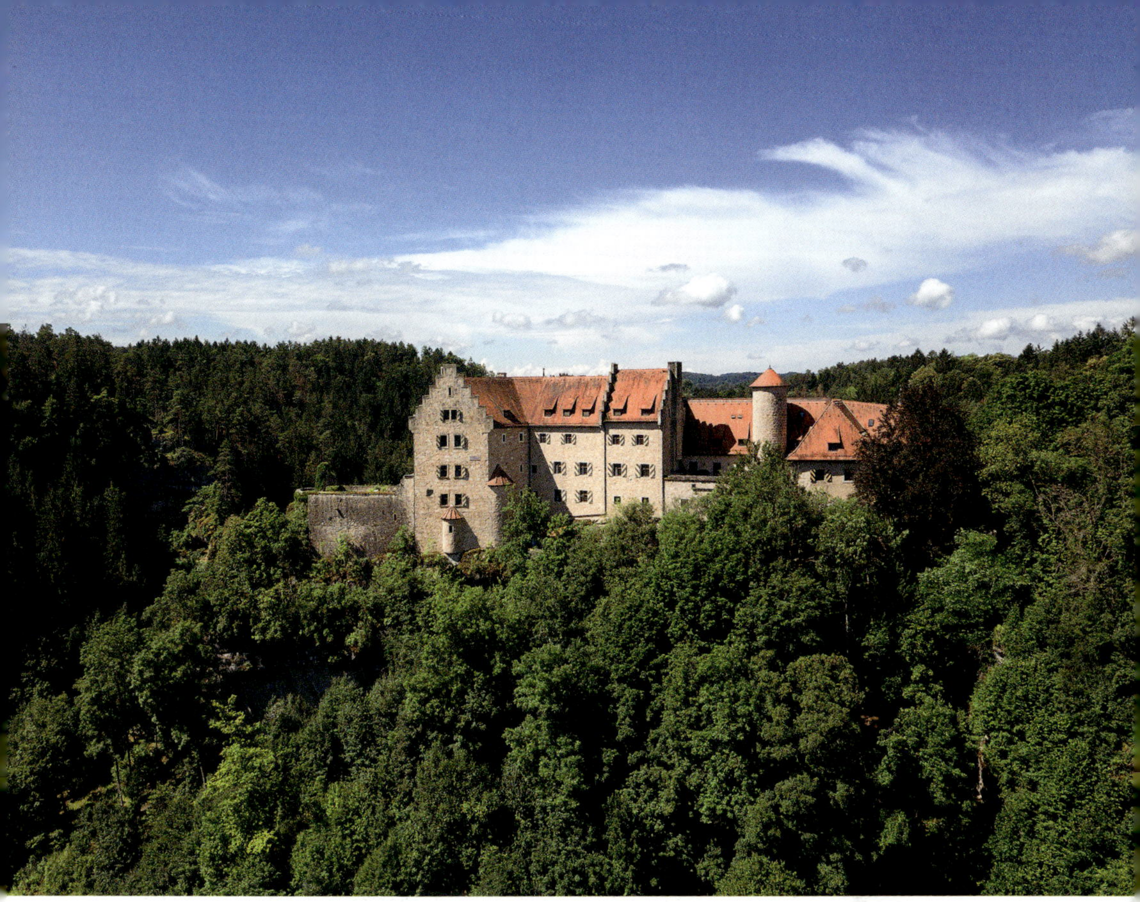

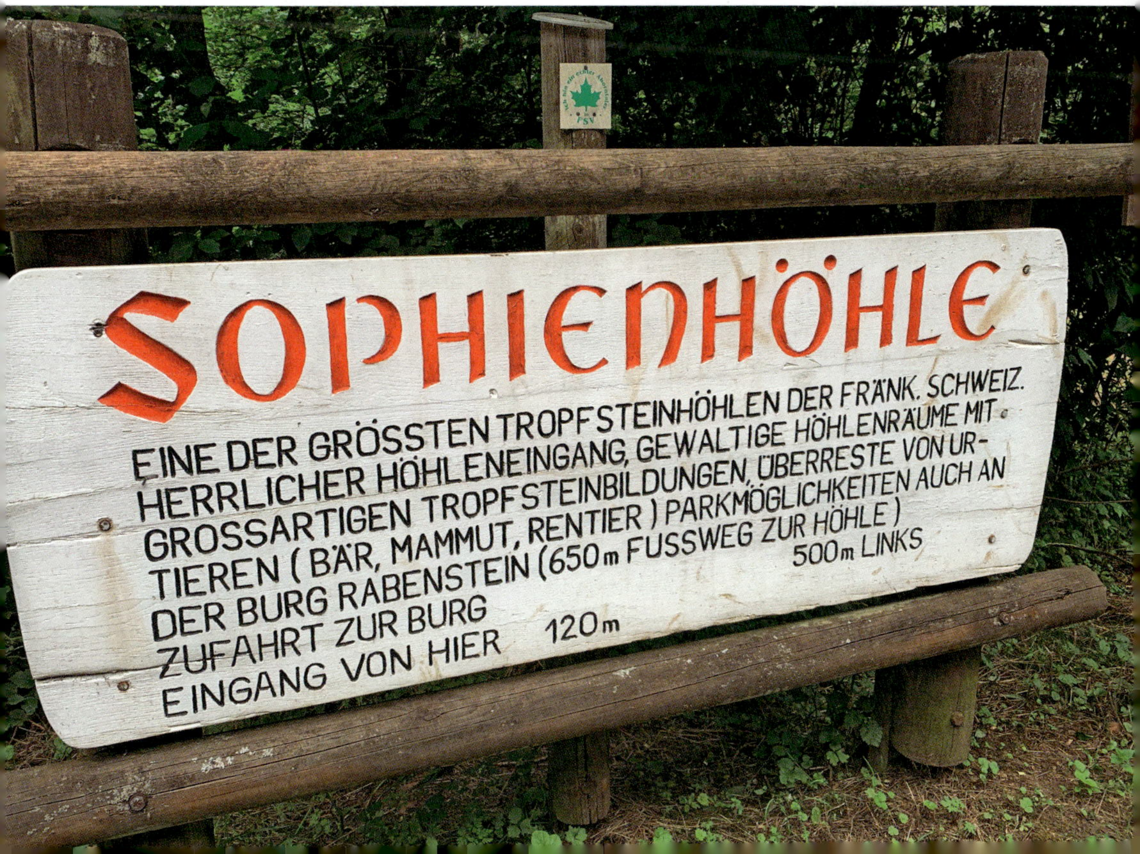
SOPHIENHÖHLE
EINE DER GRÖSSTEN TROPFSTEINHÖHLEN DER FRÄNK. SCHWEIZ.
HERRLICHER HÖHLENEINGANG, GEWALTIGE HÖHLENRÄUME MIT
GROSSARTIGEN TROPFSTEINBILDUNGEN, ÜBERRESTE VON UR-
TIEREN (BÄR, MAMMUT, RENTIER) PARKMÖGLICHKEITEN AUCH AN
DER BURG RABENSTEIN (650m FUSSWEG ZUR HÖHLE)
ZUFAHRT ZUR BURG 500m LINKS
EINGANG VON HIER 120m

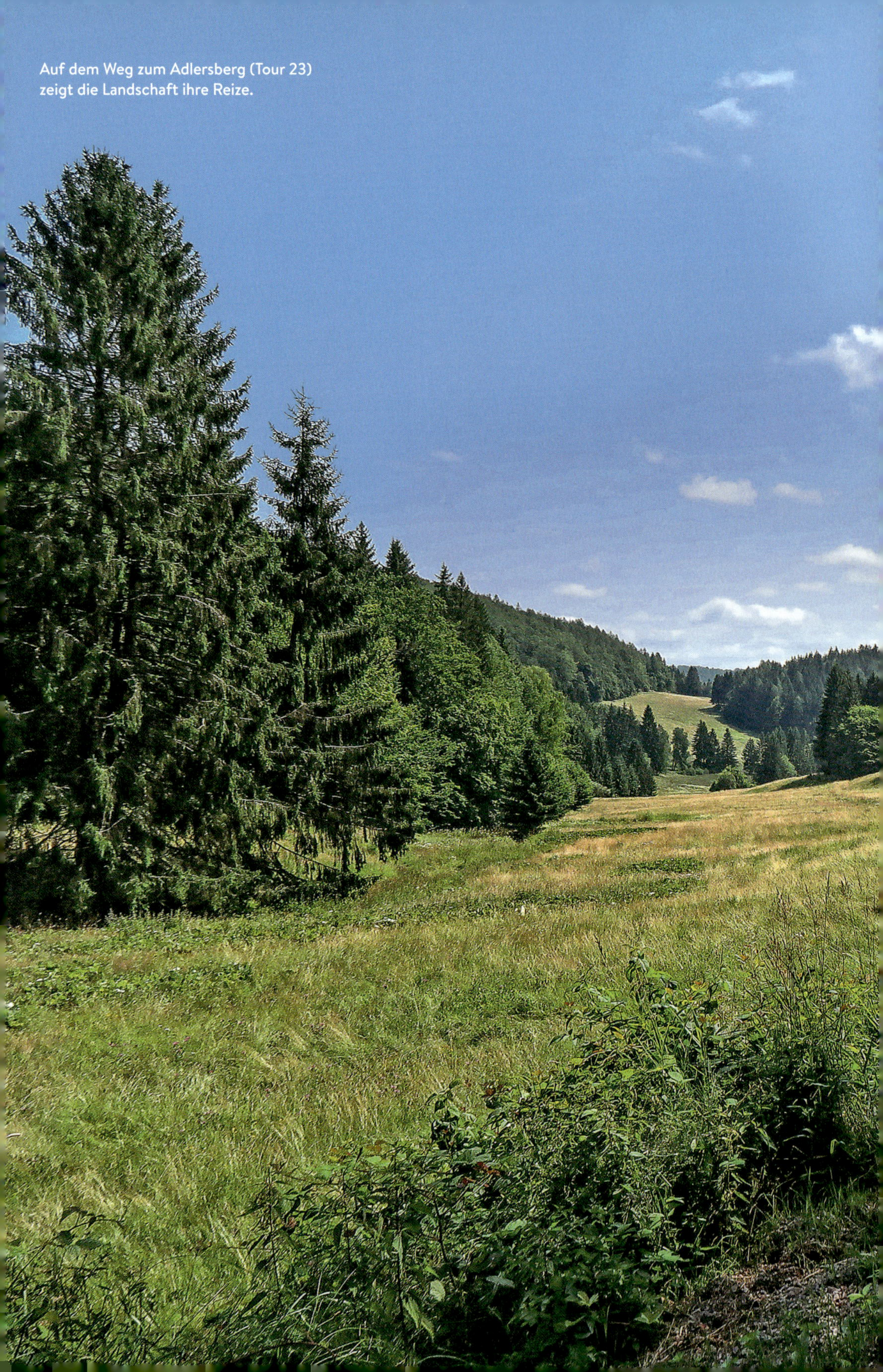

Auf dem Weg zum Adlersberg (Tour 23)
zeigt die Landschaft ihre Reize.

Thüringer Wald

Eintauchen ins Grün

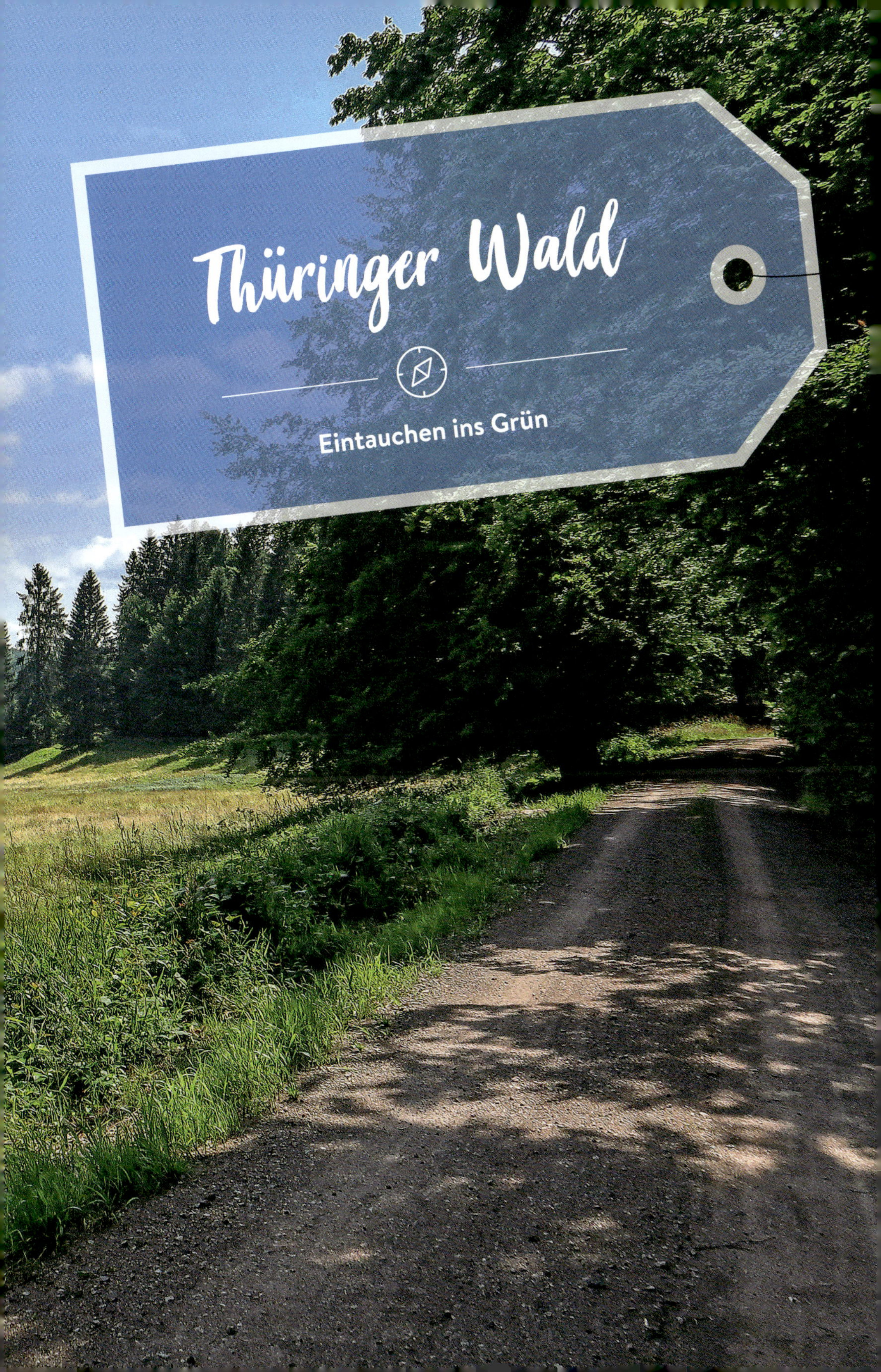

CAMPINGPLATZ

Campingplatz am Waldbad

Urlaub im Herzen des Thüringer Waldes

Wandern im Thüringer Wald entschleunigt – durchatmen, genießen und die Stille spüren, das macht das Wander-Erlebnis in diesem waldreichen deutschen Mittelgebirge aus. Immer wieder begeht man auch Teilstrecken des Rennsteigs, dem 170 Kilometer langen Höhen-Fernwanderweg auf dem Kamm des Thüringer Waldes.

Einer der schönsten Campingplätze in der Sammlung! Hier laufen auch mal die Hühner auf dem Platz herum ... Jeder der geräumigen Stellplätze hat Flair, es fällt schwer, einen auszusuchen. Auf dem terrassiert angelegten Platz sind die zahlreichen Dauercamper vorwiegend auf der untersten Ebene nahe dem Naturbad angesiedelt. Kostenpflichtig sind die Duschen, warmes Wasser zum Spülen, Kochplatten in der Spülküche und Waschmaschine (münzbetrieben), das freie W-LAN funktioniert nur nahe dem Rezeptionsgebäude. Sehr netter Betreiber, der den Platz mit viel Einsatz führt. Ziegen und Kaninchen für die Kinder. Inmitten der Natur gelegen und von reichlich Wald umgeben.

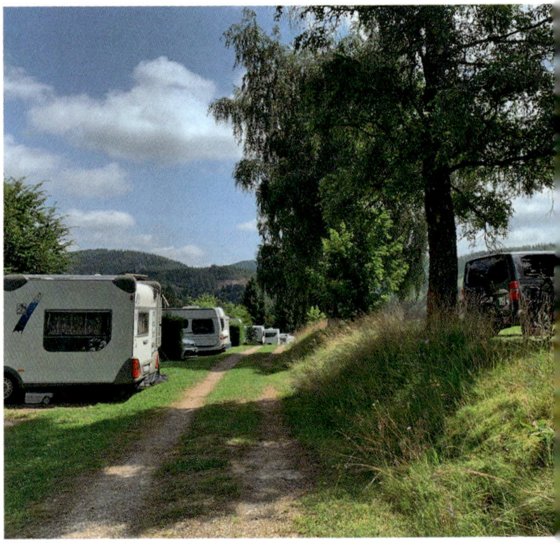

Info

GEEIGNET ALS
Mehrtagesurlaub

ADRESSE
Campingplatz 1, 98553 Breitenbach, Tel. 036841/41153, E-Mail: info@camping-breitenbach.de, campingbreitenbach.de

ANFAHRT
Breitenbach liegt zwischen Suhl und Schleusegrund. In den Ort hineinfahren, zum Campingplatz in westliche Richtung abbiegen (ausgeschildert)

GPS
50.546501, 10.781539

BESONDERHEIT
Einer von wenigen Campingplätzen, von dem aus gleich mehrere unterschiedliche Wanderrouten starten.

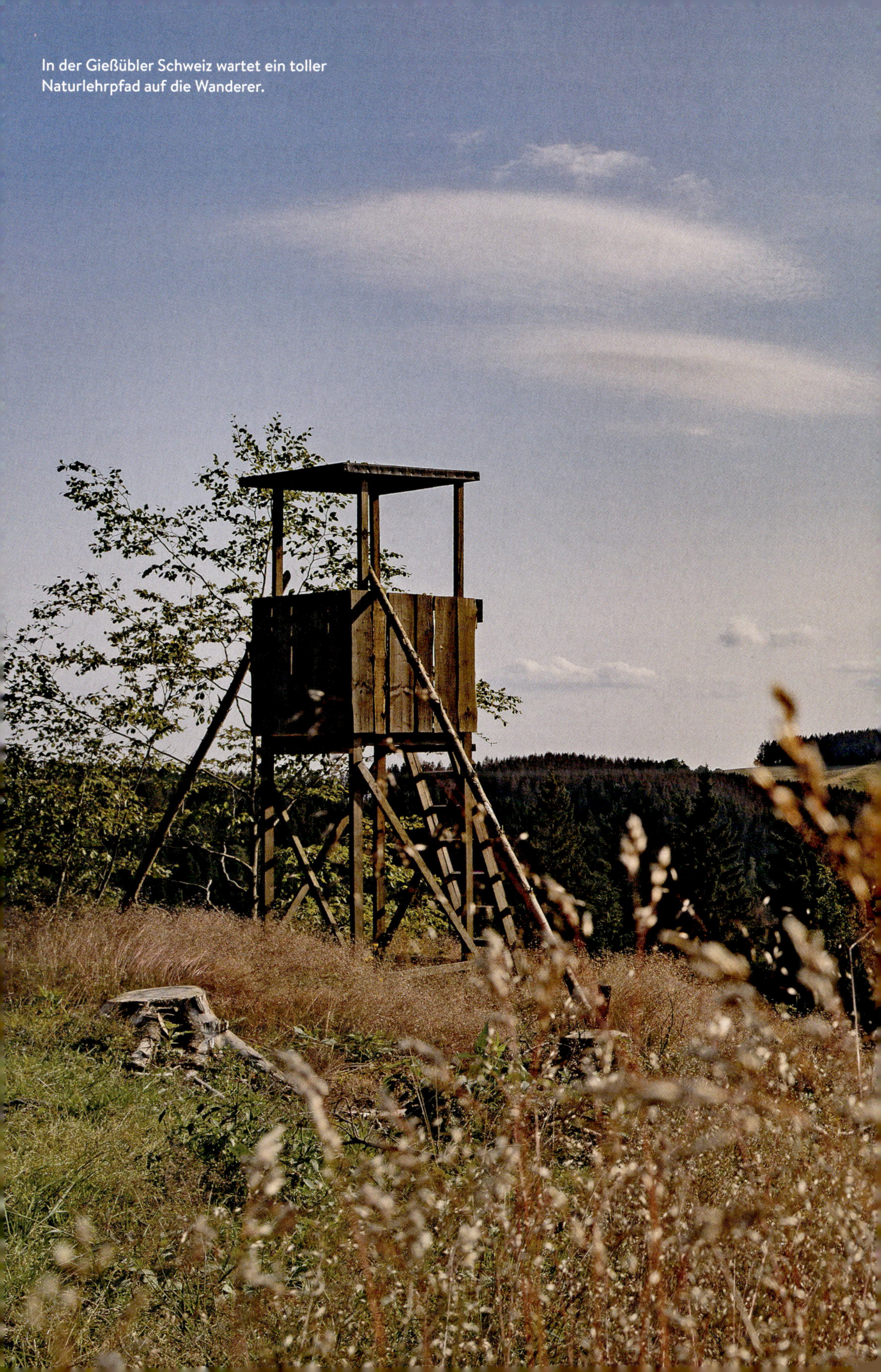

In der Gießübler Schweiz wartet ein toller Naturlehrpfad auf die Wanderer.

WANDERUNG

21 Gipfel in der Einsamkeit

Vom Campingplatz auf den Brunnenhügel

Der besondere Reiz dieser Wanderung: Sie ist bequem vom Campingplatz am Waldbad aus zu gehen, das Wohnmobil hat also Pause. Die Wanderung folgt jedoch keiner Wegmarkierung, sodass es zwingend nötig ist, sich den Link für diese Tour vorher herunterzuladen oder die hier abgebildete Karte zu nutzen. Vom Campingplatz wandern wir zunächst zur sehr empfehlenswerten, authentischen Gaststätte Blockhaus in idyllischer Lage (auf dem Rückweg kommt man hier noch einmal vorbei). Danach geht es bei nächster Möglichkeit rechts steil bergauf und dann über eine breite Forststraße bis zur nächsten Abzweigung nach rechts. Ab jetzt sollte man sich an der Karte orientieren. Wir wandern immer wieder stramm hinauf über den Höhenzug auf den Brunnenhügel, wo uns ein Gipfelkreuz erwartet. Die Picknickplätze sind zugewachsen, der Ausblick ebenfalls, und auch das Gipfelbuch zeugt nicht von regen Besuchen – umso schöner ist es, hier in der Ruhe des Thüringer Waldes zu rasten! Zurück geht es durch das stille und naturbelassene Nahetal, laut Blockhaus-Wirt eines der schönsten Täler in diesem Teil des Thüringer Waldes. (siehe Tour 22).

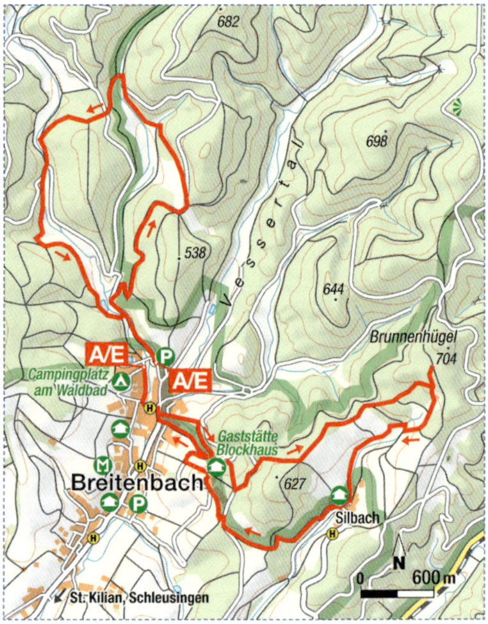

Info

DAUER
3 Std.

HÖHENMETER
320 Hm

LÄNGE
9,2 km

SCHWIERIGKEIT
Mittel

TOURENCHARAKTER
Ein paar steile Anstiege auf zuweilen unwegsamen Pfaden, vor allem nach Regenfällen sehr matschig

AUSGANGS-/ENDPUNKT
Campingplatz am Waldbad

ANFAHRT
50.546501, 10.781539
WoMo: Keine Anfahrt nötig, da Startpunkt am Campingplatz

EINKEHR
Berggasthof Blockhaus

INFORMATION
thueringer-wald.de

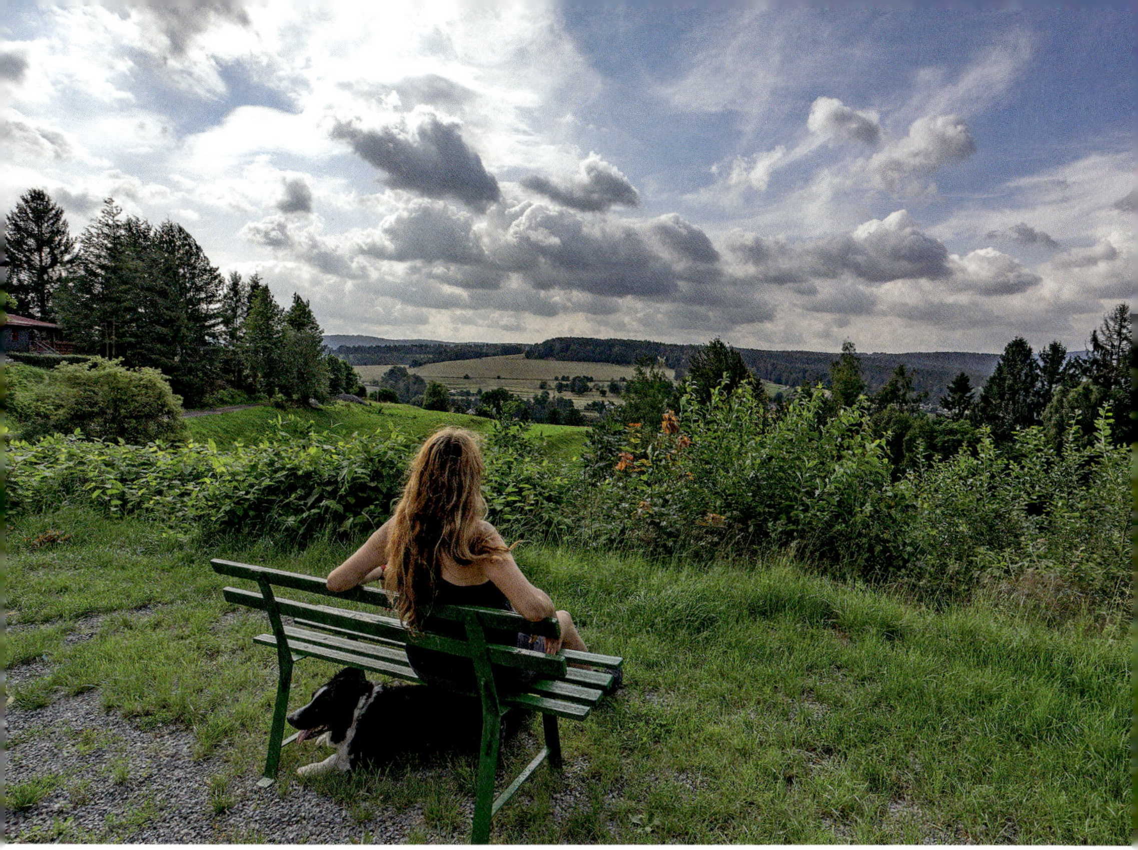

↑ Wundervolle Ausblicke über den Thüringer Wald sind auf dieser Wanderung inklusive.
↓ Auf dem Brunnenhügel gibt es sogar ein Gipfelkreuz. Der Abstieg führt durchs Nahetal zurück zum Campingplatz.

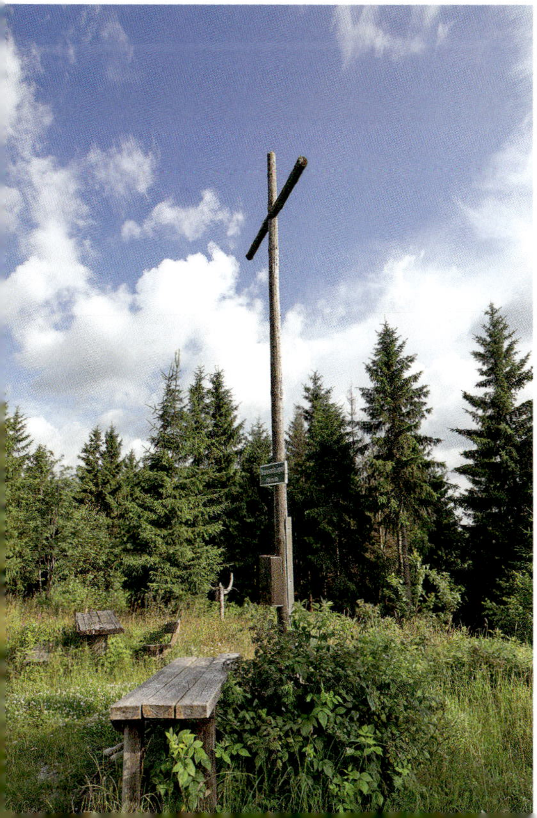

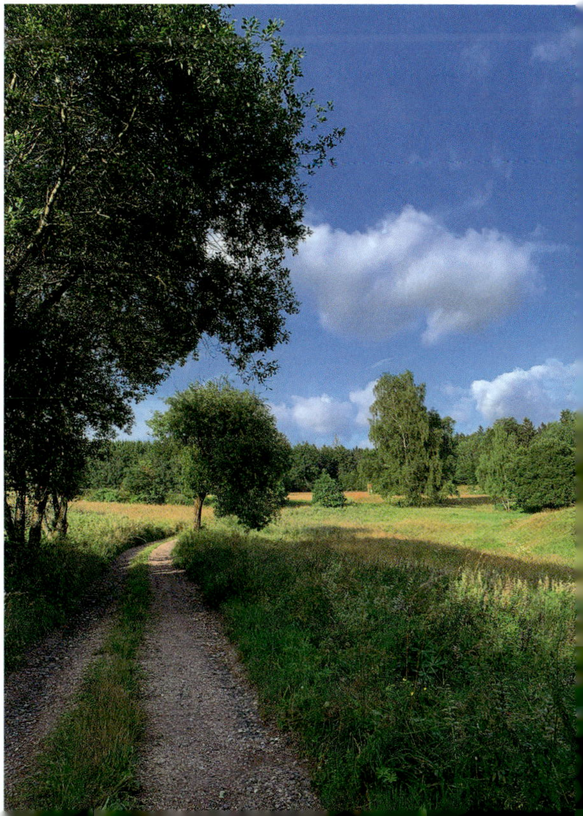

WANDERUNG

22 Zwei-Täler-Wanderung

Mischwälder, Berg- und Blumenwiesen

Diese Wanderweg-Eigenkreation startet am Campingplatz am Waldbad, von dem aus wir uns zunächst hinunter nach Breitenbach wenden. Am Ende der Ortschaft teilt sich der Weg und führt in zwei Täler, wir wählen das rechte (die Vesser fließt in die Gegenrichtung). Zunächst geht es schattig im Wald oberhalb des Flüsschens durch die Kernzone des Biosphärenparks Vessertal-Thüringer Wald.

Wir verlassen den Fluss und biegen an einer Kreuzung scharf links ab. Das ist der Umkehrpunkt der Wanderung. Kurze Zeit später gelangen wir in das Paralleltal, durch das der Roßbach (später Breitenbach) plätschert. Hier kann man so richtig die Seele baumeln lassen! Durch Wälder, entlang von Wiesen und auch durch Wiesen hindurch passieren wir unter anderem den Hirtenbrunnen, einen schönen Rastplatz, und gelangen zum »Pfad der Sinne«, einem Barfußweg, auf dem wir die Natur hautnah erleben. Infotafeln zu Wald und Wiese bringen uns den Biosphärenpark näher, bevor wir wieder in Breitenbach und nahe dem Campingplatz das Tal verlassen.

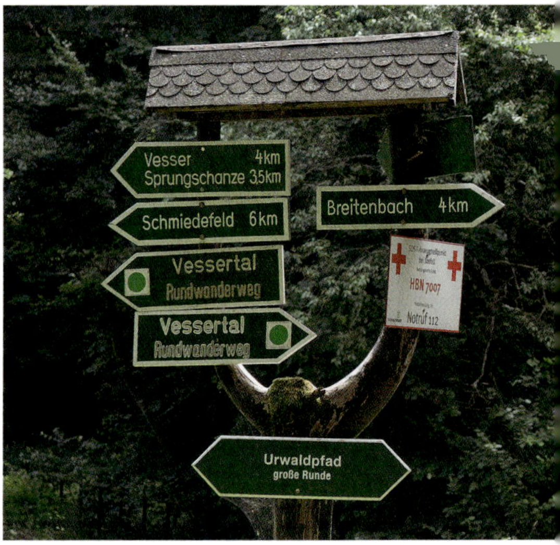

↑ Der Schilderwald im Wald zeugt von der Wegevielfalt.

Info

DAUER
2.15 Std.

HÖHENMETER
120 Hm

LÄNGE
6,8 km

SCHWIERIGKEIT
Leicht

TOURENCHARAKTER
Gut begehbare Wege, wenige Höhenmeter, Genusswanderung

AUSGANGS-/ENDPUNKT
Campingplatz am Waldbad

ANFAHRT
GPS: 50.546501, 10.781539
WoMo: Keine Anfahrt nötig, da Startpunkt am Campingplatz

EINKEHR
Unterwegs keine, oberhalb von Breitenbach die empfehlenswerte Gaststätte Blockhaus

INFORMATION
thueringer-wald.de

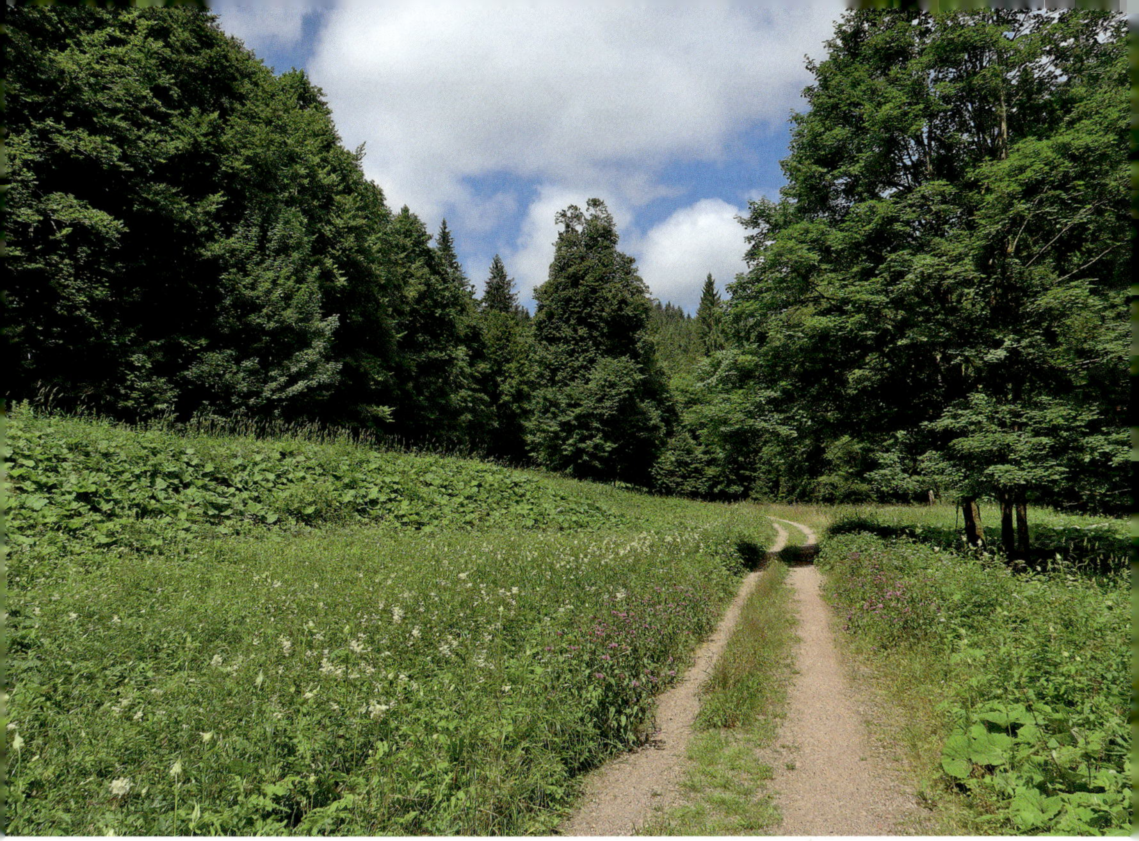

↑ Durchs Biosphärenreservat geht es durch zwei Täler – eine genussvolle Wanderung!
↓ An vielen Stellen kommt man direkt an den Roßbach und den Breitenbach heran: ideal zum Rasten.

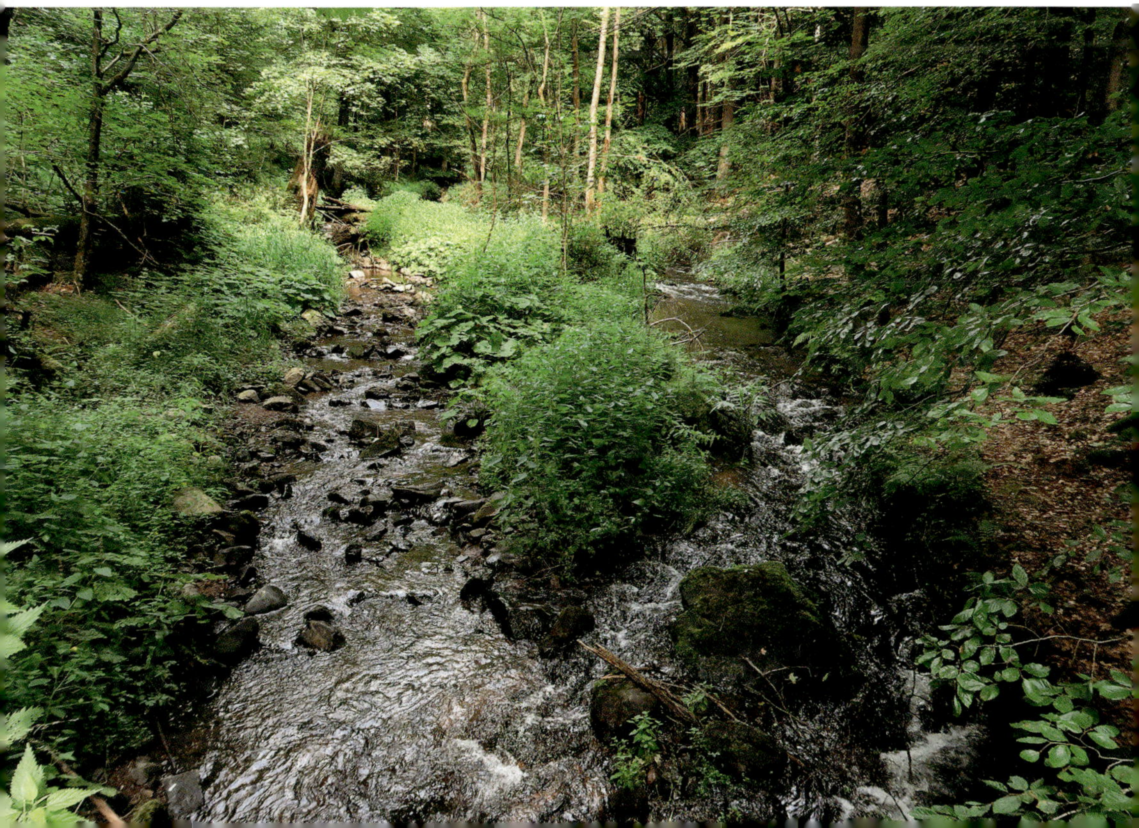

23 Berg, Blicke und Baude

Spitzenpanorama auf dem Adlersberg

Der Aufstieg lässt sich einigermaßen entspannt bewältigen, die Belohnung dafür fällt jedoch groß aus: Auf dem Adlersberg genießt man einen wundervollen Panoramablick, der von der Aussichtsplattform des 22 Meter hohen Turms noch getoppt wird. Los geht's in der kleinen Ortschaft Vesser, wo es die hübsche Dorfkirche im Fachwerkstil zu bestaunen gilt. Die vielen Gaststätten mit ihrer einladenden Außengastronomie lassen wir fürs Erste noch links liegen.

Dann geraten wir ins Staunen: Wir kommen an der Walter-Ulbricht-Schanze vorbei, einem Lost Place wie aus dem Bilderbuch. Man sieht noch die Schanze und den Auslauf der Tribüne, die einmal für 12 000 Zuschauer ausgelegt war, inzwischen jedoch komplett zugewuchert ist. Auf Informationstafeln erfährt man alles über den ziemlich gespenstischen Ort.

Die nächste Station auf unserem Weg ist das Berghotel Stutenhaus, eine Einkehr vom Feinsten mit einem sensationellen Ausblick von der Terrasse. Gestärkt nehmen wir den Aufstieg auf den 849 Meter hohen Adlersberg in Angriff – dazu geht es 100 Meter vor dem Gipfel stramm den Berg hinauf. Bietet der Gipfel selbst schon einen grandiosen Blick, so übertrifft ihn noch der Aussichtsturm, der im Sommer täglich außer montags geöffnet ist (kleiner Obolus für die Besteigung). In der Bergbaude kann man ebenfalls einkehren oder die vielen Sitzgelegenheiten auf der Wiese für ein Picknick nutzen.

In nördliche Richtung steigen wir vom Berg hinab und treten den Rückweg an, bis wir an einer Kreuzung namens »Potsdamer Platz« rechts abbiegen und nach gut drei Stunden Gehzeit zurück in den Ort Vesser gelangen.

Info

DAUER
3.15 Std.

HÖHENMETER
320 Hm

LÄNGE
8,7 km

SCHWIERIGKEIT
Mittel

TOURENCHARAKTER
Mittelschwere Wanderung, für die gute Kondition und Trittsicherheit vorteilhaft sind, steiler Anstieg auf den Adlersberg.

AUSGANGS-/ENDPUNKT
Parkplatz schräg gegenüber der Dorfkirche in Vesser

ANFAHRT
GPS: 50.594798, 10.790194
WoMo: Vom Campingplatz am Waldbad Richtung Schleusingen fahren, dann auf die Alte Hauptstraße Richtung Norden nach Schmiedefeld am Rennsteig, weiter bis Vesser, der Parkplatz befindet sich an der Ecke Stutenhausstraße/Breitenbacher Straße.

EINKEHR
Berghotel Stutenhaus, Bergbaude Adlersberg

INFORMATION
thueringer-wald.de

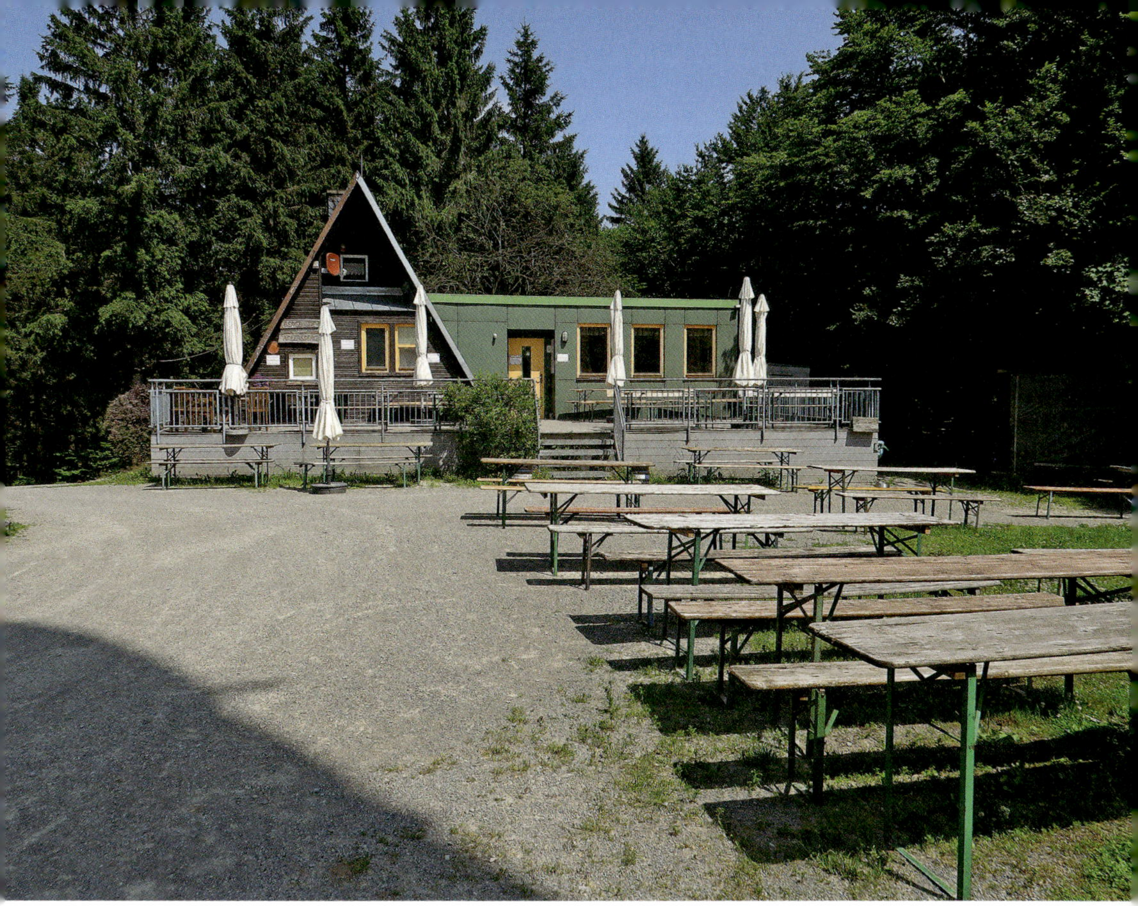

↑ In der urigen Bergbaude auf dem Adlersberg kann man sich nach dem Aufstieg stärken.
→ Kurios wirkt die Walter-Ulbricht-Schanze mitten im Wald.

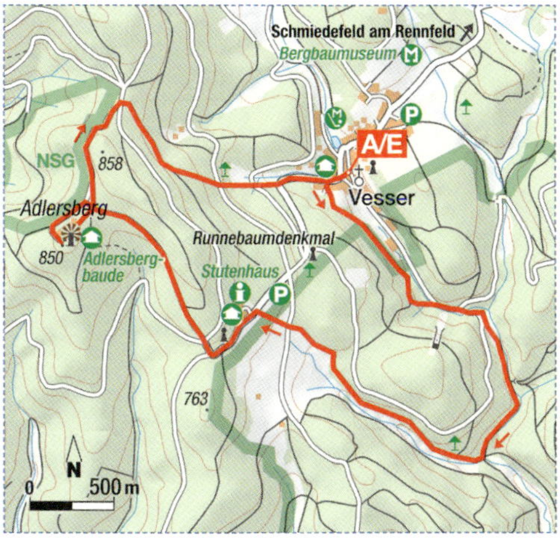

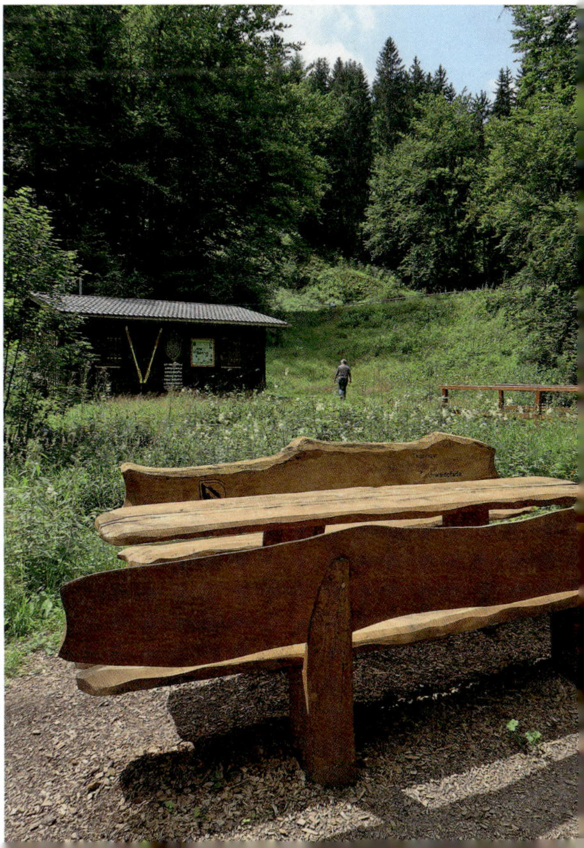

24 Ein Erlebnis jagt das andere

Rundwanderweg Masserberg–Fehrenbacher Schweiz

Das Highlight im Thüringer Wald ist diese zwar lange und etwas anspruchsvollere Wanderung, bei der sich jedoch die Anstrengung lohnt. Zum Teil begehen wir den Rennsteig, einen historischen Grenzweg, der als Fernwanderweg 170 Kilometer lang über den Kamm des Mittelgebirges verläuft. Wir verlassen den Rennsteig bereits nach zwei Kilometern, nicht ohne zuvor einen herrlichen Blick auf das hier fränkisch geprägte Thüringen genossen zu haben.
An der Schutzhütte, bei der die Wanderung rechts abzweigt, gehen wir geradeaus und nach kurzer Zeit über einen Planetenweg.

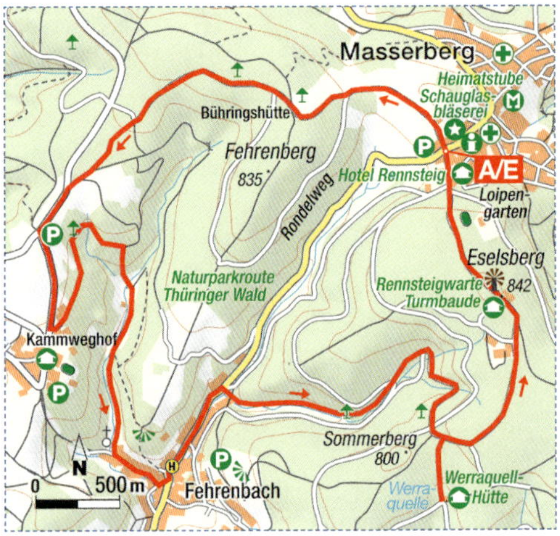

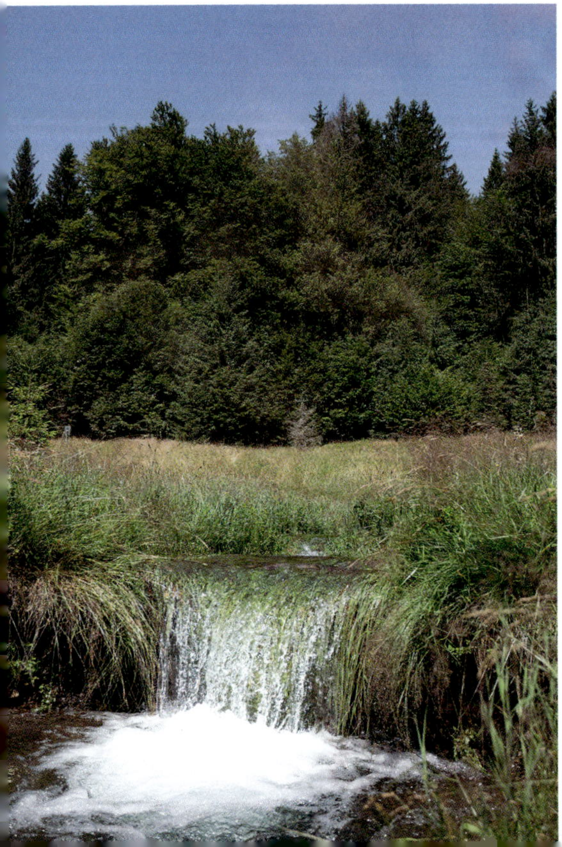

← Der Bach erzeugt einen Mini-Wasserfall mit einer Gumpe – Lust auf eine natürliche Kneippkur?
→ Herrlich ist es vor allem an heißen Sommertagen, durch den schattigen Wald und am oder auch mal im Bach zu wandern.

Tipp

RENNSTEIG

Der Fernwanderweg Rennsteig zieht sich vom Mittellauf der Werra bis zum Oberlauf der Saale als Höhenweg über den Kamm des Thüringer Waldes und des Thüringer Schiefergebirges bis in den nördlichen Frankenwald. Auf der Gesamtstrecke sind knapp 170 Kilometer und 2500 Höhenmeter zu bewältigen.

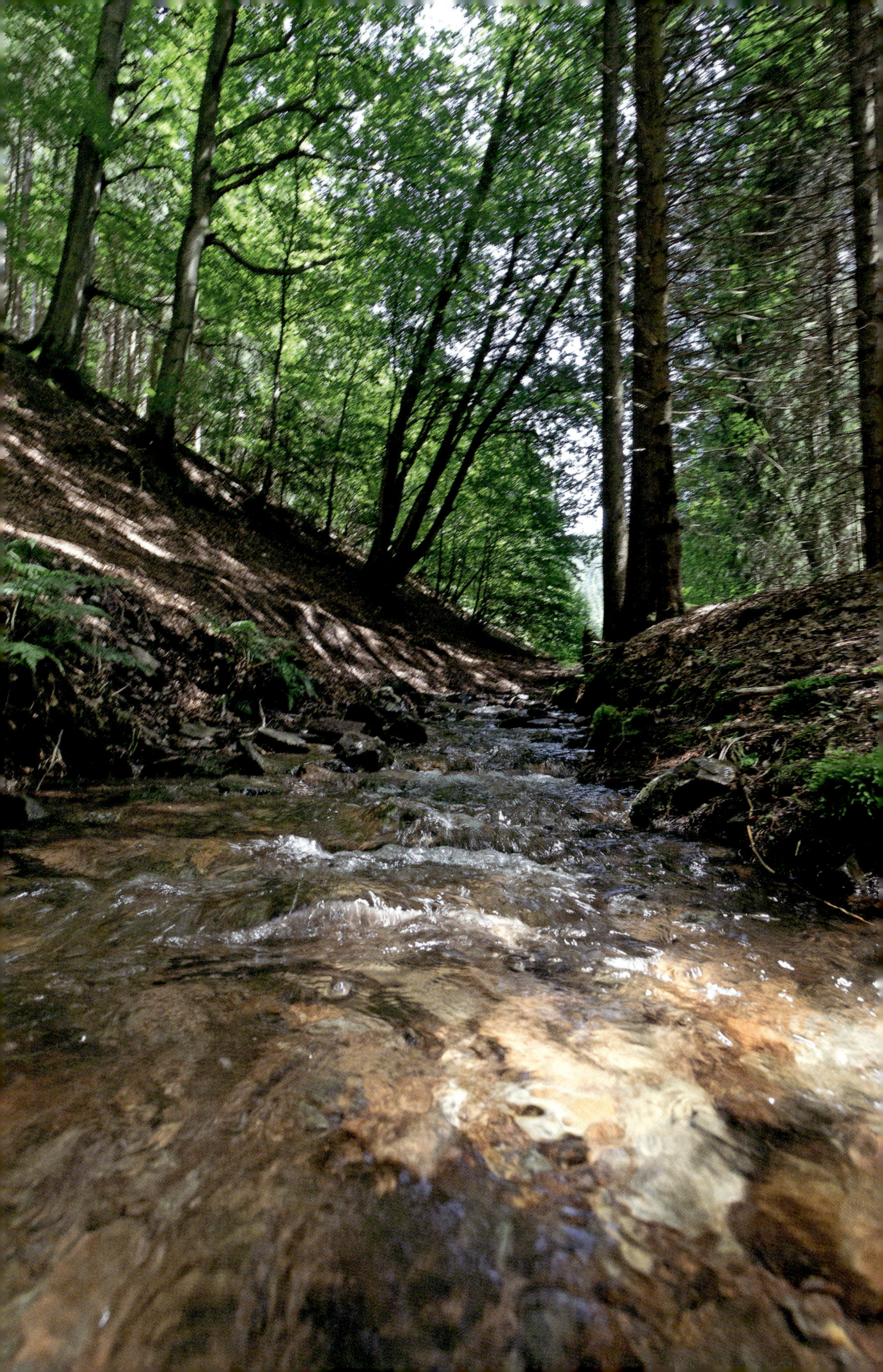

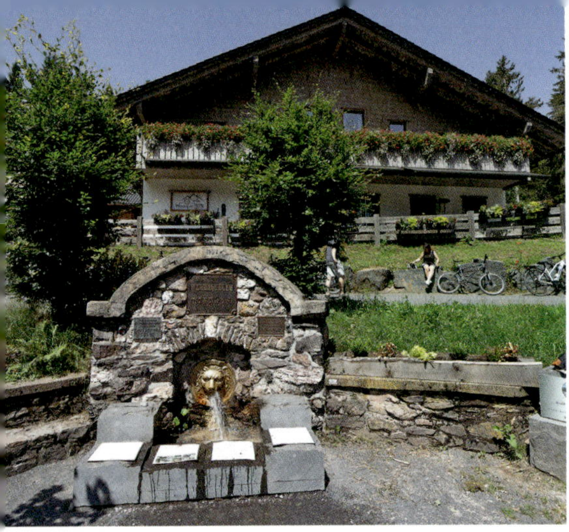

← Die Quellanlage der Werra ist aus einheimischen Gesteinen erbaut und mit einem Löwenkopf als Quellausfluss versehen.
→ An der Werraquelle ist meist viel los – die Werraquell-Hütte (im Hintergrund) ist ein zugkräftiges zusätzliches Lockmittel!
↘ Ein kleines Abenteuer kann es sein, den Bach über diese beiden Metallrohre zu überqueren – hindurchwaten wäre eine weitere Alternative …

Dann biegen wir scharf links in den Wald ein, wandern über einen Waldlehrpfad und in stetem Auf und Ab immer wieder an einem kleinen Bach entlang. Nach dem Waldstück wird es atemberaubend schön: In der Wiese mit einem Bach (den wir über zwei Betonrohre balancierend überqueren) umfängt uns hier Natur pur. Der romantische Bach strömt über Stromschnellen durch die Wiese, in der sogar Orchideen wachsen! Links vom Bach wandern wir bergab.
Szenenwechsel: Von dieser Idylle geht es in den Wald hinein und von der Auenwiese geradewegs in den Auenwald. Danach wird eine malerische Ortschaft passiert, wir gehen etwa einen Kilometer an der Straße entlang und am Feuerwehrhaus vorbei.
Später folgt der Parkplatz »Fehrenbacher Schweiz«, wo wir scharf rechts am Felsen vorbei in den Wald einbiegen und auf weichem Waldboden an einem munter sprudelnden Bach entlanglaufen. Nach 100 steilen Metern bergauf würde es geradeaus zum Aussichtsturm gehen, wir bauen aber noch einen Abstecher nach rechts ein zur liebevoll eingefassten Werraquelle mitsamt einer bewirtschafteten Hütte (Hin- und Rückweg ein zusätzlicher Kilometer).
Das letzte Highlight ist der Turm Rennsteigwarte Masserberg mit Aussichtsplattform und kleiner Gastronomie. Anschließend sind noch etwa 700 Meter zurück nach Masserberg und zum Parkplatz zu absolvieren (ab dem Turm leicht bergauf).

Info

DAUER
4 Std.

HÖHENMETER
300 Hm

LÄNGE
11,5 km

SCHWIERIGKEIT
Schwer

TOURENCHARAKTER
Langer Weg mit einigen Auf- und Abstiegen, Bachüberquerung über Poller, schmale Wald- und Wiesenpfade

AUSGANGS-/ENDPUNKT
Großer Parkplatz am Rennsteighaus in Masserberg (derselbe Ausgangspunkt wie Tour 25)

ANFAHRT
GPS: 50.517914, 10.965428

WoMo: Vom Campingplatz aus über Auengrund oder Schleusegrund nach Masserberg fahren. Aus Richtung Auengrund befindet sich der Parkplatz gleich links am Ortseingang.

EINKEHR
Werraquell-Hütte

INFORMATION
thueringer-wald.com, masserberg.de

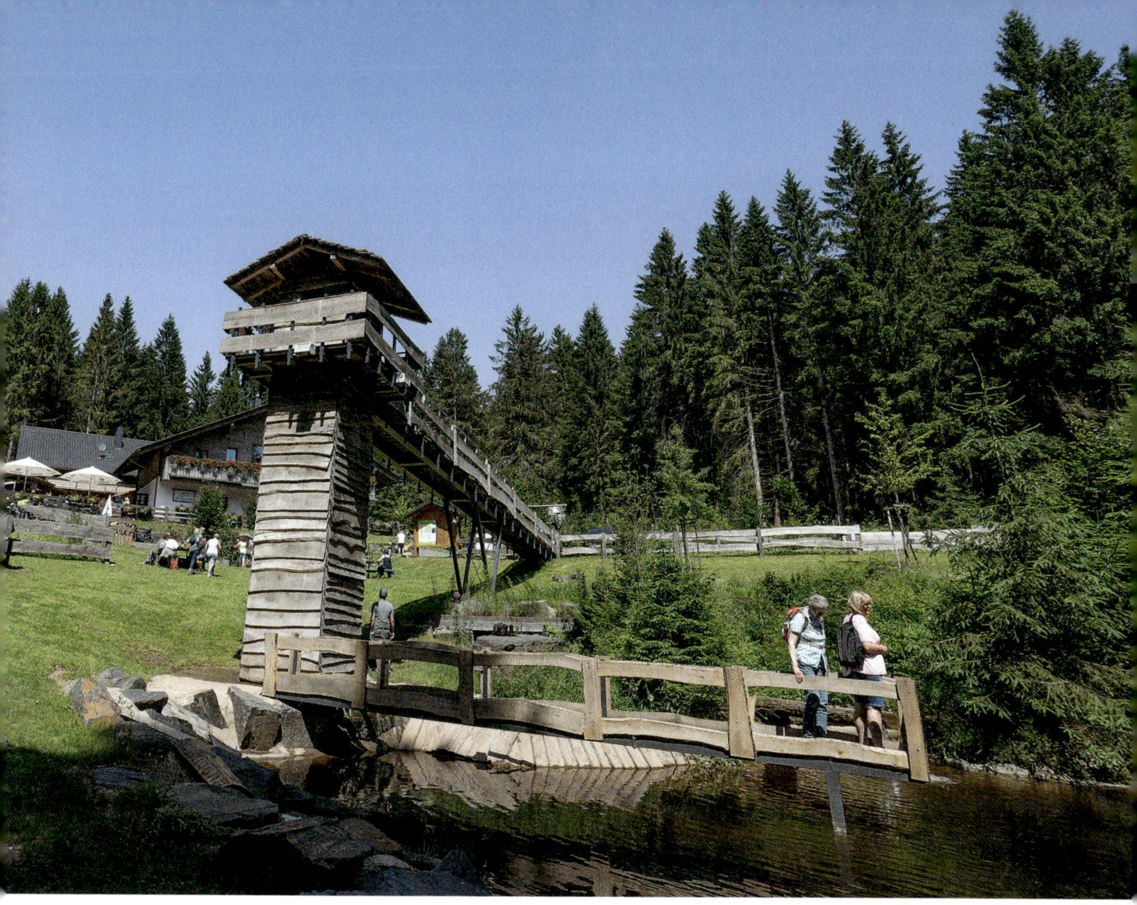

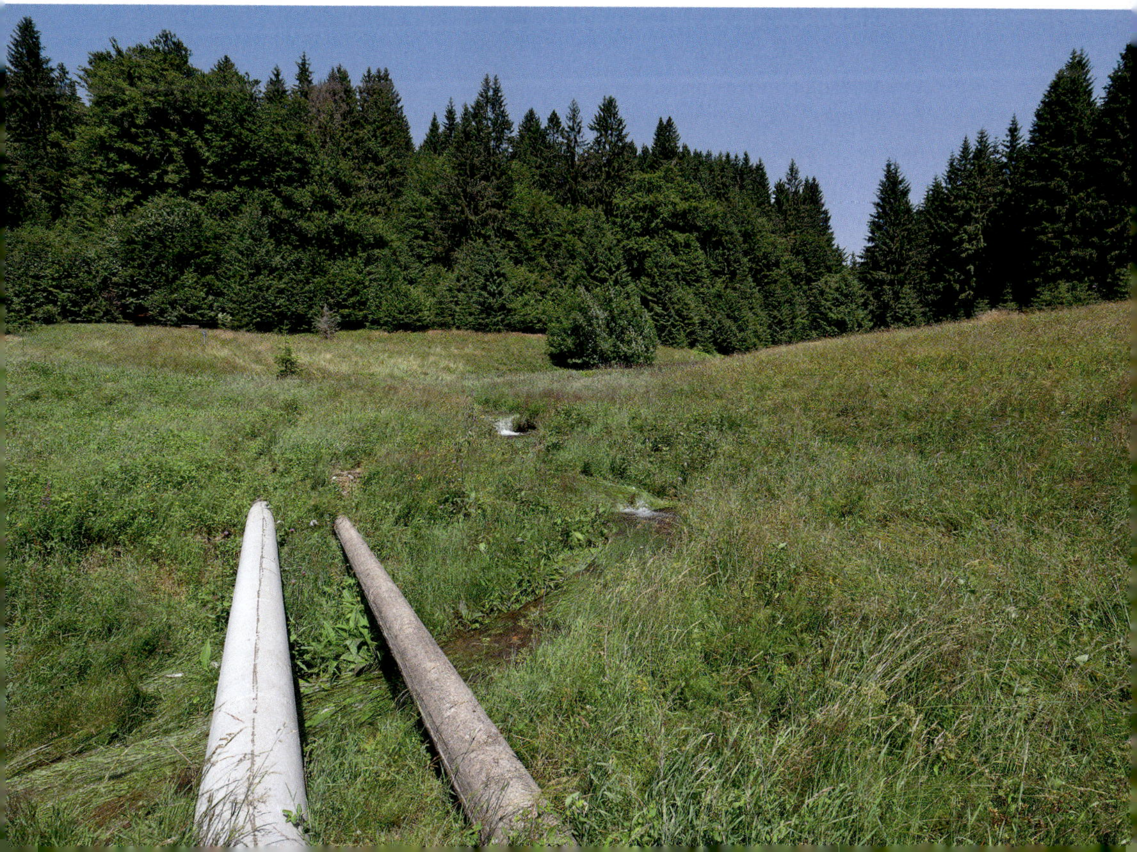

WANDERUNG

25 Entspannte Aussichten

Über den Rennsteig zum Triniusstein

Noch einmal schauen wir beim Fernwanderweg Rennsteig vorbei. So befindet sich der Startpunkt am großen Parkplatz des Rennsteighauses in Masserberg, von wo aus es mit Blick auf das Fränkische Land vorbei an Wiesen geht, die mit Aussichtsbänken reichlich bestückt sind. Nach einer kurzen Passage durch den Wald folgen die Bergstation des Skilifts und ein toller Blick auf die Ortschaft Masserberg.
Weiter der Beschilderung Herzfigur/»TKW5« und dem großen weißen »R« für Rennsteig folgend, gelangen wir an eine Schutzhütte und biegen auf einen schmalen Pfad nach rechts ab. Nun geht es unwegsam und steil durch eine Art Hohlweg hinab. Der schmale Weg ist felsig, Wurzeln wachsen kreuz und quer darüber. Noch einmal führt die Strecke durch den Wald, dann überqueren wir eine Fahrstraße und erreichen schließlich die Gastronomie Triniusbaude und den gleichnamigen Stein mit Gipfelkreuz – der Ausblick von seiner Kuppe ist allerdings leider zugewachsen …
Gestärkt geht es nun auf einem Parallelweg des Rennsteigs steil bergauf (stark der Sonne ausgesetzt) bis zur Schutzhütte und dann über den bekannten Weg zurück.

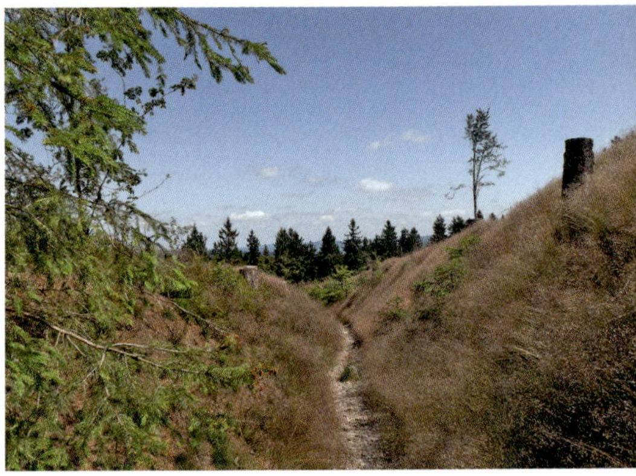

↑ Der schmale Pfad nach der Schutzhütte mündet in einen Hohlweg.

Info

DAUER
2 Std.

HÖHENMETER
162 Hm

LÄNGE
6,5 km

SCHWIERIGKEIT
Mittel

TOURENCHARAKTER
Steile und unwegsame Ab- und Aufstiege, viele Passagen sonnig

AUSGANGS-/ENDPUNKT
Großer Parkplatz am Rennsteighaus in Masserberg (selber Ausgangspunkt wie Tour 24)

ANFAHRT
GPS: 50.517914, 10.965428
WoMo: Vom Campingplatz aus über Auegrund oder Schleusegrund nach Masserberg fahren. Aus Richtung Auegrund befindet sich der Parkplatz unübersehbar gleich links am Ortseingang.

EINKEHR
Triniusbaude

INFORMATION
thueringer-wald.com,
masserberg.de

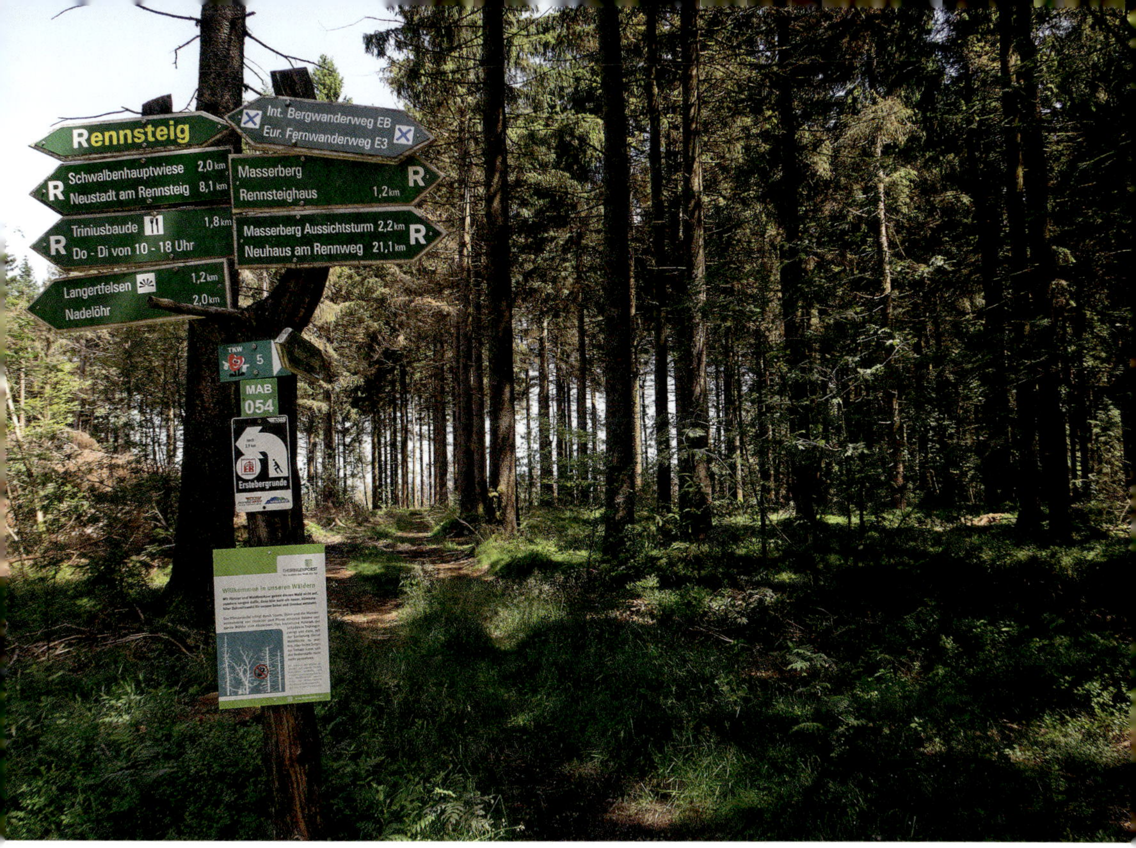

↑ Neben einigen sonnigen Passagen geht es auch schattig durch den Thüringer Wald.
↓ Der Triniusstein mit Gipfelkreuz und Gedenkstein ist Ziel und Umkehrpunkt der Wanderung.

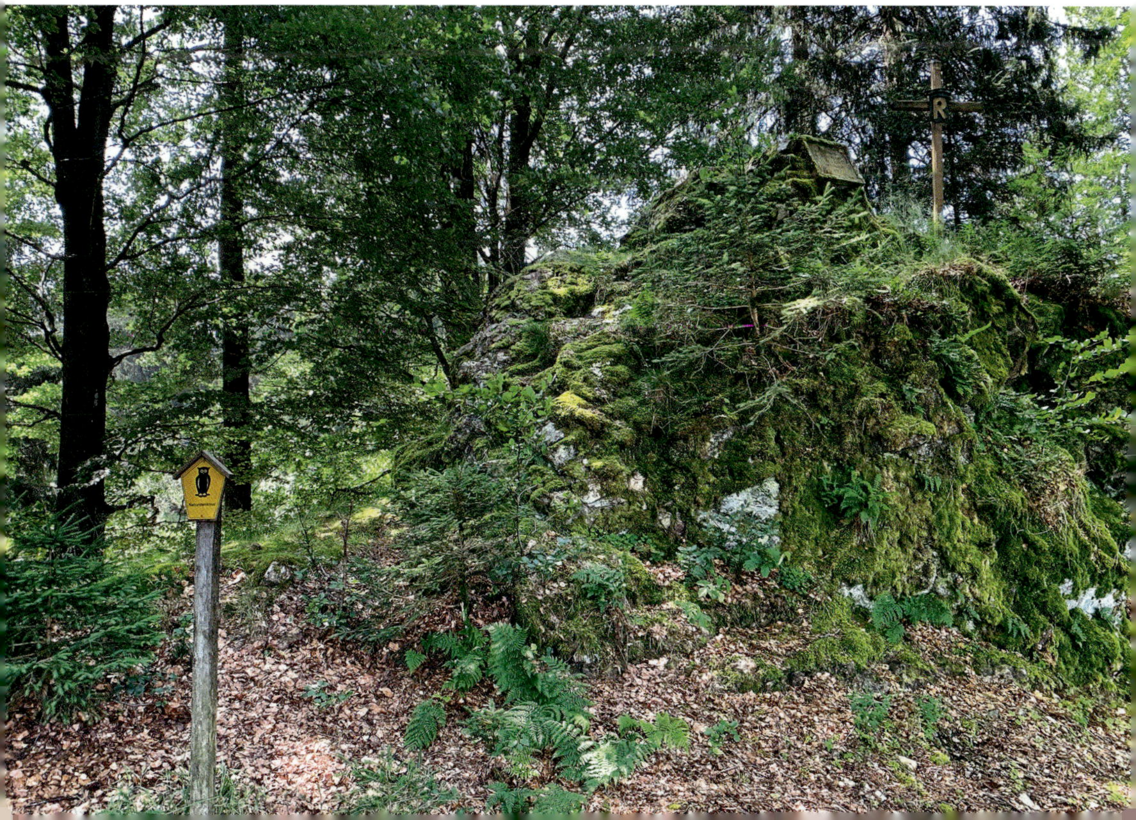

WANDERUNG

26 Naturverständnis leicht gemacht

Auf dem Naturlehrpfad Gießübler Schweiz

Nicht nur lehrreich angelegt mit vielen Schildern zu Pflanzen und Bäumen und Informationstafeln beispielsweise zur Geschichte der Köhlerei, sondern auch landschaftlich herausragend schön zeigt sich dieser Naturlehrpfad, der in Gießübel startet.
Die Auf- und Abstiege sind teilweise ziemlich steil, aber die Eindrücke der unberührten Natur machen so manche Strapaze wett. Highlights sind der Langertsfelsen mit seiner spektakulären Aussicht und das »Nadelöhr«, ein Felsen mit Durchgang. Der Sage nach geht ein Wunsch in Erfüllung, wenn man sich hindurchzwängt und sich dabei etwas wünscht – man darf den Wunsch aber niemandem verraten. Ein Abstecher führt ins wildromantische Neuntal mit einem Wasserfall, es gibt weitere Aussichtspunkte, sogar einen mit Pavillon, in dem es sich vorzüglich picknicken lässt. Viele Felsblöcke aus Granit sprenkeln die Landschaft.

Das Besondere an diesem versteckten Naturlehrpfad? Man kann aus verschiedenen Wegkombinationen wählen. Er ist durchgehend gut ausgeschildert mit »Naturlehrpfad«, und es gibt immer ausreichend Wegweiser, auf denen steht, wohin man in welche Richtung gelangt. Geht man den regulären Rundweg, sind es acht Kilometer, diesem Weg sollte man unbedingt das Neuntal mit dem Wasserfall hinzufügen. Das Neuntal kommt in der ausgeschilderten Runde nur als Abkürzungsoption vor (der gesamte Rundweg ist auch immer wieder auf einer Karte abgebildet).

↗ Höchster Punkt des Naturlehrpfades ist der Langertfelsen mit Aussichtsplattform.
→ Die Natur hat hier durch Verwitterung und Abtragung bizarre Formationen geschaffen – wie das Nadelöhr.

Info

DAUER
2.45 Std.

HÖHENMETER
275 Hm

LÄNGE
8 km

SCHWIERIGKEIT
Schwer

TOURENCHARAKTER
Sehr steile und unwegsame An- und Abstiege über zum Teil zugewucherte schmale Pfade, Trittsicherheit und gutes Schuhwerk sehr wichtig!

AUSGANGS-/ENDPUNKT
Parkplatz am Vereinshaus in Gießübel

ANFAHRT
GPS: 50.534244, 10.924186

WoMo: Über Schleusingen und Schleusegrund nach Gießübel fahren, der Parkplatz befindet sich am Ortsausgang linker Hand.

EINKEHR
Unterwegs keine. Gasthof und Fleischerei Schwarzer Adler im Ort Gießübel

INFORMATION
thueringen.info, thueringer-wald.info

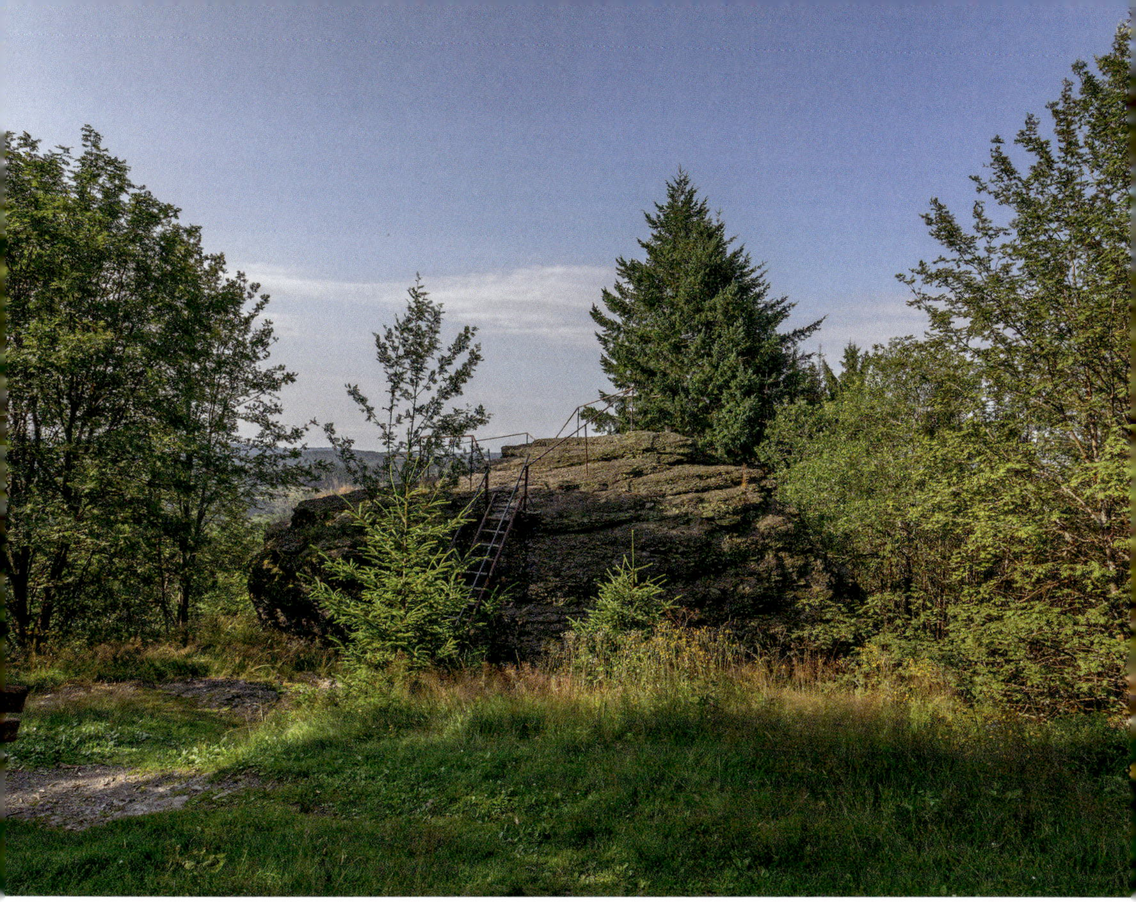

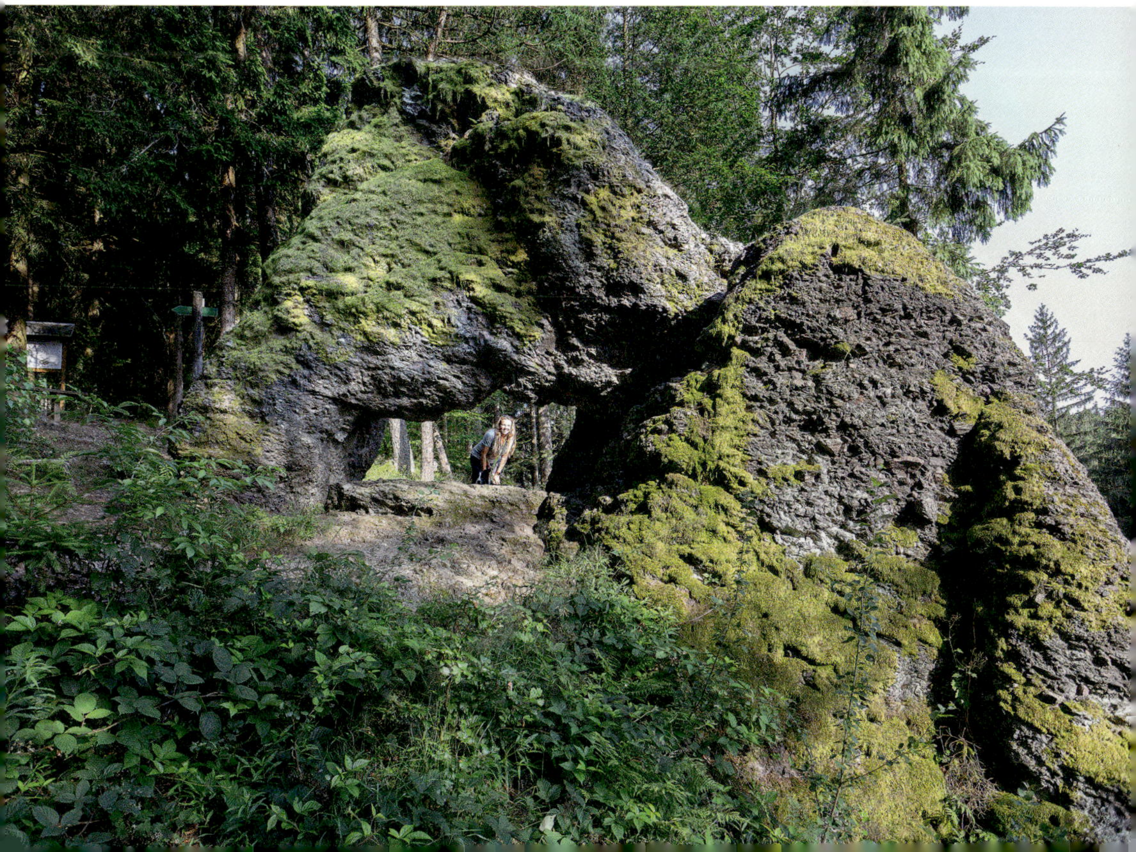

Der Nationalpark Sächsische Schweiz ist der einzige Felsen-Nationalpark in den Mittelgebirgen Deutschlands.

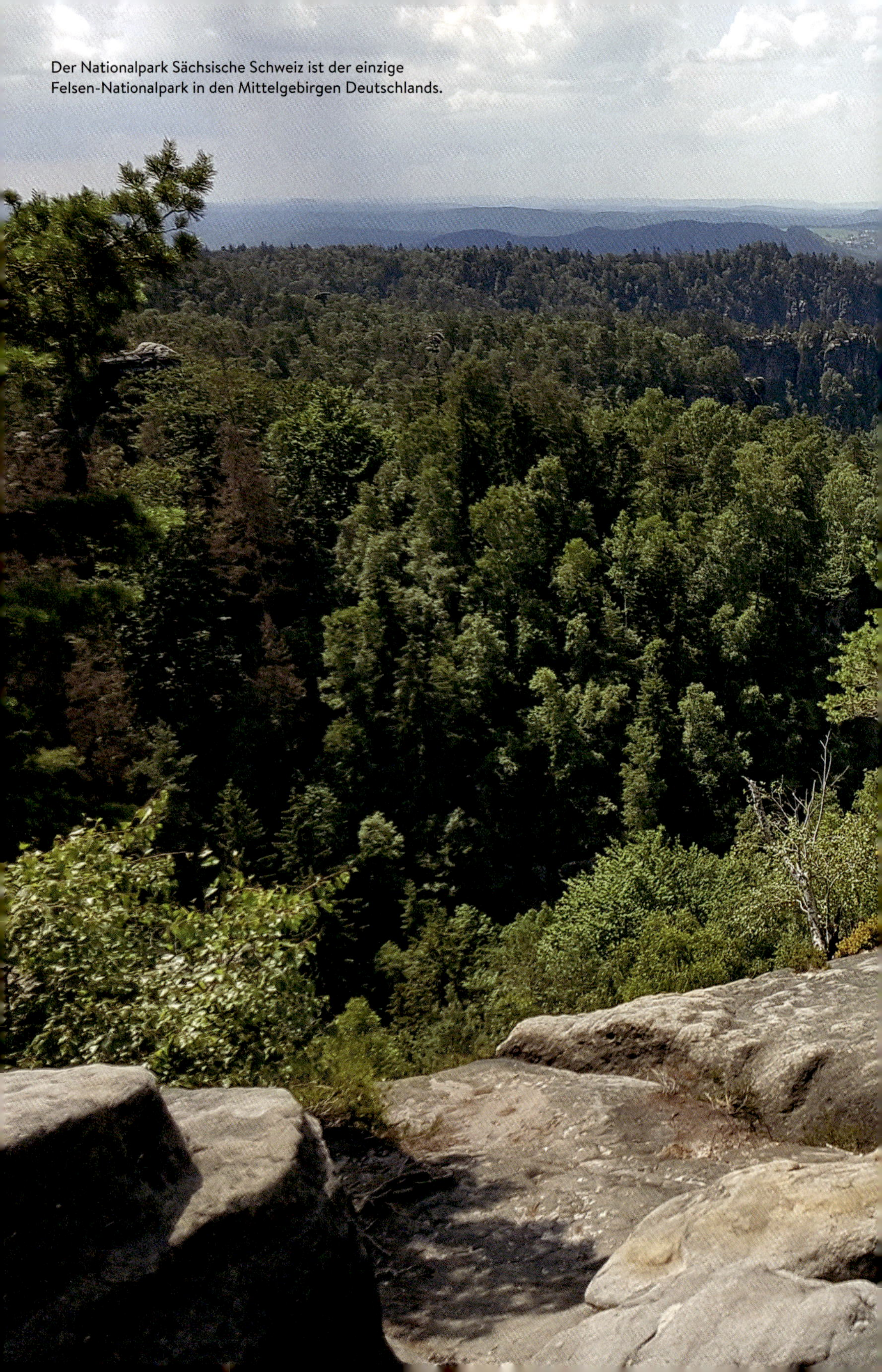

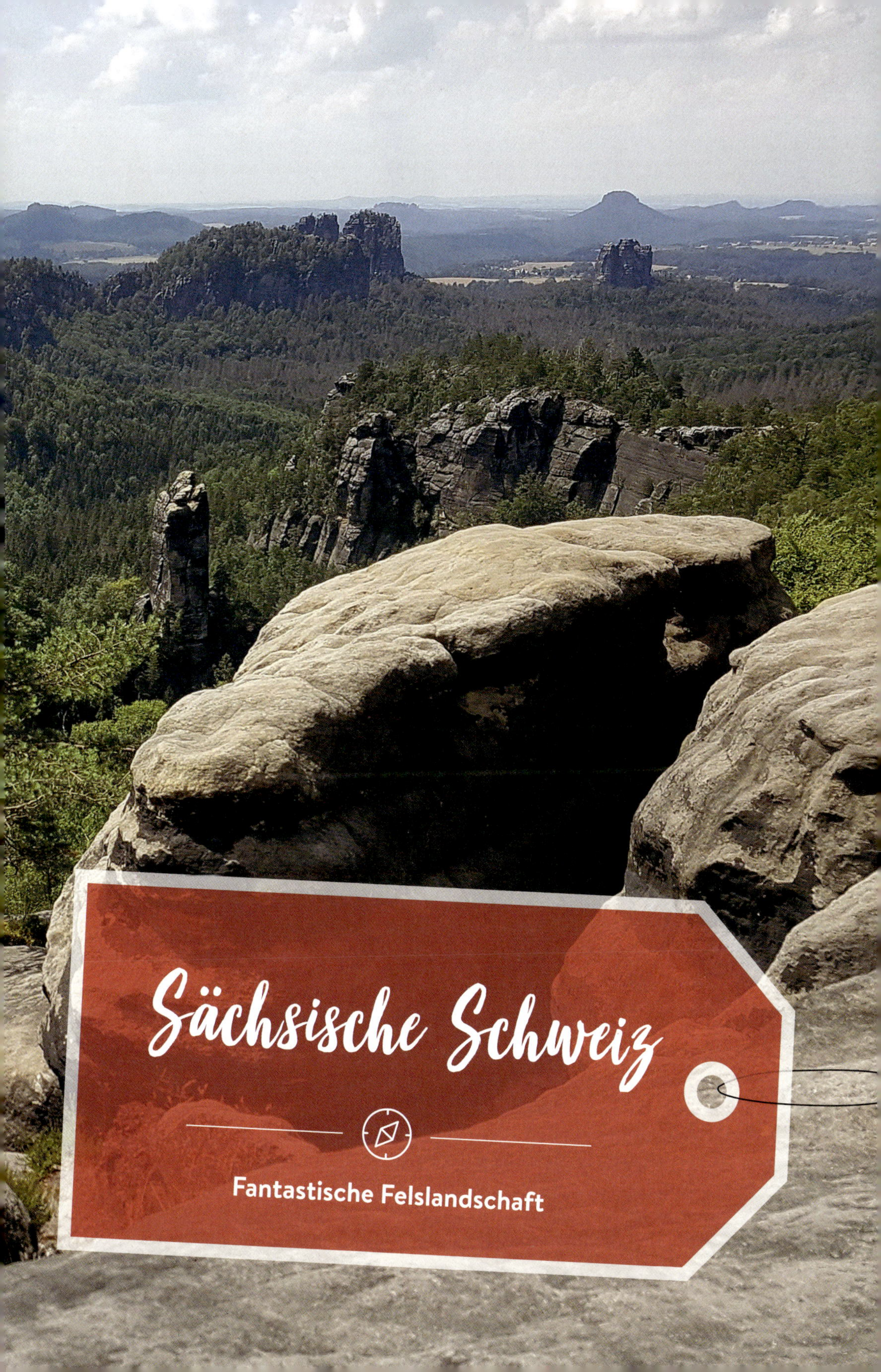

Sächsische Schweiz

Fantastische Felslandschaft

CAMPINGPLATZ

Campingplatz am Treidlerweg

Beliebter Platz am Elbufer

Kennzeichen der Sächsischen Schweiz, wie der deutsche Teil des Elbsandsteingebirges heißt, ist die durch bizarre Felsformationen geprägte Landschaft südöstlich von Dresden. Der Nationalpark Sächsische Schweiz erstreckt sich rechts der Elbe über die Kerngebiete des Elbsandsteingebirges.

Ein großartig gelegener Platz direkt am Ufer der Elbe mit Blick auf den Fluss von den Stellplätzen der ersten Reihe. Die tolle Lage bringt es mit sich, dass sich der Campingplatz großer Beliebtheit erfreut. Startpunkt der Wanderung zum Lilienstein (Tour 27), dieser thront auf der dem Campingplatz gegenüberliegenden Elbseite. Es gibt moderne Sanitäranlagen, einen Brötchenservice, Stromanschlüsse sowie Ver- und Entsorgung, allerdings kein W-LAN und keinen Netzempfang. Die Stellplätze liegen zum Teil sehr eng nebeneinander, so bleibt nur wenig Privatsphäre. Für Wohnmobile mit einer Länge von mehr als acht Metern nicht geeignet. Perfekte Ausgangslage zu allen Wanderungen in der Sächsischen Schweiz.

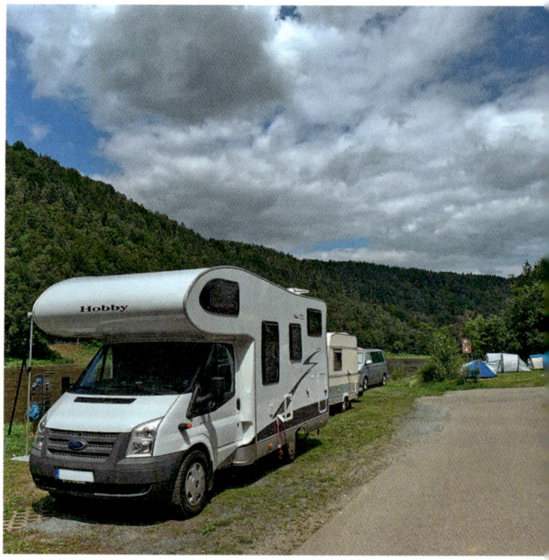

Info

GEEIGNET ALS
Mehrtagesurlaub

ADRESSE
Am alten Sägewerk 4, 01824 Königstein, Tel. 035021/990 82 11, E-Mail: info@treidlercamping.de, treidlercamping.de

ANFAHRT
Aus Dresden über Pirna Richtung Bad Schandau fahren, zum Campingplatz geht es nach Königstein gut ausgeschildert links ab.

GPS
50.925520, 14.093607

BESONDERHEIT
Direkt am Elbufer gelegen mit Busanbindung am Platz (nostalgischer Oldtimerbus, kostenlos mit der Gästekarte)

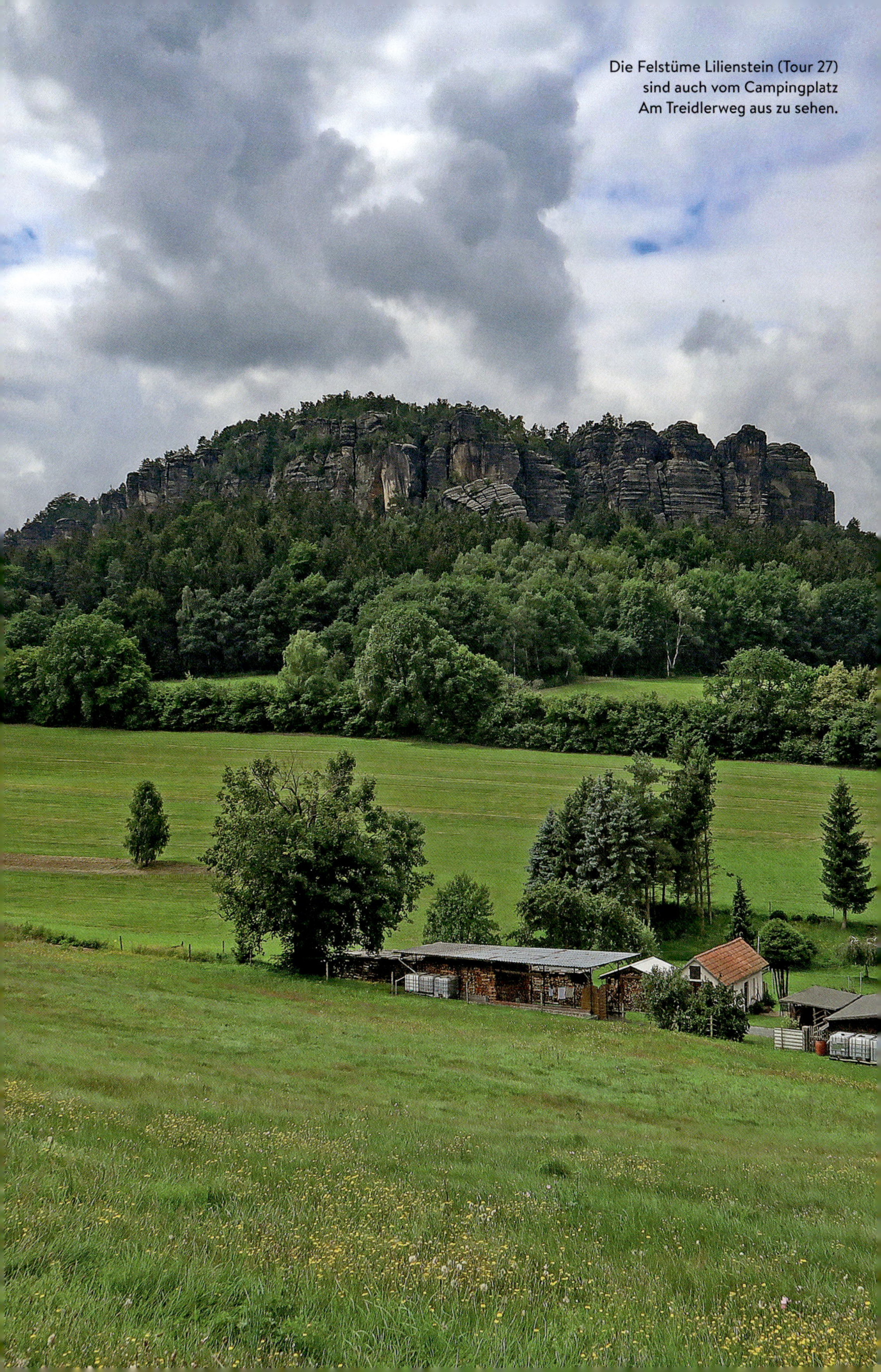

Die Felstüme Lilienstein (Tour 27) sind auch vom Campingplatz Am Treidlerweg aus zu sehen.

WANDERUNG

27 Blick bis Dresden

Anspruchsvolle Kurzwanderung auf den Lilienstein

Diese Tour hat es trotz ihrer Kürze in sich. Wir bezwingen den Lilienstein, der von der anderen Elbseite aus als Wahrzeichen des Nationalparks Sächsische Schweiz über den Campingplatz wacht. Hierfür marschieren wir zunächst am Elbufer entlang Richtung Königstein bis zur Fähranlegestelle. Dort setzen wir über (mit Gästekarte des Campingplatzes kostenlos, ein Hund kostet einen Euro) und erfahren schnell, warum diese Tour als anspruchsvoll gilt: Kaum ist das andere Ufer erreicht, geht es steil und lang bergauf. Den Weg markiert ein blauer Balken.

Nach einem kurzen, entspannenden Abschnitt, wir befinden uns inzwischen auf Nationalparkgelände, folgen wir der Ausschilderung »Nordaufstieg zum Lilienstein«. Nun geht es noch einmal knackig bergauf. Oben angekommen sind wir verwundert, dass uns hier eine Gastronomie erwartet! Es lohnt sich, auf dem Tafelberg herumzukraxeln und die Ausblicke zu genießen – an klaren Tagen kann man bis nach Dresden schauen und sogar die Frauenkirche ausmachen. Bei Höhenangst die ungesicherten und allzu abenteuerlichen Passagen einfach auslassen! Trittsicher sollte man aber auf alle Fälle sein! Am Osthorn des Liliensteins bewundern wir den Obelisken. Anschließend steigen wir am anderen Ende des Hochplateaus wieder ab, gehen an einer Bank vorbei und geradeaus durch weite Wiesenlandschaft. Die Allee zur Rechten mutet toskanisch an. Wir passieren weitere Einkehrmöglichkeiten, bis uns die Markierung zurück zum steilen Anstieg führt. Hier müssen wir nun bergab, dann sind wir nur noch eine Fährfahrt und einen kurzen Fußmarsch vom Campingplatz entfernt.

Info

DAUER
3.30 Std.

HÖHENMETER
340 Hm

LÄNGE
8,5 km

SCHWIERIGKEIT
Schwer

TOURENCHARAKTER
Extrem steile Auf- und Abstiege, Trittsicherheit, Schwindelfreiheit und gutes Schuhwerk erforderlich, gute Grundkondition vorteilhaft

AUSGANGS-/ENDPUNKT
Campingplatz Am Treidlerweg

ANFAHRT
GPS: 50.92591, 14.09417
WoMo: Keine Anfahrt nötig, da Startpunkt am Campingplatz

EINKEHR
Deck 16 (auf dem Weg zur Fähre), Landgasthof Müller, Das Steingut (Bauernhof mit Einkehr), Felsbaude Lilienstein, Restaurant des Panoramahotels Lilienstein

INFORMATION
saechsische-schweiz.de

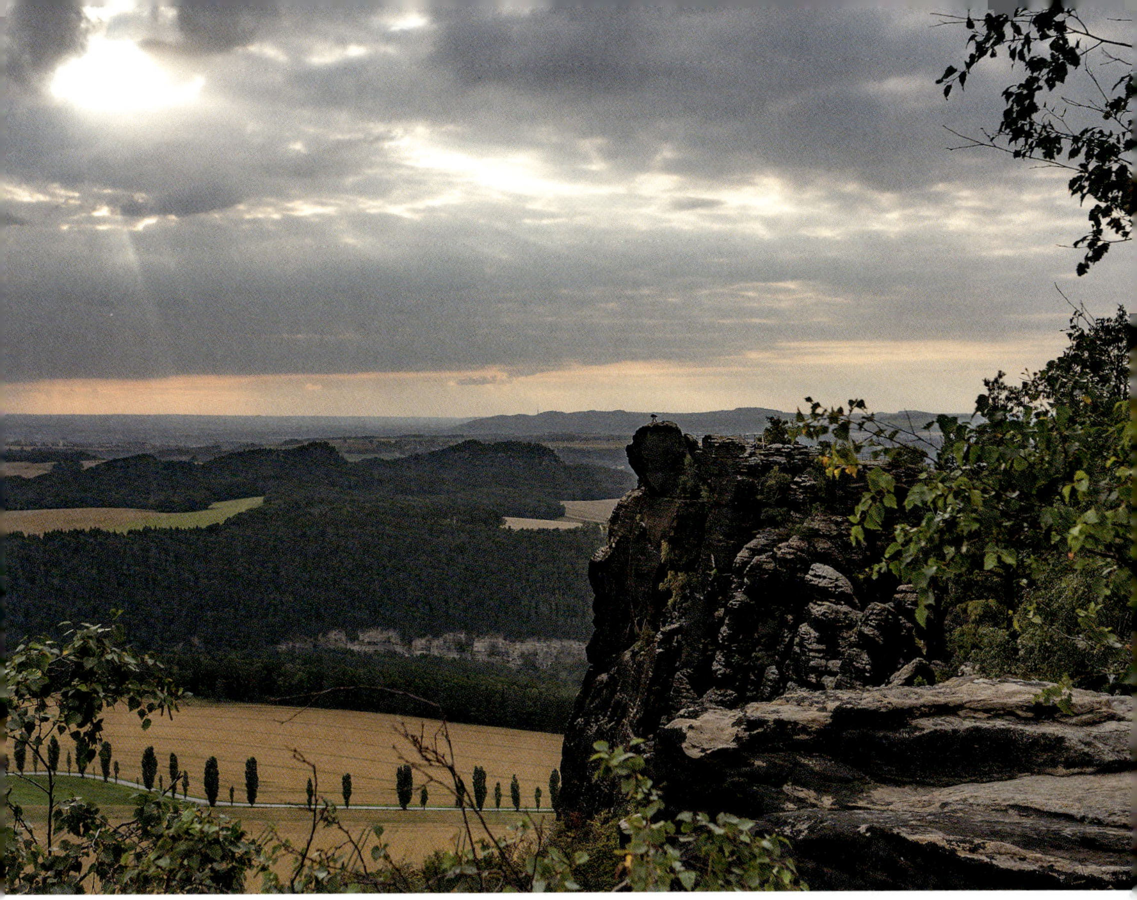

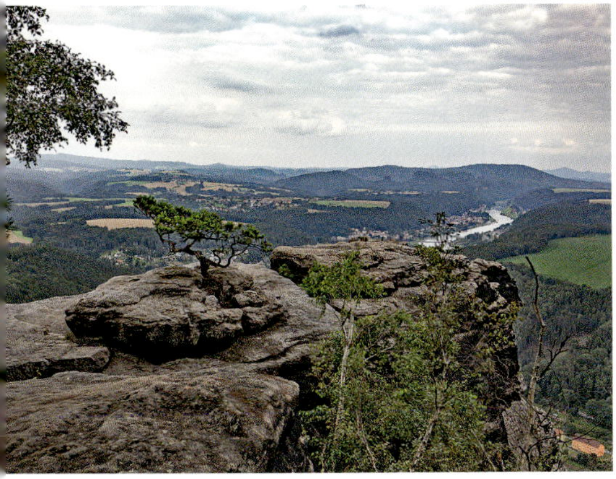

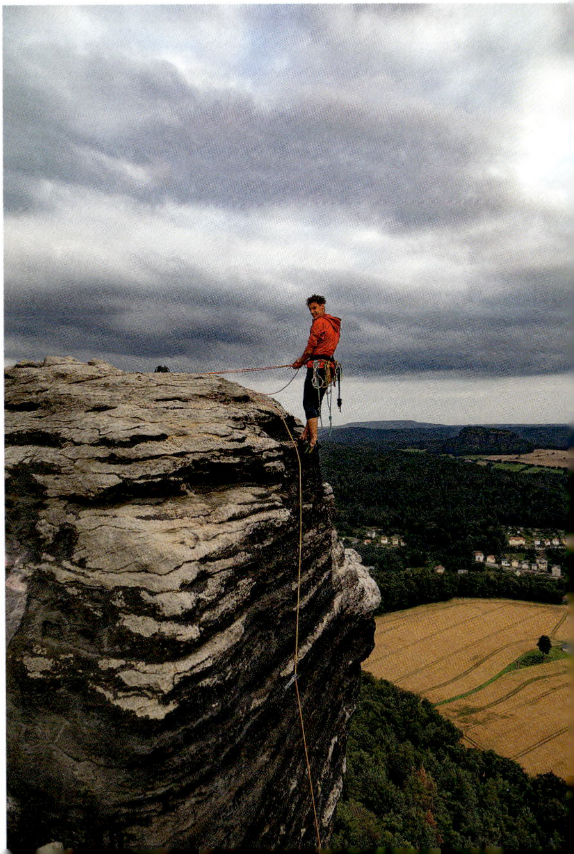

↑ Der Lilienstein ist schwer zu erklimmen – der Ausblick entschädigt für alle Mühe, er ist sensationell!

↑ Je nach Mut kann sich jeder seinen eigenen Weg oben auf dem Lilienstein suchen.

→ Da rutscht einem als Zuschauer das Herz in die Hose beim Anblick dieses wagemutigen Kletterers …

WANDERUNG

28 Gewagte Perspektiven

Eine Tour auf drei Tafelberge

Eine anspruchsvolle Wanderung führt uns auf die linkselbischen Tafelberge Gohrisch, Papststein und Kleinhennersdorfer Stein. Wir beginnen mit dem Gohrisch, den wir nach einem Kilometer Fußmarsch durch den Wald über den Nordaufstieg erklimmen. Am Fuße der Steilwände teilt sich der Weg in eine schwierigere und einer leichtere Variante. Hier sei der anspruchsvollere Aufstieg empfohlen, bei dem der Weg durch die engen Felsspalten der Falkenschlucht führt – die Anzahl an Leitern und Treppen unterscheidet sich nicht vom einfacheren Weg (problematisch nur bei Platzangst). Die Belohnung wartet oben: Der Blick kann in alle Richtungen schweifen, wir sehen auf der gegenüberliegenden Elbseite auch den markanten Lilienstein (siehe Tour 27) und den benachbarten Papststein, den wir als nächstes bezwingen.

Wir suchen uns einen Weg über den Tafelberg und steigen wieder hinab, vorbei an einem alten Specksteinstollen und am Parkplatz. Dann überqueren wir die Straße und steigen erneut hinauf, diesmal auf den Papststein (da der Weg beleuchtet ist, kann man auch zum Sonnenuntergang auf den Papststein gehen!). Das Plateau ist bequemer über langgezogene Treppen erreichbar und bietet ebenfalls tolle Ausblicke. Erstaunt finden wir hier eine Gaststätte vor (bis Sonnenuntergang geöffnet). Über einen schluchtartigen, gesicherten Abschnitt gelangen wir zur Wetterfahnen-Aussicht, dem höchsten Punkt des Papststeins. In einer Schleife geht es entweder anschließend wieder hinab zum Wanderparkplatz, oder man bindet als dritten Tafelberg den Kleinhennersdorfer Stein ein – auf dem Weg dort hinauf passieren wir drei Höhlen, in die man wenigstens einen Blick riskieren sollte.

Info

DAUER
3 Std.

HÖHENMETER
240 Hm

LÄNGE
7,5 km

SCHWIERIGKEIT
Schwer

TOURENCHARAKTER
Festes Schuhwerk, Schwindelfreiheit und Trittsicherheit erforderlich, bei Höhen- und Platzangst ungeeignet. Für Hunde wegen der steilen Metall- und Holzleitern und der Gitterroste nicht möglich

AUSGANGS-/ENDPUNKT
Wanderparkplatz Galgenschänke

ANFAHRT
GPS: 50.901524, 14.116025
WoMo: Vom Campingplatz aus Richtung Königstein, dann links ab nach Gohrisch, durch den Ort, dann rechts ab auf Papstdorfer Straße, der Parkplatz folgt etwa 1,3 km nach dem Abzweig.

EINKEHR
Berggast Bergwirtschaft Papststein

INFORMATION
saechsische-schweiz.de, koenigstein.de

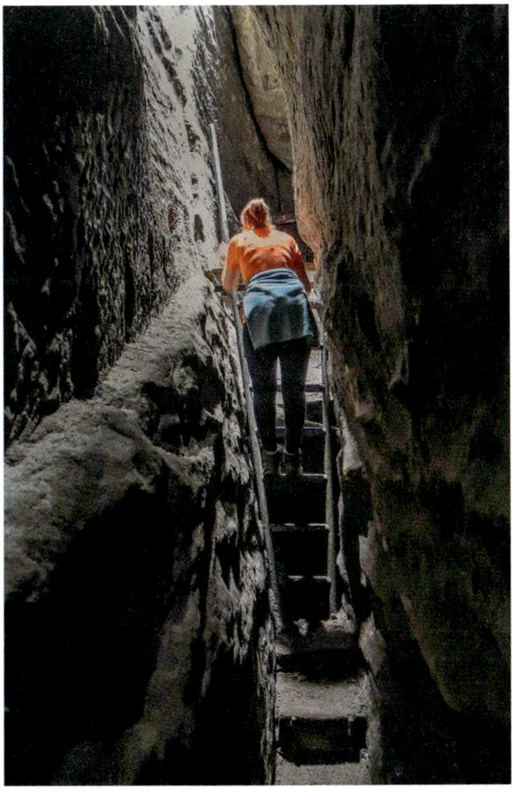

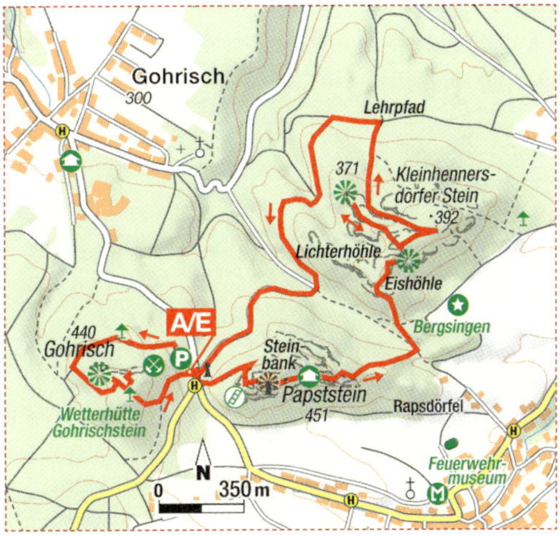

← Sieht gefährlicher aus, als es ist: Eng geht es zu und durch Felsspalten hindurch, aber zu keiner Zeit problematisch.

↓ Das ist der Panoramablick, der sich vom ersten Stein, dem Gohrisch, bietet.

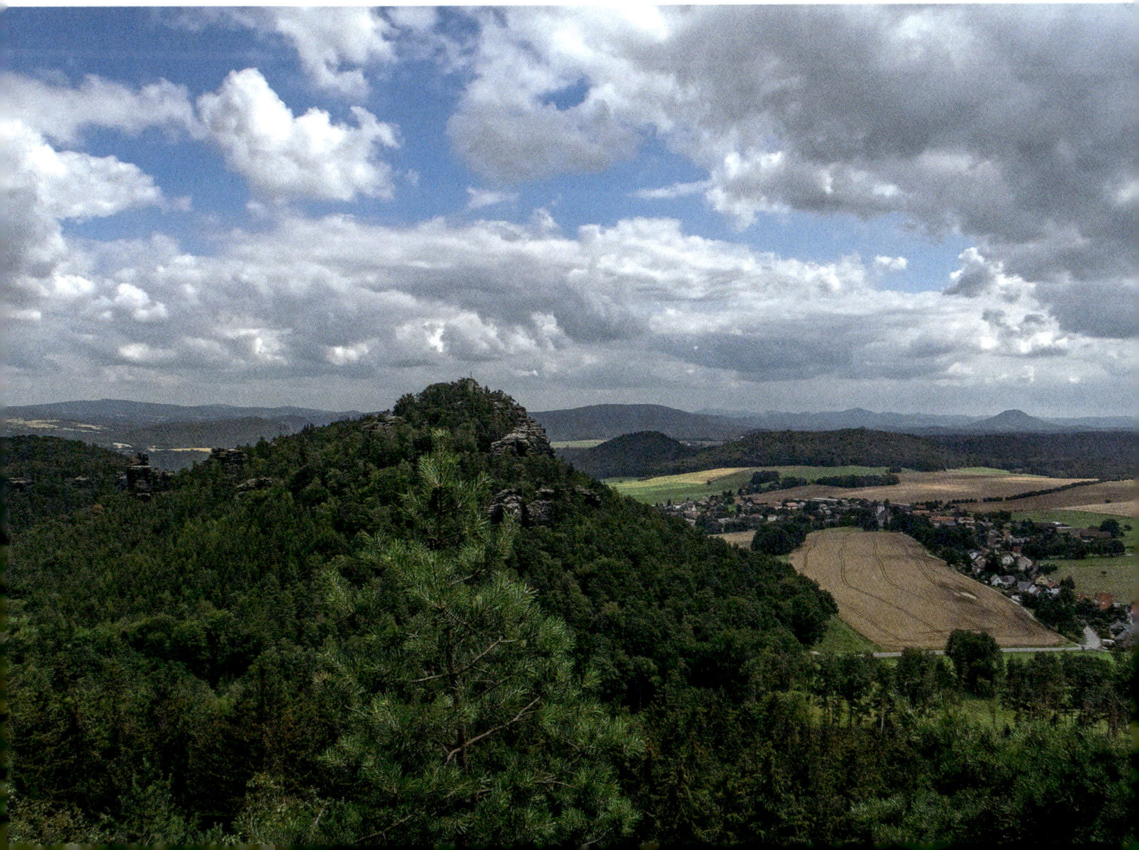

WANDERUNG

29 Drunter und drüber

Über Leitern, durch Höhlen und Tunnel

Eine außergewöhnliche Tour erwartet alle Wanderer, die trittsicher und abenteuerlustig sind. Sie führt durch den Uttewalder Grund, einen vollkommen naturbelassenen Teil des Nationalparks Sächsische Schweiz. Zunächst geht es durch den Ort Uttewalde, dann Treppen hinab und vorbei am urigen Gasthaus Waldidylle, wo köstliche Kuchen der Motivation einen Schub verleihen.
Hier biegen wir rechts ab und gelangen erstmals richtig in die Schlucht: Hohe Felswände ragen rechts und links des Wegs auf, ein Bach plätschert zur Rechten neben uns her. An der Märkel-Gedenktafel geht es über eine Brücke nach rechts zum absoluten Highlight der Wanderung, dem Teufelsgrund. Der Wegweiser »Teufelsschlüchte« verrät es: Von nun an ist die Wanderung reinstes Abenteuer. Wir erklimmen Leitern, begehen in den Felsen gehauene Treppen und kriechen durch Tunnel und Felslöcher hindurch, die herabgestürzte Felsbrocken gebildet haben. Es kann feucht und rutschig sein, deshalb ist gutes Schuhwerk unbedingte Voraussetzung!
Wir drehen die Extrarunde durch den Teufelsgrund, suchen immer wieder neu den Weg durch die gewaltige und sich selbst überlassene Natur und tauchen schließlich an der Gedenktafel wieder aus dem Abenteuer auf.
Über die Gaststätte könnten wir nun einfach wieder zum Ausgangspunkt zurückgehen – schöner aber ist es, an der Abzweigung zu dieser weiter geradeaus zu gehen, noch einmal vier Kilometer anzuhängen und weiter durch das Felsenlabyrinth zu wandern. Es ergeben sich auch auf diesem Abschnitt noch ein-

→ **Diese Wanderung hat es in sich – vor allem der abenteuerlichste Teil, die Teufelsschlüchte.**

Info

DAUER
3 Std.

HÖHENMETER
210 Hm

LÄNGE
8,3 km

SCHWIERIGKEIT
Schwer

TOURENCHARAKTER
Unwegsame, felsige und wurzelüberzogene, schmale, teils rutschige Pfade. Trittsicherheit und gutes Schuhwerk unbedingt erforderlich! Bei Platzangst den Teufelsgrund auslassen

AUSGANGS-/ENDPUNKT
Wanderparkplatz in Uttewalde

ANFAHRT
GPS: 50.976823, 14.028334
WoMo: Vom Campingplatz am Treidlerweg nach Bad Schandau fahren, dort über die Elbbrücke und in nördliche Richtung, am Abzweig nach Wehlen links, dann ein weiteres Mal links und über die Wehlener Straße zum Wanderparkplatz

EINKEHR
Gasthaus Waldidylle, im Ort Gasthof Uttewalde

INFORMATION
saechsische-schweiz.de

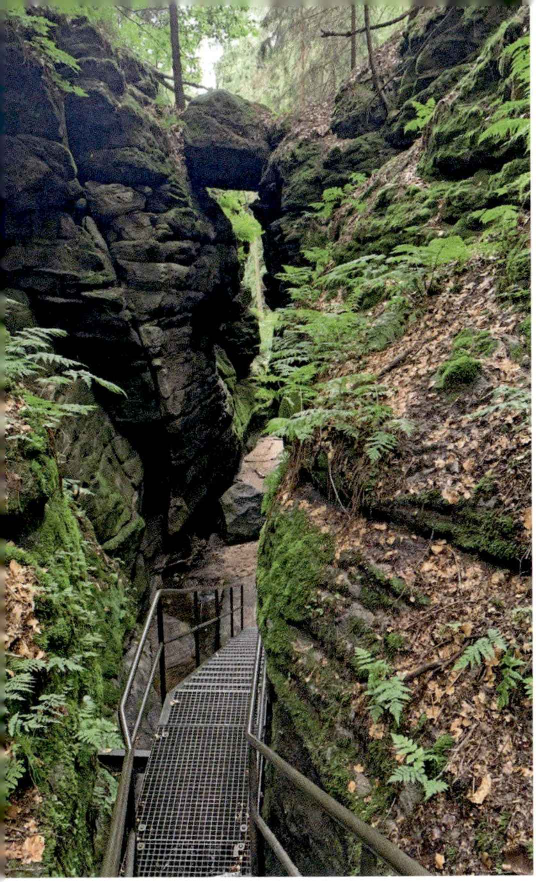
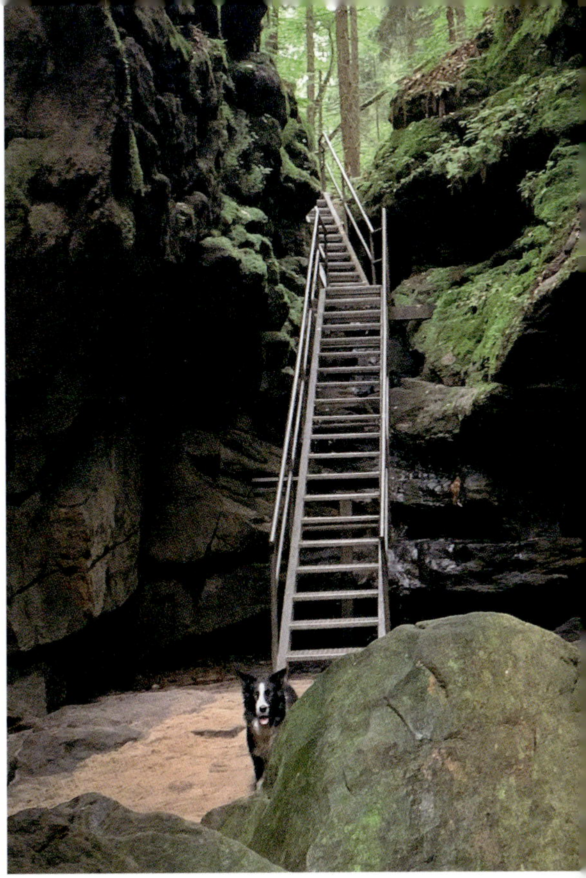
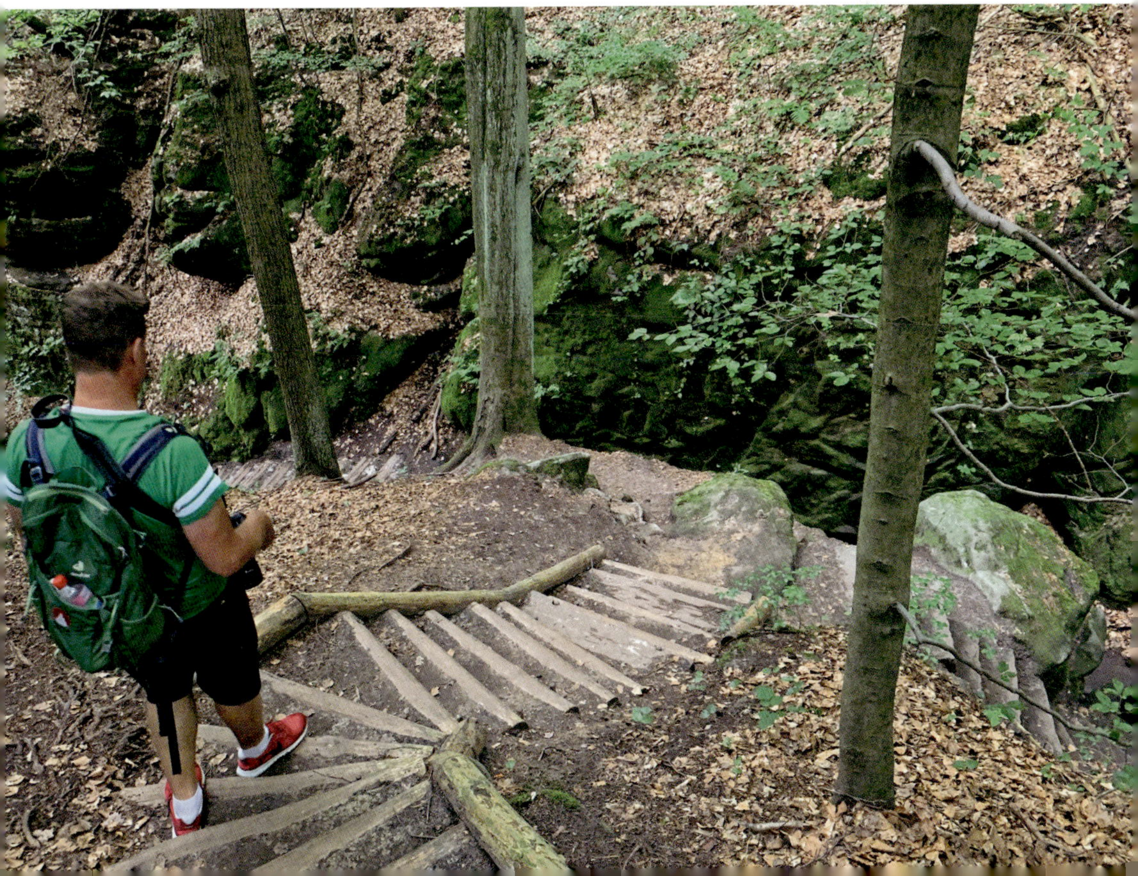

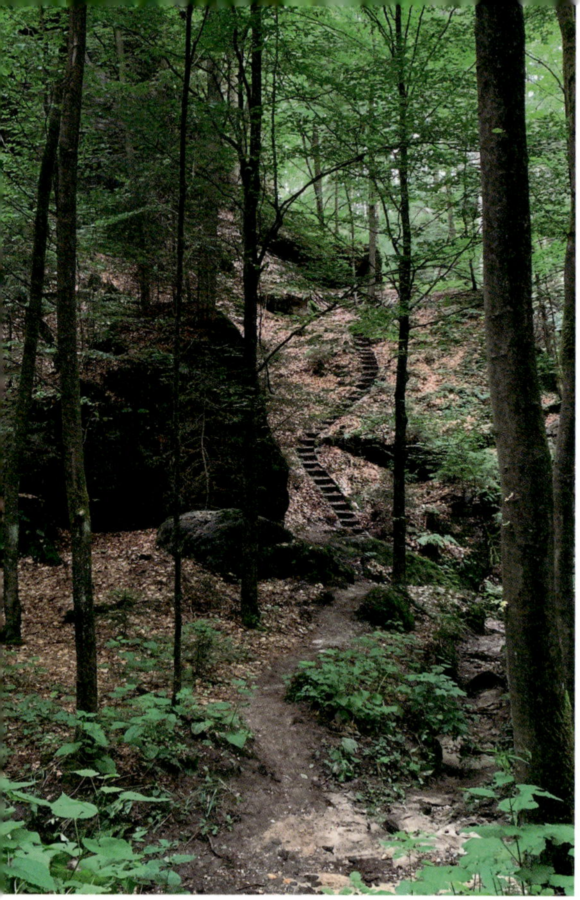

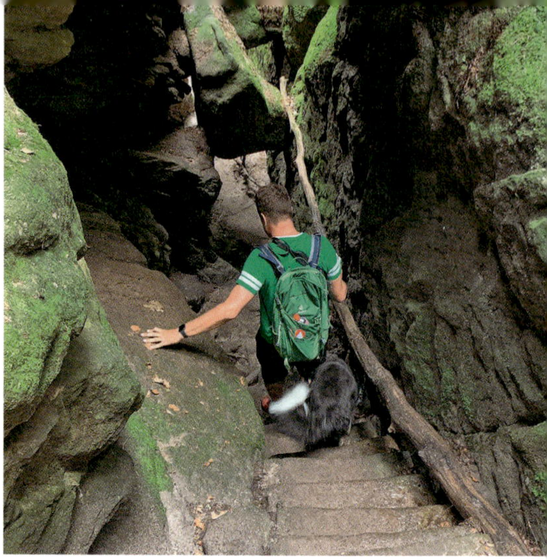

↑ Über Steintreppen geht es in Felshöhlen hinein, durch die man teils nur kriechend hindurchkommt. Das ist so herausfordernd wie spektakulär.

← Die Treppenstufen sind direkt in den Felsen gehauen.

→ Es gibt auch in der Teufelsschlüchte Passagen, an denen man kurz »normal« gehen und ein bisschen durchatmen kann.

mal besondere Wege über Stock und Stein, diese Tour ist Abwechslung pur. Gemäß der Karte und/oder des GPS-Tracks gelangt man erschöpft, aber um viele Erlebnisse reicher zurück zum Wanderparkplatz.

Tipp

WEHLEN

Der Ferienort Wehlen befindet sich südlich des Uttewalder Grundes in fünf Kilometern Fahrdistanz am Elbufer. Die Wilkeaussicht, die Burgruine Wehlen und der Marktplatz sind nur ein paar der Sehenswürdigkeiten. Wehlen erstreckt sich auf beiden Seiten der Elbe. entdecke-sachsen.de/ziel/stadt-wehlen.html

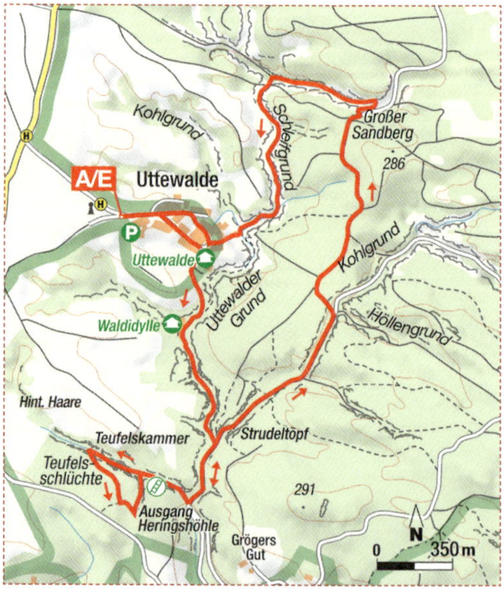

→ Der Name ist Programm: Das Gasthaus Waldidylle liegt unglaublich reizvoll mitten im Wald im Uttewalder Grund.

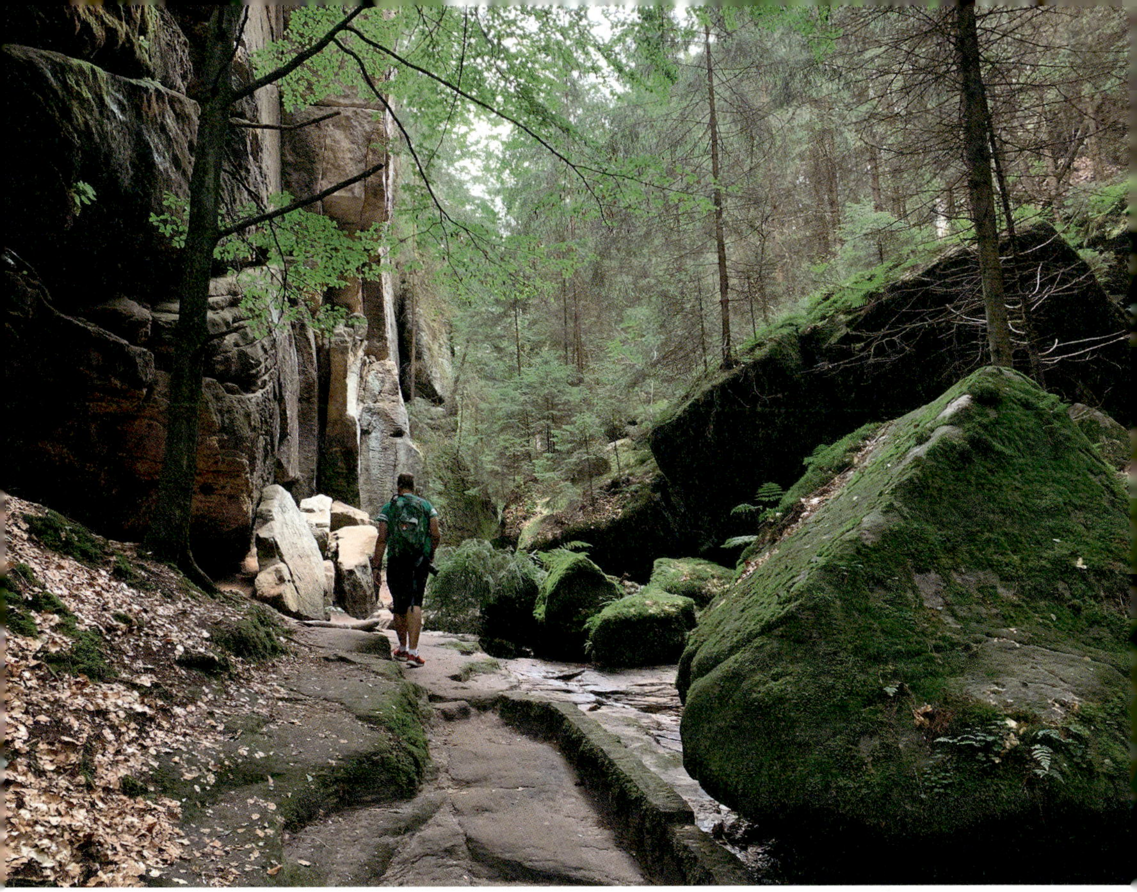

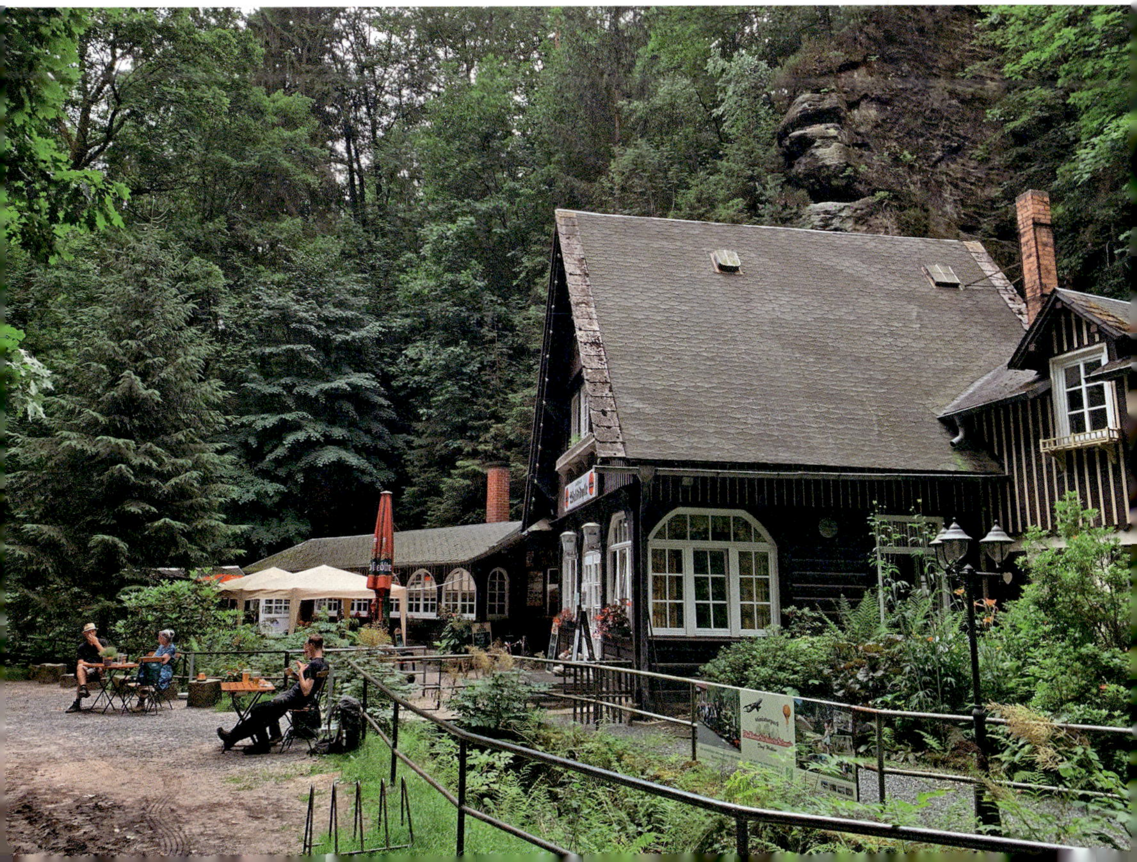

WANDERUNG

30 Abenteuer aller Art

Über den Rauenstein und zum Großen Bärenstein

Auf dieser herrlichen Wanderung lässt sich das Elbsandsteingebirge in all seiner Naturgewalt erleben – inklusive Kraxel- und Leiter-Passagen. Nach dem Wanderparkplatz wenden wir uns zunächst in östliche Richtung, wir wollen zuerst zum Rauenstein. Über Serpentinen legen wir die ersten Höhenmeter zurück. Wir passieren die Pudelsteinhöhle und das Naturdenkmal Pudelstein und steigen schließlich über den Rauenstein-Gratweg in moderater Steigung auf den Tafelberg hinauf. Recht unvermittelt stehen wir auf dem mächtigen Hauptmassiv des eindrucksvollen Felsenriffs. Wir suchen uns einen Weg quer über das Plateau, es geht über Treppen und durch Felsspalten in stetem Auf und Ab zu den verschiedenen Aussichtspunkten. Eine Einkehr in der Berggaststätte kann den Besuch des Rauensteins abrunden.

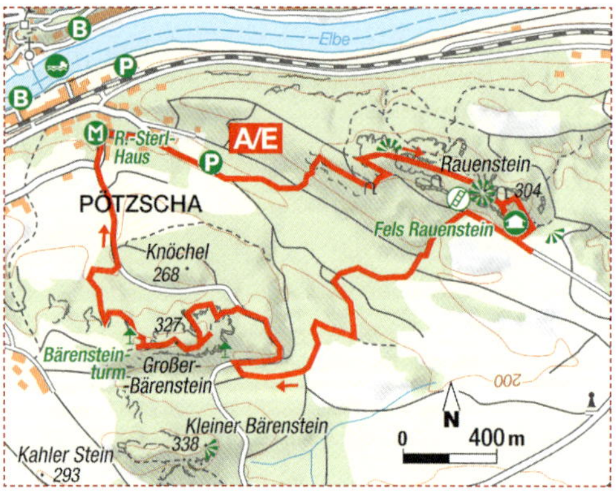

Über zahlreiche Stufen steigen wir vom Rauenstein ab und wandern in nordwestliche Richtung – sowohl den Rauenstein, als auch die Bärensteine im Blick. Die Tour verläuft durch ein Tal, und kurz später ergibt sich die Option, mit einem Abstecher nach links den Kleinen Bärenstein in die Tour einzubinden. Wir konzentrieren uns jedoch auf den Großen Bärenstein und steigen ab der Kreuzung Martins-Ruh hinauf und gelangen schließlich zur Riegelhofstiege. Die schmale »Stiege« führt über eine Kraxeleinlage mit Griff- und

Info

DAUER
2.30 Std.

HÖHENMETER
200 Hm

LÄNGE
7,6 km

SCHWIERIGKEIT
Schwer

TOURENCHARAKTER
Schwierige Auf- und Abstiege, festes Schuhwerk, Trittsicherheit und Schwindelfreiheit notwendig, alpine Erfahrung vorteilhaft

AUSGANGS-/ENDPUNKT
Parkplatz am Rauensteinweg

ANFAHRT
GPS: 50.954490, 14.041150
WoMo: Von Osten her kommend (Campingplatz am Treidlerweg) über die B172 und über Königstein fahren, dann rechts ab auf die S168 Richtung Struppen, der Parkplatz folgt 6 km nach dem Abzweig.

EINKEHR
Felsgaststätte Rauenstein

INFORMATION
saechsische-schweiz.de, fels-rauenstein.de

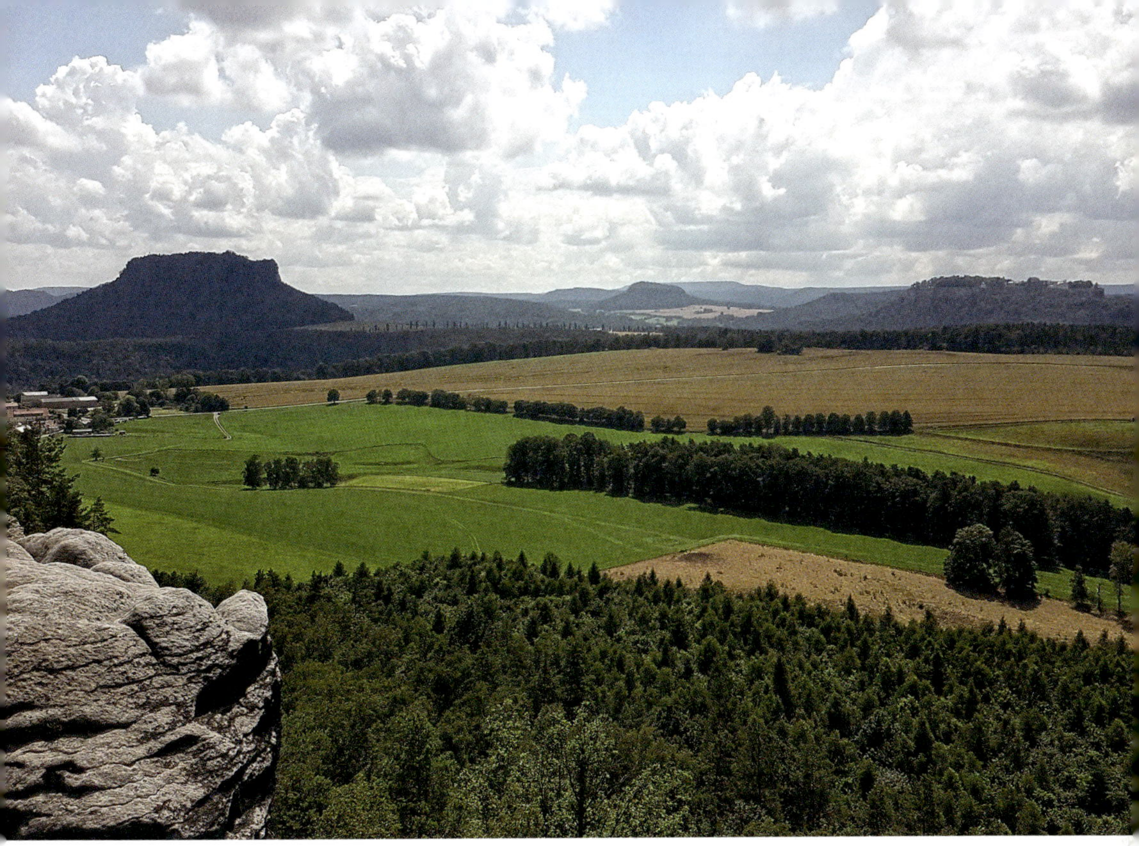

↑ Vom Rauenstein aus ergibt sich dieser einzigartige Fernblick.
↓ Einen Logenplatz bekommen alle Wanderer im Außenbereich der Felsgaststätte Rauenstein.

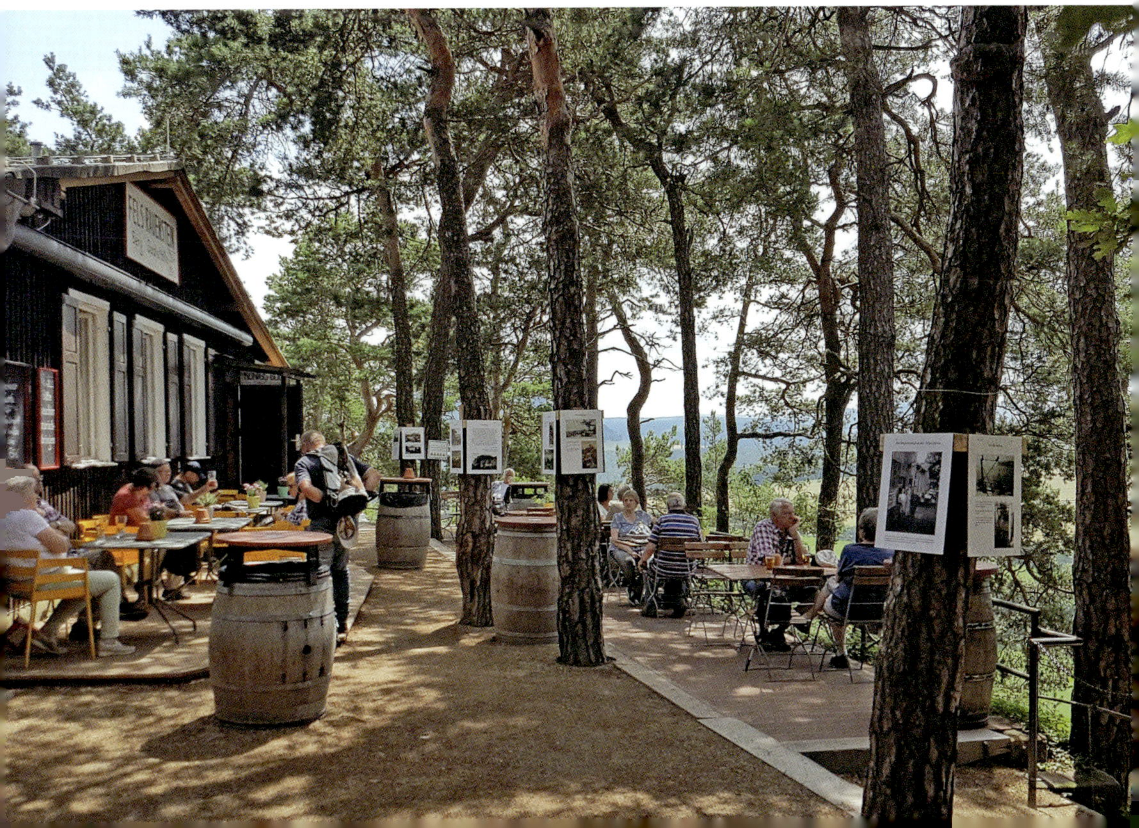

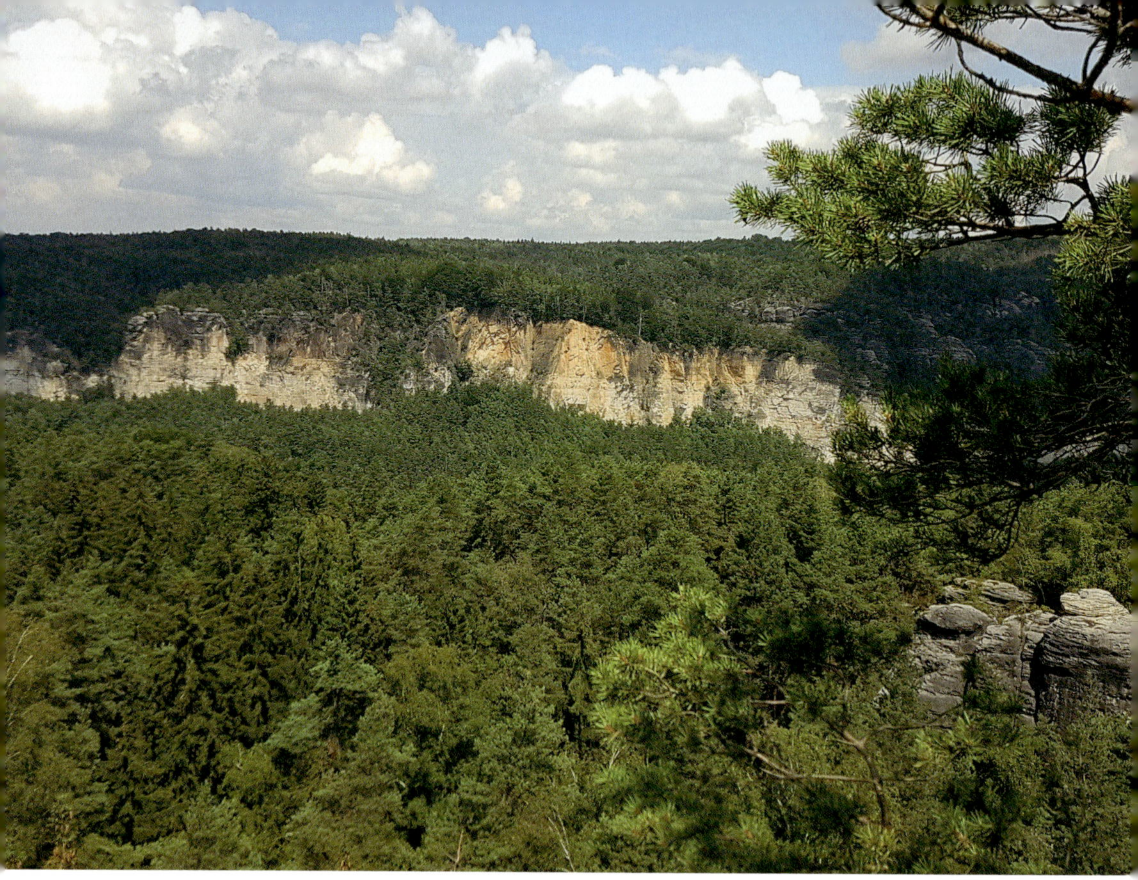

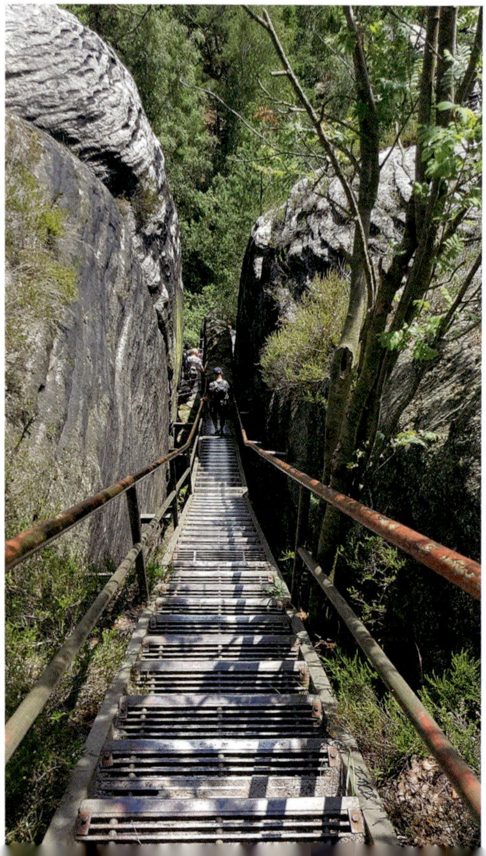

↑ Der gut 300 Meter hohe Rauenstein auf der linken Elbseite ist fast vollständig von Wald bedeckt.
← Einige Treppenstufen sind zu bewältigen, aber hier geht es immerhin hinunter.

Haltepunkten den blanken Felsen hinauf zum Großen Bärenstein.
Wieder führen verschiedene Abstecher zu den Panoramapunkten, sodass wir den Pfad mitunter kurz verlassen und manchmal auch ein wenig klettern müssen. Wir suchen den Weg über den zerklüfteten Tafelberg und nehmen schließlich wieder, nach einem kleinen Abstecher zum Bärensteinturm und vorbei an der Bärensteinnadel, den Abstieg in Angriff. Ab jetzt geht es nur noch bergab bis zum Wanderparkplatz am Rauensteinweg.

31 Im Felsenreich

Kuhstall, Idaloch und Flößersteig

Zum Startpunkt dieser Tour gelangen wir mit der nostalgischen Kirnitzschtalbahn. Wir parken das Wohnmobil in Bad Schandau an der Fähranlegestelle und fahren mit der Bahn bis zur Endhaltestelle am Lichtenhainer Wasserfall. Nach einem Blick auf den Wasserfall starten wir im Uhrzeigersinn zunächst in östlicher Richtung, obwohl die Wanderung im späteren Verlauf gen Westen führt.

So erreichen wir als großes Highlight den »Kuhstall«, der über die »Himmelsleiter« erklommen werden muss. Sie macht ihrem Namen alle Ehre, denn die endlos lange Metalltreppe scheint geradewegs im Himmel zu enden. Nach der Durchquerung des Felsdurchgangs »Kuhstall« bietet sich ein herrlicher Ausblick auf die sächsische Gebirgslandschaft. Hier hat im Sommer eine Gastwirtschaft geöffnet. Ein Abstecher führt zum Schneiderloch, einer kleinen begehbaren Höhle, in die man sich durch einen schmalen Eingang zwängt.

Durch ein wahres Felsenreich geht es nun zu den Ursprüngen des Nationalparks, vorbei am Kleinen Winterberg und dann am Friesenstein entlang – und schließlich mit einem Abstecher und vorbei an tollen Aussichtspunkten zum zweiten Höhepunkt der Tour, der

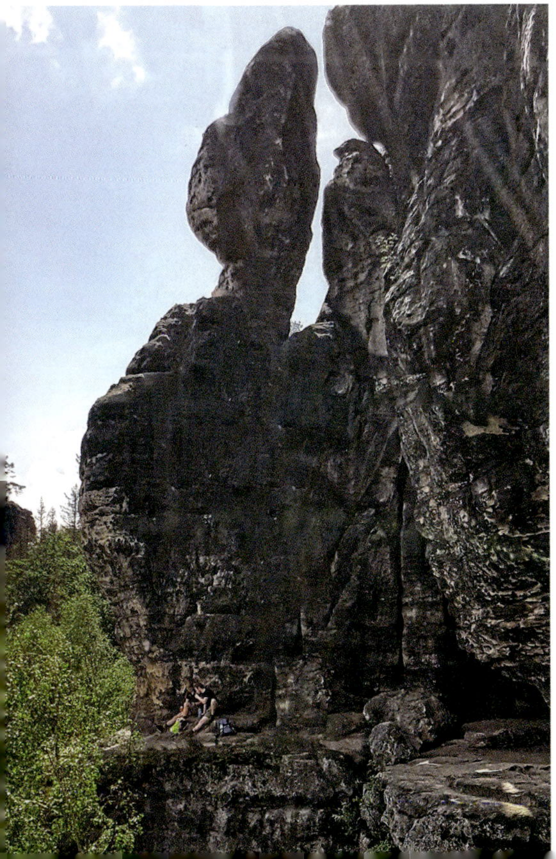

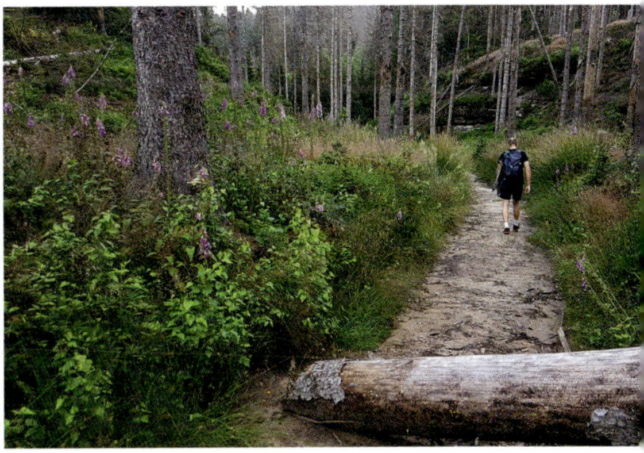

↑ Eine Wanderung durch den Nationalpark bedeutet, auch mal über einen Baumstamm zu steigen.

← Ein lauschigeres Plätzchen für ein Picknick kann man kaum finden, als unter dieser Felsnadel. Rechts daneben erkennt man die Idagrotte.

Idagrotte (Schwindelfreiheit vorteilhaft). Der Ausblick reicht bis zum »Kuhstall« und über die Waldlandschaft mit den Felsformationen. In der Grotte finden sich Überreste einer Burganlage aus dem 14./15. Jahrhundert. Wir kehren zurück zur Hauptroute und erreichen schließlich den Königsweg, der auf den Flößersteig trifft. Von hier an führt die Wanderung immer mehr oder weniger nah am Fluss Kirnitzsch und seinen Schleifen entlang nach Bad Schandau, vorbei am Kurpark und zurück zum Parkplatz bei der Fähre.

→ Eingerahmt von Felswänden verläuft die Wanderung meist schattig.

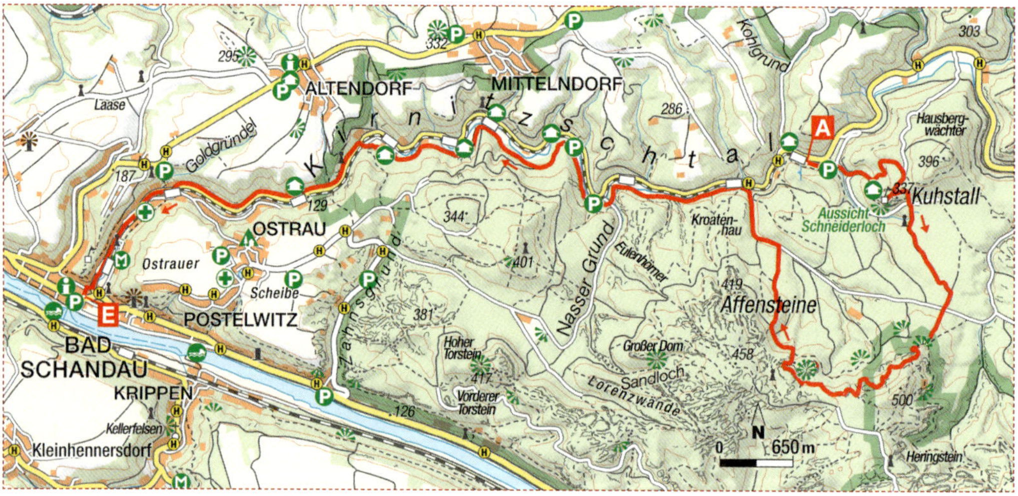

DAUER
4.30 Std.

HÖHENMETER
400 Hm

LÄNGE
15,8 km

SCHWIERIGKEIT
Mittel

TOURENCHARAKTER
Lange Wanderung mit einigen Höhenmetern, gute Grundkondition und Trittsicherheit erforderlich, überwiegend gut begehbare Wege, Schwindelfreiheit nur bei Abstecher nötig

AUSGANGS-/ENDPUNKT
Parkplatz Elbkai

ANFAHRT
GPS: 50.91726, 14.15101
WoMo: Aus Richtung Westen (Campingplatz am Treidlerweg) über die B172 an der Elbe entlang bis zur Brücke fahren, diese nach Bad Schandau überqueren, der B172 weiter folgen, Parkplatz befindet sich an der Fähranlegestelle.

EINKEHR
Am Startpunkt: Restaurant Lichtenhainer Wasserfall, unterwegs: Bergwirtschaft Am Kuhstall

INFORMATION
saechsische-schweiz.de, badschandau.de, ovps.de/Verkehrsmittel/Kirnitzschtalbahn/Tarife-und-Fahrplan/4194

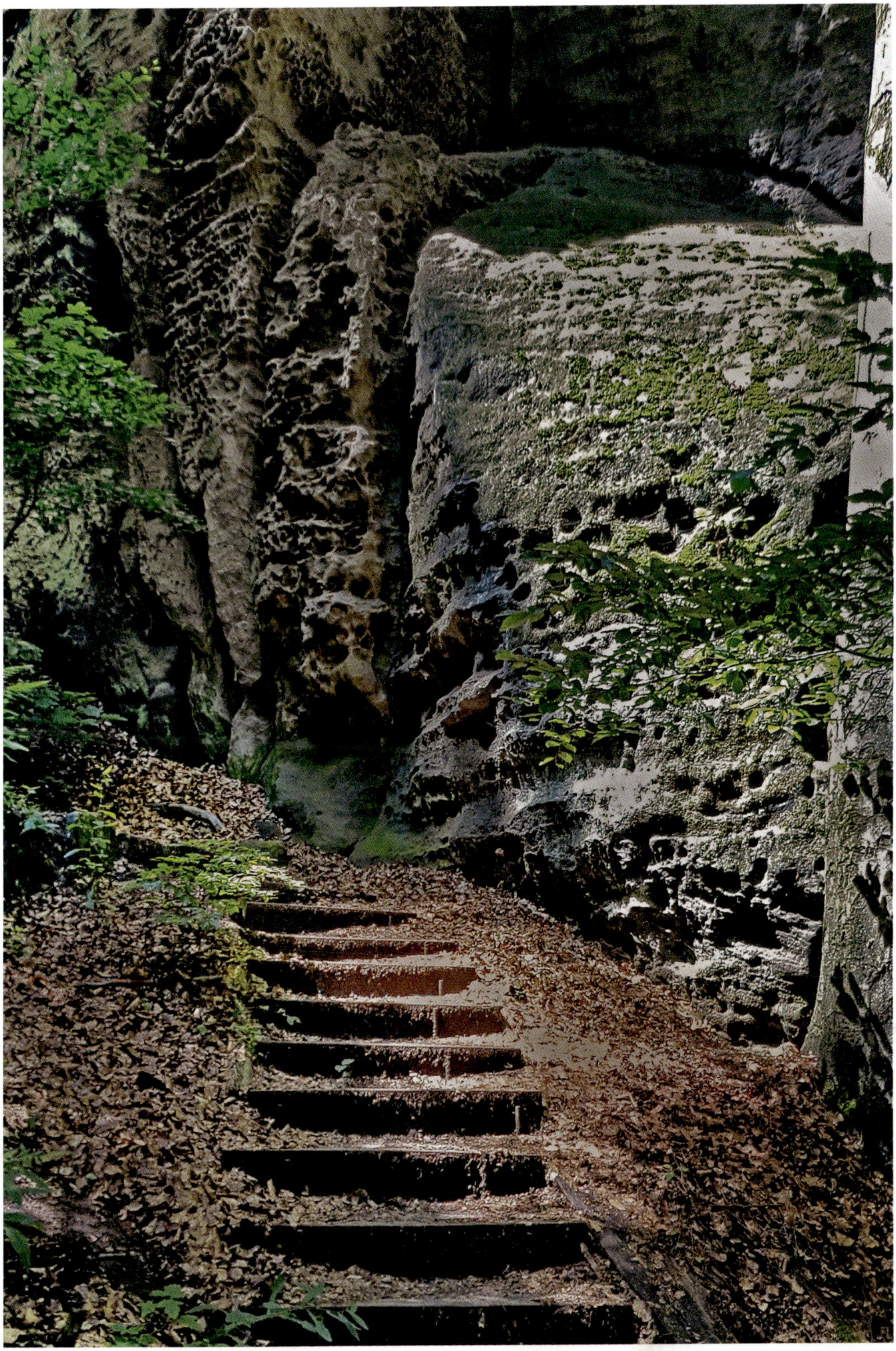

WANDERUNG

32 Berühmte Bastei

Der Klassiker in der Sächsischen Schweiz

Es ist nicht gerade ein Geheimtipp, bei dieser berühmten Felsformation vorbeizuschauen – sie gilt als meistbesuchte Touristenattraktion der Sächsischen Schweiz. Das jedoch zu Recht, und deshalb kann man sie bei einem Urlaub in der Region unmöglich außer Acht lassen. Der Startpunkt ist die Fähranlegestelle von Rathen (in diesem Bereich autofrei), deshalb parkt man das Wohnmobil linkselbisch in Oberrathen und setzt mit der Fähre zum Startpunkt über.
Der Wanderweg zweigt ausgeschildert zur Bastei nach links ab, es geht steil hinauf und über einen schattigen, gut ausgebauten Weg vorbei an der Felsenbühne. Über zahlreiche Stufen ist die spektakuläre Basteibrücke erreicht – sie zieht sich auf einer Länge von 76,5 Metern durch die Felsformation. Nachdem wir ausgiebig die Ruine der Felsenburg Neurathen erkundet und die Ausblicke sowohl ins Elbtal als auch auf die Basteibrücke genossen haben, lassen wir die Felsen und Zinnen langsam hinter uns. Wir erreichen die Schwedenlöcher, eine tief eingeschnittene Schlucht, die mehrere Steige erschließen.
Wir treffen auf den Amselgrundbach, biegen rechts ab und gelangen durch den Amselgrund zum Amselsee. Am kleinen Stausee können wir in Ruhe rasten und dann das letzte kurze Stück zur Fähranlegestelle gehen oder noch einen Abstecher zum Talwächter einbauen, einem beeindruckenden Kletterfelsen.

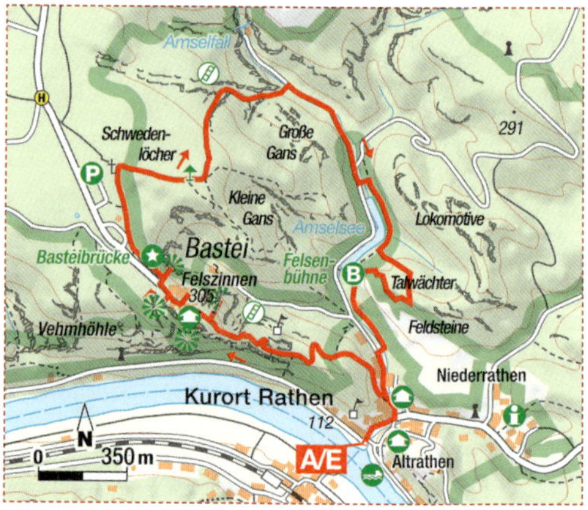

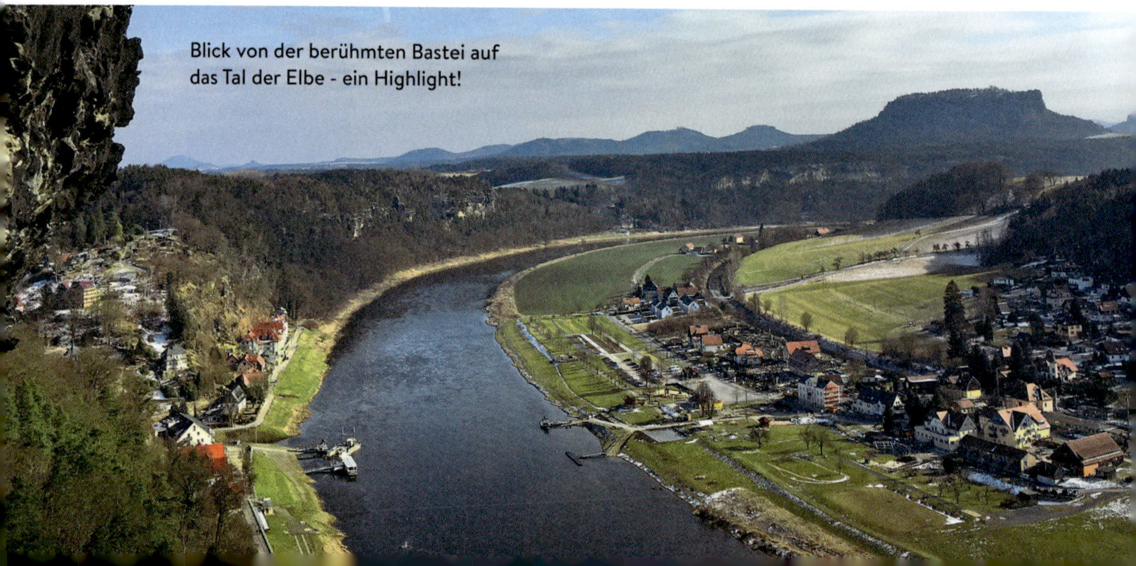
Blick von der berühmten Bastei auf das Tal der Elbe - ein Highlight!

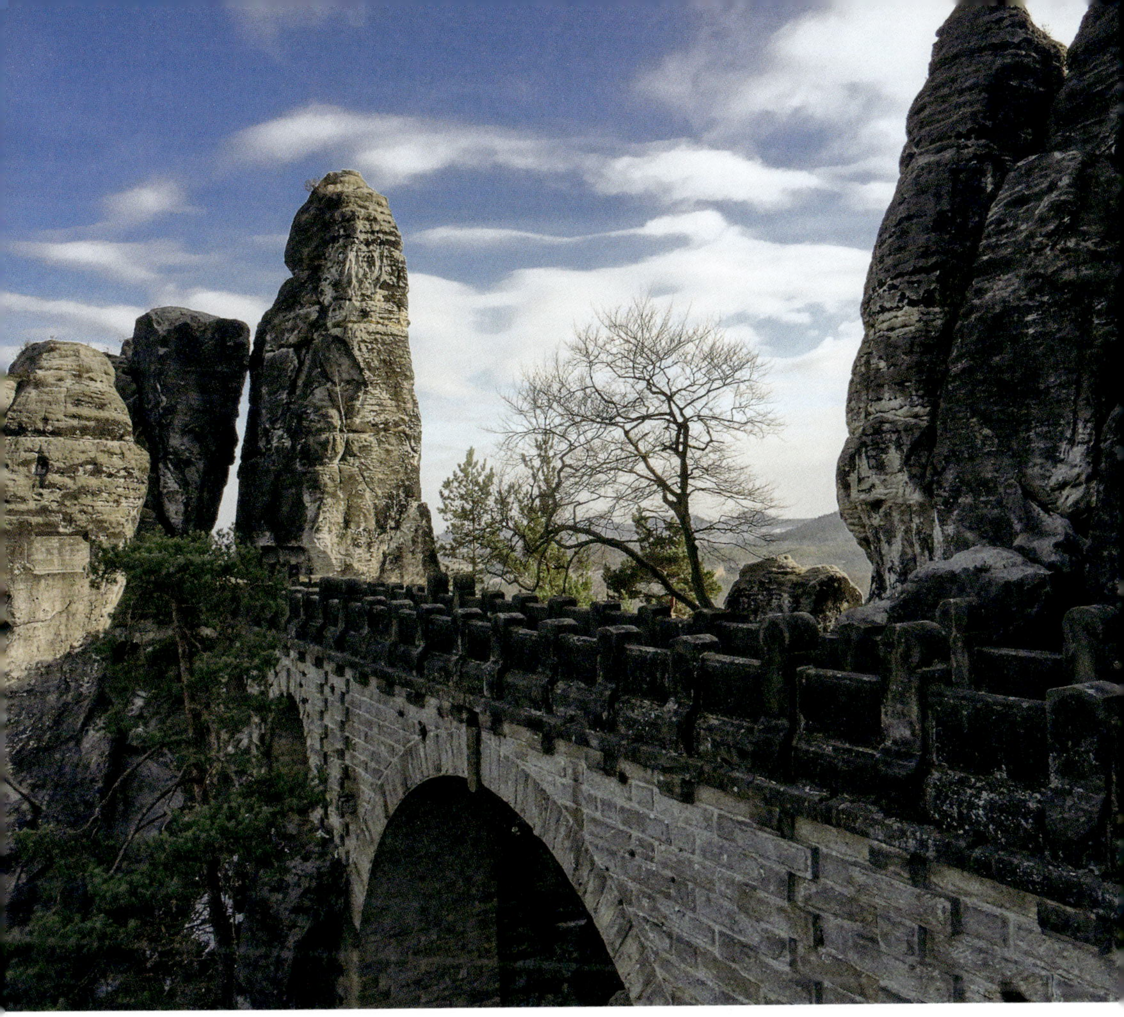

↑ Markenzeichen der Sächsischen Schweiz und die berühmteste Felsformation ist die imposante Bastei. Sie war das erste Naturschutzgebiet im Elbsandsteingebirge.

Info

DAUER
2.30 Std.

HÖHENMETER
230 Hm

LÄNGE
6 km

SCHWIERIGKEIT
Mittel

TOURENCHARAKTER
Mittelschwere Wanderung mit langem Treppenaufstieg, gutes Schuhwerk nötig, wegen der vielen Ausblicke großzügig Zeit einplanen

AUSGANGS-/ENDPUNKT
Parkplatz Oberrathen

ANFAHRT
GPS: 50.957644, 14.080435
WoMo: Aus östlicher Richtung (vom Campingplatz am Treidlerweg) auf der B172 Richtung Westen, dann nach Thürmsdorf abbiegen und Richtung Weißig und Rathen fahren. Parkplatz folgt rechts vor der Fähranlegestelle

EINKEHR
Unterwegs Panoramarestaurant Bastei, am Start-/Endpunkt zahlreiche Gaststätten in Rathen

INFORMATION
saechsische-schweiz.de

Was gibt es Schöneres, als so naturnah direkt am See-Ufer zu campieren?

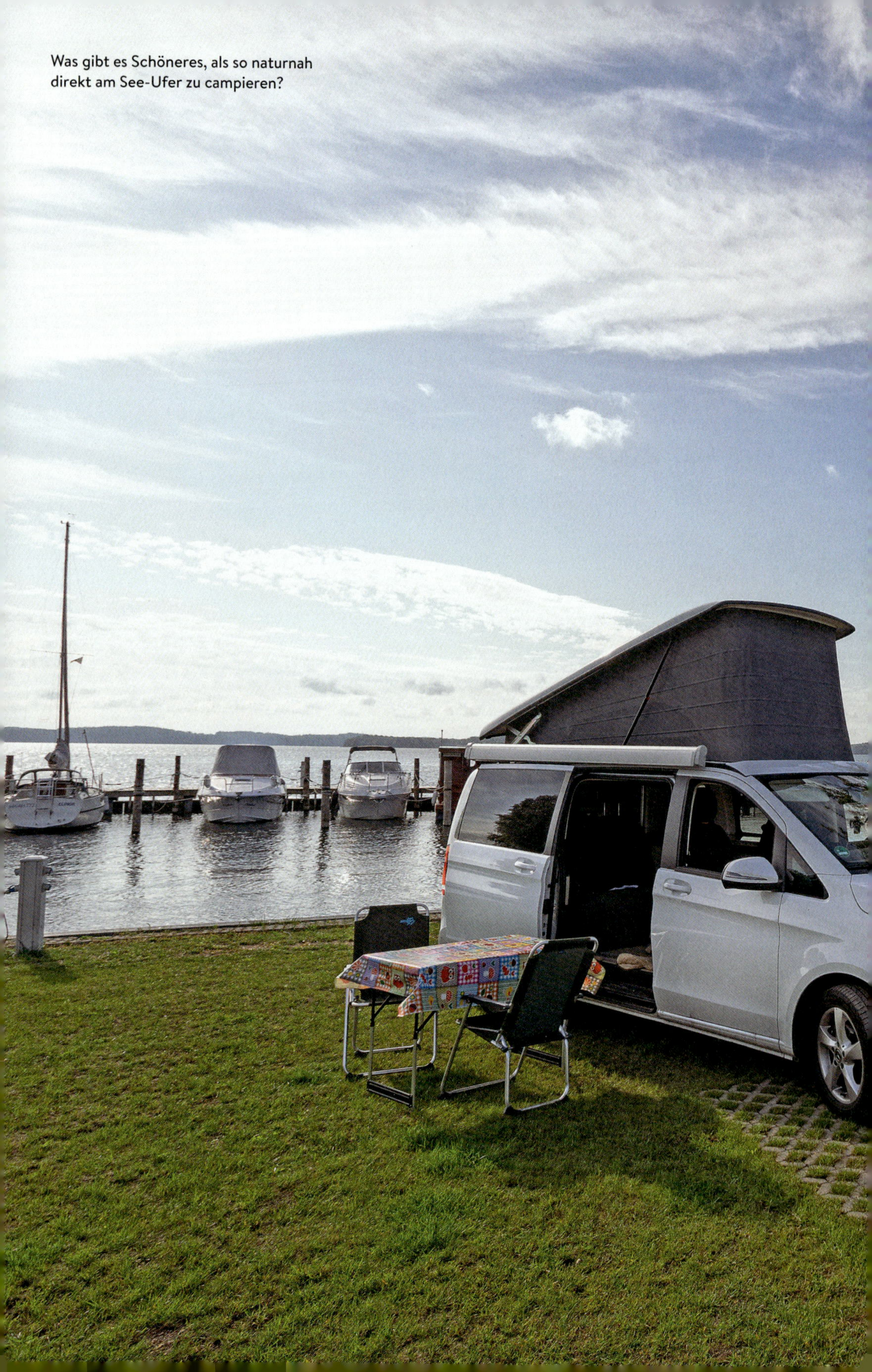

Mecklenburgische Seenplatte

Vielfalt ist Programm

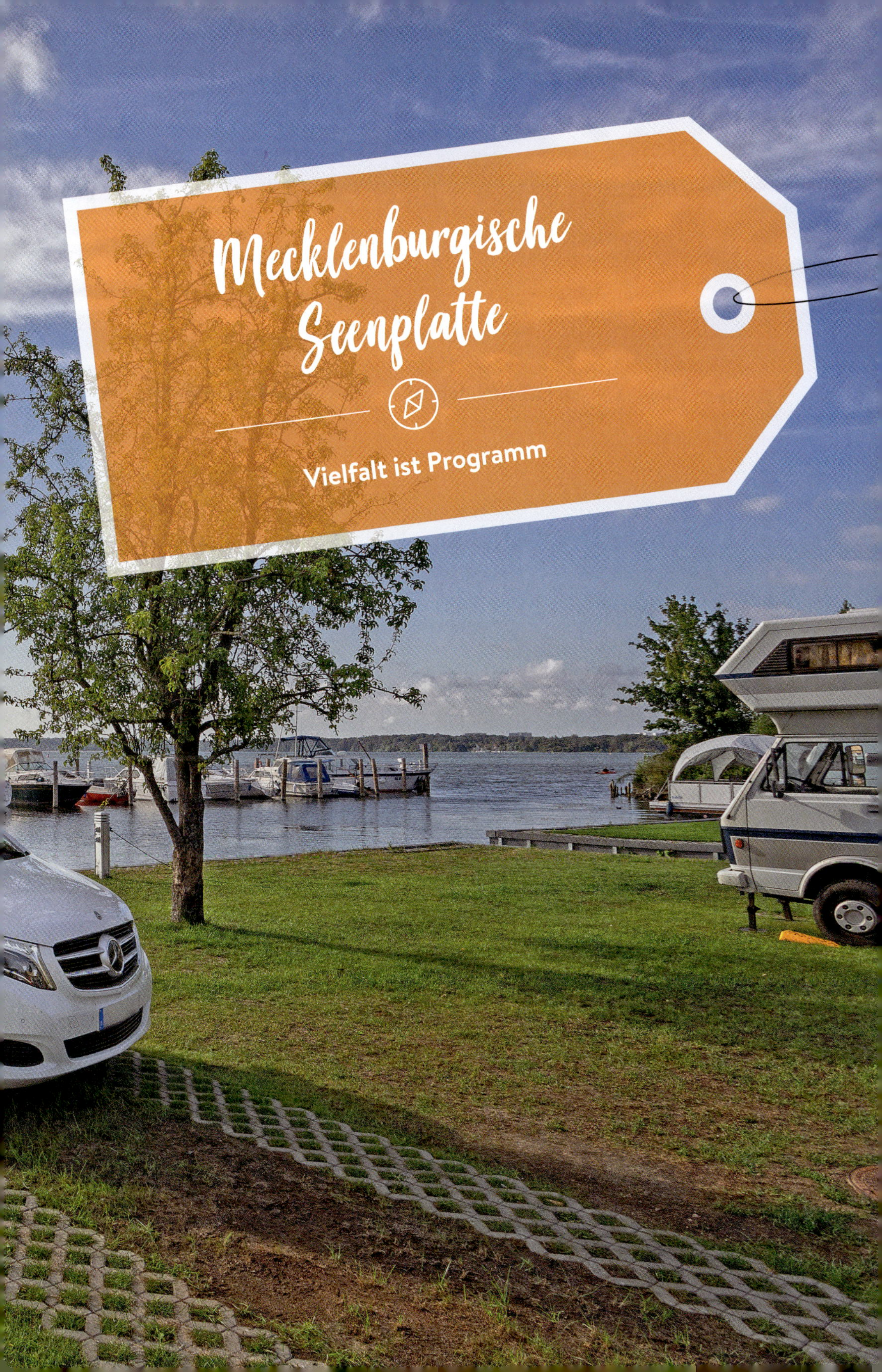

CAMPINGPLATZ

Campingplatz Sternberger Seenland

Urlaub am Wasser

Das Sternberger Seenland wird auch das Land der Durchbruchstäler, Fischer und Slawenburgen genannt. Zu diesen Merkmalen kommen die zahlreichen Seen sowie die Hügel- und Waldlandschaft, die Täler der Flüsse Warnow und Mildenitz – kurz, es ist ein Eldorado für Wanderer, die es beschaulich mögen.

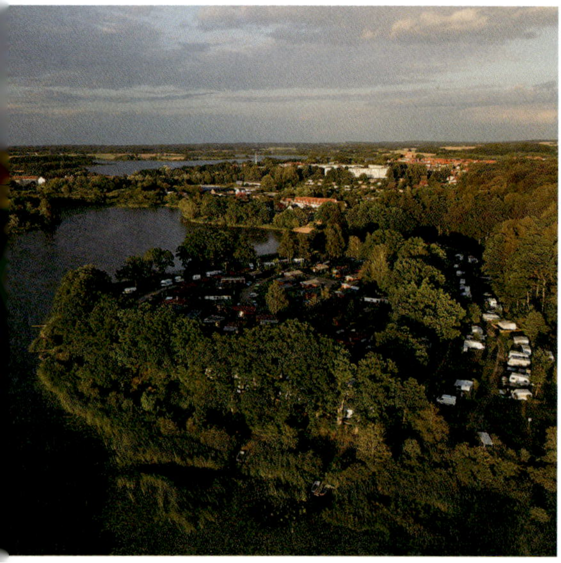

Campingplatz mit eigenem Badestrand am Luckower See mit Vermietung von Tretbooten, Kanus, SuP-Boards und E-Bikes. Es gibt Animationsprogramme für Kinder und Erwachsene sowie einen Hundestrand. Kleiner Laden mit Brötchenservice, eine Pizzeria ist direkt nebenan. Die parzellierten Plätze verteilen sich auf einen unteren Bereich nahe dem Wasser mit sonnigen Plätzen und schattigen am Wald, vom oberen Bereich mit Terrassenplätzen bietet sich der Seeblick. Zusätzlicher Wohnmobilhafen mit Stromanschlüssen vor der Schranke. Die Sanitär- und Duschanlagen des Campingplatzes können mitbenutzt werden. Tagsüber hört man die nahe Motocross-Strecke und – je nach Urlaubszeit – den Schützenverein.

Info

GEEIGNET ALS
Mehrtagesurlaub

ADRESSE
Maikamp 11, 19406 Sternberg, Tel. 03847/25 34, E-Mail: info@camping-sternberg.de, camping-sternberg.de

ANFAHRT
Die Straße Maikamp zweigt in Sternberg Richtung Süden von der B104 ab. Dieser bis zum Campingplatz folgen

GPS
53.713248, 11.812597

BESONDERHEIT
Campingplatz direkt am See mit Badestrand. Drei der vorgestellten Wanderungen in guter Erreichbarkeit

CAMPINGPLATZ

Campingplatz Boek C16

Campen an der Müritz und am Nationalpark

Der Müritz -Nationalpark ist zu etwa drei Vierteln von Wäldern bedeckt und mit rund 100 Seen bestückt. Deutschlands größter Binnensee, die 117 Quadratkilometer große Müritz, dient als Namensgeberin. Etliche Wanderwege führen durch die naturbelassene Landschaft.

Der von Wald umgebene große Natur-Campingplatz liegt direkt am Ufer der Müritz und nur ein paar Meter durch den Wald vom Ort Boek entfernt am Rande des Müritz-Nationalparks. Das Highlight des großen Platzes ist sein direkter Wasserzugang mit Sandstrand und Liegewiese, sodass man sich nach dem Wandern im See erfrischen kann. Der Platz verfügt über eine eigene Surf- und Kanu-Basis sowie eine Kite-Surf-Strecke. Außerdem Fahrradverleih, Kiosk, Spielplatz und Volleyballfeld sowie Stromanschlüsse und Ver- und Entsorgungsmöglichkeiten. Saubere Sanitäranlagen.

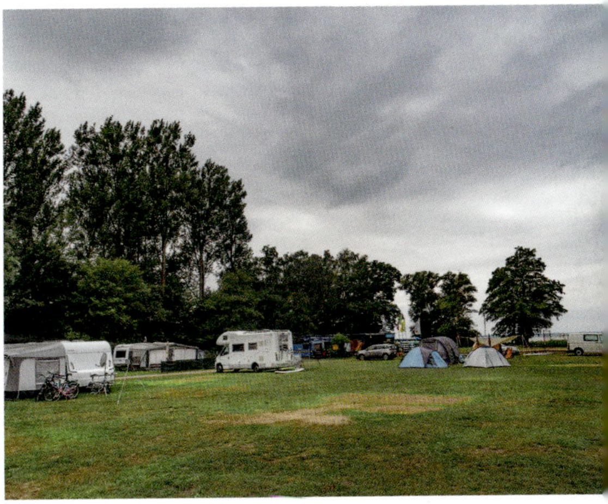

Info

GEEIGNET ALS
Mehrtagesurlaub

ADRESSE
Boeker Straße, 17248 Rechlin OT Boek, Tel. 039823/218 07, E-Mail: info@campingplatz-boek.de, campingplatz-boek.de

ANFAHRT:
Von der B198 über die Zufahrtsstraße nach Boek (Sackgasse), vom Ortszentrum Boek die Boeker Straße Richtung Südwesten fahren, der Campingplatz folgt im Wald linker Hand.

GPS
53.392736, 12.791233

BESONDERHEIT
Direkte Lage an der Müritz, grenzt unmittelbar an den Nationalpark mit großem Angebot an von Rangern geführten Touren ab Boek. Zudem ist der Campingplatz Startpunkt der Wanderung rund um den Ort.

WANDERUNG

33 Ursprüngliche Landschaft

Durchs wilde Warnow-Durchbruchstal

Ein Highlight und ein Muss in der Region ist der 3,8 Kilometer lange Rundweg durch das Warnow-Durchbruchstal. Naturbelassener geht es kaum: Auf schmalen Wegen und am wilden Fluss Warnow entlang stellt die Strecke das größte Durchbruchstal im Norden vor. Eine Infotafel am Startpunkt informiert über die besonderen Merkmale dieser Landschaft. Der Weg ist mit »Klein Raden« in die eine und »Groß Görnow Parkplatz« in die andere Richtung ausgeschildert.
Die abwechslungsreiche Runde durchs Naturschutzgebiet führt zunächst am Ufer entlang, vorbei an einer malerischen Holzbrücke und hinauf zu den Überresten einer Höhenburg. Im Mischwald wandert man oberhalb des Flussufers weiter, bis eine Schafweide erreicht ist. Eine Brücke, an der die Paddler Rast machen, ist der idyllische Umkehrpunkt der Wanderung. Begleitet von der Warnow geht es schließlich über Feucht- und Naturwiesen wieder in den Wald und ab der Brücke den bekannten Weg zurück zum Startpunkt. Unbedingt Badesachen mitnehmen!

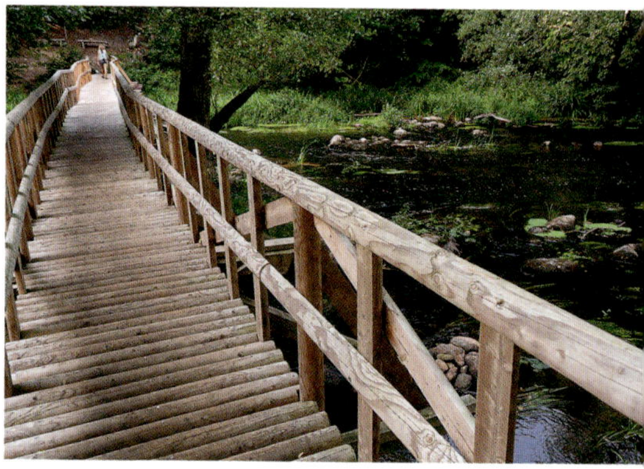

↑ Vor ein paar Jahren wurde die Holzbrücke nach Sturmschäden saniert.
↗ Die lange Brücke ist das erste Highlight der beschaulichen Wanderung.
→ Vorbei an einer Schafherde, die keinerlei Notiz von den Wanderern nimmt.

Info

DAUER
1.30 Std.

HÖHENMETER
30 Hm

LÄNGE
3,7 km

SCHWIERIGKEIT
Leicht

TOURENCHARAKTER
Einfache Wanderung mit wenigen Höhenmetern, teilweise schmale Pfade, aber alle Wege unproblematisch

AUSGANGS-/ENDPUNKT
Parkplatz am Naturschutzgebiet Warnow-Mildenitz-Durchbruchstal bei Groß Görnow

ANFAHRT
GPS: 53.751083, 11.820409
WoMo: Nach Groß Görnow fahren und von dort der Beschilderung zum Parkplatz Durchbruchstal folgen

EINKEHR
Keine

INFORMATION
naturpark-sternbergerseenland.de

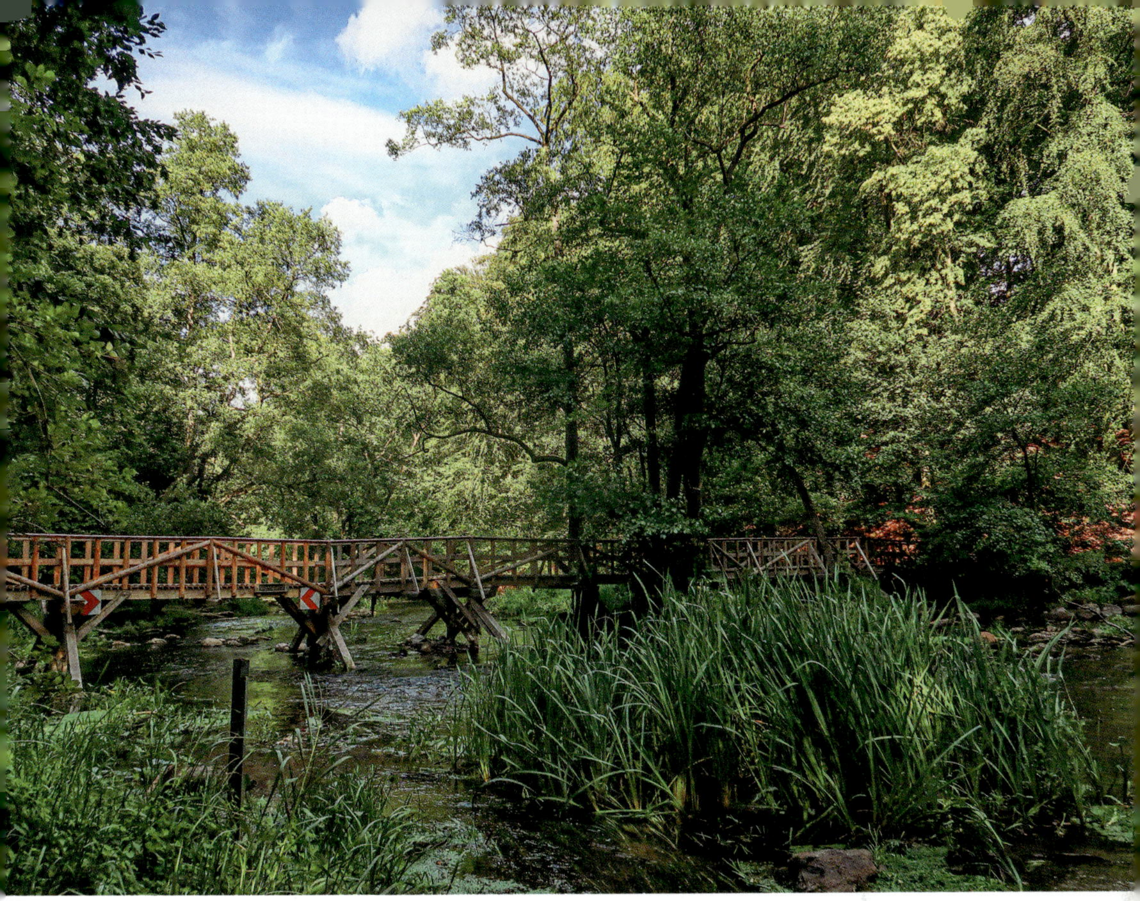

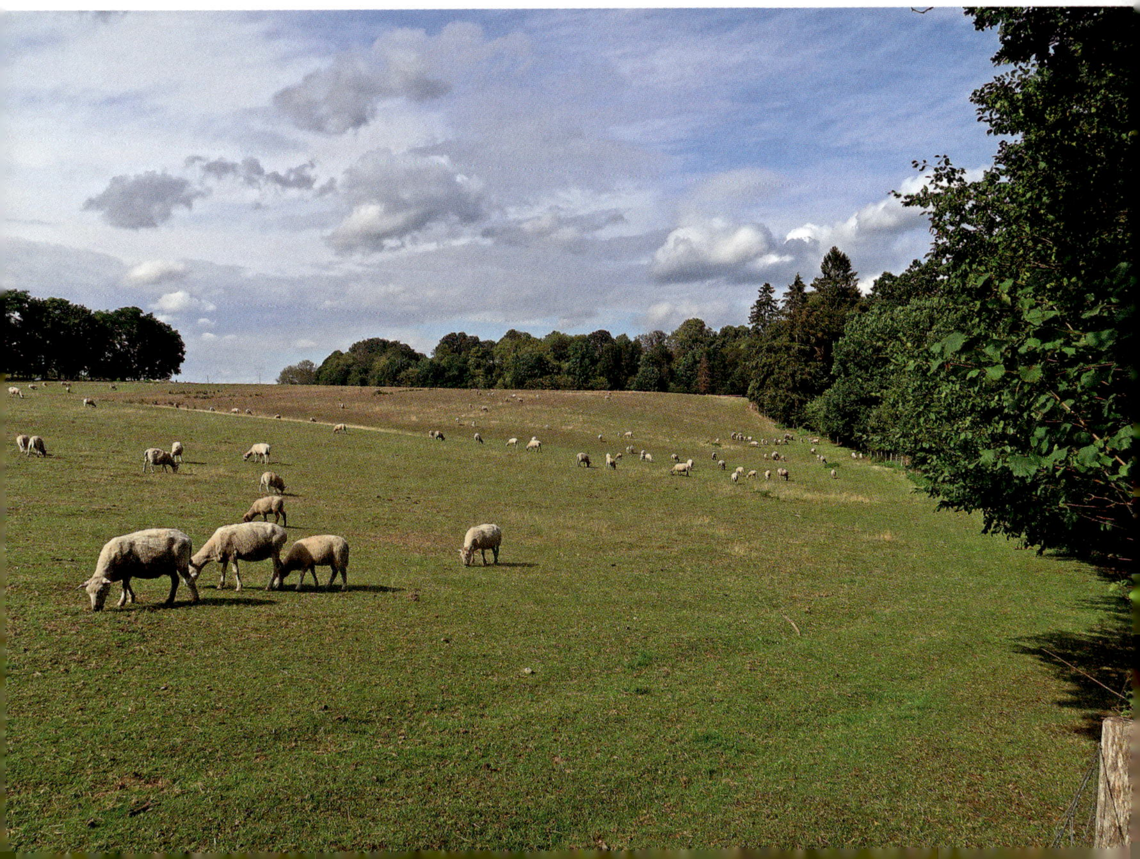

WANDERUNG

34 Am Wasser entlang

Der schönste Abschnitt der Mildenitz

Haben wir den etwas versteckten Einstieg gefunden, freuen wir uns schon aufs Ende der Tour, wenn wir am gut gelegenen Rastplatz eine Pause einlegen. Zuerst jedoch steht die Wanderung an der Mildenitz auf dem Programm. Zahlreiche Tafeln informieren über die Beschaffenheit des Gebiets, auch idyllische Picknickplätze sind vorhanden. Die Natur bleibt sich hier selbst überlassen; die Mildenitz sucht sich ihren Weg durch eine Endmoräne, deren Hänge bis zu 15 Meter hoch sind. Eine Brücke wird erreicht, danach eröffnet sich ein Blick auf den Schwarzen See (an den man jedoch nicht direkt herankommt). In leichtem Auf und Ab führt der Weg anschließend durch den Wald bis zu einer Schranke, an der man links auf einen breiten Weg einbiegt (die Verlängerung der Fahrstraße). Es geht an der Alten Mühle vorbei, die eigentlich keine Mühle, sondern eine Ferienunterkunft ist, dann gelangen wir wieder zum Parkplatz.

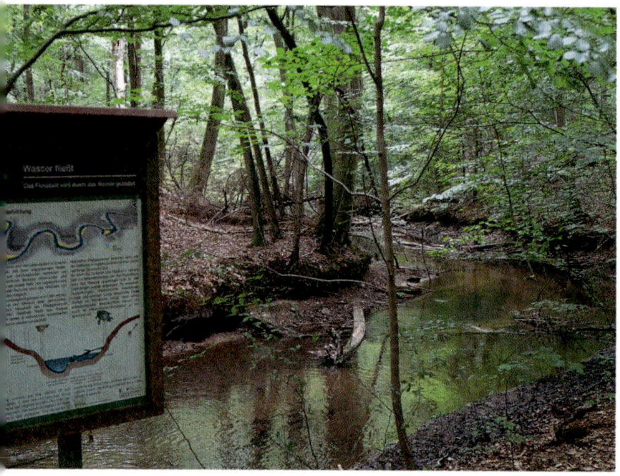

↑ Infotafeln bereichern den Weg und geben während der Wanderung Einblicke in die Region rund um den Mildenitz-Durchbruch.

Info

DAUER
1.30 Std.

HÖHENMETER
30 Hm

LÄNGE
4 km

SCHWIERIGKEIT
Leicht

TOURENCHARAKTER
Lehrreiche und erholsame Genusswanderung auf Wald- und Wiesenwegen

AUSGANGS-/ENDPUNKT
Wanderparkplatz Mildenitz-Durchbruchstal

ANFAHRT
GPS: 53.751739, 11.836053
WoMo: Knapp 4 km nach der Ortsmitte von Dobbertin zweigt ein Weg von der B192 nach links in den Wald ab; 700 Meter weit unasphaltiert (aber für Wohnmobile gut möglich) zu einem Parkplatz im Wald

EINKEHR
Keine

INFORMATION
waelder-seen-mehr.de

35 Mystisches Nebeltal

Kurzweilige Wanderung am Fluss

Schon die Wassermühle Kuchelmiß am Startpunkt, ihres Zeichens ein technisches Denkmal aus dem Jahr 1791 im fotogenen Backstein-Gewand (mit Mühlenmuseum), ist ein toller Auftakt für eine wunderschöne Wanderung durch das Naturschutzgebiet Nebel. Es umfasst nur 846 Hektar Fläche, die sich rund um ein 18 Kilometer langes Teilstück des Flüsschens Nebel erstrecken.
Diverse Wegvarianten stehen zur Verfügung, aber die Markierung gelber Punkt (ausgeschildert mit »Rundtour«) bietet viel Abwechslung auf dieser höchst kurzweiligen Tour, während man geruhsam durch den Wald an der idyllischen Nebel entlangwandert. Es geht über malerische Brückchen, vorbei an lauschigen Picknickplätzen, uraltem Baumbestand und überwachsenen Weihern. Unterwegs informieren Tafeln über das Naturschutzgebiet. An einem Natur-Kneipp-Becken erfährt man Wissenswertes über Sebastian Kneipp.

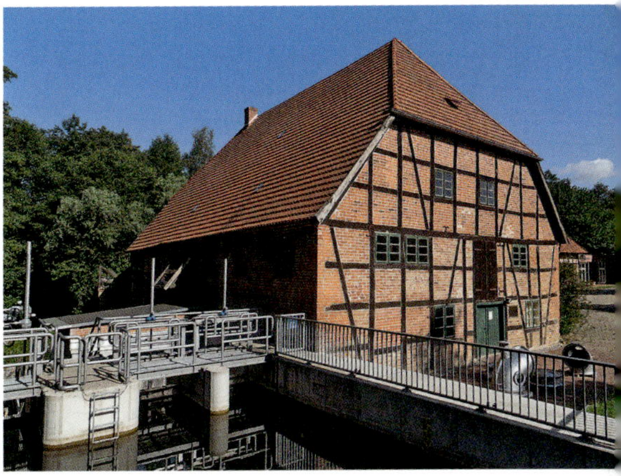

↑ Die historische Wassermühle Kuchlmiß befindet sich im Naturschutzgebiet Nebeltal.

Eine Einkehrmöglichkeit bietet das Hofcafé mit Hofladen im Marstall, das einen halben Kilometer von der Wassermühle entfernt liegt (geöffnet Samstag, Sonntag und Feiertag).

Info

DAUER
1.30 Std

HÖHENMETER
30 Hm

LÄNGE
5 km

SCHWIERIGKEIT
Leicht

TOURENCHARAKTER
Einfach begehbare Wege, teilweise schmale Waldpfade, rutschig bei Nässe

AUSGANGS-/ENDPUNKT
Parkplatz Wassermühle Nebeltall

ANFAHRT
GPS: 53.687253, 12.344653
WoMo: Über die B19 nach Kuchelmiß fahren, dann über die Krakower Straße in nordwestliche Richtung bis Abzweig der L11, auf dieser links und sofort wieder links

EINKEHR
Hofcafé Marstall

INFORMATION
krakow-am-see

36 Zickzack im Urwald

Serrahn-Runde von Teerofen

Sie gehört zu den eindrucksvollsten Wanderungen der Mecklenburgischen Seenplatte, weil sie durch die Buchenwälder des UNESCO-Welterbes führt und bereits im Gebiet des Müritz-Nationalparks verläuft. Die abwechslungsreiche Strecke entlang einer naturgewaltigen Landschaft sollte man auf keinen Fall verpassen. Als Ausschilderung dient ein grünes Blatt.

Startpunkt ist der Wanderparkplatz Zinow. Folgt man dem naturbelassenen Weg im Uhrzeigersinn (empfohlen!), verläuft er zunächst im Zickzackkurs durch den Wald und über schöne Lichtungen – diese Etappe hat Urwald-Charakter. Verschiedene Stationen informieren über die Ökologie und Ökonomie des Gebiets und die Entwicklung eines Kiefernforsts zu einem Buchennaturwald. Holz-Liegen auf den Lichtungen, eine Lausch-Ecke und Hängematten versüßen die Tour. Dann ist ein Aussichtsturm am Großen Serrahnsee erreicht, von dem aus man nicht nur einen Panoramablick über eine Moorlandschaft genießt, sondern auch mit etwas Glück See- und Fischadler oder Kraniche beobachten kann; am gegenüberliegenden Ufer ist ein Fischadler-Horst auszumachen. Wenig später überqueren wir auf einem Holzbohlenweg ein Moor und gelangen dann in den Mini-Ort Serrahn. Für das Gartencafé mit seinem einladenden Außenbereich (innerhalb der Saison geöffnet), das liebevoll aufgemachte Naturschutzzentrum mit der multimedialen Ausstellung »Im Reich der Buchen« (geöffnet von April bis Oktober von 10 bis 17 Uhr) und eine private Ausstellung von Naturfotos sollte man genug Zeit einplanen. Über einen breiten Forstweg geht es zurück zum Ausgangspunkt.

Info

DAUER
2.30 Std.

HÖHENMETER
200 Hm

LÄNGE
7,8 km

SCHWIERIGKEIT
Mittel

TOURENCHARAKTER
Weg bis Serrahn zum Teil über naturbelassene Waldpfade (umgestürzte Bäume etc.), ansonsten bequeme Wege, breiter Forstweg auf der zweiten Wegetappe

AUSGANGS-/ENDPUNKT
Wanderparkplatz Zinow

ANFAHRT
GPS: 53.361306, 13.174503
WoMo: Vom Campingplatz Boek C16 die Zufahrtsstraße Richtung Süden fahren, dann auf die B198 Richtung Osten. Rechts Richtung Carpin, 4,7 km nach diesem Abzweig rechts abbiegen zum Wanderparkplatz

EINKEHR
Gartencafé Serrahn

INFORMATION
mueritz-nationalpark.de

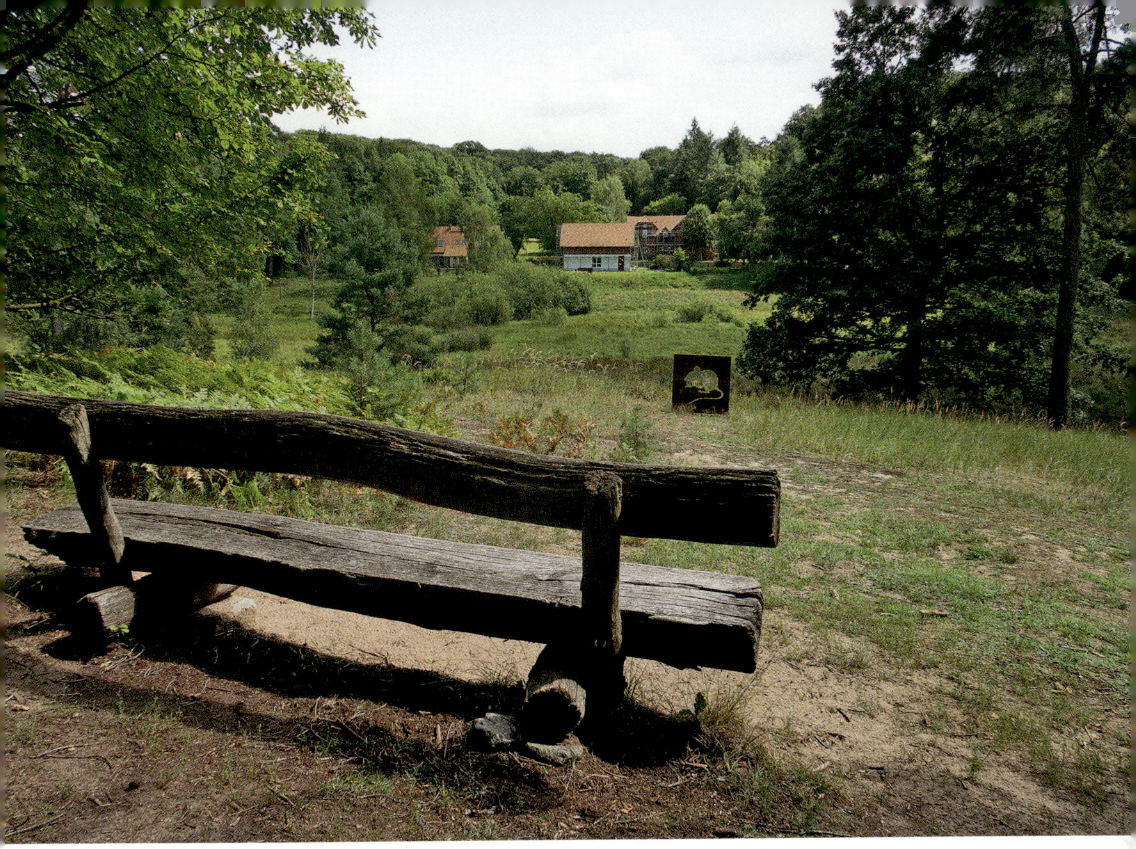

↑ Ausblick auf Maus im Vordergrund und Serrahn im Hintergrund.
↓ Das Naturschutzzentrum informiert über den Naturpark »Mecklenburgische Schweiz und Kummerower See«.

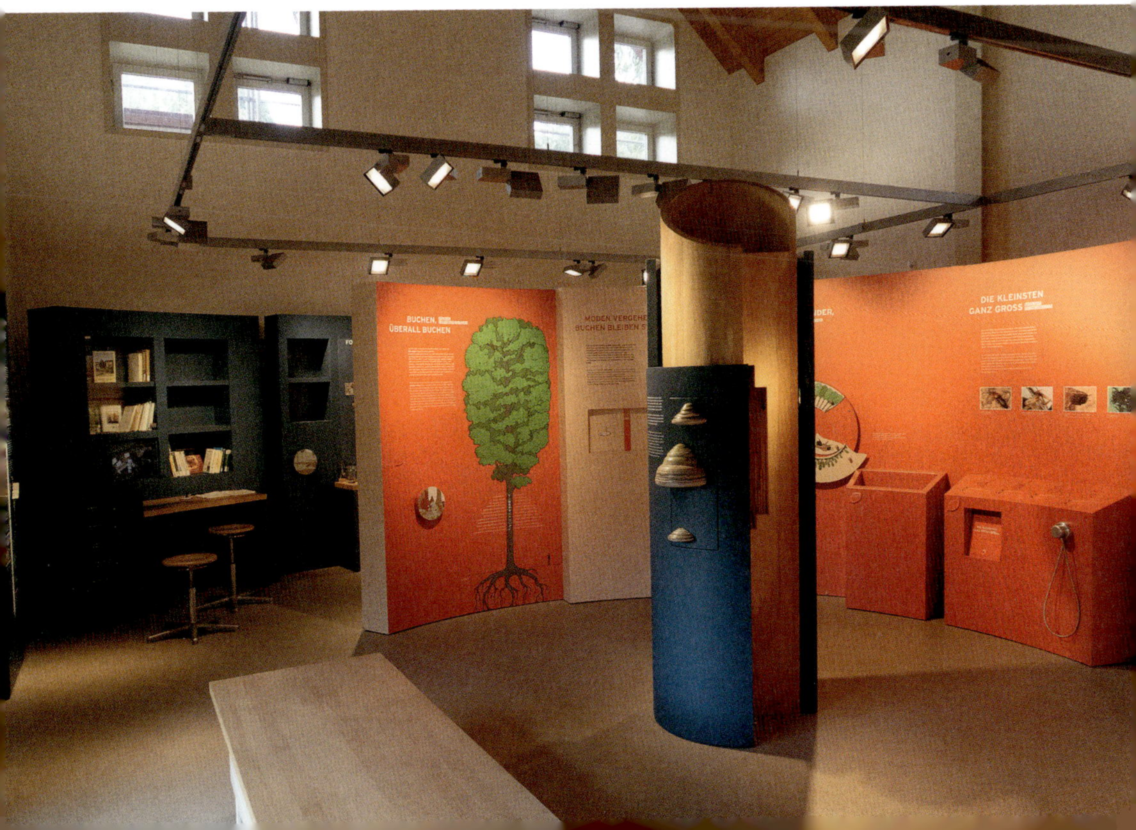

37 Das Tor zum Nationalpark

Rund um Boek in der südlichen Müritz-Region

Das Wohnmobil parkt am Campingplatz Boek C16 – dort ist unser heutiger Startpunkt. Diese Tour läuft man am besten gegen den Uhrzeigersinn, damit die wunderbare Einkehr beim Gutshof Boek am Ende der Strecke liegt. Boek wird auch als »Tor zum Müritz-Nationalpark« bezeichnet. Dicht an der Müritz entlang und durch schattigen Wald, zum Teil beinahe urwaldartig, verläuft die erste Wegetappe. Dann erreichen wir das Feriendorf Boeker Mühle, vor dem wir links abbiegen.
Wir wandern vorbei an Fischteichen am Woterfitzsee, kommen jedoch nicht ans Ufer heran – aus dem Wald heraus können wir aber einen Blick auf die Teiche werfen. Auch die nun folgende kleine Ansiedlung Amalienhof befindet sich in Privatbesitz und kann nicht betreten werden. Die ehemalige Meierei gehörte früher zum Gut Boek. Eine Schautafel informiert über den geschichtlichen Hintergrund des Anwesens.

Danach durchqueren wir einen Mischwald, später einen Birkenwald und wandern schließlich über einen Sandweg. Wir erreichen die nicht befahrene Nationalparkstraße (nur der Nationalparkbus verkehrt hier). Ein kleines Highlight bildet die denkmalgeschützte Kirche St. Johannis, ein Backsteinbau in neugotischem Stil. Eine Besichtigung des Inneren lohnt sich wegen der Wandbilder. Dann ist die Ansiedlung Boek erreicht und mit ihr das empfehlenswerte Kutschercafé. Der leckere Kuchen wird in einem außergewöhnlichen Ambiente mit detailreicher, liebevoller Deko serviert. Gestärkt beenden wir die Wanderung über die Zufahrtsstraße zurück zum Campingplatz Boek C16.

Info

DAUER
3 Std.

HÖHENMETER
40 Hm

LÄNGE
9,6 km

SCHWIERIGKEIT
Mittel

TOURENCHARAKTER
Aufgrund der Länge mittelschwerer Weg fast ohne Höhenmeter auf leicht begehbaren Wegen

AUSGANGS-/ENDPUNKT
Campingplatz Boek C16

ANFAHRT
GPS: 53.392736, 12.791233
WoMo: Keine Anfahrt nötig, da Startpunkt am Campingplatz

EINKEHR
Kutschercafé in Boek

INFORMATION
mueritz-nationalpark.de, suedmueritz.de/gemeinden-orte/boek

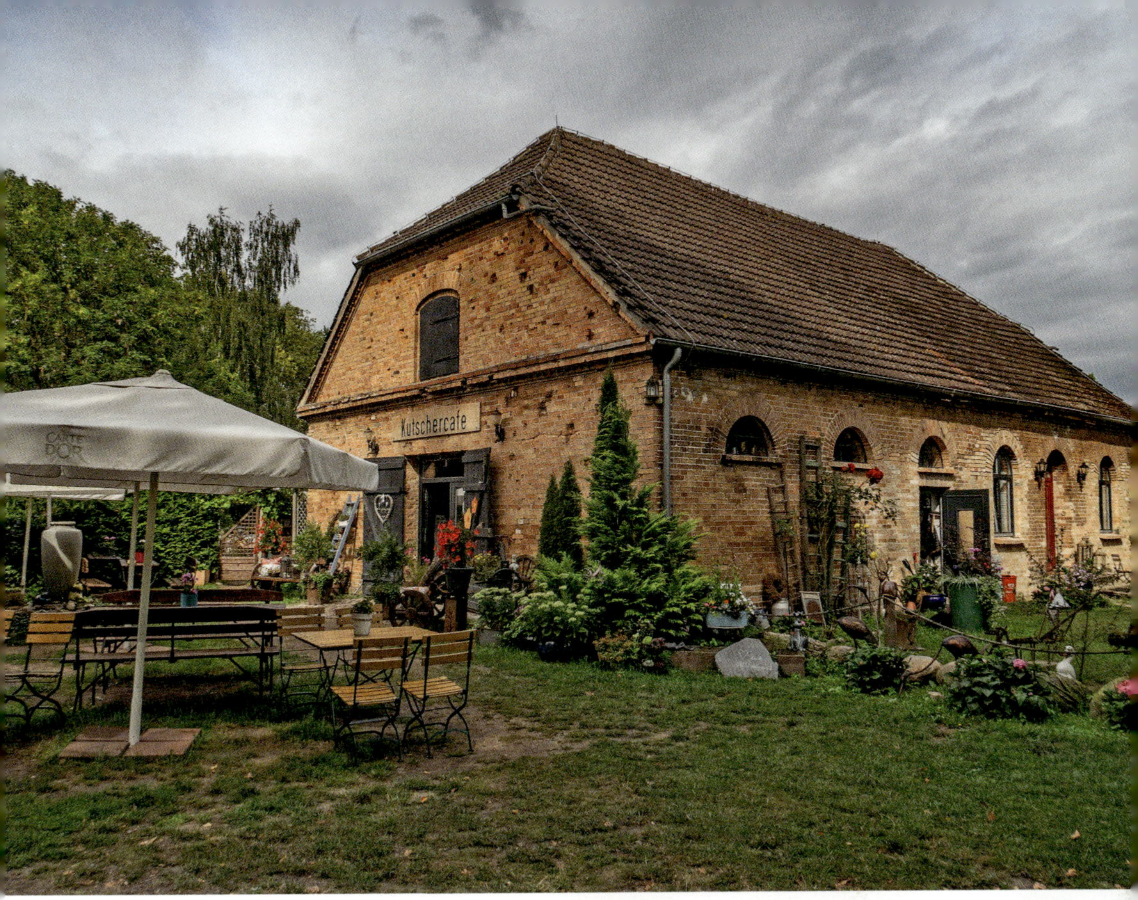

↗ Im Kutschercafé Boek gibt es neben Kaffee und Kuchen auch regionale Produkte.
→ Die Eule führt die Wanderer durch den Nationalpark.

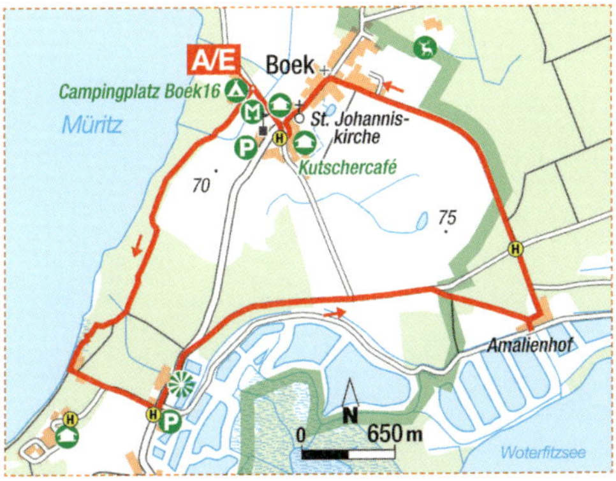

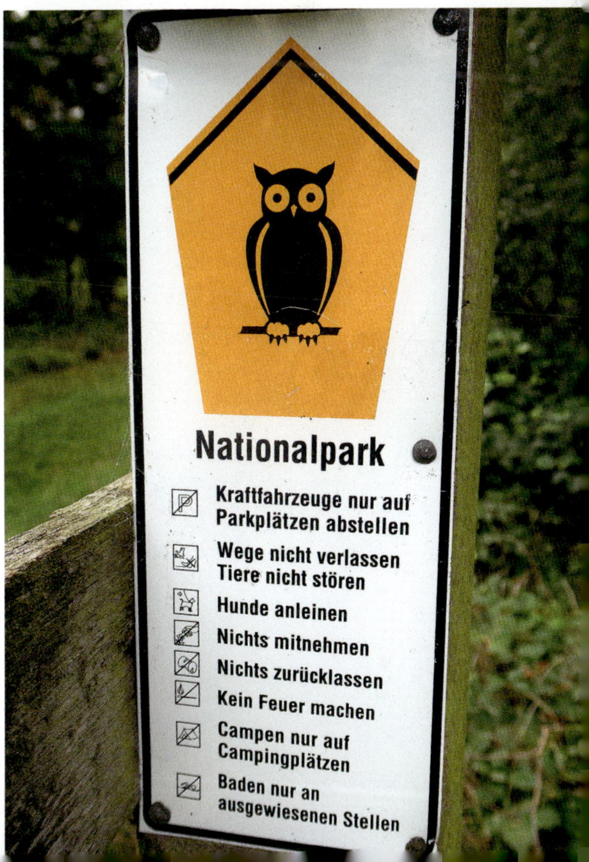

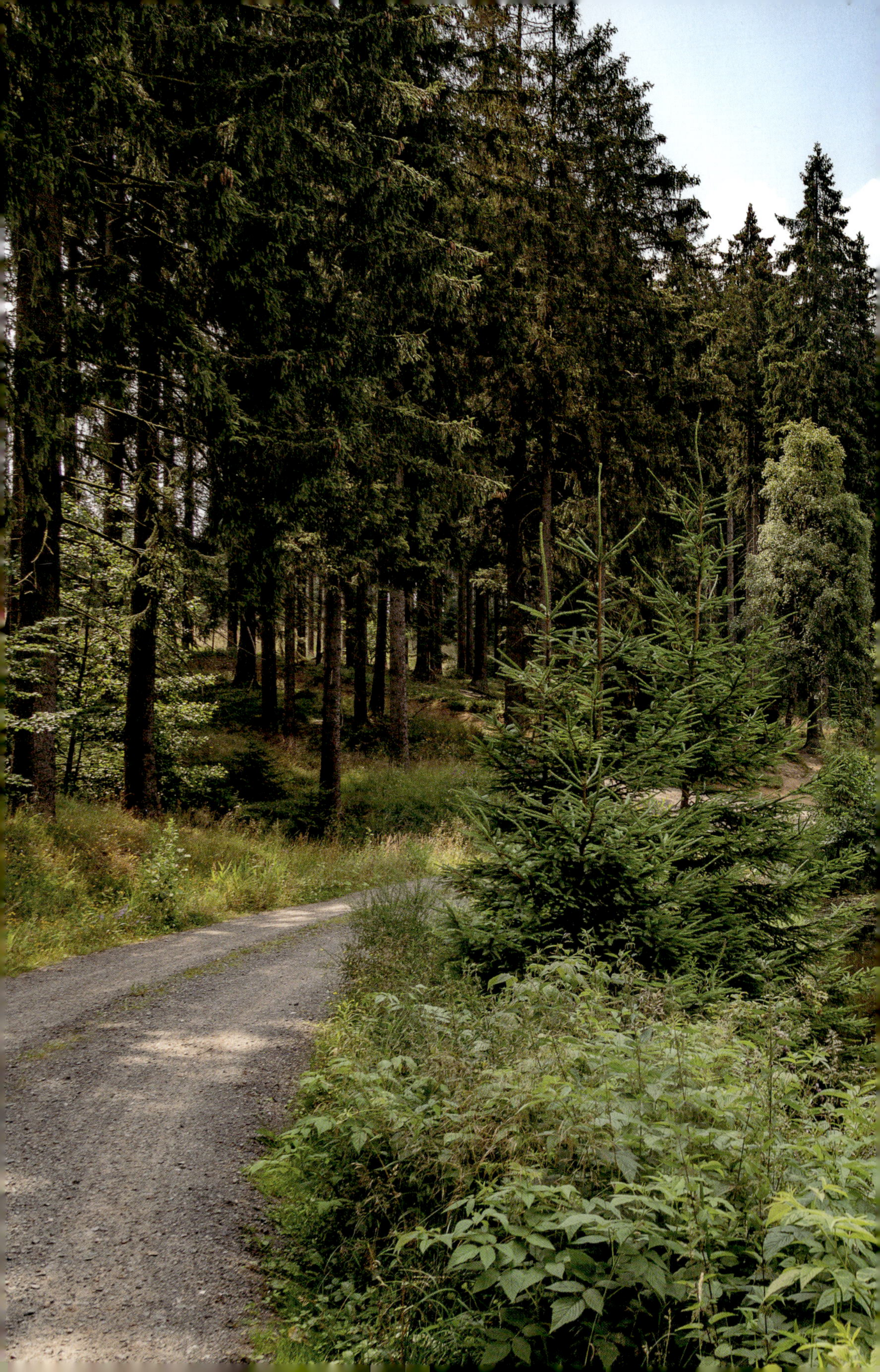

Bei der Wanderung zum Stierbergsteich (Tour 40) zeigt sich der facettenreiche Harz.

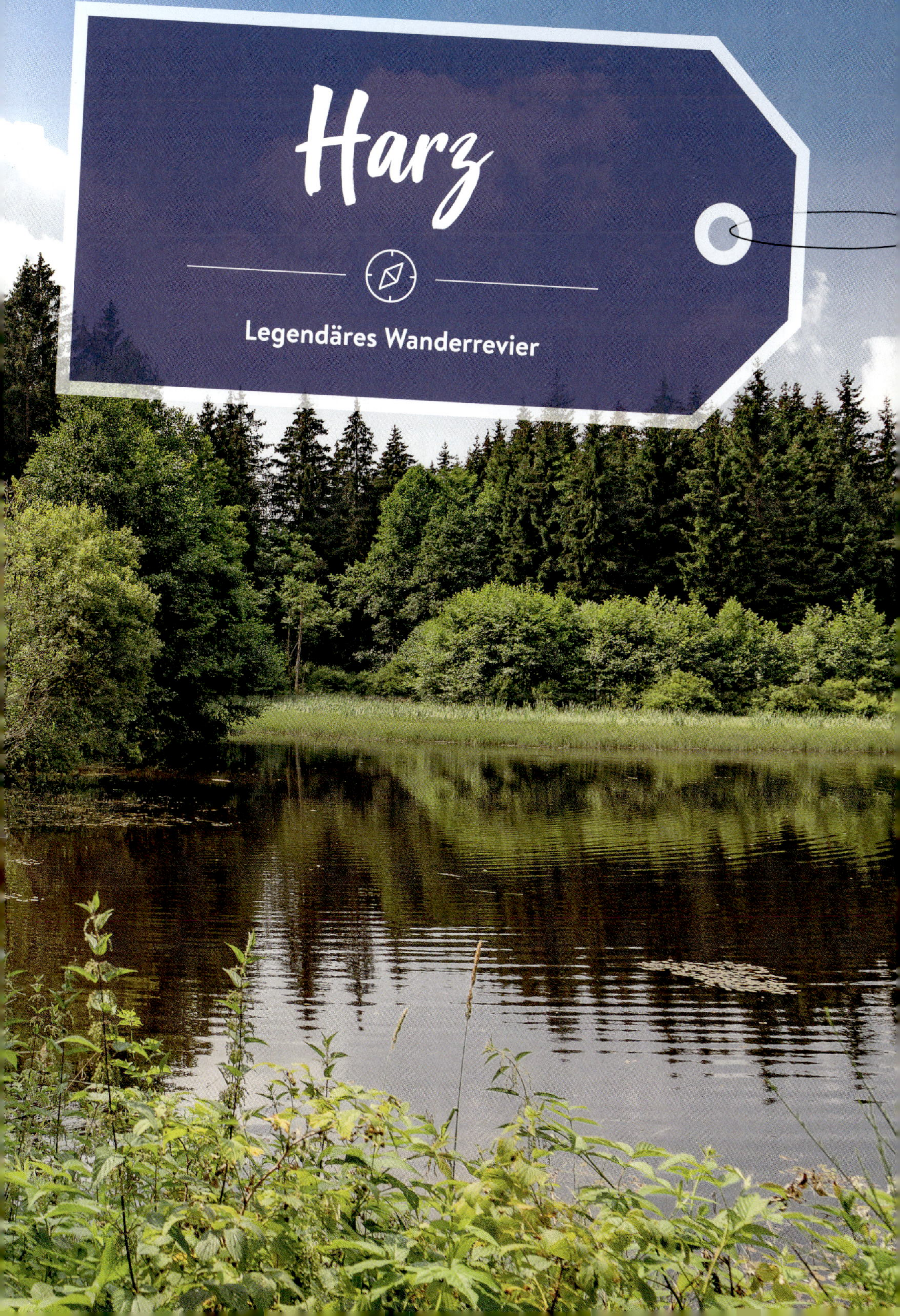

CAMPINGPLATZ

Campingplatz am Waldbad

Zentral im Naturpark Südharz

Im Norden von Thüringen und an der Grenze zu Sachsen-Anhalt liegt der Naturpark Südharz. Die legendäre Harzer Schmalspurbahn fährt hier durch Wiesen, Wälder und eine sanfte Hügellandschaft. Der Ort Neustadt/Harz empfiehlt sich als guter Ausgangspunkt für Wanderungen im Naturpark.

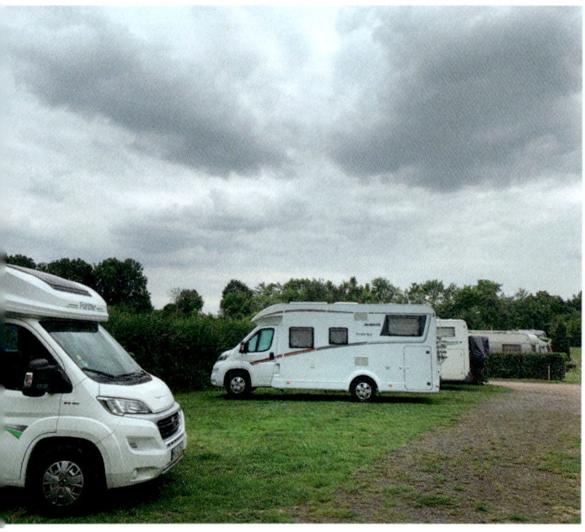

Ruhig gelegener Platz am Fuße der Burg Hohnstein neben dem schönen Freibad im Neustadter Ortsteil Harztor. Mehrere Wanderungen sind direkt vom Platz aus möglich, natürlich die auf die Burgruine und auch die Tour zum Poppenturm. Kleiner Laden an der Rezeption, Imbiss, Brötchenservice, Ver- und Entsorgung, Waschmaschine und Trockner. Hunde bekommen ein kleines Willkommenspäckchen. Viele Dauercamper, die Touristenstandplätze befinden sich aber meist zusammengefasst in gesonderten Wegen. Saubere Sanitäranlagen, ausreichend Duschen vorhanden. Der Empfang an der Rezeption hätte freundlicher sein können …

Info

GEEIGNET ALS
Wochenendtrip

ADRESSE
An der Burg 3, 99762 Neustadt/Harz, Tel. 036331/479891, E-Mail: info@neustadt-harz-camping.de, neustadt-harz-camping.de

ANFAHRT
Ab Neustadt ist der Weg zum Campingplatz sehr gut ausgeschildert (braune Schilder)

GPS
51.568460, 10.828955

BESONDERHEIT
Hoher Freizeitwert durch das angrenzende Freibad

CAMPINGPLATZ

Camping Braunlage

Ganz nah am Brocken

Umzug in den Oberharz: Einer der Plätze, die dem Brocken am nächsten liegen am Rande des Nationalparks Harz, ist der Campingplatz bei Braunlage. In der quirligen Ortschaft ist das ganze Jahr über viel los, um sie herum gibt es durch die Höhenlage zahlreiche abwechslungsreiche Wanderwege. Kurze Fahrt zum Brocken.

Großer, weitläufiger Platz einen Steinwurf vom trubeligen Ort Braunlage entfernet inmitten von Natur und von Wald umgeben. Die Tages- beziehungsweise Kurzzeittouristen sind gesammelt auf einem großen Platz etwas abseits untergebracht, was sehr angenehm ist. Direkter Zugang zum Wald. In einer Waldgaststätte gibt es jeden Wohnmobilhersteller als Schnitzelgericht! Moderne, saubere Sanitäranlagen, Waschmaschine und Trockner, bestellte Brötchen werden morgens an den Stellplatz gebracht. Alle Plätze mit Strom, auch Ver- und Entsorgung vorhanden. Kostenpflichtiges W-LAN, das aber schlecht funktioniert. Ansonsten kaum Netzempfang auf dem Gelände und in der Umgebung.

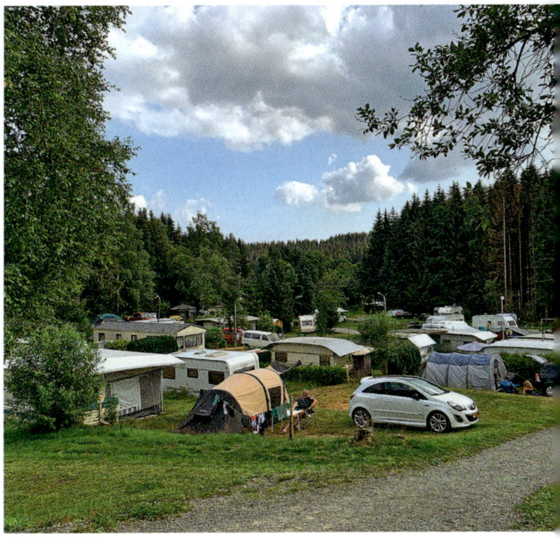

Info

GEEIGNET ALS
Wochenendtrip oder Mehrtagesurlaub

ADRESSE
Am Campingplatz 1, 38700 Braunlage, Tel. 05520/999 69 31, E-Mail: info@camping-braunlage.de, camping-braunlage.de

ANFAHRT
Durch Braunlage fahren, nach dem nördlichen Ortsausgang geht es ein kurzes Stück geradeaus weiter, dann links ausgeschildert zum Campingplatz.

GPS
51.713271, 10.597732

BESONDERHEIT
Am Rande des Nationalparks Harz gelegen mit vielen Wandermöglichkeiten. Im Ort Braunlage gute Infrastruktur (Fußweg dorthin)

38 Wald- und Aussichtstour

Von der Burg Hohnstein zur Talsperre Neustadt

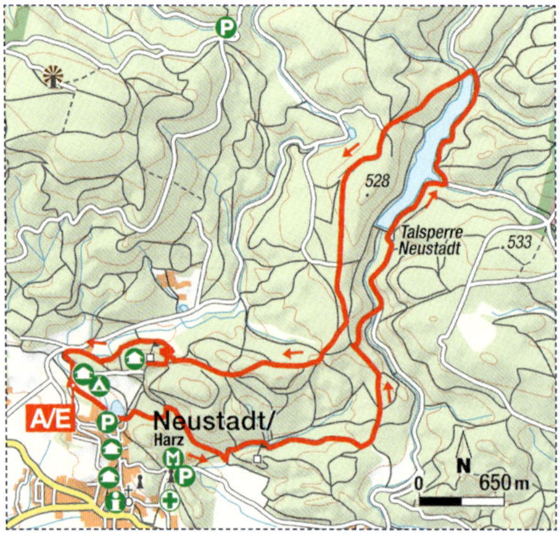

Wir starten am Campingplatz am Waldbad. Zuerst passieren wir den Gondelteich am Fuß des Burgbergs (die Burg heben wir uns vor allem wegen der tollen Burgschänke für den Schluss der Tour auf). Weiter geht es durch den angenehm kühlen Wald und dann an einer Kreuzung entweder links um den Stausee über den Wanderweg »Alte Poststraße« oder rechts herum. Da wir den Stausee einmal umwandern, ist die Laufrichtung egal.

Es gibt von keiner Stelle aus einen Zugang zu dem zwischen bewaldeten Berghängen eingebetteten Stausee, der der Trinkwasserversorgung dient. Die Talsperre Neustadt, auch Nordhäuser Talsperre genannt, staut den Krebsbach auf und wurde 1904/1905 erbaut. Die im Jugendstil errichtete Staumauer kann nur zu Besuchszeiten begangen werden und ist ein architektonischer Blickfang.

Zurück an der Kreuzung halten wir uns rechts und erreichen kurz darauf die Burg Hohnstein, die auf einem Porphyrfelsen einen Kilometer nördlich von Neustadt thront. Sie gehört zu den größten Burgruinen im Harz. Das sehenswerte Bauwerk gliedert sich in Vorburg, Unterburg und Oberburg, kann nach Herzenslust erkundet werden, bietet rundum fantastische Ausblicke und eine äußerst empfehlenswerte Gastronomie. Wer hier den Sonnenuntergang erleben möchte, wandert über den beleuchteten Zuweg zurück zum Campingplatz.

Info

DAUER
4.15 Std.

HÖHENMETER
300 Hm

LÄNGE
12,5 km

SCHWIERIGKEIT
Mittel

TOURENCHARAKTER
Überwiegend gut begehbare Wege, aufgrund der Länge und der Höhenmeter gute Grundkondition vorteilhaft

AUSGANGS-/ENDPUNKT
Campingplatz am Waldbad

ANFAHRT
GPS: 51.568460, 10.828955

WoMo: Keine Anfahrt nötig, da Startpunkt am Campingplatz

EINKEHR
Burgschänke auf Burg Hohnstein

INFORMATION
naturpark-suedharz.de, ausflugsziele-harz.de, burg-hohnstein.info

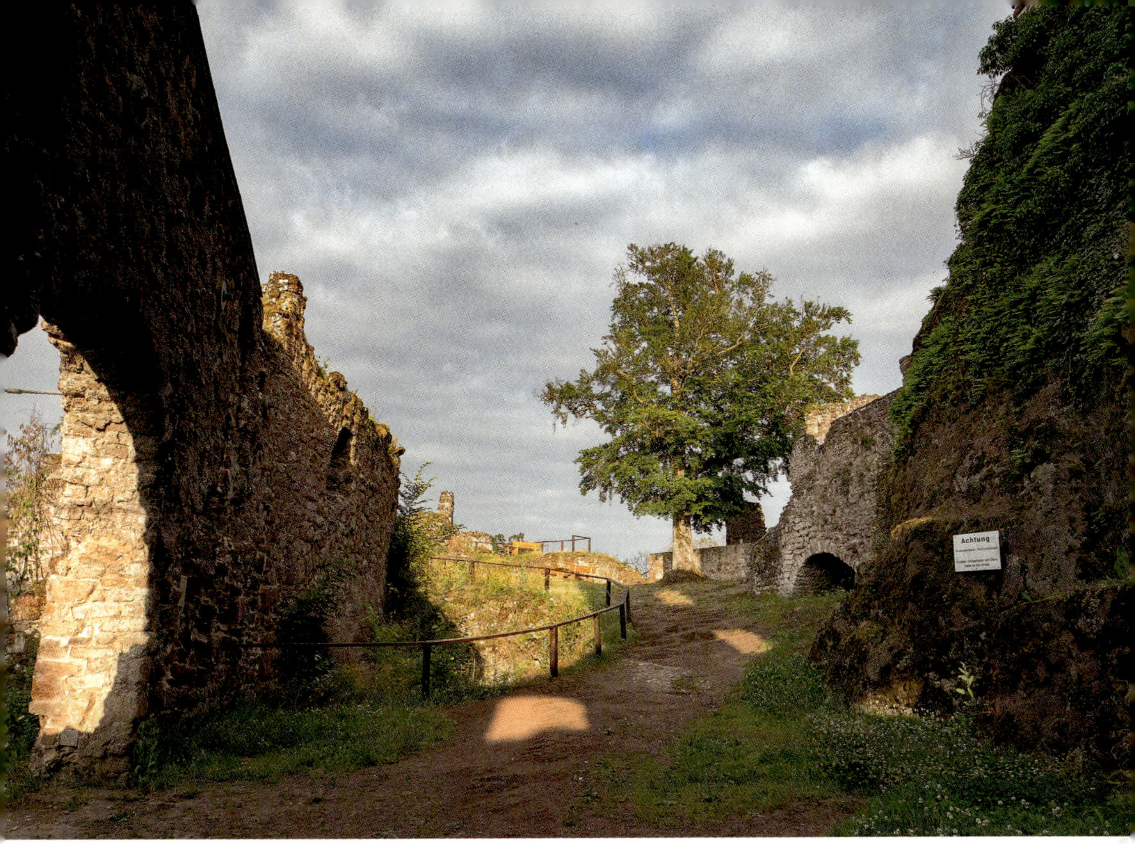

↑ Nur ein Katzensprung ist es vom Campingplatz am Waldbad zur Burg Hohnstein.
↓ Die pittoreske Talsperre Neustadt ist Ziel und Umkehrpunkt der Wanderung, die am Campingplatz startet.

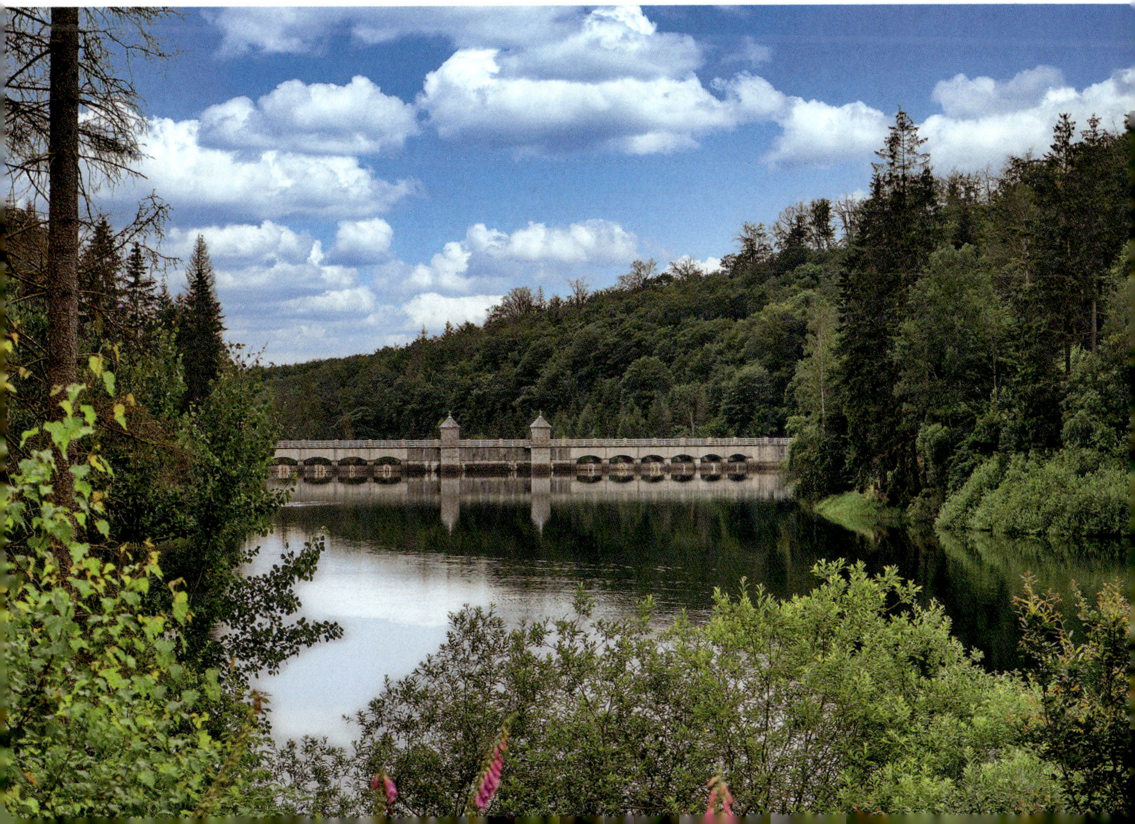

39 Blick ins Harzer Vorland

Über den Poppenturm zur Burg Hohnstein

Noch einmal ist die Burg Hohnstein eines der attraktiven Ziele einer Wanderung vom Campingplatz am Waldbad aus. Wenn man die Burg schon bei der ersten Wanderung besucht hat, kann man sie einfach umgehen und am Aufstieg vorbeiwandern. Da sie aber auch bei dieser Wanderung am Ende der Tour liegt, lässt sie sich jedoch auch ein zweites Mal einbinden und mit der Betrachtung des Sonnenuntergangs und/oder einem Abendessen kombinieren. Unsere Rundtour führt zunächst in nördliche Richtung, hält sich an einer Kreuzung rechts und trifft nach einem Anstieg über Serpentinen auf den Falkenstein. Das ist eine atemberaubende Klippe mit Blick in den Südharz und ideal geeignet als Rastplatz. Wir reißen uns schließlich los und gelangen an die Molkenborn-Kreuzung, wo viele Wanderwege aufeinandertreffen. Wir biegen scharf rechts ab und erreichen den Poppenturm, der auf einer Höhe von 600 Metern liegt. Für die Panorama-Aussicht müssen wir den Stahlskelett-Turm besteigen, der uns weitere 33,5 Höhenmeter beschert – bei klarer Sicht mit Blick bis zum Brocken!

Wir wandern durch den Wald Richtung Osten und gelangen an die Kreuzung »Spinne Hufhaus«. Mit einem Abstecher von insgesamt einem Kilometer könnte man von hier aus die Gaststätte Hufhaus erreichen (ausgeschildert). Mit oder ohne diesen Extra-Schlenker geht es nun gen Süden und entweder hinauf auf die Burg Hohnstein oder direkt zurück zum Campingplatz am Waldbad.

↗ Hat man den Poppenturm bestiegen, belohnt dieser Ausblick auf den Harz.
→ Die offene Bauweise des Stahlskelett-Turms ist definitiv nichts für schwache Nerven und Schwindel-Anfällige!!

Info

DAUER
4.30 Std.

HÖHENMETER
370 Hm

LÄNGE
11,8 km

SCHWIERIGKEIT
Mittel

TOURENCHARAKTER
Längere Wanderung auf gut begehbaren Wegen, zum Teil Forstwege, zum Teil Anstiege über schmale Pfade, einige Höhenmeter. Für das Besteigen des Poppenturms ist Schwindelfreiheit notwendig.

AUSGANGS-/ENDPUNKT
Campingplatz am Waldbad

ANFAHRT
GPS: 51.568460, 10.828955
WoMo: Keine Anfahrt nötig, da Startpunkt am Campingplatz

EINKEHR
Burgschänke auf Burg Hohnstein, kurzer Abstecher zum Ausflugs- und Ferienhotel Hufhaus

INFORMATION
naturpark-suedharz.de, ausflugsziele-harz.de, burg-hohnstein.info

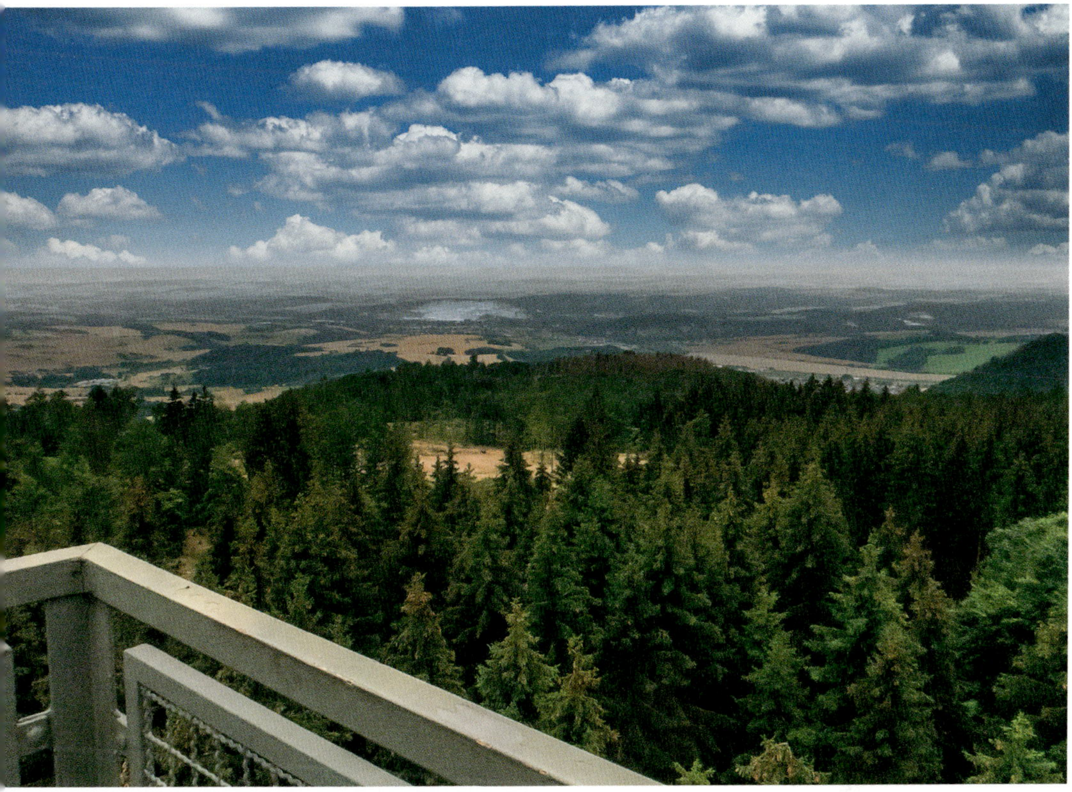

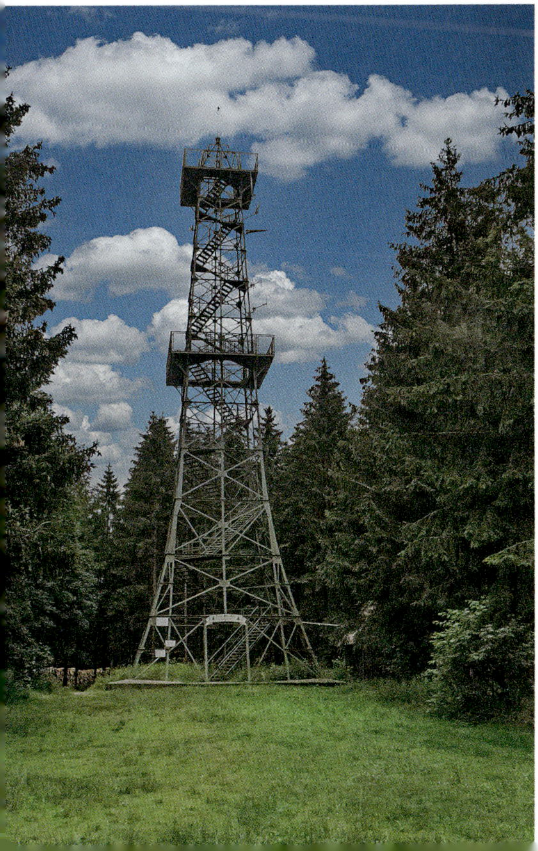

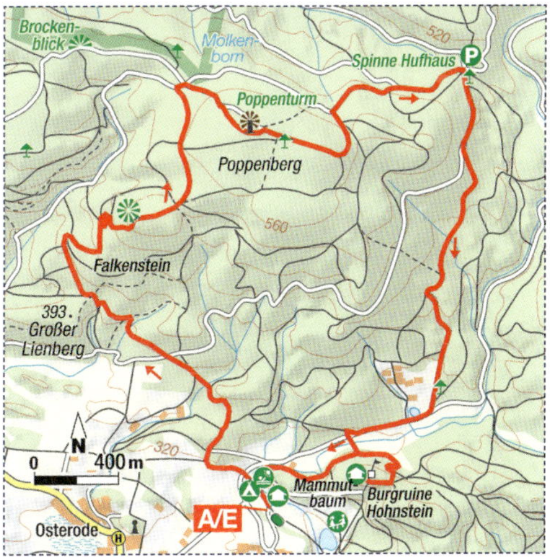
Brocken-
blick
Molken-
born
520
Spinne Hufhaus
Poppenturm
Poppenberg
560
Falkenstein
393
Großer
Lienberg
N
0
400 m
320
Mammut-
baum
Burgruine
Hohnstein
A/E
Osterode

40 Idyllischer Waldweiher

Zum Stierbergsteich und ein Rendezvous mit der Harzbahn

Vom schön gelegenen Ortsteil Harztor-Sophienhof aus begeben wir uns auf eine Wanderung, in der ein Teich, die Harzbahn, Ziegen und ein Stein eine Rolle spielen. Dabei wechseln wir mehrfach die Landesgrenze zwischen Thüringen und Sachsen-Anhalt.
Am Wanderparkplatz gehen wir zunächst in die Ortsmitte von Sophienhof und vorbei an der Gaststätte Brauner Hirsch, wo man am Ende der Tour einkehren kann. Nach dem Ort überqueren wir die Landstraße und erreichen über einen kleinen Abstecher nach links zunächst den Försterstein. Neben dem Stein – seinen geschichtlichen Hintergrund erfährt man leider nicht – steht eine Bank. Bald erreichen wir den idyllisch gelegenen Stierbergsteich mit Schutzhütte, in der man picknicken kann.
Wir kommen an die Gleise der Harzbahn und warten, ob einer der fotogenen Züge zufällig in nächster Zeit vorbeidampft – etwas später haben wir jedoch noch einmal die Gelegenheit dazu, denn wir wandern auf einer Eisenbahnbrücke, über die die Harzbahn ebenfalls hinwegtuckert. Wir haben Glück und sie fährt uns an dieser Stelle tatsächlich vor die Kameralinse! Anschließend überqueren wir einen Bach, passieren eine Ziegenweide und nähern uns bereits wieder der Ansiedlung Sophienhof. Beim Wanderparkplatz können wir in der Ziegenalm Sophienhof einkehren und/oder im Hofladen einkaufen.

→ Obwohl der Stierbergsteich nicht natürlichen Ursprungs ist, liegt er sehr idyllisch. Durch ihn verläuft die Landesgrenze von Sachsen-Anhalt und Thüringen.

Info

DAUER
2.30 Std.

HÖHENMETER
110 Hm

LÄNGE
8,6 km

SCHWIERIGKEIT
Leicht

TOURENCHARAKTER
Einfache Wanderung auf bequem zu begehenden Wegen; nur wenige Höhenmeter, allerdings größtenteils der Sonne ausgesetzt

AUSGANGS-/ENDPUNKT
Wanderparkplatz in Sophienhof

ANFAHRT
GPS: 51.633423, 10.789528
WoMo: Über die B4 und die B81 aus Richtung Campingplatz am Waldbad gen Norden fahren bis Abzweig links nach Sophienhof (steile, aber für alle Wohnmobile machbare Steigung)

EINKEHR
Unterwegs keine, am Start-/Endpunkt Gasthaus Brauner Hirsch und Ziegenalm Sophienhof

INFORMATION
naturpark-suedharz.de, ausflugsziele-harz.de

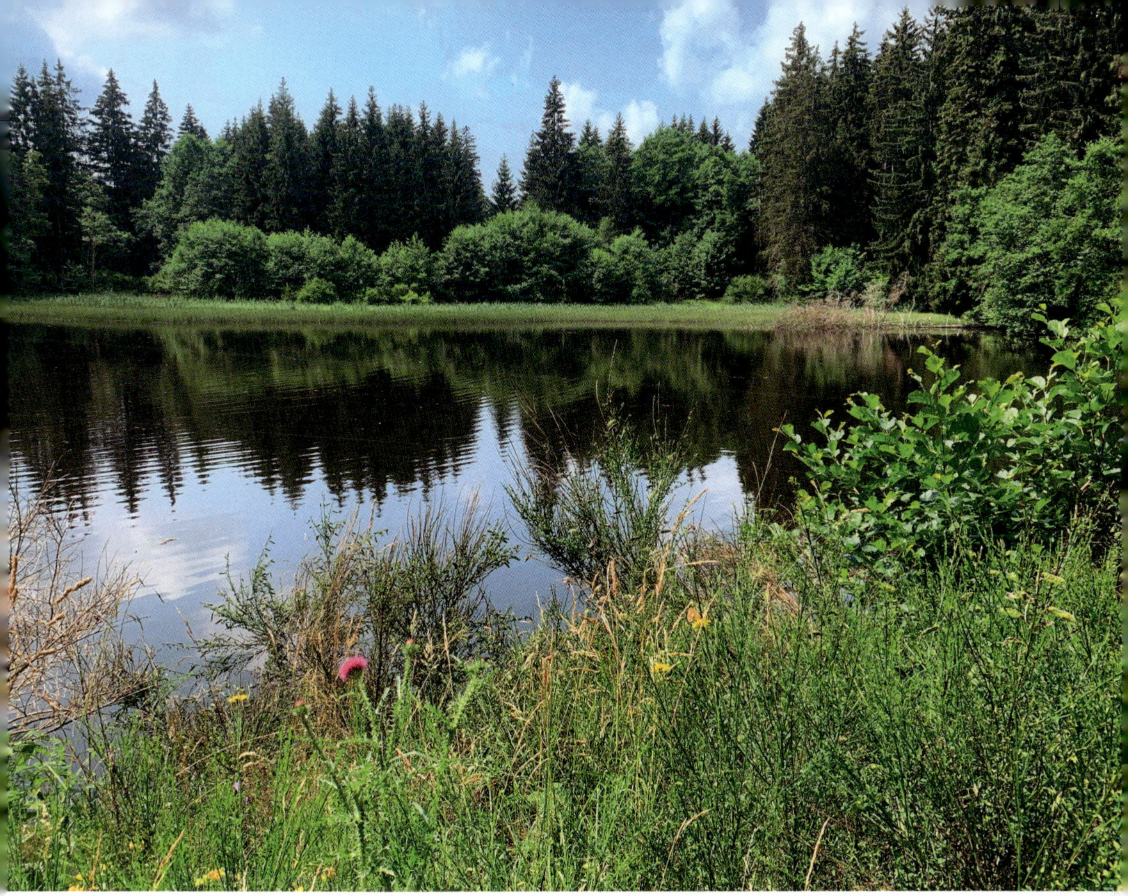

→ Hier haben wir lange vergeblich auf eine vorbeidampfende Harzbahn gewartet …
↘ … aber dann hat der legendäre Zug sich doch noch die Ehre gegeben!

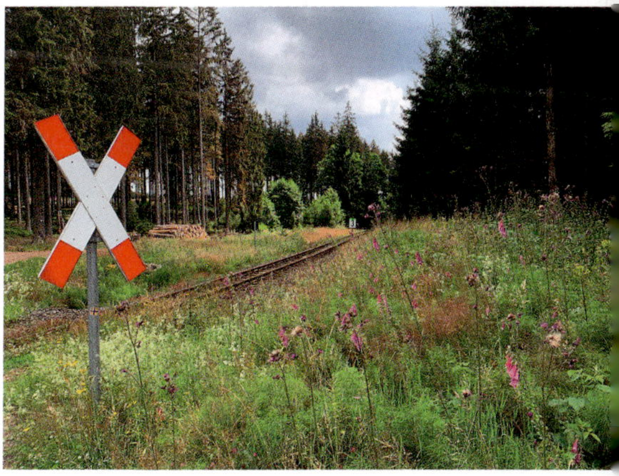

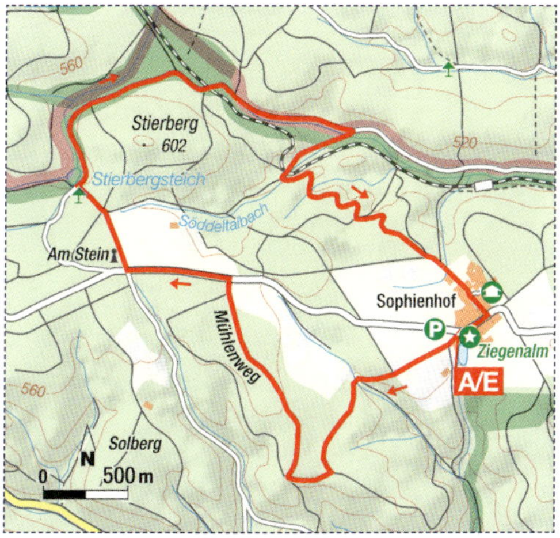

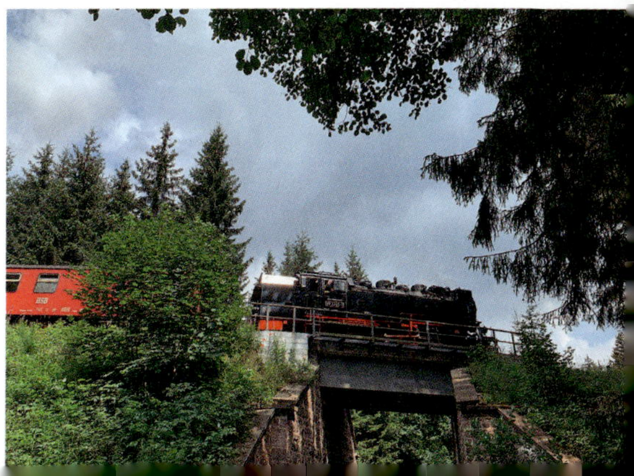

WANDERUNG

41 Viel los auf dem Wurmberg

Schöne Tour zu den Bode-Fällen

Wir widerstehen der Versuchung und nehmen nicht die Seilbahn, die uns bequem auf den Wurmberg bringen würde … Stattdessen besteigen wir den nach dem Brocken zweithöchsten Berg im Harz (971 m) aus eigener Kraft. Es führen viele Wege hinauf, empfehlenswert ist der in dieser Karte eingezeichnete, der den Aufstieg aus Richtung Süden in einer größeren Schleife absolviert (»Harzer Grenzweg«, hier verlief die innerdeutsche Grenze). An der Talstation kann man sich an einer Übersichtskarte orientieren. Haben wir Aufstieg und Höhenmeter bewältigt, stehen wir auf dem Gipfel des höchsten Bergs von Niedersachsen. Im Winter ein Skigebiet, erwartet die Wanderer im Sommer ein umfangreiches touristisches Angebot: Es gibt Spielplätze, einen Trinkwasserspeicher, einen See mit Fontäne, diverse Aussichtsplattformen mit Sitzgelegenheiten und zwei Gastronomien. Man kann sogar einen »Monsterroller« mieten und damit den Berg hinabdonnern. Wir entscheiden uns auch hier für die Wander- und Natur-Variante und steigen über die sehr viel ruhigeren Wasserfälle an der Großen Bode wieder hinab. Wir laufen zunächst in westliche Richtung und gehen dann nach Süden entlang des Flusses zuerst über den Oberen Bodefall. Dort kann man eine Pause machen, der Fluss teilt sich und plätschert beschaulich über Steine.

An einer Schutzhütte wechseln wir an der Bärenbrücke die Fluss-Seite und bleiben ein ganzes Wegstück rechts vom Fluss, bis wir ihn schließlich am Unteren Bodefall an einer Furt überqueren. Auch das letzte Wegstück zurück zur Talstation verdient zweifellos das Prädikat »idyllisch«.

Info

DAUER
4.30 Std.

HÖHENMETER
486 Hm

LÄNGE
12,5 km

SCHWIERIGKEIT
Mittel

TOURENCHARAKTER
Mittelschwere Wanderung, für die eine gute Grundkondition erforderlich ist. Lange bzw. steile Anstiege wechseln mit bequemen Wegen.

AUSGANGS-/ENDPUNKT
Parkplatz an der Talstation der Wurmbergseilbahn

ANFAHRT
GPS: 51.731803, 10.612800

WoMo: Aus Richtung Süden über die B27 nach Braunlage fahren, durch den Ort, auf die Straße Am Amtsweg abbiegen, der Parkplatz folgt nach 400 m.

EINKEHR
Loipenhaus, Wurmberg-Alm, Hexenritt-Alm

INFORMATION
harzinfo.de, braunlage.de

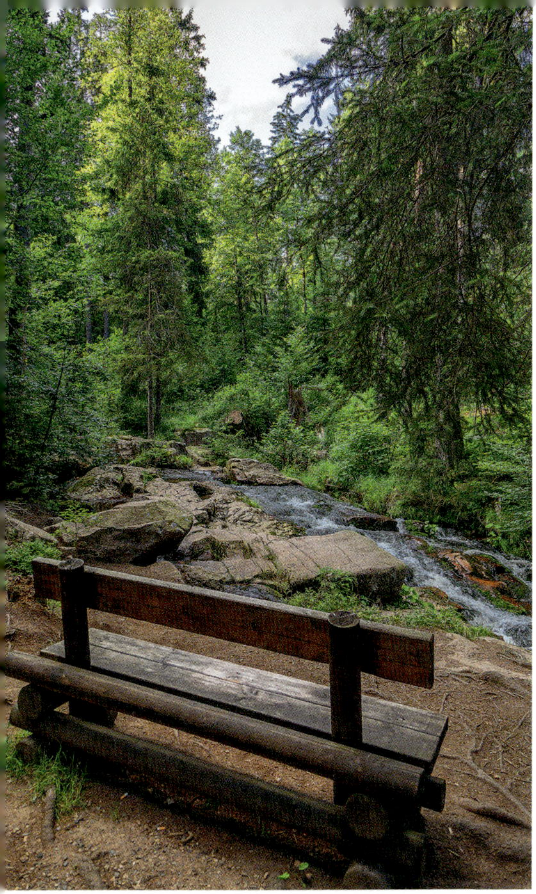

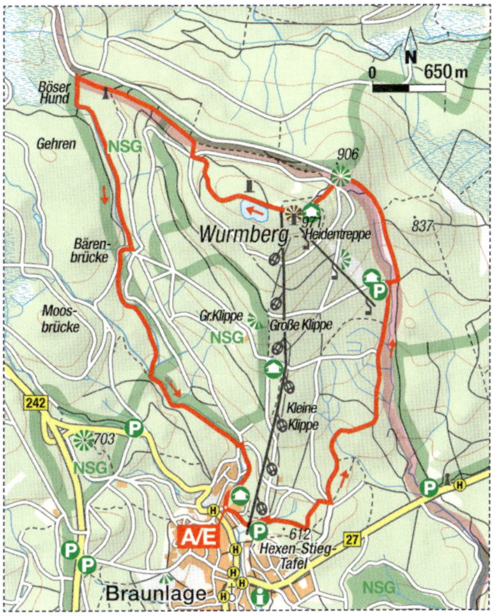

← Entspannte Rast mit Blick auf den Fluss Große Bode
↓ Ein breiter Weg führt bequem vom Wurmberg hinunter. Rund um den Berg gibt es zahlreiche Wandermöglichkeiten.

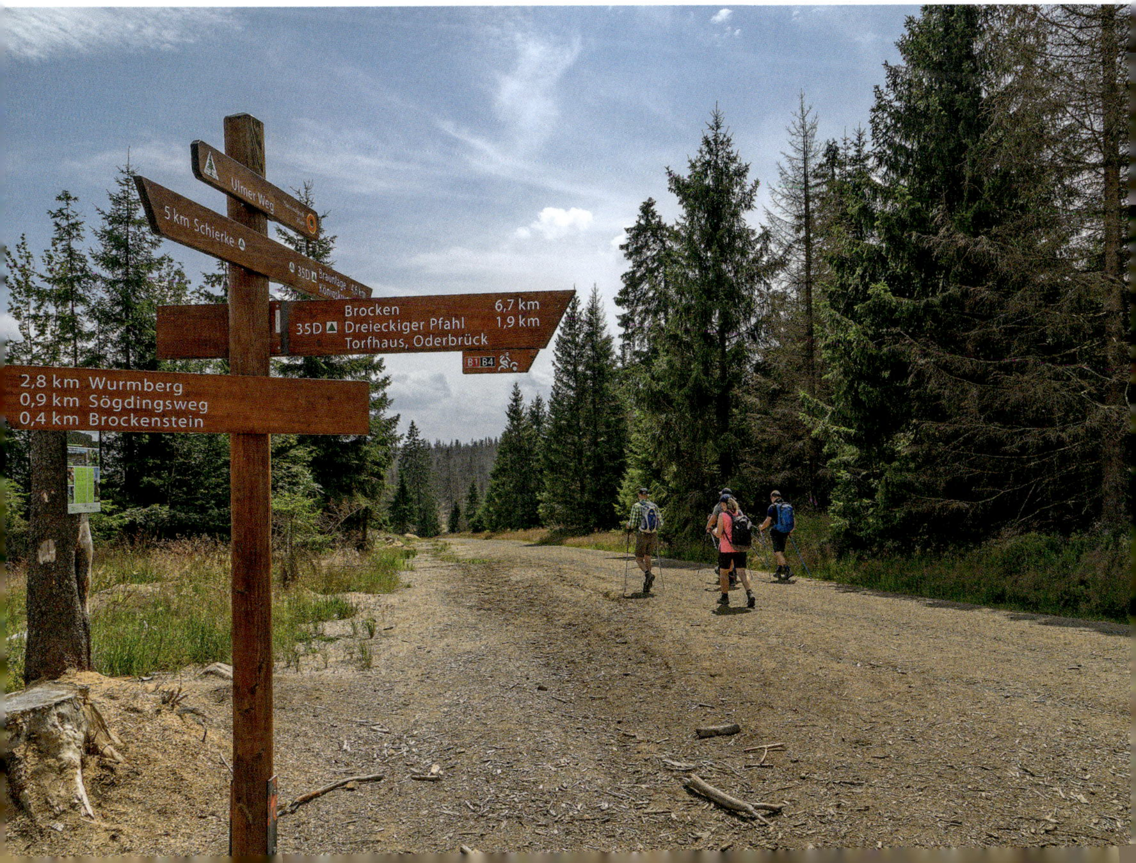

WANDERUNG

42 Der Promi im Harz

Auf den Brocken, den höchsten Berg Norddeutschlands

Wir wählen den abwechslungsreichsten Weg auf den Star unter den Harzer Bergen: Es geht vom Nationalpark-Besucherzentrum »TorfHaus« auf den Brocken hoch und dann hinunter nach Schierke. Zurück zum Ausgangspunkt bringt uns eine Busverbindung der Harzer Verkehrsbetriebe (HVB, siehe Information): Von Schierke Jugendherberge mit der Linie 264 nach Braunlage Zentraler Bahnhof und von dort mit der Linie 820 zum Nationalpark-Besucherzentrum mit der Eigenschreibweise TorfHaus.

Von seinem großen Parkplatz aus steuern wir den Startpunkt des Rundwegs um das Torfhausmoor an (siehe Wanderung 44). Von einem Holzsteg aus bewundern wir die Flora und Fauna mit Ausblick auf den dominanten Brocken. Anschließend wandern wir entlang des Abbegrabens und biegen nach einer kleinen Holzbrücke rechts ab.

Wir passieren auf dem Goetheweg das Picknickplätzchen Quitschenberg und eine Schutzhütte, erhaschen kurz darauf noch einmal einen Blick zurück auf den Ort Torfhaus und voraus auf die näher rückende Brockenkuppe mit ihrem Funkturm. Dann überschreiten wir die 1000-Meter-Höhengrenze, biegen kurze Zeit später links ab und befinden uns schon im Endspurt auf den höchsten Berg im Norden Deutschlands.

Über den Gipfelweg umrunden wir die erstaunlich große Fläche im Gipfelbereich des Brockens mit Brockenhaus, Wetterstation, Brockengarten und der Bergstation der legendären nostalgischen Brockenbahn. Auch an den Felsformationen Teufelskanzel und Hexenaltar kommen wir vorbei und blicken hinüber zum Wurmberg (Wanderung 41).

Hinab nach Schierke führt der Weg entlang der Kalten Bode steil bergab. Der Abstieg ist

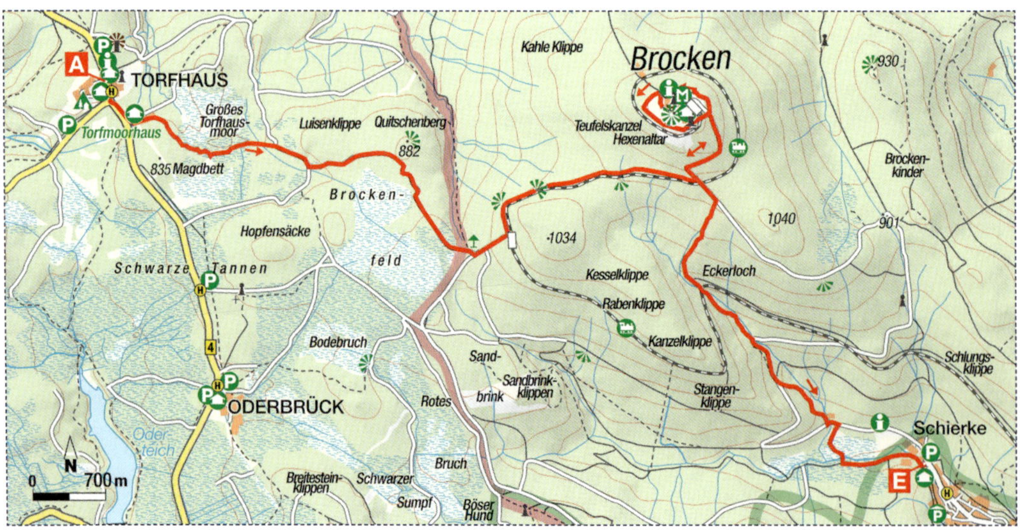

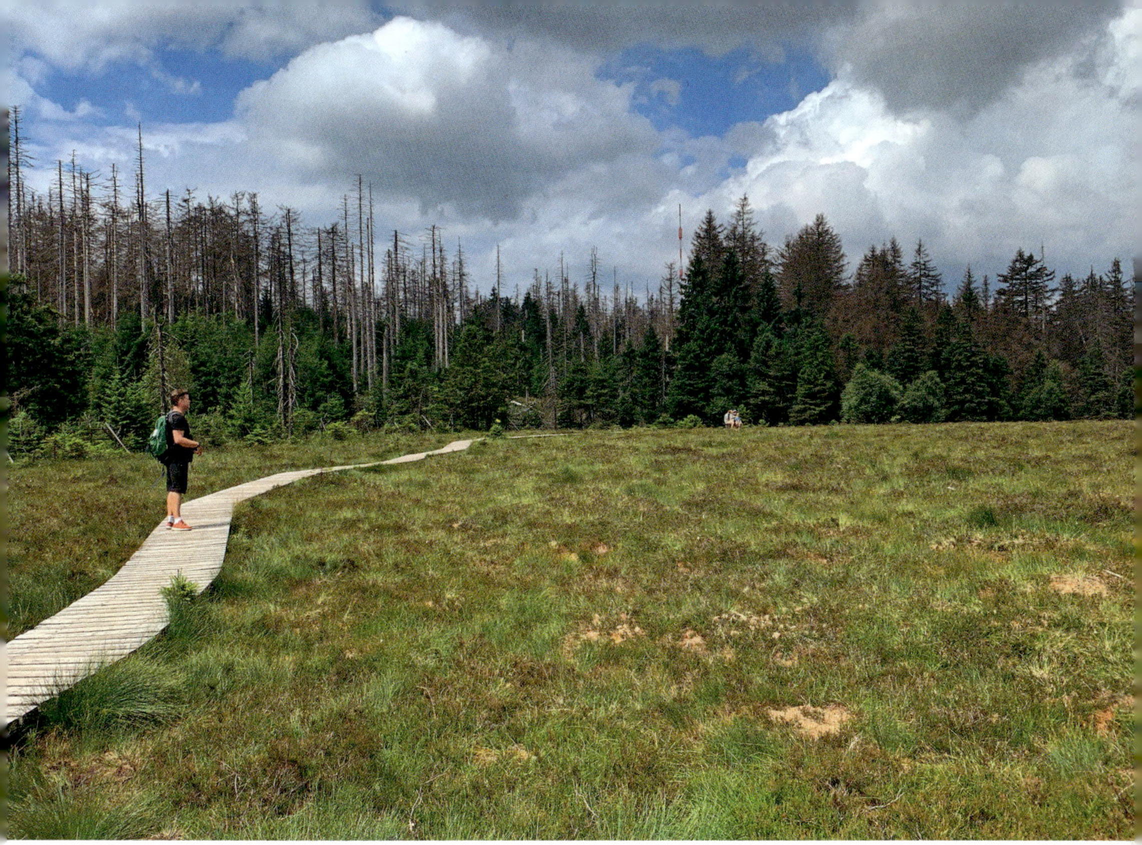

↑ Gleich zu Beginn der Wanderung auf den Brocken durchquert man das Torfhausmoor.
↓ Tote Fichten säumen den Abstieg vom Brocken. Im Nationalpark ist der Waldwandel großes Thema.

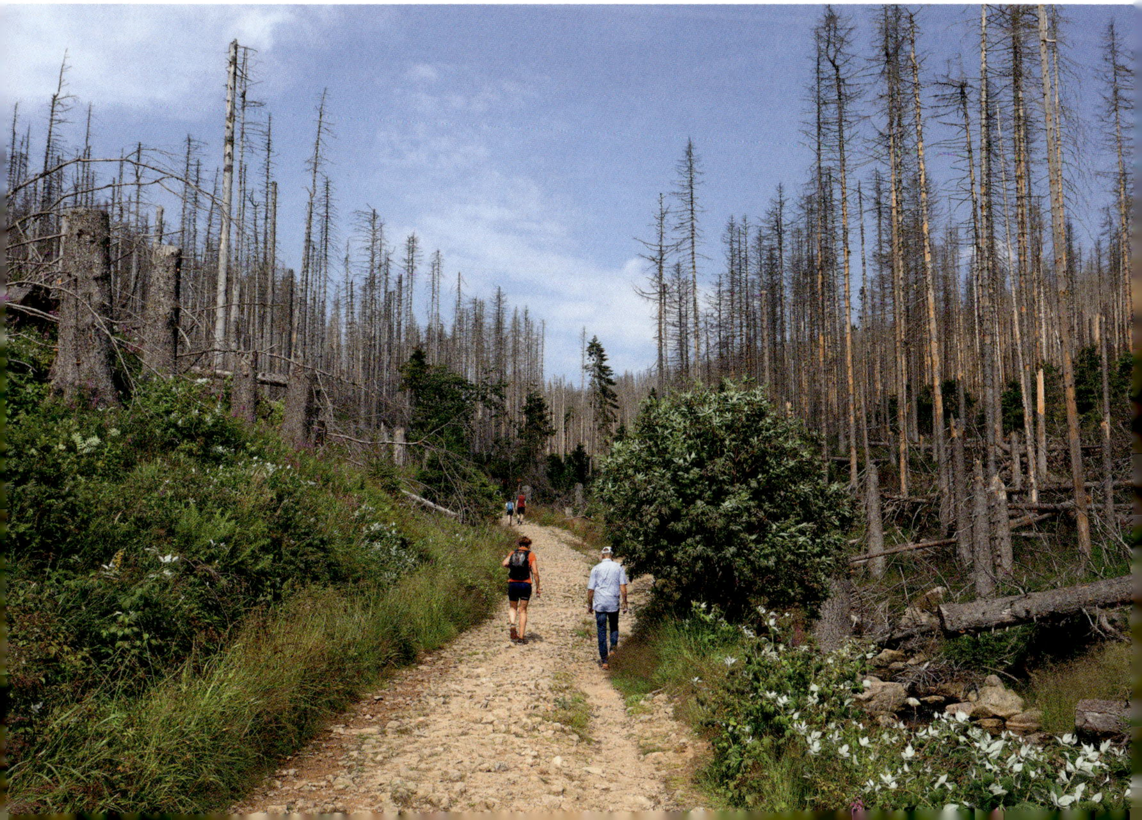

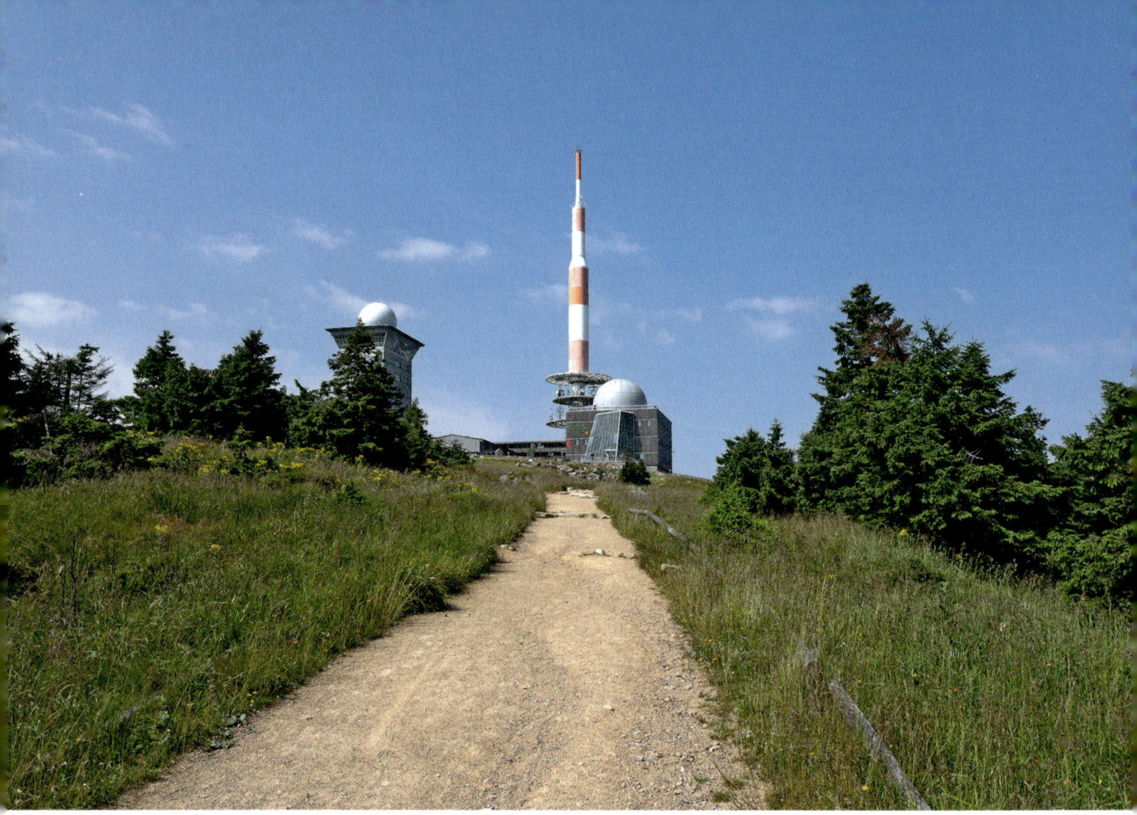

schattig, kreuzt immer wieder die Fahrstraße mit dem Kutschen-Verkehr und bietet mit den abgestorbenen Fichtenwäldern tiefe Einblicke in den Nationalpark. Das letzte Wegstück vor dem Nationalpark-Ort Schierke ist das steilste, dann haben wir es geschafft und lassen uns zurück zum Besucherzentrum kutschieren.

↑ **Wenn man den meist windigen Gipfel des Brockens zu Fuß erreicht hat, kann man stolz auf sich sein!**

Info

DAUER
5.30 Std.

HÖHENMETER
350 Hm

LÄNGE
15,5 km

SCHWIERIGKEIT
Schwer

TOURENCHARAKTER
Lange Wanderung mit einigen Höhenmetern, Grundkondition erforderlich. Gute Trittsicherheit und festes Schuhwerk notwendig! Abstieg teilweise felsig und matschig

AUSGANGS-/ENDPUNKT
Parkplatz am Nationalpark-Besucherzentrum/Jugendherberge Schierke

ANFAHRT
GPS: 51.802180, 10.537590
WoMo: Aus Richtung Braunlage über die B242 und B4 in nördliche Richtung fahren. Das Besucherzentrum befindet sich auf einer Kuppe rechter Hand.

EINKEHR
Am Startpunkt: Bavaria Alm Torfhaus, auf dem Brocken: Der Brockenwirt, Touristensaal auf dem Brocken, am Endpunkt einige Gastronomie in Schierke

INFORMATION
harzinfo.de, nationalpark-harz.de, hvb.de

WANDERUNG

43 Gebündelte Impressionen

Vielseitige Runde um den Oderteich

Sieht harmlos aus, hat es aber abschnittsweise in sich: Die Runde um den Oderteich startet direkt an der Straße, die man auch noch eine Weile hört – das gibt sich aber am hinteren Teil des malerischen Sees, ebenso verlaufen sich die vielen Menschen, die vom Parkplatz aus meist nur die Badebereiche ansteuern. Der Oderteich hat zwei ausgewiesene Badestellen, eine erfrischende Belohnung am Ende der Tour.

Zunächst aber lassen wir die Badebereiche links beziehungsweise rechts liegen. Wir folgen der Beschilderung im Uhrzeigersinn und gelangen bald nach den Strandabschnitten auf einen bequemen Forstweg. Auf ihm gehen wir weiter voran, das Seeufer ist nicht zu sehen, und wandern durch naturbelassenes Nationalparkgebiet, dann gelangen wir wieder in Ufer-Nähe mit Blicken auf den Oderteich. An einer Holzbrücke rasten viele Wanderer, das ist der Umkehrpunkt.

Der zweite Wegteil ist sehr abwechslungsreich, führt über weitere Holzbrückchen, über lange Bohlenwege und durch urwaldähnliche Wildnis.

↓ Die Badestrände am Westufer des Oderteichs sind im Sommer gegen Mittag sehr gut besucht. Sie sind aber auch herrlich!

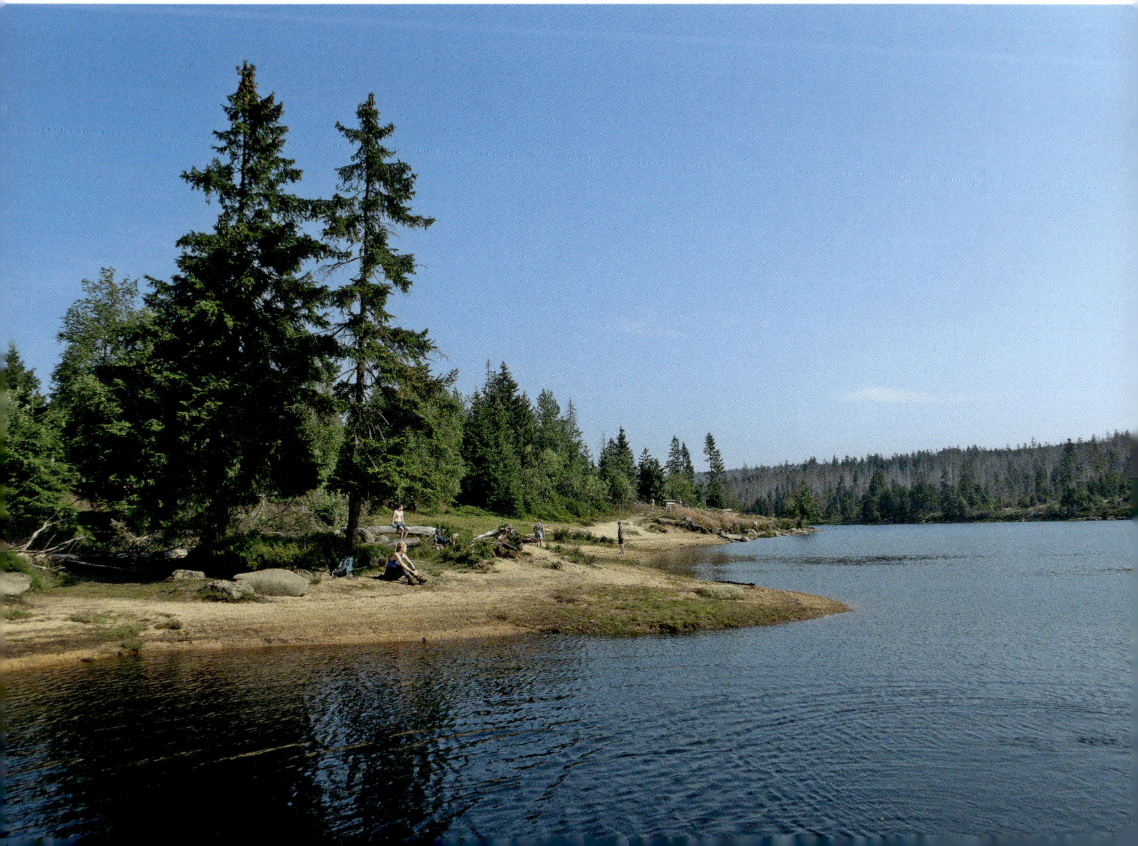

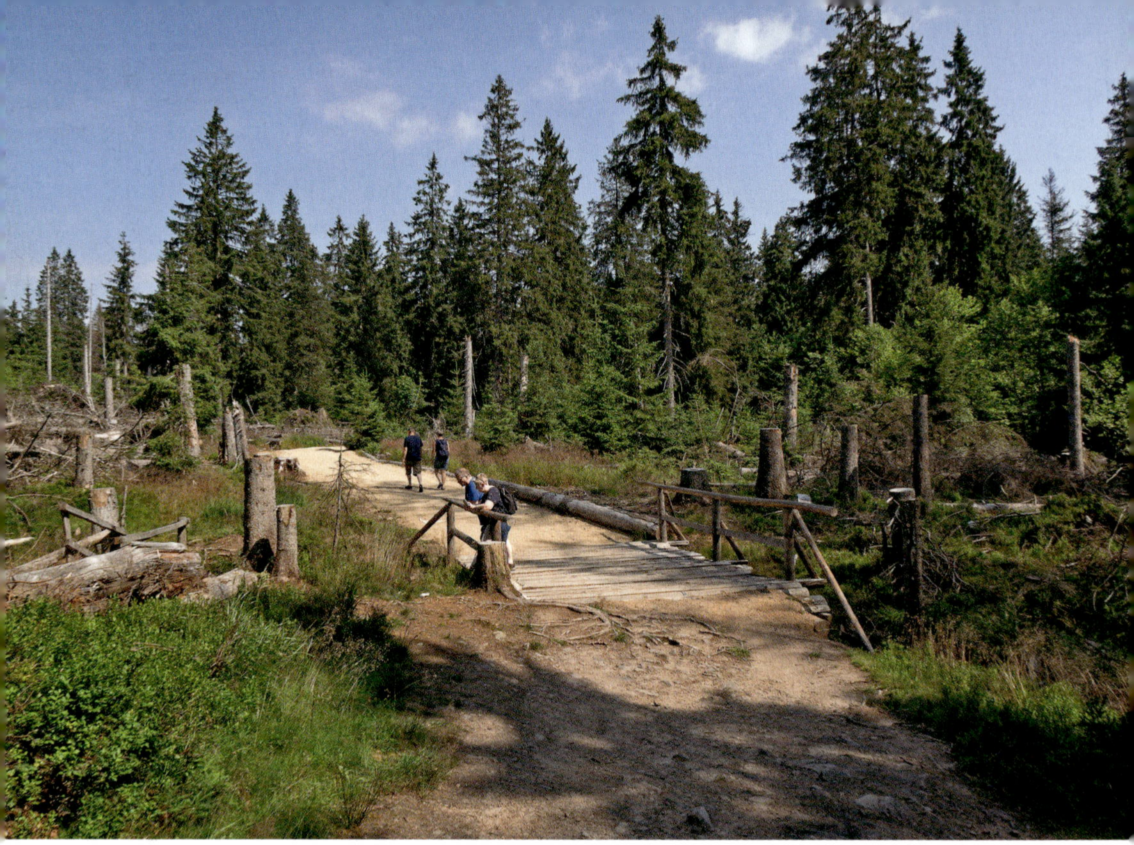

↑ Viele Brückchen gilt es zu überqueren, vor allem im hinteren Bereich der Wanderung.
↓ Die Natur wird hier sich selbst überlassen. Das macht jede Wanderung zu einem Erlebnis.

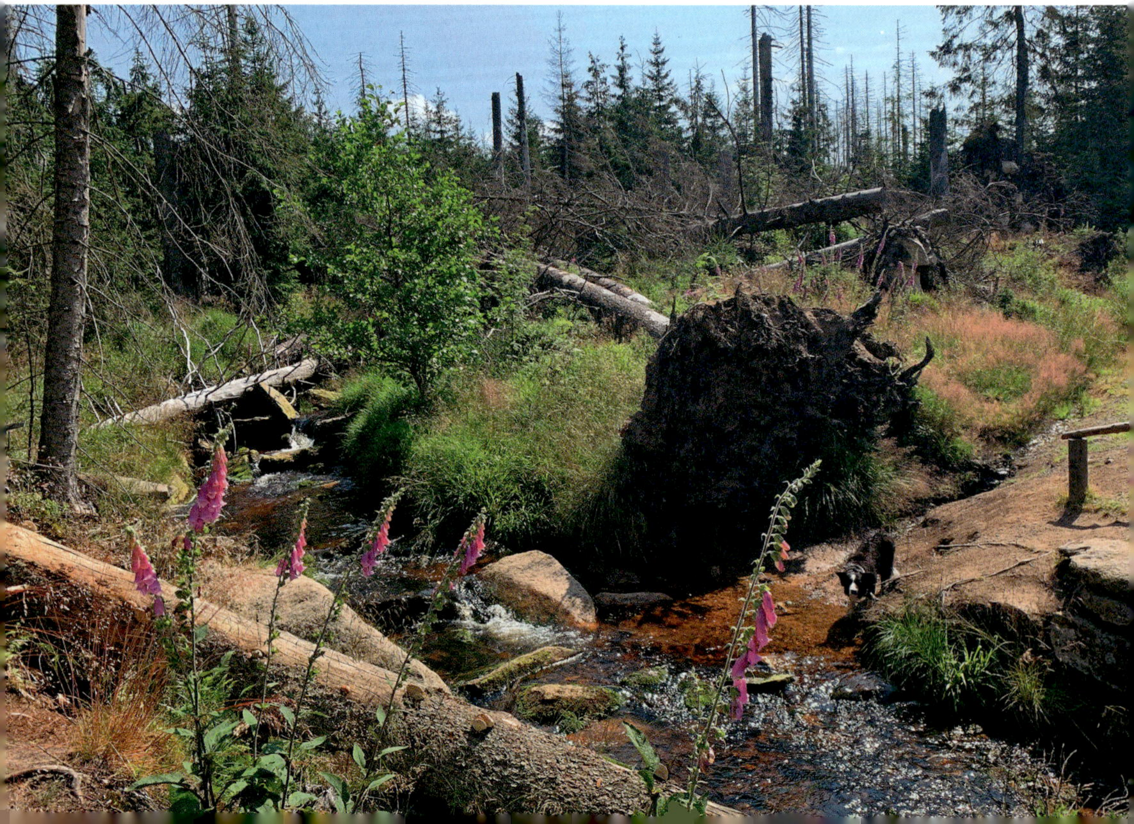

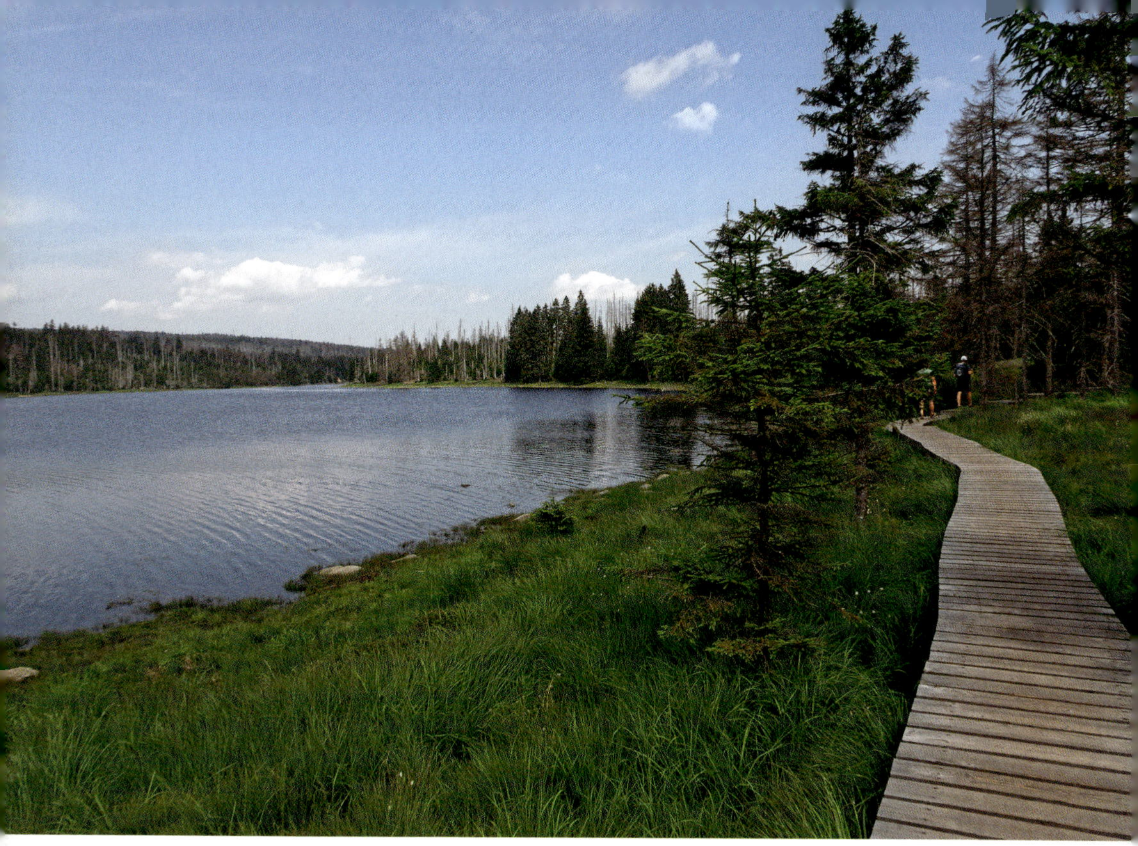

↑ Auf dem Rückweg geht es nach einer sehr unwegsamen Passage bequem über diesen Bohlenweg.

Viel Totholz erzählt von den Veränderungen im Wald. Kurz bevor wir wieder in Straßennähe kommen, wird es sehr unwegsam: Alte Holzplanken überbrücken nur noch zum Teil morastiges Gebiet, der Weg ist mit viel Wurzelwerk durchzogen, man muss immer wieder schauen, wo es weitergeht. Nicht zuletzt dieser Wegabschnitt macht jedoch den Reiz dieser kurzweiligen, eindrucksvollen Wanderung über gut anderthalb Stunden aus.

Info

DAUER
1.30 Std.

HÖHENMETER
40 Hm

LÄNGE
4,5 km

SCHWIERIGKEIT
Mittel

TOURENCHARAKTER
Zunächst bequemer, breiter Weg bis auf die Passage an den Badebereichen vorbei; sehr unwegsam auf dem letzten Wegabschnitt. Trittsicherheit und gutes Schuhwerk nötig

AUSGANGS-/ENDPUNKT
Parkplatz Oderteich, Oderbrück

ANFAHRT
GPS: 51.764177, 10.535403
WoMo: Von Braunlage über die B242 Richtung Norden fahren, an der Abzweigung der Bundesstraße nach links, der große Parkplatz folgt nach 1 km am linken Straßenrand.

EINKEHR
Keine

INFORMATION
nationalpark-harz.de

WANDERUNG

44 Übers Hochmoor

Einmal um das große Torfhausmoor

Von Torfhaus, der höchstgelegenen Siedlung in Niedersachsen, startet die Tour um das Moor, die noch einmal die ganze Naturgewalt des Nationalparks Harz präsentiert. Als eines der großflächigsten Oberharzer Hochmoore erstreckt es sich über eine Gesamtfläche von rund 30 Hektar. Der Weg ist gut ausgeschildert auf braunen Wegweisern mit der Beschriftung »Rund ums Torfhausmoor«.
Am weitläufigen Parkplatz des Nationalpark-Besucherzentrums »TorfHaus« geht es los, zunächst entlang der Straße in südliche Richtung bis zum Landschulheim, dann zum Willkommensschild des Nationalparks und rechts hinauf. Es folgt schon bald der Bohlenweg über einen kleinen Teil des Moors, das Highlight der Runde. Der Blick schweift über die baumlose Hochmoorfläche bis hin zum Gipfel des Brocken. Anschließend begehen wir einen Teil des Goethewegs, dem Dichter gewidmet, der von Torfhaus zum Brocken gewandert ist. Begleitet werden wir vom glasklaren Wasser im Kanal Abbegraben.
Wir überqueren an einer Brücke mit der Bronzestatue eines Luchses den Bergbach Abbe an einem schönen Picknickplatz und gelangen in einem Moorfichtenwald noch einmal zu einer Attraktion. Der »WaldWandelWeg« macht eine 180 Meter lange, lohnenswerte Extraschleife. Hier erfährt man einiges über das Konzept des Nationalparks und den Borkenkäfer, für den der durch Trockenheit und Stürme angeschlagene Fichtenwald leichte Beute ist – deshalb gibt es so viele tote Bäume in diesem Bereich des Harzes. Kurz darauf erreichen wir wieder das Landschulheim und gehen zurück zum Nationalparkzentrum.

↗ Der kleine, interaktive Naturpfad »WaldWandelWeg« beschreibt eine Zusatzschleife.
→ Lecker! Überall auf der Wanderung kann man sich an Blaubeeren gütlich tun.
→ Eine himmlische Ruhe und Stille – man könnte hier ewig sitzen und aufs Hochmoor blicken.

Info

DAUER
2 Std.

HÖHENMETER
80 Hm

LÄNGE
6 km

SCHWIERIGKEIT
Leicht

TOURENCHARAKTER
Bequeme Wanderung auf guten Waldwegen; kurze Passagen über stabile Bohlenwege

AUSGANGS-/ENDPUNKT
Parkplatz am Nationalpark-Besucherzentrum »TorfHaus«

ANFAHRT
GPS: 51.802894, 10.537276
WoMo: Aus Richtung Braunlage über die B242 und B4 in nördliche Richtung fahren. Das Besucherzentrum befindet sich auf einer Kuppe rechter Hand.

EINKEHR
Unterwegs keine, am Start-/Zielpunkt: Bavaria Alm Torfhaus

INFORMATION
nationalpark-harz.de, torfhaus.info

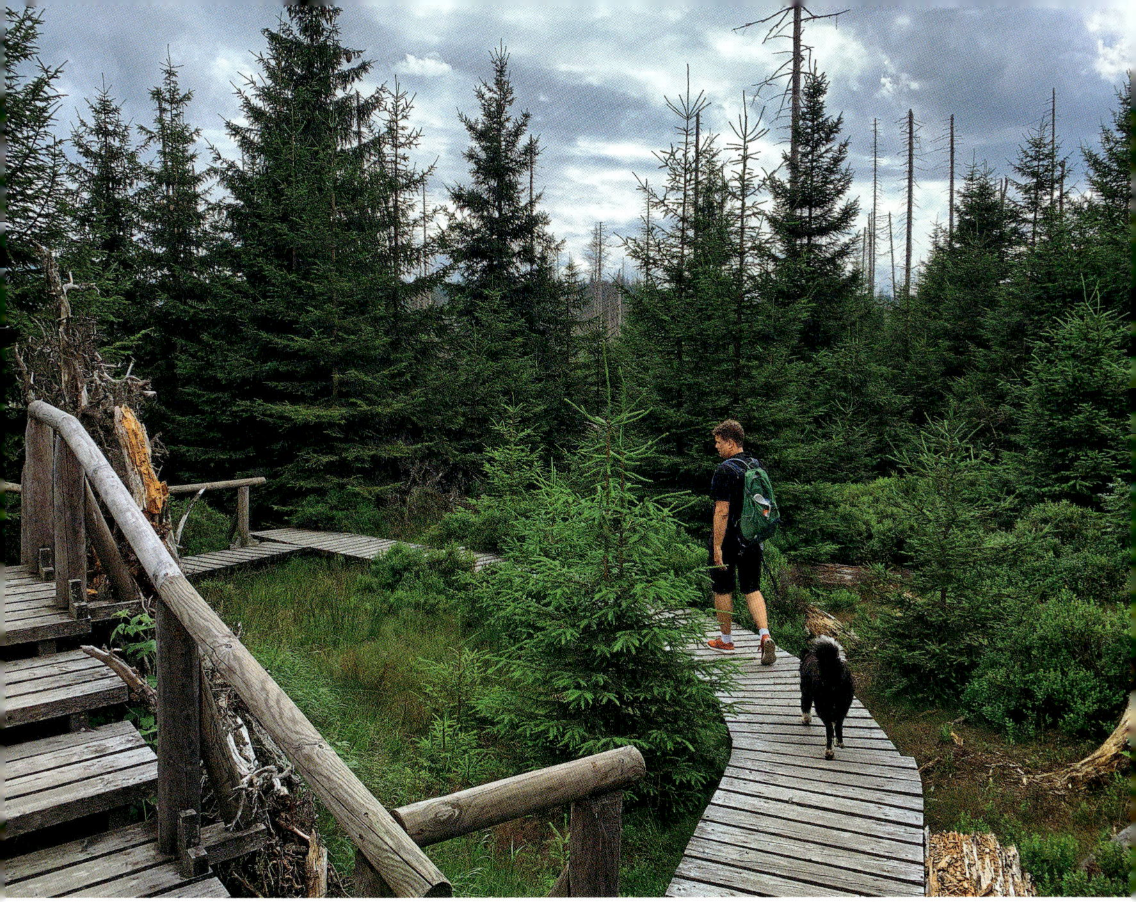

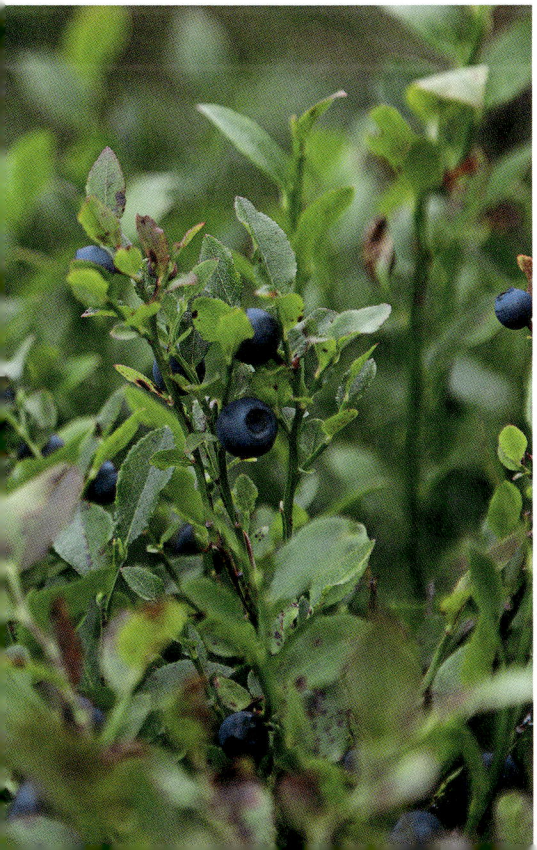

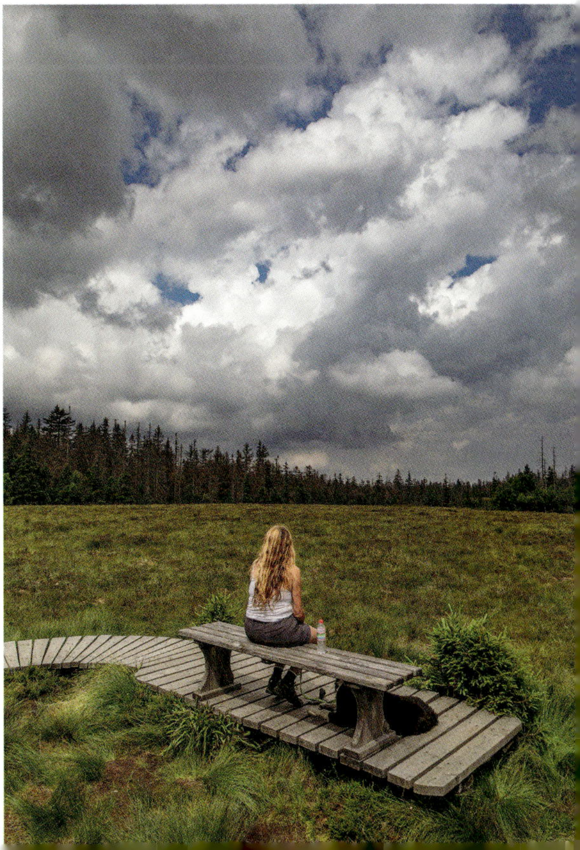

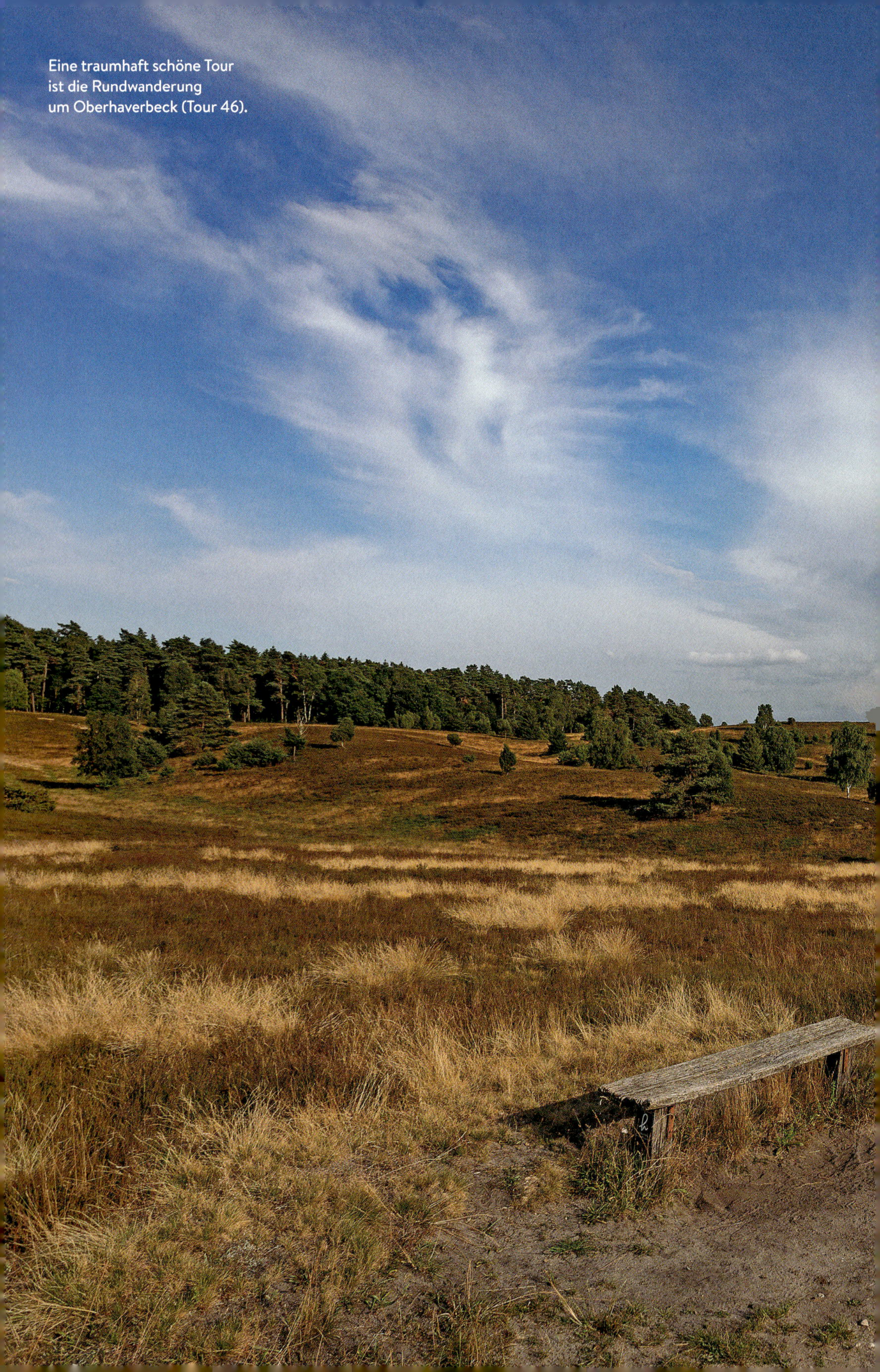

Eine traumhaft schöne Tour ist die Rundwanderung um Oberhaverbeck (Tour 46).

Lüneburger Heide

Stimmungsvolle Weite

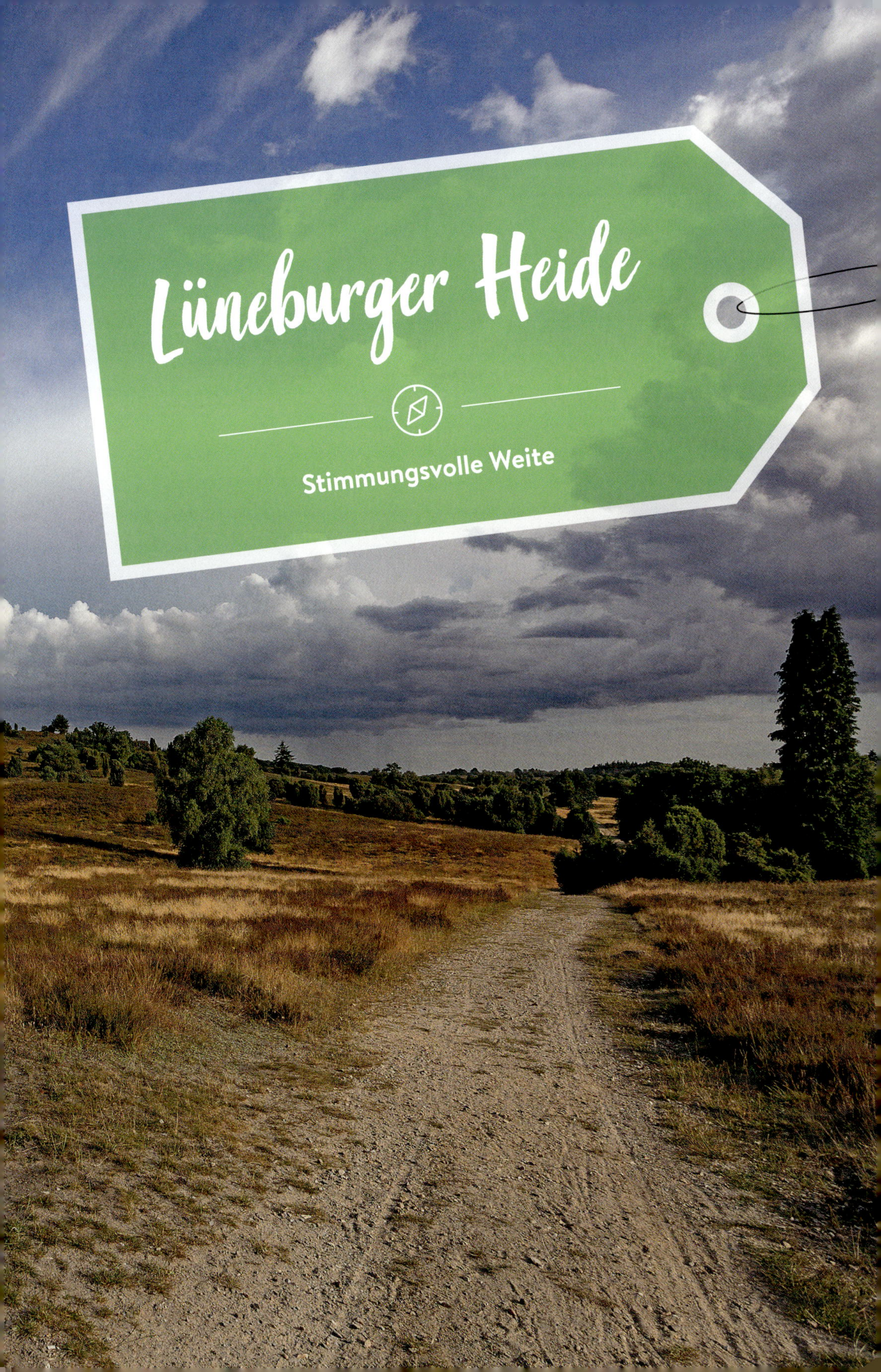

CAMPINGPLATZ

Camping Brunautal

Heide in allen Richtungen

Die Lüneburger Heide ist eines der ältesten und größten Naturschutzgebiete Deutschlands. Ihr Zentrum markiert der Wilseder Berg als höchste Erhebung. Das Naturschutzgebiet ist eine zu zwei Dritteln bewaldete Kulturlandschaft, in der zahlreiche Bäche entspringen.

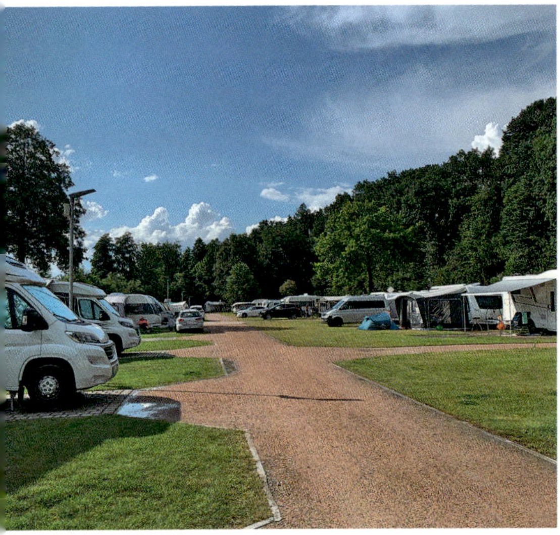

Der ruhige, gepflegte und naturnahe Platz liegt im Herzen der Lüneburger Heide, nur kurze Fahrstrecken entfernt erreicht man die schönsten Heidegebiete mit zahlreichen Wander- und vielen sonstigen Freizeitmöglichkeiten. Direkt an den Platz schließt sich der Brunausee an mit Badestelle und See-Restaurant. Alle Stellplätze mit Strom- und zum Teil Wasseranschluss. Eine kleine Gaststätte befindet sich am Platz, außerdem Mini-Laden an der Rezeption und Brötchenservice. Das Sanitärgebäude ist in die Jahre gekommen, wird aber demnächst ersetzt (Rohbau bereits vorhanden). Kostenloses, gut funktionierendes W-LAN auf dem ganzen Platz, Waschmaschine und Trockner.

Info

GEEIGNET ALS
Mehrtagesurlaub

ADRESSE
Seestraße 17, 29646 Bispingen, Tel. 05194/418 80 22, E-Mail: info@camping-brunautal.de, camping-brunautal.de

ANFAHRT
Von Schneverdingen über die B3 Richtung Bispingen fahren, bis links die L107 abzweigt. Dieser folgen, rechts in die Seestraße, die Zufahrt zum Campingplatz folgt gleich linker Hand.

GPS
53.108783, 9.966215

BESONDERHEIT
Die schönsten Heidelandschaften liegen vor der Tür. Der nahe Brunausee lädt zum Baden und Entspannen nach dem Wandern ein.

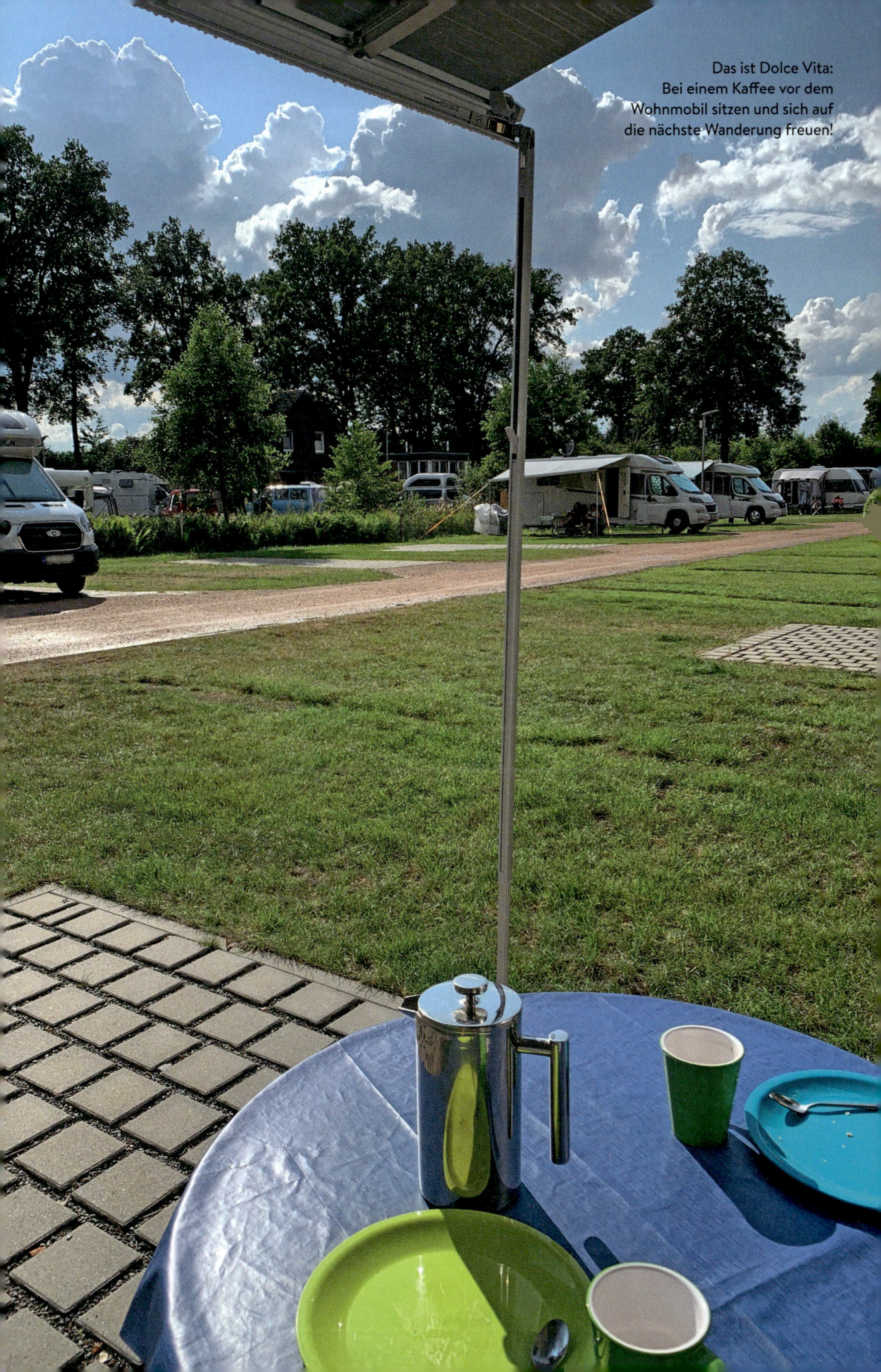

Das ist Dolce Vita:
Bei einem Kaffee vor dem
Wohnmobil sitzen und sich auf
die nächste Wanderung freuen!

WANDERUNG

45 Ein ruhiges Stück Heide

Der Örtzeweg von Munster zur Dethlinger Heide

Zwischen der Ortsmitte von Munster und der beschaulichen Dethlinger Heide verläuft die mit dem Schild »Örtzeweg« gut ausgewiesene Wanderung durch die Heide und quert mehrmals auf hübschen Holzbrücken das Flüsschen Örtze. Los geht's am malerischen Mühlenteich in Munster. Nach seiner Umrundung und einer Begutachtung der alten Wassermühle (in der heute ein Restaurant untergebracht ist), folgen wir dem Weg im Uhrzeigersinn.

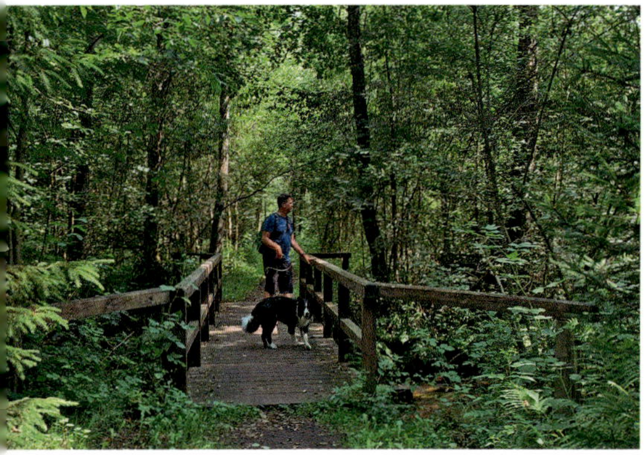

Hinter dem Ort passieren wir bald das Wildgehege und anschließend ein eingezäuntes Militärgelände. Schließlich kommen wir zur Dethlinger Heide, ein bis heute stilles Fleckchen der Lüneburger Heide. Auf einer Tafel erfahren wir, dass sich die Heidelandschaft der Abholzung im Mittelalter verdankt.

Wir durchwandern die Dethlinger Heide in einem weiten Bogen, streifen das Ufer des Silbersees und tauchen dann in den Wald ein. Ab sofort geht es mehr oder weniger nah an der Örtze entlang, die wir an vielen Stellen überqueren. Wir wandern durch Moorgebiete und gelangen schließlich wieder in die Peripherie von Munster. Im Ort selbst sind die St. Urbani-Kirche aus dem 15. Jahrhundert, der historische Ollershof, das Backhaus und die Schweinhäuser lohnende Ziele.

Info

DAUER
3.30 Std.

HÖHENMETER
40 Hm

LÄNGE
11,1 km

SCHWIERIGKEIT
Mittel

TOURENCHARAKTER
Langer, aber überwiegend ebener Weg auf Waldpfaden, befestigten Wegen, Schotter- und Sandwegen. Wege in der Dethlinger Heide bei großer Trockenheit sehr sandig und weich

AUSGANGS-/ENDPUNKT
Parkplatz am Mühlenteich in Munster

ANFAHRT
GPS: 52.987327, 10.089815
WoMo: Aus Richtung Bispingen über die L211 und die B71 nach Munster fahren. Im Ort links in den Emminger Weg einbiegen und vor dem Mühlenteich links zum Parkplatz

EINKEHR
Restaurant Zur Wassermühle

INFORMATION
lueneburger-heide.de, erlebniswelt-lueneburger-heide.de

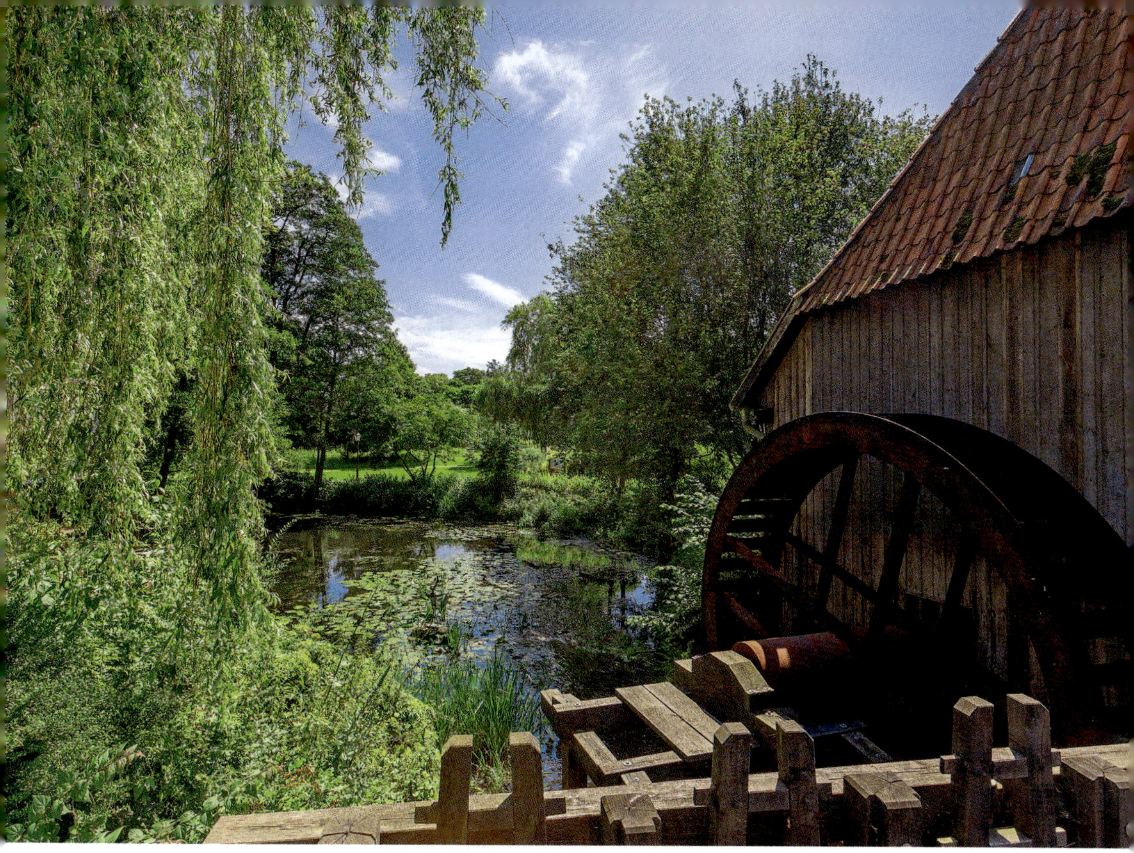

↑ Fast unwirklich schön erscheint die alte Wassermühle im Ort Munster.
↓ Beschaulich geht es zu in der Dethlinger Heide, einer ehemaligen Kieselgur-Grube.

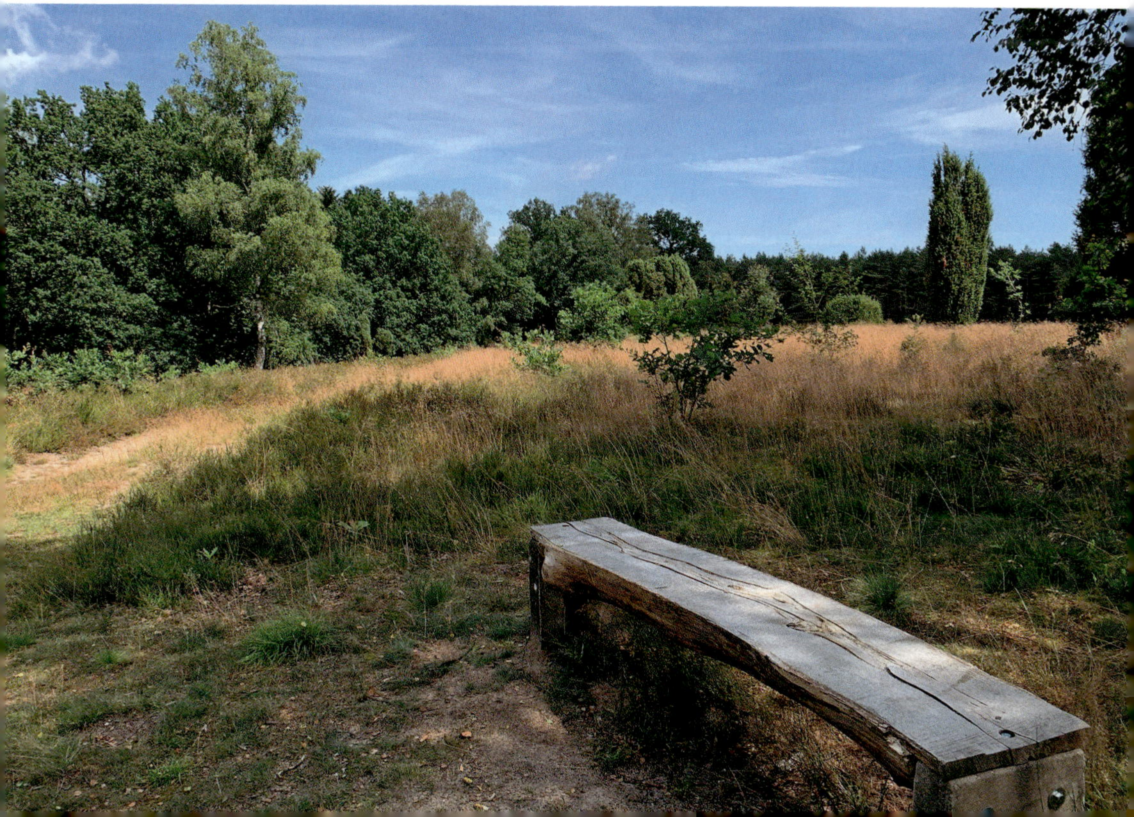

WANDERUNG

46 Kleine Erhebung, großer Blick

Von Oberhaverbeck zum Wilseder Berg

Der Weg streift einige beliebte Ziele der Lüneburger Heide, das sind der Wilseder Berg, das Museumsdorf Wilsede, der Totengrund und der Steingrund sowie Etappen des Heidschnuckenwegs. Am eindrucksvollsten an dieser Wanderung ist jedoch die Tatsache, dass man sich durch das Zentrum der Lüneburger Heide bewegt. Und das ist nicht nur zur Blütezeit der Heide eine wahre Pracht.
Es gibt zahlreiche Aussichtspunkte, von denen der Blick weit reicht. Highlight ist der Wilseder Berg, das Herz der Lüneburger Heide. Mit seinen 169 Metern ist er der höchste Berg der Norddeutschen Tiefebene. Bei klarer Sicht geht der Blick bis nach Hamburg. Um den Berg herum breiten sich unendliche Heideflächen aus – die Wanderung hierher ist ein Muss bei einem Aufenthalt in der Lüneburger Heide!

Etwa auf halber Strecke der Wanderung befindet sich die kleine Ansiedlung Wilsede mit dem Heidemuseum Dat ole Huus mit Ausstellungsschafstall. Hier wird anschaulich über das bäuerliche Heideleben Mitte des 19. Jahrhunderts informiert. Direkt daneben lädt das Gasthaus Zum Heidemuseum zur Einkehr ein. Vom Frühstück über Kaffee und Kuchen bis hin zu Heidschnucken-Gerichten gibt es hier Vollversorgung.
Der Weg zurück führt durch den Totengrund, der Name scheint angesichts der herrlichen Weite der Heide sehr unpassend. Der Weg für die Kutschen führt parallel zum Wanderweg – man kann die Schuhe ausziehen und im weichen Sand laufen. Kurz vor dem Parkplatz öffnet sich auf der Anhöhe Turmberg noch einmal ein letzter Panoramablick.

Info

DAUER
3.30 Std..

HÖHENMETER
110 Hm

LÄNGE
11 km

SCHWIERIGKEIT
Mittel

TOURENCHARAKTER
Gut begehbare, jedoch manchmal sandige Wege, die auch Radfahrer nutzen. Einfacher Aufstieg zum Wilseder Berg

AUSGANGS-/ENDPUNKT
Parkplatz (mit WoMo-Stellplatz) an der Wilseder Straße in Oberhaverbeck

ANFAHRT
GPS: 53.143306, 9.922279
WoMo: Von Bispingen bzw. dem Campingplatz Brunautal über die L211 nach Oberhaverbeck fahren, Parkplatz am Ortseingang links

EINKEHR
Unterwegs: Gasthaus Zum Heidemuseum, am Start-/Endpunkt kleiner Imbiss am Parkplatz (mit Verkauf von Heidehonig) und Gastronomie in Oberhaverbeck

INFORMATION
lueneburger-heide.de, erlebniswelt-lueneburger-heide.de, bispingen.de

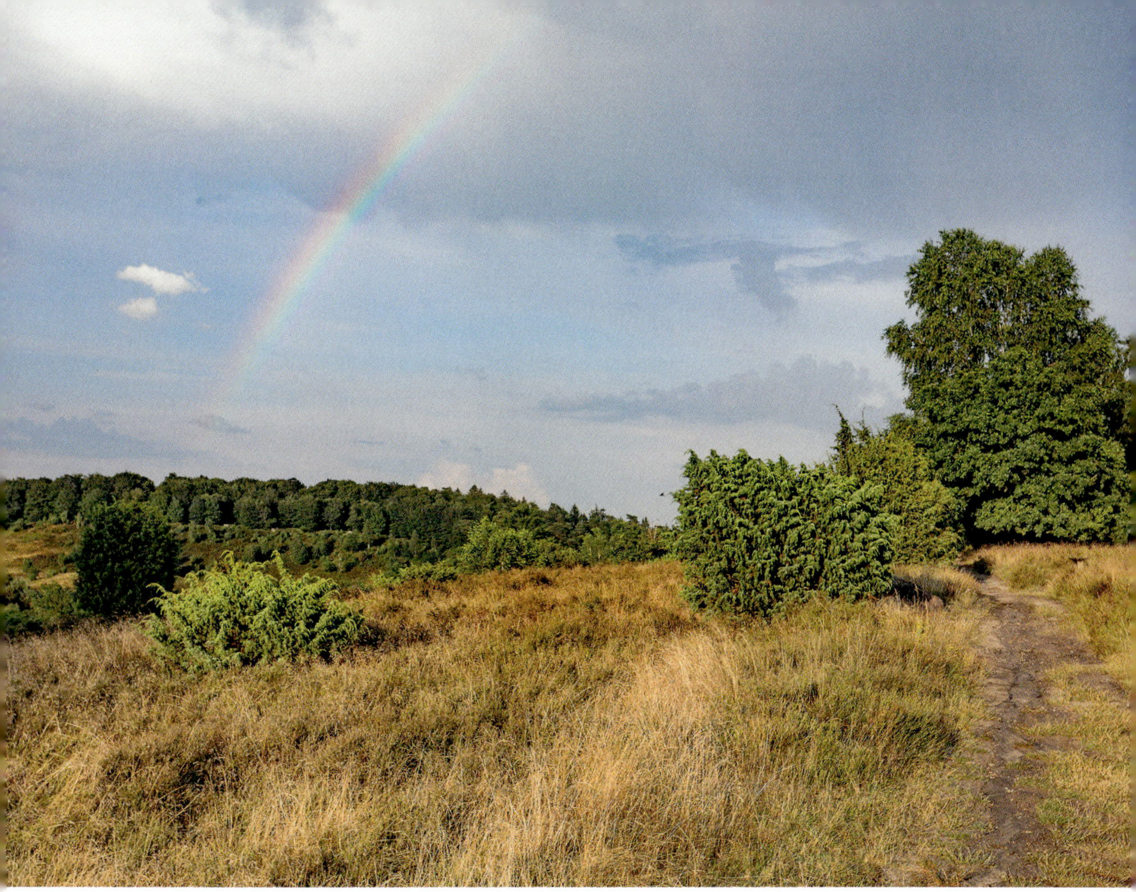

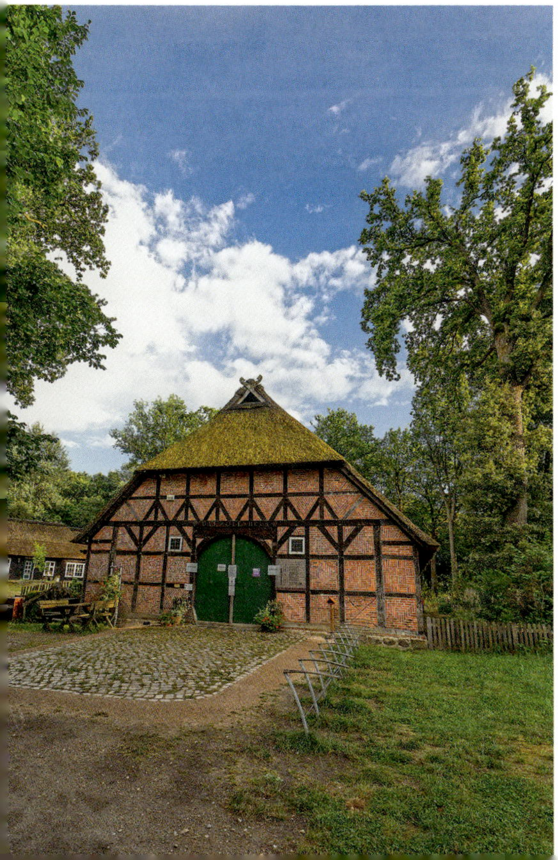

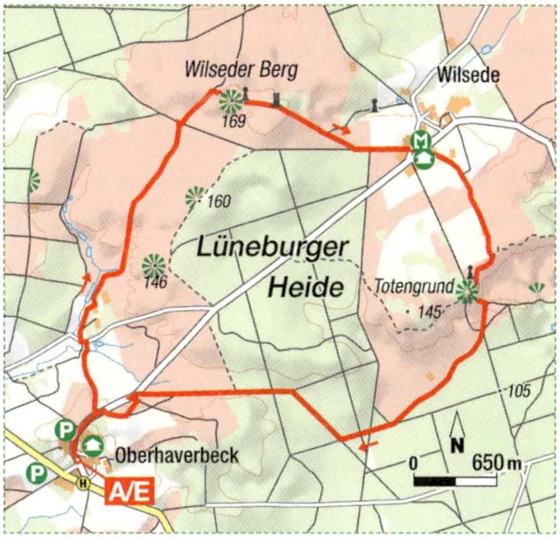

↑ Während der Wegstrecke durch den Totengrund überspannt ein Regenbogen die Landschaft.

← Im typisch norddeutschen Backsteingewand: das Heidemuseum im Museumsdorf Wilsede

47 Den Heidschnucken auf der Spur

Auf bezaubernden Pfaden durch die Behringer Heide

Die Behringer Heide ist eine ganz besonders schöne, nicht überlaufene Heidelandschaft, die der Schäfer mit seinen Heidschnucken durchstreift. Auf die Herde zu treffen, bildet sicherlich das Highlight jeder Heidewanderung! Schöne Rundumblicke wechseln hier mit schattigen Abschnitten, ein alter Schafstall bietet ein schönes Fotomotiv, und die Einkehr am Tütsberg, wohin der Schäfer abends seine Heidschnucken bringt, ist vom Feinsten. Diese Wanderung bietet Genuss pur und zeigt die Heide in all ihrer Schönheit.
Wir durchqueren ein kurzes Waldstück und werden danach in die wunderbare Weite der Behringer Heide entlassen. Den Stein mit der Aufschrift »Zur schönen Aussicht« bräuchte es gar nicht, man findet sie auch so. Ebenso Bockelmanns Schafstall, ein tolles Fotomotiv am Heidschnuckenweg, der hier durch die Behringer Heide führt. Wir überqueren eine Ur-Heidefläche, einen der wenigen Bereiche der Heide, in denen sie sich vollkommen ursprünglich bewahrt hat.
So erreichen wir den Wulfsberg und über ihn hinweg schließlich den Hof Tütsberg mit dem Schafstall. Hier holt der Schäfer morgens zwischen 8.30 und 9.30 Uhr seine fast 1000-köpfige Schnuckenherde ab und bringt sie abends gegen 18 Uhr wieder zurück – es ist ein Erlebnis, den Hütehunden dabei zuzusehen, wie sie die Herde in den Stall treiben. Auch sonst lohnt der Abstecher zum Hof. Es gibt einen Pferdestall, einen Blumengarten und einen Getreidespeicher mit Informationstafeln über die Geschichte der Anlage. Die Einkehr im idyllischen Garten des Hotel-Restaurants sollte man sich nicht entgehen lassen.
Unser Rückweg führt uns nah am Bach Brunau entlang, wir sehen hier die Heidelandschaft noch einmal aus einem anderen Blickwinkel und steuern dann aus westlicher Richtung wieder auf den Parkplatz zu.

Info

DAUER
3 Std.

HÖHENMETER
50 Hm

LÄNGE
11,4 km

SCHWIERIGKEIT
Mittel

TOURENCHARAKTER
Etwas längere Wanderung, aber durchweg gut begehbar, sandige Abschnitte, schmale, aber unschwierige Pfade

AUSGANGS-/ENDPUNKT
Parkplatz Behringer Heide

ANFAHRT
GPS: 53.122976, 9.946922
WoMo: Durch Bispingen in nördlicher Richtung fahren, auf der Behringer Straße über die Autobahn hinweg, kurz nach dem Ortsausgang von Bispingen rechts ab auf den Parkplatz

EINKEHR
Restaurant des Hotels Hof Tütsberg

INFORMATION
lueneburger-heide.de, erlebniswelt-lueneburger-heide.de

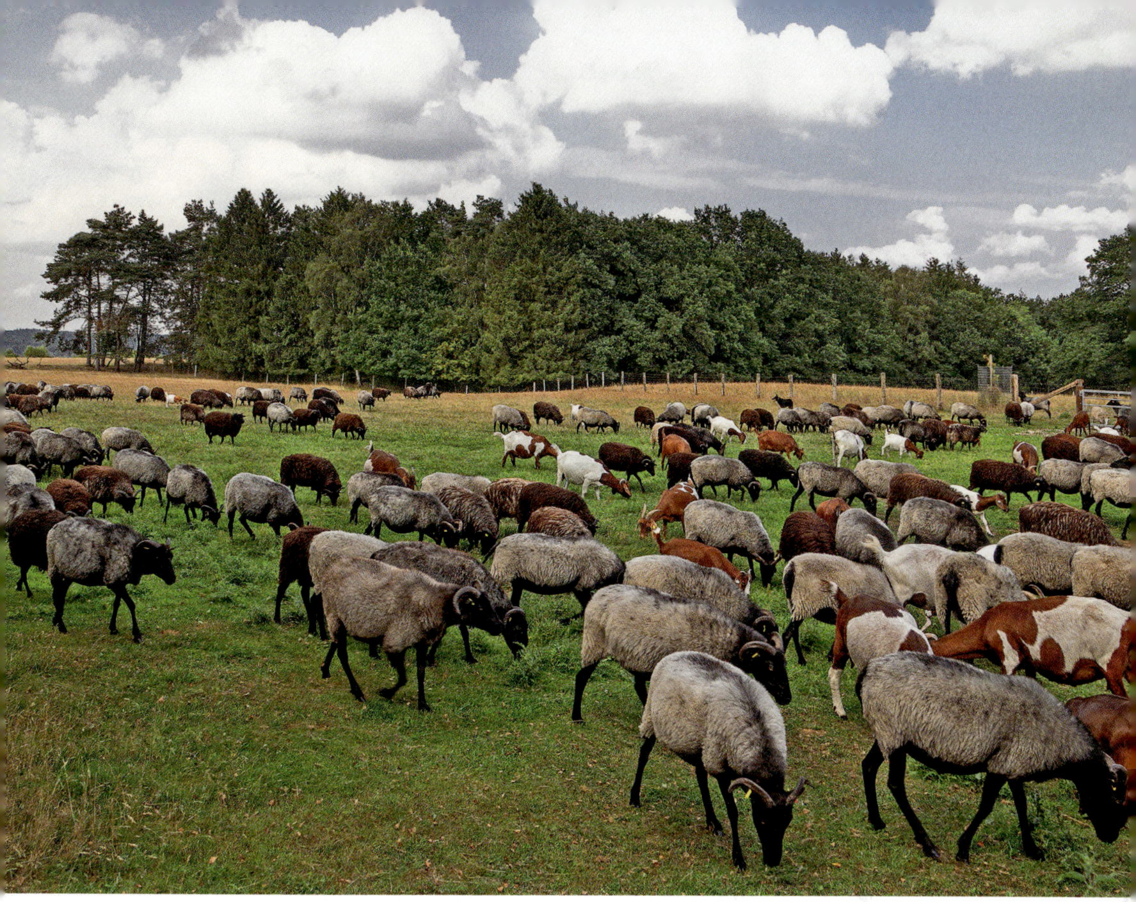

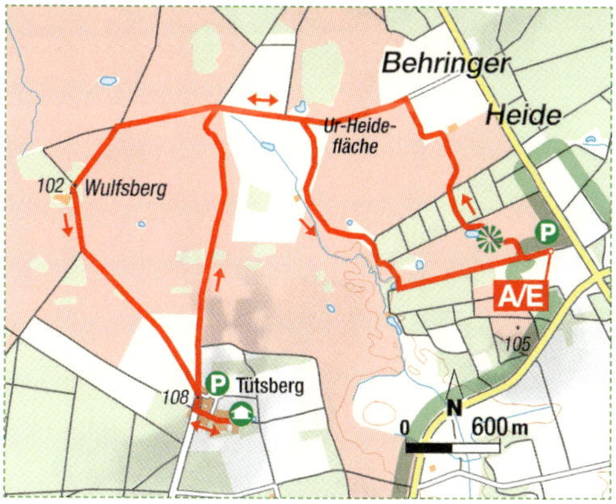

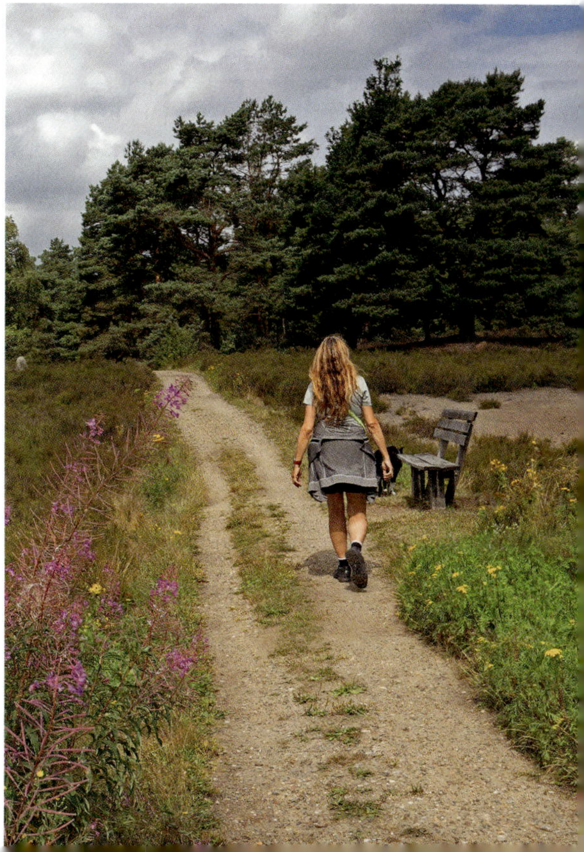

↑ Den ganzen Tag den Heidschnucken hinterhergewandert, am Abend endlich »erwischt«!

→ Kaum zu glauben, dass die schöne Behringer Heide früher einmal ein Militärgebiet war.

WANDERUNG

48 Kurzweiliger Genuss-Spaziergang

Heidegarten als Highlight

Heute geht's in die Heidefläche Höpen, eine »ältere« Version der Heide mit Wacholder und der Option, Heidschnucken zu treffen. Denn am Schafstall nahe dem Heide-Kiosk treibt der Schäfer täglich um 10.30 und 17 Uhr seine Herde aus und wieder ein. Das ist ein ziemliches Event, ebenso wie der Heidegarten am Start- und Zielpunkt. Rund 180 Heidesorten kann man hier bewundern, wovon garantiert immer eine blüht. Im liebevoll angelegten Garten führen gekieste Wegen zu einem kleinen Aussichtsturm. Die Gastronomie ist nebenan in einem malerischen Gebäude untergebracht.
Die mit »Naturblicke Rundweg« gut ausgeschilderte Wanderung bereichern Informationstafeln über den Waldbau, die Heidebauernwirtschaft, das Gebiet und seine Geschichte. Vom 119 Meter hohen Höpenberg öffnet sich ein schöner Fernblick. Ein Teil der Tour folgt über schmale Wege dem Lehrpfad. Er informiert unter anderem über die Heidschnucken und den Heidebauernweg.

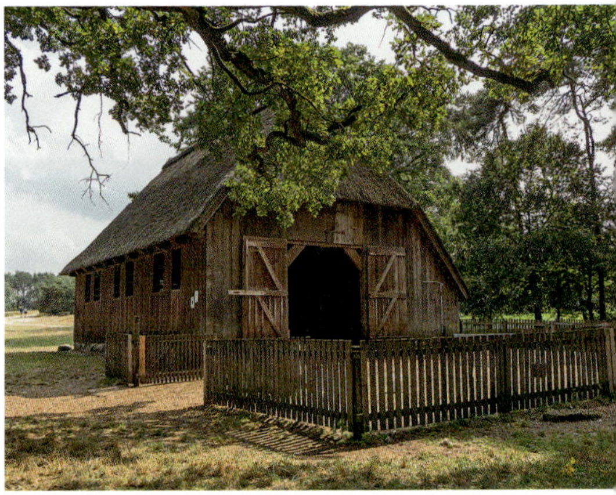

↑ In Ställen wie diesem bleiben die Heidschnucken über Nacht.

Info

DAUER
1.15 Std.

HÖHENMETER
50 Hm

LÄNGE
3,5 km

SCHWIERIGKEIT
Leicht

TOURENCHARAKTER
Sehr einfacher, nur leicht hügeliger und kurzer Spaziergang

AUSGANGS-/ENDPUNKT
Parkplatz Heidegarten

ANFAHRT
GPS: 53.129195, 9.796540
WoMo: Aus Richtung Bispingen über die B3 fahren bis Abzweig der K53. Ihr nach links Richtung Schneverdigen folgen, kurz nach dem Ortseingang rechts in die Overbeckstraße einbiegen (Beschilderung »Höpen-Heidegarten«), der große Parkplatz folgt rechter Hand.

EINKEHR
Unterwegs: Heide-Kiosk Höpen, Café und Pension Höpen Idyll; am Start-/Endpunkt: Schafstall am Heidegarten

INFORMATION
lueneburger-heide.de, erlebniswelt-lueneburger-heide.de, schneverdingen-touristik.de

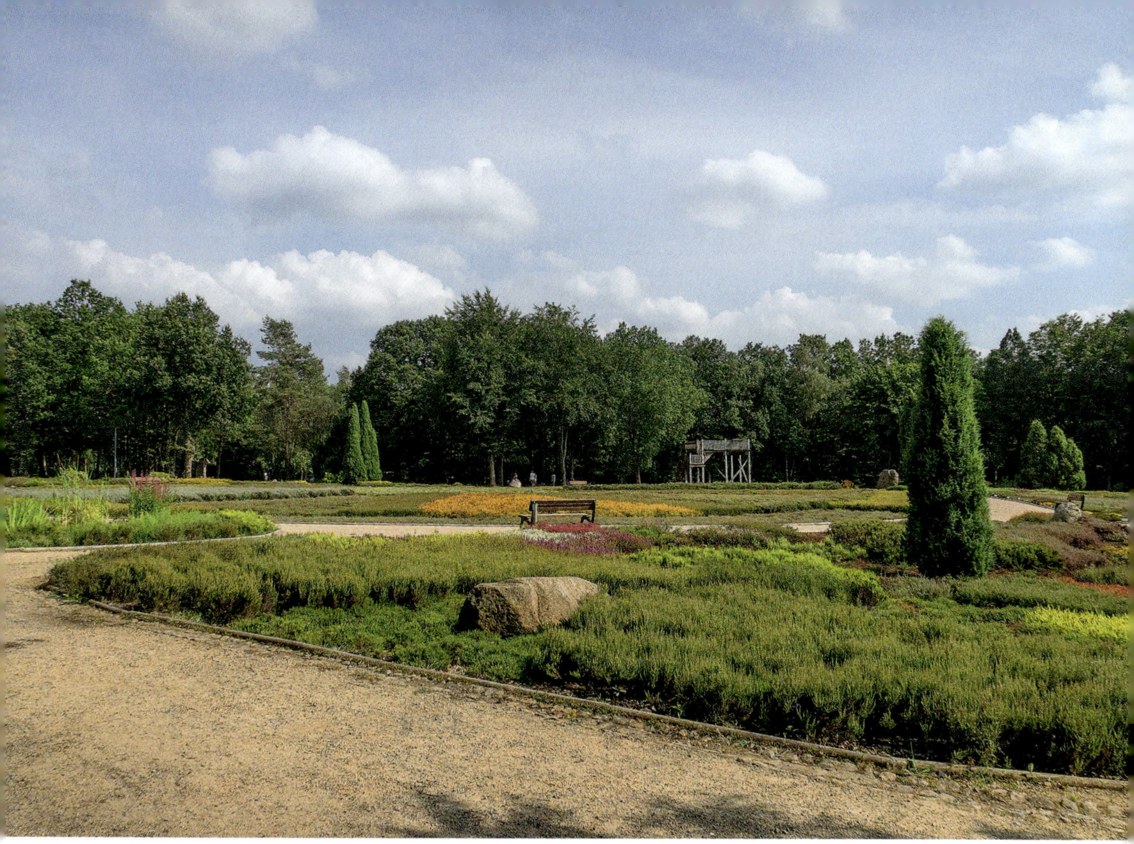

↑ Im Heidegarten wird die Vielfalt unterschiedlicher Heidesorten anschaulich präsentiert.
↓ Es gibt vielfältige Möglichkeiten, die Heidefläche Höpen kennenzulernen. Eine davon ist eine Kutschfahrt.

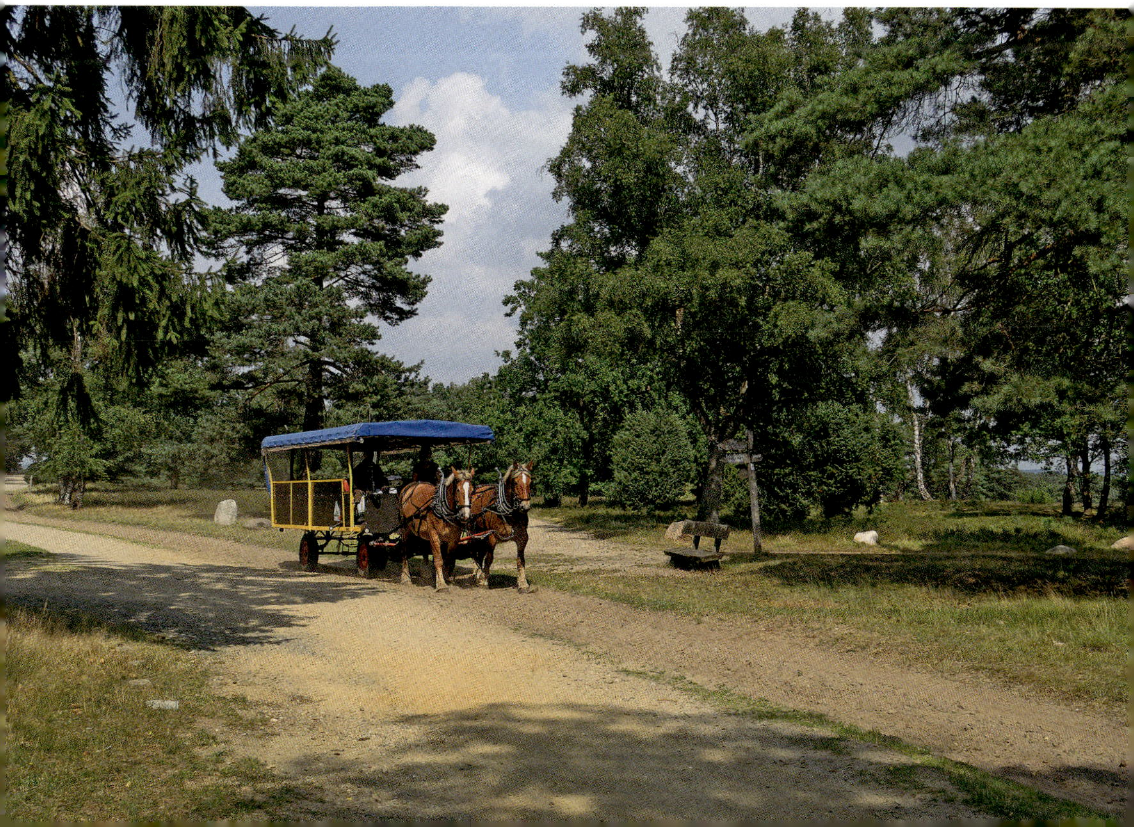

49 Kontrastreiche Naturerlebnisse

Über Bohlenwege durchs Pietzmoor

In eine geheimnisvolle Moorlandschaft einerseits und in die Heidelandschaft andererseits führt diese Wanderung. Gegen den Uhrzeigersinn marschieren wir los und erreichen bald die Abzweigung nach rechts auf einen Holzbohlenweg. Die Bohlen leiten zunächst in U-Form durchs Moor, viele Vögel und Libellen bereichern das Naturerlebnis.
Nach Vollendung der Schleife biegen wir rechts ab, das Moor bleibt uns aber noch kurz erhalten. Nach einer Linksabzweigung erreichen wir die Heidelandschaft, und damit vollzieht sich ein kompletter Szenenwechsel: Bänke laden zum Blick auf die nunmehr liebliche Landschaft ein, es blüht überall, und zahlreiche Schmetterlinge flattern umher. Ab hier wird die Wegstrecke hügelig. Nur eine Straße trennt das mystische Moor von der beschaulichen Heide. Durch schattige Waldabschnitte, vorbei am Hof Möhr (Naturschutzakademie) biegen wir schließlich auf den Uhlensteig ab und genießen das letzte Stück durch die sonnige Heidelandschaft, bevor wir, zunächst der Beschilderung Richtung Schneverdingen folgend, ein letztes Mal links abbiegen und zurück zum Parkplatz gelangen.

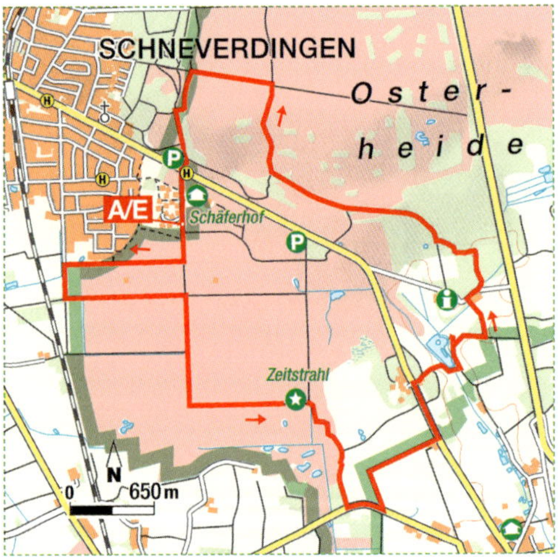

Info

DAUER
4 Std.

HÖHENMETER
40 Hm

LÄNGE
13,2 km

SCHWIERIGKEIT
Mittel

TOURENCHARAKTER
Lange Wanderung auf überwiegend gut begehbaren Wegen, ein Teil auf Bohlenwegen

AUSGANGS-/ENDPUNKT
Parkplatz Pietzmoor-Wanderweg

ANFAHRT
GPS: 53.103688, 9.818973
WoMo: Aus Richtung Bispingen über die B3 und die Scharrler Straße bzw. Schneverdinger Straße Richtung Schneverdingen fahren, der Parkplatz befindet sich am Ortseingang rechts.

EINKEHR
Unterwegs keine, am Ausgangs-/Endpunkt Restaurant & Café Schäferhof

INFORMATION
lueneburger-heide.de,
erlebniswelt-lueneburger-heide.de,
schneverdingen-touristik.de

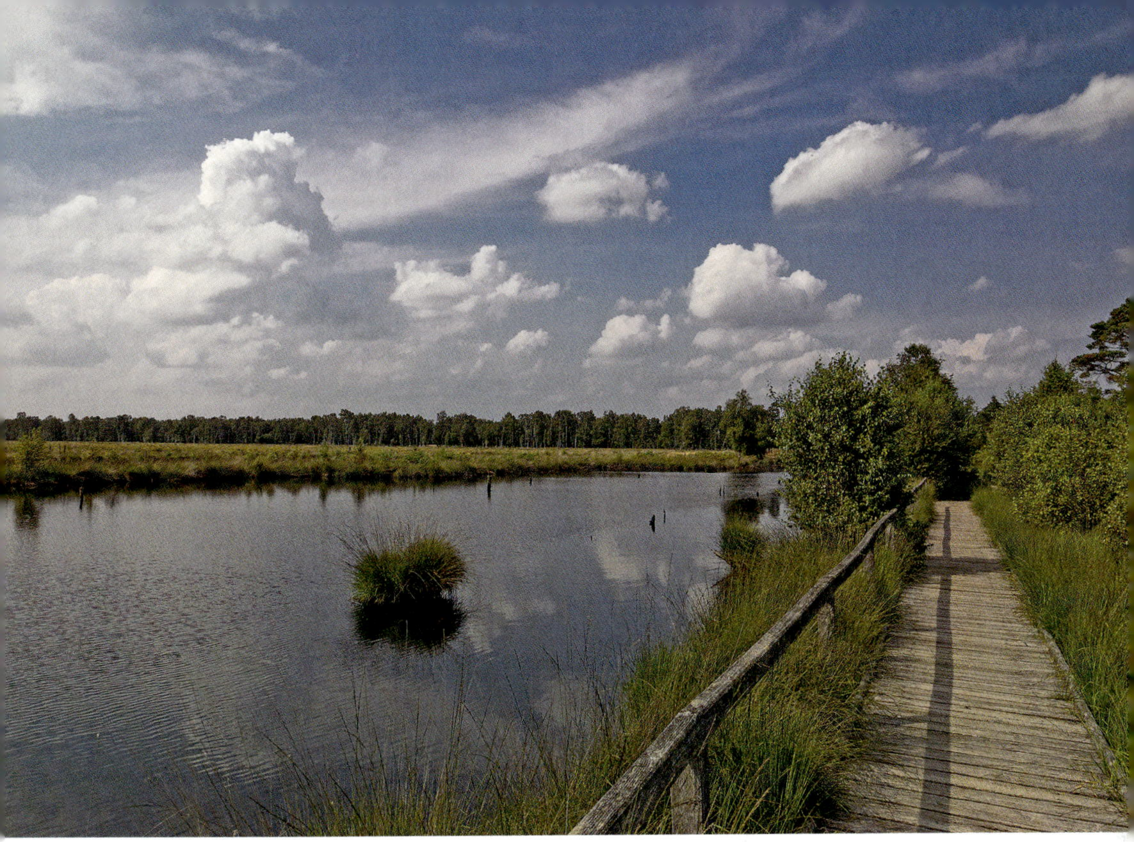

↑ Auf einem Bohlenweg geht's durchs Pietzmoor mit großartiger Flora und Fauna.
↓ Mittels zahlreicher Informationstafeln lernen wir die Moor- und Heidelandschaft noch besser kennen.

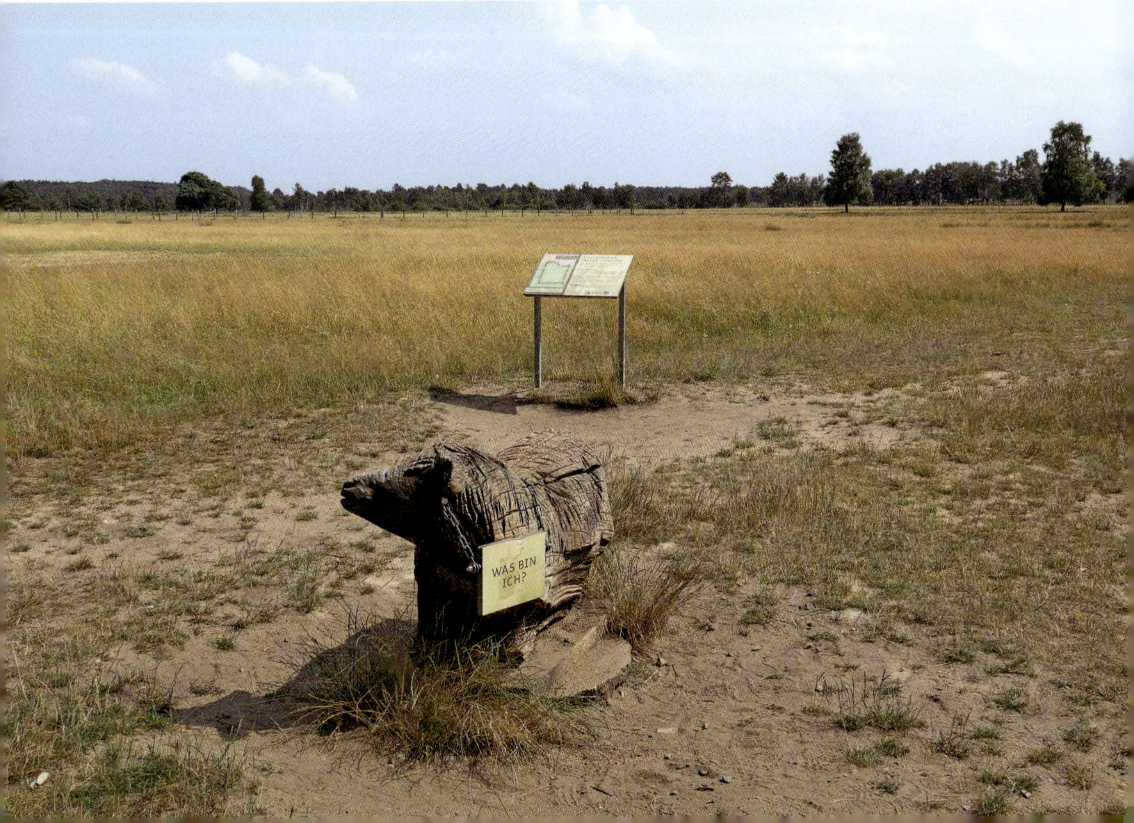

WANDERUNG

50 Staunen in Neuenkirchen

Auf dem Heide-Erlebnispfad

Zahlreiche Stationen, Kunstinstallationen und Aussichtspunkte erzählen auf diesem Erlebnisweg von der Geschichte der Heidebauernwirtschaft – an 30 Stationen kann der Wanderer fühlen, raten, suchen, lauschen und staunen. Zunächst gehen wir auf dem alten Bahndamm entlang und erreichen über einen Abstecher eine erste Attraktion, den riesigen Spiegel »Himmel und Erde«. Leider ist die Spiegelfläche schon etwas matt, sie sollte dem Betrachter das Gefühl geben, im Himmel zu stehen. Ein weiterer Stichweg führt zum »Aufgebäumten Stamm«, danach halten wir uns erst einmal geradeaus bis zu den Leverdinger Teichen mit Beobachtungsturm.

Ein Stück wandern wir wieder zurück und biegen links ab – wir tauchen ein in die Heide- und Moorlandschaft und umwandern das Moorgebiet Schwarzer Dreck. Nach einem Waldstück und vorbei an Feldern erreichen wir die Rast- und Einkehrmöglichkeit Schäferhof mit Hofladen. Dann nähern wir uns bereits wieder dem Ausgangspunkt dieser kurzweiligen und interessanten Tour.

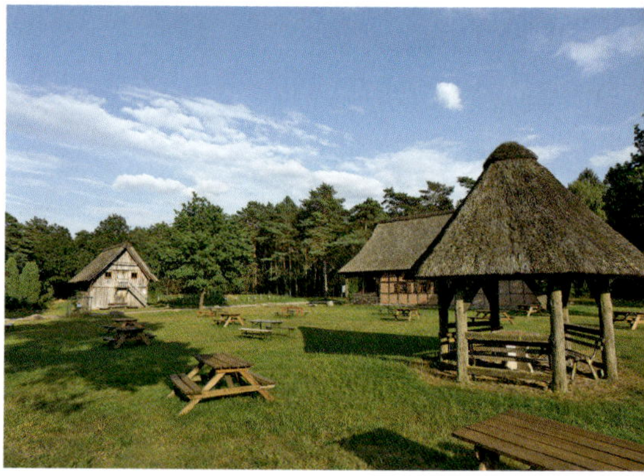

↑ Brunnenhaus und Alter Speicher sind Teil der Anlage des Schäferhofs.

Info

DAUER
3 Std.

HÖHENMETER
50 Hm

LÄNGE
9,5 km

SCHWIERIGKEIT
Leicht

TOURENCHARAKTER
Breite, bequeme und gerade Wege ohne viele Höhenmeter, sehr gut auch an heißen Sommertagen machbar (viel Schatten durch Waldstücke)

AUSGANGS-/ENDPUNKT
Wanderparkplatz an der B71 östlich von Neuenkirchen

ANFAHRT
GPS: 53.029830, 9.722200
WoMo: Nach Soltau fahren, dann über die B71 Richtung Neuenkirchen, der Wanderparkplatz liegt links an der Bundesstraße am Ortseingang.

EINKEHR
Schäferhof

INFORMATION
naturpark-lueneburger-heide.de, erlebniswelt-lueneburger-heide.de

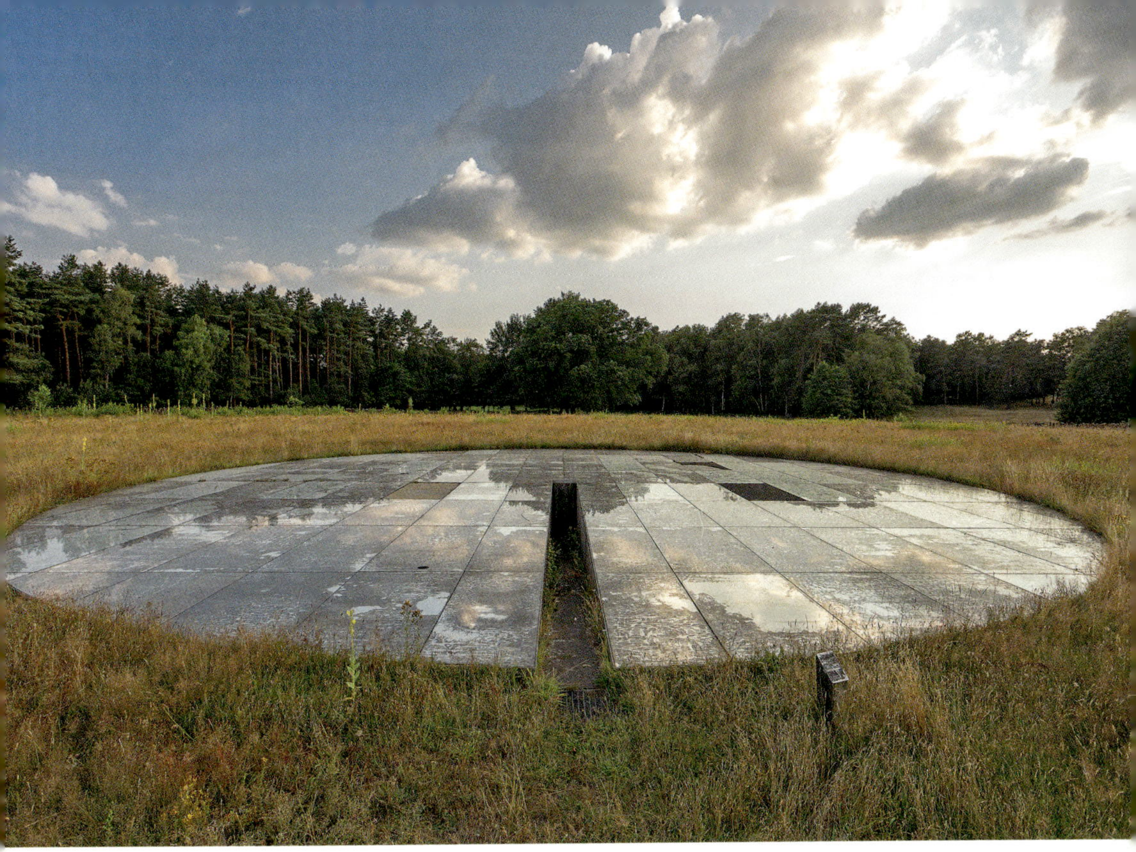

↑ Schon etwas ramponiert ist der Spiegel »Himmel und Erde«.
↓ Die Moor- und Heidefläche heißt wegen der Seen, die im Sommer häufig austrocknen, »Schwarzer Dreck«

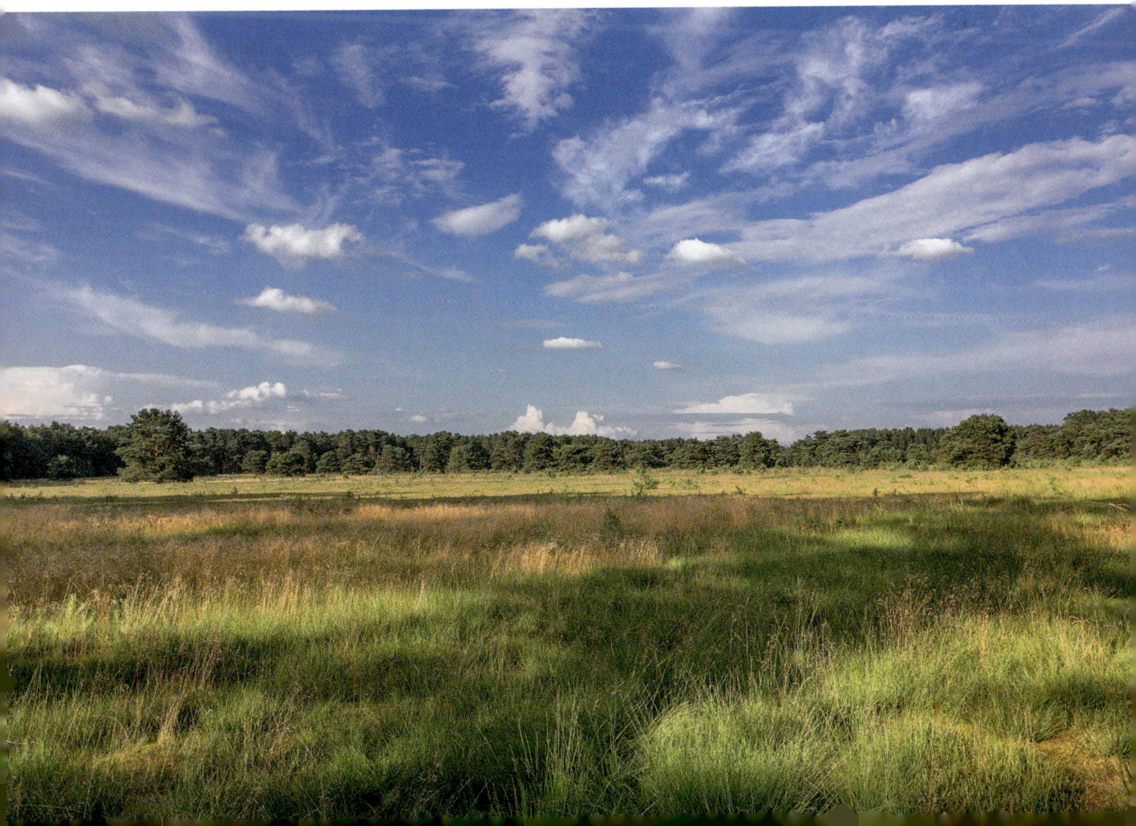

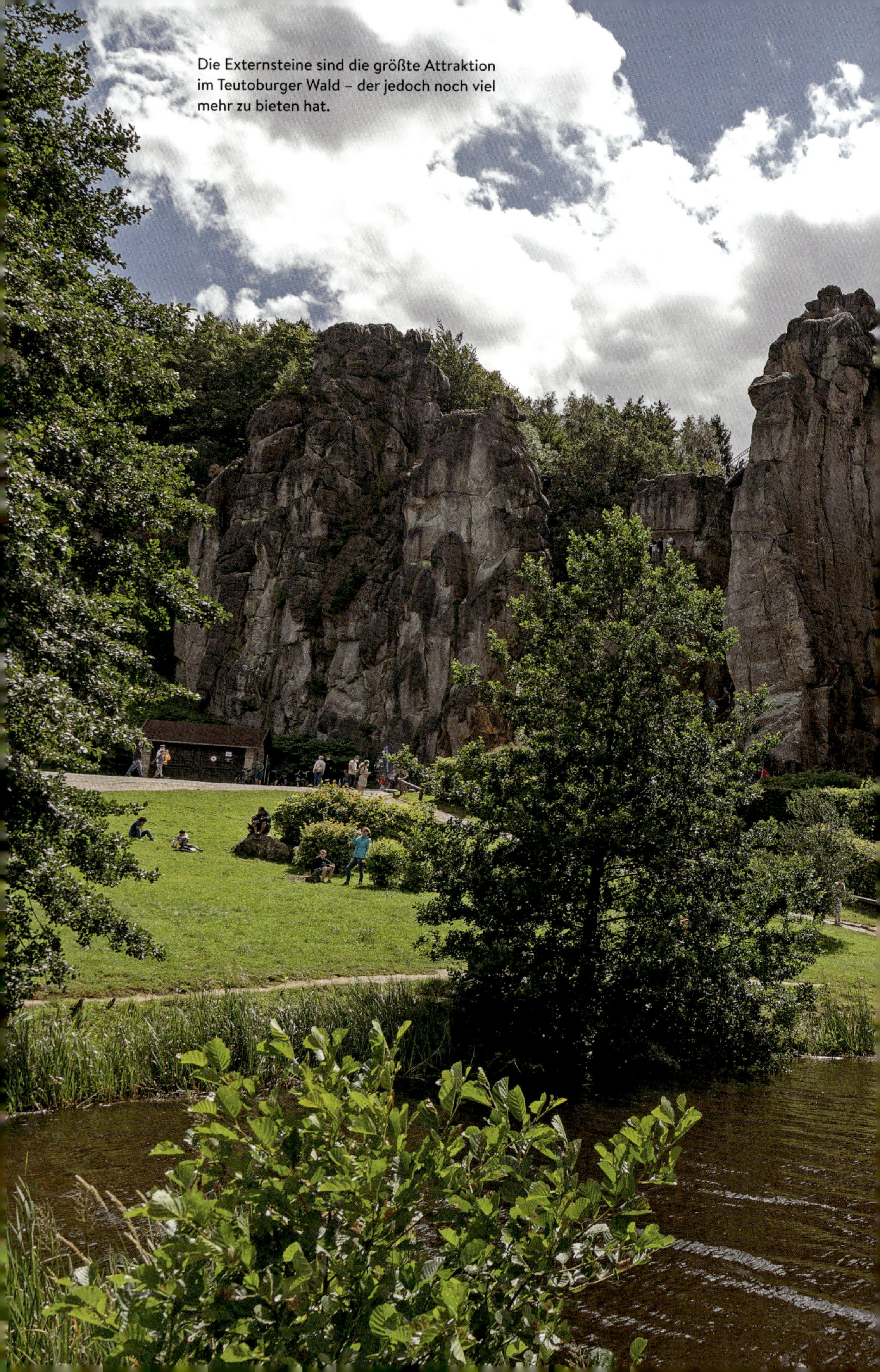

Die Externsteine sind die größte Attraktion im Teutoburger Wald – der jedoch noch viel mehr zu bieten hat.

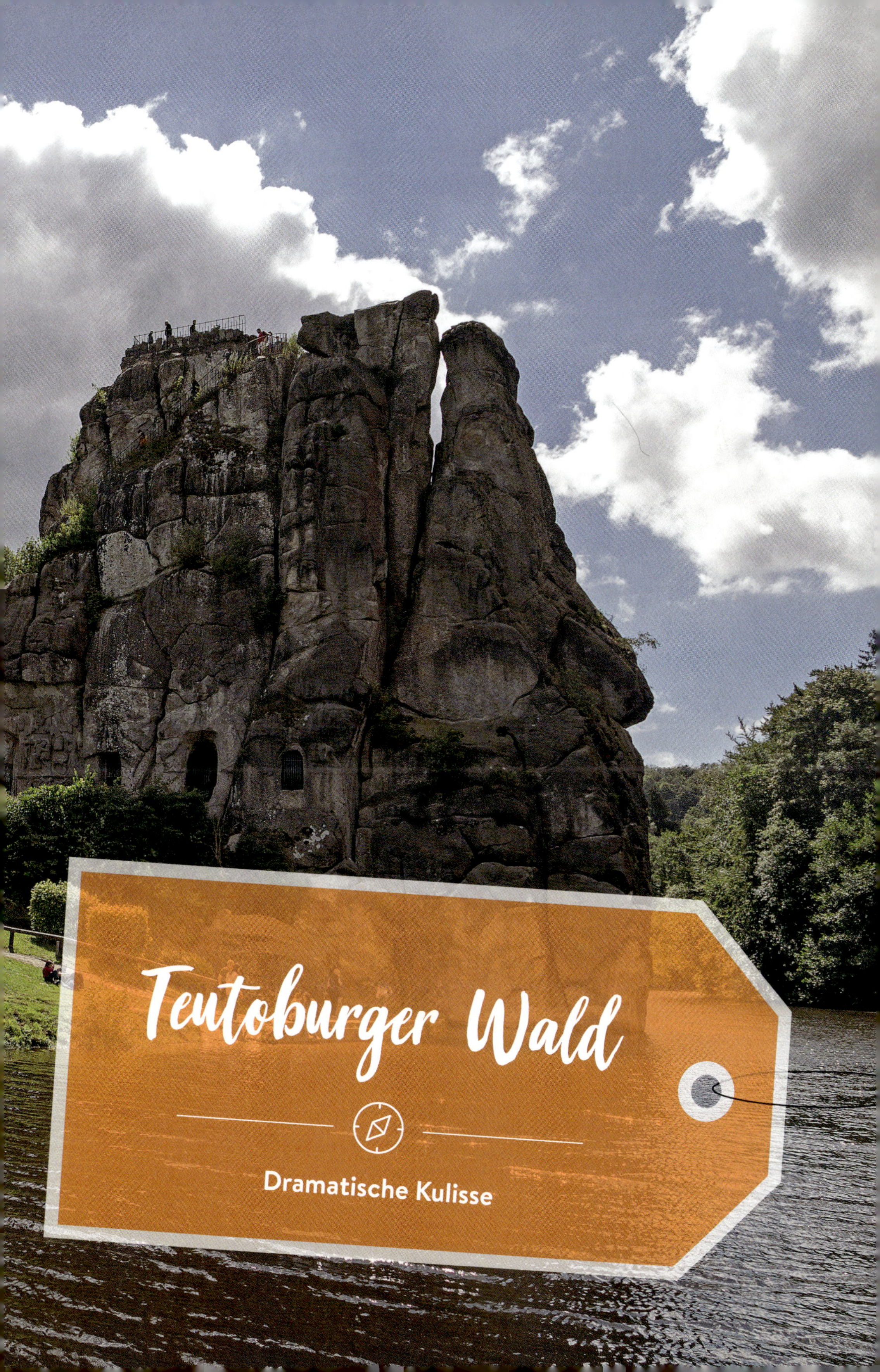

Teutoburger Wald

Dramatische Kulisse

CAMPINGPLATZ

Campingplatz Am Furlbach

Naturplatz in idealer Lage

Das Mittelgebirge Teutoburger Wald (bis 446 Meter hoch) erstreckt sich als Naturpark über die Bundesländer Niedersachsen und Nordrhein-Westfalen. Viele Wanderstrecken geben einen Einblick in die Geschichte des legendären Waldes. Eine berühmte Sehenswürdigkeit sind die Externsteine.

Ruhig und etwas abseits, aber dennoch nahe an der Autobahn gelegener, weitläufiger Campingplatz, auf dem man das Wohnmobil entweder auf einer großen Wiese, auf kleineren, von Hecken umgebenen Wiesenabschnitten oder im Wald abstellen kann. Eine Entleer- und Reinigungsstation (Automat) ist vorhanden, zudem gibt es Stromanschlüsse und Frischwasser. Kleiner Laden, auch mit Eis und Kuchen, an der Rezeption, Brötchenservice am Wochenende. Freies W-LAN rund um die Rezeption. Waschmaschine und Trockner sowie münzbetriebene Duschen vorhanden. Gute Ausgangslage für alle Aktivitäten im Teutoburger Wald.

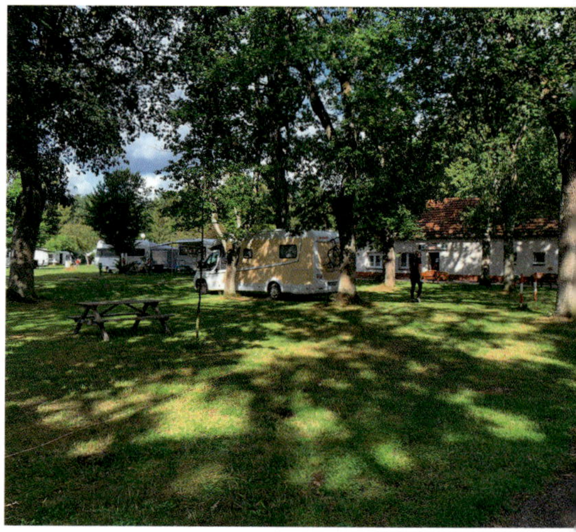

Info

GEEIGNET ALS
Wochenendtrip oder Mehrtagesurlaub

ADRESSE
Am Furlbach 33, 33758 Holte-Stukenbrock, Tel. 05257/3373, E-Mail: info@campingplatzamfurlbach.de, campingplatzamfurlbach.de

ANFAHRT
Von der A33 Abfahrt Nr. 23 Stutenbrock-Senne nehmen, der Beschilderung »Safari-Land« folgen, dann Ausschilderung zum Campingplatz Am Furlbach

GPS
51.869661, 8.672471

BESONDERHEIT
Am Platz startet die Wanderung durch das Furlbachtal, der Startpunkt der Wanderung zur Elmsquelle ist nur 3 km entfernt.

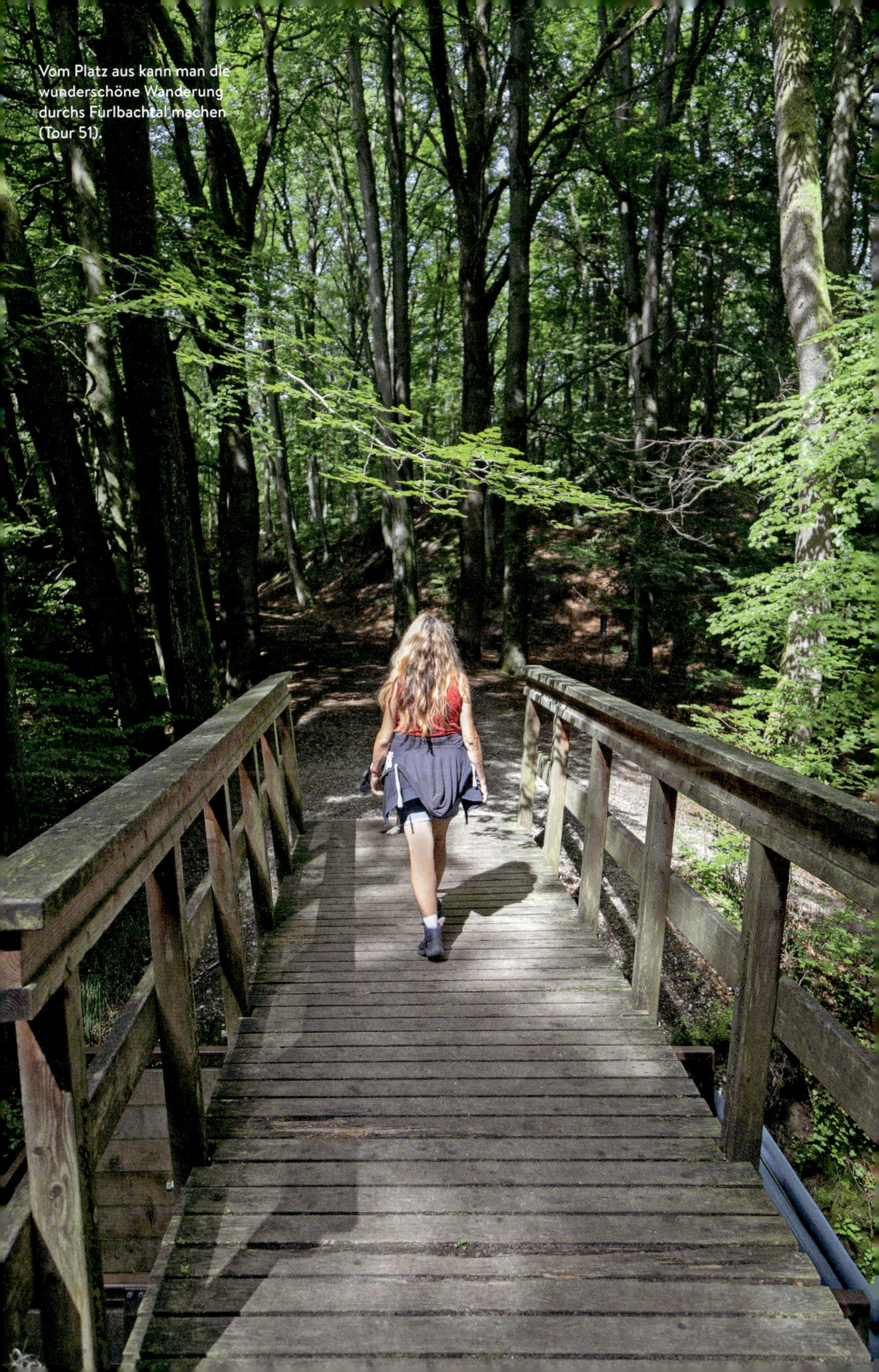

Vom Platz aus kann man die wunderschöne Wanderung durchs Furlbachtal machen (Tour 51).

51 Durchs romantische Furlbachtal

Wanderung vom Feinsten

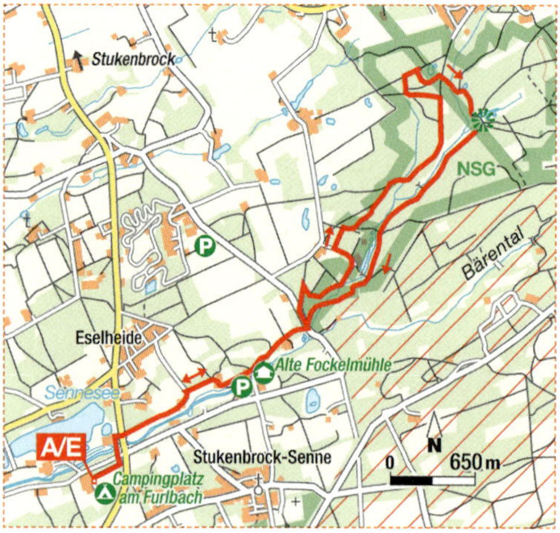

Der mit einem blau-weißen Wanderschild ausgewiesene Weg trägt zu Recht die Aufschrift »Romantisches Furlbachtal«. Schöner, naturbelassener und romantischer kann eine Wanderung nicht sein – sie geht entlang des Furlbachs über Holzbrücken, Steinstufen und durch die Wildnis; es ist einfach atemberaubend schön! Der Furlbach gehört als sogenannter Sennebach zum Fluss-System der Ems. Dank der großzügig verteilten Wegweiser lässt sich die Wanderung jederzeit variieren, in größerer und engerer Bachnähe absolvieren oder aber verlängern oder verkürzen – man findet immer wieder leicht auf den eigentlichen Weg zurück. Besonders schön ist es, im weichen, sandigen Bachbett zu waten; das Wasser ist zwar eiskalt, aber wohltuend, und man sieht das schöne Tal noch einmal aus einer ganz anderen Perspektive. Also Handtuch nicht vergessen!

Der Weg startet und endet am Campingplatz Am Furlbach. Das sind zwar insgesamt vier Kilometer zusätzlich, aber dafür kann man das Wohnmobil stehenlassen. Ein echter Vorteil, denn die Parkmöglichkeiten am offiziellen Startpunkt sind für Wohnmobile eingeschränkt.

Info

DAUER
3.30 Std.

HÖHENMETER
50 Hm

LÄNGE
10,9 km

SCHWIERIGKEIT
Mittel

TOURENCHARAKTER
Zum Teil schmale Pfade, von Wurzelwerk überzogen, bei Nässe rutschig

AUSGANGS-/ENDPUNKT
Campingplatz am Furlbach

ANFAHRT
GPS: 51.869661, 8.672471
WoMo: Keine Anfahrt nötig, da Ausgangspunkt am Campingplatz

EINKEHR
Alte Fockelmühle

INFORMATION
teutoburgerwald.de, schlossholtestukenbrock.de

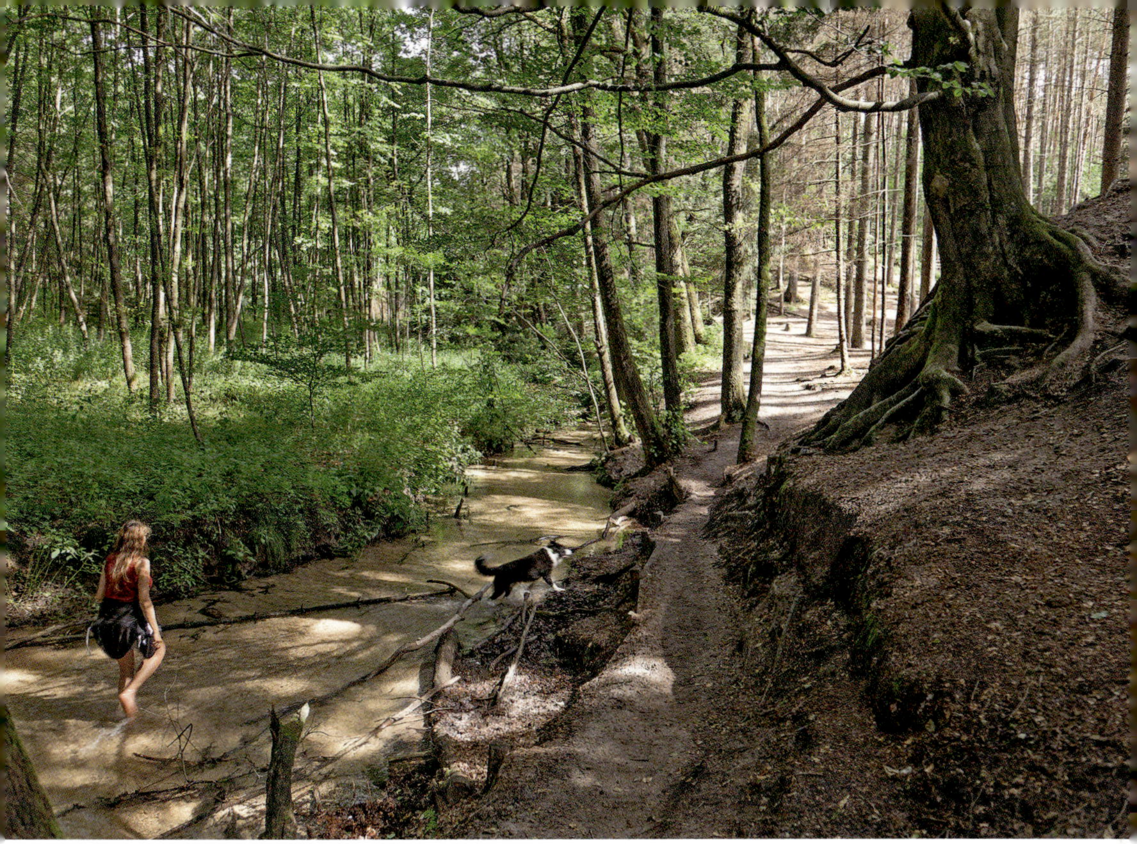

↑ Herrlich ist es, einen Teil der Wanderung auf dem weichen Sandbett des Furlbaches zurückzulegen.
↓ Das Prädikat »romantisches« Furlbachtal trägt die Wanderung zu Recht. Die Landschaft ist so lieblich!

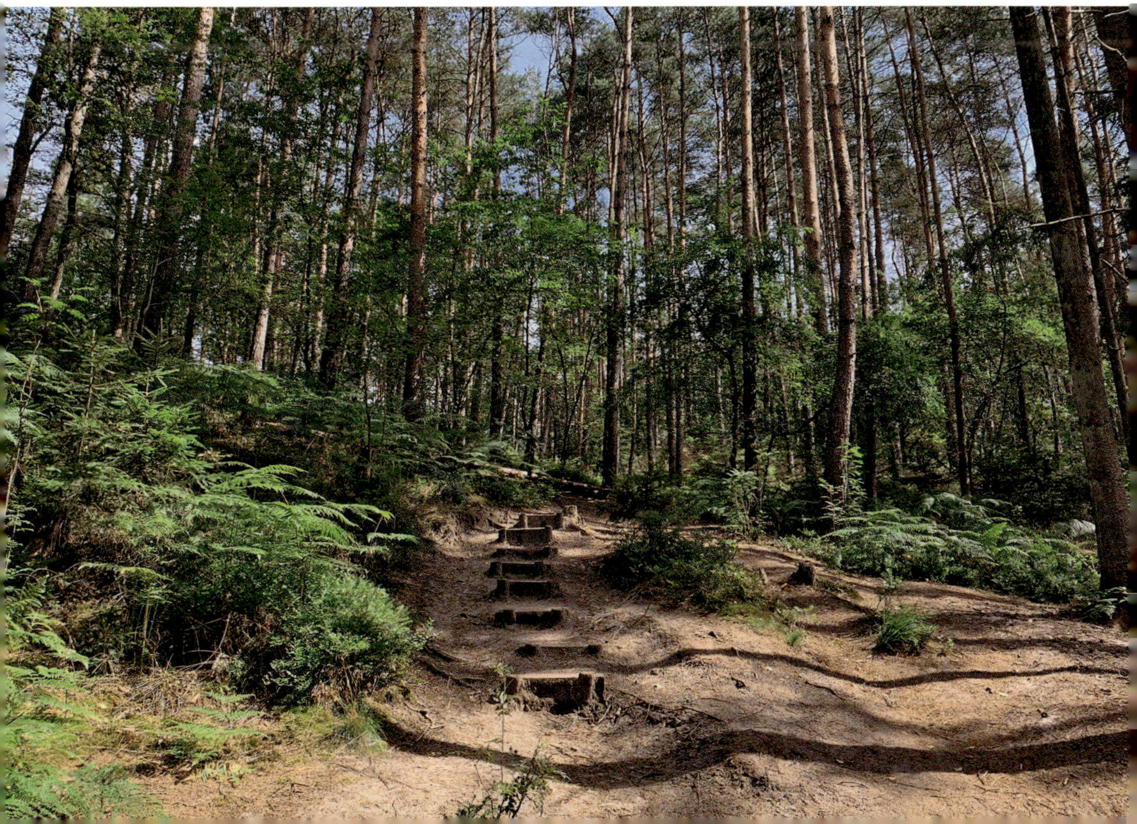

WANDERUNG

52 Bedeutende Steine und eine Burg

Von den Externsteinen zur Falkenburg

Das Vorwort hat versprochen, dass dieser Wanderführer bewusst auf Mainstream-Touren verzichtet. Es gibt jedoch Attraktionen, die kann man nicht einfach ignorieren, und die Externsteine im Teutoburger Wald gehören dazu. Die gute Nachricht jedoch ist, dass sich die Attraktion bereits in weniger als einem Kilometer nach dem Parkplatz erreichen lässt und dass man auf der anschließenden Wanderung zur Ruine Falkenburg und zurück fast niemandem mehr begegnet.
Nach einer kurzen Waldpassage taucht ein künstlich angelegter See auf und dahinter ragen wie in einer Hollywood-Kulisse die Externsteine auf, markante Sandstein-Formationen mit in die Felsen gemeißelten Reliefs. Man kann die Felstürme über Stufen, Treppen und eine Brücke erkunden und die Aussicht genießen. Dann lassen wir aber schnell die vielen Besucher hinter uns und wandern Richtung Falkenburg – zunächst über einen kurzen, sehr steilen Anstieg. Es folgen weitere Steigungen, wir gehen über einen Hügel hinweg und immer der Wegmarkierung »T« hinterher.
An einer Kreuzung, an der der »T«-Weg rechts abzweigt, sehen wir vor uns eine Schutzhütte. Dorthin gehen wir und biegen links hoch ab zur Falkenburg. Das geschichtsträchtige Bauwerk wird oft als »Wiege des Lipperlandes« bezeichnet. Nach der Besichtigung kehren wir zurück zur Schutzhütte und zur Kreuzung und folgen weiter der Markierung »T«. Ab jetzt bereichern viele Ausblicke und später auch liebevoll gestaltete Infotafeln den Weg, an einem besonders schönen Aussichtspunkt spannt sich eine Holz-Hängematte. Zuletzt gehen wir am Ortsrand entlang, wo auch mehrere Einkehrmöglichkeiten bestehen, und gelangen zurück zum Parkplatz.

Info

DAUER
2.30 Std.

HÖHENMETER
230 Hm

LÄNGE
9,9 km

SCHWIERIGKEIT
Mittel

TOURENCHARAKTER
Etwas längere Wanderung mit einem sehr steilen Anstieg, ansonsten breite, bequeme, mitunter etwas steinige Wege

AUSGANGS-/ENDPUNKT
Parkplatz Schliepsteinweg

ANFAHRT
GPS: 451.875376, 8.911429
WoMo: Vom Campingplatz Richtung Osten nach Holzhausen-Externsteine fahren. Zum Parkplatz geht es von der Externsteiner Straße rechts ab.

EINKEHR
Unterwegs keine, im Ort Holzhausen-Externsteine mehrere (ausgeschildert auf der Wanderung)

INFORMATION
teutoburgerwald.de, lipperland.de, naturpark-teutoburgerwald.de, externsteine-info.de

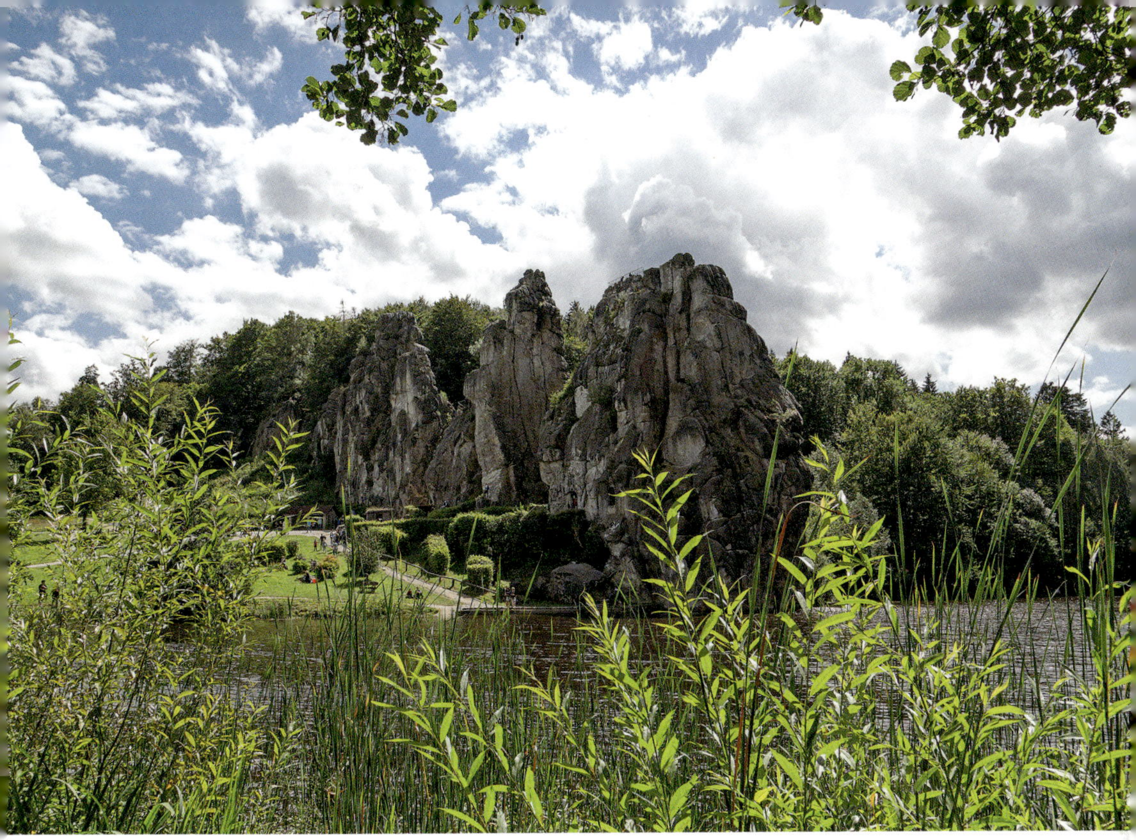

↑ Wie eine Filmkulisse wirken die Externsteine, die unter Natur- und Kulturdenkmalschutz stehen.
↓ Die Falkenburg liegt auf einer gut 370 Meter hohen Kuppe südlich von Detmold.

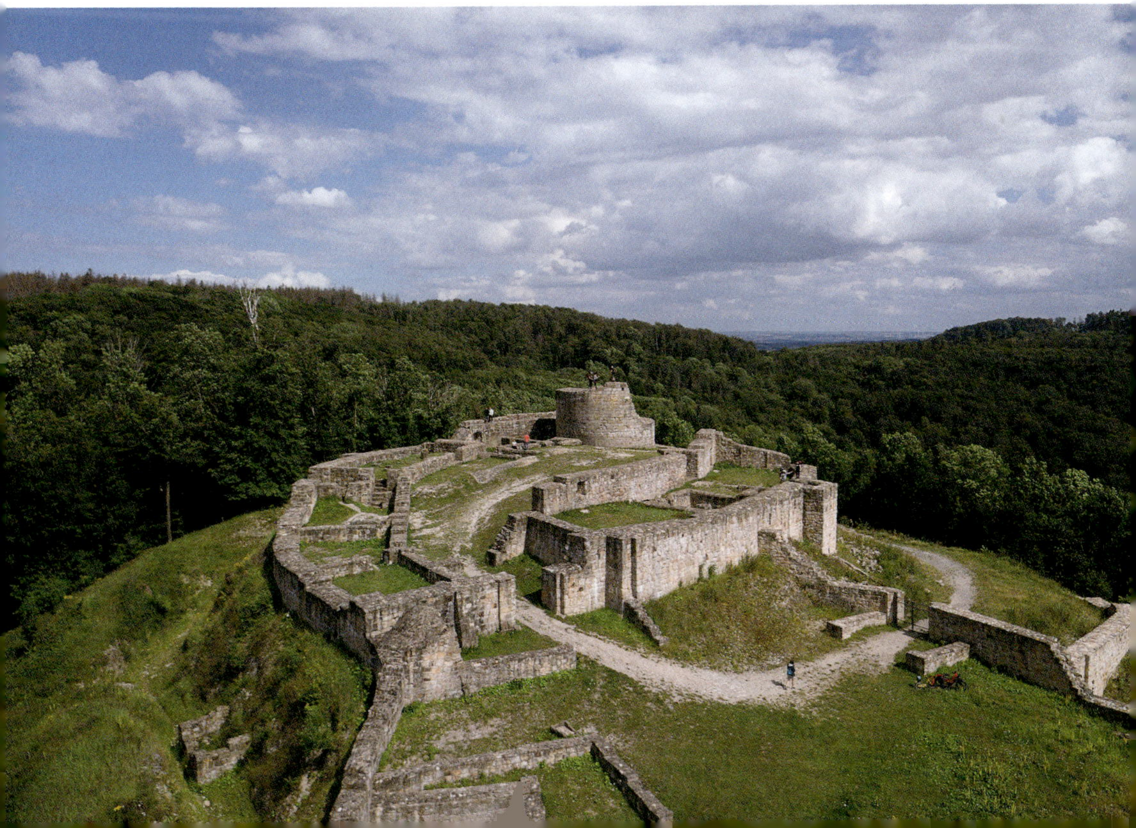

WANDERUNG

53 Inmitten der Binnendünen

Eindrucksvoller Augustdorfer Dünenpfad

Auf dieser Wanderung verschlägt es uns in die Senne. Wir erkunden das Augustdorfer Dünenfeld, ein überwiegend von Kiefernwäldern und einzelnen Heideflächen gekennzeichnetes Dünengelände. Wir wandern gegen den Uhrzeigersinn, der Markierung »Dünenpfad« auf sandfarbenen Schildern folgend und an Sandsteinblöcken vorbei, die der Orientierung dienen.

Am Startpunkt zeigt eine Informationstafel den Wegverlauf, und auf einem Touchscreen erhält man zusätzliche Erklärungen. Die Strecke bereichern sogenannte Landschaftsschwellen, das sind Eichenbohlen an besonderen Stellen, wieder versehen mit Infotafeln. Wir erreichen einen Futterplatz für Hochlandrinder und stehen diesen imposanten Tieren Auge in Auge gegenüber.

Die Hauptattraktion erwartet uns gegen Ende der Wanderung in Form einer aus Holz errichteten Dünen-Silhouette mit Aussichtspodest. Von hier aus lassen wir den Blick in Richtung Nordosten über den Truppenübungsplatz schweifen. Anschließend wandern wir zurück zur Jugendsiedlung Heidehaus.

↗ Die Dünen-Silhouette mit Aussichtsplattform beim angrenzenden Truppenübungsplatz symbolisiert die übergeordnete Dünenlandschaft.
↘ Neugierig und gar nicht scheu beäugen Hochlandrinder die Wanderer. Sie haben hier einen Futterplatz.

Info

DAUER
1.30 Std.

HÖHENMETER
20 Hm

LÄNGE
4,7 km

SCHWIERIGKEIT
Leicht

TOURENCHARAKTER
Einfache Wanderung auf bequemen Wegen durch Heide- und Dünenlandschaft

AUSGANGS-/ENDPUNKT
Parkplatz am Dachsweg in der Jugendsiedlung Heidehaus

ANFAHRT
GPS: 51.920370, 8.698554
WoMo: Vom Campingplatz Richtung Norden fahren, am Ortseingang von Stukenbrock rechts auf die Römerstraße, an einem Kreisverkehr erste rechts auf Augustdorfer Straße, in Augustdorf über Nord-West-Ring, links zur Jugendsiedlung Heidehaus, Parkplatz am Ende der Straße (Dachsweg)

EINKEHR
Keine

INFORMATION
teutoburgerwald.de, augustdorf.de

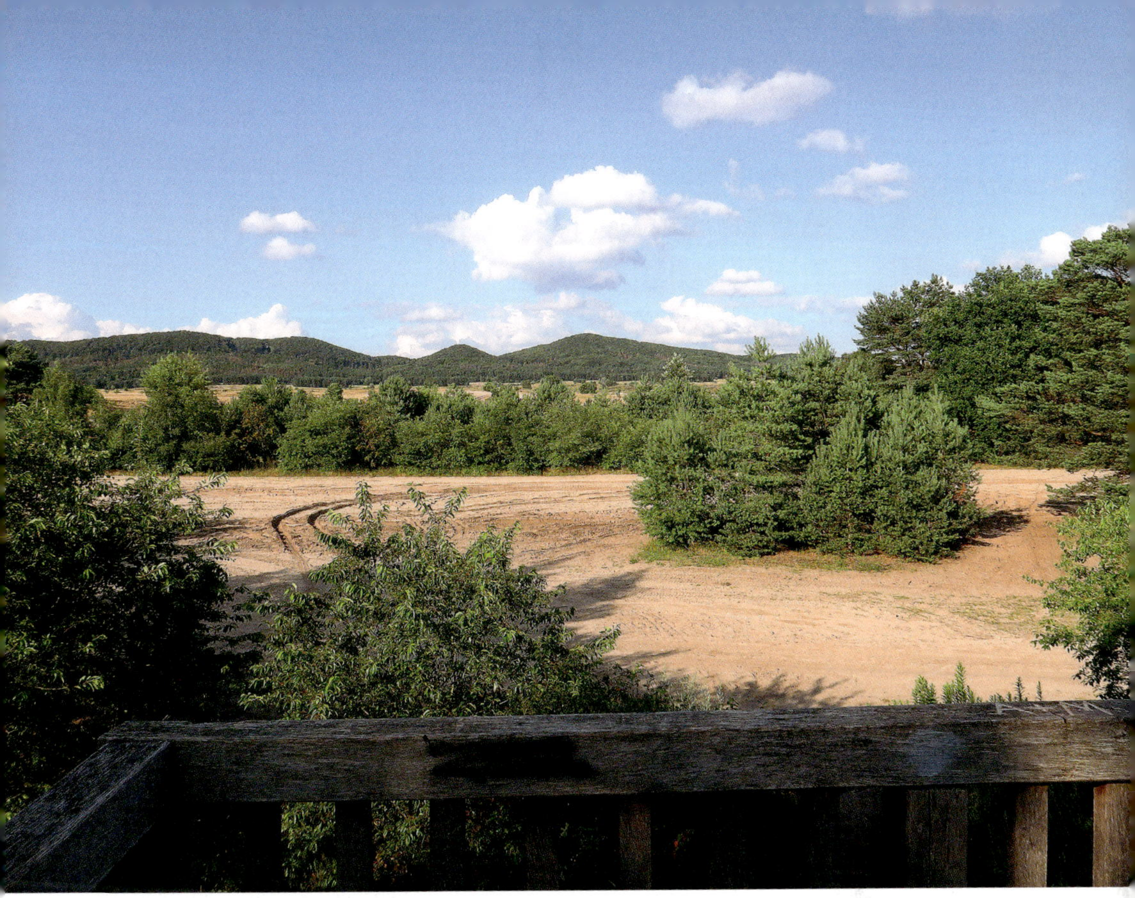

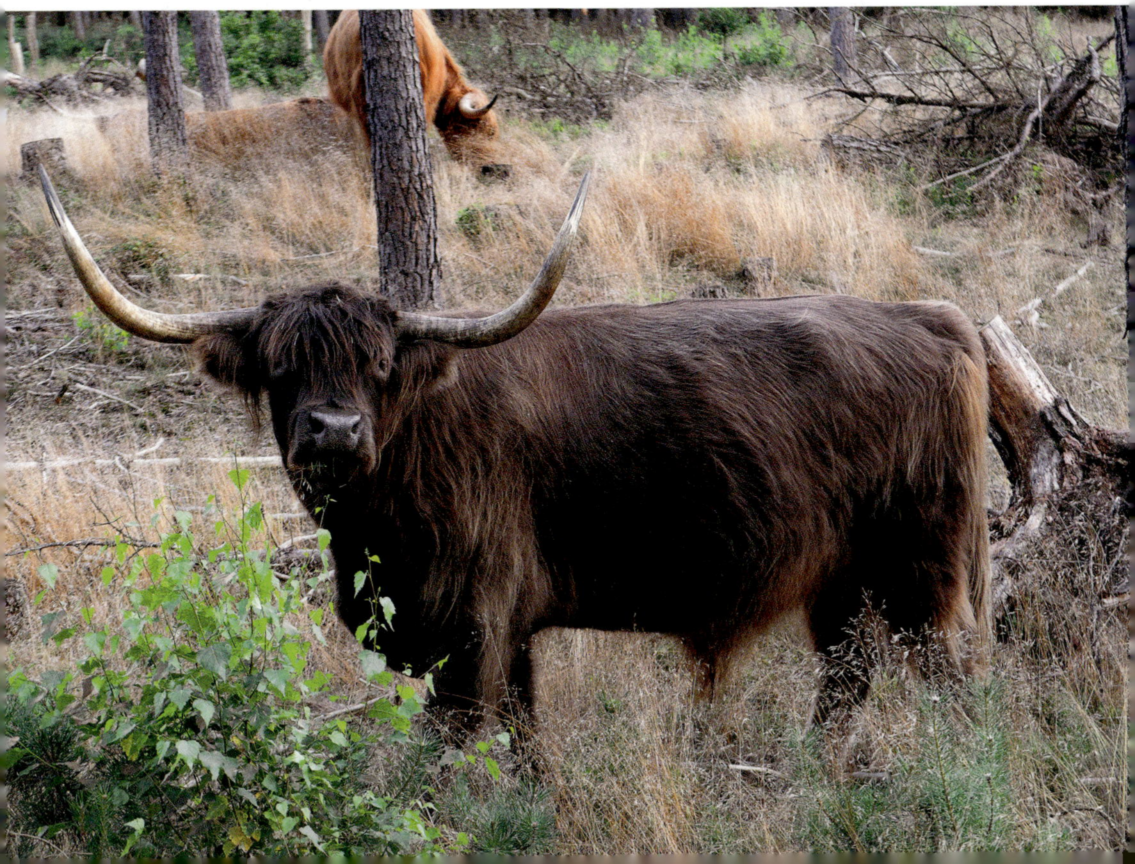

WANDERUNG

54 Best of Teutoburger Wald

Prähistorische Zeugnisse und Naturjuwelen

Die mit vielen kurzen Steigungen garnierte Wanderung verbindet auf ihrer Runde um Oerlinghausen einige prähistorische Sehenswürdigkeiten mit dem Naturjuwel des idyllischen Schopketals. Fantastische Ausblicke in alle Richtungen sind die Entschädigung für mehrere Anstiege. Und an einem naturnah gestalteten Kneipp-Wassertretbecken finden die heißgewanderten Füße Abkühlung.

Nach dem Start in der Altstadt von Oerlinghausen ist das Tal, das der Menkhauser Bach geschaffen hat, das erste Highlight. Der folgende erste Anstieg auf den Menkhauser Berg beschert einen Blick Richtung Süden. Anschließend passieren wir in einer Extraschleife das Archäologische Freilichtmuseum, dessen Außenbereich wir umrunden, und das Restaurant Anno Dazumal. Nach stetem Auf und Ab erreichen wir das Kneipp-Becken, das sich großer Beliebtheit erfreut. Hier tut ein wenig Abkühlung gut – das ist auch nötig, denn der folgende Anstieg ist der steilste der gesamten Strecke.

Doch auch diese Anstrengung wird belohnt, denn oben auf dem Tönsberg angekommen, erwartet uns die geheimnisvolle Ruine der Hünenkapelle, die der Überlieferung nach von Karl dem Großen gestiftet worden sein soll.

Die gute Nachricht nach dem strapaziösen Aufstieg ist, dass wir nun auf der Höhe bleiben und auf einem Kamm entlanggehen – von dem aus sich Ausblicke in alle Richtungen öffnen. Auf Himmelsliegen kann man die schönsten davon genießen. Vorbei am Berggasthof Tönsberg, weiteren prähistorischen Zeugnissen, der witzigen »Kunsttonne« (einem Windmühlenstumpf) und dem Jüdischen Friedhof wandern wir wieder in den Ort zurück. Das 17 000 Einwohner zählende Oerlinghausen blickt auf 100 Jahre Geschichte zurück.

Info

DAUER
4.30 Std.

HÖHENMETER
300 Hm

LÄNGE
13,4 km

SCHWIERIGKEIT
Mittel

TOURENCHARAKTER
Lange Wanderung mit einigen steilen Anstiegen auf Waldwegen und naturbelassenen Bergpfaden

AUSGANGS-/ENDPUNKT
Parkplatz an der Alexanderkirche in Oerlinghausen (Hauptstraße)

ANFAHRT
GPS: 51.958299, 8.658624
WoMo: Vom Campingplatz Am Furlbach aus über Stukenbrock in nördliche Richtung nach Oerlinghausen fahren und dort zur Alexanderkirche. Die Parkplätze befinden sich direkt an der Kirche auf der Hauptstraße.

EINKEHR
Restaurant Anno Dazumal, Berggasthof Tönsberg

INFORMATION
teutoburgerwald.de, lipperland.de

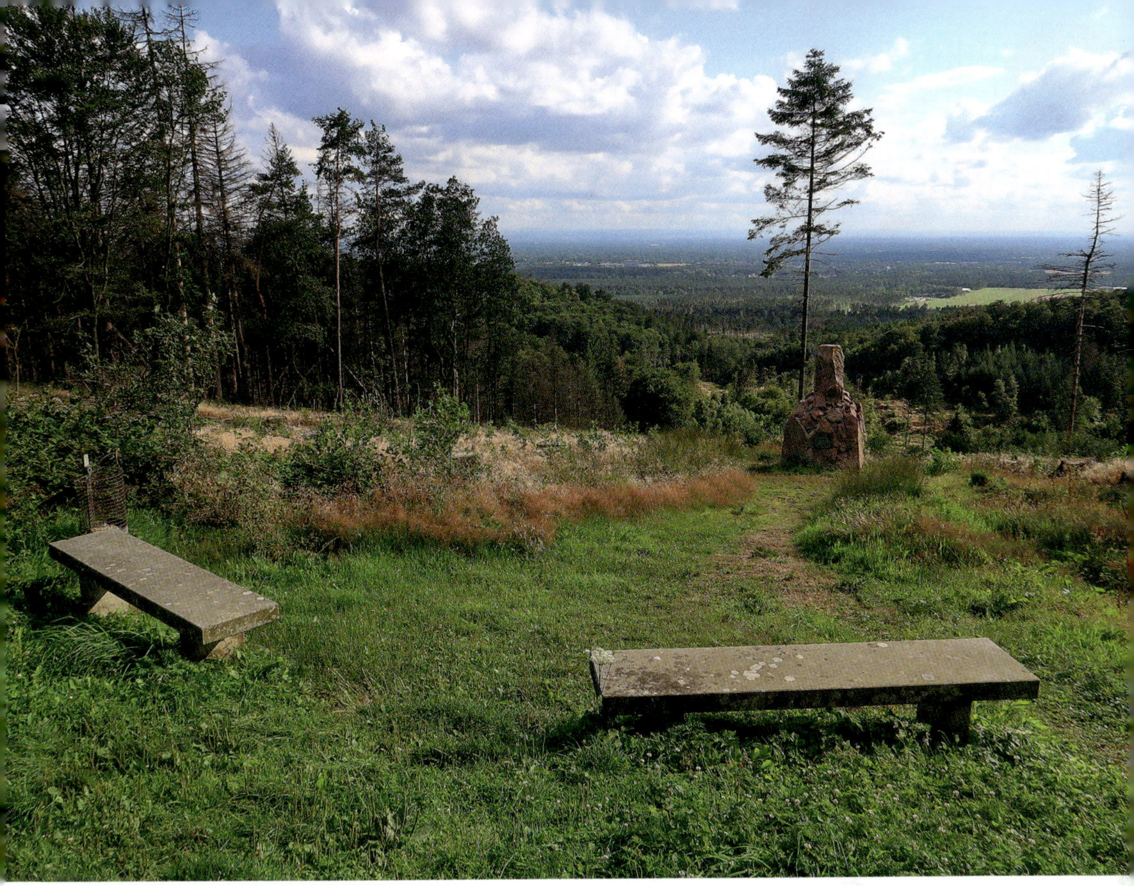

↑ Von hier aus kann man den Teutoburger Wald in all seinen Facetten betrachten.
→ Und was ist dafür besser geeignet als eine Himmelsliege?
↘ Der Stumpf einer Windmühle hat den Namen »Kunsttonne« verpasst bekommen ...

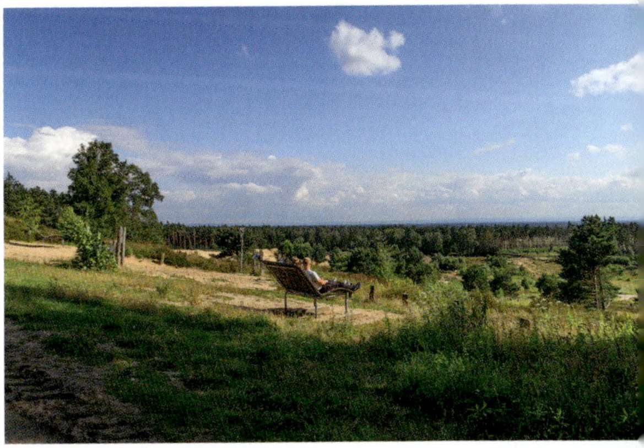

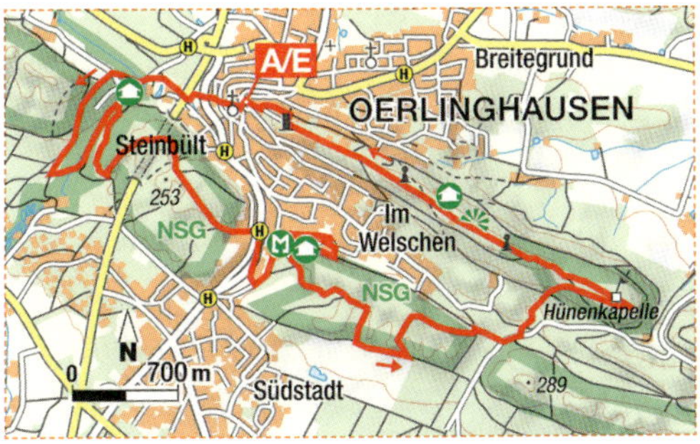

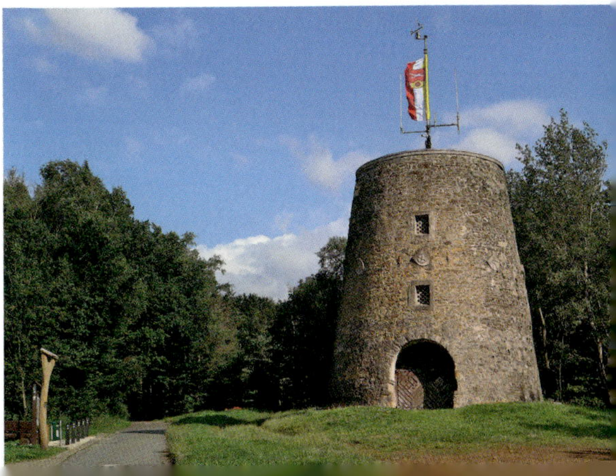

55 Zwerge und ein Eiserner Anton

Rundweg mit Aussicht im östlichen Teutoburger Wald

Der Landwehrbach, das Zwergental, ein Kamm mit bestem Blick und ein eiserner Aussichtsturm sind die Hauptattraktionen dieser äußerst kurzweiligen Wanderung durch den Naturpark Östlicher Teutoburger Wald. Die Wegmarkierung übernimmt ein schwarz-weißes Schild mit der Aufschrift »NaturZeit-Reise 5«. Vom Parkplatz aus überqueren wir zunächst die Landstraße und erreichen kurz darauf den eher unscheinbaren Landwehrbach, der zeitweise auch trockenfällt.

Es folgt auf schmalen Pfaden die erste Steigung, die uns auf einen breiten Forstweg entlässt. Dieser führt durch das Zwergental, vorbei an einem eingezäunten ehemaligen Flammenmergel-Steinbruch und moderat ansteigend mit schönen Blicken in südliche Richtung. In einer Spitzkehre wenden wir uns gen Osten und wandern auf einem mit Pflastersteinen ausgelegten Weg weiter auf dem Hauptkamm entlang. Immer wieder weitet sich die Aussicht, nun Richtung Norden. Den ultimativen Panoramablick bietet jedoch der nun bald rechter Hand auftauchende Eiserne Anton auf dem Ebberg. Er wurde 1895 errichtet und hieß ursprünglich Bismarckturm. 42 offene Stufen führen auf die acht Meter hohe Plattform.

Vorbei an weiteren Aussichtspunkten, immer wieder durch ein Spalier blühender Pflanzen, setzen wir den Weg auf dem Kamm fort, biegen an einem besonders schönen Aussichtspunkt mit Bank rechts ab und nähern uns nach einem Waldstück wieder dem Zwergental, das wir diesmal auf der östlichen Seite entlangwandern. Anschließend geht es den bekannten Hinweg über die Furt des Landwehrbachs zurück zum Ausgangspunkt.

Info

DAUER
2.30 Std.

HÖHENMETER
150 Hm

LÄNGE
7,4 km

SCHWIERIGKEIT
Leicht

TOURENCHARAKTER
Route auf überwiegend bequemen Forst- und Wanderwegen mit moderaten Steigungen, drei kürzere, steilere Abschnitte auf schmalen Waldpfaden

AUSGANGS-/ENDPUNKT
Wanderparkplatz Am Togdrang/Buschkamp

ANFAHRT
GPS: 51.972451, 8.570037
WoMo: Vom Campingplatz Am Furlbach über die A33 in nördliche Richtung fahren, dann am Kreuz Bielefeld auf die A2 wechseln und bis Ausfahrt 26 fahren. Über Paderborner Straße und Osningstraße bis Parkplatz (links der Osningstraße)

EINKEHR
Keine

INFORMATION
teutoburgerwald.de, naturpark-teutoburgerwald.de

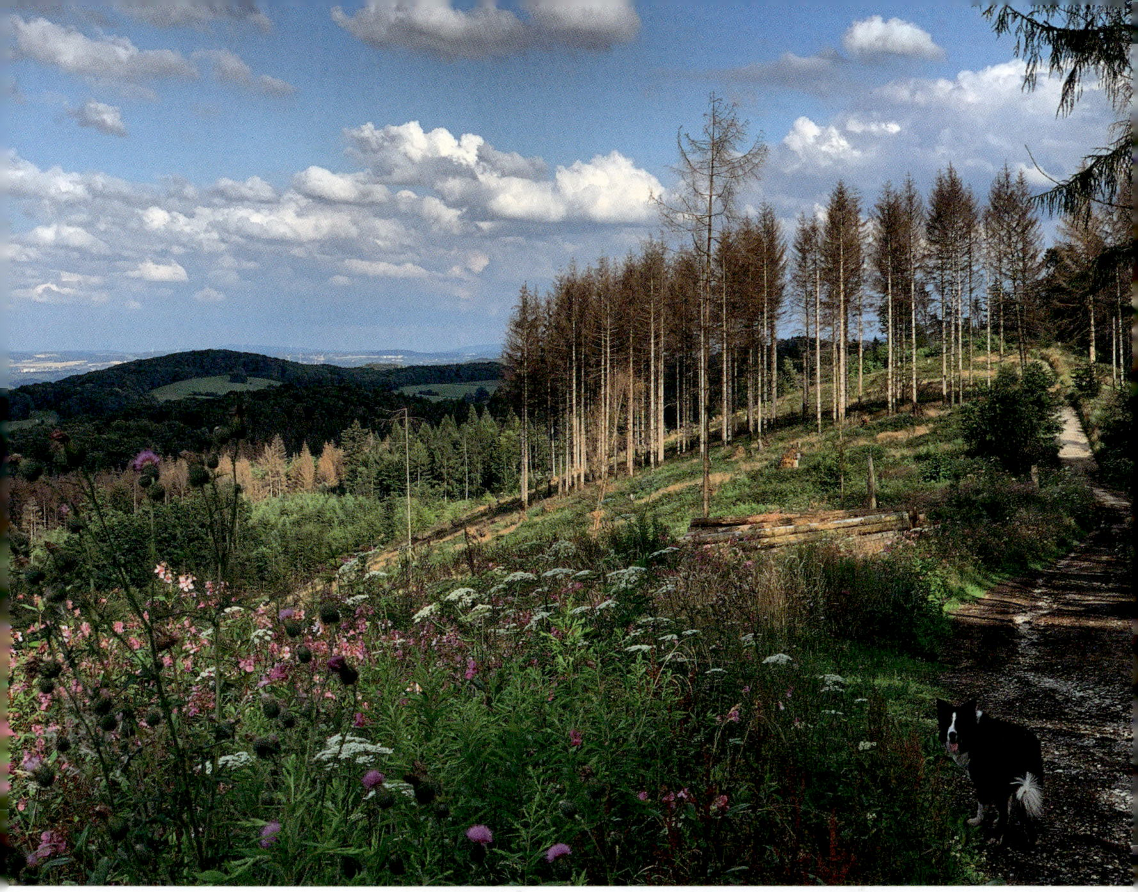

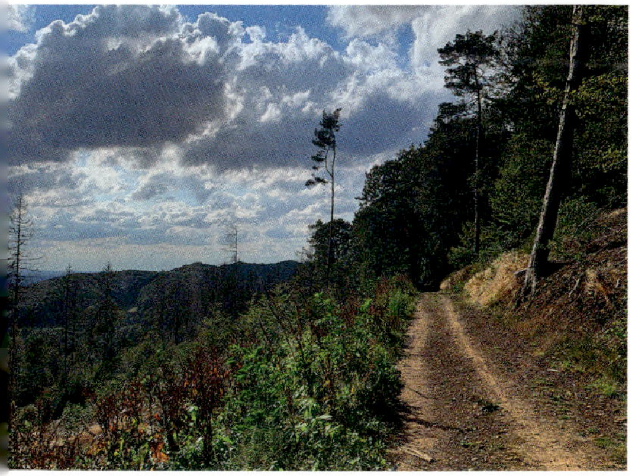

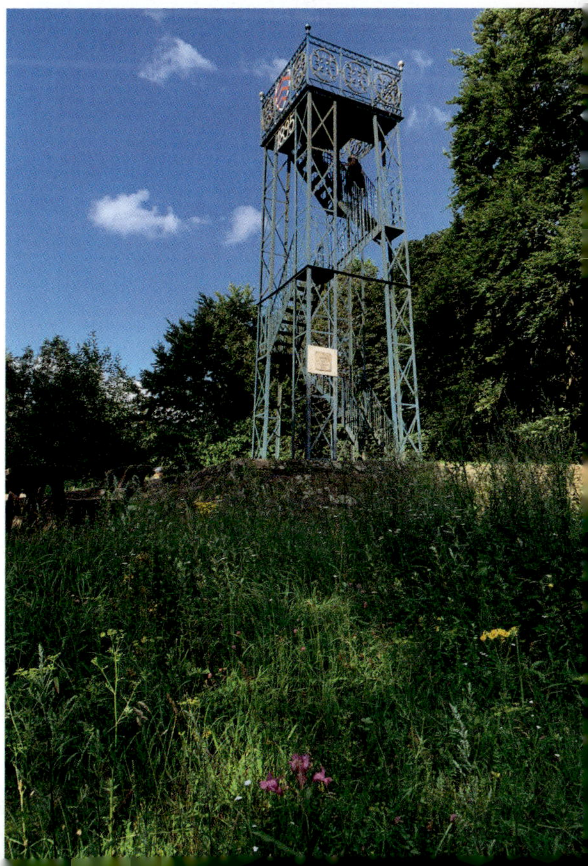

↑ Nach dem Aussichtsturm verläuft der Weg auf dem Hauptkamm – wunderschöne Blicke sind dabei garantiert.
↑ Beim Aufstieg schaut man in südliche Richtung über das Mittelgebirge.
→ Der acht Meter hohe Eiserne Anton zählt zu den wenigen aus Metall gefertigten Bismarcktürmen.

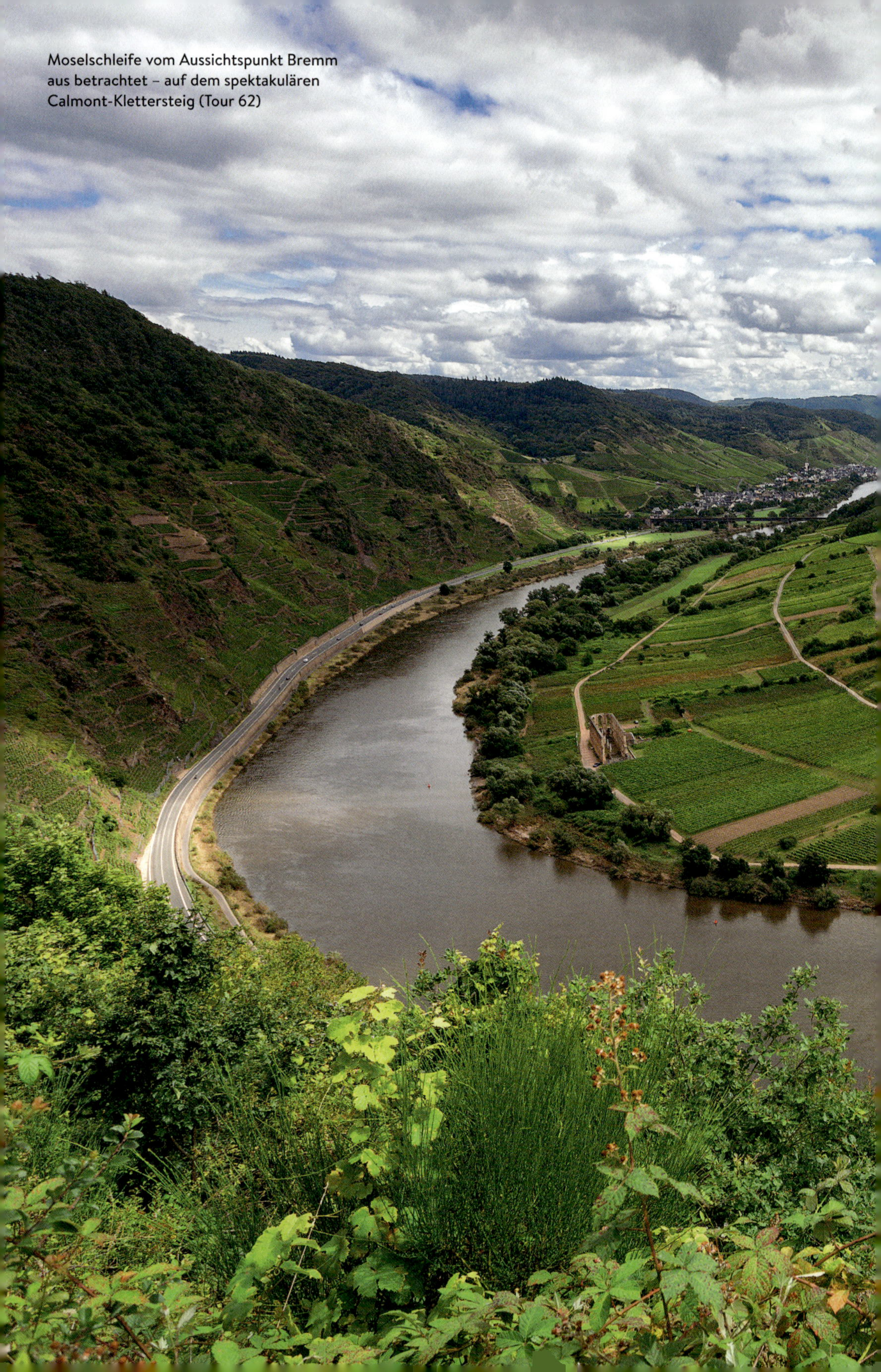

Moselschleife vom Aussichtspunkt Bremm aus betrachtet – auf dem spektakulären Calmont-Klettersteig (Tour 62)

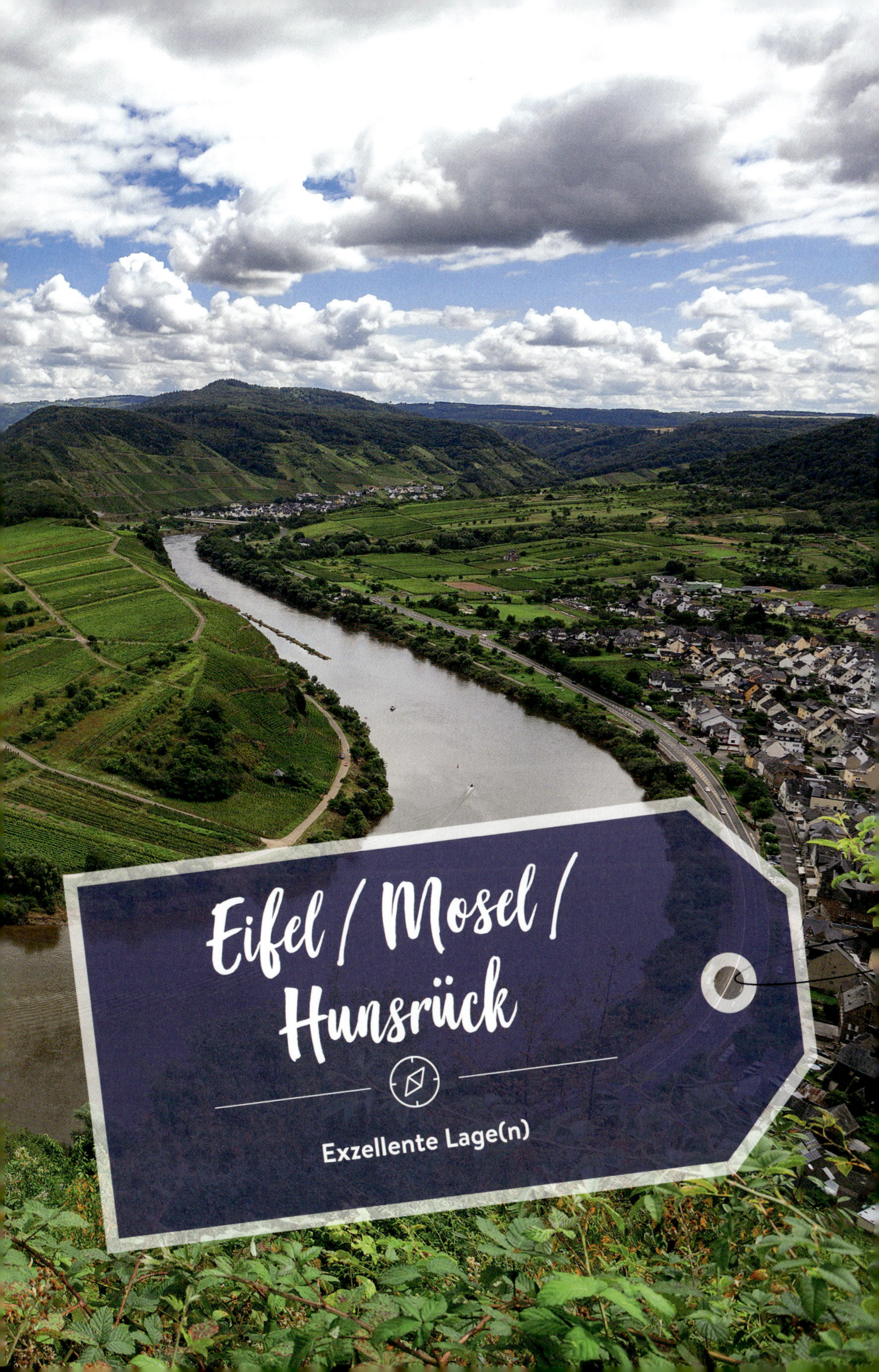

Eifel / Mosel / Hunsrück

Exzellente Lage(n)

CAMPINGPLATZ

Wellness-Rheinpark-Camping

Logenplatz am Rhein

Streng genommen liegen Bad Hönningen und der Platz Wellness-Rheinpark-Camping rechtsrheinisch und damit auf der »falschen« Rheinseite für Wanderungen in der Eifel, aber nach einer kurzen Fährfahrt hat man das Mittelgebirge schnell erreicht und residiert trotzdem auf einem traumhaften Platz.

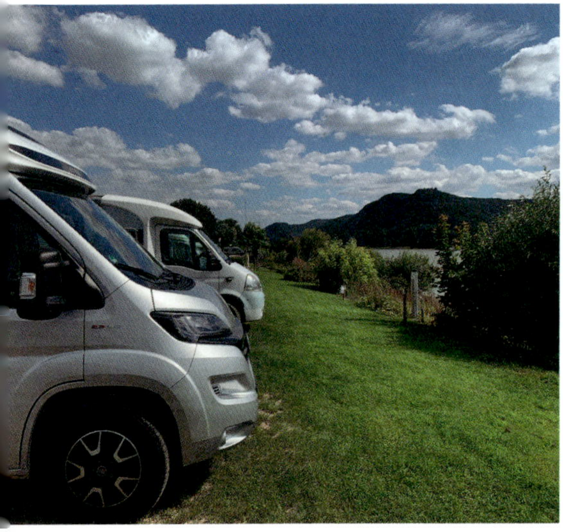

Am Ortsrand von Bad Hönningen gelegener, großer und gepflegter Campingplatz neben der Kristall-Rheinpark-Therme. Mit deutsch-kroatischem Restaurant am Platz, Waschmaschine und Trockner, Brötchenservice und Stromanschlüssen an allen Stellplätzen. Wer einen Platz direkt am Rheinufer mit Blick auf den Fluss und das gegenüberliegende, hübsche Bad Breisig ergattert, kann sich wirklich glücklich schätzen. Kostet zehn Euro mehr, ist es aber unbedingt wert! Bad Hönningen und die dortige Gastronomie lässt sich gut zu Fuß erreichen. Drei über die Länge des Platzes verteilte Sanitäranlagen, zwei in Containern und nicht besonders lauschig, keine Seife vorhanden, münzbetriebene Duschen.

Info

GEEIGNET ALS
Mehrtagesurlaub

ADRESSE
Allee St. Pierre les Nemours 1/Am Rheinufer, 53557 Bad Hönningen, Tel. 02635/95 2114, E-Mail: info@wellnes-rheinpark-camping.de, wellness-rheinpark-camping.de

ANFAHRT
Nach Linz am Rhein fahren, dann über die B42 in südliche Richtung weiter bis nach Bad Hönningen. Dort der Ausschilderung zur Kristall-Therme folgen, der Platz liegt am südlichen Ortsrand.

GPS
50.510833, 7.308055

BESONDERHEIT
300 m entfernt verkehrt die (auch für Wohnmobile kostengünstige) Rheinfähre nach Bad Breisig, daher kurzer Anfahrtsweg zur beschriebenen Wanderung Brohltal

CAMPINGPLATZ

Campinginsel Sonnenwerth

Von der Mosel umarmt

An grünen Uferpromenaden, durch Weinberge, flache Flusstäler, Wiesen und Wälder führen die Wanderungen an der Mosel und bieten wahren Genuss. Nicht umsonst heißen einige der Wege »Traumpfade«. Promis sind natürlich der berühmte Klettersteig Calmont sowie die mittelalterliche Burg Eltz.

Auf einer Insel in der Mosel befindet sich dieser sehr große, am Wochenende gut besuchte Campingplatz, auf dessen weitläufigen Wiesen die Fahrzeuge mehr oder weniger nach Belieben abgestellt werden können. Besonders schön sind die direkten Wasserplätze (lediglich auf Vorreservierung und dann nur mit Glück erhältlich). Der unebene, löchrige Zufahrtsweg über eine schmale Pflasterstein-Straße ist eine Herausforderung, aber für Wohnmobile machbar. Auch die Wege auf dem Gelände sind holprig. Kleiner Imbiss an der Rezeption (Pizza und Flammkuchen), Brötchenservice, Waschmaschine und Trockner vorhanden. Das große Sanitärgebäude an der Rezeption ist das einzige, deshalb mitunter lange Wege.

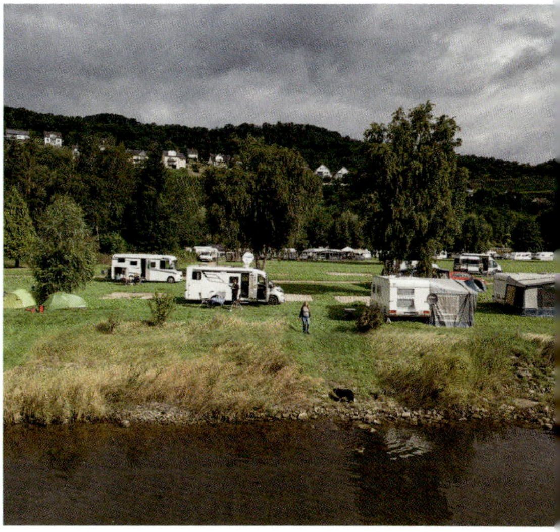

Info

GEEIGNET ALS
Mehrtagesurlaub

ADRESSE
Hatzenporter Werth 1, 56332 Hatzenport, Tel. 02605/2151, E-Mail: moselcamping@t-online.de, campinginsel-hatzenport.de

ANFAHRT
Nach Münstermaifeld fahren, von dort über sehr enge, schmale Zufahrtsstraße hinunter nach Hatzenport, Zufahrt auf den Platz nur aus nördlicher Richtung möglich (enge Kurve)

GPS
50.224404, 7.408729

BESONDERHEIT
Die beiden wunderschönen Wanderungen Löfer Rabenlay und Hatzenporter Laysteig starten am Platz. Der nette kleine Ort Hatzenport liegt in Fußentfernung

Wohnmobilstellplatz am Hunsrückhaus

Nachts Ruhe, tagsüber Action

Das Mittelgebirge Hunsrück liegt in den beiden Bundesländern Rheinland-Pfalz und Saarland und hat mit dem Erbeskopf (816 m ü. NHN) seine höchste Erhebung. Dort befindet sich als Nationalpark-Tor das Hunsrückhaus mit dem Nationalparkzentrum und einem Wohnmobilstellplatz.

Am »Erlebnisgelände« Erbeskopf im Nationalpark Hunsrück-Hochwald mit dem Nationalparkhaus finden etwa 20 Wohnmobile Platz. Keine Infrastruktur außer einer Ver- und Entsorgungsstation, allerdings können die Toiletten des Hunsrückhauses genutzt werden (auch nachts geöffnet). Himmlische Ruhe und Natur pur, außer wenn es tagsüber an den diversen Einrichtungen des Erbeskopfs (Downhill-Park für Mountainbiker, Waldseilgarten, Sommerrodelbahn) trubelig wird. Kleines Bistro im Hunsrückhaus.

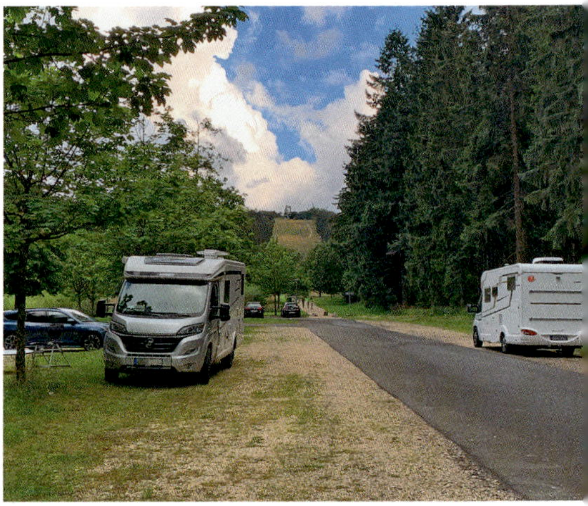

Info

GEEIGNET ALS
Wochenendtrip

ADRESSE
Am Hunsrückhaus/Erbeskopf, 54426 Hilscheid, Tel. (Info-Tel. Hunsrückhaus) 06504/778, hunsrückhaus.de

ANFAHRT
Aus westlicher Richtung: nach Thalfang fahren, dann über die L164 Richtung Osten, bis rechts das Hunsrückhaus ausgeschildert ist. Aus östlicher Richtung: nach Allenbach fahren, dann über die B422 und die L164, später den Abzweig nach links nehmen

GPS
49.737440, 7.083458

BESONDERHEIT
Die Wanderung »Traumschleife Gipfelrauschen« startet am Erbeskopf. Der Platz ist meist ziemlich leer, vollkommene Ruhe garantiert.

WANDERUNG

56 Auf der Linzer Basaltschleife

Romantisch, abwechslungsreich und informativ

Ruhe ist garantiert auf diesem Premiumwanderweg, der uns die Geschichte des Basaltabbaus von Linz am Rhein nahebringt. Und Unterhaltung: Es geht durch Wälder, Täler und Schluchten und über Wiesen und Felder. Die Route folgt der Ausschilderung »Deutsches Wandersiegel Premiumweg«. Gleich beim Startpunkt auf dem Hochplateau Kaiserberg genießen wir einen herrlichen Blick auf das Ahrtal mit der Ahrmündung. Eine Tafel gibt Erläuterungen. Die Ausblicke über das Rheintal bereichern auch die weitere Wegführung, ebenso die naturräumlichen Besonderheiten – beispielsweise der Schwarze See, Basaltskulpturen und Steinbrüche. Der Weg führt vorbei am Hof Ronig mit Hofladen. Eine Attraktion des Premiumwegs ist das Koppe Kreuz. Die Koppe bietet als höchste Basaltgruppe von Leubsdorf einen tollen Blick über den Ort und das Rheintal. Es folgen der Schwarze See, der sich nach Stilllegung einer Basaltabbaustätte gebildet hat, und schließlich das Städtchen Linz mit seiner wunderschönen Altstadt, dem fotogenen Rathaus und zahlreichen gastronomischen Angeboten. Von hier aus steigen wir wieder hinauf auf den gut 170 Meter hohen Kaiserberg.

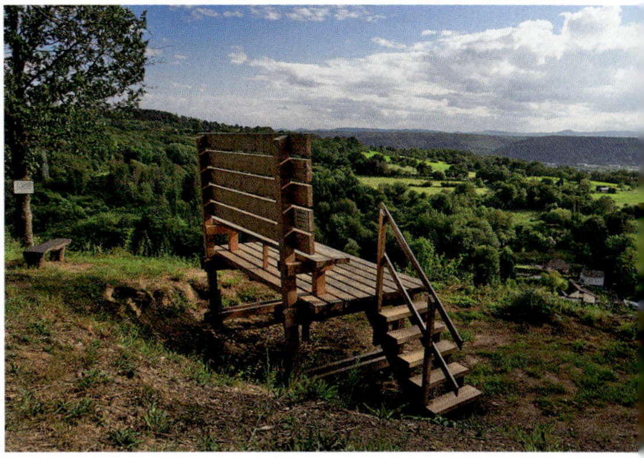

↑ Auf dieser Riesenbank am Koppe Kreuz kann man sich niederlassen und den Ausblick genießen.

Info

DAUER
4 Std.

HÖHENMETER
310 Hm

LÄNGE
11,5 km

SCHWIERIGKEIT
Mittel

TOURENCHARAKTER
Etwas längere Wanderung mit einigen Höhenmetern, aber mit guter Grundkondition problemlos machbar. Gut begehbare Wege

AUSGANGS-/ENDPUNKT
Parkplatz Kaiserberg

ANFAHRT
GPS: 50.564150, 7.289099
WoMo: Vom Campingplatz Wellness-Rheinpark-Camping über die B42 am Rhein entlang Richtung Norden nach Linz fahren, im Ort zweigt von der Asbacher Straße der Roniger Weg ab, über diesen und die Straße Am Kaiserberg bis zum Parkplatz

EINKEHR
In der Altstadt von Linz großes gastronomisches Angebot

INFORMATION
rheinsteig.de

WANDERUNG

57 Natur- und Krippenkunst

Von den Trasshöhlen ins Brohltal

Diese kurze Rundwanderung vereint mehrere Besonderheiten: Gleich nach dem Startpunkt durchstreifen wir die frei zugänglichen Trasshöhlen. Trass entstand beim letzten Ausbruch des Laacher-See-Vulkans vor etwa 13 000 Jahren – mit Kalk wird daraus eine Art Mörtel hergestellt. Die Höhlen sind Zeugen des Trassabbaus. Anschließend geht es vorbei an der Ruine des Klosters Tönisstein, von der allerdings über die Jahrhunderte so gut wie nichts erhalten geblieben ist.

Wir stoßen auf den Tönissteiner Bach und gelangen an ihm entlang in die wildromantische Wolfsschlucht mit Wasserfall und Holzbrückchen. Nachdem wir der Ausschilderung Richtung Kell gefolgt sind, genießen wir einen schönen Fernblick, bevor wir uns auf den Rückweg machen, den liebevoll gestaltete Krippen dekorieren. An der »Schönen Aussicht« lassen wir den Blick noch einmal in die Ferne schweifen, bevor wir über Serpentinen und Treppenstufen wieder hinab zum Jägerheim wandern.

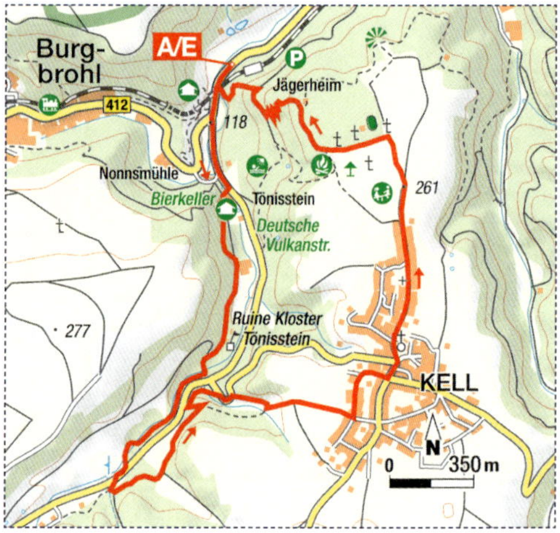

Info

DAUER
2 Std.

HÖHENMETER
193 Hm

LÄNGE
6,4 km

SCHWIERIGKEIT
Mittel

TOURENCHARAKTER
Kurze Wanderung mit teils rutschigen und unwegsamen Passagen in der Wolfsschlucht, Trittsicherheit und gutes Schuhwerk notwendig

AUSGANGS-/ENDPUNKT
Parkplatz am Jägerheim

ANFAHRT
GPS: 50.459171, 7.297826
WoMo: Aus Richtung Bad Breisig (Fähranlegestelle) über die B9 und die B412 Richtung Burgbrohl fahren. Der Parkplatz befindet sich 10 km nach der Anlegestelle rechter Hand.

EINKEHR
Unterwegs Café Bistro Bierkeller, am Start-/Endpunkt Gästehaus Jägerheim

INFORMATION
eifel.info,
vulkanregion-laacher-see.de

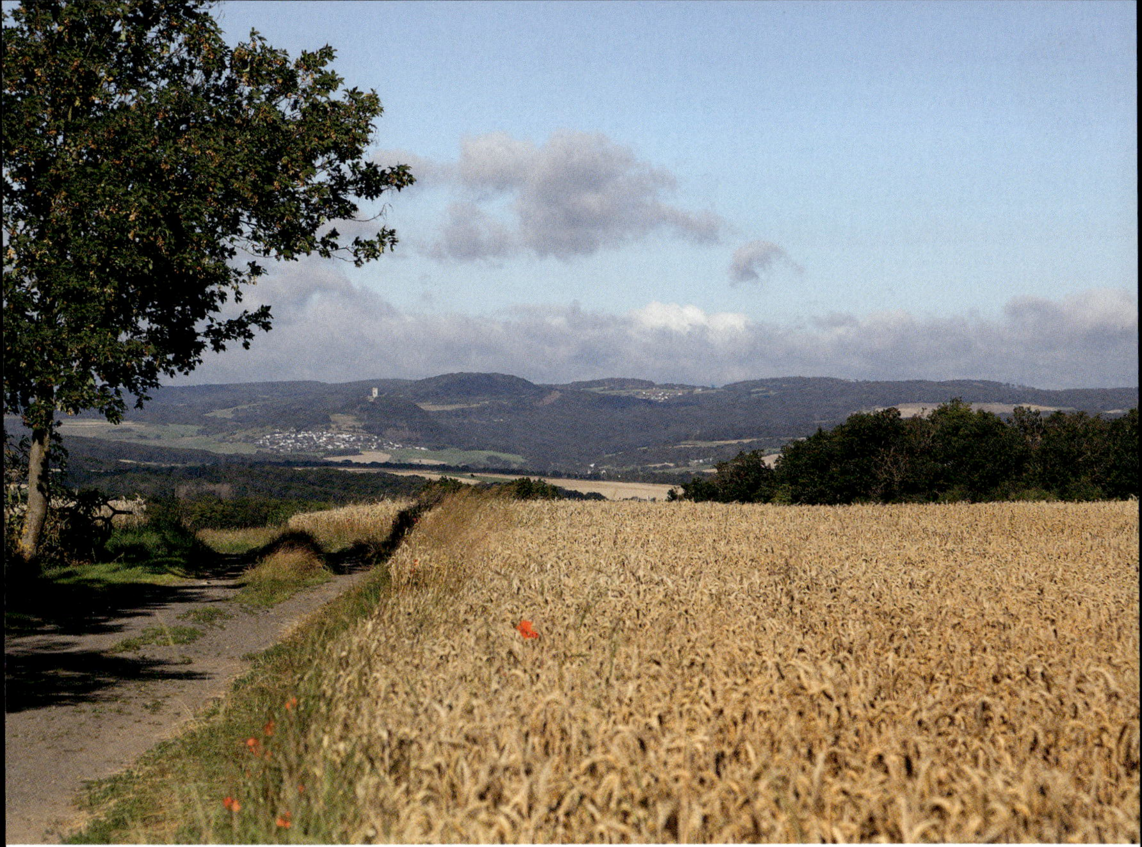

↑ Am Ortsrand von Kell empfängt uns diese schöne Landschaft.
↓ Man kann durch die Trasshöhlen laufen – nicht alle sind so hell wie diese.

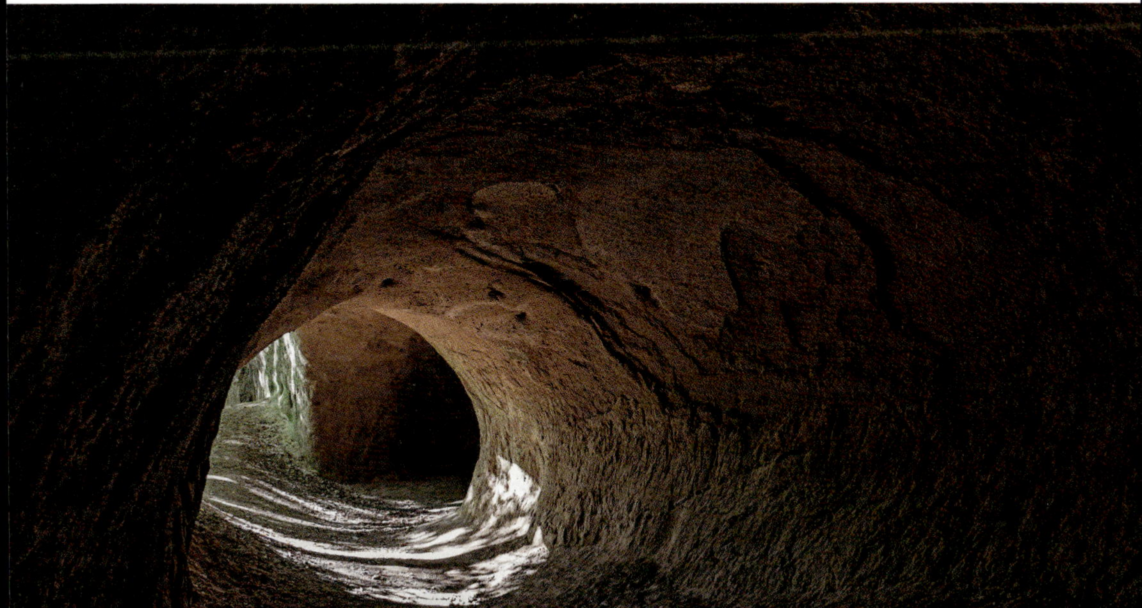

WANDERUNG

58 Traumpfädchen in der Eifel

Wohlfühlwanderung bei Mayen-Kürrenberg

Mit einem kurzweiligen Stück durch den Wald, einem schönen Ausblick, einer Kneippanlage und einer feinen Wegstrecke über offene Felder und Wiesen hat diese Rundtour den Namen »Traumpfädchen« wirklich verdient. Die Wanderung, die wir im Uhrzeigersinn begehen, verläuft zwischen Kürrenberg und dem Nitztal.

Fast schade, dass man am ersten Rastplatz, der frisch renovierten Reining-Hütte, erst ein paar Schritte gelaufen ist – trotzdem tut es gut, hier innezuhalten und die Ruhe zu genießen.

Nach einem Wegstück über die Wiese tauchen wir in den Wald ein und wandern gemächlich bergab. Die Schutzhütte am Bleiberg mit Himmelsliege lädt zum Picknick und zur Entspannung ein. Der Blick reicht über das naturbelassene Nitztal.

Nach einem moderaten Rückanstieg erreichen wir ein verlockendes Natur-Kneippbecken. Erfrischt nehmen wir den restlichen Aufstieg in Angriff und legen das letzte Wegstück zurück – zunächst über Wiesen und vorbei an einer weiteren Himmelsliege, später noch einmal kurz durch den Wald und dann wieder zurück zum Parkplatz.

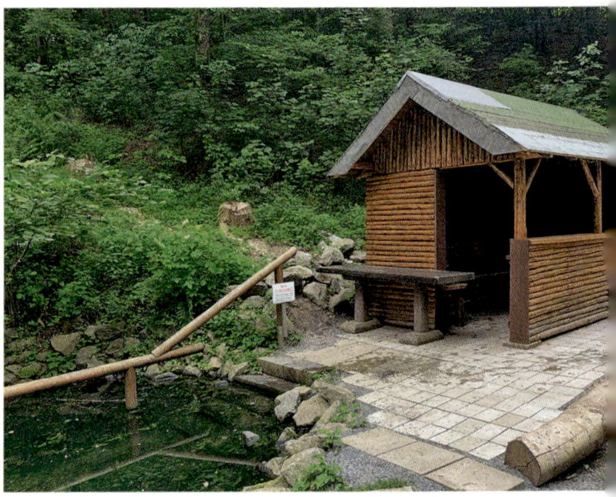

↑ Das Natur-Kneippbecken kühlt heiß gelaufene Waden.

Info

DAUER
2 Std.

HÖHENMETER
100 Hm

LÄNGE
5,4 km

SCHWIERIGKEIT
Leicht

TOURENCHARAKTER
Kurze Wanderung mit wenigen Höhenmetern ohne große Herausforderungen

AUSGANGS-/ENDPUNKT
Parkplatz Rhododendron an der B258

ANFAHRT
GPS: 50.335056, 7.148475
WoMo: Von Bad Breisig (Fähranlegestelle) über die A61 fahren bis Ausfahrt 34 Mendig, dann auf die B262 in südliche Richtung, weiter auf B258. Der Parkplatz befindet sich nach Kürrenberg und einem Kreisverkehr rechts im Wald.

EINKEHR
Keine

INFORMATION
eifel.info, traumpfade.info

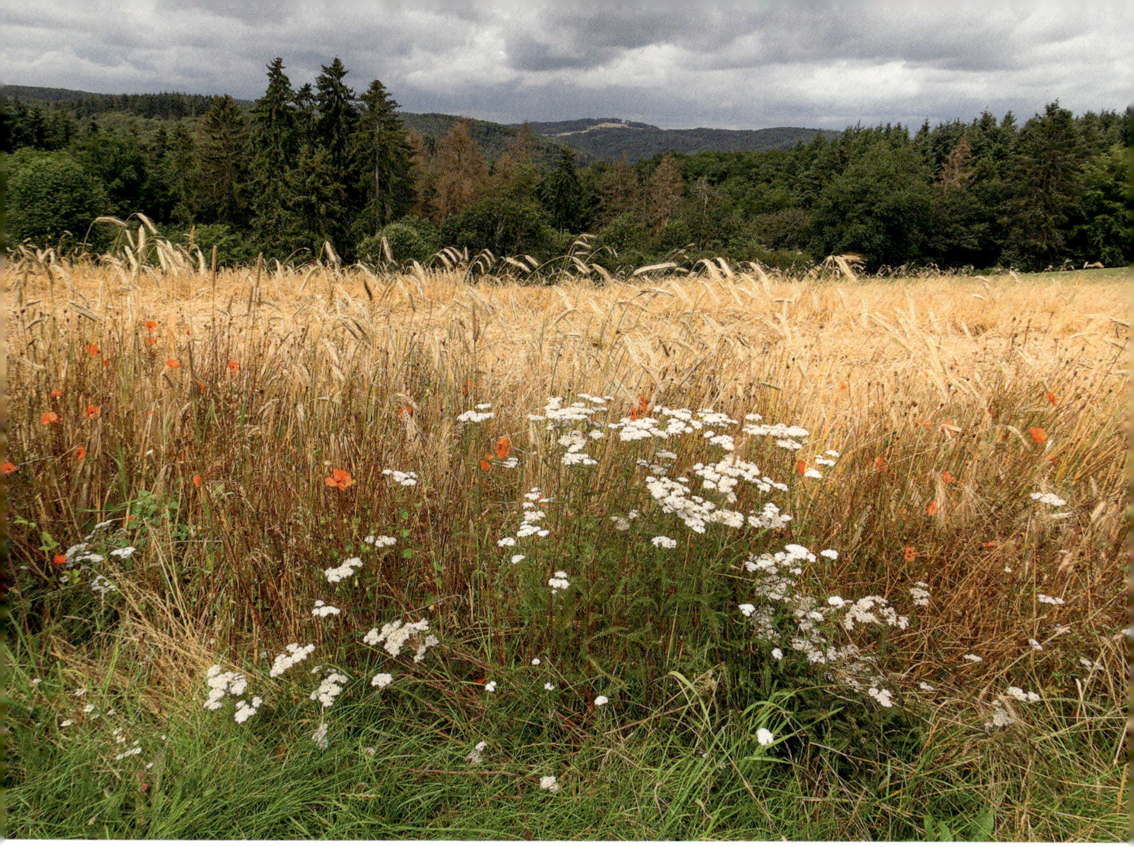

↑ Das Panorama auf der Wegstrecke am Feld entlang ist wahrlich traumhaft.
↓ Damit man das Traumpfädchen auch wirklich genießen kann, stehen Himmelsliegen bereit.

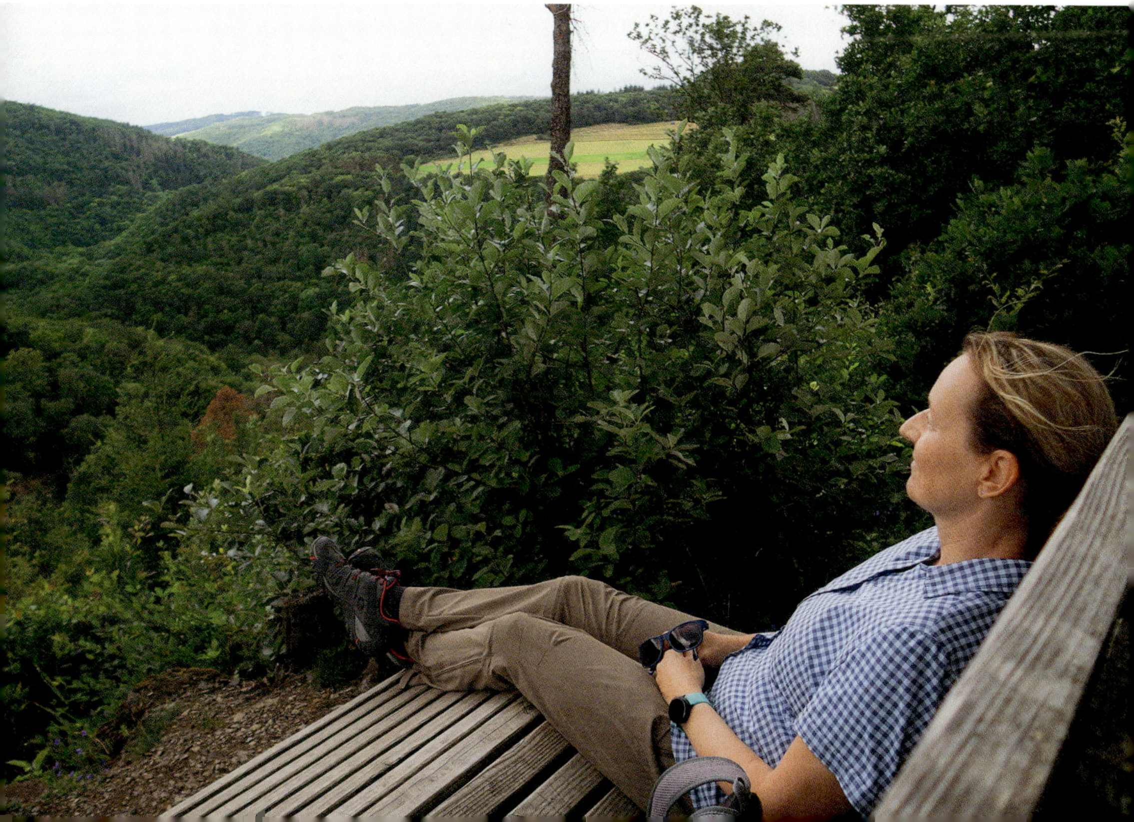

WANDERUNG

59 Abenteuer Rabenlay

Ein Rundweg, der es in sich hat

Zwar ist auch der Weg toll durch die Weinberge, auf klettersteigartigen Pfaden bergauf und durch weite Felder und schattige Wälder – aber die Hauptattraktionen sind hier zweifellos die fantastischen Panoramablicke auf das Moseltal. Da wir am Campingplatz starten, sparen wir uns auch die Fahrt zum offiziellen Startpunkt des Löfer Rabenlaypfads.
Wir laufen zunächst nach Hatzenport, unter der Bahnbrücke hindurch und dann gleich rechts zur ersten abenteuerlichen Etappe: Mit einem Handseil gesichert arbeiten wir uns anfangs über einen felsigen Pfad und dann über Treppen nach oben und werden sogleich mit dem ersten wunderschönen Moselblick belohnt. Es geht durch den Weinberg und nach einem kurzen Stück übers Feld rechts ab. Wir wandern hinunter bis zur Winzerhütte, wo wir rasten können. Auf einem schmalen Pfad durch den Steilhang gelangen wir schließlich zum Panoramapunkt Rabenlay mit Schutzhütte, Picknickplätzen und einer Grillstelle.

Nach der Pause inklusive tollem Ausblick gelangen wir zum offiziellen Startpunkt, der Alzbachhütte, und sammeln Kräfte – denn anschließend geht es stramm den Berg hinauf. Auf offenem Feld biegen wir links ab und wandern, der Sonne ausgesetzt, bis zu der Kreuzung, an der es hinunter zur Winzerhütte geht. Auf dem bekannten Hinweg finden wir schließlich zurück zum Campingplatz.

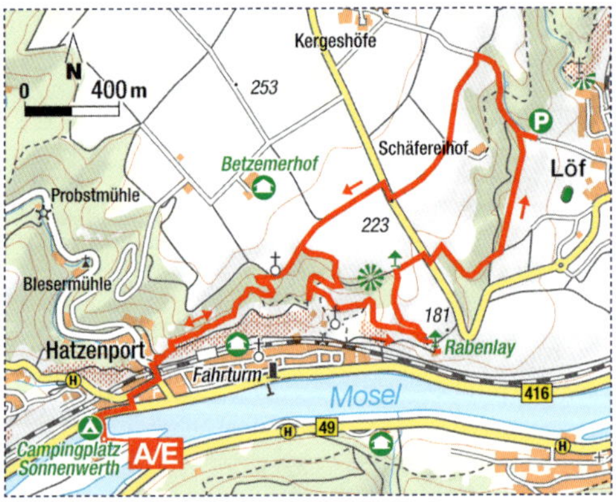

Info

DAUER
3 Std.

HÖHENMETER
280 Hm

LÄNGE
8,4 km

SCHWIERIGKEIT
Mittel

TOURENCHARAKTER
Einige schwierige Passagen, bei denen Trittsicherheit, Schwindelfreiheit, eine gute Kondition und festes Schuhwerk unbedingt erforderlich sind

AUSGANGS-/ENDPUNKT
Campinginsel Sonnenwerth

ANFAHRT
GPS: 50.236264, 7.435410
WoMo: Keine Anfahrt nötig, da Startpunkt am Campingplatz

EINKEHR
Unterwegs keine. Gastronomie in Hatzenport

INFORMATION
eifel.info, traumpfade.info

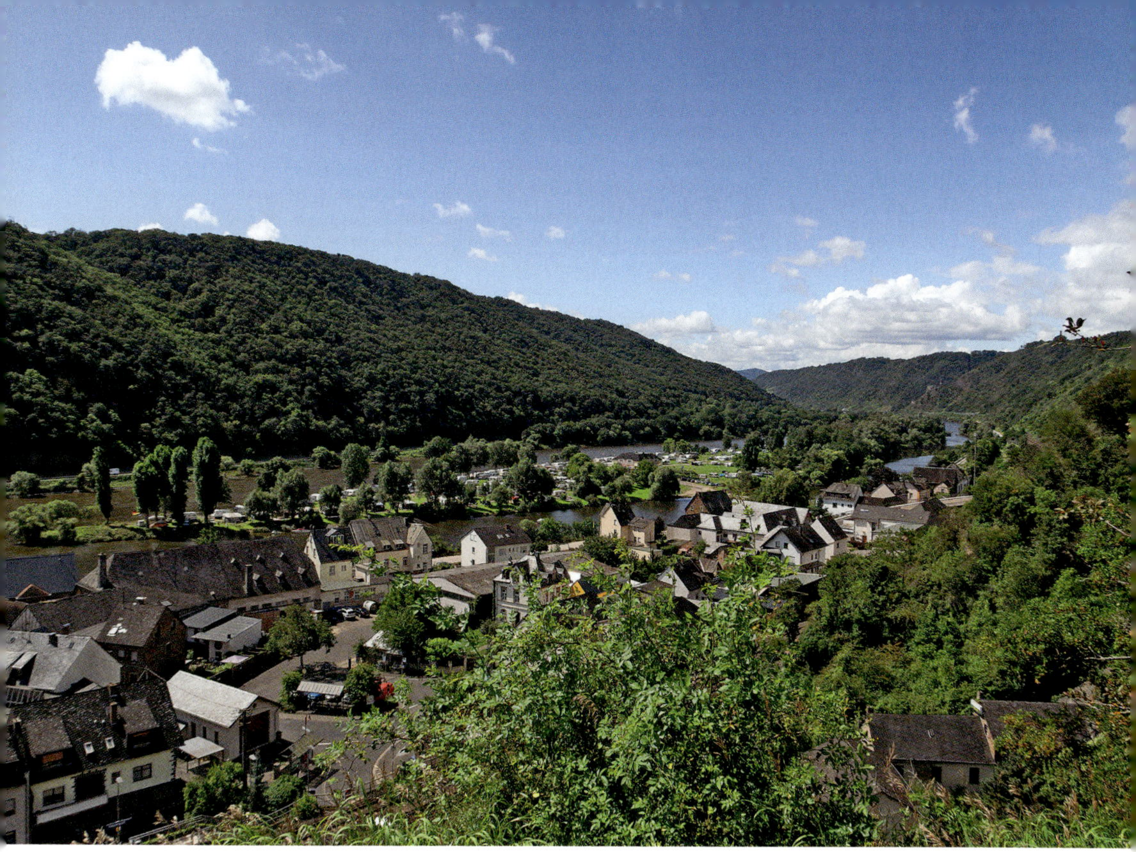

↑ Der Ort Hatzenport wird eingerahmt von Weinbergen und der Mosel.
↓ Mit »Rabenlay« ist ein Aussichtspunkt mit einer kleinen Schutzhütte, Bänken, einer Grillstelle und Moselblick gemeint.

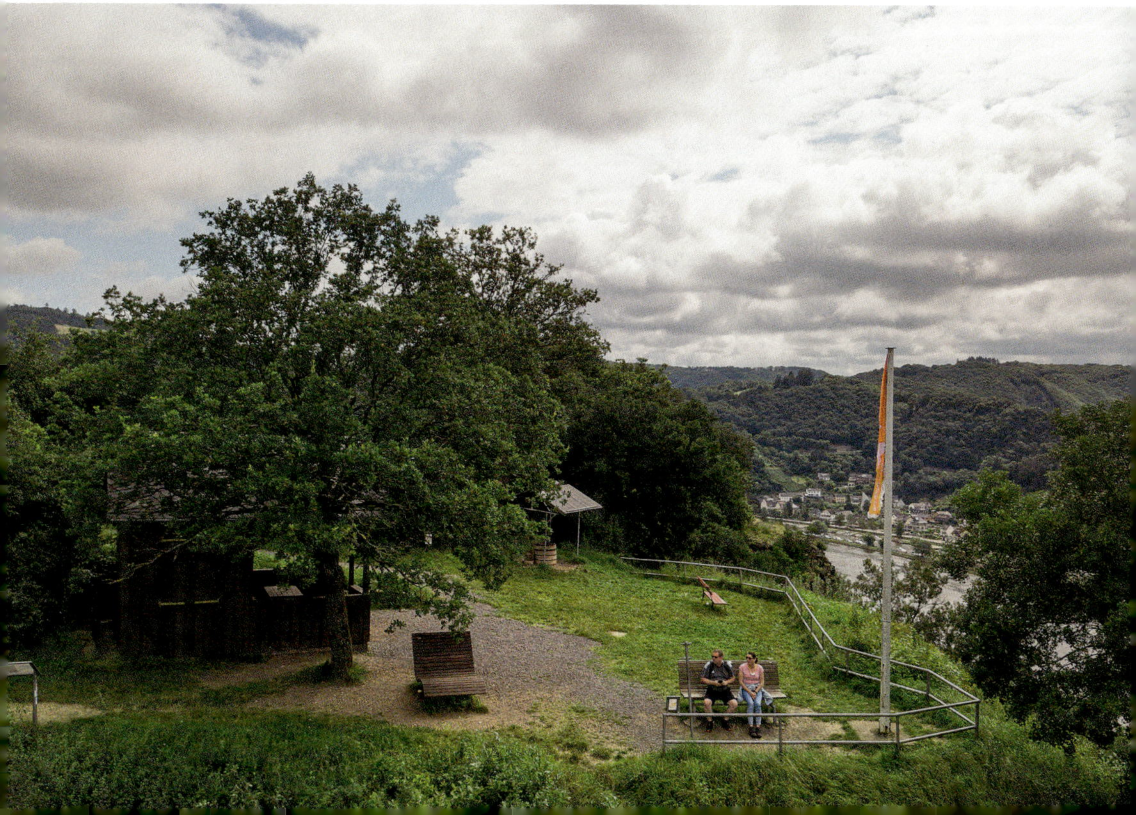

60 Herrlicher Hatzenporter Laysteig

Über Steilhang und Weinberge

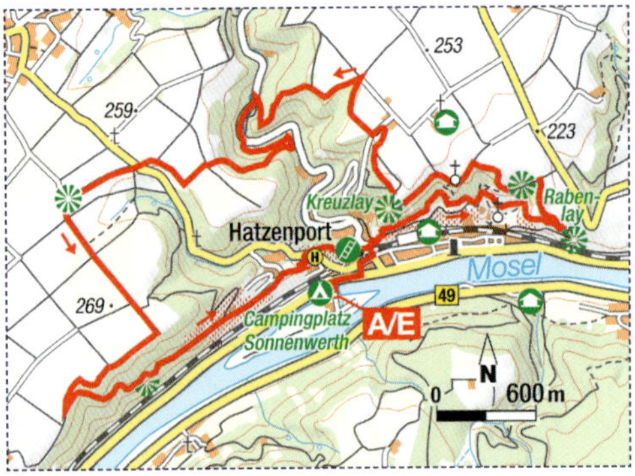

Auf der ersten Etappe ähnelt der Hatzenporter Laysteig dem Löfer Rabenlaypfad (siehe Wanderung 59). Nach der Bahnunterführung geht es einen felsigen Steig bergauf, es folgen erste traumhafte Ausblicke auf das Moseltal, Hatzenport und die malerische Kirche St. Johannes. Wir bleiben jedoch eine Weinreben-Ebene tiefer als bei der Rabenlay-Wanderung und gelangen direkt über die Winzerhütte auf teils naturbelassenen Pfaden zum Aussichtspunkt Rabenlay mit Picknickplätzen, einer Schutzhütte und einer Grillstelle. Anschließend kehren wir dem Moseltal den Rücken, und es geht über weite Felder, bis wir auf einer Felsklippe die Kreuzlay erreichen. Markiert mit Kreuz und Fahne und ausgestattet mit Bank und Tisch schiebt sich an diesem Aussichtspunkt wieder die Mosel ins Bild. Hinter einem Krüppeleichenwald erreichen wir das idyllische Schrumpftal und folgen dem Schrumpfbach. Vorbei an der Probstmühle, sie wurde im Jahr 1875 aus Bruchsteinen errichtet, wandern wir bergauf und genießen den Blick über das Maifeld. Anschließend führt uns die Tour wieder zurück zur Hangkante, und wir wandern durch den Weinberg. Noch einmal begleiten herrliche Ausblicke den Weg, bevor wir über den abenteuerlichen Dolling-Klettersteig (ein Alternativweg über die Straße ist ausgeschildert) wieder nach Hatzenport und damit zum Campingplatz zurückkehren.

Info

DAUER
4.30 Std.

HÖHENMETER
539 Hm

LÄNGE
13,5 km

SCHWIERIGKEIT
Schwer

TOURENCHARAKTER
Lange Wanderung mit einigen Höhenmetern und Kletterpassagen – Trittsicherheit, Schwindelfreiheit und festes Schuhwerk erforderlich

AUSGANGS-/ENDPUNKT
Campinginsel Sonnenwerth

ANFAHRT
GPS: 50.236264, 7.435410
WoMo: Keine Anfahrt nötig, da der Campingplatz der Startpunkt ist.

EINKEHR
Unterwegs keine. Gastronomie in Hatzenport

INFORMATION
eifel.info, traumpfade.info

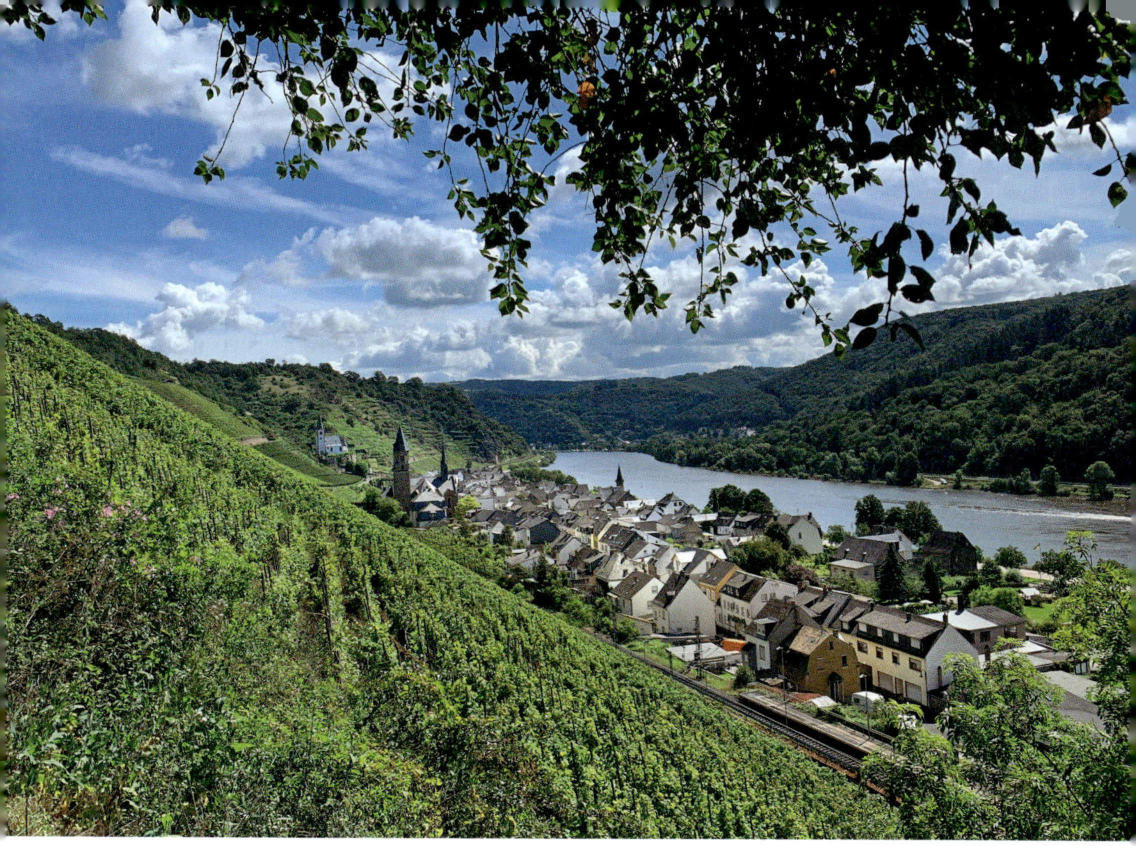

↑ Hier wird deutlich, warum die Gegend um Hatzenport »Terrassenmosel« genannt wird.
↓ Es ist nicht gerade ein Sonntagsspaziergang, bei Kraxeleinlagen sind Trittsicherheit und Schwindelfreiheit gefragt.

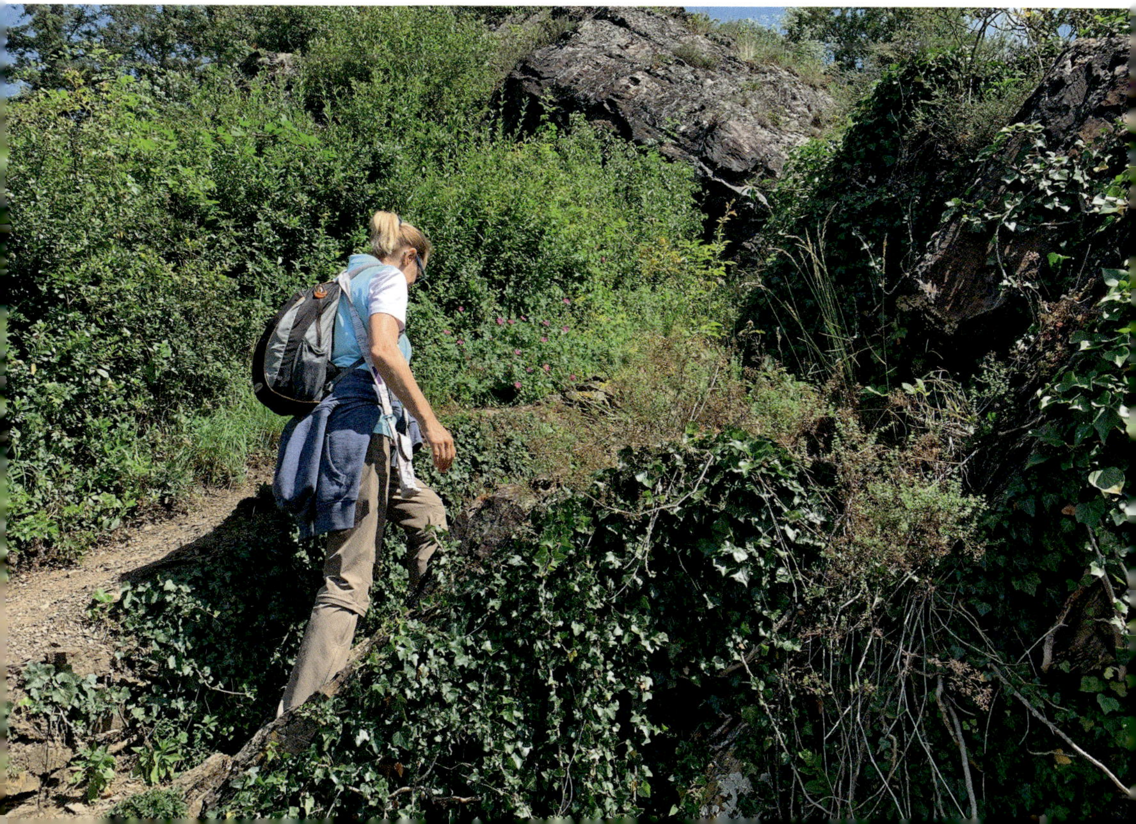

61 Der Klassiker an der Mosel

Zeitreise ins Mittelalter auf der Burg Eltz

Ja, es ist viel los auf der Burg Eltz und ja, sie ist berühmt und mitnichten ein Geheimtipp. Aber ein Aufenthalt an der Mosel ist nicht denkbar, ohne diese atemberaubende Burg zu sehen. Deshalb machen wir uns über den orange markierten Traumpfad »Eltzer Burgpanorama« auf den Weg und genießen zumindest einen Großteil der Strecke über stille Passagen und die herrliche Landschaft. Zunächst wandern wir etwa zwei Kilometer über Felder, dann tauchen wir in den Wald ein und gehen hinab zum Eltzbach. Der breite Bach mäandert durch die Ebene in Richtung der nahen Mosel. Ganz unvermittelt präsentiert sich nach fünf Kilometern in einer Linkskurve die Höhenburg Eltz in all ihrer Pracht – es ist ein echter Wow-Moment, da man mit dem plötzlichen Auftauchen der beeindruckenden Anlage nicht rechnet.
Nach einer Besichtigung der mittelalterlichen Burg folgt der Weg weiter dem Eltzbach. Nach zweieinhalb Kilometern erreichen wir einen Strand am Fluss mit viel Platz am Wasser – kurz darauf können wir im großzügigen Außenbereich der Ringelsteiner Mühle einkehren und uns stärken, denn anschließend wollen 100 Höhenmeter zur Ebene oberhalb der Mosel bewältigt werden. Nach dem Anstieg wandern wir wieder über die Felder Richtung Parkplatz, den wir schon von weitem sehen.

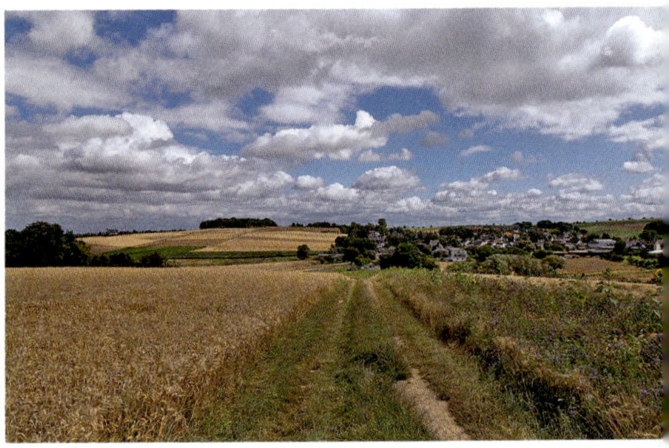

↑ Die erste Wegetappe führt übers offene Feld.

Info

DAUER
4.30 Std.

HÖHENMETER
397 Hm

LÄNGE
12,5 km

SCHWIERIGKEIT
Mittel

TOURENCHARAKTER
Lange Tour auf überwiegend gut begehbaren Wegen, Trittsicherheit vorteilhaft

AUSGANGS-/ENDPUNKT
Parkplatz Dorfgemeinschaftshaus Wierschem

ANFAHRT
GPS: 50.226024, 7.347442
WoMo: Von Hatzenport über die L113 nach Münstermaifeld fahren, dort auf die Kurfürst-Balduin-Straße, dieser Richtung Süden nach Wierschem folgen, der Parkplatz befindet sich am Ortsende links.

EINKEHR
Landhotel Ringelsteiner Mühle

INFORMATION
mosel.de, visitmosel.de, traumpfade.info, burg-eltz.de

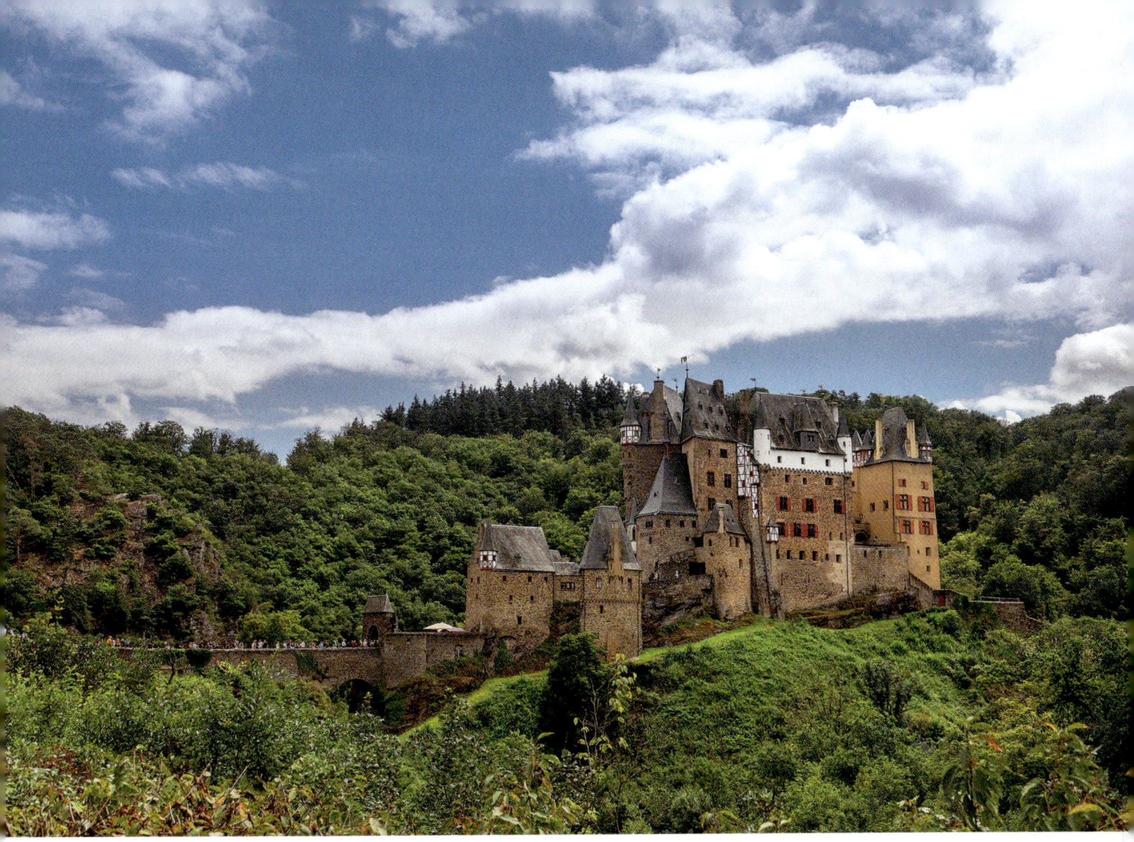

↑ Gut besucht und zudem ein umwerfender Anblick: die Burg Eltz
↓ Nah an den Eltzbach heran kommen wir auf dem Weg zurück von der Burg Eltz – perfekt für eine schattige Rast.

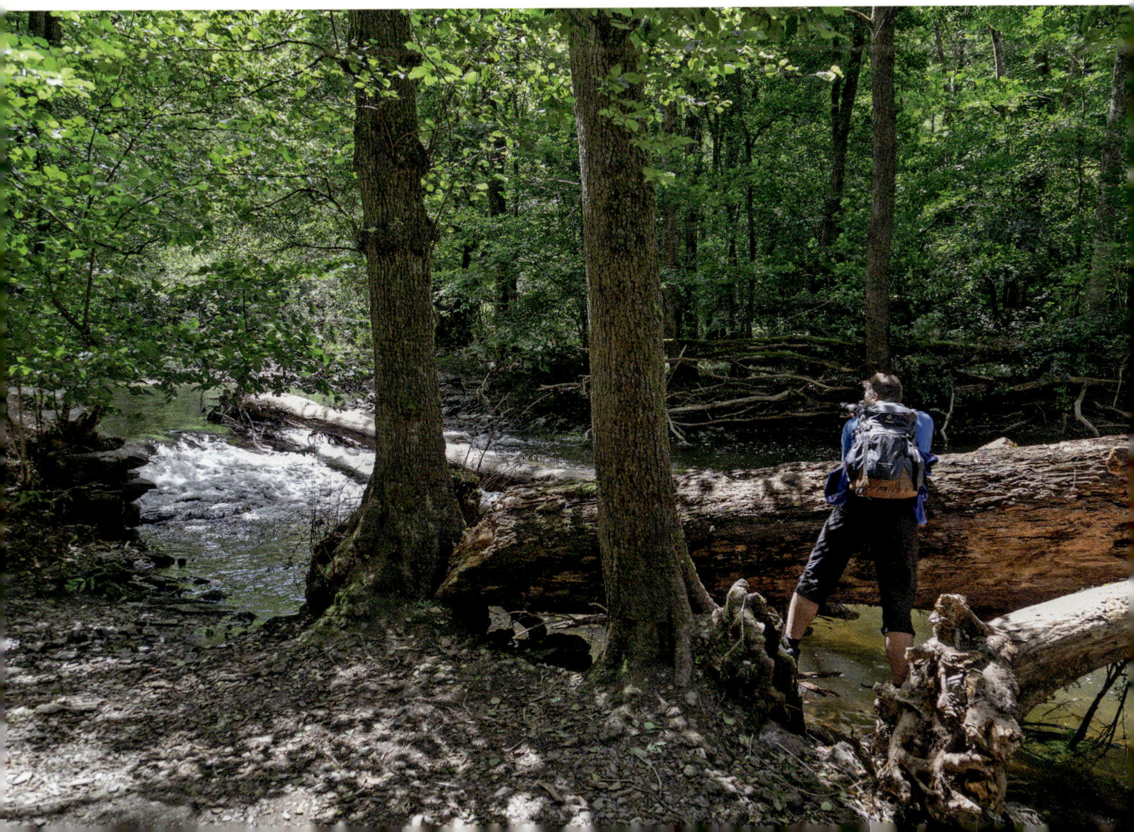

62 Europas steilster Weinberg

Nervenkitzel auf dem Calmont-Klettersteig

Der Weg durch den steilen Weinberg, über Leitern und auf schmalen Pfaden direkt am Abgrund sowie der unfassbar schöne Blick auf eine Moselschleife – all das zeichnet diese sportliche Tour aus. Dank der guten Ausschilderung kann man sich ganz auf die spektakulären Passagen des Klettersteigs konzentrieren. Nachdem wir unter der Eisenbahnbrücke aus Kaiserzeiten gestartet sind, folgen wir den Gleisen und biegen schließlich scharf links ab. Auf leicht ansteigendem Weg gelangen wir zur Schutzhütte Galgenlay, dann betreten wir den schmalen Steig, der uns auf der nördlichen Seite der Mosel durch den Weinberg führt. Infotafeln erläutern die Geologie des Hangs. Nach zweieinhalb Kilometern über Leitern und Felsvorsprünge und einem Blick auf das gegenüberliegende Kloster Stuben zweigt der Steig nach rechts ab.

Er zieht sich sehr steil den Berg hinauf, die Anstrengung wird mit toller Sicht auf die Moselschleife belohnt. Der Weg geht in einen alpinen Steig über und nach dem schönsten Aussichtspunkt der Wanderung, der »Moselschleife bei Bremm«, gelangen wir zum Bremmer Gipfelkreuz mit Weinschänke – Ausblick satt!

Wir wandern nun in entgegengesetzter Richtung über den Calmont-Höhenweg oberhalb des Hinwegs. Dabei passieren wir die Rekons-

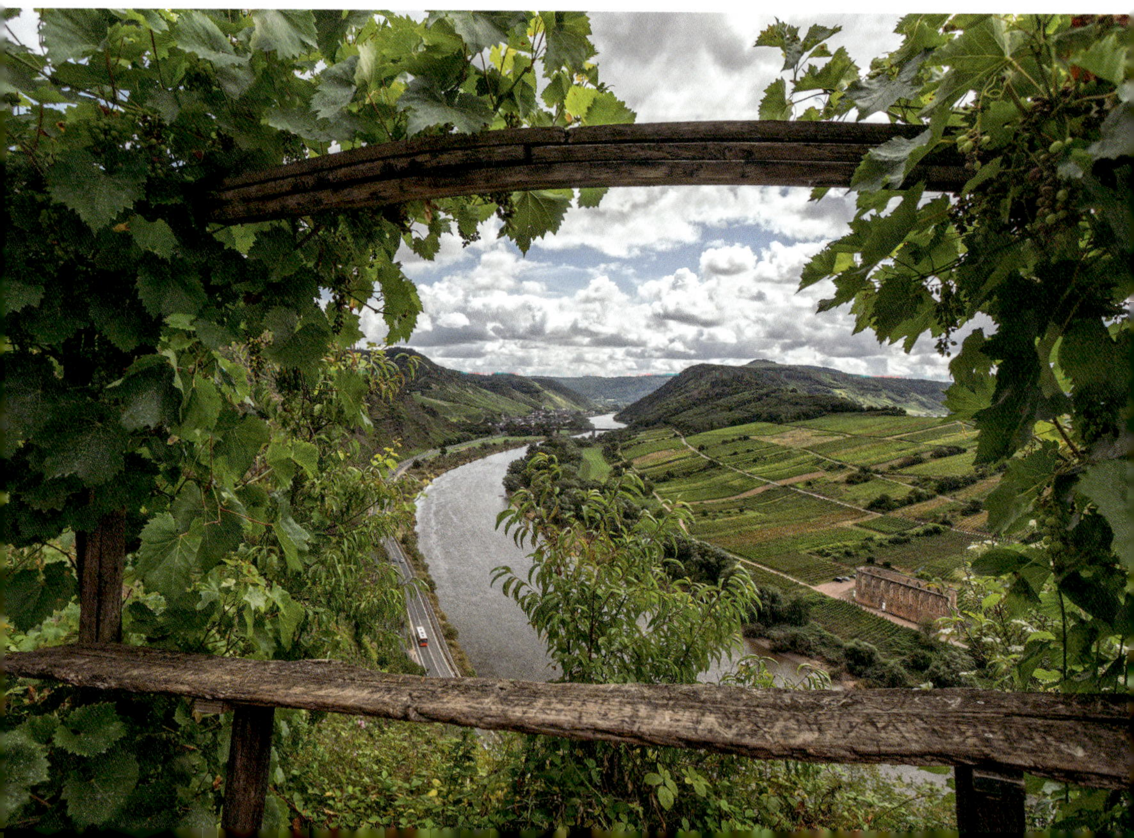

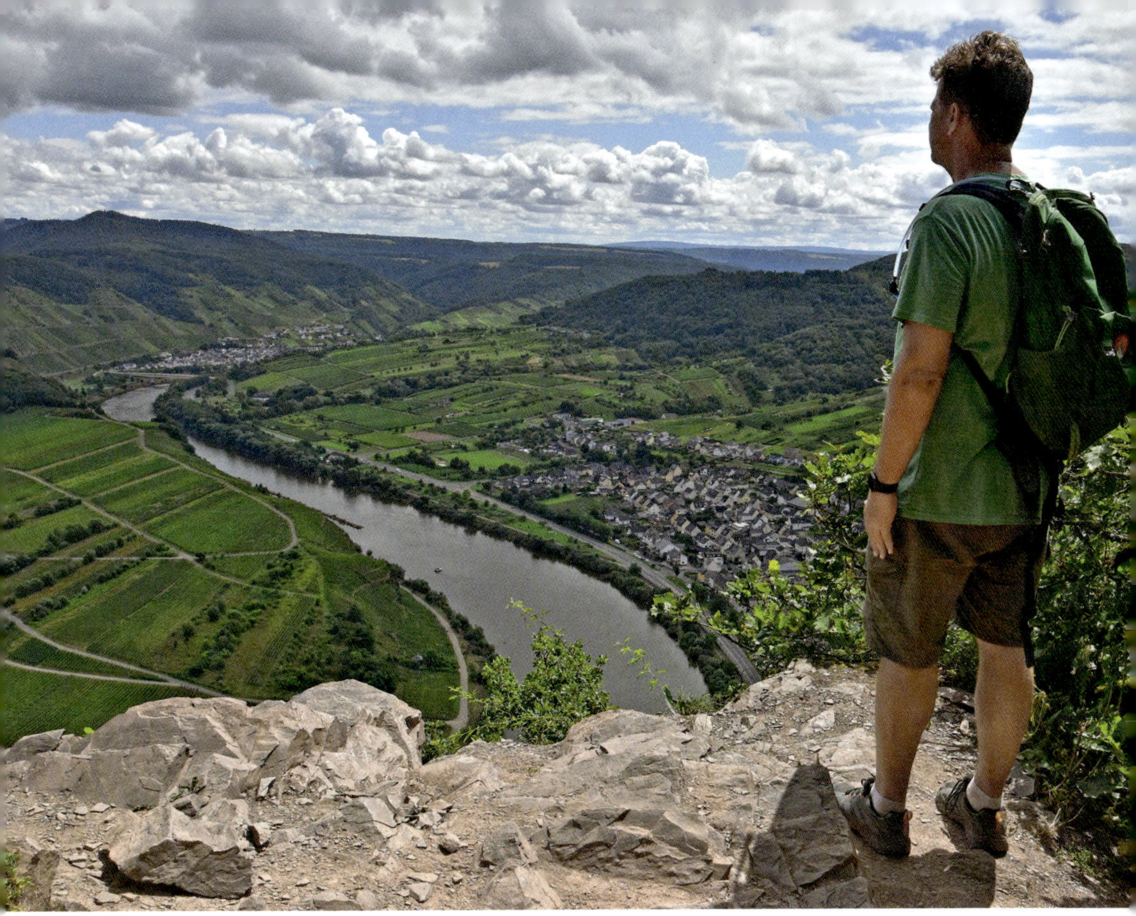

↑ Der Aufstieg zu diesem Aussichtspunkt ist ganz besonders steil – oben ist jedoch alles vergessen ...
← Dergestalt von Weinreben »eingerahmt«, wirkt das Panorama noch beeindruckender.

truktion eines gallisch-römischen Rundgangtempels, den Aussichtspunkt Vierseenblick: Die Mosel ist durch Berge und Weinberge verdeckt, man sieht von hier aus vier getrennte Wasserflächen, deshalb »vier Seen«. Von der Feuerwehrschutzhütte aus lässt sich bereits die Eisenbahnbrücke ausmachen.
Ein kurzer, mit dem Schild »Todesangst« gekennzeichneter Abstecher führt uns zu einer schwarz-rot-goldenen Wetterfahne. Anschließend gelangen wir wieder zur Galgenlay-Schutzhütte und von da aus zurück zur Eisenbahnbrücke.

Tipp

KULTURLANDSCHAFT

In erster Linie sollte man am Calmont-Klettersteig Vorsicht walten lassen – trotzdem nicht verpassen sollte man allerdings die zahlreichen Informationstafeln über die Kulturlandschaft dieser steilsten Weinbergslage Europas mit ihrer besonderen Flora und Fauna. Dass man stets sicher unterwegs ist, dafür sorgen die vom Deutschen Alpenverein e.V. angebrachten Sicherungen mit Stahlseilen, Leitern, Trittbügeln und -stiften.

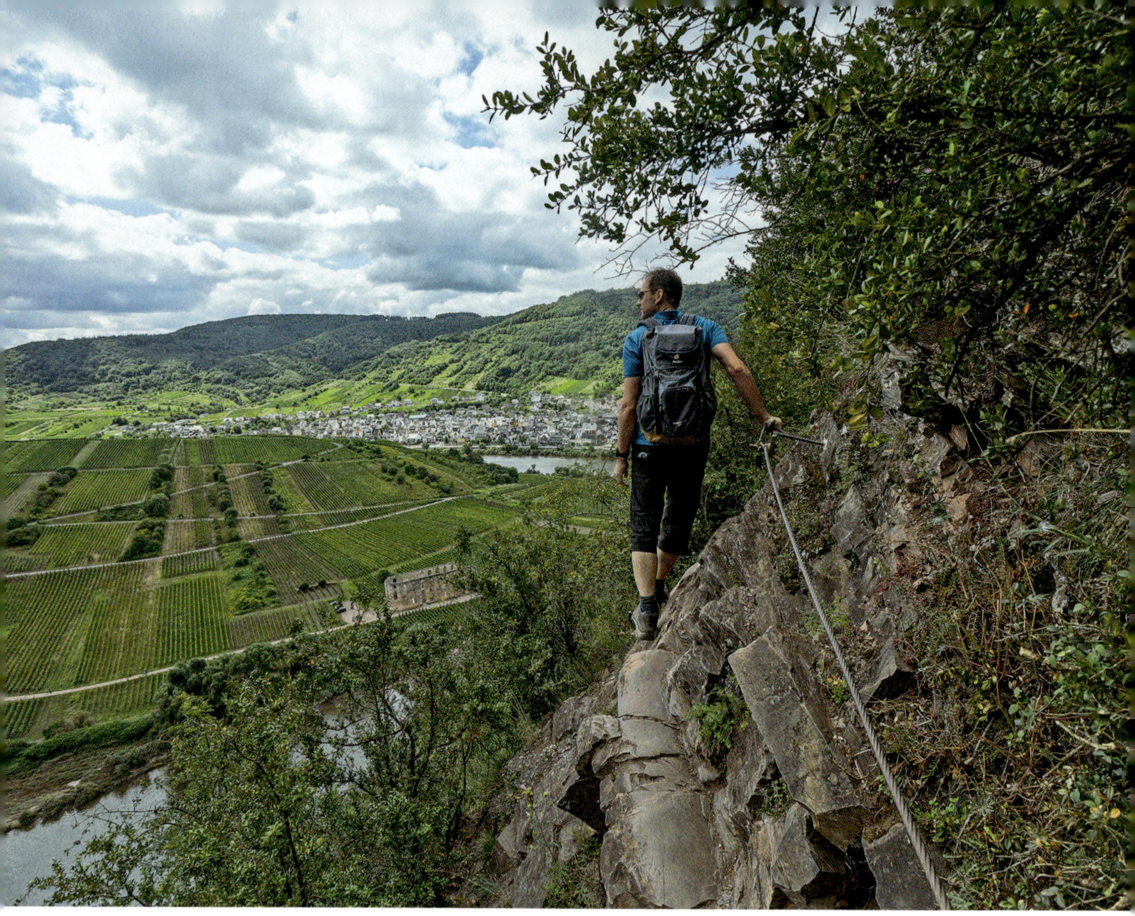

↑ Puh, da links geht es ganz schön hinunter ... Das Stahlseil rechts gibt Halt und Sicherheit.
→ Ohne die Hilfe von Leitern wäre die steilste Weinbergslage Europas nicht zu bewältigen.

Info

DAUER
3 Std.

HÖHENMETER
469 Hm

LÄNGE
6,4 km

SCHWIERIGKEIT
Schwer

TOURENCHARAKTER
Schwere Wanderung, für die gute Grundkondition, Trittsicherheit, festes Schuhwerk und alpine Erfahrung notwendig sind. Die schwierigsten Passagen sind mit Drahtseilen, Tritt- und Halteeisen an Felsen gesichert, Schwindelfreiheit ist dennoch vorteilhaft. Kletterausrüstung nicht notwendig. Für Hunde absolut ungeeignet

AUSGANGS-/ENDPUNKT
Wanderparkplatz bei der Eisenbahnbrücke in Eller (hier gibt es mehrere nebeneinanderliegende Parkplätze, auf manchen sind WoMos nicht erlaubt)

ANFAHRT
GPS: 50.101804, 7.140243
WoMo: Von der Campinginsel Sonnenwerth auf der B416 in südwestliche Richtung fahren, bei Treis-Karden über die Mosel, dann auf der Bruttiger Straße nach Bruttig, erneut über die Mosel und auf der B49 bis zum Ortsausgang Eller

EINKEHR
Weinschänke am Gipfelkreuz

INFORMATION
mosel.de, visitmosel.de, mosel-zweinull.de/calmont-klettersteig

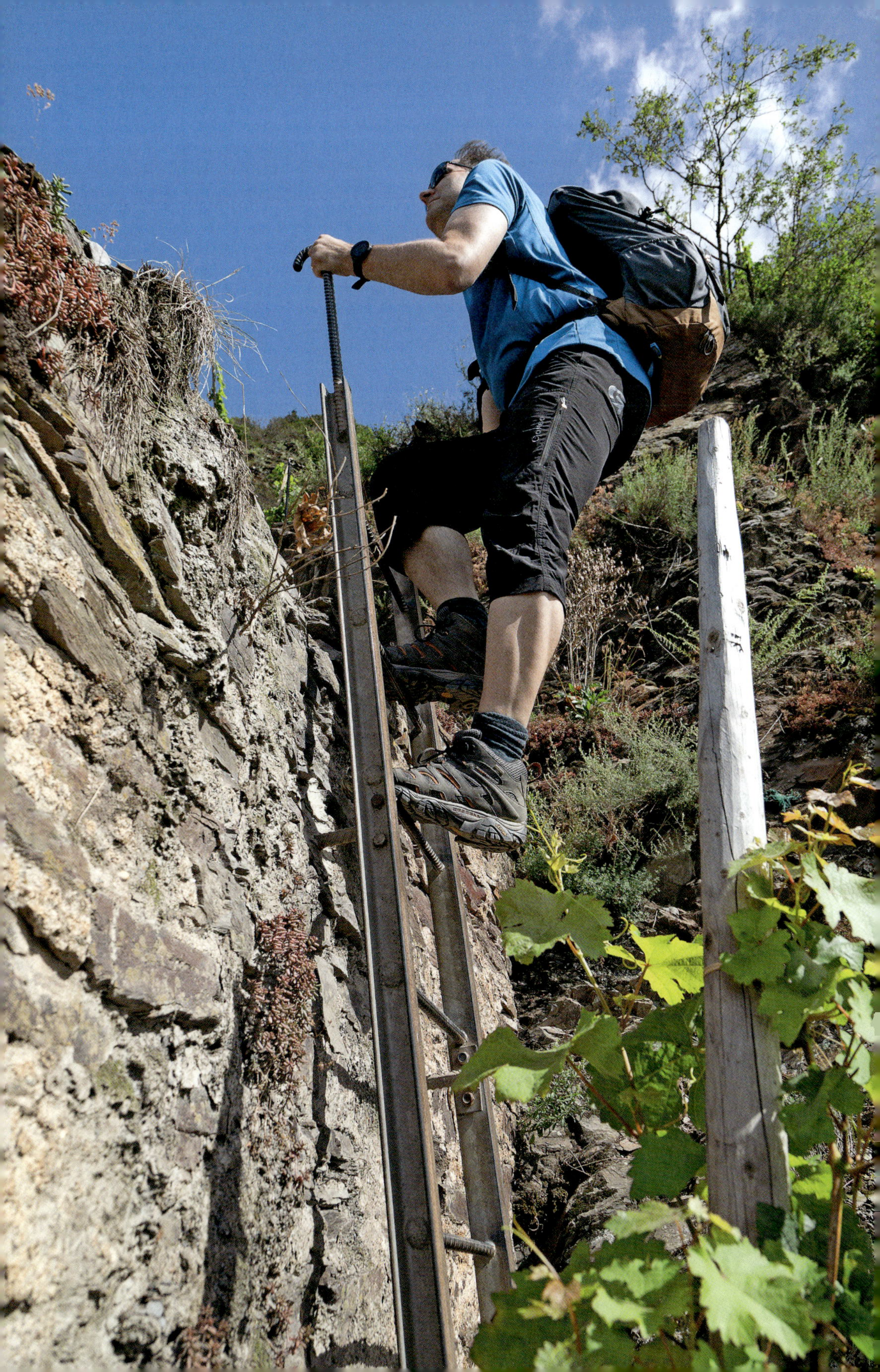

WANDERUNG

63 Burg, Fluss, Tal – und Archäologie

Abwechslungsreiche Hahnenbachtaltour

Die vielseitige Hahnenbachtaltour führt über die »Traumschleife Saar-Hunsrück« auf schmalen Pfaden entlang des wildromantischen Hahnenbachs, vorbei an einer Burganlage und weiteren kulturellen Höhepunkten. Unterwegs hellen Tafeln mit Fakten und Anekdoten den Wissenshintergrund auf. Die Ausschilderung mit dem pinkfarbenen Traumschleifen-Logo lässt keine Unsicherheit aufkommen.
Gleich nach dem Startpunkt passieren wir das Besucherbergwerk Herrenberg, in dem man Einblicke in die Arbeit der Schieferbrecher erhält. Auch eine Bergmannsschänke und das Fossilienmuseum Bundenbach sind hier zu finden. Wir erklimmen mit einem Ab- und Aufstieg die über dem Tal wachende Ruine Hellkirch mit Himmelsliege.
Anschließend durchstreifen wir das Hahnenbachtal und erfreuen uns an einer Bankschaukel am Weiher. Schließlich folgt die große Attraktion der Tour, die Ruine Schmidtburg. Die älteste Burganlage im Nahe- und Hunsrückraum geht auf das Jahr 926 zurück. Man kann die Gemäuer über einen Rundgang erkunden und diverse Ausblicke genießen. Dann gelangen wir zu meinem Lieblingsabschnitt dieser Tour: Entlang des Hahnenbachs führt die Wegstrecke durch das Tal, man kommt an verschiedenen Stellen ans Wasser heran, es ist idyllisch und friedlich hier.

→ **Blick aus der Vogelperspektive: Man erkennt bereits am Grundriss der Ruine, dass die Schmidtburg die größte Festung ihrer Zeit im Hunsrück gewesen ist.**

Info

DAUER
3.30 Std.

HÖHENMETER
250 Hm

LÄNGE
10 km

SCHWIERIGKEIT
Mittel

TOURENCHARAKTER
Mittelschwere Wanderung mit kurzen Aufstiegen, bei Regen- oder Winterwetter teils rutschige Passagen, gutes Schuhwerk vorteilhaft

AUSGANGS-/ENDPUNKT
Parkplatz Besucherbergwerk Herrenberg bei Bundenbach

ANFAHRT
GPS: 49.846963, 7.385259
WoMo: Vom Stellplatz am Hunsrückhaus über die L162 in nordöstliche Richtung fahren, bei Rhaunen rechts auf die L182 nach Bundenbach, dort über die Ringstraße bis zum Parkplatz (Sackgasse)

EINKEHR
Bergmannsschänke Glückauf, Hotel-Restaurant Forellenhof Reinhardtsmühle

INFORMATION
hunsruecktouristik.de, saar-hunsrueck-steig.de/traumschleifen, edelsteinland.de

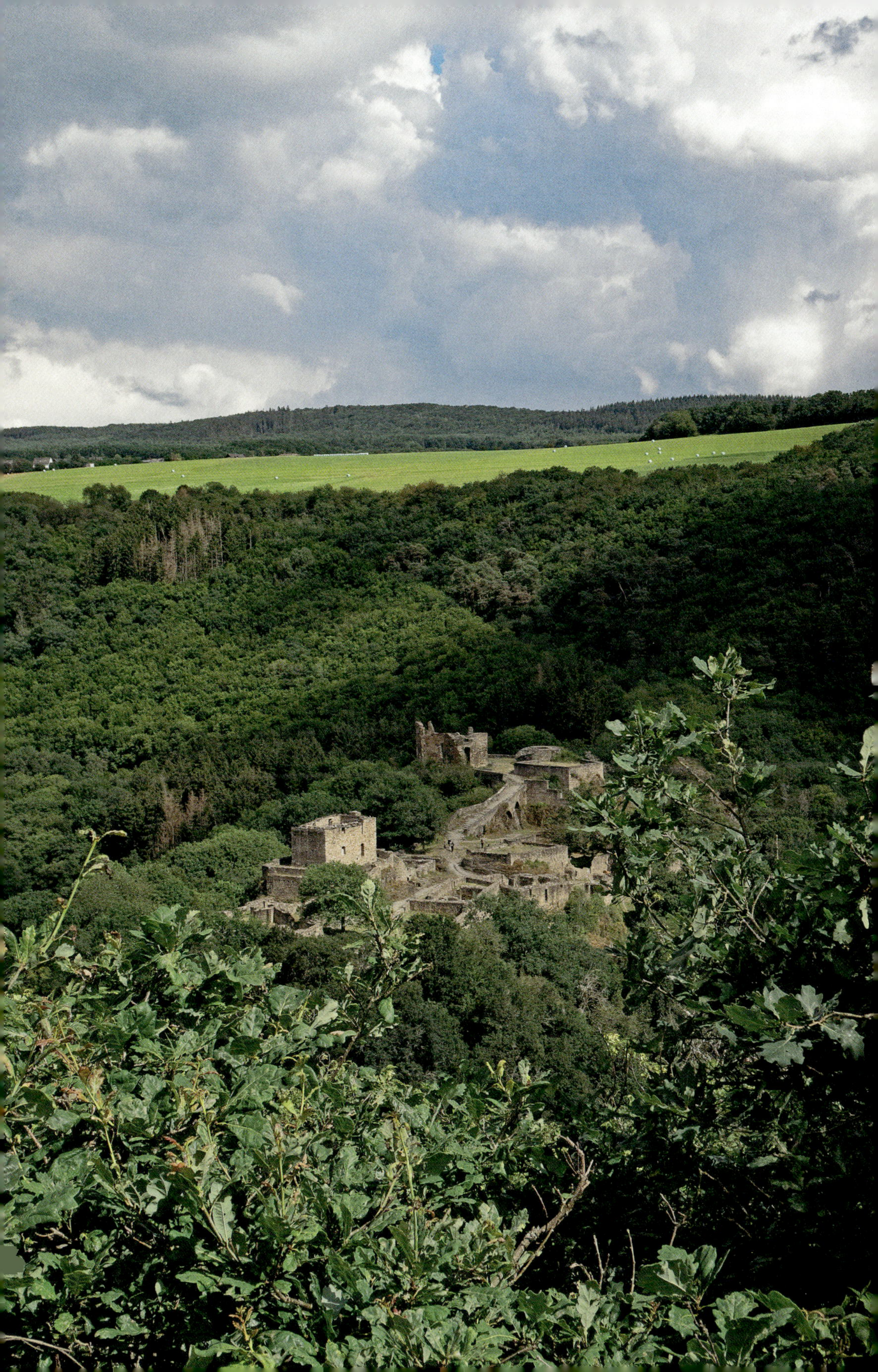

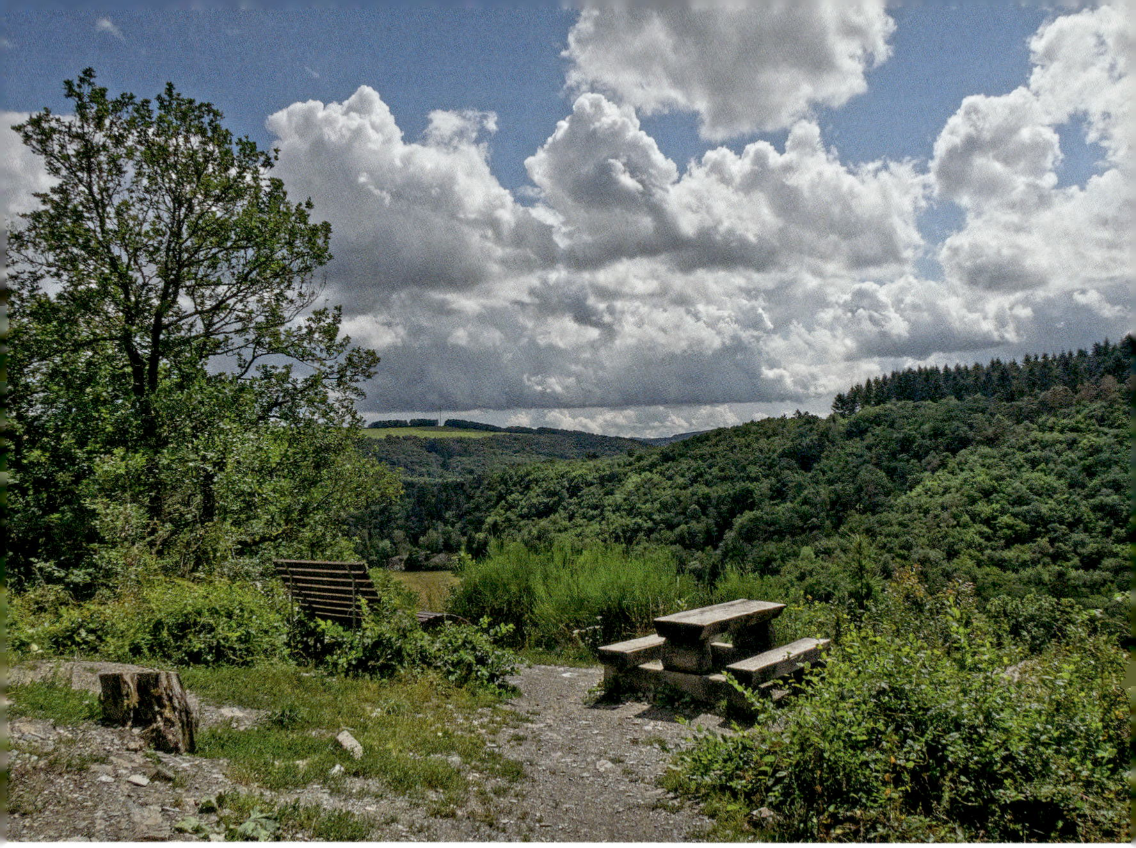

↑ Ausblick von der Ruine Hellkirch mit Bank und Himmelsliege – eine perfekte Stelle!
↓ Der schönste Teil der Wanderung verläuft durch das Hahnenbachtal.

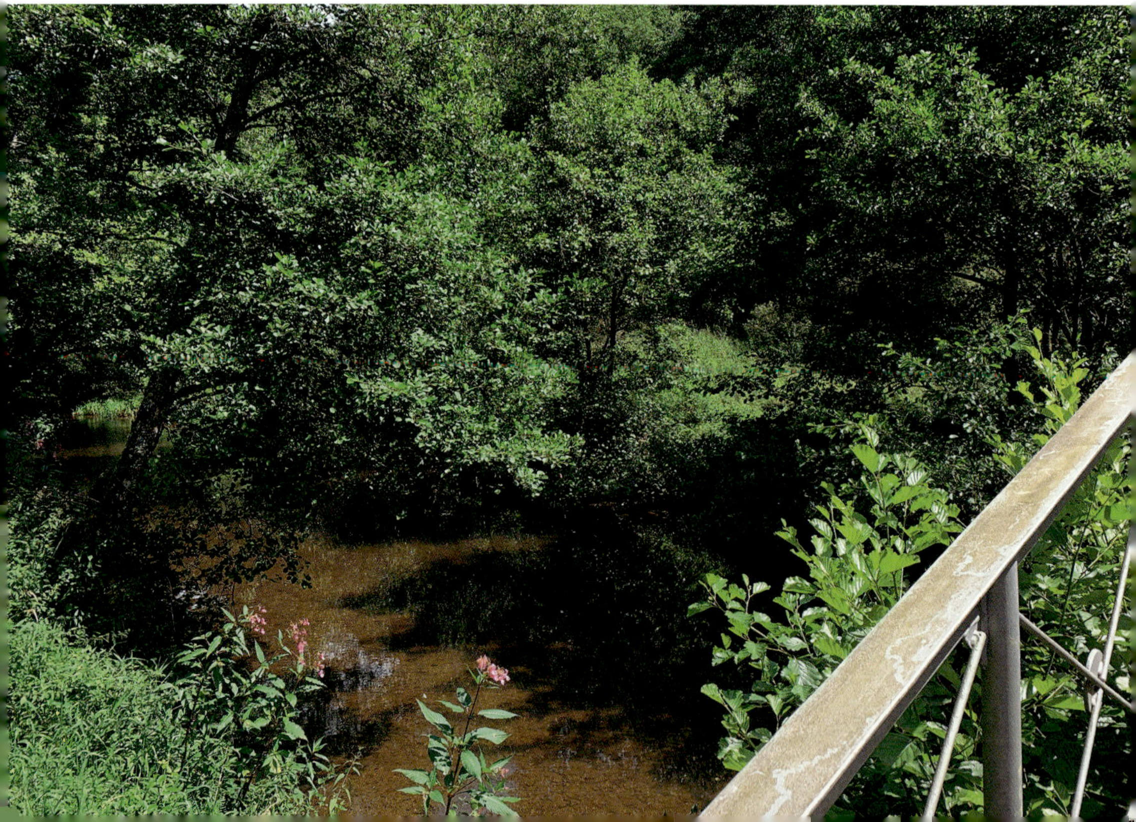

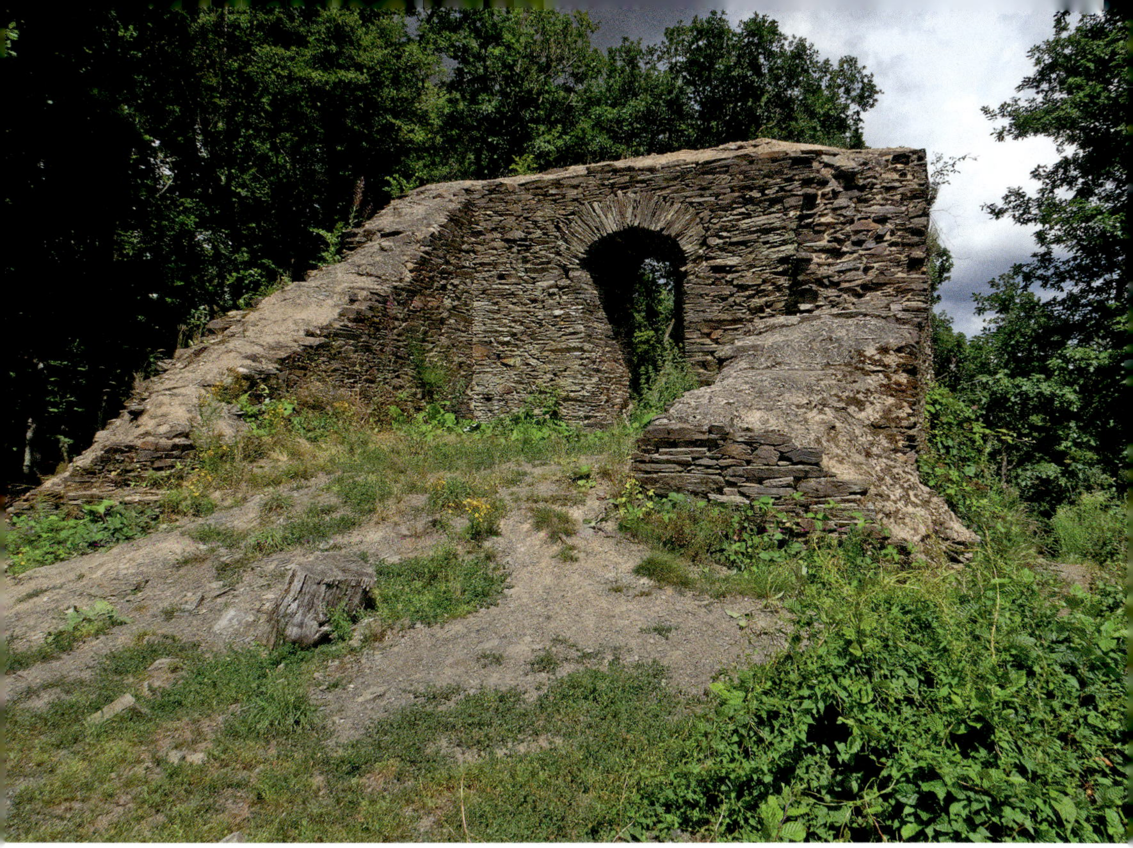

↑ Die Ruine Hellkirch liegt ein wenig versteckt. Die Anhöhe erhebt sich etwa 60 Meter über dem Tal.
↓ In den Gemäuern der Ruine Schmidtburg kann man sich umschauen, es führt ein Rundweg hindurch.

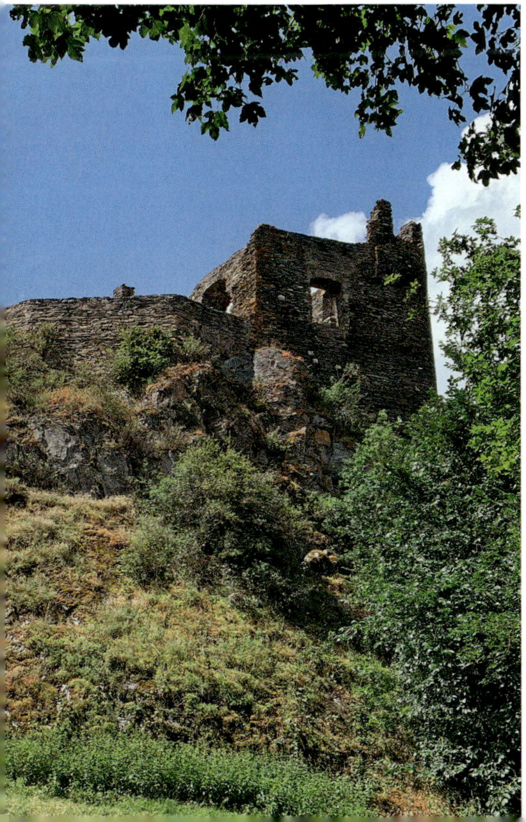

Nach einer romantischen Holzbrücke erreichen wir den Forellenhof und wandern durch den Wald bergauf. Abenteuerlich führt der Weg durch zwei Felstunnel mit alten Gleisresten – beides erinnert an den Schieferabbau. Von einem schönen Ausguck erhaschen wir nochmals einen Blick auf die Schmidtburg auf der gegenüberliegenden Talseite, dann geht es steil bergauf und vorbei an weiteren tollen Panoramapunkten (jeweils kurzer Abstecher) und einer Grotte mit der Schutzpatronin der Bergleute wieder zum Wanderparkplatz.

WANDERUNG

64 Höchster Berg in Rheinland-Pfalz

Nationalpark-Tour »Gipfelrauschen«

Nicht nur wegen der weithin sichtbaren Skulptur »Windklang« auf dem Erbeskopf lohnt sich diese Wanderung. Sie startet am Hunsrückhaus (Nationalpark-Tor) und führt auf den höchsten Berg im Bundesland Rheinland-Pfalz. Vom Gipfel des Erbeskopfs bietet sich ein grandioser Fernblick über die Hunsrücklandschaft und das Moseltal. Rund um das Hunsrückhaus (mit Nationalpark-Ausstellung) gibt es neben dem Wohnmobilstellplatz eine Sommerrodelbahn und den Klettergarten Highlive.

Wir gehen die mit dem lilafarbenen Logo der »Traumschleifen« gut ausgeschilderte Tour im Uhrzeigersinn und bewältigen so den steilen Anstieg mit 100 Höhenmetern gleich zu Beginn. Den »Windklang« haben wir da schon im Blick. Durch einen Fichtenwald geht es entlang der Skipiste steil auf den Gipfel hinauf, zuletzt in Serpentinen. Der Fernblick ist eine angemessene Entschädigung für die Strapaze. Wir genießen das Panorama und die Himmelsliegen, erkunden die Skulptur und besteigen den Aussichtsturm.

Anschließend tauchen wir ein in die Natur des Nationalparks Hunsrück-Hochwald: Junges Holz in zarten Grüntönen wächst neben Totholz. Wir wandern durch Gras-, Farn- und Moosflächen und entlang eines Bächleins. Über einen Holzplankenweg betreten wir sogar ein Hochmoor, den Ehlesbruch. Nach der Moorlandschaft geht es durch dichten Tannenwald über Waldwege zurück zum Erlebnisgelände am Hunsrückhaus.

↗ Der Erbeskopf ist der höchste Berg im Bundesland Rheinland-Pfalz – und präsentiert diesen Panoramablick von ganz oben.
→ Die Skulptur »Windklang« auf dem Gipfel des Erbeskopfes inszeniert das Zusammenspiel von Natur und den Elementen.

Info

DAUER
2.15 Std.

HÖHENMETER
210 Hm

LÄNGE
7,2 km

SCHWIERIGKEIT
Mittel

TOURENCHARAKTER
Steiler Anstieg gleich zu Beginn, ansonsten einfache Wanderung auf Wald- und Wiesenpfaden und über einen Bohlenweg

AUSGANGS-/ENDPUNKT
Großer Parkplatz am Hunsrückhaus

ANFAHRT
GPS: 49.737516, 7.082950

WoMo: Keine Anfahrt nötig, da Startpunkt am Stellplatz

EINKEHR
Unterwegs keine, am Start-/Endpunkt Bistro im Hunsrückhaus

INFORMATION
hunsruecktouristik.de, saar-hunsrueck-steig.de/traumschleifen, hunsrueckhaus.de

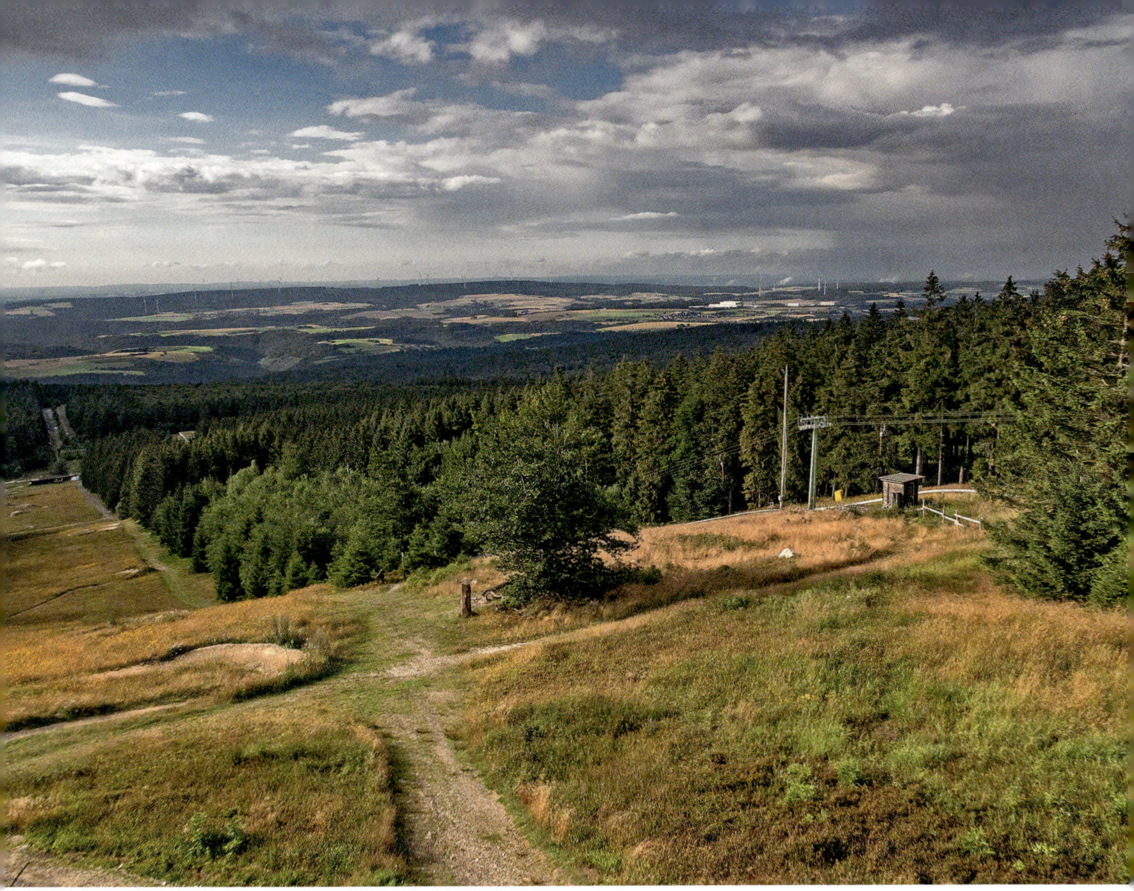

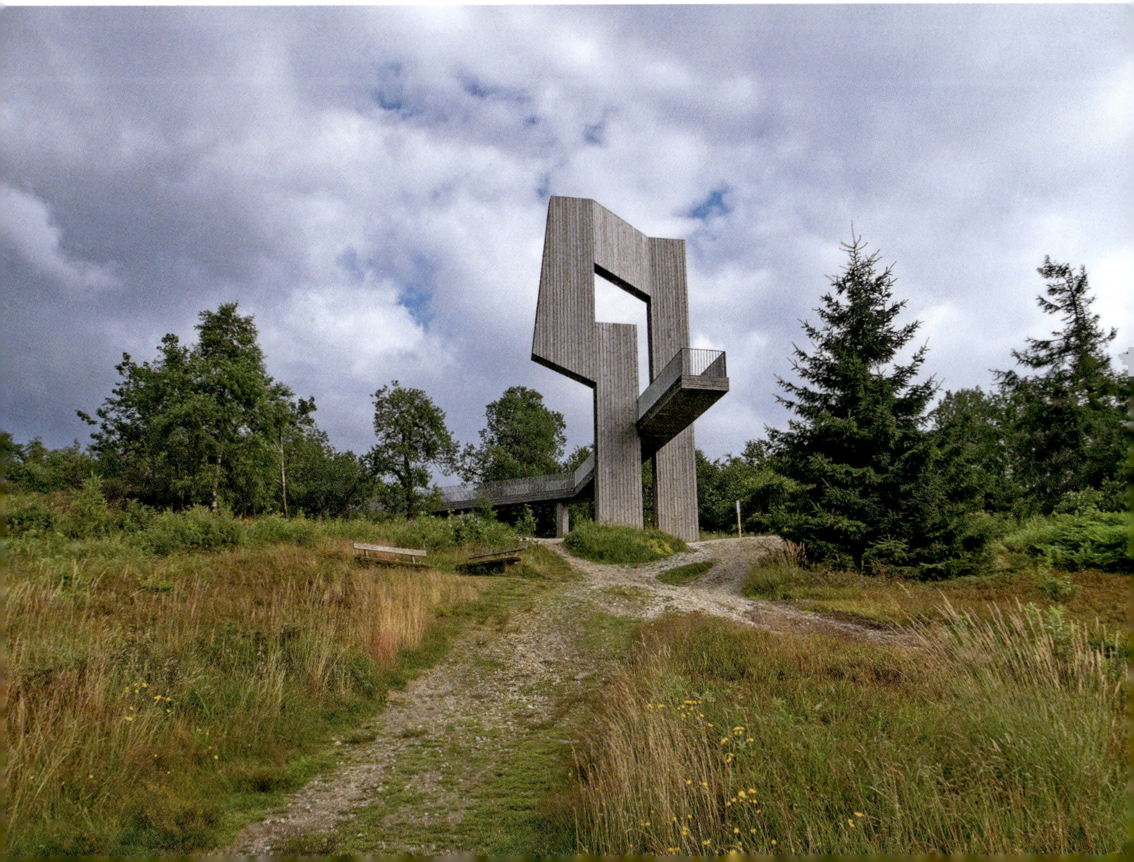

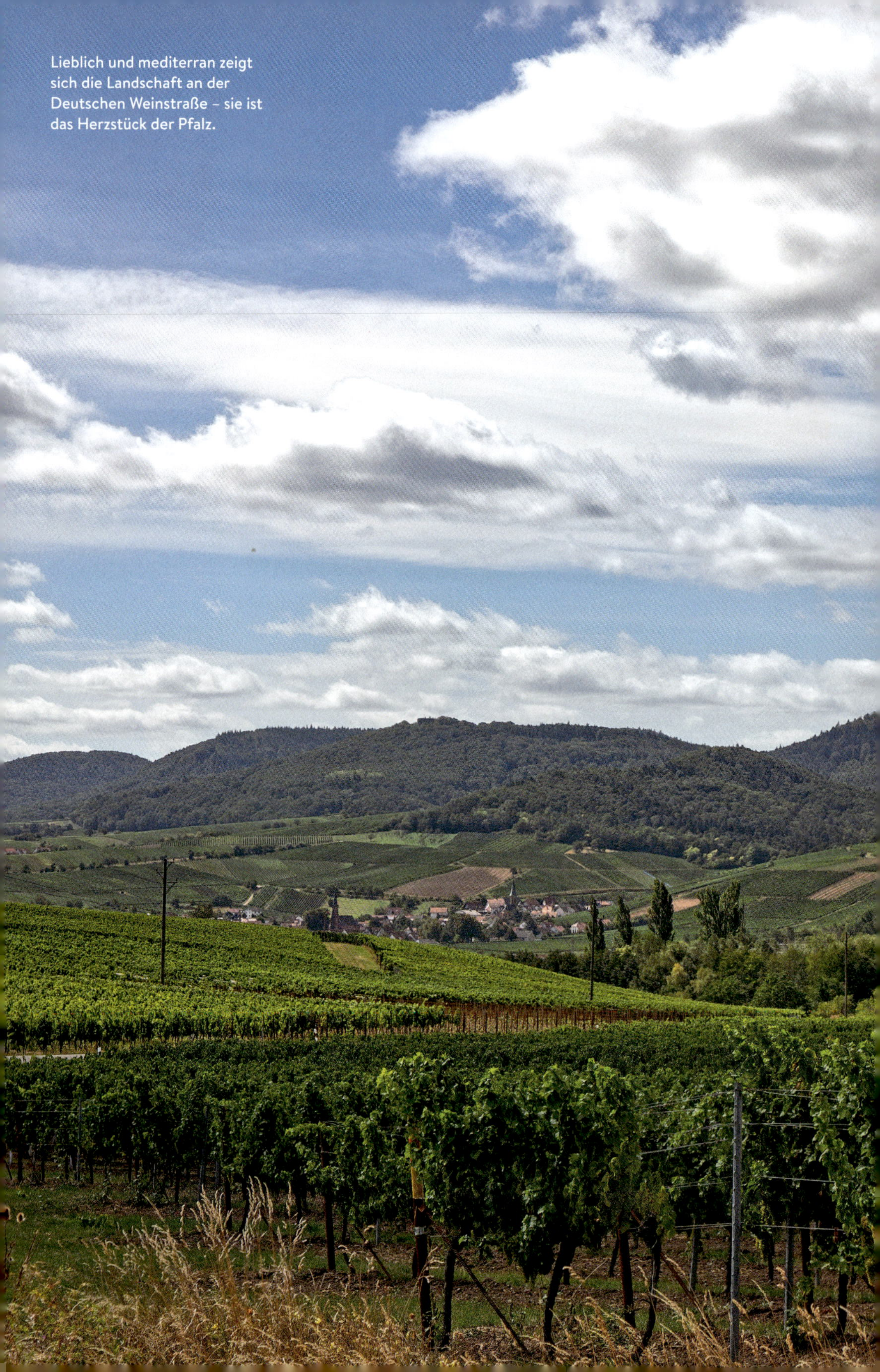

Lieblich und mediterran zeigt sich die Landschaft an der Deutschen Weinstraße – sie ist das Herzstück der Pfalz.

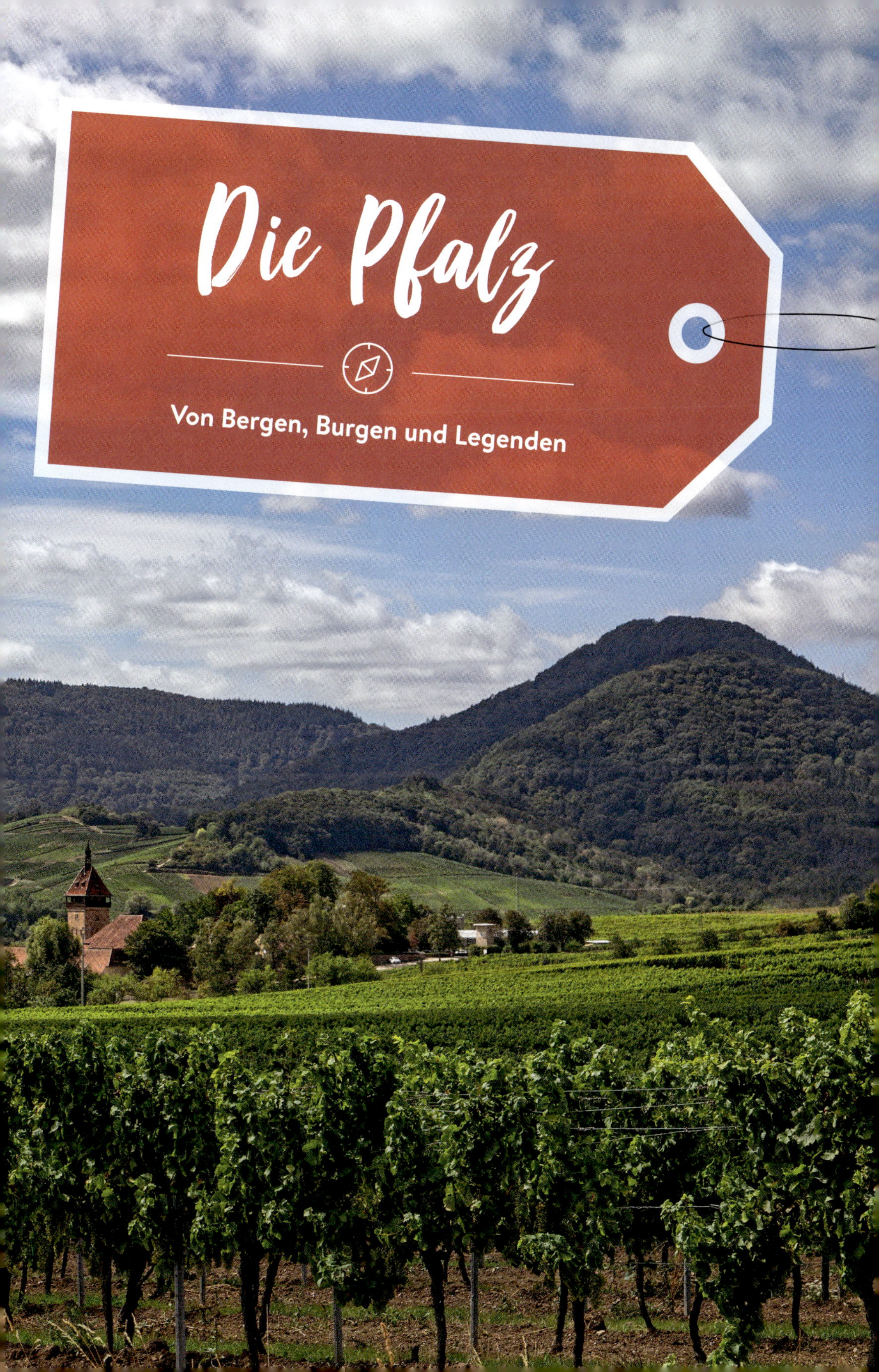
Die Pfalz
Von Bergen, Burgen und Legenden

CAMPINGPLATZ

Campingplatz Wappenschmiede

Klein, aber fein im Weinort St. Martin

Das milde Klima und die liebliche Landschaft machen den Reiz der Deutschen Weinstraße und ihrer zahlreichen Weindörfer aus. St. Martin ist eine dieser charmanten Ortschaften – sie darf sich über die Auszeichnung als zweitschönstes Dorf Deutschlands freuen.

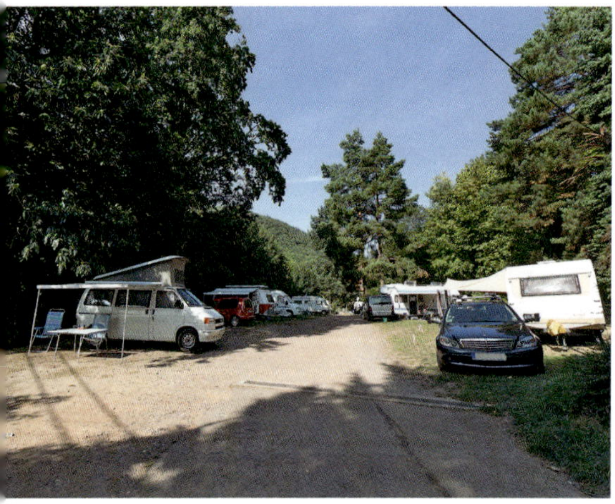

Wer die Ruhe sucht, ist hier richtig: Der Campingplatz Wappenschmiede liegt als kleiner, überschaubarer und ruhiger Platz am Ortsrand von St. Martin auf mehreren Ebenen. Die 25 Touristenplätze befinden sich auf einer großen Wiese mit nicht parzellierten Stellplätzen. Ins schmucke Dorfzentrum gelangt man in wenigen Minuten zu Fuß. Direkt am Platz gibt es die Gaststätte Wappenschmiede, zudem besteht die Möglichkeit, Wein zu kaufen. Stromanschlüsse, W-LAN und Waschmaschine sind vorhanden. Ein direkter Zugang verbindet den Platz mit den angrenzenden Wanderwegen.

Info

GEEIGNET ALS
Wochenendtrip oder Mehrtagesurlaub

ADRESSE
Talstraße 60, 67487 St. Martin, Tel. 06323/64 35, E-Mail: cwappenschmiede@hotmail.de, campingplatz-wappenschmiede.de

ANFAHRT
Von Neustadt über die Weinstraße und über Hambach und Maikammer nach St. Martin fahren. Durch den Ort, am westlichen Ortsausgang geht es von der Totenkopfstraße links hinunter zum Campingplatz (gut ausgeschildert).

GPS
49.425278, 8.467222

BESONDERHEIT
Das Zentrum von St. Martin mit zahlreichen Weingütern ist zu Fuß erreichbar, sodass man sich nach einer Wanderung mit einer Weinprobe belohnen kann.

CAMPINGPLATZ

Campingplatz Büttelwoog

Campen in Wildwest-Kulisse

Die Pfalz ist ein Eldorado für Wanderer. Insbesondere der Pfälzerwald, das größte zusammenhängende Waldgebiet Deutschlands, bietet abwechslungsreiche Wanderungen. Die Campingplätze sind zwar rar gesät, aber die vorhandenen liegen naturnah und passen sich der Umgebung gut an.

Umrahmt von den roten Sandsteinfelsen, für die das Dahner Felsenland berühmt ist, campt man hier in einer Umgebung, die an den Südwesten der USA erinnert. Einfacher, naturnaher und an den Wald grenzender Platz in einem Tal mit nicht-parzellierten Stellplätzen auf einer Wiese mit und ohne Schatten. Sehr gepflegte Anlage. Stromanschlüsse, Waschmaschine, Trockner, kleiner Laden mit Brötchenservice und Gaststätte mit Terrasse. Spielplatz, Bolzplatz und sogar eine Minigolfanlage sind vorhanden. Abgegrenzter Bereich für Campinggäste mit Hund. Der Ort Dahn ist zu Fuß erreichbar, und die Tour »Dahner Felsenpfad« startet direkt am Platz, weitere Wanderungen in der Umgebung.

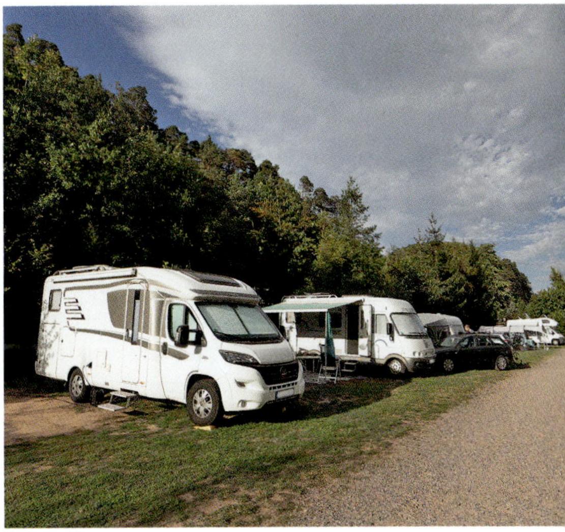

Info

GEEIGNET ALS
Mehrtagesurlaub

ADRESSE
Am Campingplatz 1, 66994 Dahn, Tel. 06391/56 22, E-Mail: buettelwoog@t-online.de, camping-buettelwoog.de

ANFAHRT
Über die B427 nach Dahn fahren, am Kreisverkehr in westliche Richtung auf die Hasenbergstraße biegen, dieser bis zum Ende folgen, der Campingplatz kommt nach dem Hotel Felsenland Resort.

GPS
49.144200, 7.763678

BESONDERHEIT
Direkt neben dem Campingplatz befindet sich das »Badeparadies Dahn« mit Hallen- und Freibad, Riesenrutsche, Sauna und Spa. Der Dahner Felsenpfad startet am Platz.

CAMPINGPLATZ

Camping Clausensee

Wandern und erholen am Badesee

Der größte Ort des Landkreises Südwestpfalz ist Waldfischbach-Burgalben, der dem Camping Clausensee nächstgelegene Ort. Die Südwestpfalz grenzt an das Saarland und an Frankreich und bietet eine Vielzahl an tollen Wanderungen zu Burgruinen, historischen Gebäuden und Felsen.

Im Sommer ist einiges los auf dem Campingplatz, dessen Highlight neben der abgeschiedenen Lage inmitten der Natur des Schwarzbachtals der namensgebende Badesee mit Liegewiese und Strand ist (Hundeverbot am und im See). Die Fahrzeuge stehen zwar mitunter etwas eng, dennoch kann man sich auf dem weitläufigen Areal gut entfalten. Ein modernes Sanitärgebäude, Stromanschlüsse, Waschmaschine und Trockner, Brötchenservice und die Gaststätte Fischerhaus runden das Angebot ab. Schlecht funktionierendes W-LAN und kein Netzempfang, darauf sollte man sich einstellen. Quer durch den Platz fließt der Schwarzbach.

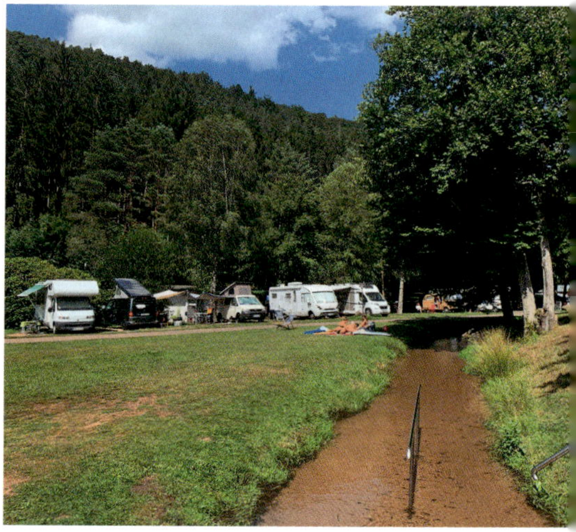

Info

GEEIGNET ALS
Mehrtagesurlaub

ADRESSE
67714 Waldfischbach-Burgalben, Tel. 06333/57 44, E-Mail: info@campingclausensee.de, campingclausensee.de

ANFAHRT
Von Neustadt über die Weinstraße Von Annweiler über die B48 Richtung Norden, vom Johanniskreuz Richtung Süden fahren, bis die L496 abzweigt. Dieser kurvenreichen und schmalen, aber für normale Wohnmobile noch fahrbaren Straße folgen bis zur Ortschaft Leimen, dort rechts abbiegen, der Campingplatz liegt an der linken Straßenseite.

GPS
49.275555, 7.711388

BESONDERHEIT
Vom Platz aus startet die Wanderung Heidelsburg-Wolfsschlucht-Seelenfels.

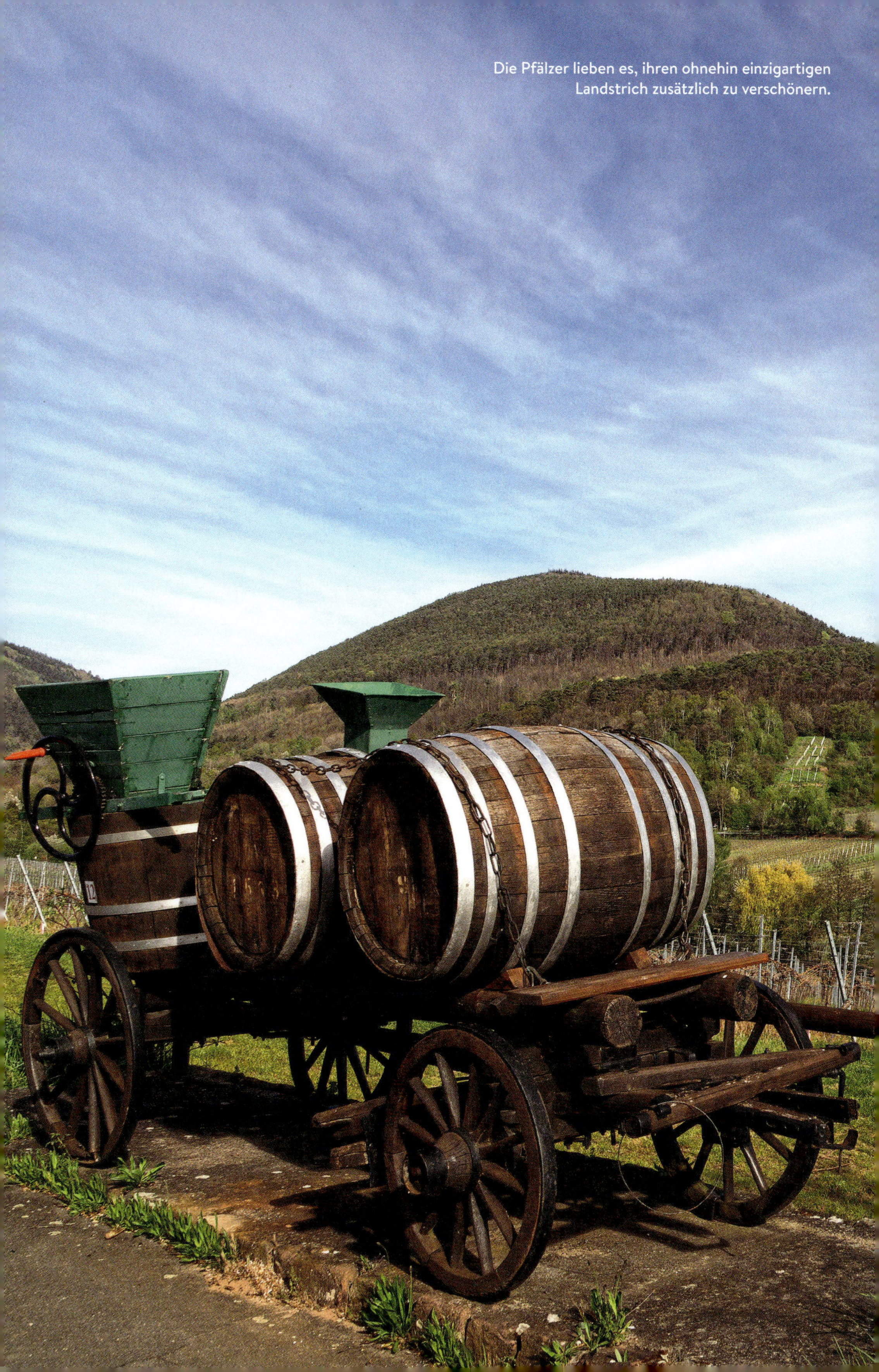

Die Pfälzer lieben es, ihren ohnehin einzigartigen Landstrich zusätzlich zu verschönern.

WANDERUNG

65 Im Pfälzerwald ganz oben

Auf den Gipfel der Kalmit

Wir steigen heute nicht nur auf die Kalmit, mit 673 Metern der höchste Berg im Pfälzerwald, sondern suchen uns auch den Weg durch ein imposantes Felsenmeer. Vom Startpunkt am Campingplatz Wappenschmiede streifen wir zunächst entgegen dem Uhrzeigersinn durch den malerischen Ort St. Martin und folgen dann den Markierungen mit dem grünen und weißen Balken. Kurz vor der Kalmithöhenstraße biegt der Weg nach links ab und in das Tal hinein, durch das wir nun entlang des Pfälzer Weinsteigs wandern. Wir tauchen ein in den Pfälzerwald und folgen den Schildern zur Kalmit. Nach steilem Auftakt steigt der Weg nach einem Tunnel nur noch moderat an, bis die Aussichtsplattform der Kalmit erreicht ist. Der Blick von oben schweift über das Rebenmeer der Pfalz und die Rheinebene. Eine Rast im urigen Kalmithaus, einer vom Pfälzerwaldverein bewirtschafteten Hütte mit Pfälzer Gerichten, ist Pflicht! Nach der erholsamen Rast überqueren wir unterhalb des Gipfels den Parkplatz und gelangen schon bald zum Felsenmeer, ein mit Felsblöcken übersätes Gelände auf dem Grat des Kalmit-Nachbarn Hüttenberg. Einen halben Kilometer lang führt der Weg durch bizarre Felsformationen und an ihnen vorbei, bis die Passage schließlich an einer Schutzhütte endet. Anschließend beginnt der Abstieg, vorbei an der Wolselquelle und begleitet vom Kropsbach, den wir mehrfach überqueren und der uns zurück zum Campingplatz führt.

↗ Einkehr vom Feinsten mit Traumblick: Ganz oben auf dem Gipfel steht das Kalmithaus mit Außengastronomie.
→ Der Weinort St. Martin gehört zu den schnuckeligsten Exemplaren, die die Pfalz zu bieten hat.

Info

DAUER
4 Std.

HÖHENMETER
470 Hm

LÄNGE
12,7 km

SCHWIERIGKEIT
Schwer

TOURENCHARAKTER
Lange Wanderung mit einigen Höhenmetern, Trittsicherheit und gute Grundkondition erforderlich, Wanderstöcke sind im Felsenmeer hilfreich.

AUSGANGS-/ENDPUNKT
Campingplatz Wappenschmiede

ANFAHRT
GPS: 49.425278, 8.467222
WoMo: Keine Anfahrt nötig, da Startpunkt am Campingplatz

EINKEHR
Kalmithaus

INFORMATION
pfalz.de, suedlicheweinstrasse.de, sankt-martin.de

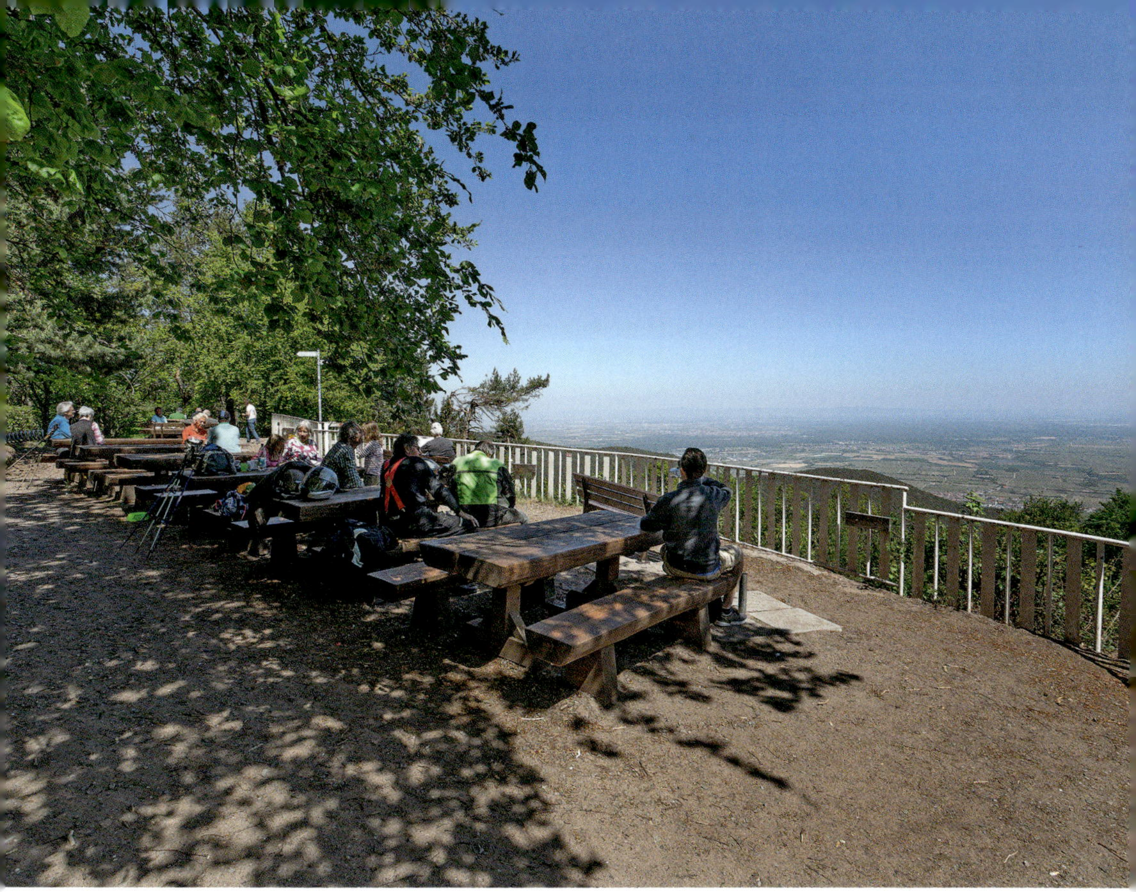

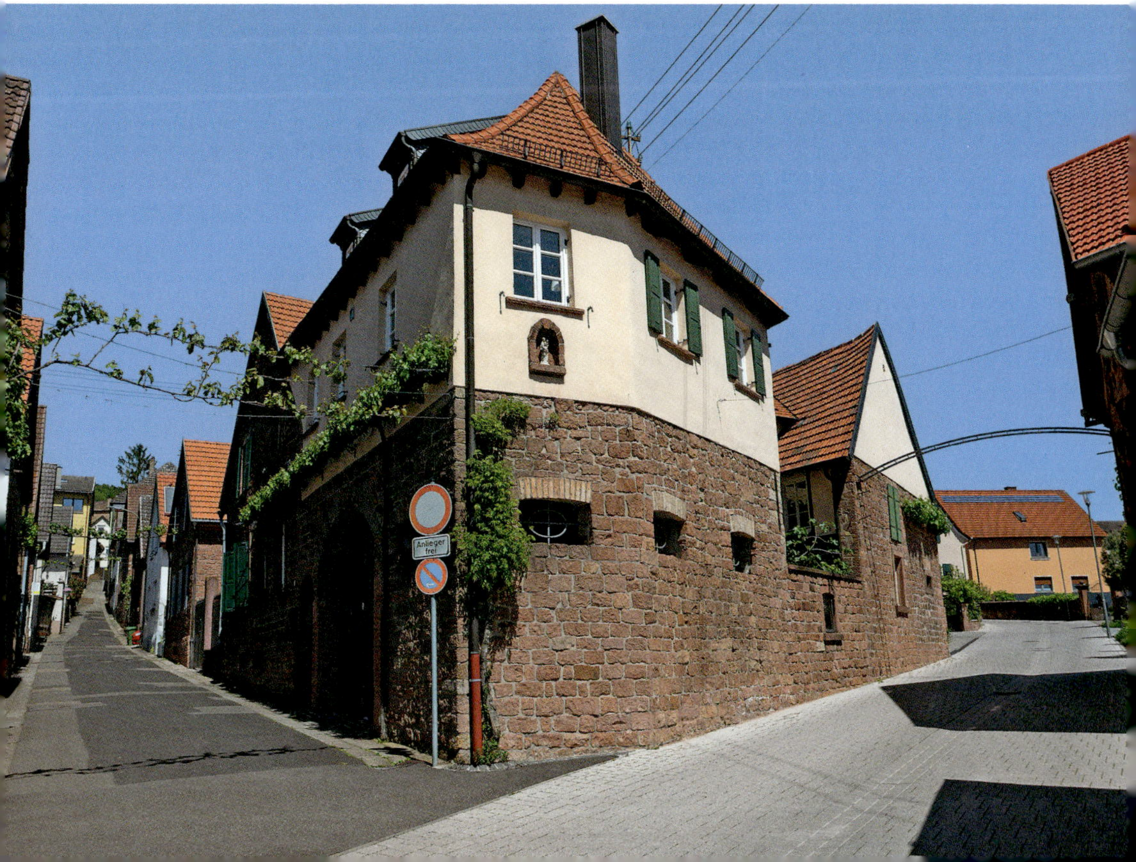
Anlieger
frei

66 Pfälzer Markenzeichen

Die Rietburg ist die Ruine einer Hangburg

Die Burgruinen in der Pfalz sind etwas ganz Besonderes und so steht die bis heute gut erhaltene Rietburg oberhalb der Ortschaft Rhodt auf dem Programm. Wir könnten uns den Auf- oder Abstieg vom nostalgischen Sessellift abnehmen lassen, die Talstation befindet sich bei der Villa Ludwigshöhe, die Bergstation direkt bei der Burg. Da wir uns jedoch im Wanderurlaub befinden, schnüren wir die Schuhe.

Zu Beginn der Wanderung gehen wir auf die herrschaftliche Villa Ludwigshöhe zu, ein ehemaliges bayerisches Königsschloss, das heute für kulturelle Veranstaltungen genutzt wird. Anschließend lassen wir die Burg links liegen und schlagen einen Bogen zum verträumten Hilschweiher mit Waldkiosk, Bootsverleih und Wasserfall. Kurz durchatmen, denn auf den folgenden dreieinhalb Kilometern sind 240 Höhenmeter zu bewältigen, die uns an einem Wildgehege vorbei zum Highlight der Tour hinaufführen, zu den Ruinen der Rietburg. Die Höhenburg stammt aus dem Mittelalter, ist in den Hang gebaut und bietet eine Gaststätte mit wunderschönen Plätzen auf der Aussichtsterrasse.

Es folgt nach einem weiteren Anstieg die nächste historische Perle, der 1889 errichtete Ludwigsturm mit Aussichtsplattform. Im Zickzack-Kurs geht es anschließend über einen schmalen Waldpfad bergab, und wir nehmen Kurs auf die Pfälzerwald-Hütte Schweizer Haus mit Panoramablick von der Terrasse. Nur einen Kilometer später lädt die Waldgaststätte Rietania zur Einkehr ein. Hier sind wir schon so gut wie am Ende der Wanderung angelangt, die uns an der Talstation des Sessellifts vorbei zum Wohnmobil führt.

Info

DAUER
3.30 Std.

HÖHENMETER
440 Hm

LÄNGE
11,5 km

SCHWIERIGKEIT
Mittel – schwer

TOURENCHARAKTER
Einige Höhenmeter, optional mit einer Sessellift-Fahrt kombinierbar; konditionell und hinsichtlich der Länge gut machbar

AUSGANGS-/ENDPUNKT
Parkplatz unterhalb der Villa Ludwigshöhe in Rhodt unter Rietburg

ANFAHRT
GPS: 49.277323, 8.086709
WoMo: Von der A65 die Ausfahrt 14/Edenkoben nehmen, erst in westliche Richtung, in Edenkoben auf die Luitpoldstraße fahren, links in die Radeburger Straße einbiegen, dann rechts auf die Weinstraße und am Kreisverkehr geradeaus in die Villastraße zum Parkplatz

EINKEHR
Waldkiosk, Höhengaststätte Rietburg, Schweizer Haus, Waldgaststätte Rietaniahütte

INFORMATION
pfalz.de, suedlicheweinstrasse.de, rhodt.de, rietburgbahn-edenkoben.de

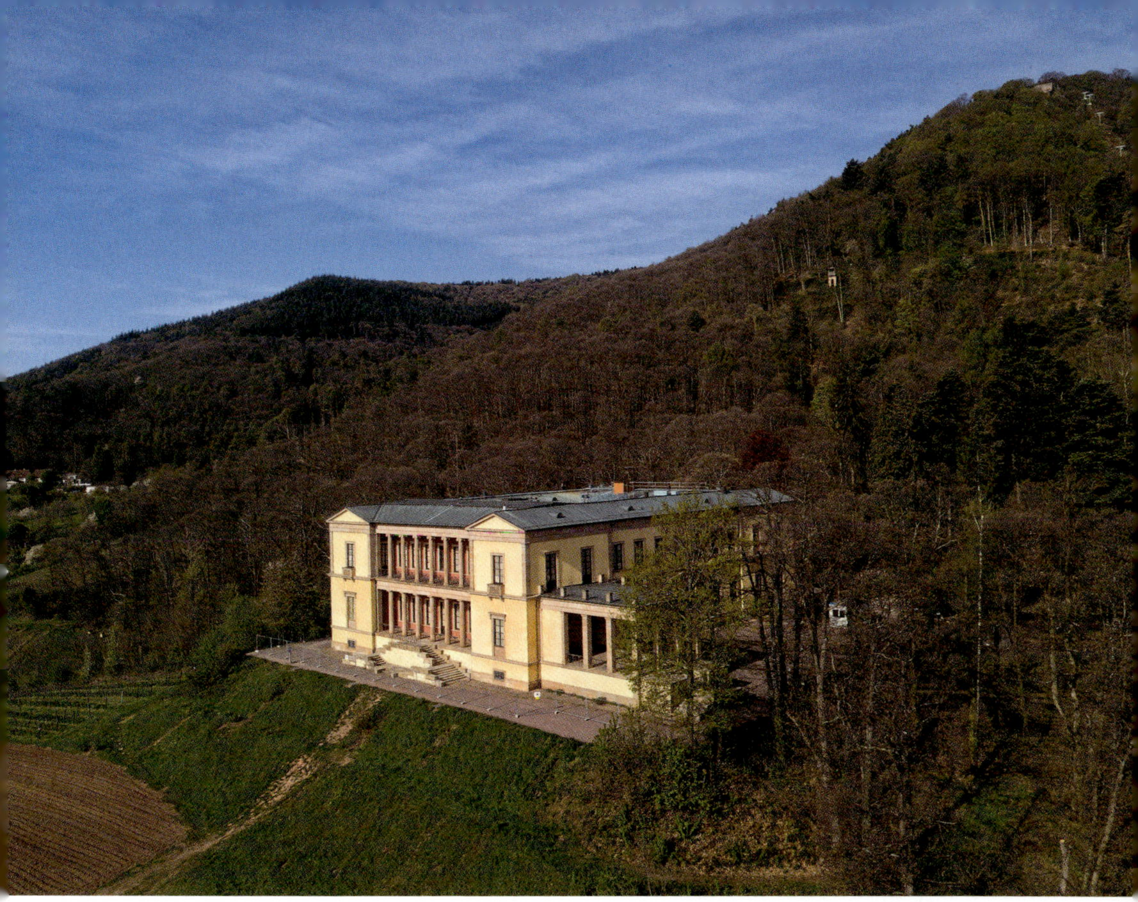

↑ Die Villa Ludwigshöhe ist ein denkmalgeschütztes Schloss und der ehemalige Sommersitz des Königs Ludwig I. von Bayern.
→ Am Hilschweiher kann man die Ruder schwingen und das Wanderprogramm mit einer lustigen Bootsfahrt unterbrechen.
↘ Auf 550 Metern Höhe thront die Rietburg, die um das Jahr 1200 erbaut wurde.

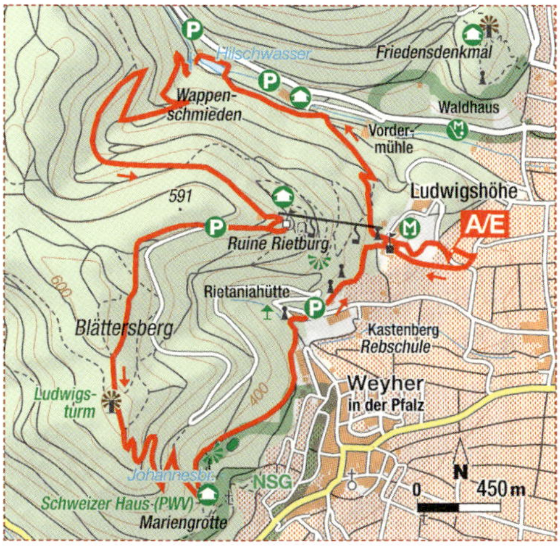

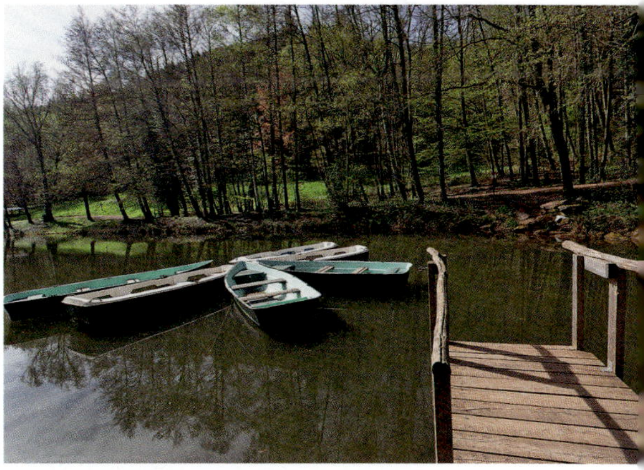

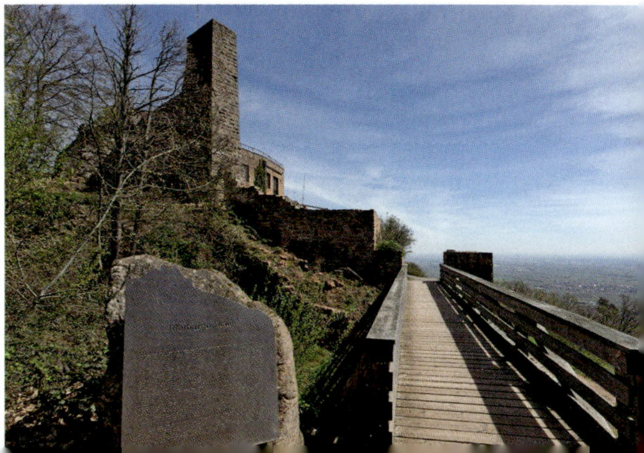

WANDERUNG

67 Drei Burgen plus Ausblicke

Auf dem Annweilerer Burgenweg

Drei Burgen auf einen Streich werden heute erwandert, von Annweiler geht es hinauf zu den Ruinen Anebos und Scharfenberg und zur berühmten und in der Region weithin sichtbaren Kaiserburg Trifels. Einige schöne Aussichtspunkte werten die Tour zusätzlich auf. Der Premiumweg ist mit einem grünen Schild »Annweilerer Burgenweg« und dem Burgenlogo ausgewiesen. Nach dem Start beim Kurpark wandern wir den konstant ansteigenden Weg am Hang des Bindersbacher Tals im Wald hinauf zum Parkplatz Windhof. Serpentinen winden sich bergan zur Ruine Scharfenberg mit ihrem hohen Bergfried (wegen Sanierungsarbeiten bis voraussichtlich Mitte 2023 gesperrt). An dem mächtigen Sandsteinmassiv Fensterfelsen entlang geht es nun bergab und nach einem schönen Rastplatz wieder aufwärts. Ein Stichweg führt zur Ruine Anebos, von der allerdings nicht viel übrig ist – wofür der Ausblick jedoch vollkommen entschädigt.

Zurück zum Rastplatz und vorbei am Parkplatz Schlossäcker und der Gaststätte Barbarossa wandern wir zum Star der Tour, der Reichsfeste Trifels. Die teilrestaurierte mittelalterliche Felsenburg kann besichtigt werden. Die Wanderung zurück zum Kurpark klingt nun auf angenehmen Waldwegen und vor allem bergab gemütlich aus.

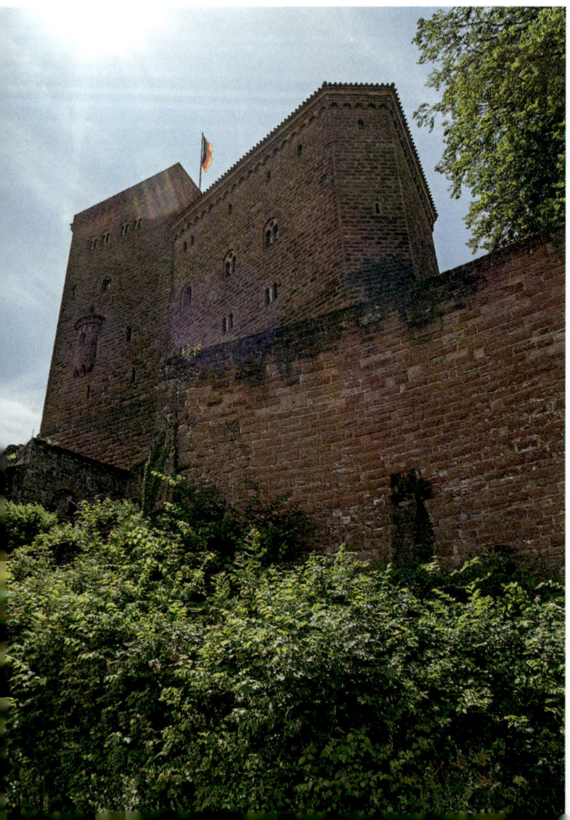

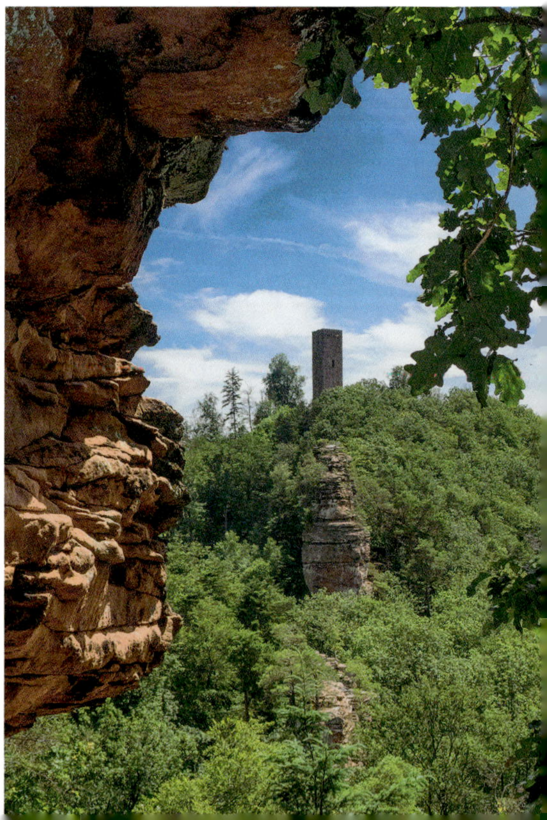

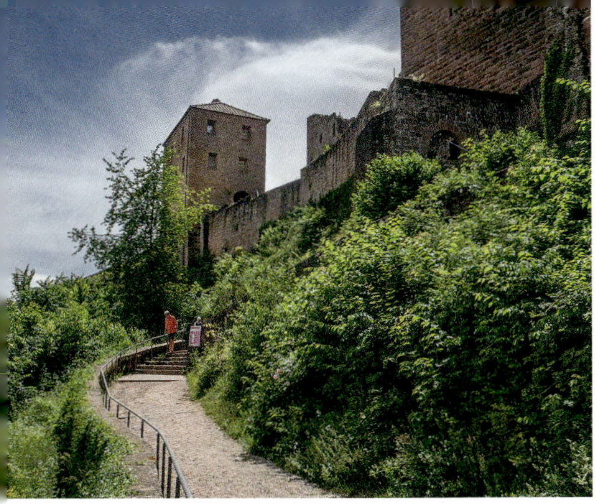

↑ Wir nähern uns den Mauern der Reichsburg Trifels auf 479 Metern Höhe.

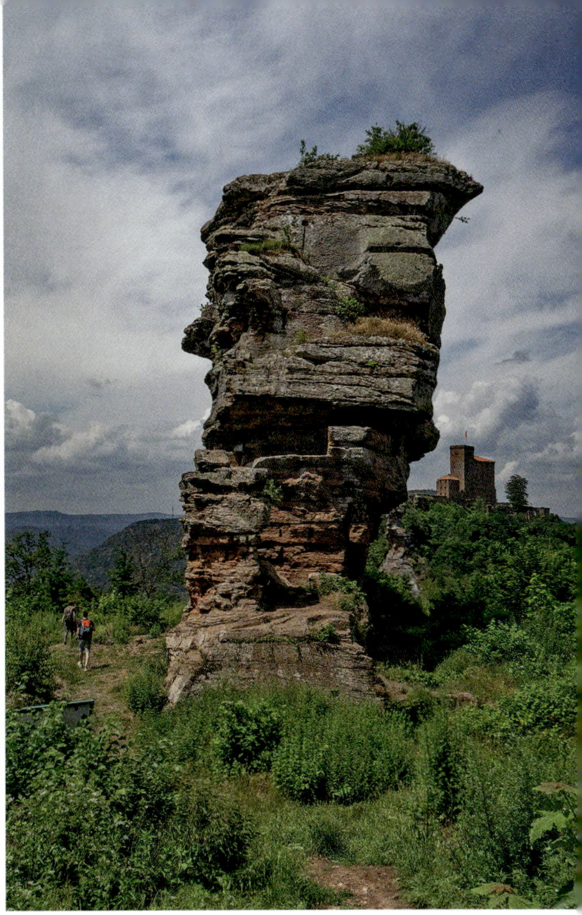

↑ Die Burg Anebos ist die Ruine einer mittelalterlichen Felsenburg und einer der drei Bestandteile der Trifelsgruppe.
← Die teilrestaurierte Burg Trifels dominiert das Trifelsland – sie ist aus allen Himmelsrichtungen weithin sichtbar.
↙ Ausblick auf die Ruine Scharfenberg

Tipp

ANNWEILER

Die Stauferstadt Annweiler am Trifels ist ein romantischer Ort mit einem sehenswerten historischen Stadtkern. Leise plätschernd schlängelt sich die Queich durch den Ort, es warten außerdem die alte Stadtmühle, das Gerberviertel und das Museum unterm Trifels auf die Besucher. In einem Café am Marktplatz kann man das pittoreske Rathaus bewundern und es sich gut gehen lassen.

Info

DAUER
2.30 Std.

HÖHENMETER
360 Hm

LÄNGE
8 km

SCHWIERIGKEIT
Mittel

TOURENCHARAKTER
Erlebnisreiche Wanderung mit stetigem Anstieg gleich zu Beginn. Teils breite Wege, teils schmale Waldpfade

AUSGANGS-/ENDPUNKT
Parkplatz P1 am Kurpark von Annweiler

ANFAHRT
GPS: 49.199450, 7.968510
WoMo: Über die A65 bis Ausfahrt Landau-Nord, dann über die B10 nach Annweiler am Trifels

EINKEHR
Gaststätte Barbarossa

INFORMATION
pfalz.de,
trifelsland.suedlicheweinstrasse.de,
annweiler.de

WANDERUNG

68 Von Fels zu Fels

Bizarrer Sandstein auf dem Dahner Felsenpfad

Eine abwechslungsreiche Routenführung auf schmalen Pfaden und mit immer neuen bizarren Buntsandsteinmassiven und spektakulären Fernsichten – das ist der am Campingplatz Büttelwoog startende Dahner Felsenpfad. Lichtdurchfluteter Wald wechselt ab mit rot leuchtenden Sandsteinformationen – farblich passend weist das schwarz-orangefarbene Logo mit der Aufschrift »Dahner Felsenpfad« den Weg.
Im Folgenden wird nur eine Auswahl der zahlreichen markanten Felsen benannt, deren Form und Aussehen immer wieder aufs Neue in Erstaunen versetzen: beispielsweise der Pfaffenfelsen. Der Schillerfelsen verschafft nach einem steilen Aufstieg einen schönen Blick über das Dahner Felsenland. Es folgt die ausgeschilderte Felsenarena mit überall im Wald verstreuten Felsen. Je nach Sonnenstand bezaubern faszinierende Lichtspiele. Nach dem Elwetritschefels, dessen Namensgeber das vogelähnliche Fabeltier der Pfalz ist, gibt es eine Stärkung in der Dahner Hütte. Kontrastprogramm nach der Einkehr: Wir überqueren eine Feuchtwiese, durch die der Seibertsbach fließt. Dann kommen die Felsformationen noch einmal Schlag auf Schlag, ein Fels folgt auf den anderen. Eine kurze Erfrischung am Rothsteigbrunnen, danach wird noch der Ungeheuerfelsen passiert, bevor der Ort Dahn wieder auftaucht. In einer anspruchsvollen Steigung geht es die Felswand Büttelwoogfelsen hinauf. Der Lämmerfelsen mit seinem beeindruckenden Panorama, der Wachtfelsen samt Aussichtsplateau und das Felsenpaar Braut und Bräutigam runden die Felsenvielfalt ab, bevor wir zum Campingplatz zurückkehren.

Info

DAUER
4 Std.

HÖHENMETER
402 Hm

LÄNGE
13,1 km

SCHWIERIGKEIT
Schwer

TOURENCHARAKTER
Einer der schönsten Wanderwege der Pfalz, aber durchaus anspruchsvoll. Abwechslungsreich mit einigen Höhenmetern auf teils verschlungenen Pfaden

AUSGANGS-/ENDPUNKT
Campingplatz Büttelwoog

ANFAHRT
GPS: 49.144200, 7.763678
WoMo: Keine Anfahrt notwendig, da Startpunkt am Campingplatz

EINKEHR
Dahner Hütte

INFORMATION
zentrum-pfaelzerwald.de, dahner-felsenland.net

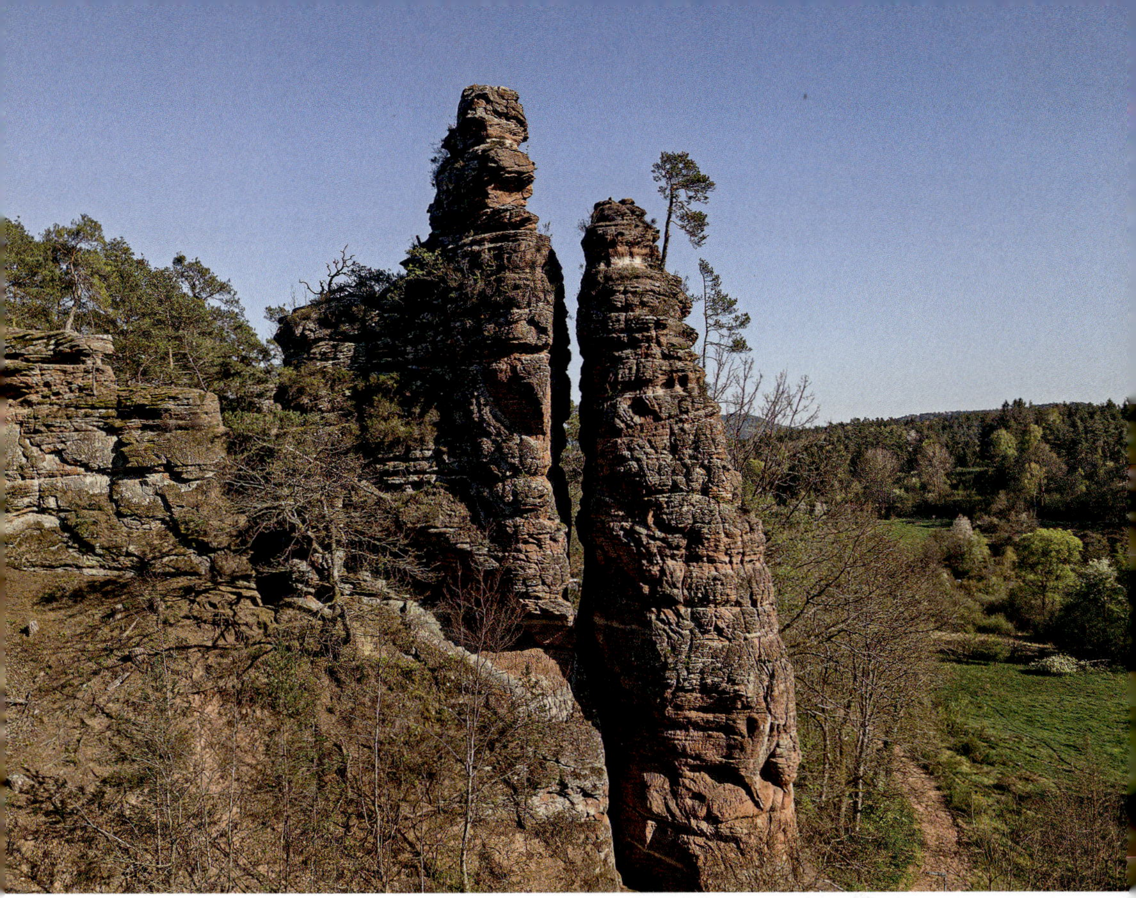

↑ Das Felsenpaar Braut und Bräutigam ist das Markenzeichen des Ortes Dahn. Man sieht es nicht nur von der Wanderung aus.
→ Ein bisschen im Wald versteckt befindet sich der sogenannte Schlangenfelsen.
↓ Diese Aussichtskanzel mit Rastbank erreicht man auf dem Schwalbenfelsen.
↘ Man sieht vor lauter Felsen das Felsenland nicht ... Hier haben wir es mit dem Ungeheuerfelsen zu tun.

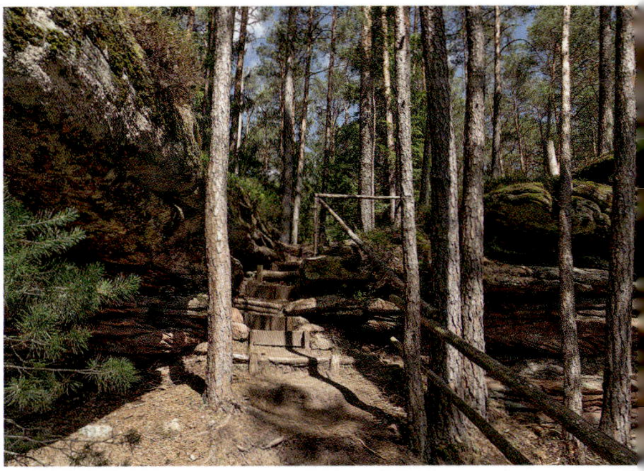

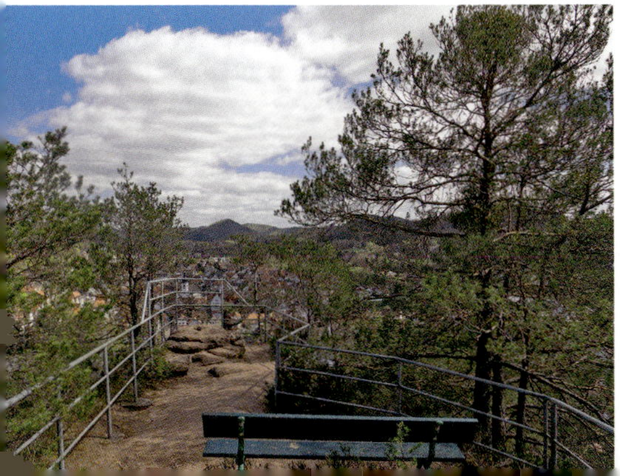

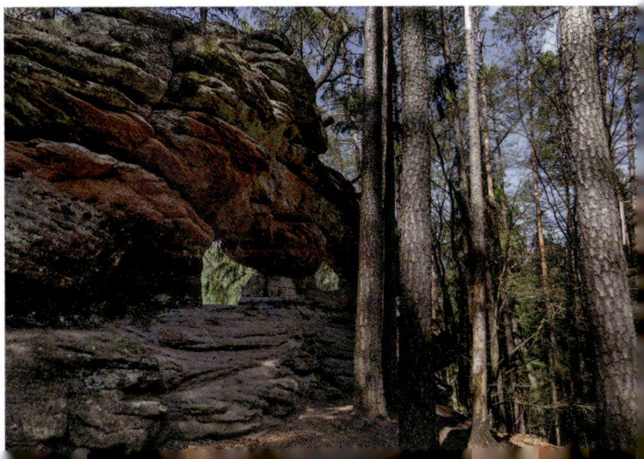

WANDERUNG

69 Kaiserliche Felslandschaft

Premiumwanderweg Napoleon-Steig

Dem Konterfei des berühmten Franzosen hinterher, es dient als Wegmarkierung, begeben wir uns auf dem recht neu angelegten Napoleon-Steig in eine beeindruckende Felsenlandschaft. Schon kurz nach dem Start in der Ortschaft Bruchweiler-Bärenbach gelangen wir zum Retschelfelsen, einem imposanten, etwa 500 Meter langen Buntsandsteinmassiv. Anschließend folgen wir einem schmalen Pfad über einen Grat bis zum Eisenbahnfelsen, den wir umwandern. Nachdem wir die nichtbewirtschaftete Kaiserslauterer Hütte passiert haben, wartet der dritte Felsen, der Rauhbergfelsen. Ein Fenster im Felsen erregt unsere Aufmerksamkeit.

Es geht nun erst einmal bergab auf einem schmalen Steig bis zur Reinigshofquelle. Entlang einer Talaue steuern wir dann dem Felsen entgegen, der dieser Wanderung den Namen verleiht. Hierfür wandern wir wieder aufwärts und gelangen zum bizarren, leicht abseits gelegenen Napoleonfelsen. Der wie eine Nadel aufragende Felsen wirkt sehr beeindruckend. 20 Minuten später erwartet uns die vom Pfälzerwaldverein bewirtschaftete Hütte Am Schmalstein. Hier werden in traumhafter Lage herzhafte Pfälzer Spezialitäten und leckere Kuchen angeboten.

Nach der Pause wandern wir auf einem Waldweg an den Käskammerfelsen vorbei und hinauf zur Flecksteinhochebene. Dieser Bereich ist nicht bewaldet, sodass er wunderbare Panoramablicke zulässt – über den gesamten Wasgau bis hin ins Elsass. Über einen kurzen Abstieg erreichen wir auf einem schmalen Feldweg vorbei an Streuobstwiesen das Wöllmersbachtal und kehren von hier aus zurück zum Parkplatz.

→ Hier könnte man wohl ewig stehen, das Naturwunder aus rotem Sandstein betrachten und die Zeit vergessen ...

Info

DAUER
3.30 Std.

HÖHENMETER
280 Hm

LÄNGE
11,6 km

SCHWIERIGKEIT
Mittel

TOURENCHARAKTER
Etwas längere, aber einfache Wanderung mit schönen Ausblicken auf bequemen Wegen und über schmale Pfade

AUSGANGS-/ENDPUNKT
Parkplatz Fabrikstraße 18, Däumling-Schuhfabrik

ANFAHRT
GPS: 49.119921, 7.796976
WoMo: Aus Richtung Dahn und aus Richtung Erlenbach über die B427 nach Reichenbach fahren, im Kreisverkehr auf die L489 nach Bruchweiler-Bärenbach und der Ausschilderung Däumling-Schuhfabrik folgen

EINKEHR
Pfälzerwaldverein-Hütte Am Schmalstein

INFORMATION
pfalz.de, pfaelzerwald.de, bruchweiler-baerenbach.de

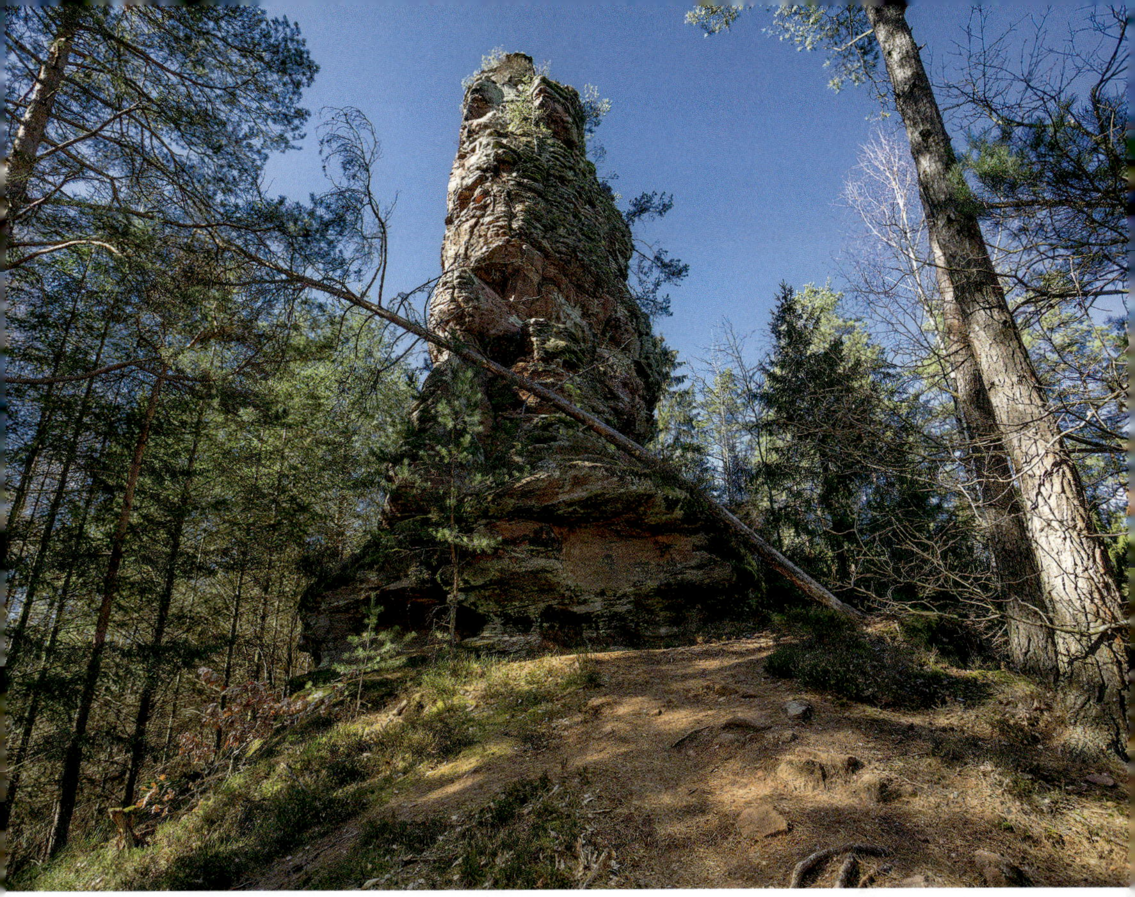

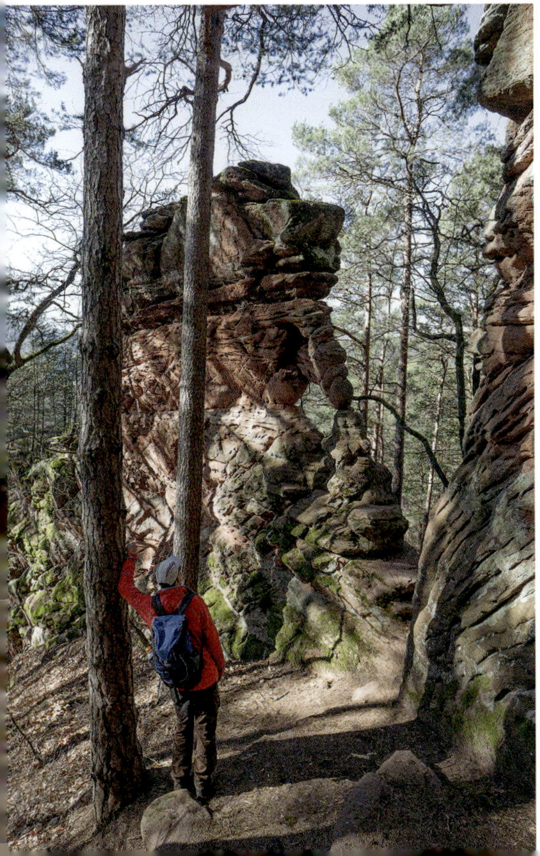

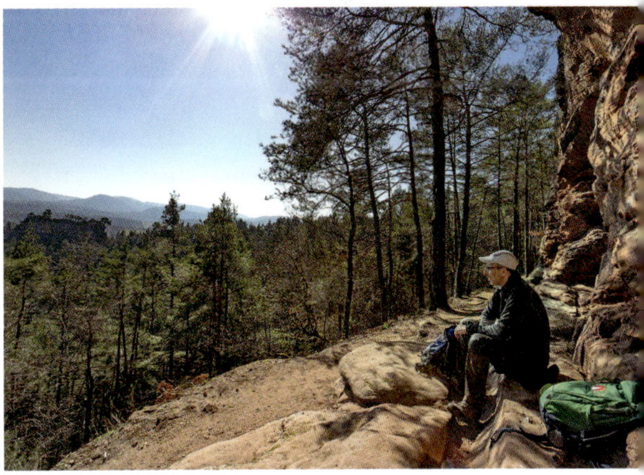

↑ Der majestätische Napoleonfelsen gibt dem Premiumweg seinen Namen.
← ↑ Die Aussicht vom Eisenbahnfelsen aus ist so schön, dass man hier dringend eine Rast einlegen und das mitgebrachte Picknick auspacken muss!

WANDERUNG

70 Burgruinen und tolle Einkehr

Auf und ab auf der Arius-Tour

Im Jahr 2020 frisch zertifiziert, ist dieser Premiumwanderweg in Ruppertsweiler etwas ganz Besonderes. Gut ausgeschildert führt er gleich zu Beginn nach Durchquerung des Orts über einen schmalen Waldpfad hoch zum Maiblumenfelsen. Dann geht es noch einmal hinauf bis zum Bismarckstein, dem höchsten Punkt der Tour auf dem namensgebenden Berg Arius (448 Meter Höhe).
Wir steigen zunächst ab, vorbei an weiteren Felsformationen und wenden uns nach dem Wald zum Forsthaus Beckenhof mit Biergarten. Kurz danach folgt die nächste Einkehrmöglichkeit, das urige, vom Pfälzerwaldverein bewirtschaftete Waldhaus Starkenbrunnen – nicht minder schön. Hier gibt es Pfälzer Spezialitäten und Weinschorle. Der Weg führt über das Flüsschen Rodalbe; anschließend müssen wir noch einmal steil bergauf marschieren, um die Burgruine Ruppertstein zu erreichen. Natursteinstufen führen auf das Aussichtsplateau. Danach geht es nur noch bergab ins Tal und zurück in den Ort Ruppertsweiler.

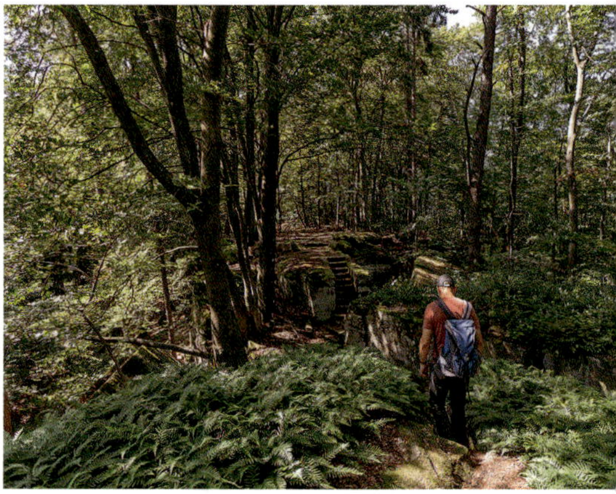

↑ Auf den Maiblumenfels führen in den Stein gehauene Stufen hinauf.

Info

DAUER
3 Std.

HÖHENMETER
340 Hm

LÄNGE
12,4 km

SCHWIERIGKEIT
Mittel

TOURENCHARAKTER
Vorwiegend durch den Wald auf schmalen Pfaden an Felsformationen vorbei mit zwei steilen Anstiegen. Gute Grundkondition erforderlich

AUSGANGS-/ENDPUNKT
Parkplatz Wappenschmiede Ruppertsweiler

ANFAHRT
GPS: 49.195301, 7.694130
WoMo: Aus Richtung Hauenstein über die B10 oder aus Richtung Dahn über die B427 nach Hinterweidenthal fahren, dann über die B10 nach Rupperstweiler, dort erste Ausfahrt. Der Parkplatz liegt am Ortseingang links.

EINKEHR
Waldgaststätte Forsthaus Beckenhof, PVV-Waldhaus Starkenbrunnen

INFORMATION
pfalz.de, pfaelzerwald.de, urlaubsregion-primasens-land.de

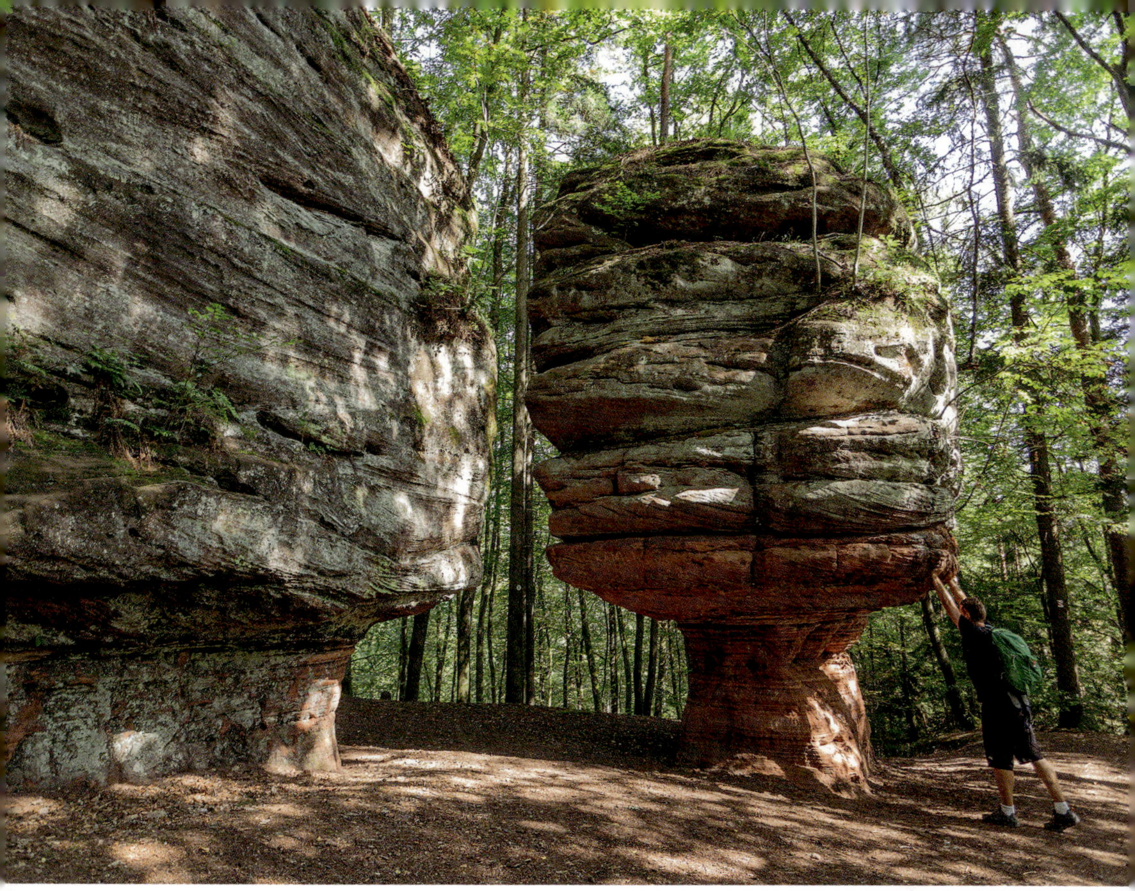

↑ Ob er ihn wohl wegschieben kann? Nein, es hat nicht geklappt – der Kanzelfelsen sieht so filigran aus, ist aber mächtig.
→ Das Forsthaus Beckenhof ist die erste von zwei aufeinanderfolgenden Einkehrmöglichkeiten. Toller Biergarten!

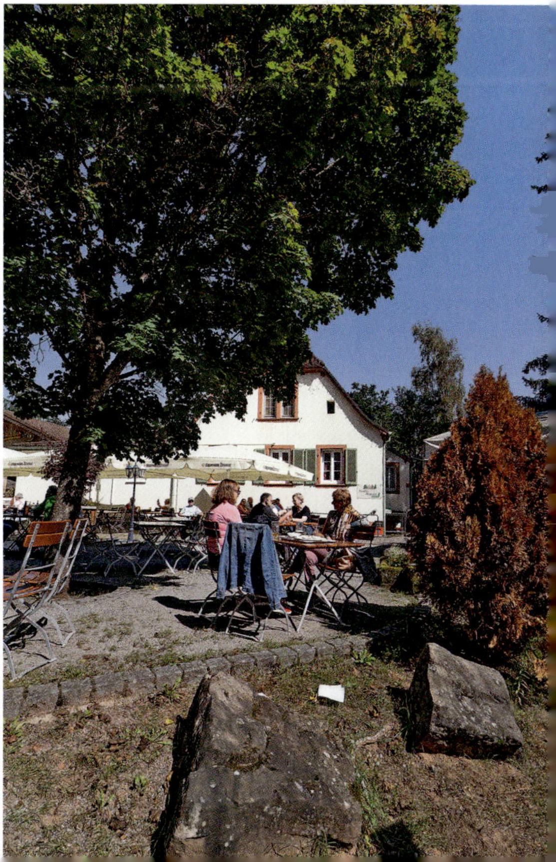

Tipp

HÜTTEN DES PFÄLZERWALDVEREINS

Es gibt etwas, das die Pfalz endgültig zum Wanderparadies macht: Die mehr als 100 vom Pfälzerwaldverein bewirtschafteten Hütten. Sie haben Kultstatus und wurden zu Recht immaterielles Kulturerbe der UNESCO. Das kulinarische Angebot reicht von Pfälzer Spezialitäten wie Leberknödel und Saumagen mit Sauerkraut über Dampfnudeln mit Suppe bis zu selbstgebackenem Kuchen. Und natürlich darf eine Weinschorle nicht fehlen, in der großzügig Wein und nur wenig Mineralwasser enthalten ist.

71 Viel Pfalz auf einen Schlag

Heidelsburg, Wolfsschlucht und Seelenfels

Auf dieser Wanderung liegt die Vielfalt der Pfalz quasi am Wege: Die Tour streift eine Burg, eine imposante Sandsteinformation, eine kleine Schlucht und einen See. An ihm beginnt die erlebnisreiche Tour. Sie führt zunächst oberhalb des nördlichen Clausenseeufers durch den Wald und entlang des Schwarzbachs. Es gibt keine durchgehende Wegmarkierung.

Nach einem Wanderparkplatz gehen wir zur Landstraße und überqueren sie. Ein von Spinnweben verhangener, schmaler Weg oberhalb der Straße lässt erahnen, dass sich hier der Publikumsverkehr in Grenzen hält. Als erste Attraktion ist die Heidelsburg erreicht – im Vergleich zu anderen Pfälzer Burgruinen ist nicht mehr viel vorhanden; zudem verteilen sich die Relikte über den Hügel. Dennoch hat das verbliebene Gemäuer eine mystische Ausstrahlung in der Einsamkeit des Waldes.

Vorbei am Wilhelmsbrunnen gelangen wir zur Wolfsschlucht. Dabei handelt es sich um gigantische rote Sandsteinbrocken mit einem gut versteckten Brunnen. An einer Kreuzung mit Picknickplatz folgen wir der Ausschilderung »Seelenfelsenpfad (anspruchsvoll)« – anspruchsvoll wird es tatsächlich, aber auch wunderschön! Entlang riesiger Felsformationen schlängelt sich der Pfad und bietet ständig neue Impressionen. Unter einem Felsvorsprung lässt es sich herrlich rasten.

Wir wenden uns anschließend wieder Richtung Zivilisation, schlendern vorbei am Gasthaus Zur Heidelsburg und erreichen schließlich die Landstraße und die Zufahrt zum Campingplatz Clausensee.

Info

DAUER
3.20 Std.

HÖHENMETER
240 Hm

LÄNGE
9,7 km

SCHWIERIGKEIT
Mittel

TOURENCHARAKTER
Mittelschwere Wanderung mit zum Teil schmalen und leicht zugewucherten Waldwegen und steinigem Pfad zum Seelenfelsen

AUSGANGS-/ENDPUNKT
Campingplatz Clausensee

ANFAHRT
GPS: 49.275555, 7.711388
WoMo: Keine Anfahrt notwendig, da Startpunkt am Campingplatz

EINKEHR
Gasthaus Zur Heidelsburg, Gaststätte Fischerhaus am Campingplatz (Start- und Endpunkt)

INFORMATION
seen.de/clausensee, vgwaldfischbach-burgalben.de, lksuedwestpfalz.de

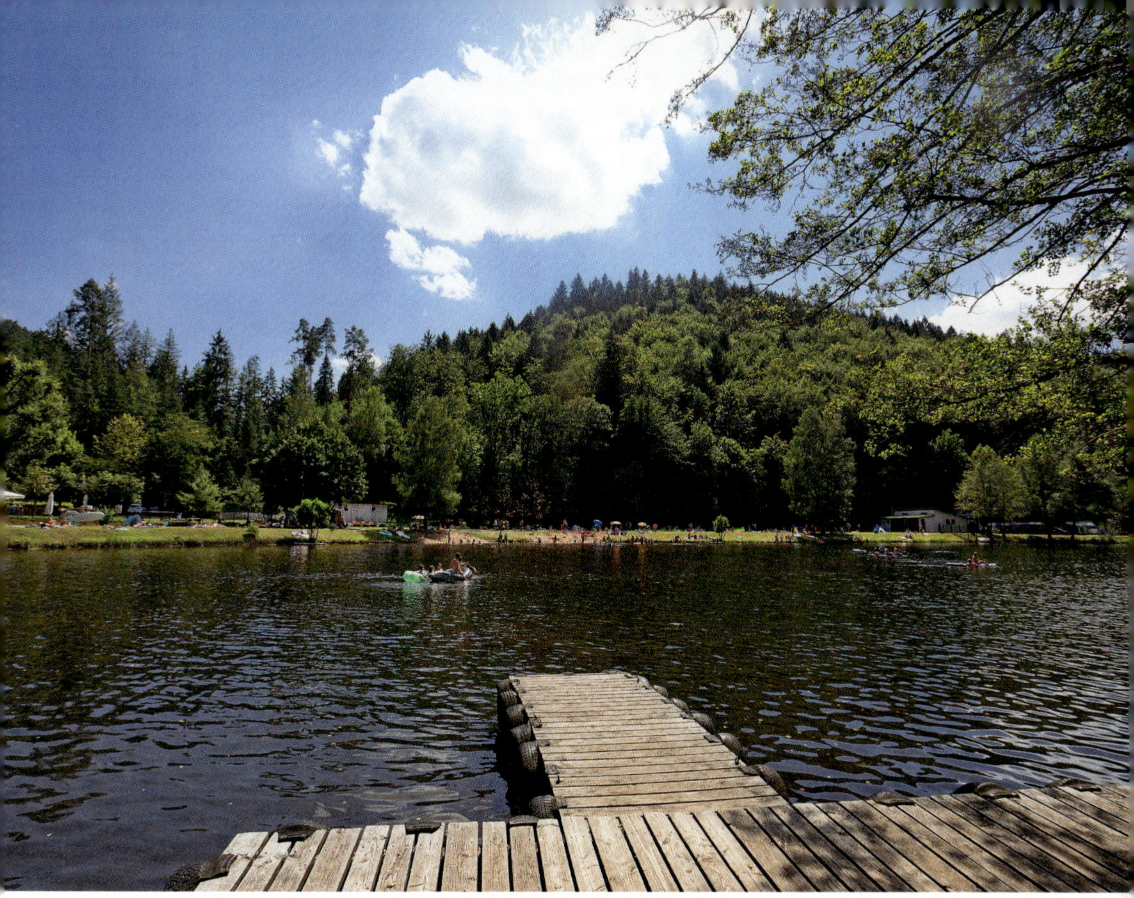

↑ Am Clausensee liegt der gleichnamige Campingplatz – er ist Ausgangspunkt für die beschriebene Wanderung.
→ Laut einer Infotafel ist dies das frühere Tor zur ehemaligen Verteidigungsanlage Heidelsburg.

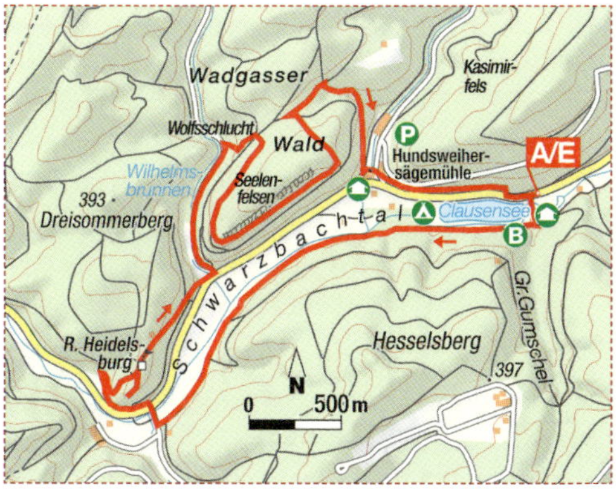

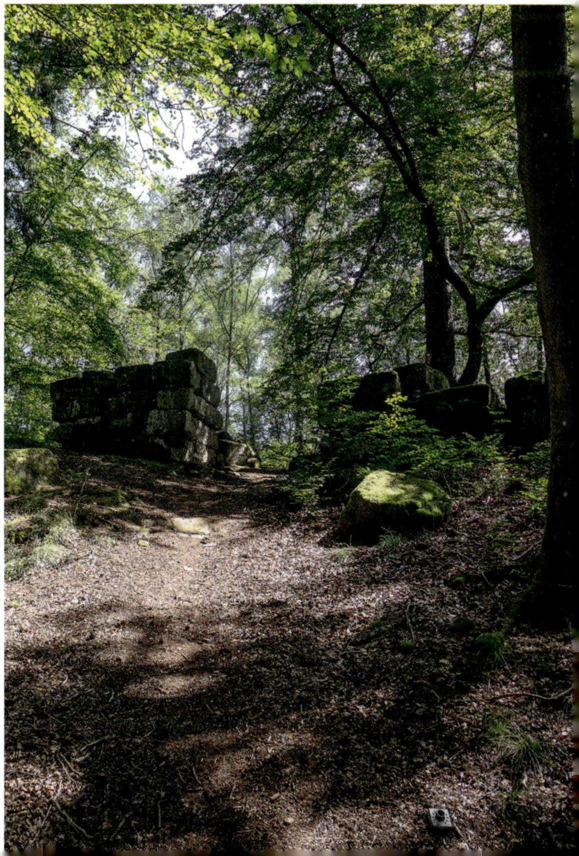

72 Natur pur in der Karlstalschlucht

Wildromantische Klamm der Moosalb

Durch die zahlreichen Felsen in der Pfalz haben sich auch Canyons gebildet, einer davon ist die naturbelassene Karlstalschlucht, um die herum diese vielseitige und selbst zusammengestellte Wanderung führt. Vom Campingplatz Sägmühle aus (als Übernachtungsstandort möglich) geht es durch den Wald in den Ort Trippstadt und dann entlang des Schlossparks durch eine offene Wiesenlandschaft.

Auf der rechten Seite taucht das »Köpfchen« auf, ein Torbogen aus Sandstein, der die Wanderer zu einem lauschigen Rastplatz mitten im Wald schickt und Teil eines Skulpturenwegs ist. Nach dem Abstecher führt der Weg bald in den Wald hinein und entlang eines Bachlaufs. Ein Abstecher nach rechts bringt uns hinauf zur Burg Wilenstein, der teilweise restaurierten Ruine einer Höhenburg aus dem 12. Jahrhundert.

Danach überqueren wir die Landstraße und sind auf der anderen Straßenseite bereits mittendrin in der Karlstalschlucht. Die Moosalb windet sich durch die wildromantische Felsenklamm. Rote Buntsandsteinfelsen, Brückchen und Stege, kleine Wasserfälle und der alte Baumbestand bezaubern die Wanderer über eine Länge von einem Kilometer. Auf halber Strecke steht ein malerischer Holzpavillon für ein Picknick oder einfach nur, um das Naturschauspiel zu betrachten. Am Ende der Schlucht überqueren wir wieder die Landstraße und wandern entlang des Kottelbachs etwa zwei Kilometer weit zurück zum Campingplatz Sägmühle.

Info

DAUER
2 Std.

HÖHENMETER
140 Hm

LÄNGE
7,1 km

SCHWIERIGKEIT
Leicht

TOURENCHARAKTER
Überwiegend gut begehbare Wege, in der Klamm kann es bei Nässe rutschig werden, dort Trittsicherheit vorteilhaft

AUSGANGS-/ENDPUNKT
Parkplatz beim Campingplatz Sägmühle

ANFAHRT
GPS: 49.350333, 7.779605
WoMo: Über die B48 zum Johanniskreuz fahren, dann links ab über die L500 Richtung Trippstadt; vor dem Ort biegt rechts die Zufahrtsstraße zum Campingplatz ab.

EINKEHR
Unterwegs keine; mit minimalem Umweg: Klug'sche Mühle nahe dem Einstieg in die Schlucht

INFORMATION
pfalz.de, pfaelzerwald.de, trippstadt.de

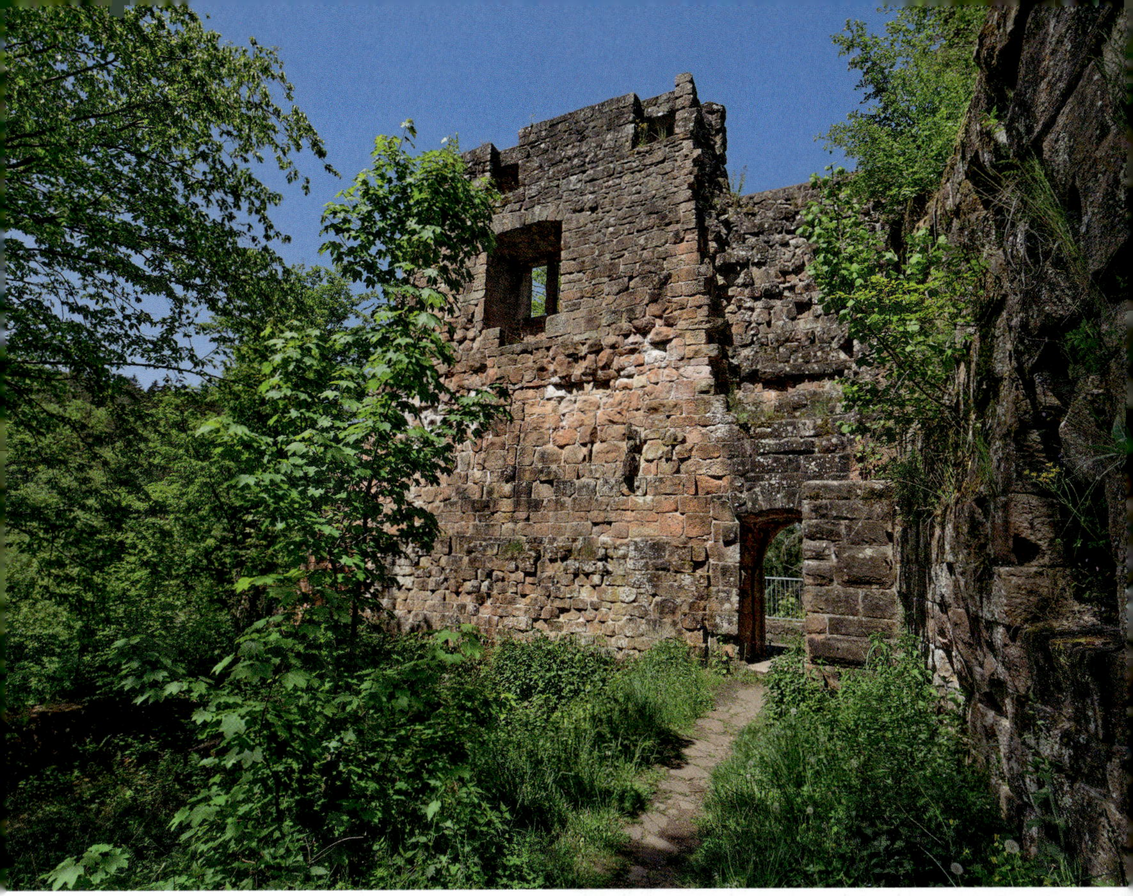

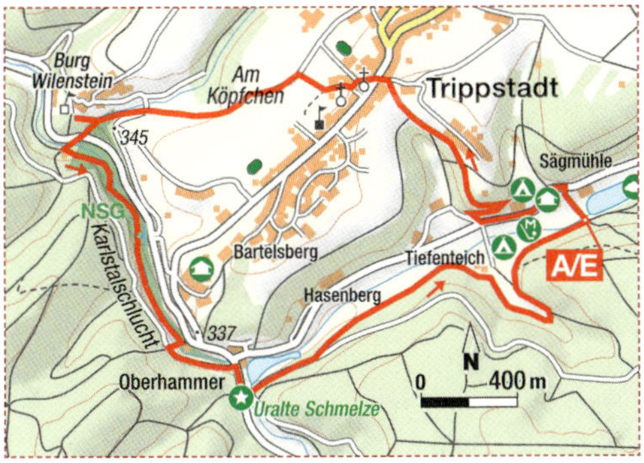

↑ Über einen kurzen Abstecher gelangt man zur Burg Wilenstein, die so malerisch wie versteckt liegt.
→ Naturwunder Karlstalschlucht – für Romantiker und Fotografen ist der Holzpavillon die Krönung!

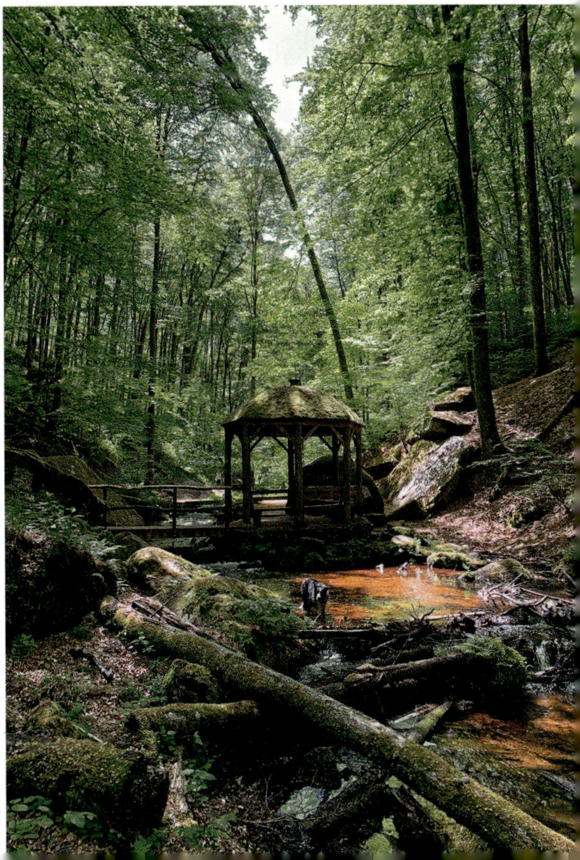

73 Höllisch gut

Auf dem Premiumwanderweg Teufelspfad

Der imposante Teufelsfelsen ist die Attraktion der Tour, deren Wegführung ein blaues Teufelchen mit Dreizack übernimmt. Aber auch einige weitere Felsformationen sowie zahlreiche Quellen und Wasserläufe geben dieser Tour den abenteuerlichen Touch. Kurz nach dem Start am Naturfreundehaus biegt ein schmaler Pfad nach rechts ab. Er führt in Serpentinen über eine mit Farn und Moos überwucherte Bergflanke zum Haspelfels mit schönem Picknickplatz und Quelle in einer Felsengrotte.

Ein schmaler und gewundener Pfad am Felsen entlang geleitet zum Hühnerfels mit einer Sitzgruppe unter einem Felsenüberhang. Kurz windet sich der Pfad noch oberhalb der Forststraße nach oben, dann geht es bergab und in einem großen Bogen zurück ins Tal, jedoch gleich wieder hinauf. Dann wandern wir ein ganzes Stück durch den Mischwald, tauchen aus dem Wald auf und erreichen über einen Abstecher das Waldhaus Drei Buchen, das auch Ramberger Waldhaus genannt wird.

Am Waldsaum und an einem Feld entlang, am Teufelsbrunnen vorbei, rückt der Teufelsfels nun ins Visier. Dabei handelt es sich um eine hoch aufgetürmte Felsformation, bestehend aus einzelnen Felsbrocken, Höhlen und Felstürmchen. Begleitet von einem Rinnsal aus der Quelle führt der Weg über Treppen und Brücken am Teufelsfels bergab. Wir gelangen zuletzt zum idyllischen Gersbachtalweiher und wandern über die Forststraße zurück zum Naturfreundehaus.

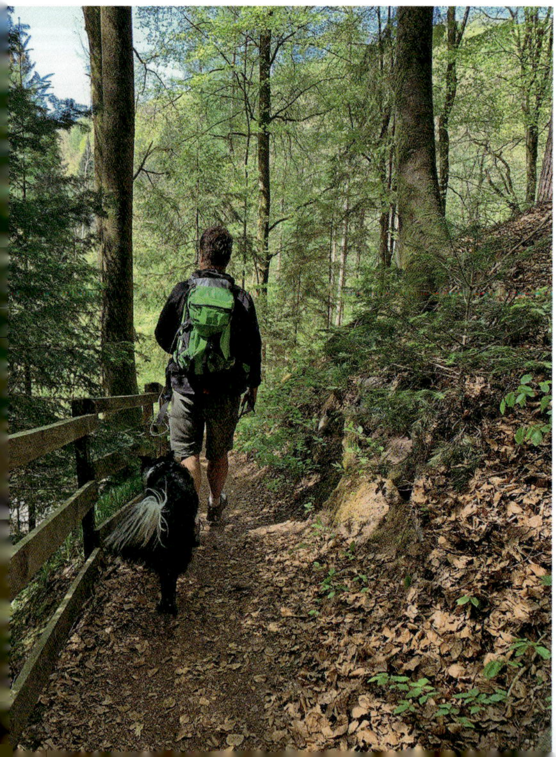

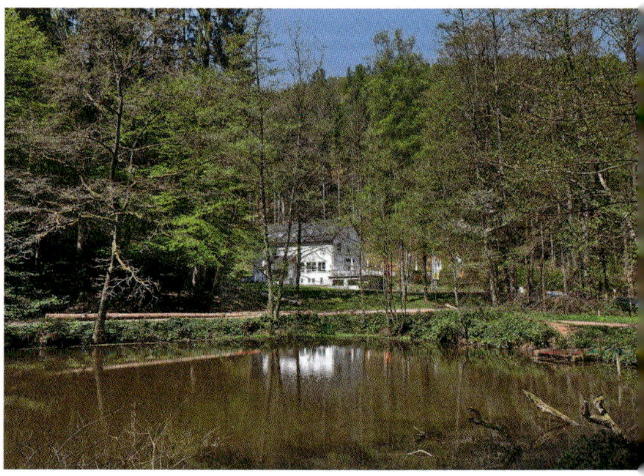

↑ Das Naturfreundehaus Niedersimten liegt an einem Weiher im Gersbachtal.
← Ein schmaler, abenteuerlicher Pfad hangelt sich am Teufelsfelsen entlang abwärts.

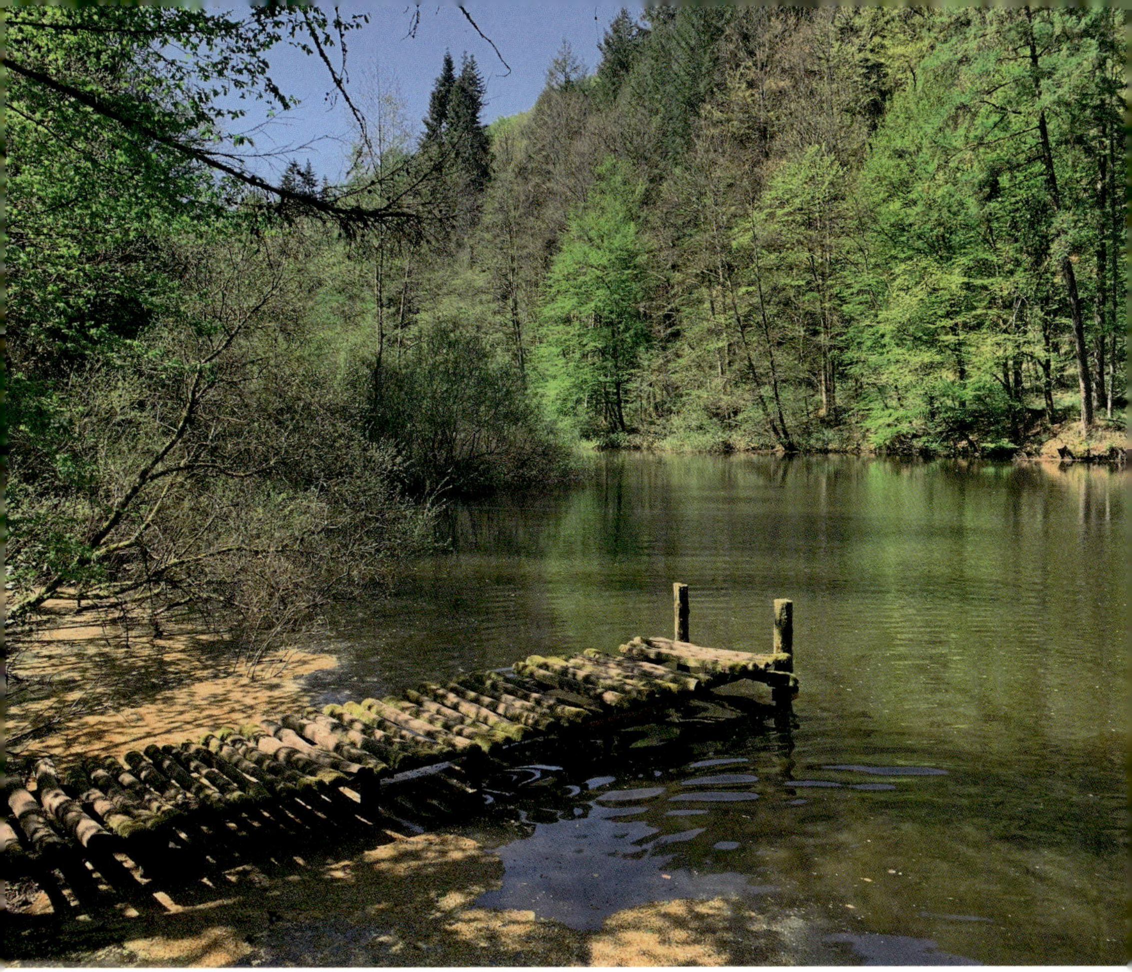

↑ Zweimal kommen wir auf der Wanderung an dieser Stelle vorbei – einmal sollte man hier mindestens innehalten am lieblichen Gersbachtalweiher.

Info

DAUER
2 Std.

HÖHENMETER
163 Hm

LÄNGE
6,4 km

SCHWIERIGKEIT
Mittel

TOURENCHARAKTER
Variantenreiche Wanderung über schmale Pfade, durch Mischwald und über Treppen und Holzbrückchen. Kurze, steile Anstiege, zum Teil steinige Pfade, Trittsicherheit vorteilhaft

AUSGANGS-/ENDPUNKT
Naturfreundehaus Niedersimten

ANFAHRT
GPS: 49.163306, 7.591802
WoMo: Über die B10 oder B270 nach Pirmasens fahren, dort Richtung Süden nach Niedersimten, südlich der Ortschaft über die Gersbachtalstraße bis zum Parkplatz am Naturfreundehaus

EINKEHR
Unterwegs keine, am Start-/Endpunkt: Naturfreundehaus Niedersimten; mit Abstecher: Pfälzer Waldhaus Drei Buchen

INFORMATION
pfalz.de, pfaelzerwald.de, pirmasens.de

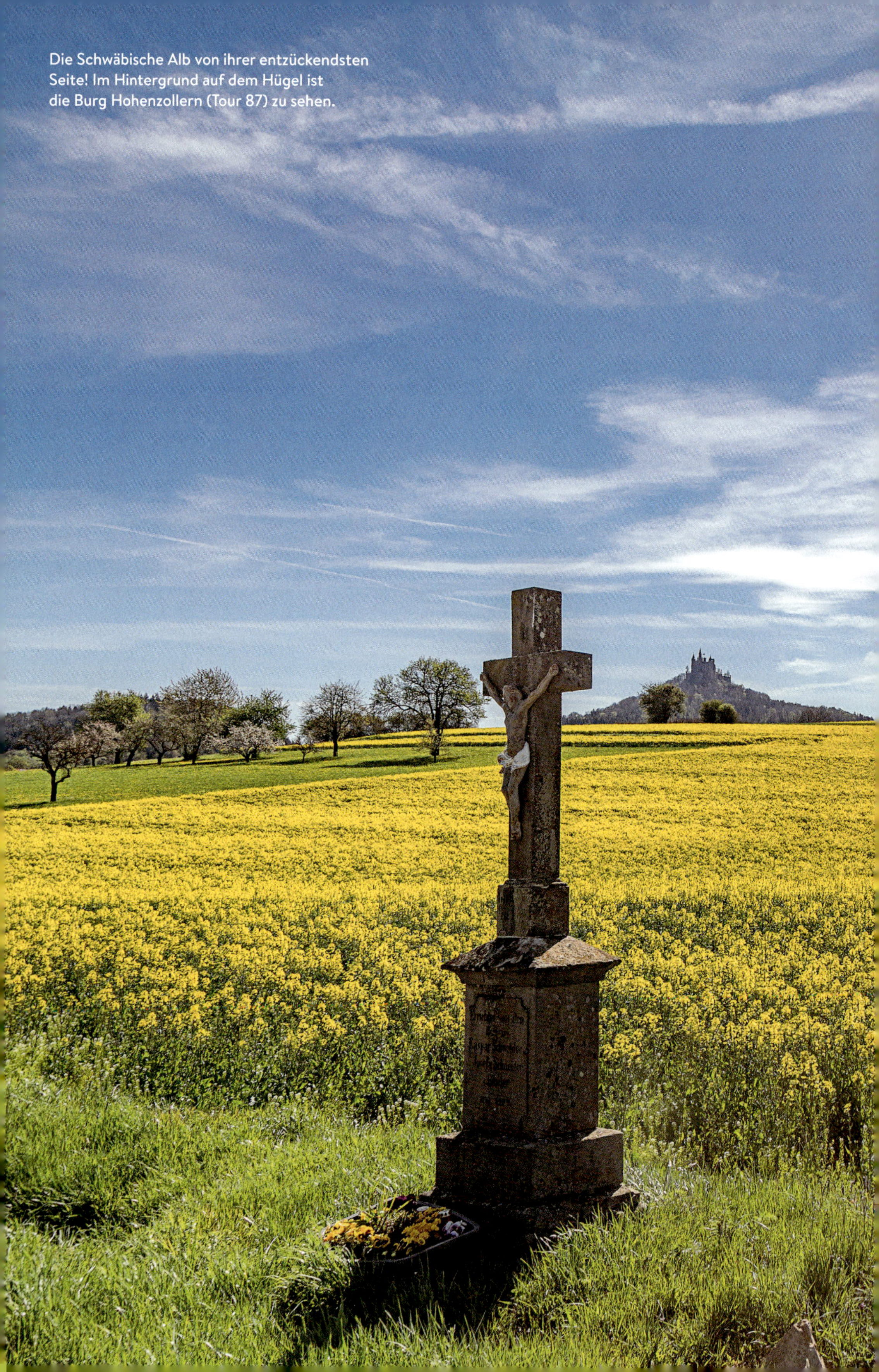

Die Schwäbische Alb von ihrer entzückendsten Seite! Im Hintergrund auf dem Hügel ist die Burg Hohenzollern (Tour 87) zu sehen.

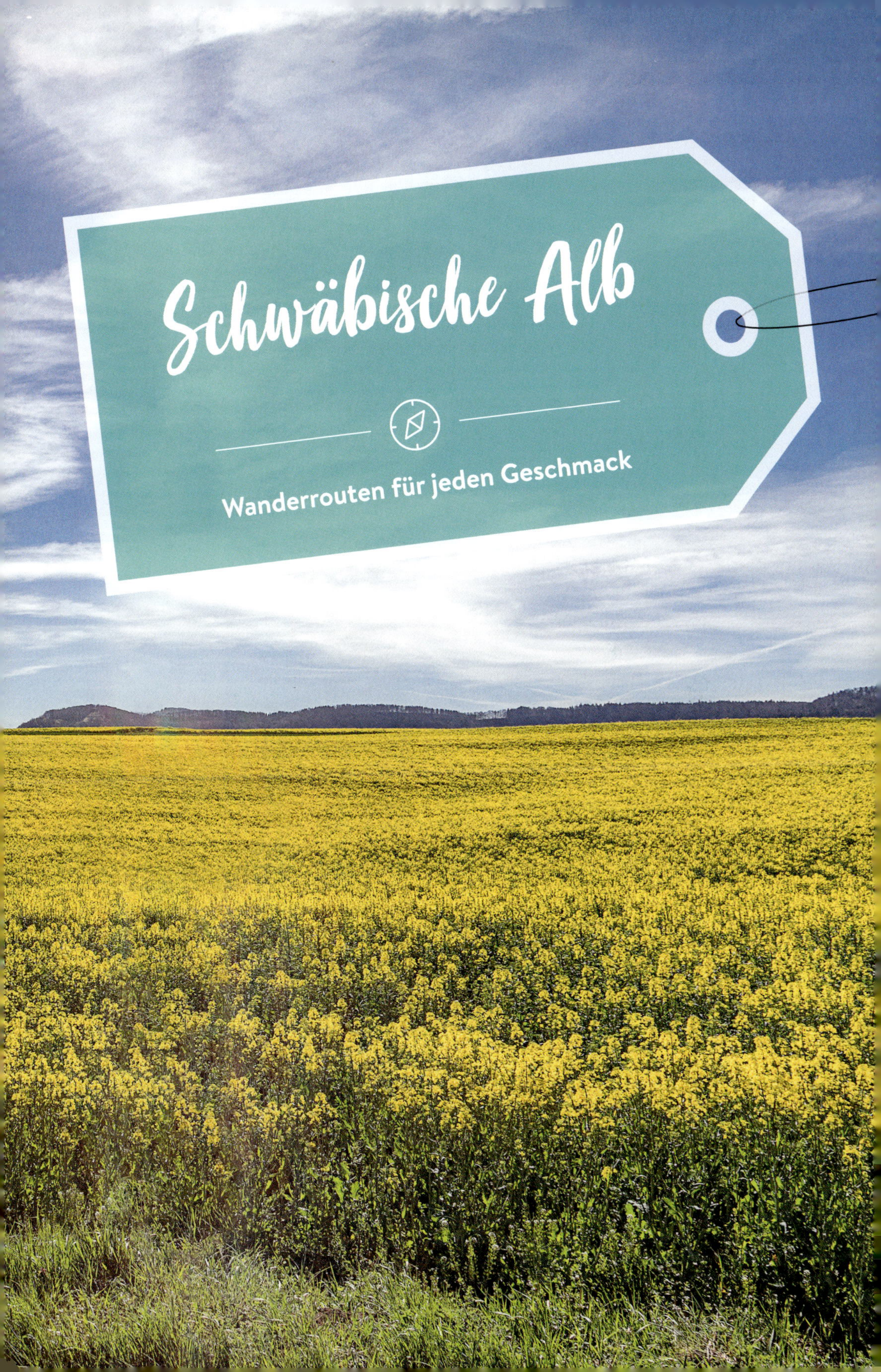
Schwäbische Alb
Wanderrouten für jeden Geschmack

CAMPINGPLATZ

Campingplatz Pfählhof

Zentral und naturnah gelegen

Das Zentrum des Biosphärengebiets Schwäbische Alb bildet der 400 Meter hoch gelegene Luftkurort Bad Urach im Landkreis Reutlingen. Charakteristisch für die Region sind die Wälder, Bäche, Felsen, Schluchten und Wiesen – hier hat die Alb für Wanderer einiges zu bieten, vor allem den berühmten Uracher Wasserfall.

Dieser Platz deckt sämtliche Wanderungen auf der Schwäbischen Alb zwischen Reutlingen und Blaubeuren ab. Das ist zwar mit Fahrten in die eine oder andere Richtung verbunden, dafür kann man aber auf dem Platz bleiben und muss in diesem Bereich der Schwäbischen Alb nicht umziehen. Dessen ungeachtet ist der Pfählhof schon allein wegen seiner landschaftlich schönen Lage – inmitten der Natur in einem Seitental und von Bergen umgeben – sehr empfehlenswert. Platz und Sanitäranlagen sind gepflegt. Es gibt viel Schatten dank dichter Baumbepflanzung. Die Duschen sind münzbetrieben. Man kann Frühstücksbrötchen vorbestellen, und es befindet sich ein Restaurant auf dem Platz.

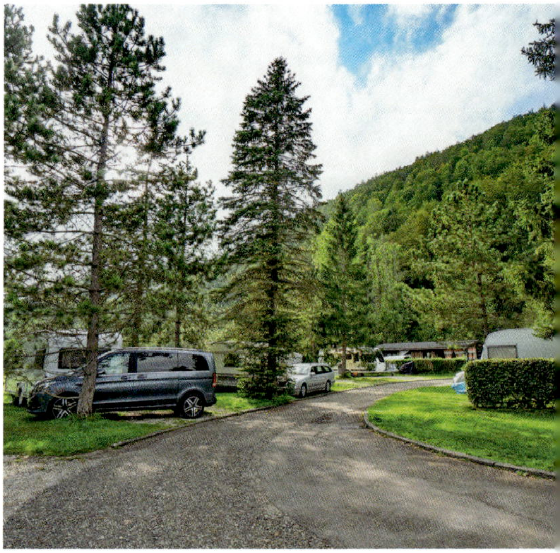

Info

GEEIGNET ALS
Mehrtagesurlaub

ADRESSE
Pfählhof 1, 72574 Bad Urach, Tel. 07125/8098, E-Mail: camping@pfaehlhof.de, pfaehlhof.de

ANFAHRT
Aus Richtung Reutlingen über die B313 und B28 nach Bad Urach fahren. Im Ort nach links der B28 weiter folgen, vorbei am Friedhof über die Grabenstetter Straße, bis nach links die Straße Pfählhof abzweigt. Man fährt direkt auf den Platz zu. Aus Richtung Blaubeuren ebenfalls über die B28, am Friedhof rechts halten, dann wie oben beschrieben

GPS
48.504283, 9.425372

BESONDERHEIT
Mitten auf der Schwäbischen Alb gelegen, gute Ausgangslage zu vielen Wanderungen, der Uracher Wasserfall ist zu Fuß knapp 6 km entfernt.

CAMPINGPLATZ

Sonnencamping Albstadt

Campen am Südhang

Auf der Südwestalb locken rund um den Ort Albstadt die wundervollen Traufgang-Wanderungen. Albstadt selbst liegt am Albtrauf bereits auf sonnigen Höhen – mit ein paar erwanderten Höhenmetern mehr bieten sich fantastische Blicke auf die Hochfläche der Schwäbischen Alb und in ihre Täler.

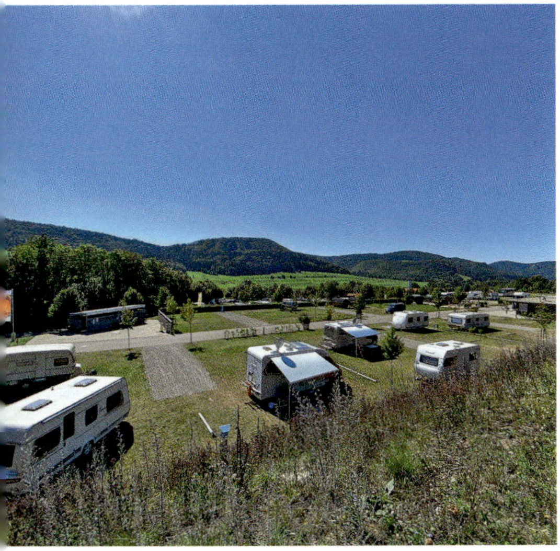

Der Name des Platzes hat seine Berechtigung, denn es werden fast 2000 Sonnenstunden pro Jahr gezählt! Der Platz ist auf drei Terrassen mit Südausrichtung angelegt und bietet durch die Lage auf einem Hochplateau schöne Ausblicke auf die Schwäbische Alb. Mitten im Wandergebiet sind von hier aus die Startpunkte zu den Touren im Zollernalbkreis sowie im Donautal/Donaubergland erreichbar. Neben 48 Wohnmobil- und Wohnwagenstellplätzen verfügt der Campingplatz über einen separaten Reisemobilstellplatz auf der unteren Terrasse. Waschmaschine und Trockner, ein Shop mit Campingartikeln und Ver- und Entsorgungsmöglichkeiten vorhanden.

Info

GEEIGNET ALS
Wochenendtrip

ADRESSE
Beibruck 54, 72458 Albstadt, Tel. 07431/937 03 48, E-Mail: info@sonnencamping.de, sonnencamping.de

ANFAHRT:
Aus Richtung Sindelfingen über die A81 bis Ausfahrt 31/Bissingen, über die B27 bis Balingen fahren, dann auf die B463 Richtung Albstadt, der Platz liegt links neben der Bundesstraße.

GPS
48.214420, 8.978330

BESONDERHEIT
Direkt unterhalb des Platzes lädt das Freizeit- und Wellnessbad »badkap« mit Saunen, Innen- und Außenbad und Riesenrutsche zu einem Besuch ein.

WANDERUNG

74 Ein Schloss macht Staat

Wanderweg »hochgehträumt« in Lichtenstein

Der Premiumweg »hochgehträumt« gehört zu den Prädikatswegen »Hochgehberge« am Albtrauf – so heißt der Stufenhang im Nordwesten der Schwäbischen Alb. Herrliche Ausblicke sind das Markenzeichen dieser Wege. Wir starten unsere Traumtour (durchweg gut ausgeschildert mit dem Schild »hochgehträumt«) am Parkplatz der Nebelhöhle, lassen diese aber noch links liegen. Die erste Weghälfte führt durch Wiesenlandschaft in unberührter Natur, ist jedoch stark der Sonne ausgesetzt. Nachdem wir an einem Steinbruch entlanggewandert sind, gelangen wir in den Wald und laufen unter einem Hochseilgarten hindurch. Hier gibt es bereits die erste Einkehrmöglichkeit.

Nach Überqueren der Straße grüßt schon die Kulisse des imposanten Schlosses Lichtenstein herüber, das man auch besichtigen kann. Zuvor unternehmen wir jedoch einen kleinen Abstecher zur Burgruine Alt-Lichtenstein mit dem ersten von vielen herrlichen Ausblicken, die noch folgen. Wir gehen wieder hinauf und zum Schloss – von oben präsentieren sich weitere Aussichtspunkte, die über Felsvorsprünge erreichbar sind.

Vorbei am Alten Forsthaus mit verwunschenem Biergarten wandern wir in den Wald hinein, es folgt das schattigere Wegstück der Tour. Eine Albliege bietet einen Blick auf Feld und Wiesen, dann geht es mehrfach kurz und steil bergauf. Schmale Pfade führen uns durch den Wald, dann überqueren wir die Straße und erreichen kurz danach die Nebelhöhle, die man besichtigen kann (und sollte!). Daneben bietet der Maultaschenwirt urschwäbische Kost; hier befinden wir uns bereits wieder unmittelbar am Parkplatz Nebelhöhle.

Info

DAUER
2.30 Std.

HÖHENMETER
210 Hm

LÄNGE
10,5 km

SCHWIERIGKEIT
Mittel

TOURENCHARAKTER
Gut begehbare Wege durch Wiesen und Wald, kurze Passagen auf Asphalt, im Wald ein paar kurze, steile Anstiege

AUSGANGS-/ENDPUNKT
Wanderparkplatz Nebelhöhle

ANFAHRT
GPS: 48.405311, 9.257086
WoMo: Über die B313 nach Lichtenstein fahren. Zwischen Lichtenstein und Engstingen zweigt nach Westen die L230 ab – auf diese abbiegen, an einer Kreuzung der Beschilderung »Nebelhöhle« folgen.

EINKEHR
Abenteuerpark am Schloss Lichtenstein, Restaurant Café Altes Forsthaus, Maultaschenwirt

INFORMATION
sonnenbuehl.de, hochgehberge.de, schloss-lichtenstein.de, hoehlen.sonnenbuehl.de

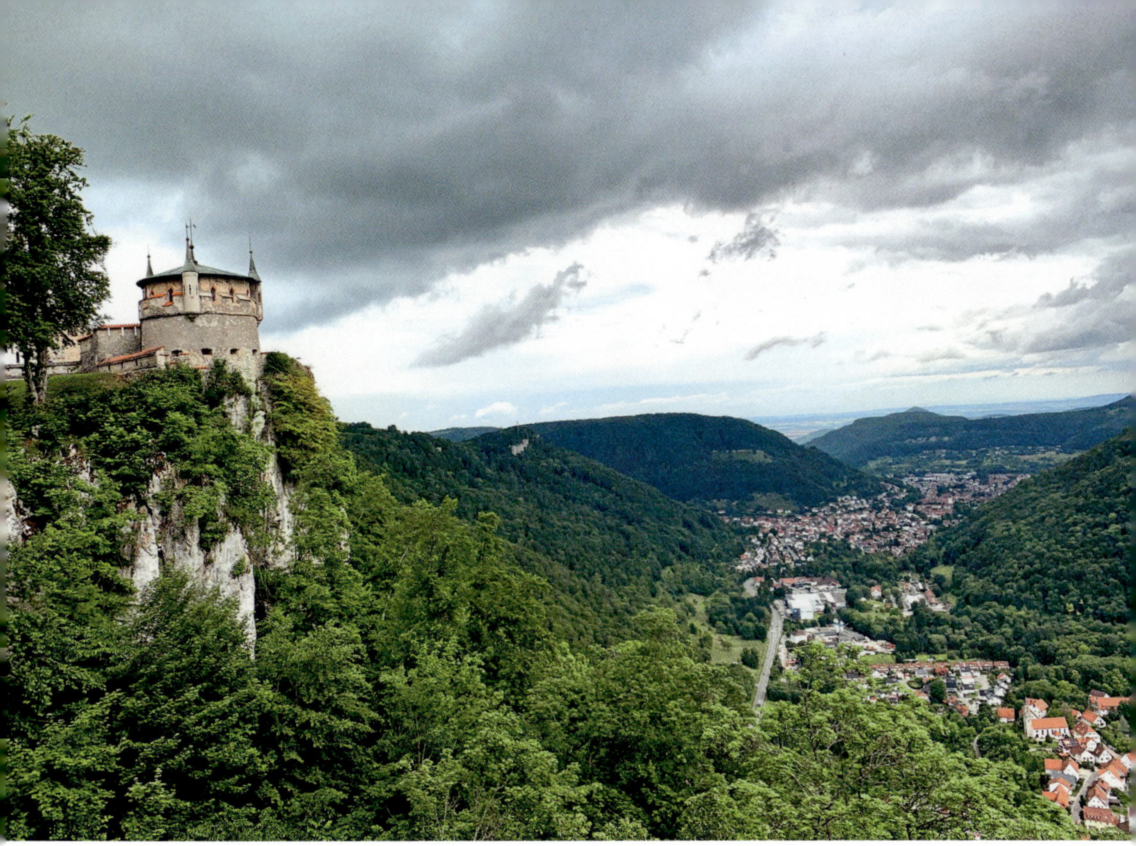

↑ Über den Abstecher zur Burgruine Alt-Lichtenstein gelangen wir zu diesem Aussichtspunkt.
↓ Viele Premiumwege sind unter »hochgehträumt«, »hochgehadelt« oder »hochgehberge« zusammengefasst.

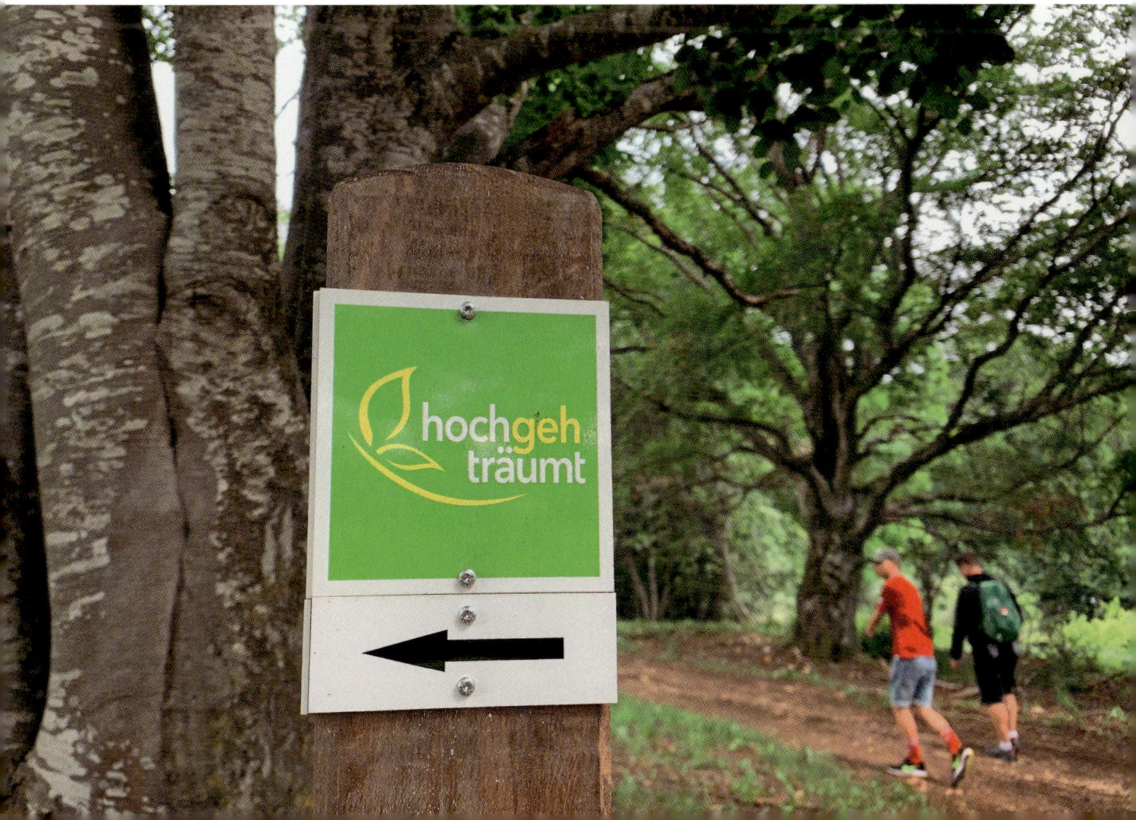

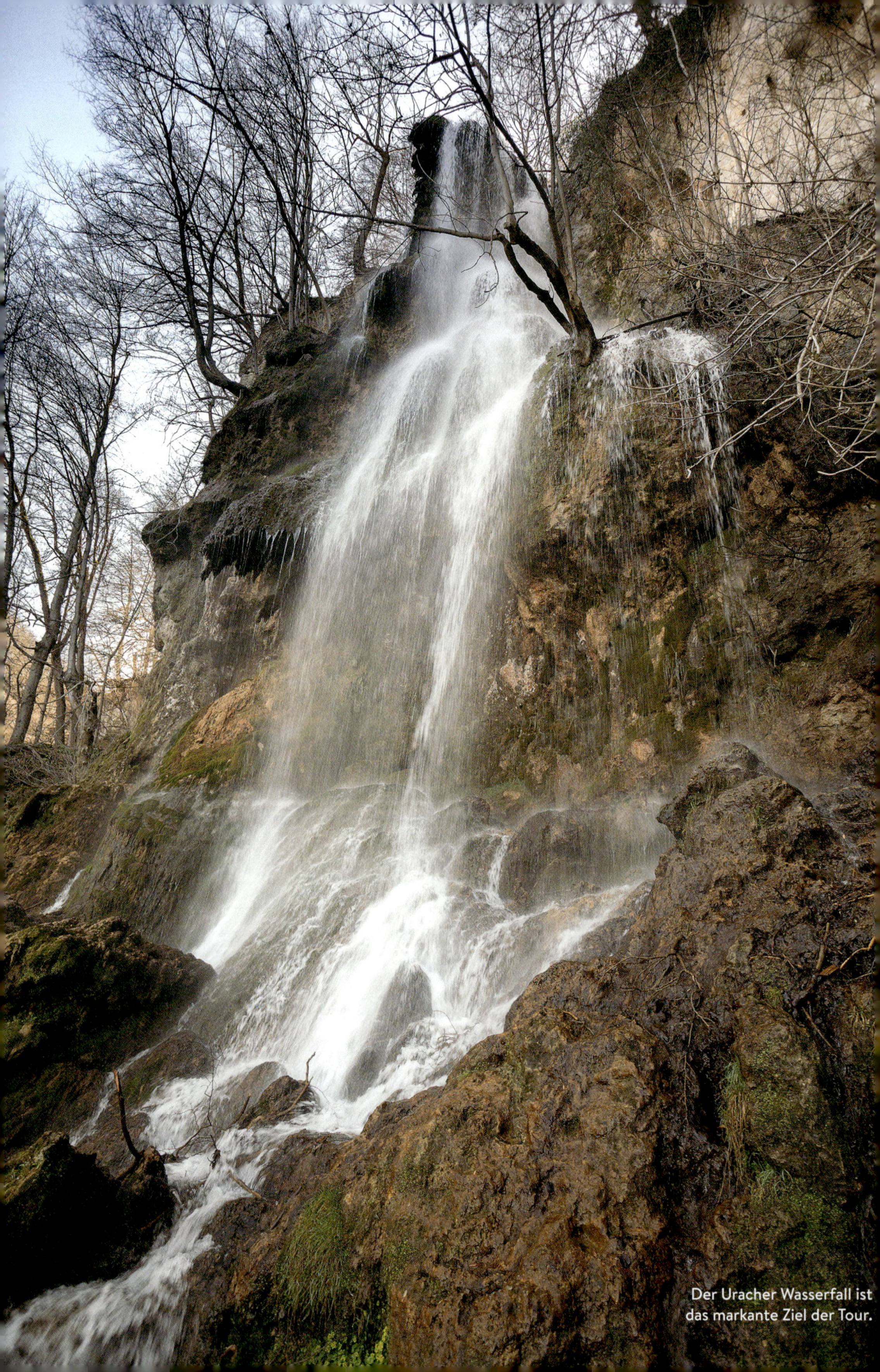

Der Uracher Wasserfall ist das markante Ziel der Tour.

75 Was für ein Naturschauspiel!

Über den Wasserfallsteig zum Uracher Wasserfall

Er ist einfach ein Klassiker: Aus 37 Metern Höhe stürzt sich der Uracher Wasserfall über eine Tuffsteinkante ins Tal. Der Weg ist durchgehend mit »Wasserfallsteig« und dem Symbol der Grafensteige ausgeschildert. Und es liegen sogar zwei Wasserfälle auf der Route. Vom Wanderparkplatz Maisental aus starten wir entlang des Brühlbachs ins Maisental. Das ist so idyllisch, wie es klingt, zumal man den Wasserfall schon rauschen hört. Am Talschluss geht es über einen mit Steintreppen befestigten Naturpfad am Wasserfall entlang und an diesem hinauf. Die Treppen stehen nicht selten unter Wasser, sodass gutes Schuhwerk unbedingt notwendig ist (oder alternativ ein Barfußgang …)! Sobald die Treppen bewältigt sind, machen wir eine Schleife durch den Wald und kommen an der oberen Wasserfallkante heraus. Dort schauen wir den Wassermassen zu, wie sie in die Tiefe stürzen und stärken uns anschließend an der Wasserfallhütte.
Weiter geht es durch den Wald und dann über eine wunderschöne Ebene mit tollen Ausblicken. In der Rohrauer Hütte gibt es eine weitere Einkehrmöglichkeit, dann macht der

↓ Neben dem Wasserfall als Hauptattraktion bietet der Wasserfallsteig auch Ausblicke vom Feinsten mit dem ganzen Programm des Alb-Panoramas.

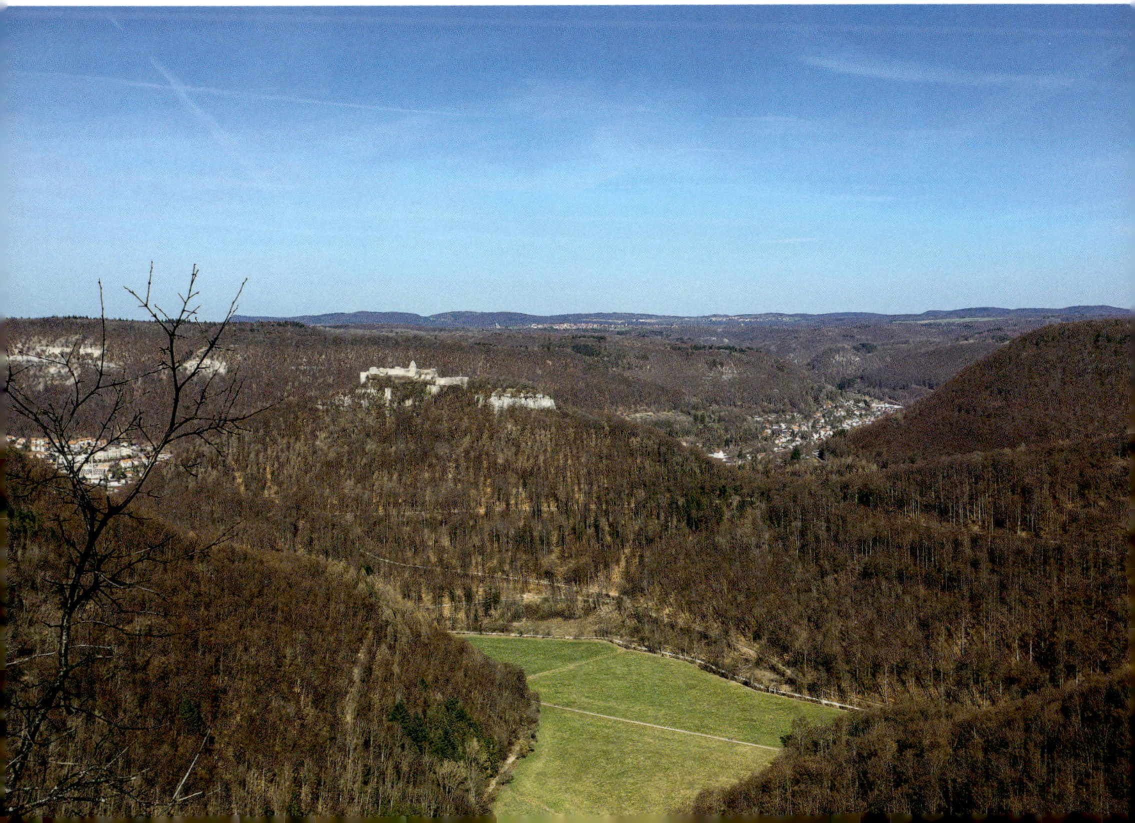

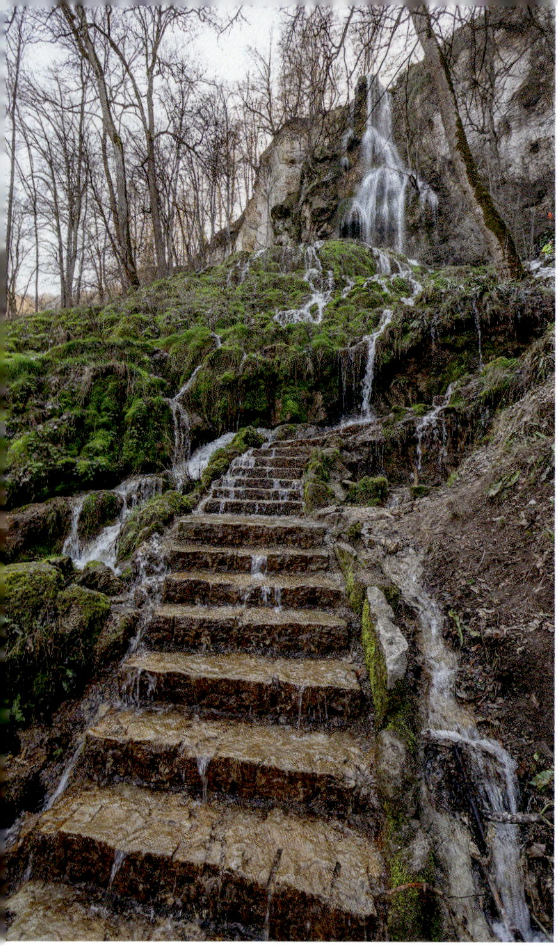

↑ Die Stufen des Uracher Wasserfalls stehen oft unter Wasser. Ein Barfußgang könnte hier eine Option sein!

Tipp

BAD URACH

Namensgeber des berühmten Wasserfalls ist die nahe Stadt Bad Urach im Herzen der Schwäbischen Alb und inmitten des Biosphärengebietes. Empfehlenswert sind eine Stadtführung durch die schöne Fachwerk-Altstadt, ein Besuch des schicken Residenzschlosses oder eine Entspannung in den AlbThermen. badurach-tourismus.de

Weg einen starken Rechtsknick. Wir passieren den Fohlenhof des berühmten Haupt- und Landgestüts Marbach und begeben uns wieder auf den Rückweg. Dabei kommen wir bald am zweiten Wasserfall der Tour vorbei, dem Gütersteiner Wasserfall mit seinen vielen kleinen Kaskaden. Anschließend geht es beschaulich, mit Panoramablicken gespickt (so manche Alb-Burg schiebt sich ins Bild), erneut durchs wildromantische Maisental zurück zum Ausgangspunkt am Wanderparkplatz.

Info

DAUER
3.15 Std.

HÖHENMETER
380 Hm

LÄNGE
10 km

SCHWIERIGKEIT
Schwer

TOURENCHARAKTER
Festes Schuhwerk und Trittsicherheit unbedingt erforderlich, evtl. Wanderstöcke. Während und nach Regenfällen sowie im Winter besteht Gefahr, dass der kalkhaltige Boden rutschig ist.

AUSGANGS-/ENDPUNKT
Wanderparkplatz Maisental

ANFAHRT
GPS: 48.495901, 9.372488
WoMo: Über die B28 nach Bad Urach fahren, rechts abfahren auf die Straße Vorderes Maisental, der Parkplatz folgt linker Hand.

EINKEHR
Unterwegs: Wasserfallhütte, Naturfreundehaus Rohrauer Hütte, am Ausgangs-/Endpunkt: Maisenstüble

INFORMATION
badurach-tourismus.de

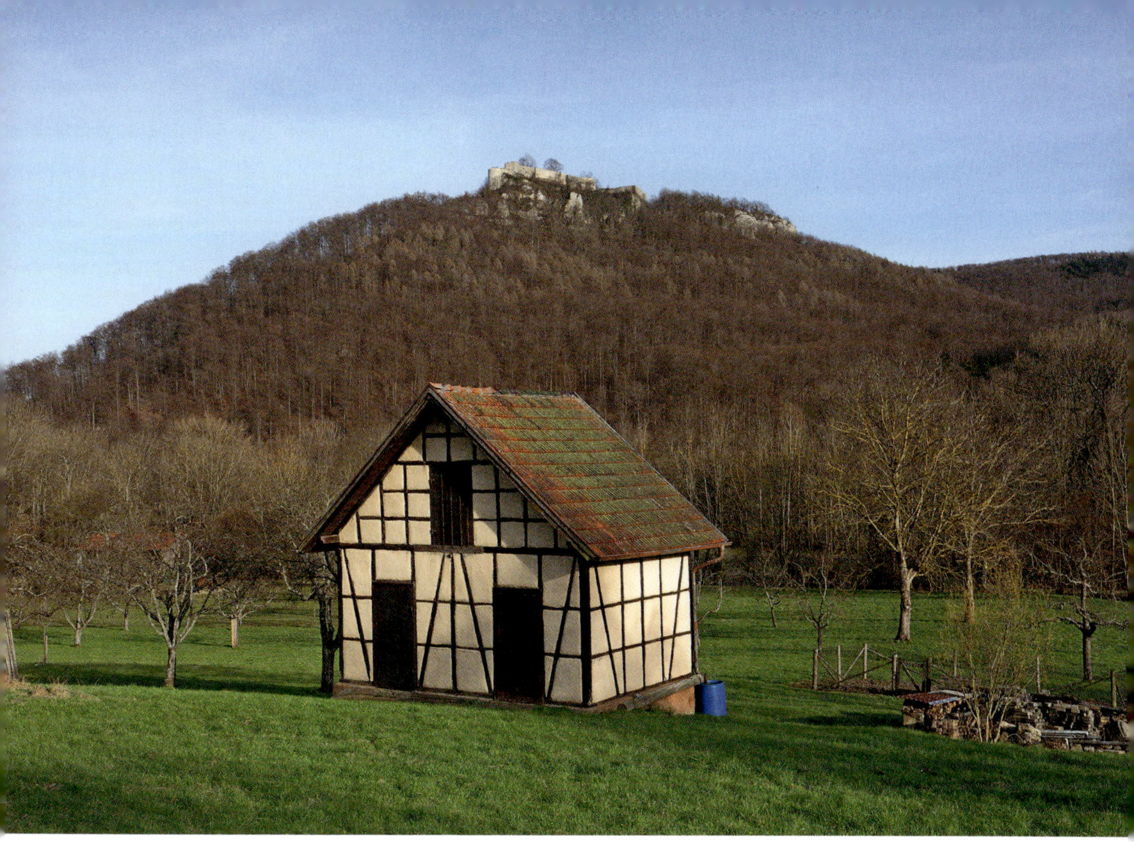

↑ Diese Schutzhütte in Fachwerkbauweise ist ein ganz besonderer Blickfang.
↓ Das Naturfreundehaus Rohrauer Hütte liegt am Rutschenfelsen.

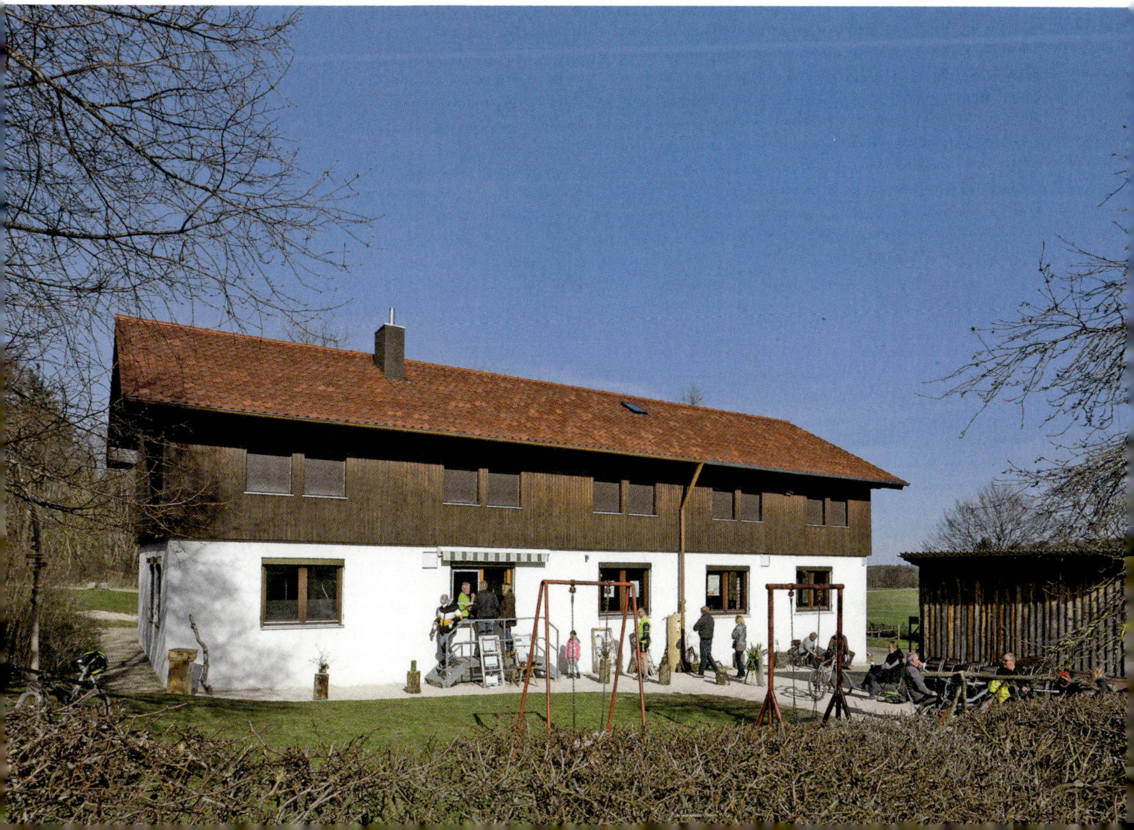

WANDERUNG

76 Auf Zeitreise

Ruinen, Höhlen und Wälder auf dem Hohenwittlingensteig

Der Hohenwittlingensteig gehört zu den Premiumwanderwegen Grafensteige und ist mit diesem Symbol durchgehend ausgeschildert. Beschaulich geht es zunächst durch die Wittlinger Streuobstwiesen und dann steil bergauf bis zum Kletterfelsen Geschlitzter Fels. Weiter steil ansteigend heißt das Ziel Burgruine Hohenwittlingen.
Wir halten uns oberhalb des Buckfelsens und erreichen schließlich die frisch restaurierte Burgruine Hohenwittlingen – und mit ihr einen sagenhaften Ausblick auf die Hügellandschaft der Schwäbischen Alb. Zahlreiche Rastbänke laden zum Picknick und eine Grillstelle zum Würstchenbrutzeln ein. Von der Aussichtsplattform genießen wir noch einmal einen Panoramablick. Dann wandern wir hinunter zur Schillerhöhle, in die man etwa 30 Meter hineingehen kann. Noch weiter geht es hinab in die Wolfsschlucht, eine vor allem im Sommer angenehm kühle Klamm mit Sinterterrassen. Zuletzt folgen wir dem Bachlauf bis zum Ende dieser abwechslungsreichen Wanderung.

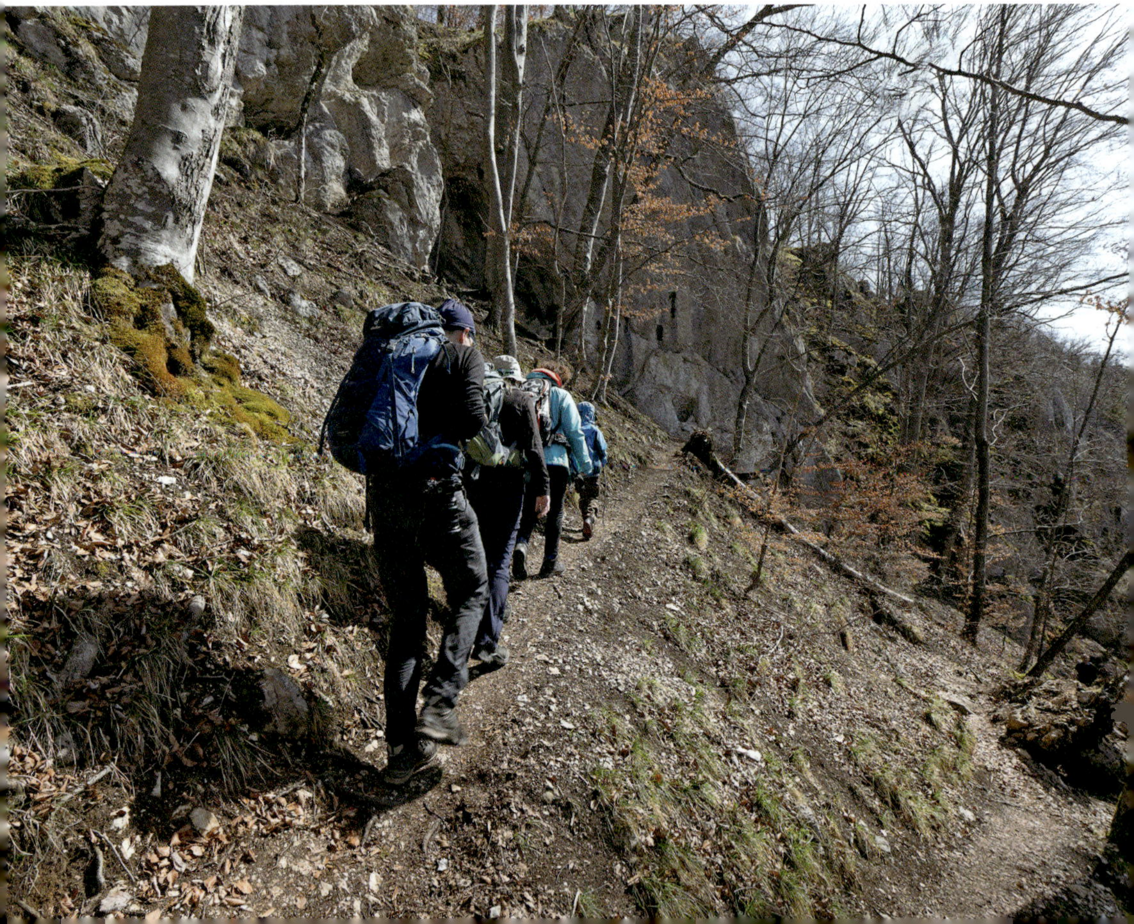

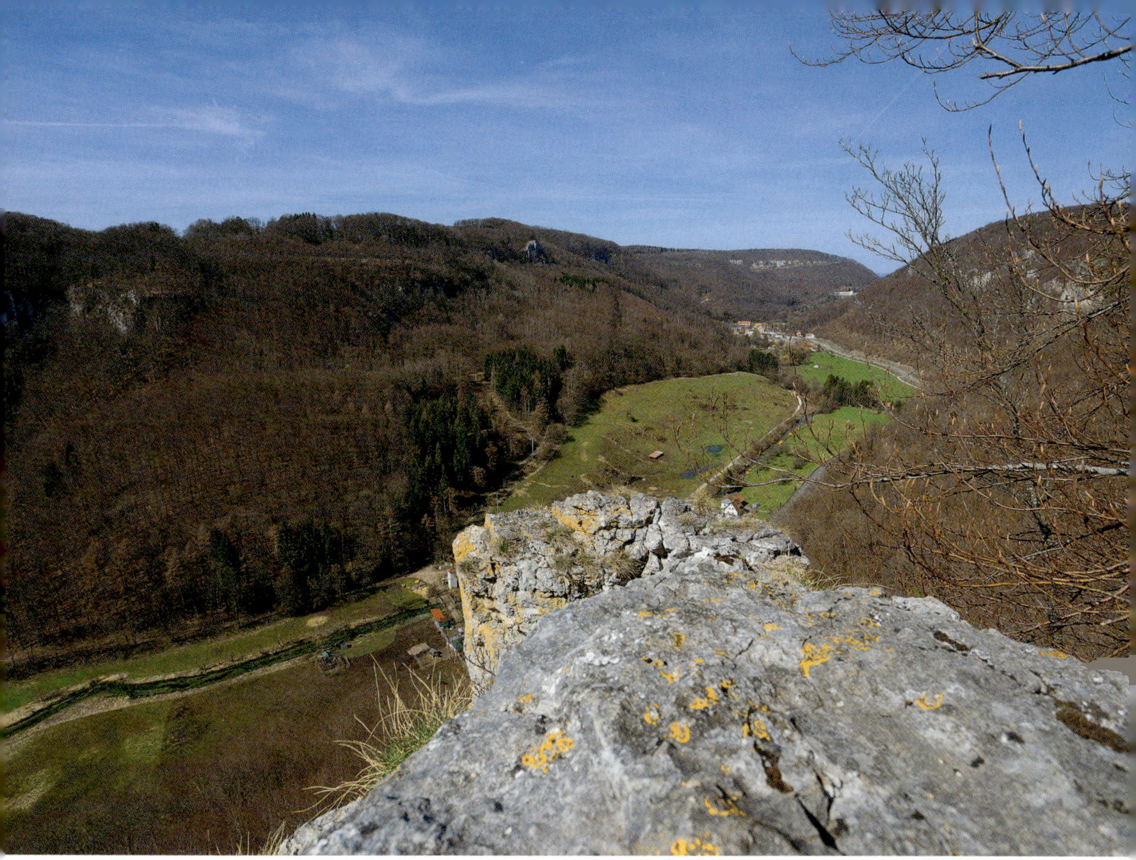

↑ Blick vom Rauchigen Fels auf das Ernsttal – erreichbar über die Wolfsschlucht und nach der Burg etwa 30 Meter rechts vom Weg (ausgeschildert)
← Auf schmalen Pfaden unterwegs auf dem Hohenwittlingensteig, hier beim Anstieg auf den Geschlitzten Fels

Info

DAUER
2.30 Std.

HÖHENMETER
330 Hm

LÄNGE
7,9 km

SCHWIERIGKEIT
Mittel

TOURENCHARAKTER
Festes Schuhwerk und Trittsicherheit erforderlich, steile, knackige Anstiege auf schmalen Pfaden. Bei Nässe rutschig im Hangbereich

AUSGANGS-/ENDPUNKT
Parkplatz P65 bei Wittlingen

ANFAHRT
GPS: 48.465465, 9.435018
WoMo: Über die B28 nach Bad Urach fahren, Bundesstraße verlassen, über Burgstraße und Münsinger Straße nach Wittlingen fahren, ab Ortsmitte Richtung Süden und über Hohe-Wittlinger-Straße bis zum Parkplatz

EINKEHR
Unterwegs keine, Restaurants in den umliegenden Ortschaften

INFORMATION
badurach-tourismus.de

WANDERUNG

77 Wie ein Märchenschloss

Tour zur prächtig gelegenen Burg Teck

In einem großen, landschaftlich herrlichen Bogen wandern wir von der Ortschaft Bissingen zur Burg Teck. Vor allem im Frühjahr, zur Zeit der Obstblüte, ist diese Tour ein Genuss. Zuerst tauchen Mauerreste der Mittelalterburg Hahnenkamm am Wegesrand auf, dann gehen wir hinunter ins Tal. Vorbei am Hof Nägele wenden wir uns Richtung Sattelbogen, einem Rastplatz mit Grillstelle, Sitzbänken und einem wunderschönen Blick. Wir passieren die kleine, begehbare Veronika-Höhle und den Gelben Fels, von dem aus sich erneut eine schöne Aussicht bietet. Dann der Endspurt: Wir nehmen den schattigen Aufstieg zur Gipfelburg Teck in Angriff. Oben erwarten uns neben der gut erhaltenen Burg, die auf 773 Metern Höhe thront, ein Panoramablick und das Wanderheim Burg Teck – letzteres bietet im Burghof schwäbische Hausmannskost und kühle Getränke.

Nach der Rast steigen wir über einen recht bequemen Weg hinab, passieren die beiden Wanderparkplätze Hohenbol und Hörnle mit Aussichtspunkten und gehen am Freizeitheim Otto-Möricke-Haus vorbei wieder zurück nach Bissingen.

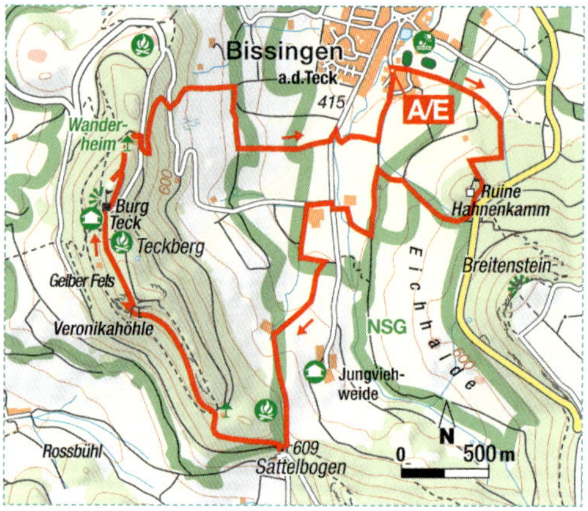

Info

DAUER
2.45 Std.

HÖHENMETER
460 Hm

LÄNGE
10,3 km

SCHWIERIGKEIT
Mittel

TOURENCHARAKTER
Festes Schuhwerk, Trittsicherheit und eine gute Grundkondition erforderlich, es sind einige Höhenmeter zu bewältigen.

AUSGANGS-/ENDPUNKT
Parkplatz beim Sportverein Bissingen

ANFAHRT
GPS: 48.595037, 9.488420
WoMo: Von der A8 die Ausfahrt 57 Kirchheim unter Teck-Ost nehmen, der B465 folgen bis Abzweig Neue Straße, links einbiegen, am Kreisverkehr erste Ausfahrt Vordere Straße, dann rechts in die Teckstraße und nochmals rechts in den Hahnenkammweg

EINKEHR
Wanderheim Burg Teck

INFORMATION
kirchheim-teck.de, burg-teck-alb.de

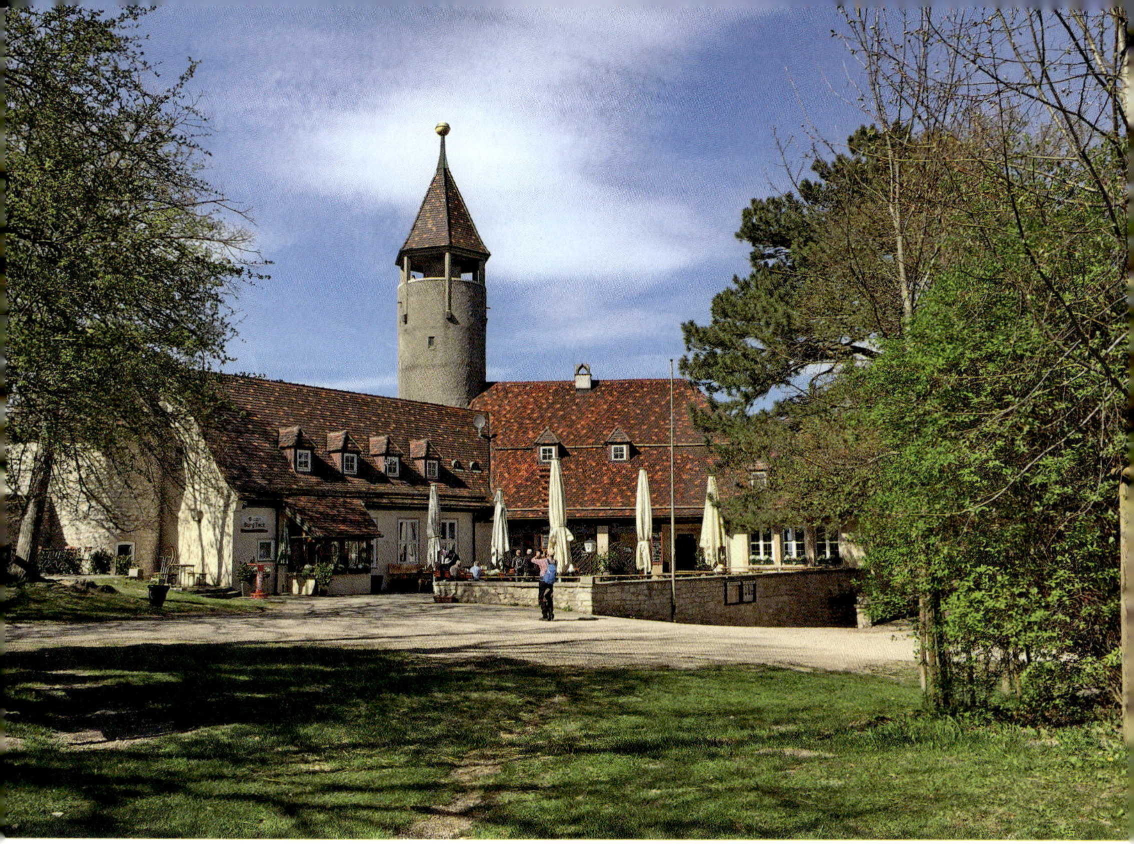

↑ Innenhof der Burg Teck mit Gastronomie – hier gibt es leckere schwäbische Gerichte.
↓ Ein Teil des Wegs führt durch eine Streuobstwiese, im Frühjahr zur Baumblüte ein ganz besonderes Erlebnis.

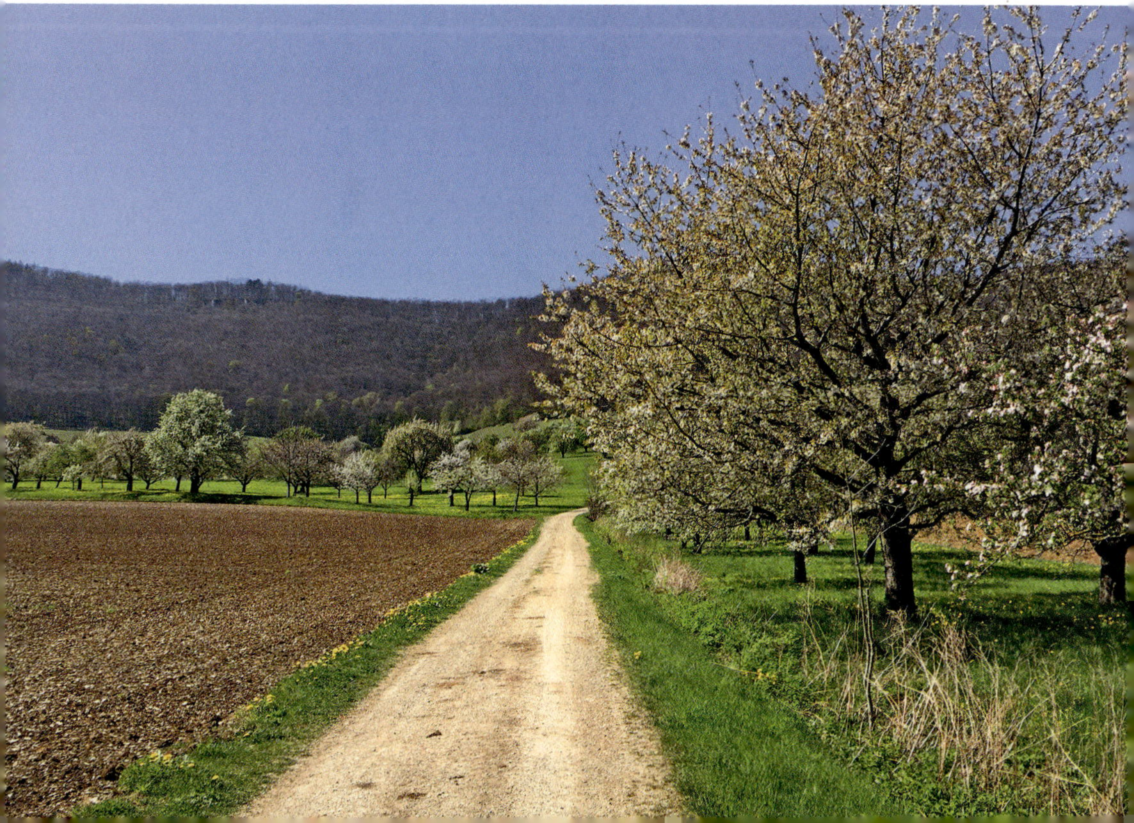

WANDERUNG

78 Die Burg der Burgen

Zur majestätischen Residenz der Hohenzollern

An einem Bach entlang, vorbei an einem Brunnen und einer Hexenlinde und über einen verwunschenen Waldpfad bringt uns der abwechslungsreiche Weg zur Burg Hohenzollern, die wie eine Ritterburg aus dem Märchen auf einem vorgelagerten Bergkegel thront. Das schwarz-weiße Schild mit der Aufschrift »Hohenzollernweg« dient als Wegmarkierung. Zunächst gehen wir durch die Ortsmitte von Zimmern mit seinen schönen Fachwerkhäusern, dann biegen wir links ab und begleiten den plätschernden Weidenbach durch die sonnenbeschienene Landschaft und vorbei am Kreuzbühlbrunnen.

Es folgen erste Blicke auf die Burg Hohenzollern, ein besonders schöner bietet sich von einer Himmelsliege aus. Kurz darauf erreichen wir die Kreuzung mit der Hexenlinde – oder vielmehr den Platz, auf dem sie einmal stand. Anstelle der gefällten Linde wächst eine neue heran. Auf zwei Holzpfosten sitzen eine geschnitzte Hexe und ein Waldgeist – das Arrangement bildet die Pforte zum Waldpfad, der uns steil durch den Wald hinauf bis fast zur Burg bringt. Wir stoßen auf die Zufahrtsstraße und erreichen die Burg kurz darauf.

Die denkmalgeschützte Burg und ihre Schatzkammer kann man ganzjährig besichtigen (Hunde an der Leine erlaubt), es gibt ein Café Restaurant mit Biergarten im Burghof. Wir steigen hinter der Burg hinab und treffen auf den Weg zu den Besucherparkplätzen. Nach dem zweiten Parkplatz biegen wir links ab und gelangen kurze Zeit später auf die herrliche Hochfläche Zimmerner Halde mit Grillstelle und freiem Blick auf die Burg. Durch Streuobstwiesen geht es anschließend zurück zum Wohnmobil.

Info

DAUER
2.15 Std.

HÖHENMETER
260 Hm

LÄNGE
6,5 km

SCHWIERIGKEIT
Mittel

TOURENCHARAKTER
Mittelschwere Wanderung mit längeren, der Sonne ausgesetzten Passagen und einem steilen Anstieg im Wald

AUSGANGS-/ENDPUNKT
Wanderparkplatz in der Straße Am Zollerberg oberhalb von Zimmern

ANFAHRT
GPS: 48.323559, 8.967403
WoMo: Über die B27 aus Richtung Balingen oder Reutlingen bis Wessingen fahren, dann über die Tübinger Straße und die Schlossstraße in die Straße am Zollerberg

EINKEHR
Café Restaurant Burg Hohenzollern

INFORMATION
zollernalb.com,
burg-hohenzollern.de

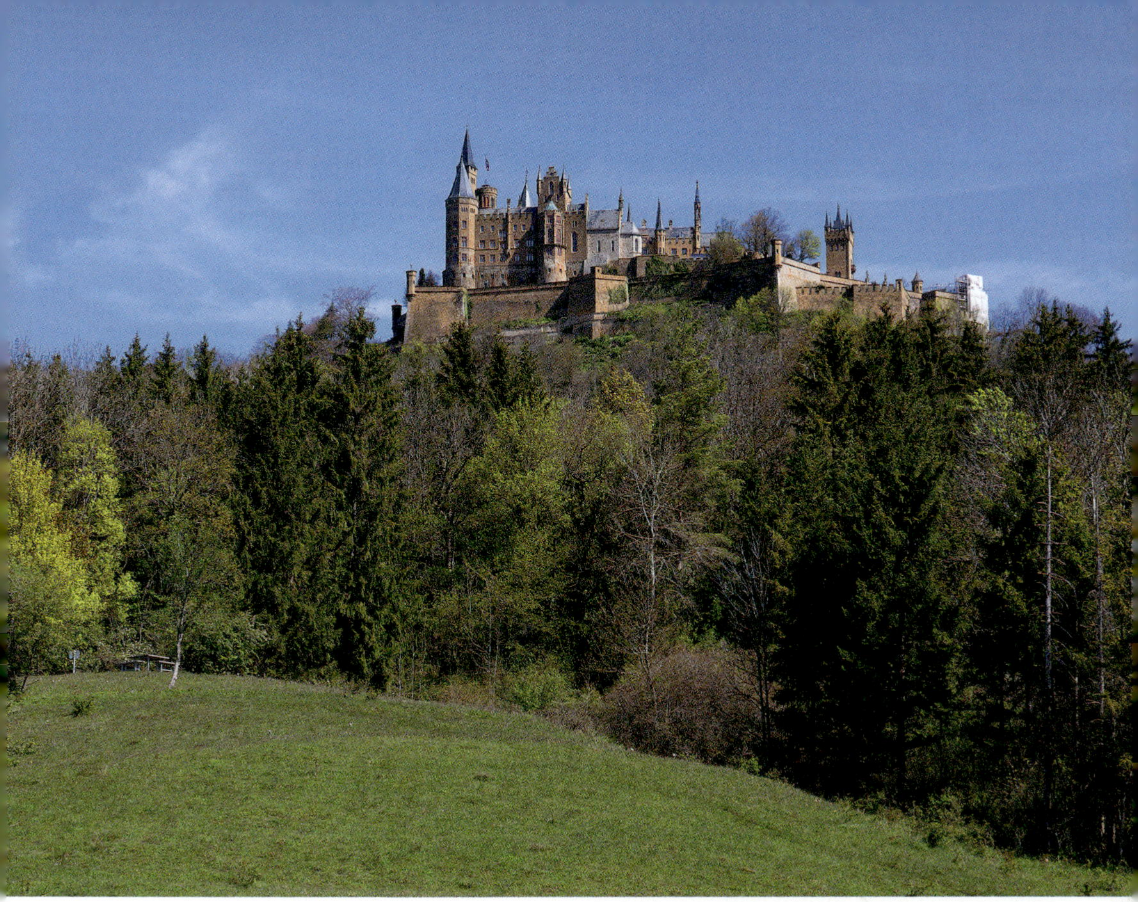

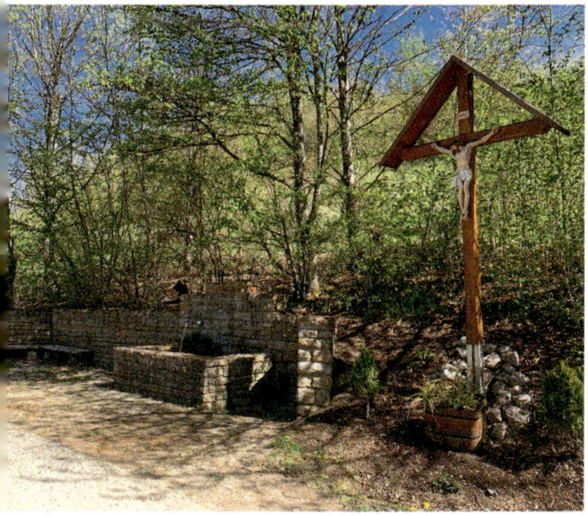

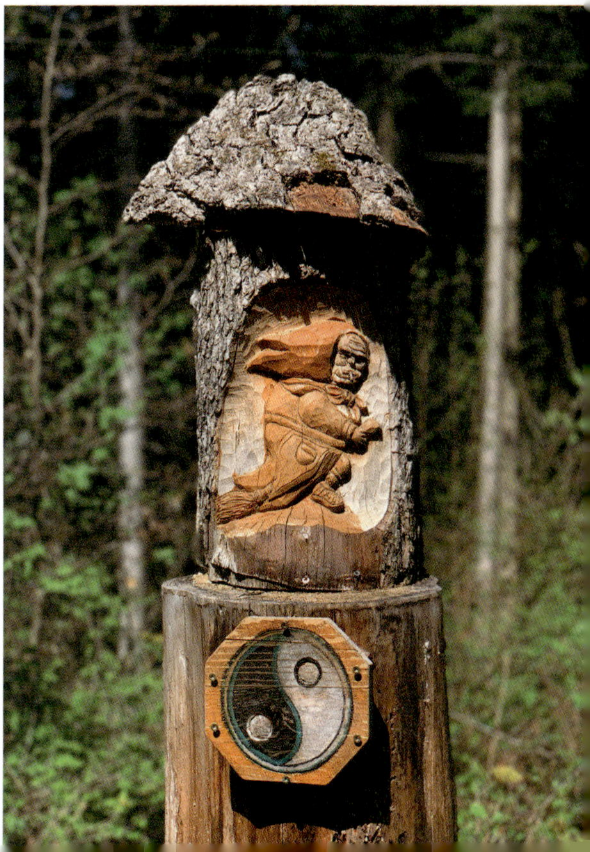

↗ Da ist sie: Stolz wacht die Burg Hohenzollern auf einem Fels als weithin sichtbares Symbol der Schwäbischen Alb.
↑ Der Kreuzbühlbrunnen ist ein rechteckig gemauerter Naturstein-Trog.
→ Die Holzhexe bildet zusammen mit einem Waldgeist die Pforte zu einem Waldpfad, der uns zur Burg bringt.

WANDERUNG

79 Wilde, verwunschene Natur

Traufgang Hossinger Leiter

Die Hossinger Leiter gehört als sogenannter Traufgang zu den Premiumwegen rund um Albstadt. Der Aufstieg durch die wilde Schlucht ist einfach großartig! Am Lauterbach entlang geht es kontinuierlich durch den Wald bergauf. Bei der Wanderung im Uhrzeigersinn erreichen wir schon bald die Hossinger Leiter. Sie besteht aus mehreren Treppen aus Metall und Stein zwischen verwitterten Felswänden. Wir überqueren zwei romantisch in die Schlucht integrierte Brückchen. Ein großer Picknickplatz mit Grillhütte bildet den Abschluss des wunderschönen Aufstiegs.
Ein letztes Mal steigen wir nach oben und gehen über einen schmalen Felsgrat, dann nehmen wir auf einer Bank mit tollem Ausblick Platz. Später verlassen wir den Wald und schauen über eine weite Hochfläche und auf das Albdorf Hossingen, dessen einziger Zugang noch vor 100 Jahren ausschließlich über die Leiter erfolgte. Wir kehren in den Wald zurück und passieren beim Abstecher über den Gräbelesberg einen Deluxe-Aussichtspunkt nach dem nächsten. Ein großes Erdloch mitten auf dem Weg, in das ein Trampelpfad führt, wartet am Ende dieser Extra-Schleife. Nach dem Abzweig geht es steil bergab, dann treffen wir auf einen Schotterweg, dem wir nun knapp zwei Kilometer folgen. Ein schmaler Pfad führt uns schließlich an einer Wiese entlang. Die gesamte Wanderung ist durchgehend gut ausgeschildert mit dem Symbol der Traufgang-Wanderwege und der Beschriftung »Traufgänge«.

↗ Ein Ort zum Innehalten: Ist die Hossinger Leiter bezwungen, landen wir auf dieser Hochebene.
→ Aussichtspunkte auf der Extra-Schleife
→ Wir nähern uns der Hossinger Leiter.
→ Die Hossinger Leiter mit Brücke
↘ Wild präsentiert sich die Landschaft im Bereich Hossinger Leiter.

Info

DAUER
2.45 Std.

HÖHENMETER
290 Hm

LÄNGE
8,9 km

SCHWIERIGKEIT
Mittel

TOURENCHARAKTER
Gute Grundkondition von Vorteil, der Weg durch die Schlucht kann rutschig sein, Wanderschuhe unbedingt empfehlenswert. Teilweise wurzelige Pfade

AUSGANGS-/ENDPUNKT
Parkplatz der Traufganghütte Brunnental

ANFAHRT
GPS: 48.213300, 8.933070
WoMo: Über die B463 nach Albstadt-Laufen fahren. In der Ortsmitte auf die Tieringer Straße rechts abbiegen und gleich wieder links auf die Steinstraße. Der große Parkplatz folgt linker Hand.

EINKEHR
Am Start-/Endpunkt Traufganghütte Brunnental

INFORMATION
albstadt-tourismus.de,
traufgaenge.de,
traufganghuette-brunnental.de

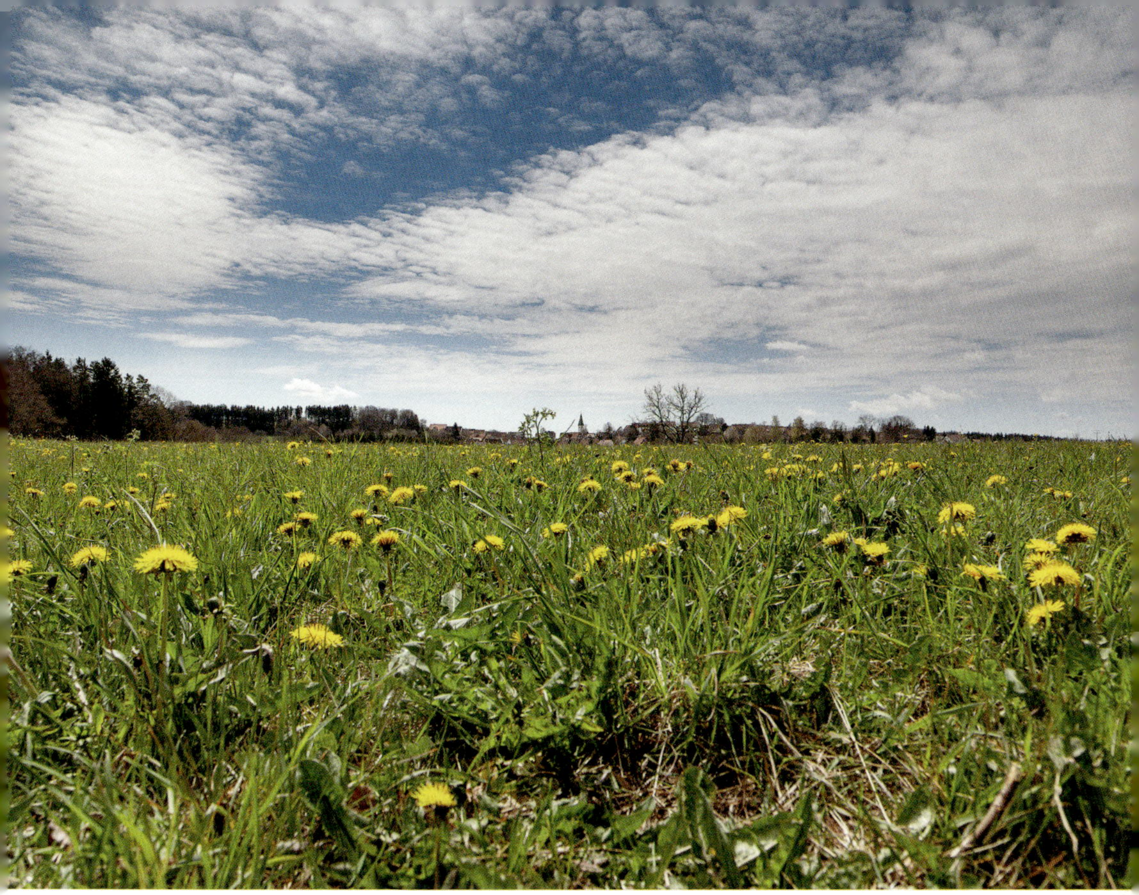
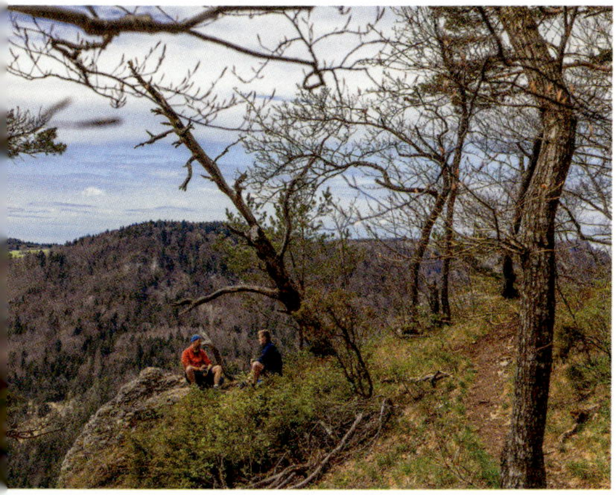
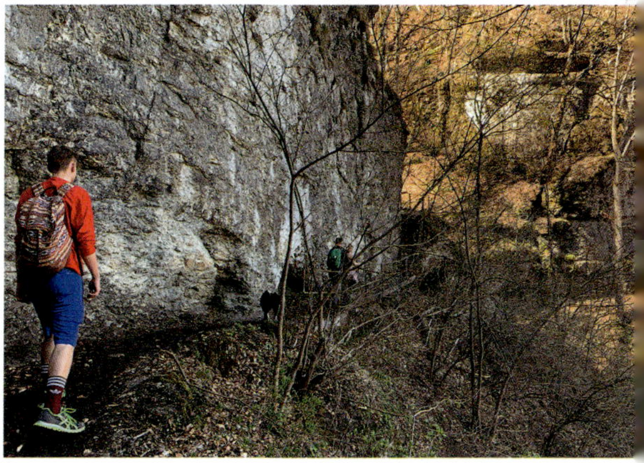
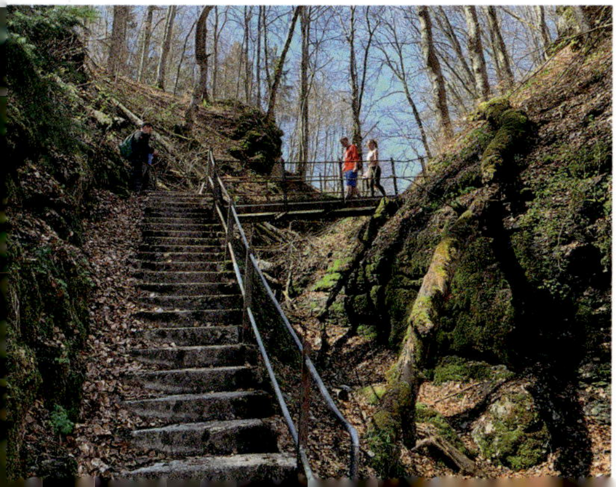
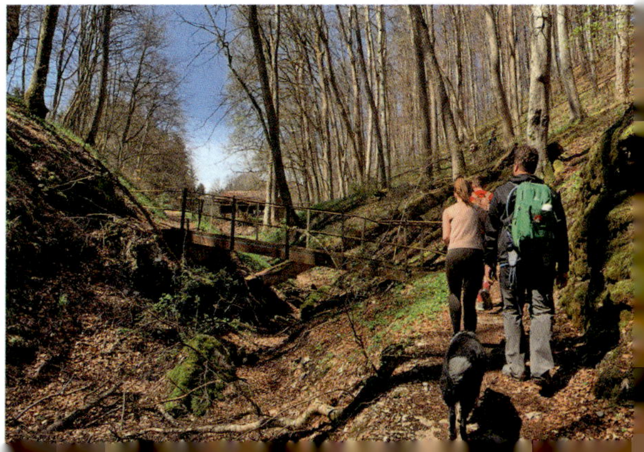

WANDERUNG

80 Steigen und staunen

Panoramaschleife Hausen am Tann

Diese Wanderung führt durch eine Felsspalte und zu herrlichen Aussichtspunkten auf dem Schafberg, bei der Ruine Wenzelstein und auf dem Bergmassiv Lochen. Ein gelber Ring ist die durchgehende Wegmarkierung dieser Tour, die an der Dorfkirche in Hausen in nördliche Richtung startet. Nach einem Kreuz wandern wir über Serpentinen einen schönen Weg den Wald hinauf auf den hinteren Schafberg mit fast 1000 Metern Höhe. Erste sensationelle Ausblicke sind die Belohnung für den Aufstieg. Entlang des Albtraufs geht es bis zum Hohen Fels mit weiter Sicht über Heide, Wald, Wiesen und Felder. Der Gespaltene Fels ist ein geologisches Juwel – ein Spalt zieht sich mitten durch den Jura. Ringsum lädt die Felsenlandschaft zur Erkundungstour ein. Von dort geht es erst hinab in eine Senke und dann über einen Abstecher vom Weg hinauf zum Wenzelstein, wo nur noch wenige Überreste einer Burg stehen. Nach einem Brunnen mit Quelle und Feuerstelle folgt der Wanderparkplatz Lochenpass. Auf dem Rückweg sind noch einmal Serpentinen zu bewältigen, diesmal hinauf auf den Lochenstein. Danach erfolgt der Anstieg zum Fahrweg, und vorbei am Oberhauserhof wandern wir auf bequemem Weg zurück zum Wanderparkplatz.

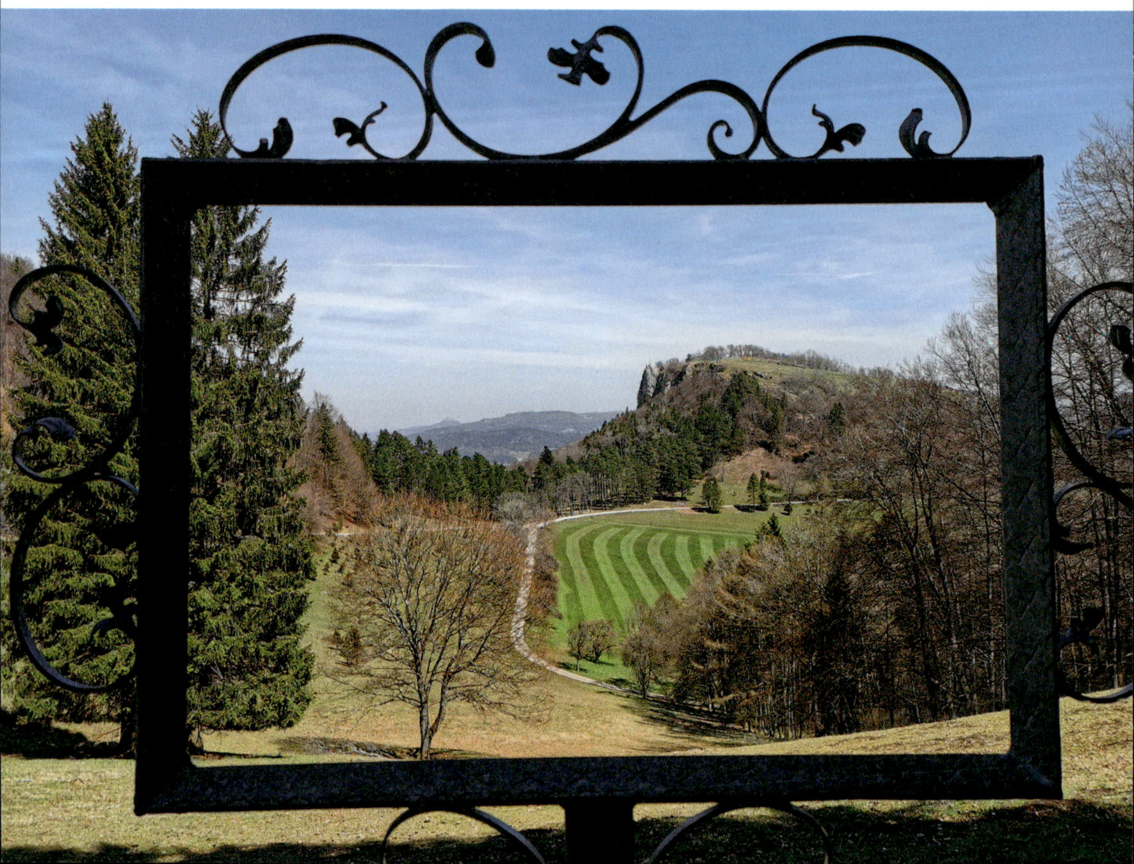

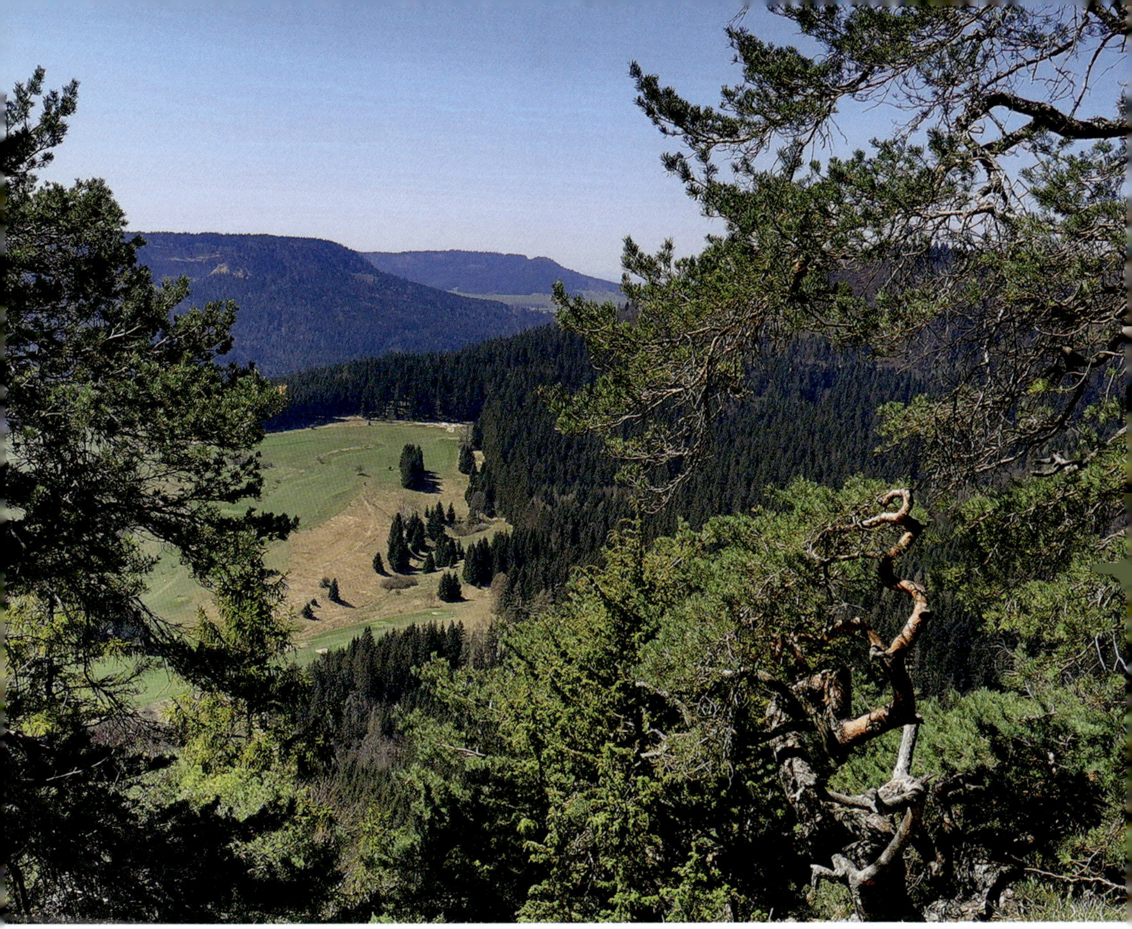

↑ Wir befinden uns auf dem Schafberg im Naturschutzgebiet Schafberg-Lochenstein.
← Auf dem Felsklotz Wenzelstein stehend betrachten wir durch einen Rahmen den Lochenstein.

Info

DAUER
2.30 Std.

HÖHENMETER
340 Hm

LÄNGE
9,8 km

SCHWIERIGKEIT
Mittel

TOURENCHARAKTER
Gute Grundkondition Trittsicherheit und festes Schuhwerk erforderlich. Steile Anstiege, wurzelige Pfade und steinige Wege entlang des Hangs

AUSGANGS-/ENDPUNKT
Wanderparkplatz Hausen am Tann hinter der Dorfkirche

ANFAHRT
GPS: 48.199006, 8.835923
WoMo: Von Rottweil/Schömberg über Ratsheim nach Hausen am Tann, von Balingen über den Lochenpass und durch Meßstetten-Tieringen. Die Dorfkirche befindet sich an der Kreuzung Kirchweg/Lehrstraße.

EINKEHR
Unterwegs und in Hausen am Tann keine, Restaurants in den Nachbargemeinden Ratshausen und Tieringen

INFORMATION
zollernalb.com, hausen-am-tann.de

WANDERUNG

81 Im schwäbischen Grand Canyon

Aussichtsfelsen, Schloss und Kloster

Das Durchbruchstal am Oberlauf der Donau zwischen Fridingen und Sigmaringen empfiehlt sich aus vielen Gründen für Wanderungen: Vom Aussichtspunkt des Knopfmacherfelsens lässt sich schön sehen, wie der Fluss ein tiefes Bett in das Juragestein gefräst hat – das Donau-Durchbruchstal wird deshalb auch der »Schwäbische Grand Canyon« genannt. Nur 50 Meter vom Startpunkt entfernt ist schon der Knopfmacherfelsen mit seiner Aussichtsplattform erreicht. Der Blick über das Donautal, auf das Kloster Beuron und das Schloss Bronnen ist sensationell! Schön lässt sich von hier aus die vor uns liegende Wanderung mit ihren Attraktionen überblicken. Die Wegmarkierung ist ein auf der Seite liegendes rotes »Y«. Wir wandern durch den Wald bergab Richtung Kloster Beuron. Nachdem wir den Wald verlassen haben, überqueren wir die Donau auf einer schindelgedeckten Brücke. Infotafeln klären über ihre Geschichte auf. Wir passieren einen Wohnmobilstellplatz und gelangen zum Kloster Beuron, ein Benediktinerkloster, in dem heute noch 40 Mönche leben. Man kann es besichtigen, über das Klostergelände spazieren und die Gärten besuchen sowie die Deckenfresken in der Abteikirche bewundern. Die Bilder am Hochaltar können gewechselt werden: Zur Weihnachtszeit ist eine Krippenszene zu sehen. Es gibt einen Klosterladen mit Leckereien und Literatur.

Auf einem Stück des Jakobswegs wandern wir am Gedächtnistempel vorbei dem Jägerhaus entgegen und freuen uns auf eine Stärkung. Die brauchen wir auch, denn anschließend müssen wir die Donau ohne Brücke überqueren – der Fluss lässt sich über mehrere Felsbrocken bezwingen. Durch den Wald geht es schließlich wieder bergauf zum Gasthaus Knopfmacher.

Info

DAUER
2.45 Std.

HÖHENMETER
200 Hm

LÄNGE
9,4 km

SCHWIERIGKEIT
Mittel

TOURENCHARAKTER
Mittelschwere Wanderung mit überwiegend gut begehbaren Wegen. Auch für heiße Sommertage geeignet (Waldpassagen, Bad in der Donau möglich)

AUSGANGS-/ENDPUNKT
Parkplatz beim Berghaus Knopfmacher

ANFAHRT
GPS: 48.029253, 8.950736
WoMo: Nach Fridingen an der Donau fahren, dann über die L277 Richtung Osten abbiegen und am Berggasthof parken

EINKEHR
Unterwegs Gasthof Jägerhaus, am Start-/Endpunkt Berghaus Knopfmacher

INFORMATION
donautal-touristik.de, erzabtei-beuron.de

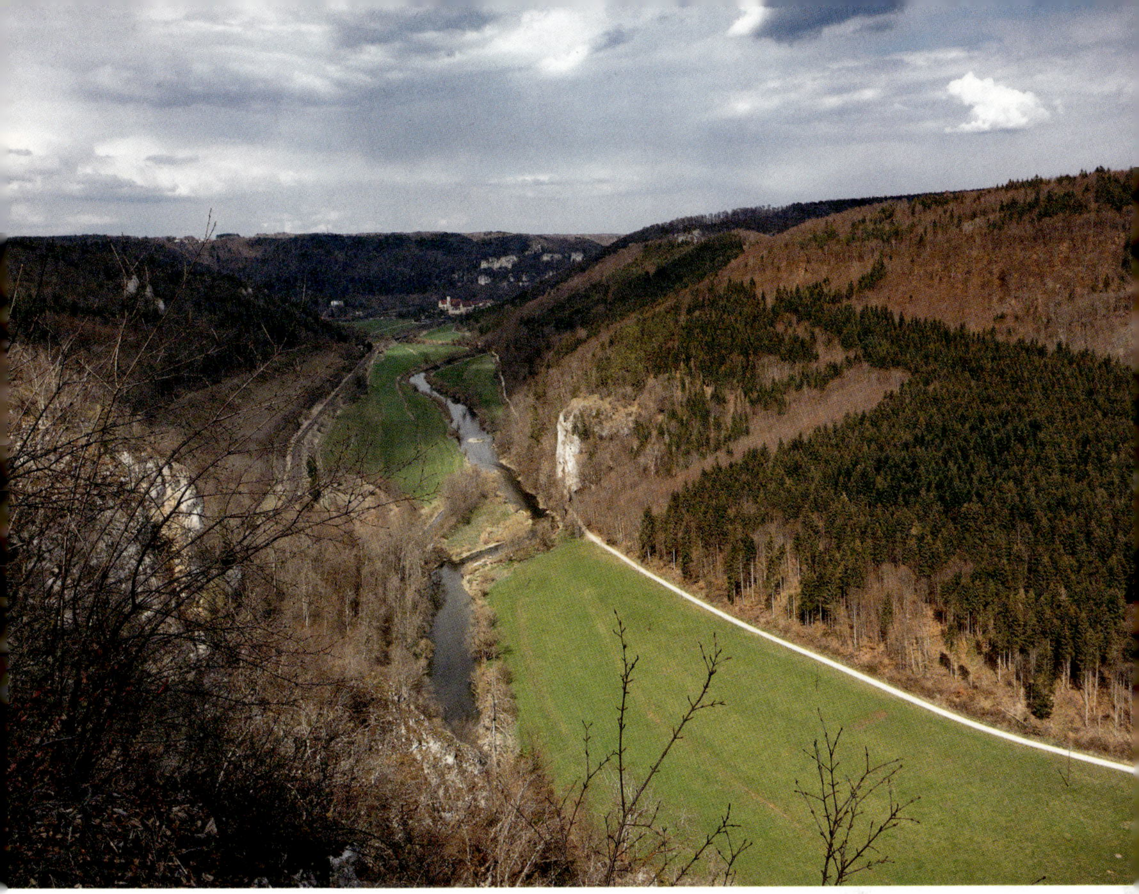

↑ Die erste Station der Wanderung ist der Knopfmacherfelsen, ein Felsvorsprung mit Aussicht.
↓ → ↘ Eine Flussüberquerung, das Kloster Beuron und tiefe Blicke ins Donau-Durchbruchstal sind die Highlights.

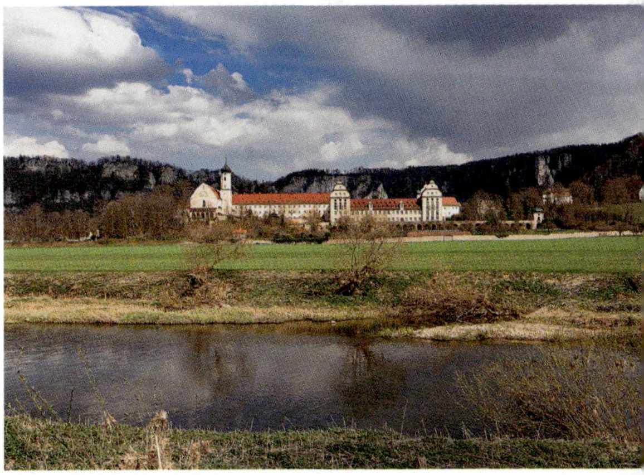

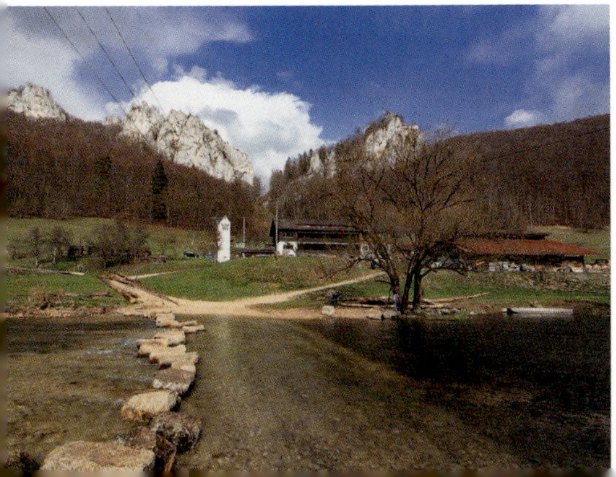

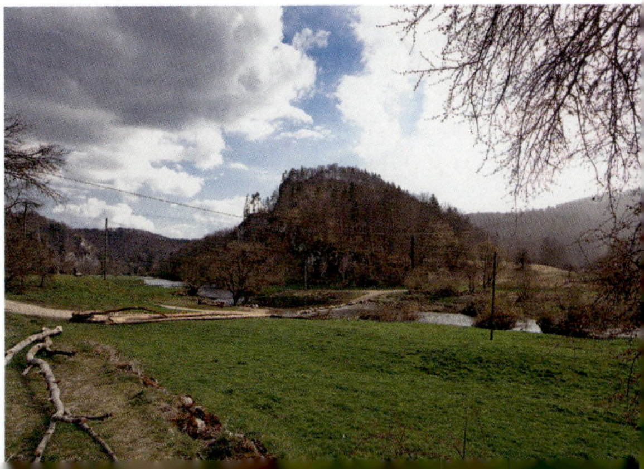

82 Genießertour im Donaubergland

Unterwegs auf der »DonauWelle Kraftstein-Runde«

Durch Heide- und Wiesenlandschaft, ein Naturschutzgebiet und vorbei an historischen Burganlagen geht's auf der »DonauWelle Kraftstein-Runde«. Zwar ist von den ehemaligen Burgen nicht mehr viel übrig, aber allein die unberührte Natur macht die Wanderung lohnenswert. Das Donauwellen-Schild weist den Weg.

Im Uhrzeigersinn wandern wir zunächst durch das Naturschutzgebiet Grasmutter, eine jahrhundertealte Weidefläche. Wir bleiben für fast fünf Kilometer auf der Höhe und kommen an der Burgruine Wallenburg auf einem Bergsporn vorbei. Danach steigen wir steil hinab ins Ursental, um gleich darauf über Serpentinen wieder an Höhe zu gewinnen. Die Reste der Bräunisburg lassen wir hinter uns und erreichen das Naturschutzgebiet Kraftstein mit schönen Ausblicken. Es folgen Wacholderheiden, an die sich sich die Burgruine Kraftstein mit einem teilweise erhaltenen Wohnturm anschließt. In stetem Auf und Ab geht es nach Risiberg und vorbei an der Marienkapelle und dem Landgasthof Waldeck zurück zum Parkplatz.

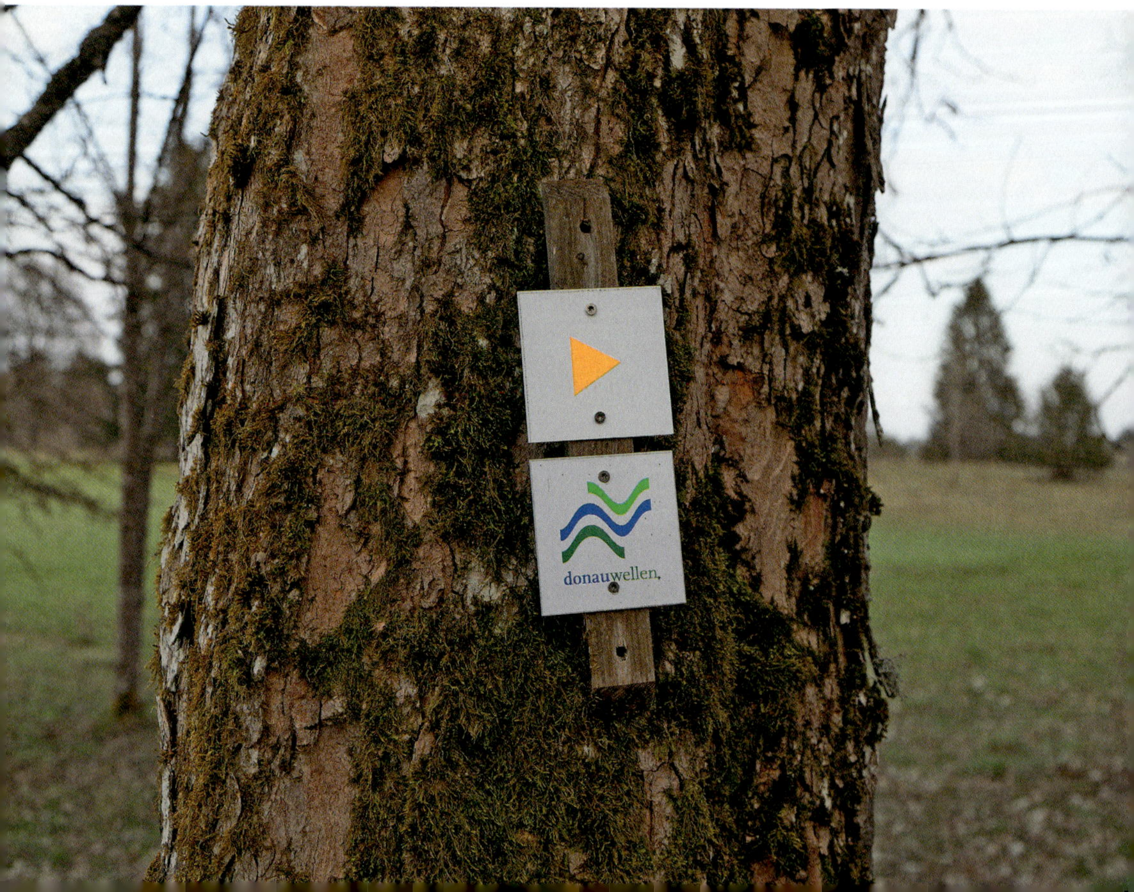

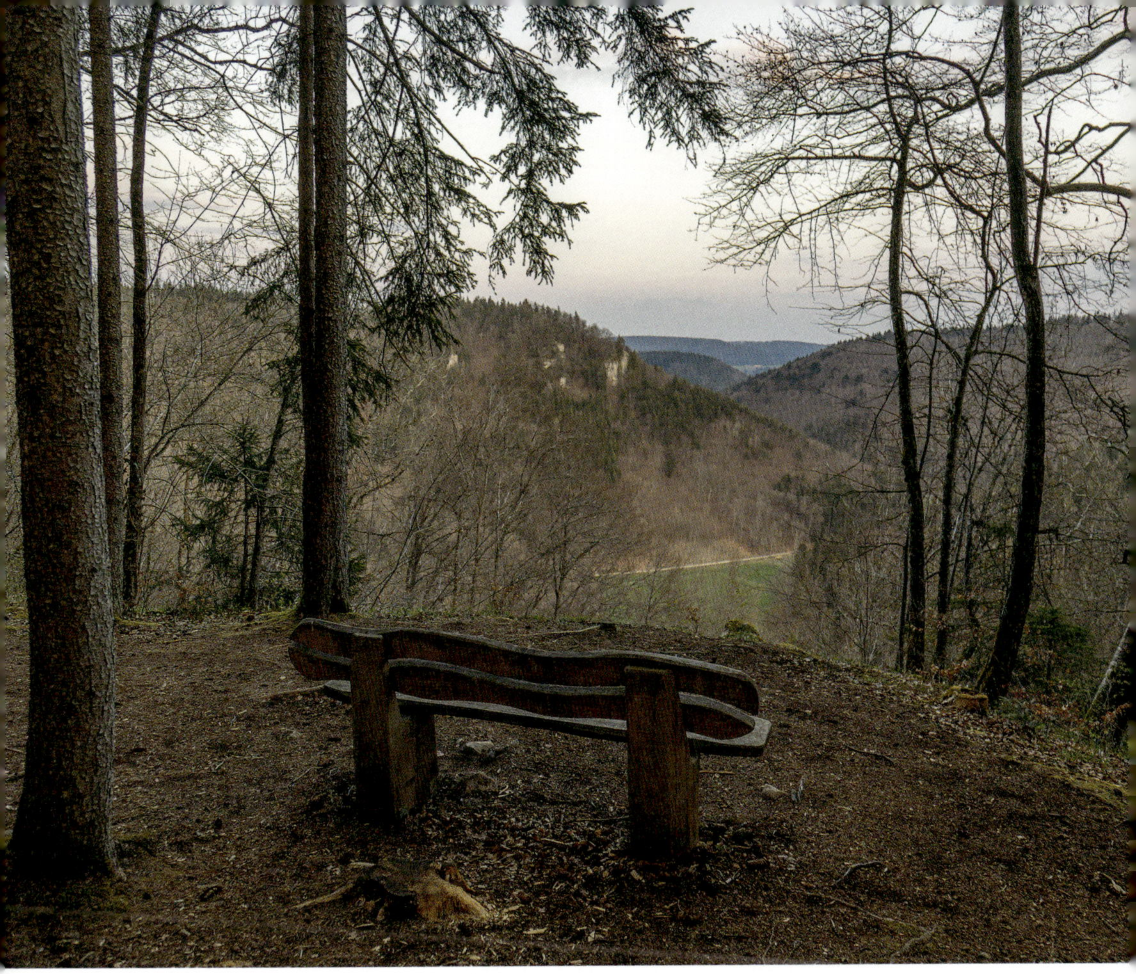

↑ Blick aufs Ursental, ein nordöstliches Seitental zur Donau
← Das Symbol der »DonauWellen« führt durch die Wanderung. Es steht für Bewegung und den Genuss der Landschaft im Donaubergland.

Info

DAUER
3 Std.

HÖHENMETER
260 Hm

LÄNGE
10 km

SCHWIERIGKEIT
Mittel

TOURENCHARAKTER
Moderate Wanderung auf gut begehbaren Wegen mit zwei kurzen, knackigen An- bzw. Abstiegen

AUSGANGS-/ENDPUNKT
Wanderparkplatz Risiberg

ANFAHRT
GPS: 48.046550, 8.805416
WoMo: Nach Dürbheim fahren, in der Ortsmitte der Beschilderung Risiberg folgen, an der Abzweigung zum Risiberg weiter geradeaus, Parkplatz nach 300 m linker Hand (»Mittlerer Platz«)

EINKEHR
Landgasthof Waldeck

INFORMATION
donaubergland.de,
donau-wellen.de

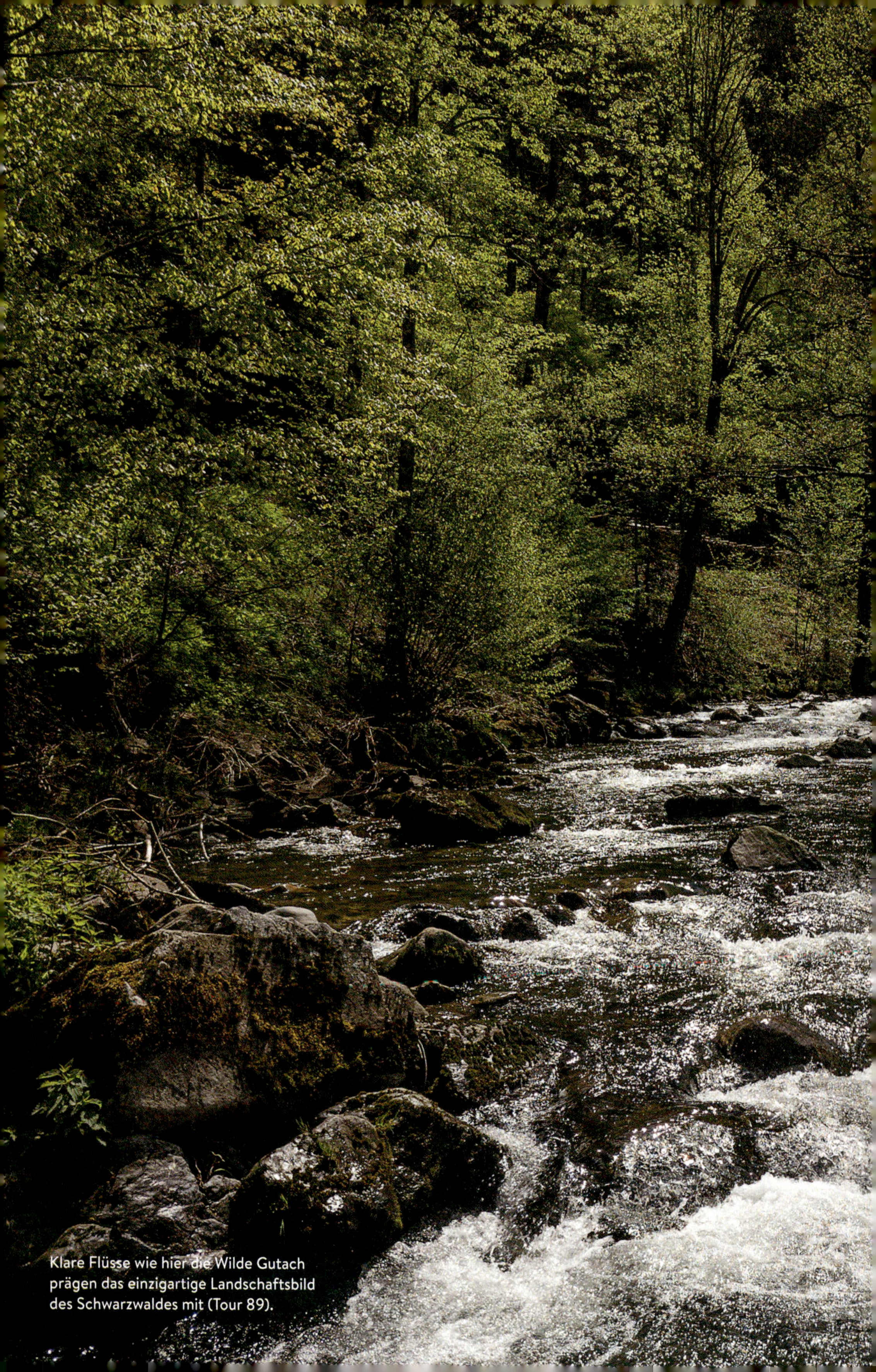

Klare Flüsse wie hier die Wilde Gutach prägen das einzigartige Landschaftsbild des Schwarzwaldes mit (Tour 89).

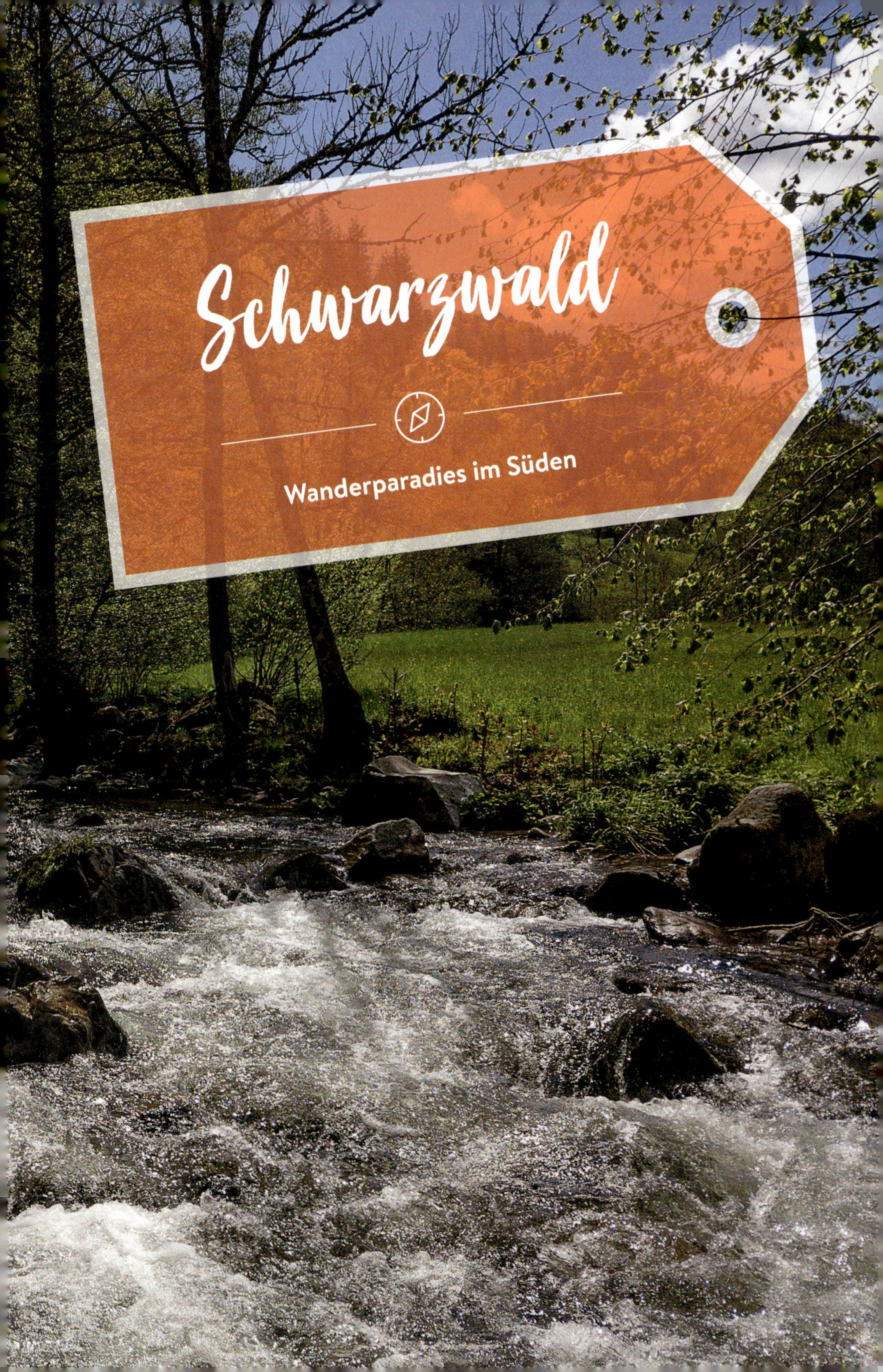
Schwarzwald
Wanderparadies im Süden

CAMPINGPLATZ

Natur-Camp Tannenfels

Die reinste Schwarzwald-Idylle

Die kantigen Gipfelprofile des Nordschwarzwalds ragen um mehr als 1000 Meter aus der Rheinebene heraus mit der Hornisgrinde als höchstem Berg (1164 m. ü. NHN). Auf den Hochflächen erstrecken sich die typischen Grindenlandschaften, und verwunschene Karseen verlocken zu Wanderungen.

Im Baiersbronner Teilort Mitteltal liegt dieser Campingplatz, von dem aus die Wanderungen im Nördlichen Schwarzwald und auch die beiden Touren im Mittleren Schwarzwald gut erreichbar sind. Er ist idyllisch am Flüsschen Murg neben einem Naturfreibad gelegen und von Feldern, Wald und den Bergen des Nordschwarzwalds umgeben. Gut ausgestattet mit frisch renovierten Sanitäranlagen, Stromanschlüssen und einem Kiosk mit dem Nötigsten für den täglichen Bedarf (in direkter Nähe zum Platz aber auch Bäcker, Metzger, Supermarkt und ein Tante-Emma-Laden). Das Wohnmobil kann man auf der grünen Campingwiese oder auf festen Plätzen abstellen.

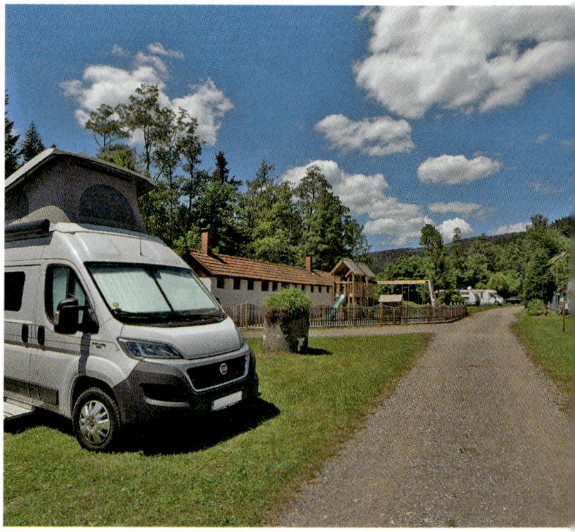

Info

GEEIGNET ALS
Mehrtagesurlaub

ADRESSE
Ruhesteinstraße 413, 72270 Baiersbronn, Tel. 0163/192 32 24, E-Mail: info@naturcamp-tannenfels.de, naturcamp-tannenfels.de

ANFAHRT
Vom Zentrum Baiersbronn über die Rechtmurgstraße Richtung Ruhestein fahren. Nach dem Parkplatz des Naturbads links zum Campingplatz abbiegen

GPS
48.528055, 8.305555

BESONDERHEIT
Kleiner, überschaubarer Platz, kinder- und hundefreundlich, sehr nette Betreiber, familiär geführt

CAMPINGPLATZ

Camping Schluchsee

Platz am herrlichen Eiszeit-See

Im Gegensatz zum Nordschwarzwald herrschen im Süden eine sanfte, hügelige Landschaft und liebliche Natur vor. Die Bergseen, sonnenverwöhnte Hochtäler, der Feldberg als höchster Gipfel des Schwarzwalds, wildromantische Schluchten und Wasserfälle sind das Markenzeichen dieser perfekten Wanderregion.

Der terrassiert angelegte Platz befindet sich direkt am Schluchsee (es gibt keine Stellplätze am Wasser, aber einen kurzen Fußweg zum See) und bietet Stellplätze mit Stromanschluss und auch mit Strom und Wasser, außerdem Premium-Plätze mit direktem Wasser- und Abwasseranschluss. Ansonsten Ver- und Entsorgung zentral vorhanden. Die Ausstattung ist sehr gut mit Küche, Aufenthaltsraum, morgendlichem Brötchenservice im Shop und Restaurant am Platz. Von vielen Stellplätzen aus besteht Seeblick. Sehr kinder- und familienfreundlich (Auszeichnung). Großer Platz, Fahrzeuge stehen allerdings nah nebeneinander, in den oberen Reihen wenig Schatten.

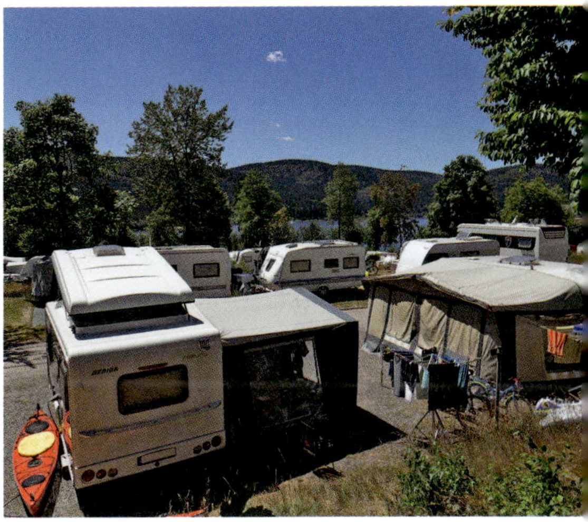

Info

GEEIGNET ALS
Mehrtagesurlaub

ADRESSE
Gewann Zeltplatz 1, 79859 Schluchsee, Tel. 07656/573, E-Mail: info@camping-schluchsee.de, camping-schluchsee.de

ANFAHRT:
Entlang der B500 am östlichen Ufer des Schluchsees bis Abzweig Sägackerweg fahren. Auf diesen nach rechts abbiegen, der Campingplatz folgt gleich rechter Hand.

GPS
47.886111, 7.833333

BESONDERHEIT
Der Platz liegt direkt auf der beschriebenen Rundwanderung um den Schluchsee und eignet sich deshalb als Startpunkt.

83 Zu den Geroldsauer Wasserfällen

Immer am Bach entlang

Zu Beginn dieser kontrastreichen Wanderung drehen wir eine kleine Schleife am Grobbach entlang durch die verträumte Ansiedlung Malschbach. Dabei passieren wir den Brahms-Brunnen mit einem Kasten, in dem es Honig zu kaufen gibt (Zahlung per PayPal möglich). Am Ende der Schleife folgen wir dem durchgehenden Wegzeichen einer gelben Raute auf weißem Grund und wandern entlang des munter plätschernden Grobbachs dem Wasserfall entgegen. Wir kommen an einer malerischen Holzbrücke vorbei und haben mehrere Möglichkeiten, an den Bach zu gehen oder dem beruhigenden Wasserrauschen von einer Bank aus zu lauschen. Ist man zwischen Anfang Mai und Juni unterwegs, faszinieren die üppig blühenden Rhododendren.

Das Highlight, der Wasserfall, stürzt sich tosend in ein Becken – Unerschrockene nehmen ein erfrischendes Bad! Gemütlicher ist ein Picknick in der Wasserfallhütte mit Logenblick auf das Naturspektakel. Über eine Brücke geht's zur Waldgaststätte Bütthof. Frisch gestärkt nehmen wir den Anstieg zum Kreuzfelsen in Angriff. Dann folgt das Kontrastprogramm: Nach dem romantischen Weg am Bach entlang nehmen wir einen Pfad in Serpentinen hinauf zum Kreuzfelsen und genießen einen herrlichen Fernblick. Wieder vom Rauschen des Bachs begleitet, wandern wir anschließend durchs Littersbachtal hinab bis zur Mündung des Grobbachs. Über die Wegführung des Panoramawegs treffen wir wieder auf den Hinweg und gehen am Brahms-Brunnen vorbei zurück zum Wanderparkplatz.

→ Der Auftakt ist so beschaulich wie vielversprechend und so geht es weiter: Eine gedeckte Holzbrücke, ein Gipfelkreuz-Erlebnis und natürlich der Wasserfall bereichern den Weg.

Info

DAUER
2.45 Std.

HÖHENMETER
300 Hm

LÄNGE
8,3 km

SCHWIERIGKEIT
Mittel

TOURENCHARAKTER
Überwiegend gut begehbare Wege, in den Bachtälern evtl. rutschig, steiler Anstieg zum Kreuzfelsen

AUSGANGS-/ENDPUNKT
Wanderparkplatz Malschbach

ANFAHRT
GPS: 48.720887, 8.242654
WoMo: Von der A5 nach Baden-Baden fahren, dann über die B500 durch Baden-Baden, der Wanderparkplatz folgt 14 km nach der Autobahn und liegt neben der Bundesstraße.

EINKEHR
Waldgaststätte Bütthof

INFORMATION
baden-baden.com/tourist-information

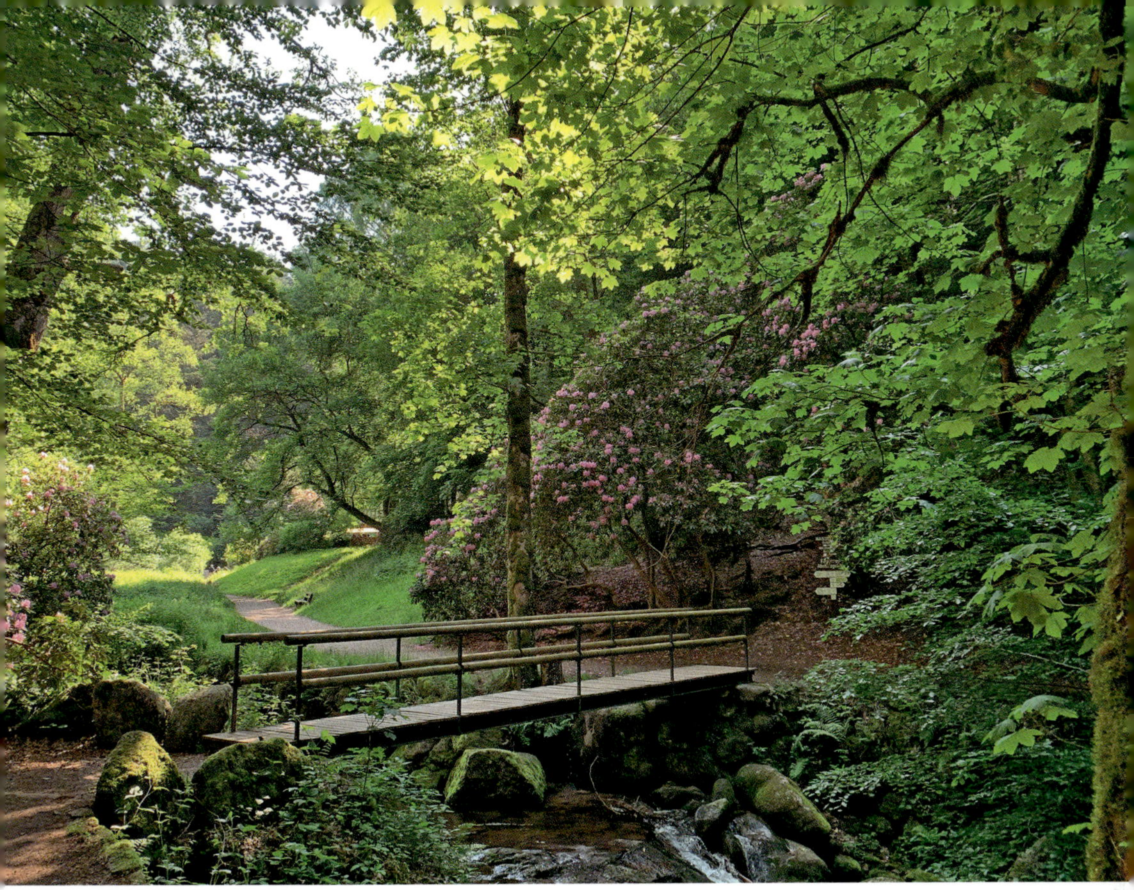

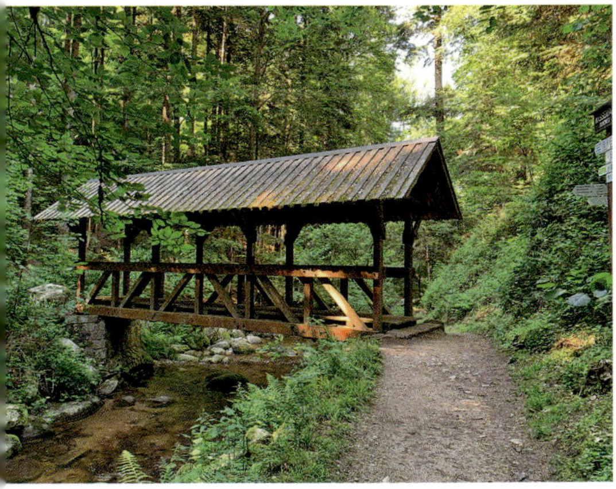

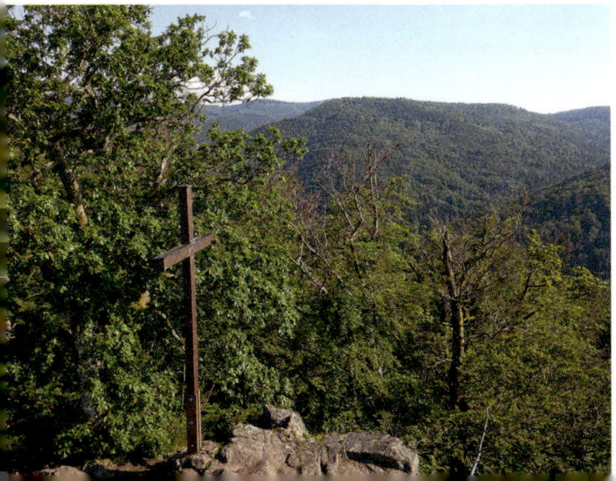

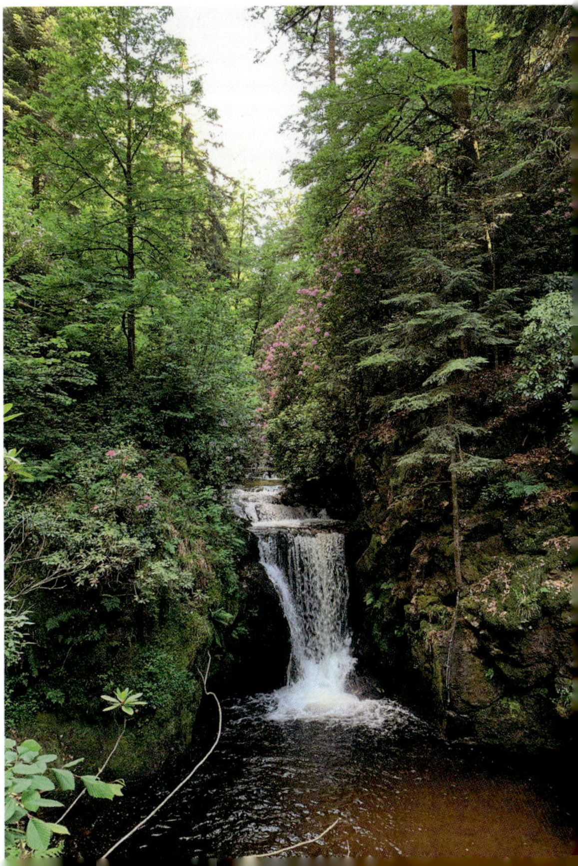

WANDERUNG

84 Und Action!

Kletteralarm am Karlsruher Grat

Allein zur Abwechslung ist die Begehung dieses Felsrückens eine Tour wert, denn während sanfte Wiesen, Wälder und Berge typisch für den Nordschwarzwald sind, hat dieser schroffe, 400 Meter lange Felsgrat fast schon alpinen Charakter. Deshalb wird im Folgenden auch »nur« ein Rundweg am Grat beschrieben – kombinierbar wäre eine Wanderung mit den romantischen Edelfrauengrab-Wasserfällen, dann sind knapp zehn Kilometer und 560 Höhenmeter zu bewältigen.

Der Weg ist ausgeschildert. Vom Wanderparkplatz geht es leicht bergab durch den Wald, wir biegen links ab und passieren einen Getränkekiosk. Entlang des Gottschlägbachs geht es durch das Gottschlägtal, und nach einer scharfen Rechtskurve erreichen wir den Karlsruher Grat. Er windet sich oberhalb von steil abfallenden Hängen und bietet zahlreiche fantastische Ausblicke. Mühsam arbeiten wir uns zum Gipfelkreuz vor. Der Karlsruher Grat ist der einzige Klettersteig im Nordschwarzwald. Bei der Kraxelei über die alpine Route muss man gelegentlich auch die Hände zur Hilfe nehmen. Wem es dabei mulmig wird, der kann auf einen Umgehungsweg im Wald ausweichen. Damit verpasst man aber die Ausblicke von den Felsen aus, auf denen man sich niederlassen kann. An der Kreuzung, an der wir zuvor links abgebogen sind, geht es zuletzt auf dem bekannten Weg wieder zurück zum Ausgangspunkt.

↗ Damit ist klar, worauf man sich einlässt. Aber es macht großen Spaß!
→ Wagemutige können den Blick vom schmalen Felsgrat auch mal in die Tiefe schweifen lassen – und in die Ferne!

Info

DAUER
1.30 Std.

HÖHENMETER
250 Hm

LÄNGE
3,2 km

SCHWIERIGKEIT
Schwer

TOURENCHARAKTER
Trittsicherheit, Schwindelfreiheit und gutes Schuhwerk unbedingt erforderlich. Keine Kletterausrüstung notwendig. Umgehungsweg vorhanden (ausgeschildert)

AUSGANGS-/ENDPUNKT
Wanderparkplatz Bosenstein

ANFAHRT
GPS: 48.567195, 8.151356
WoMo: Über die B500 bis zum Ruhestein fahren, nach dem Kreisverkehr rechts (aus Richtung Freudenstadt vor dem Kreisverkehr links) Richtung Ottenhöfen halten, man fährt direkt auf den Parkplatz zu.

EINKEHR
Unterwegs Getränkekiosk, knapp 1 km vom Startpunkt entfernt die Selbstbedienungshütte S'alte Lifthisli mit Vesper, Getränken, Hofeis und selbstgebranntem Schnaps

INFORMATION
ottenhoefen.de, achertal.de

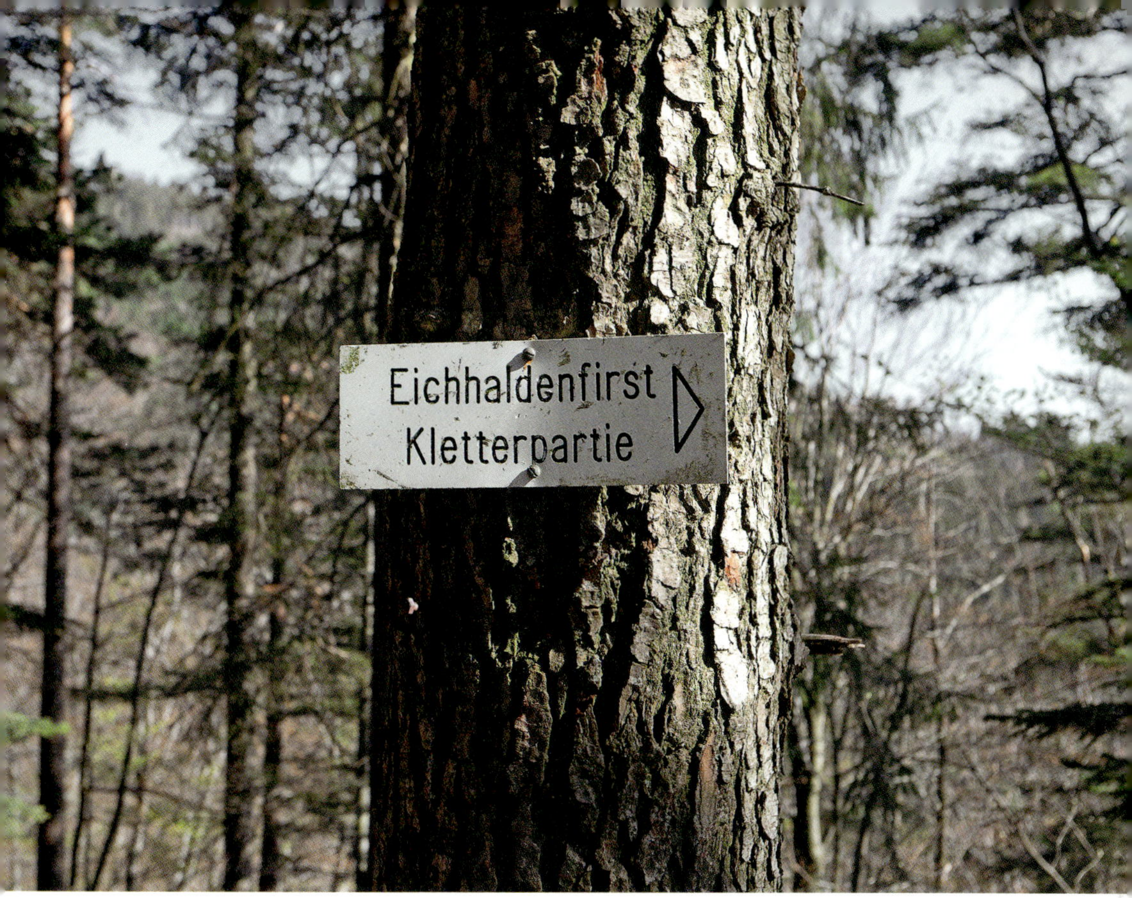
Eichhaldenfirst
Kletterpartie

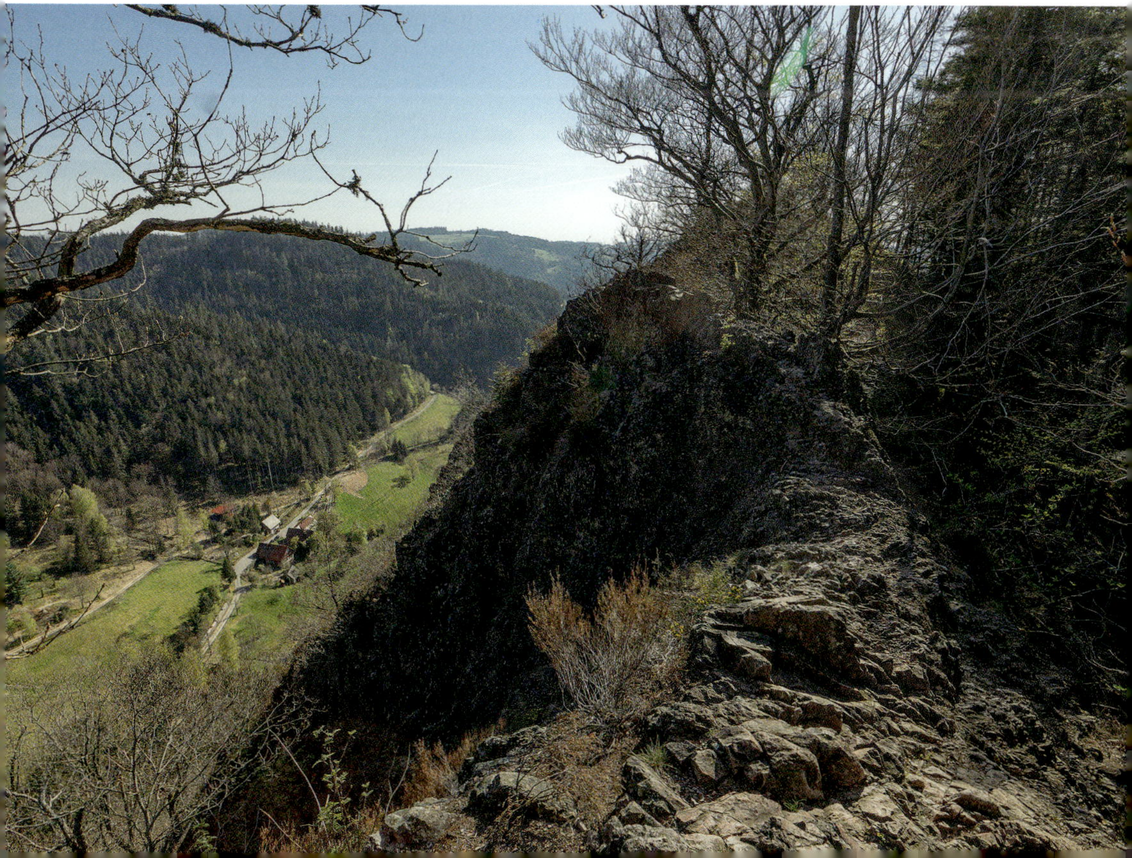

85 Tiefer See und hoher Berg

Natur-Highlights Mummelsee und Hornisgrinde

Geheimnisvoller Mummelsee: Der in einer Senke liegende Karsee mit seiner glitzernden Wasseroberfläche liegt auf 1000 Metern Höhe. Viele Sagen und Legenden ranken sich um das 17 Meter tiefe Gewässer. Wir lassen den mystischen See jedoch erst einmal links liegen und wenden uns dann nach rechts, gehen ein kleines Stück parallel zur Straße und biegen links in den Wald ein. Es geht steil bergauf. Schon bald haben wir einen tollen Blick auf den Skihang am Seibelseckle.

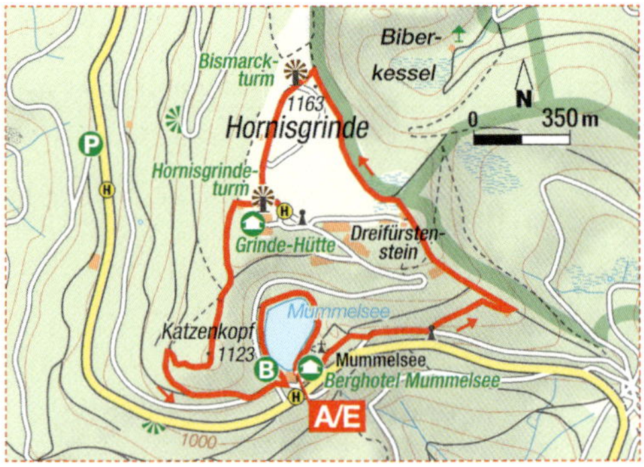

Wir halten uns links, genießen die Aussicht vom Hochplateau und erreichen nach einem Waldstück und dem Dreifürstenstein (Grenze zwischen der Markgrafschaft Baden, dem Herzogtum Württemberg und dem Fürstbistum Straßburg) das Hochmoor. Hier durchqueren wir die geschützte und ganz besondere Landschaft über einen Bohlenweg und bewundern Flora und Fauna, bevor wir den nostalgischen Bismarckturm und den begehbaren Hornisgrinde-Aussichtsturm erreichen,

↓ An der kleinen Hahnenhütte lässt es sich vortrefflich rasten.

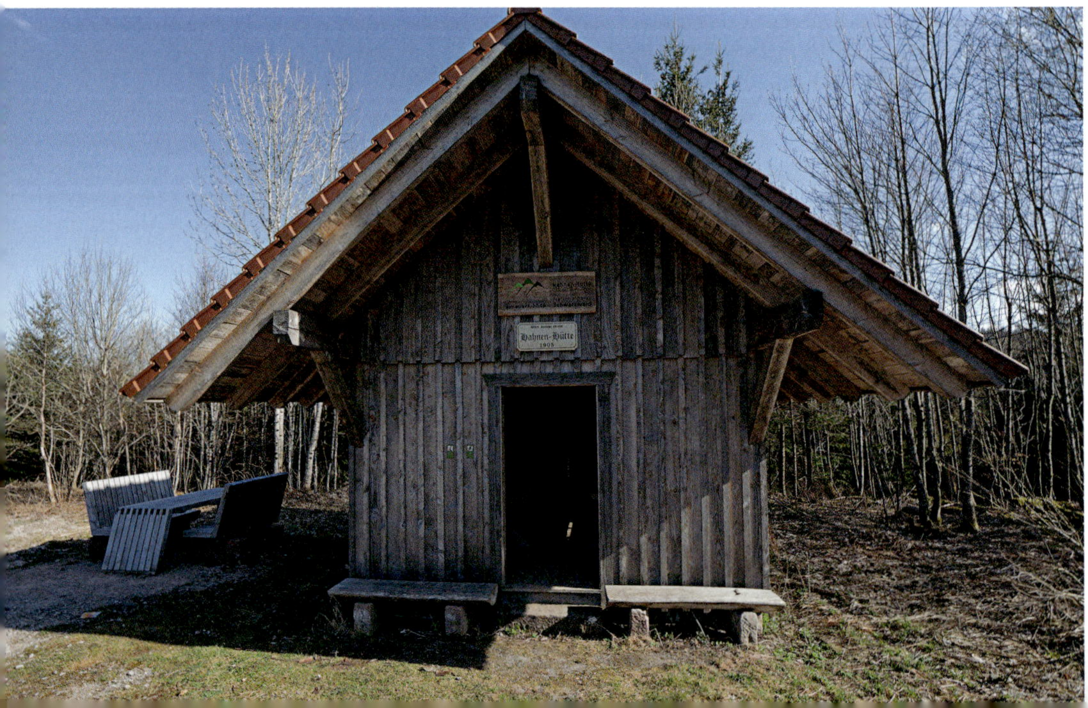

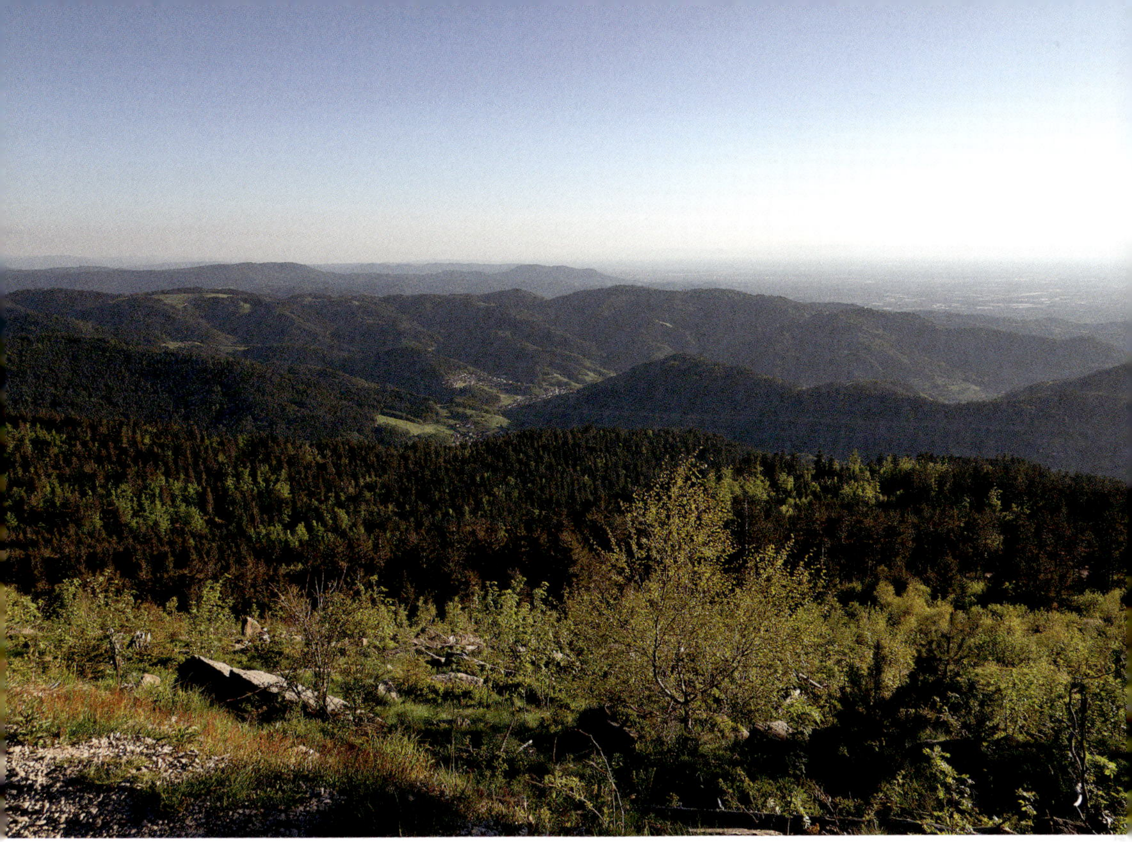

↑ Beim Abstieg von der Hornisgrinde zurück zum Mummelsee ergeben sich Aussichten wie diese.
↓ Durch das Hochmoor führt ein Bohlensteg, zu jeder Jahreszeit ein Erlebnis!

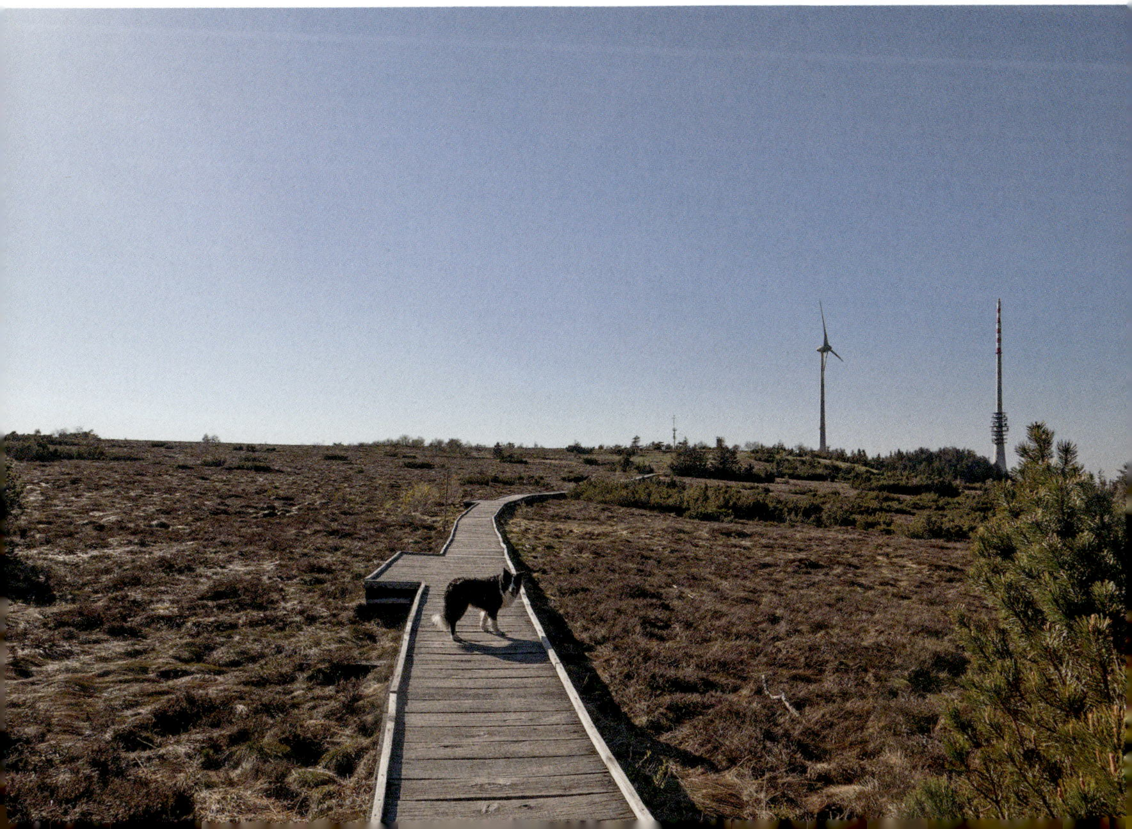

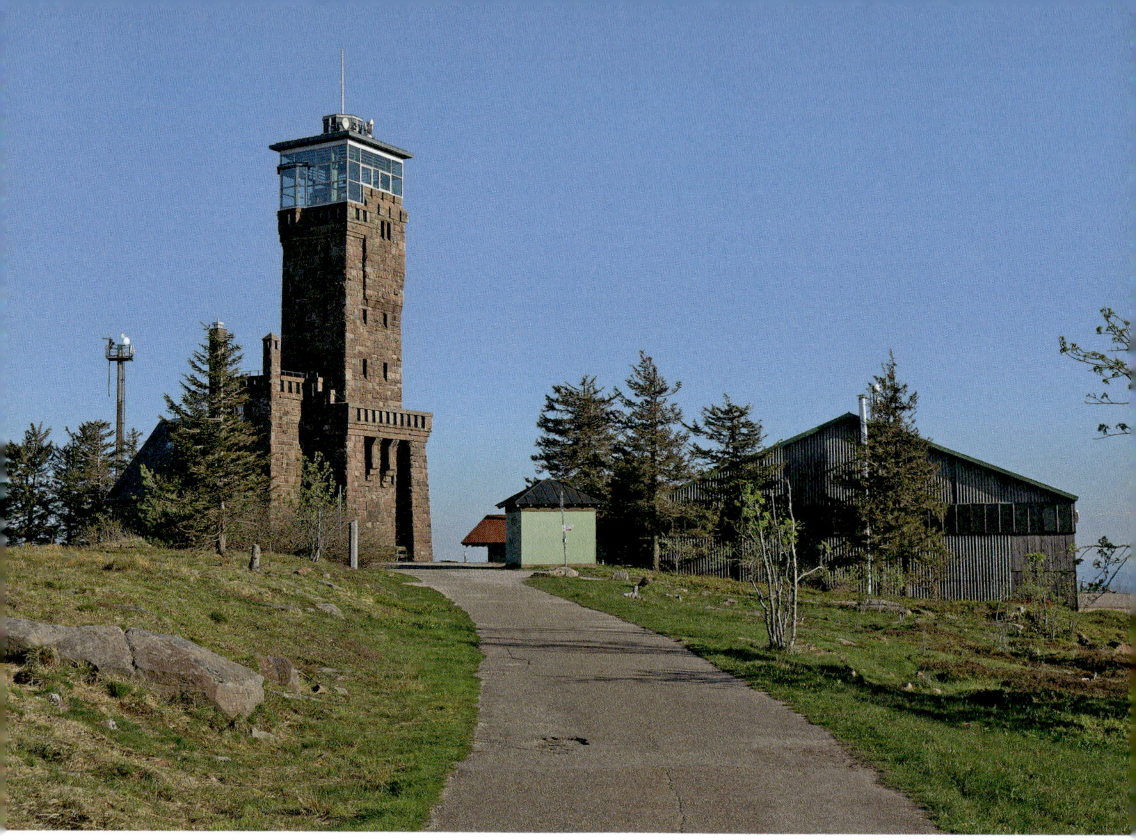

↑ Neben dem Hornisgrinde-Aussichtsturm gibt es ganz neu auch die Einkehrmöglichkeit Grinde-Hütte.
↓ Die Sonne steht tief, die Wanderung ist fast zu Ende, aber ...

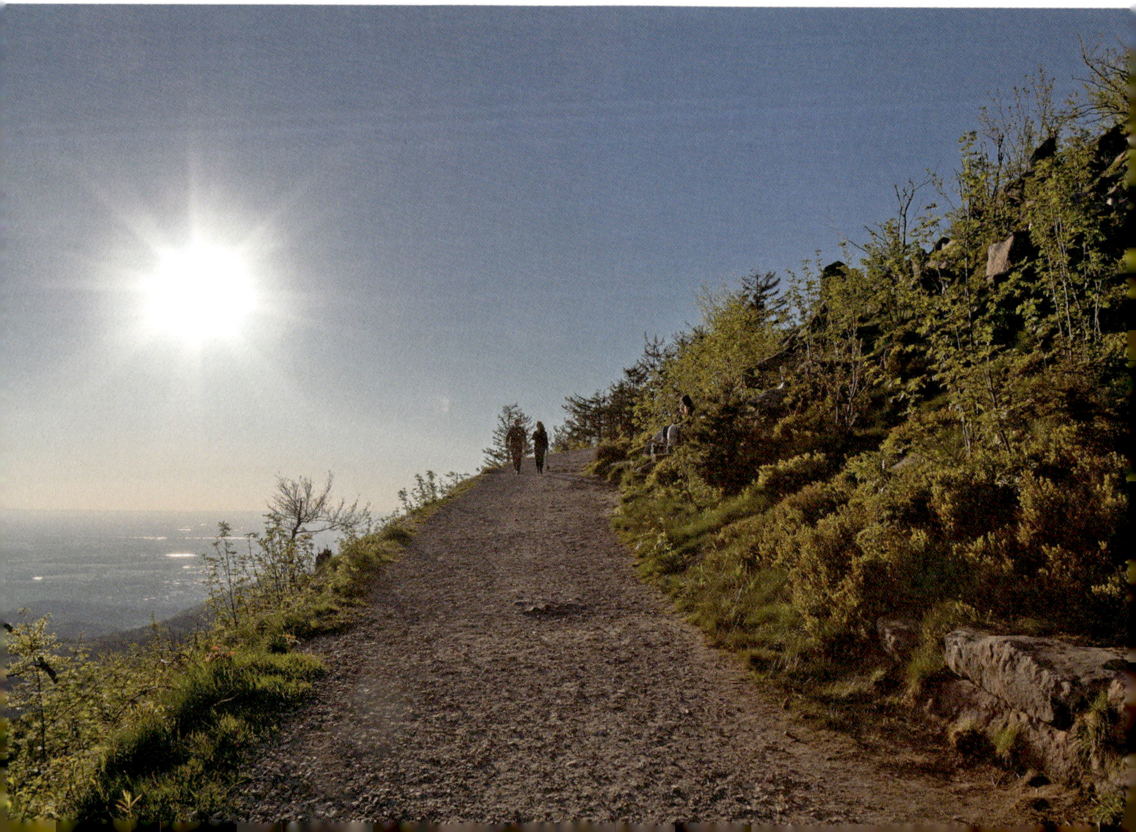

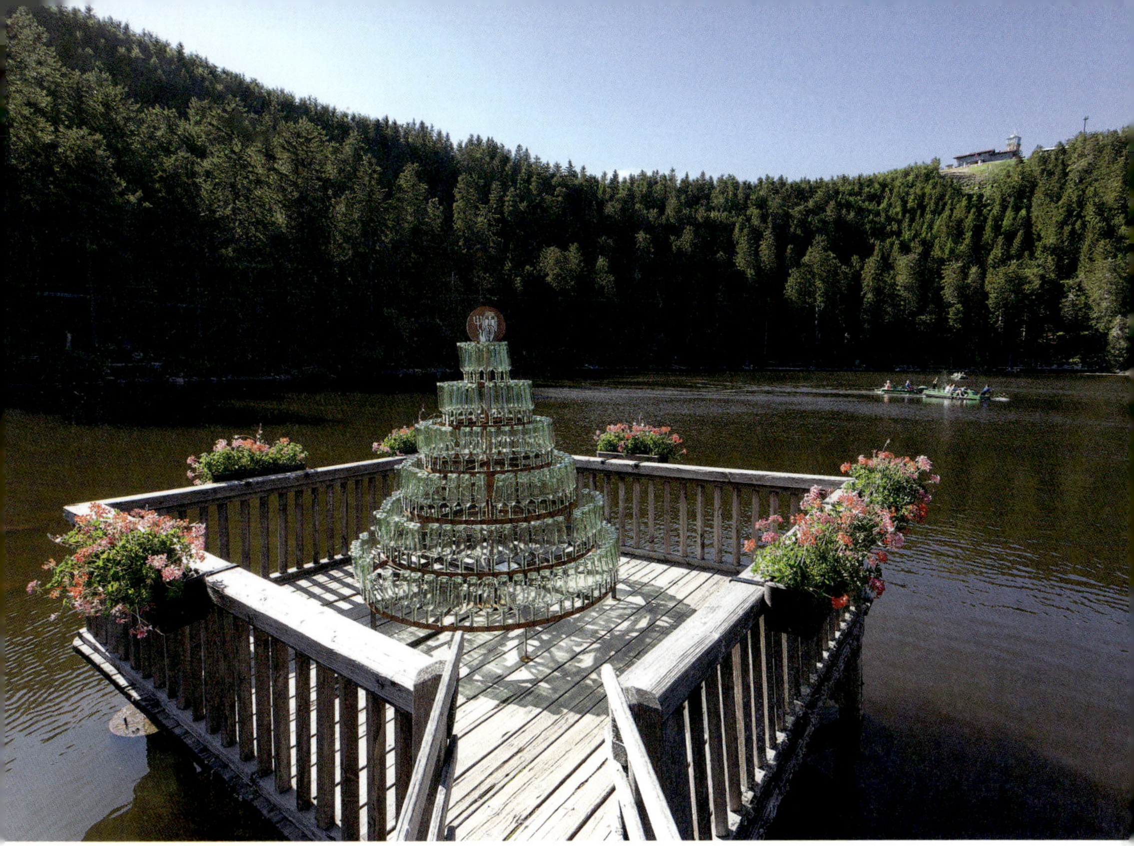

↑ … das Beste kommt bekanntlich zum Schluss: voilà, der Mummelsee!

neben dem sich die einladende Grinde-Hütte befindet. Wir stehen nun auf dem höchsten Gipfel des Nordschwarzwalds!
Über den Katzenkopf steigen wir hinab zum Mummelsee, erfreuen uns an den grandiosen Aussichten und umrunden ganz am Ende noch den sagenumwobenen See. Am Ostufer schauen wir uns die Skulpturen auf dem Kunstpfad an. Wer noch Lust hat, mietet sich ein Tretboot zur See-Erkundung.

Info

DAUER
2 Std.

HÖHENMETER
150 Hm

LÄNGE
5 km

SCHWIERIGKEIT
Mittel

TOURENCHARAKTER
Panorama-Wanderung in großer Höhe; reizvolle, teils anspruchsvolle Strecke mit steilem Anstieg bis zum Hochmoor und abschnittsweise steilem Abstieg über den Katzenkopf

AUSGANGS-/ENDPUNKT
Parkplatz Mummelsee

ANFAHRT
GPS: 48.596907, 8.204099
WoMo: Über die B500 an den Mummelsee fahren. Beim Hotel Mummelsee befinden sich mehrere große Parkplätze und Parkflächen.

EINKEHR
Unterwegs: Grinde-Hütte, am Start-/Endpunkt: Berghotel Mummelsee

INFORMATION
schwarzwald-tourismus.info, seebach.de

WANDERUNG

86 Im wilden Nationalpark

Vom Lotharpfad zum Buhlbachsee

Tief in das Gebiet des Nationalparks dringen wir auf dieser Wanderung vor, die auch über den Lotharpfad führt – hier wütete der Orkan Lothar 1999 und zerstörte eine riesige Waldfläche. Der Erlebnispfad über Stege, Leitern, Treppen und Bohlenwege zeigt, wie sich die sich selbst überlassene Natur erholt und verjüngt.

Der abgedruckten Karte nach geht es vom Parkplatz an der Zuflucht über die Schwarzwaldhochstraße (B500) hinweg und einen steilen Waldpfad bergab zum Buhlbachsee, einem Karsee mit einer kleinen Insel. Der Rundweg um den See ist seit einiger Zeit aus Rücksicht auf die brütenden Vögel gesperrt, aber ein schönes Picknickplätzchen mit Aussichtsbänken lädt zum Beobachten der Vogelwelt ein. Im Frühjahr leisten Frösche und Kröten den Wanderern lautstark Gesellschaft. Es geht weiter in nördliche Richtung und immer mehr oder weniger nah am Buhlbach entlang bis zum Umkehrpunkt im gleichnamigen Ort. An diesem hinteren Ende der Wanderung präsentiert sich die zauberhafteste Schwarzwald-Landschaft! Der Blick schweift über die Täler des Nordschwarzwalds und verträumte Siedlungen und Höfe. Vorbei an der Lichtegehrenhütte und der Hahnenhütte erreicht der Weg wieder die Schwarzwaldhochstraße, die wir überqueren. Anschließend folgt der Einstieg in den einen Kilometer langen Lotharpfad. An seinem Ende halten wir uns links und gelangen über einen breiten, sonnigen Weg begleitet von fantastischen Blicken in die Rheinebene zurück zum Ausgangspunkt am Hotel Zuflucht.

Info

DAUER
4.30 Std.

HÖHENMETER
400 Hm

LÄNGE
15,7 km

SCHWIERIGKEIT
Mittel

TOURENCHARAKTER
Lange Wanderung mit vielen Ausblicken und über verschlungene, enge Pfade durch den dichten Schwarzwald. Unwegsame, aber unproblematische Passagen auf dem Lotharpfad. Trittsicherheit vorteilhaft

AUSGANGS-/ENDPUNKT
Parkplatz Zuflucht

ANFAHRT
GPS: 48.492914, 8.244477
WoMo: Aus Richtung Freudenstadt/Kniebis über die B500 fahren, das Hotel Zuflucht mit großem Parkplatz befindet sich ausgeschildert links der B500.

EINKEHR
Unterwegs keine, am Start-/Endpunkt Natur- und Sporthotel Zuflucht

INFORMATION
schwarzwald-tourismus.info, nationalpark-schwarzwald.de, baiersbronn.de

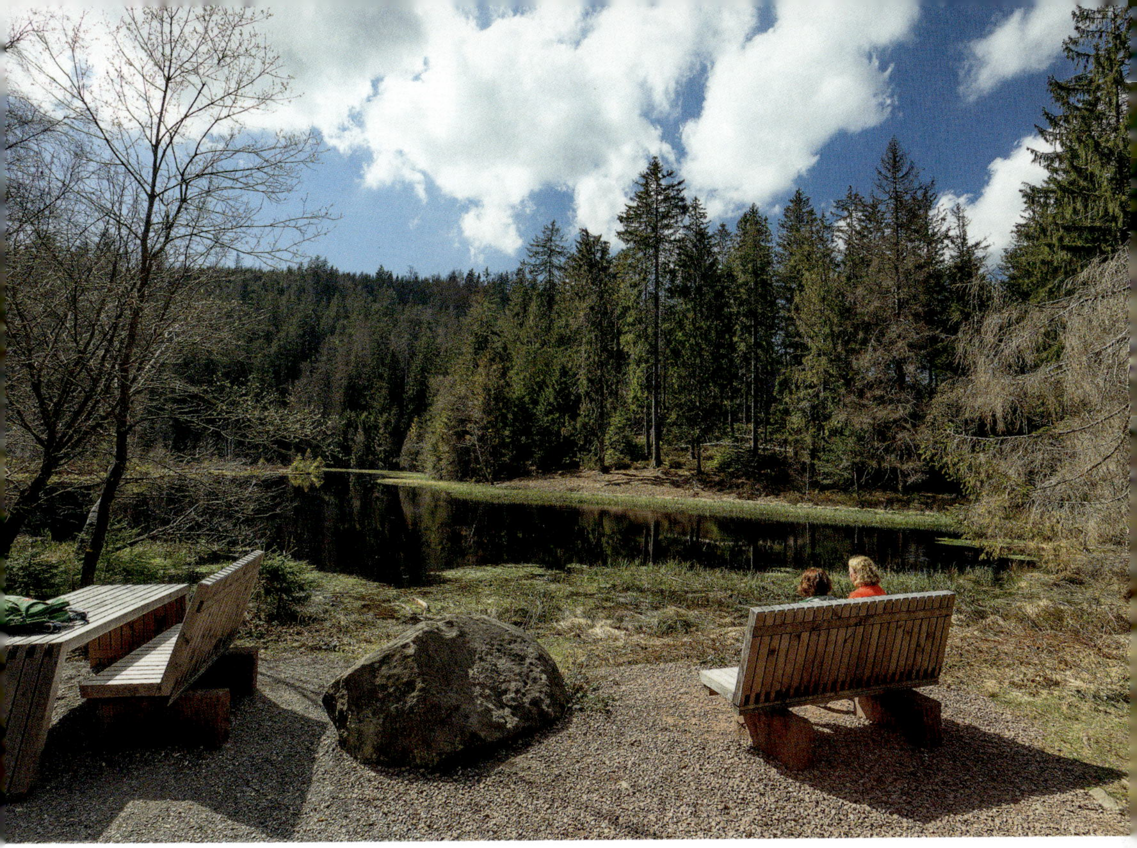

↑ Glücklich, wer es schafft, hier am Ufer des Buhlbachsees einen Logenplatz zu ergattern.
↓ Ein solcher Blick hinein in die Rheinebene sucht in Deutschland seinesgleichen.

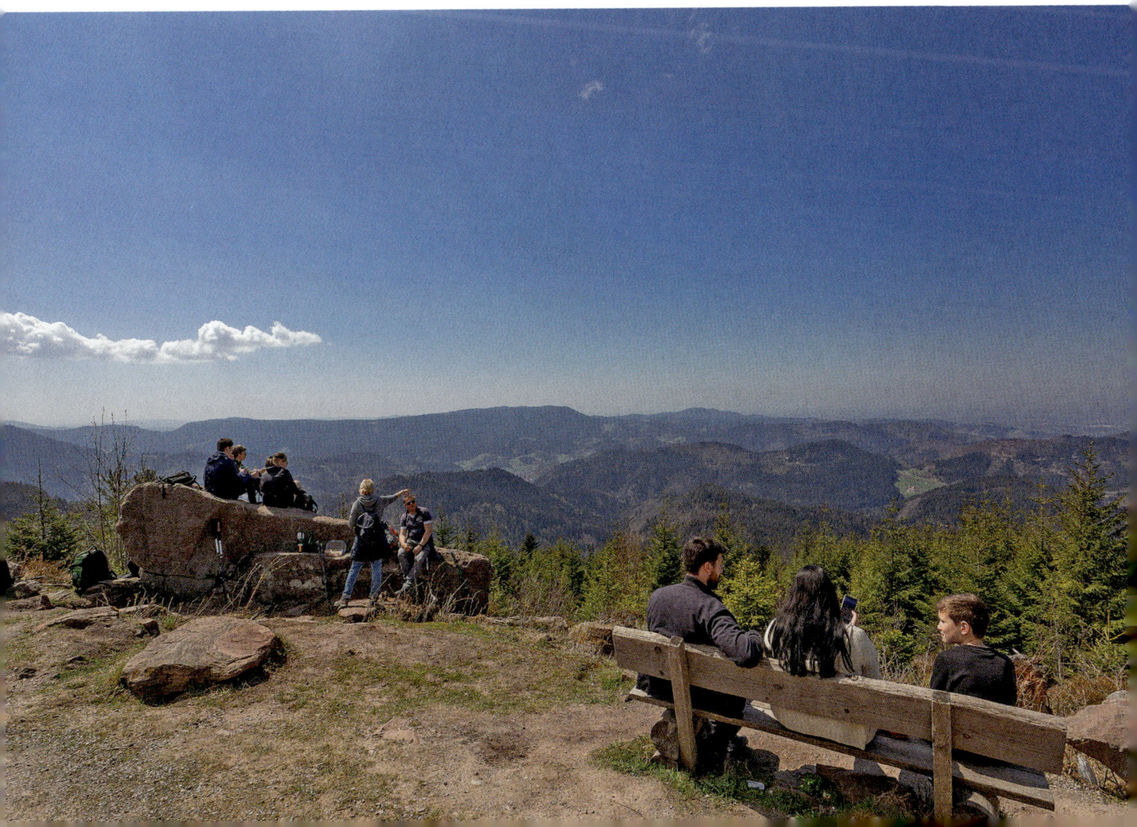

WANDERUNG

87 Hinauf auf Haslachs Hausberg

Waldsee-Runde zum Urenkopfturm

Zwar ist der Aussichtsturm auf dem Urenkopf die Attraktion der Wanderung. Doch schon der Weg bietet tolle Ausblicke auf das Kinzigtal bis hin zu den Vogesen und zur Schwäbischen Alb. Außerdem befinden sich eine KZ-Gedenkstätte, eine Waldkapelle mit Miniatur-Mühlen im Quellbach sowie ein Kreuzweg auf der Strecke. Viel Abwechslung also auf dieser Tour im Mittleren Schwarzwald!

Gleich nach dem Startpunkt ist der kleine Waldsee mit Spielplatz, Minigolf und Gastronomie erreicht, dann führt der Weg über die B294 hinweg in den Wald hinein. Ein schmaler Pfad verläuft bergauf bis zu einer Fahrstraße, der wir ein Stückchen folgen, danach gelangen wir über einen Waldweg steil hinauf zur KZ-Gedenkstätte mit vielen Infotafeln über die Zwangsarbeit im Rüstungsbetrieb Vulkan und den Haslacher Lagern. Ein sehr bewegender Zwischenhalt!

Nachdem wir den offiziellen Parkplatz für die Gedenkstätte hinter uns gelassen haben, geht es nach rechts in den Wald und sehr steil den Berg hoch. An einem Picknickplatz atmen wir kurz durch, dann folgt der Endspurt noch einmal steil bergauf auf die Hochfläche des Urenkopfs. Der Hausberg von Haslach misst 555 Meter. Von der Plattform des stählernen, 34 Meter hohen Aussichtsturms bieten sich fantastische Panoramen. Nach einer Pause auf dem Gipfel treten wir über schmale Waldpfade vorwiegend bergab den Rückweg an. Nächste Station ist der Heilige Brunnen mit Waldkapelle und einem Quellbach, in dem Miniaturmodelle einer Mühle, einer Hammerschmiede und eines Sägewerks ihre Arbeit verrichten. Über zwölf Stationen eines Kreuzwegs wandern wir vorbei an der Rotkreuz-Hütte und wieder über die B294 zurück zum Waldsee, wo wir uns kurz vorm Ziel eine Einkehr verdient haben.

Info

DAUER
2.30 Std.

HÖHENMETER
340 Hm

LÄNGE
7,5 km

SCHWIERIGKEIT
Mittel

TOURENCHARAKTER
Abwechslungsreicher Wanderweg mit ein paar knackigen Anstiegen, vorwiegend schattiger Wegverlauf auf schmalen Waldpfaden

AUSGANGS-/ENDPUNKT
Parkplatz Waldseeweg in Haslach

ANFAHRT
GPS: 51.518463, 14.658281
WoMo: Im Kinzigtal über die B33, aus Richtung Wolfach/Hausach über die B294 nach Haslach bis Ortsmitte fahren, dort auf die B294 nach Süden abbiegen, Parkplatz rechter Hand am Ortsausgang

EINKEHR
Restaurant Waldsee-Terrasse

INFORMATION
schwarzwald-kinzigtal.info, haslach.de

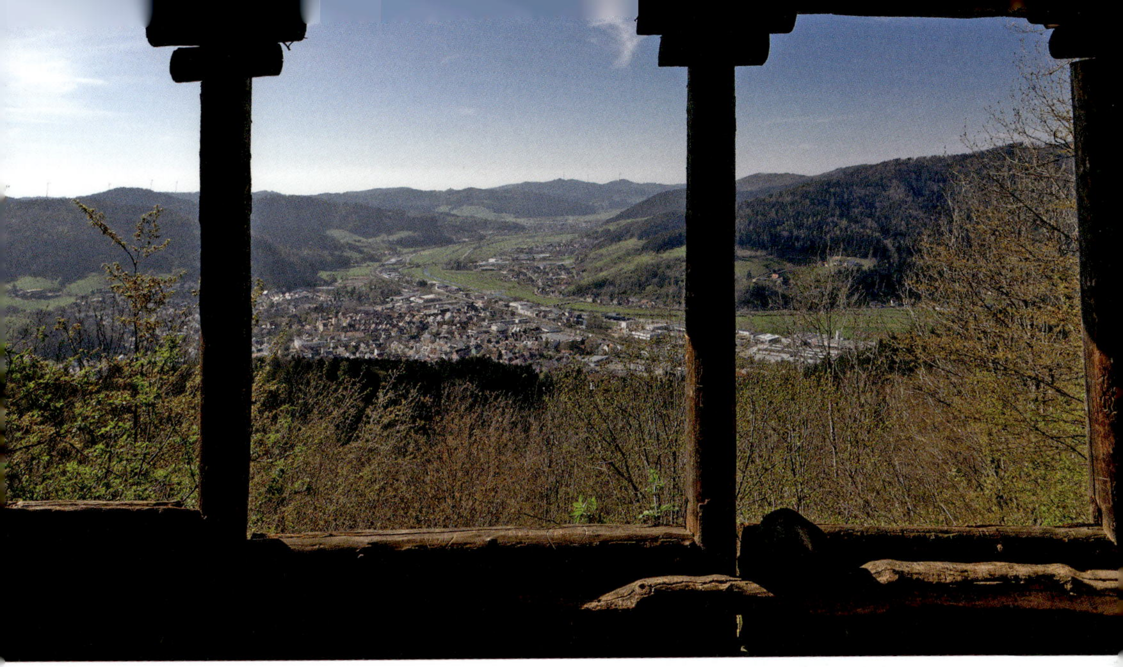

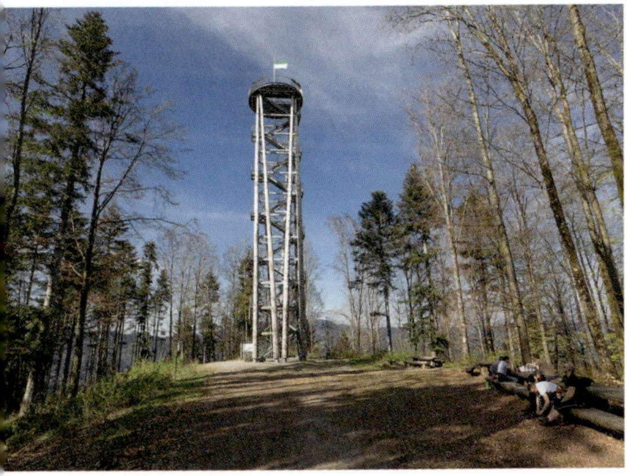

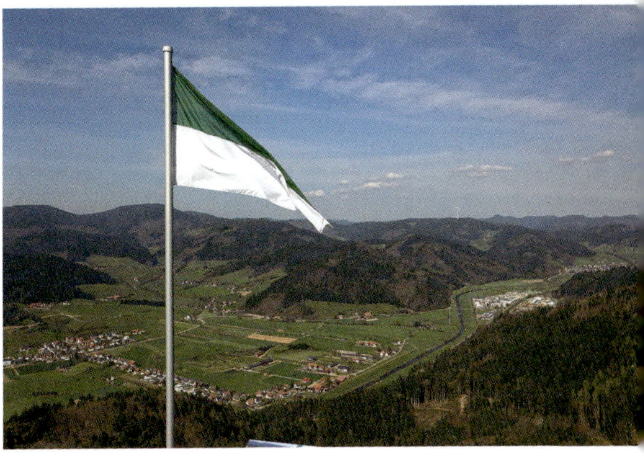

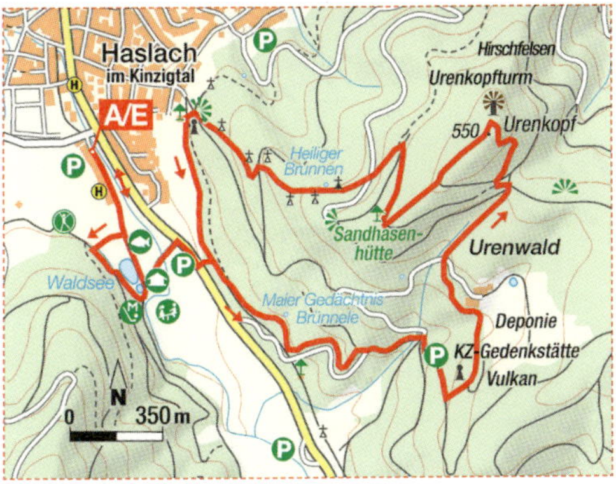

↑ Beim Abstieg passieren wir die Sandhasenhütte mit diesem Ausblick.
↖ Am höchsten Punkt des Haslacher Hausbergs, dem Urenkopf, erhebt sich der Urenkopfturm.
↗ Von dessen Aussichtsplattform hat man einen Rundblick auf Haslach und das mittlere Kinzigtal.

88 Vielseitige Tour mit Wasserfall

Buntes Programm auf der Klösterle-Schleife

Die Klösterle-Schleife ist eindeutig ein Genießerpfad. Markiert mit einem stilisierten Schwarzwald-Bommelhut führt diese abwechslungsreiche Wanderung im Wolftal rund um das »Klösterle« Mater Dolorosa von Bad Rippoldsau. Es geht vorbei an schönen Ausblicken und dem Burgbachwasserfall, einem der höchsten Wasserfälle in Baden-Württemberg.
Die erste Etappe verläuft durch die Wolfsschlucht auf schattigen, weichen Waldpfaden zum ausgeschilderten Abstecher »Schießhüttele«. Der hübsche Holzpavillon bietet einen Blick auf besagtes Kloster, das Wolftal und die malerische Brücke, zu der wir als nächstes gelangen. Der mit Blumen verzierte Übergang überbrückt den Fluss Wolf; hier wenden wir uns nach rechts und passieren im Ort eine Kühltruhe mit Hofeis sowie einen Schnapsbrunnen zur Selbstbedienung (Bezahlung per PayPal möglich).

→ Ruhe- und Aussichtsplätzchen, kurz bevor es hinunter zum Wasserfall geht
↘ An der Wolf entlang führt der Weg hinein in den Ort Rippoldsau.
↓ Alkoholisches und Nicht-Alkoholisches hält der Schnapsbrunnen in Rippoldsau für erschöpfte Wanderer bereit.

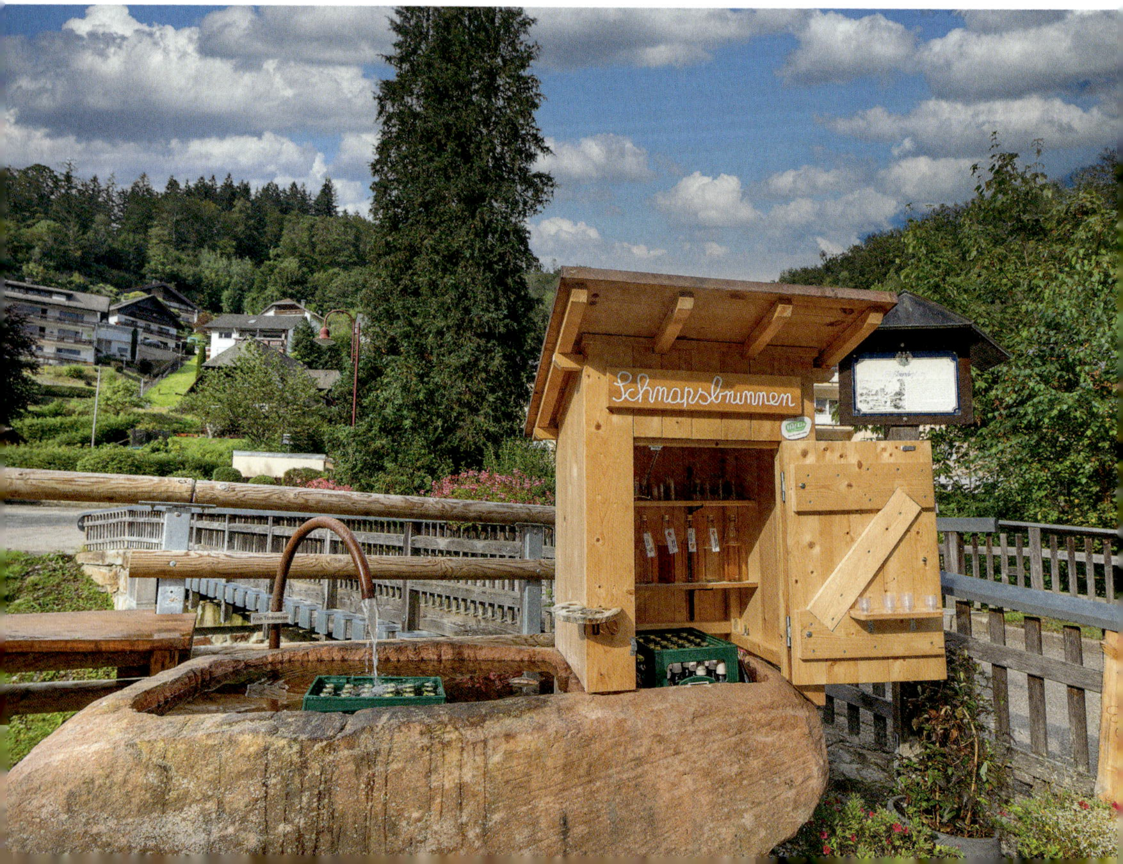

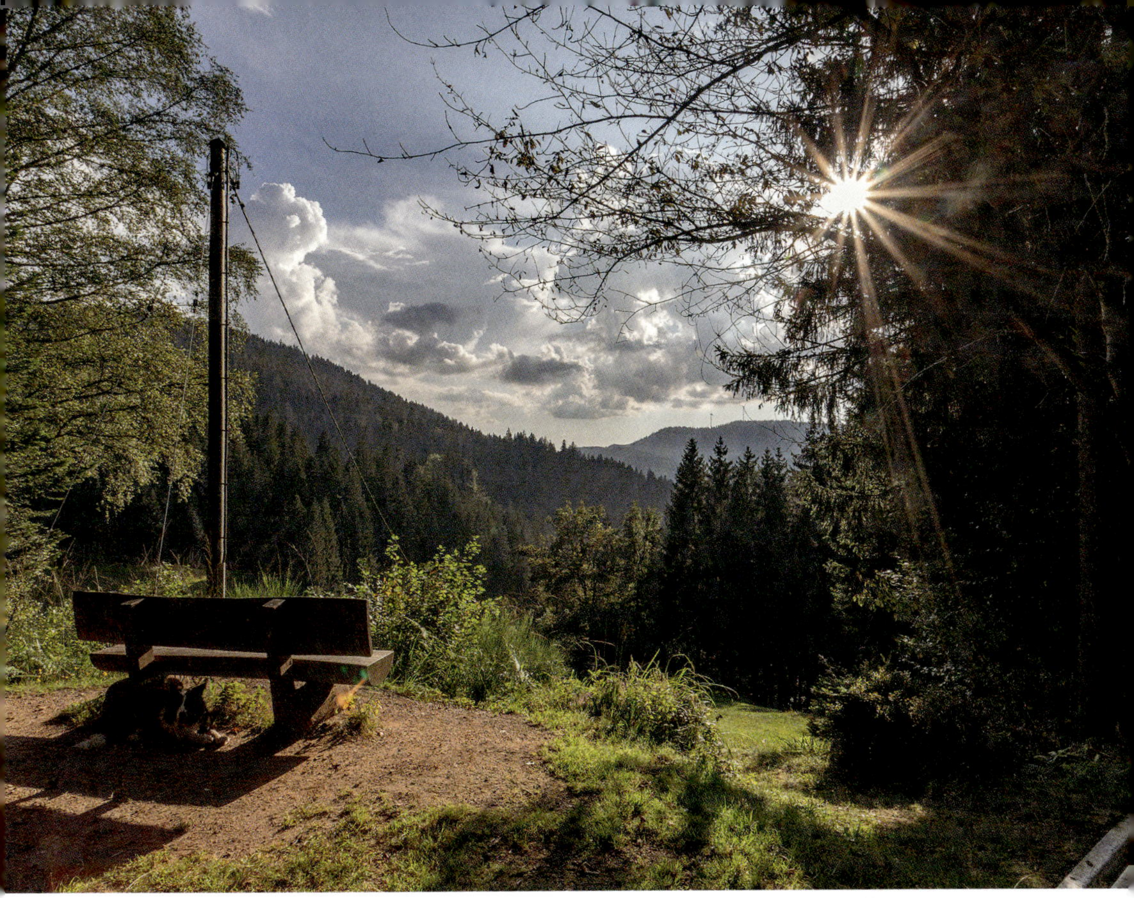

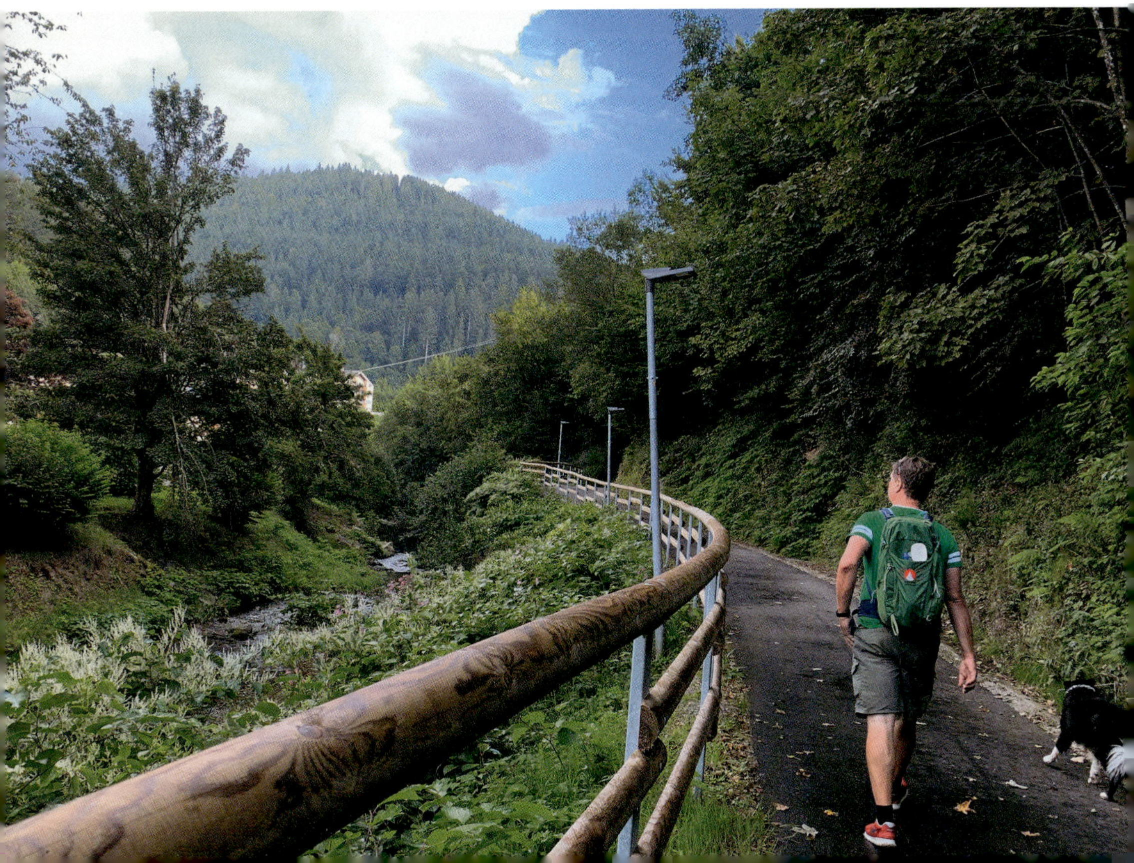

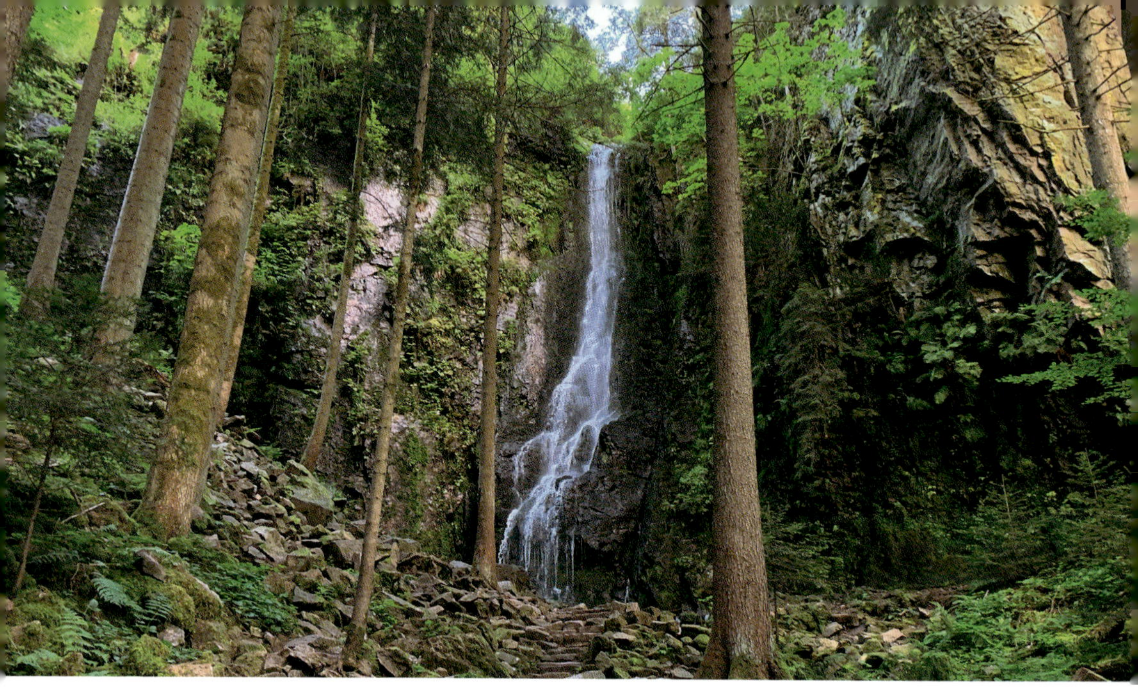

↑ Und da ist er, der imposante Burgbachwasserfall.

Nach Überqueren der Straße und dem Passieren der beiden Einkehrmöglichkeiten, dem Café-Restaurant Zum Schlüssel und dem Gasthof Klösterle-Hof, geht es knackig steil bergauf. In stetem Auf und Ab und mit fantastischer Aussicht auf die Bergwelt des Nordschwarzwalds von einer Bank aus nähern wir uns dem Naturschauspiel Burgbachwasserfall. Zuvor zweigt der Weg noch einmal rechts ab auf den Aussichtspunkt Burgfelsen, ebenfalls mit schickem Holzpavillon und Rastplatz versehen. Dann geht es in Serpentinen sehr steil und über einen felsigen Pfad bergab bis zum Fuße des Wasserfalls. Steintreppen führen hinauf, eine Himmelsliege steht an genau der richtigen Aussichtsposition. Der beeindruckende Wasserfall fällt frei 32 Meter in die Tiefe – ein imposanter Anblick. Über die Stufen kommen wir ein paar Schritte weiter an einem weiteren Schnapsbrunnen mit gekühlten Getränken (auch nicht-alkoholischen) vorbei, bevor sich die Runde am Parkplatz schießt.

Info

DAUER
3 Std.

HÖHENMETER
270 Hm

LÄNGE
8 km

SCHWIERIGKEIT
Mittel

TOURENCHARAKTER
Überwiegend gut begehbare Wege, knackiger Anstieg nach dem Ort und steiler Abstieg vor dem Wasserfall. Die Steinstufen am Wasserfall können rutschig sein.

AUSGANGS-/ENDPUNKT
Wanderparkplatz Vor Burgbach

ANFAHRT
GPS: 48.409716, 8.335427

WoMo: Von Kniebis aus über die L96 nach Bad Rippoldsau fahren, dann über die Wolftalstraße bis Parkplatz (linker Hand)

EINKEHR
Café-Restaurant Zum Schlüssel, Gasthof Klösterle-Hof

INFORMATION
schwarzwald-tourismus.info, bad-rippoldsau-schapbach.de

89 Echtes Schwarzwald-Erlebnis

Wildbachtour bei Simonswald

Diese wundervolle Schwarzwald-Tour bewältigt fast 700 Höhenmeter, führt durch Täler und hält steinige Pfade, schöne Aussichten, steile Abstiege und Schluchten bereit. Hier zeigt sich der Schwarzwald von seiner bezauberndsten Seite! Der Ausschilderung »Wildbach-Tour« folgend, geht es entgegen dem Uhrzeigersinn entlang der Wilden Gutach talaufwärts. Das Tal verengt sich nach dem historischen Gebäude des Elektrizitätswerks Obertal.

Der Weg führt in die Teichschlucht – der Kontrast zur lieblichen Schwarzwaldlandschaft könnte nicht größer sein, denn Geröll- und Felsbrocken dominieren hier die Kulisse. Das und die vielen kleinen Wasserfälle sind so beeindruckend, dass man das Bergaufgehen gar nicht bemerkt. Der Pfad zweigt schließlich zum Felsenmeer und zur Hintereck ab, die letzten 100 Höhenmeter im Zickzack-Kurs zur

↓ Bei der Vesperstube befindet sich dieser schöne Brunnen. Eine Erfrischung tut gut und ist wichtig, denn der nun folgende Abstieg ist zumindest anfangs sehr steil und fordert höchste Konzentration.

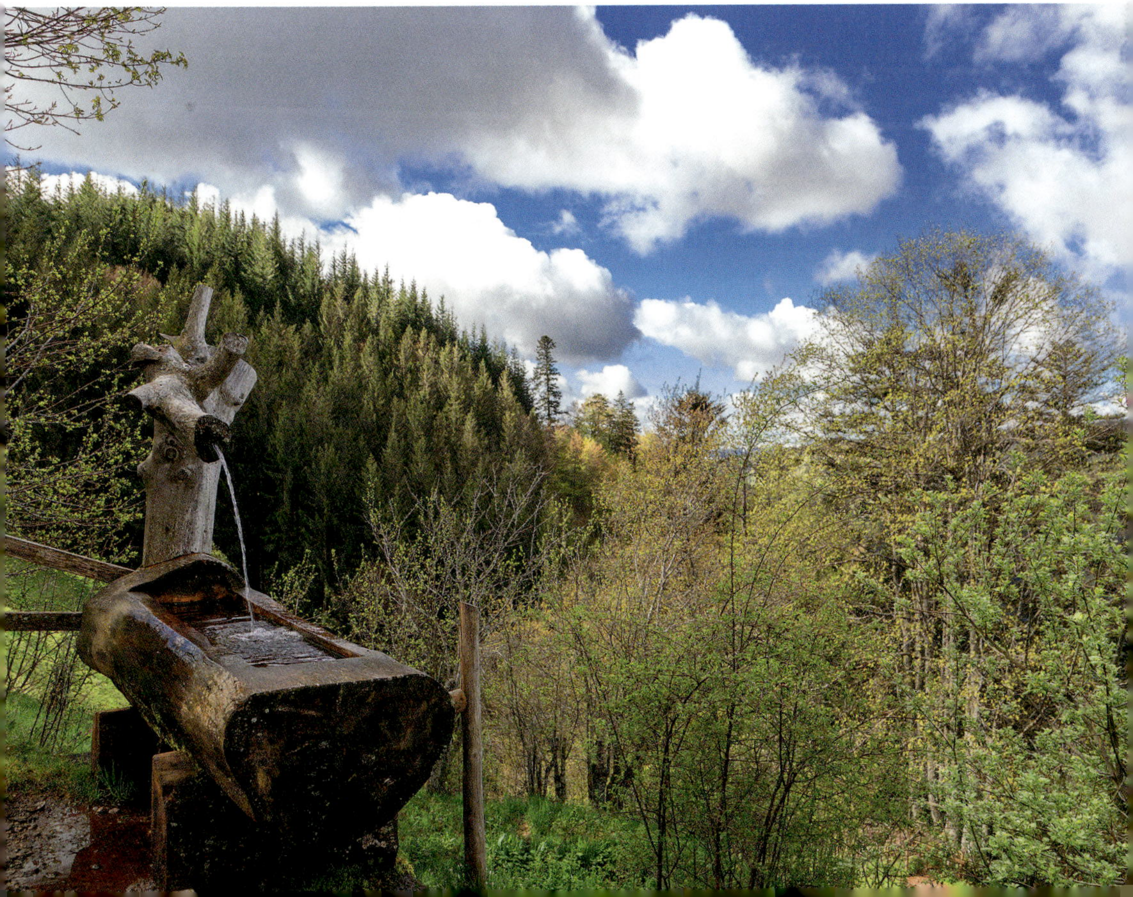

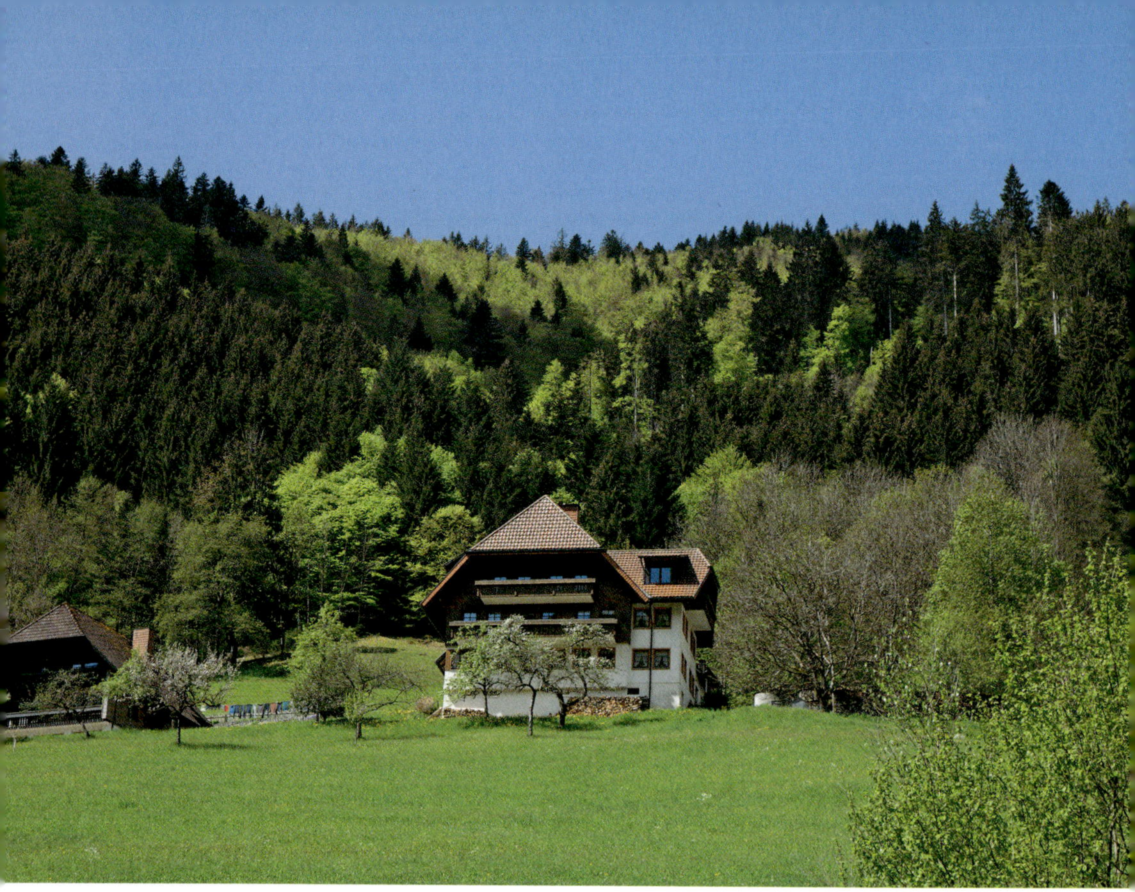

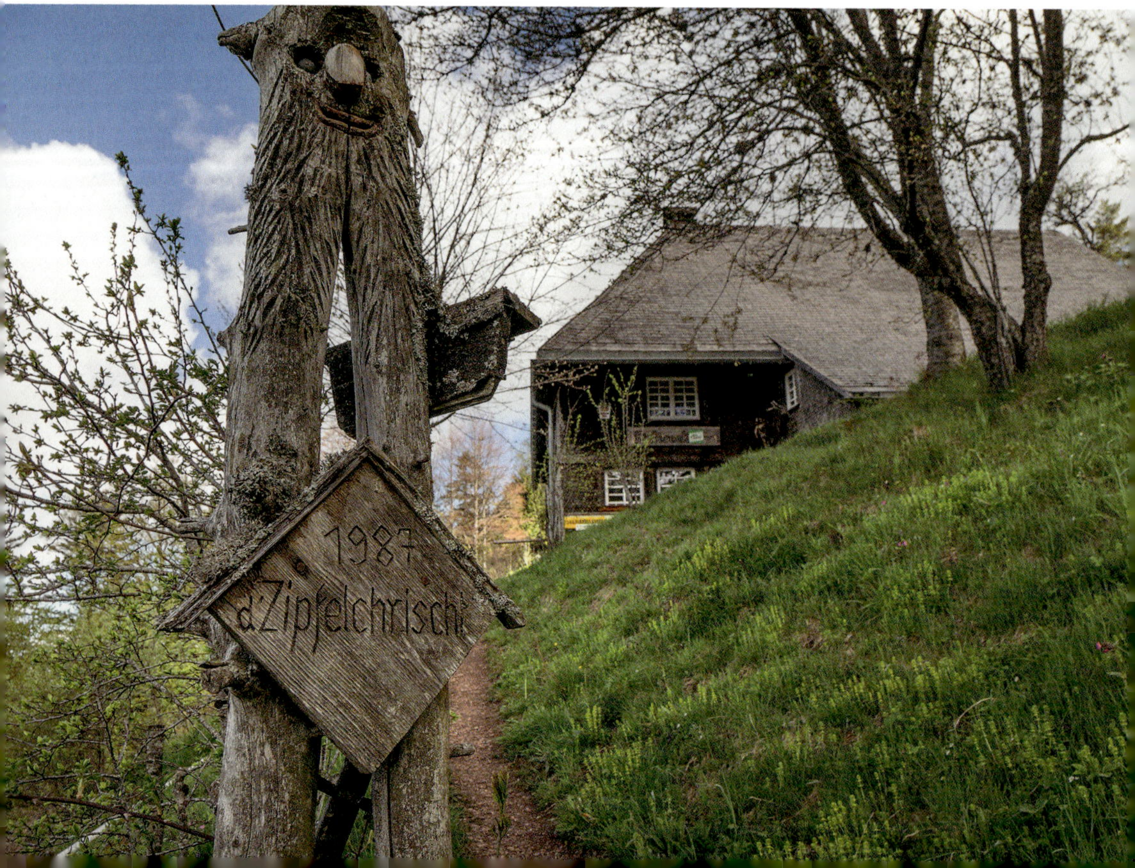
1987
d'Zipfelchrischi

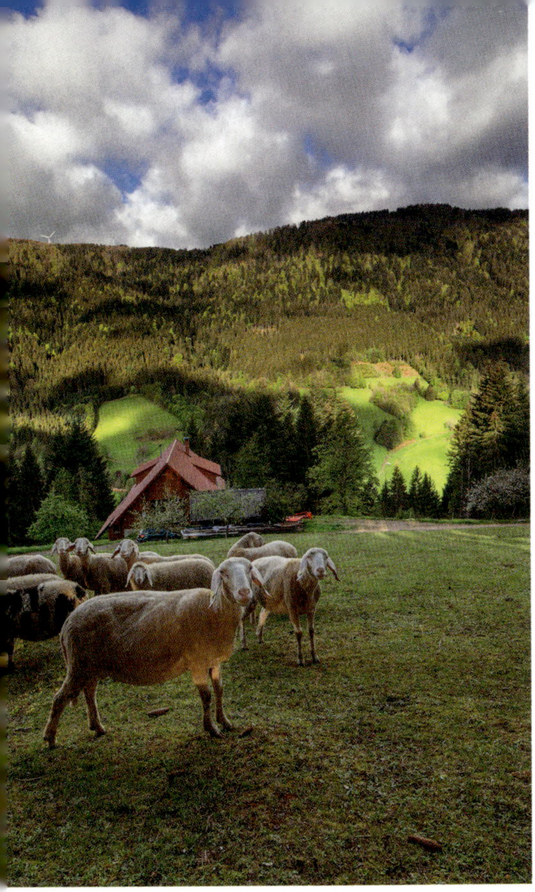

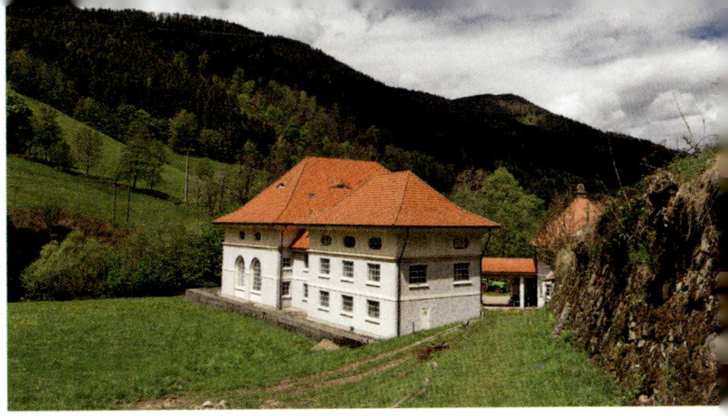

↑ Das schmucke historische Elektrizitätswerk
← Unterwegs treffen wir nur wenige Wanderer, aber dafür eine interessierte Schafherde.

↖ Dieses Schwarzwald-Gehöft ist das perfekte Sinnbild für den Schwarzwald.
← Das Auftauchen der Vesperstube mit dem hölzernen Empfangschef ist nach den Strapazen sehr willkommen ...

Hütte sind ein Kraftakt. Ob die Holzschilder mit der Aufschrift »So, häsch g'schwitzt?« motivierend wirken, sei dahingestellt … Die Belohnung ist jedoch aller Mühen wert: Ob mit oder ohne zünftigem Vesper in der urigen Almhütte Hintereck ist die herrliche Aussicht ins Simonwälder Tal ein wahrer Genuss. Im Anschluss an die Rast folgt die nächste Herausforderung: der Wildsauweg im Steilhang, der zum Spitzen Stein führt. Noch einmal sind fantastische Panoramablicke der Lohn für die Strapazen. In Serpentinen geht es nun steil bergab, bei Nässe kann es hier rutschig sein. Im Kilpenbachtal schließlich klingt die Wanderung entspannt aus, während es sanft bergab zurück zum Parkplatz geht.

Info

DAUER
4.20 Std.

HÖHENMETER
639 Hm

LÄNGE
11,6 km

SCHWIERIGKEIT
Schwer

TOURENCHARAKTER
Sehr anspruchsvolle Wanderung mit vielen Höhenmetern, schmalen Pfaden und steilen Abstiegen. Trittsicherheit unabdingbar, Wanderstöcke empfehlenswert, gute Grundkondition erforderlich

AUSGANGS-/ENDPUNKT
Wanderparkplatz Am Hohrain in Obersimonswald

ANFAHRT
GPS: 48.065045, 8.099640
WoMo: Über die B500 (Schwarzwaldhochstraße) fahren, bis südwestlich von Furtwangen die L173 Richtung Westen abzweigt. Dieser über Gütenbach bis Obersimonswald folgen, der Parkplatz befindet sich linker Hand am Ortseingang.

EINKEHR
Vesperstube Hintereck

INFORMATION
zweitaelerland.de, simonswald.de

WANDERUNG

90 Der Schluchsee in ganzer Pracht

Rund um den größten Schwarzwald-See

Den Schluchsee einmal zu umwandern ist trotz der Weglänge der reine Genuss mit vielen tollen Eindrücken, einigen Badestellen samt Strand, Bänken mit Seeblick und vielen naturbelassenen Wegen. Immer nah am See entlang, braucht der Weg keine weitere Markierung – entgegen dem Uhrzeigersinn marschieren wir los. Da nicht jeder schöne Spot aufgeführt werden kann – und es ja noch Raum für eigene Entdeckungen geben soll – hier nur eine Beschreibung der Höhepunkte. Am Westufer liegt die rustikale Vesperstube Unterkrummenhof, ein wunderschönes Schwarzwaldhaus mit toller Aussicht von der Sonnenterrasse aus. Es gibt Spezialitäten aus eigener Viehhaltung und Schlachtung. An der südwestlichen Ecke des Sees überqueren wir die Staumauer, die eher ein Damm, auf jeden Fall aber ein imposantes Bauwerk ist; sie staut den ursprünglichen Gletschersee auf. Auf der gegenüberliegenden Seite passieren wir den Museumsbahnhof, der wie ein Wildwestbahnhof wirkt. Auch das Seehotel Hubertus punktet mit tollem Seeblick.
Wir erreichen den Ort Schluchsee am Ostufer. An einer Bucht warten das Spaßbad »aqua fun« und das Strandbad Schluchsee auf große und kleine Besucher. Am Buchtende liegt die Amalienruhe auf einem Felsvorsprung mit malerischem Holzpavillon und Blick auf See und Ort. Von der Halbinsel sind es nur wenige Schritte zurück zum Campingplatz.

↗ Bunte und fröhliche Impression am See-Ufer des Schluchsees!
→ Ausflugsschiffe verkehren auf dem Stausee.
→ Durch den Bau der Staumauer wurde der ursprüngliche Gletschersee etwa um das Dreieinhalbfache vergrößert.
↘ Blick auf das Spaßbad aqua fun
↘ Der Kleine Museumsbahnhof aus der Vogelperspektive betrachtet.

Info

DAUER
4.30 Std.

HÖHENMETER
57 Hm

LÄNGE
11,6 km

SCHWIERIGKEIT
Leicht

TOURENCHARAKTER
Trotz der Länge der Tour einfache Wanderung mit wenigen Höhenmetern und angenehmen Wegen. Badesachen nicht vergessen!

AUSGANGS-/ENDPUNKT
Camping Schluchsee

ANFAHRT
GPS: 47.886111, 7.833333
WoMo: Keine Anfahrt nötig, da Startpunkt am Campingplatz

EINKEHR
Vesperstube Unterkrummenhof, Seehotel Hubertus und Gastronomie im Ort Schluchsee

INFORMATION
hochschwarzwald.de,
schluchsee.de,
gemeinde-schluchsee.de

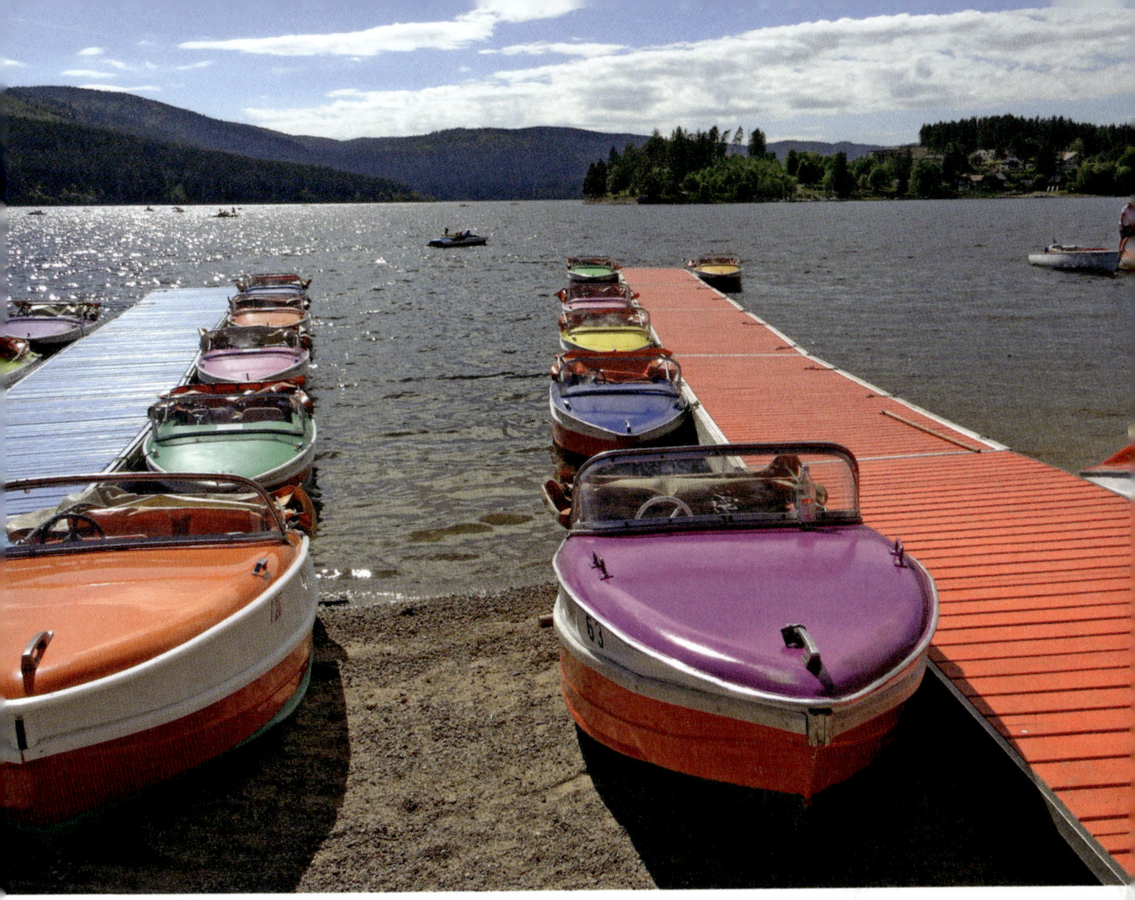

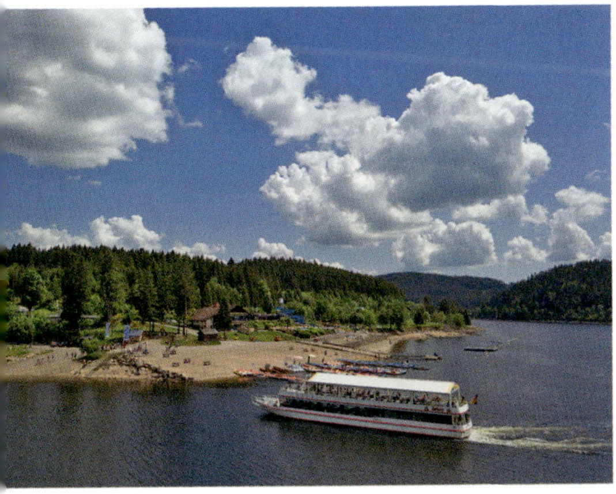

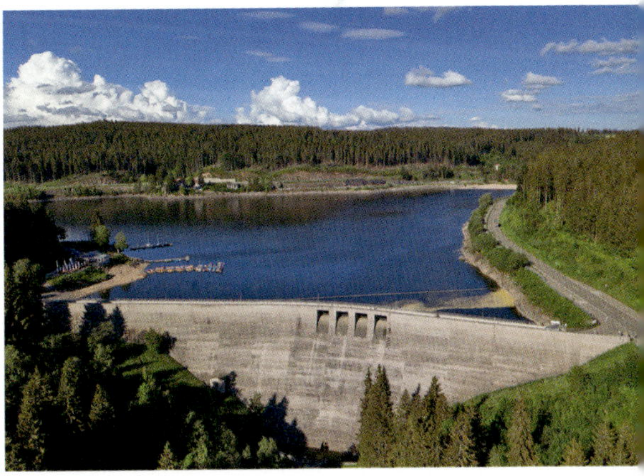

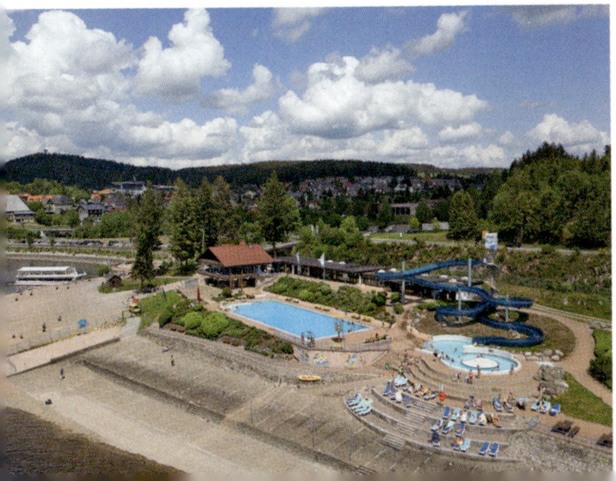

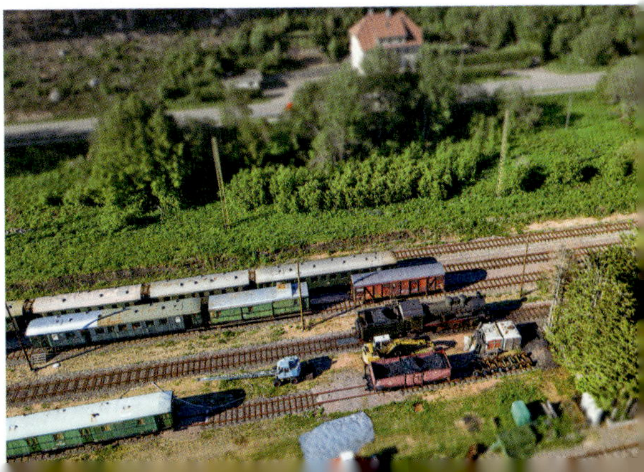

WANDERUNG

91 Durch die Wutachschlucht

Unterwegs im größten Canyon Deutschlands

Die in der Karte skizzierte Option ist eine von vielen Möglichkeiten, wie man die Wutachschlucht durchqueren kann. Nach dem Start bei der Drei-Schluchten-Halle steigt man recht bald in die Wutachschlucht ein und folgt fast parallel zum Fluss dem romantischen Wanderweg.
Eng rücken die Felswände zusammen, und manchmal bleibt nur ein schmaler Pfad zwischen Fluss und Felsflanke. An der Schurhammerhütte kann man eine Pause einlegen. Auf etwa halber Strecke befindet sich mit dem Tannegger Wasserfall die beeindruckendste Kaskade der Schlucht – über 15 Meter stürzt das Wasser in die Tiefe. Anschließend führt der Weg nach Bad Boll und zum Info-Pavillon und der Kapelle. Eine Einkehrmöglichkeit besteht beim traumhaft gelegenen Gasthaus Schattenmühle fast am Ende der Tour. Wir folgen dem Weg weiter bis zur Bushaltestelle Schattenmühle, wo der Bus Richtung Bachheim hält.

↓ Urtümlich mutet die Tour durch die ursprüngliche Wutachschlucht an.

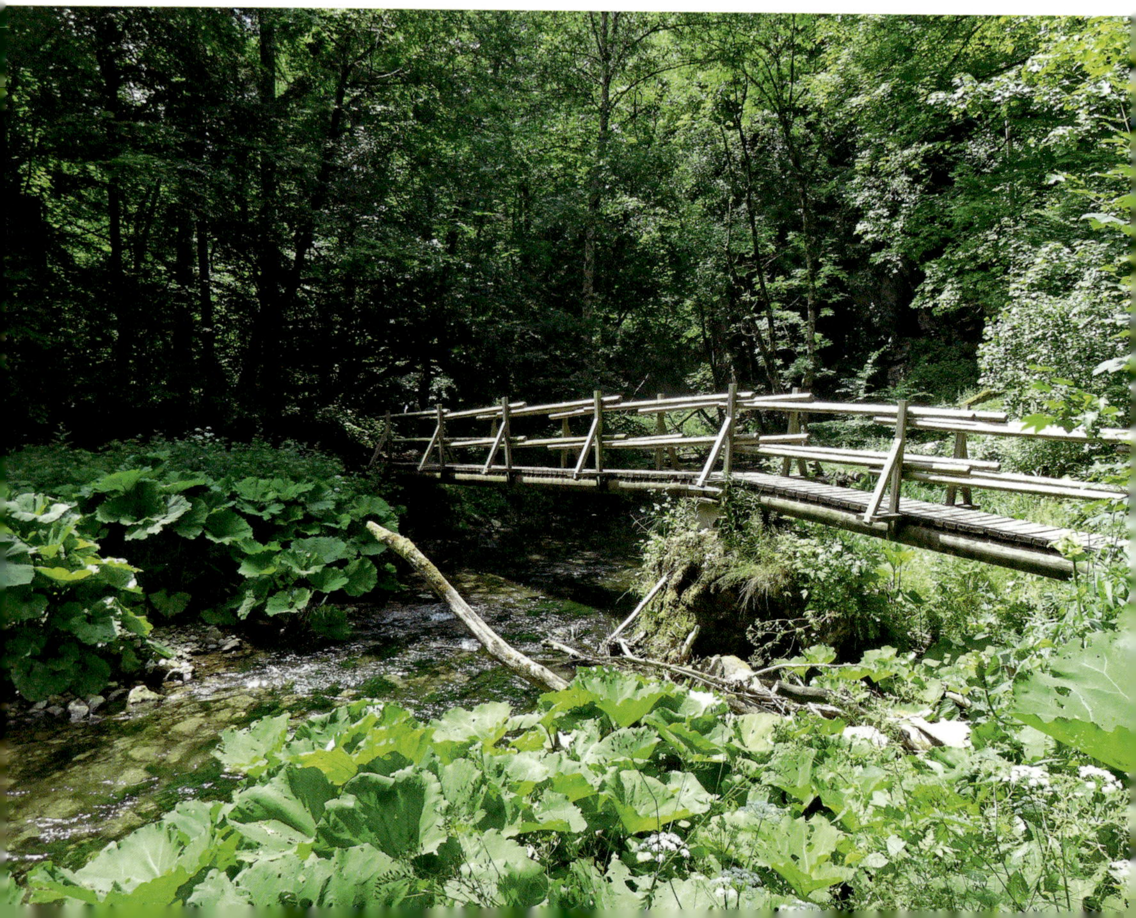

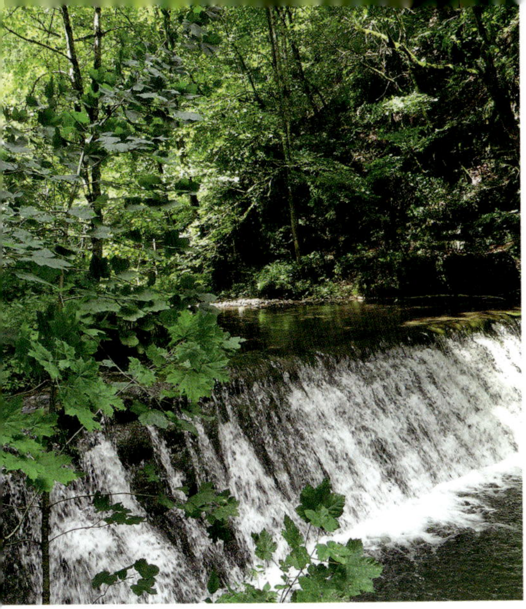

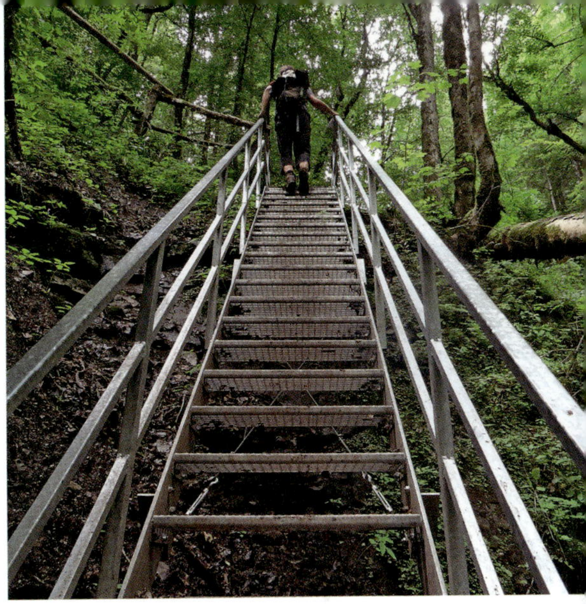

↖ Über kleine Kaskaden ergießen sich Wasserfälle.
↗ Über Stock und Stein, Brücken und Leitern geht es durch die Schlucht.

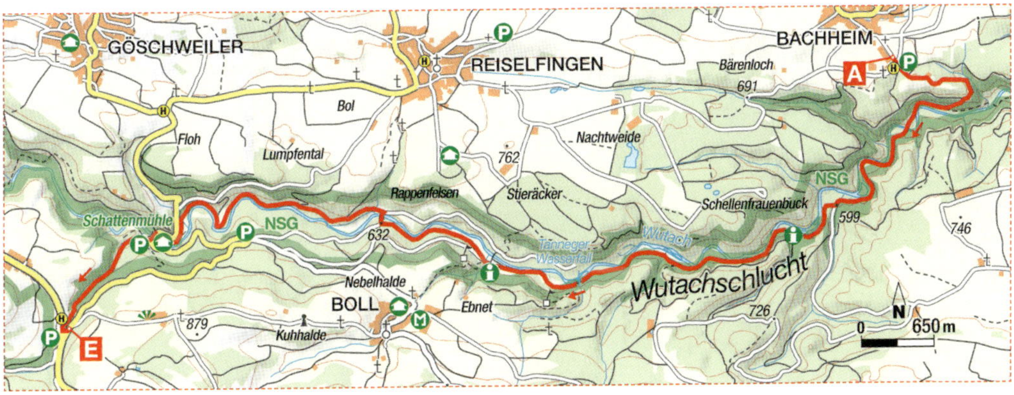

Info

DAUER
4.30 Std.

HÖHENMETER
330 Hm

LÄNGE
11,9 km

SCHWIERIGKEIT
Mittel

TOURENCHARAKTER
Wege in der Schlucht können bei Nässe rutschig werden. Unwegsame Passagen, Leitern und Brücken, aber alles problemlos machbar, Wanderstöcke können stellenweise hilfreich sein.

AUSGANGS-/ENDPUNKT
Parkplatz Drei-Schluchten-Halle in Bachheim

ANFAHRT
GPS: 47.856275, 8.407732
WoMo: Über die B31 bis Ausfahrt Bachheim/Unadingen/Gauchachschlucht fahren und der Ausschilderung Wutachschlucht bzw. Drei-Schluchten-Halle folgen

EINKEHR
Gasthaus Schattenmühle

INFORMATION
wutachschlucht.de, loeffingen.de/tourismus-freizeit/wandern-wutachschlucht/wanderbus

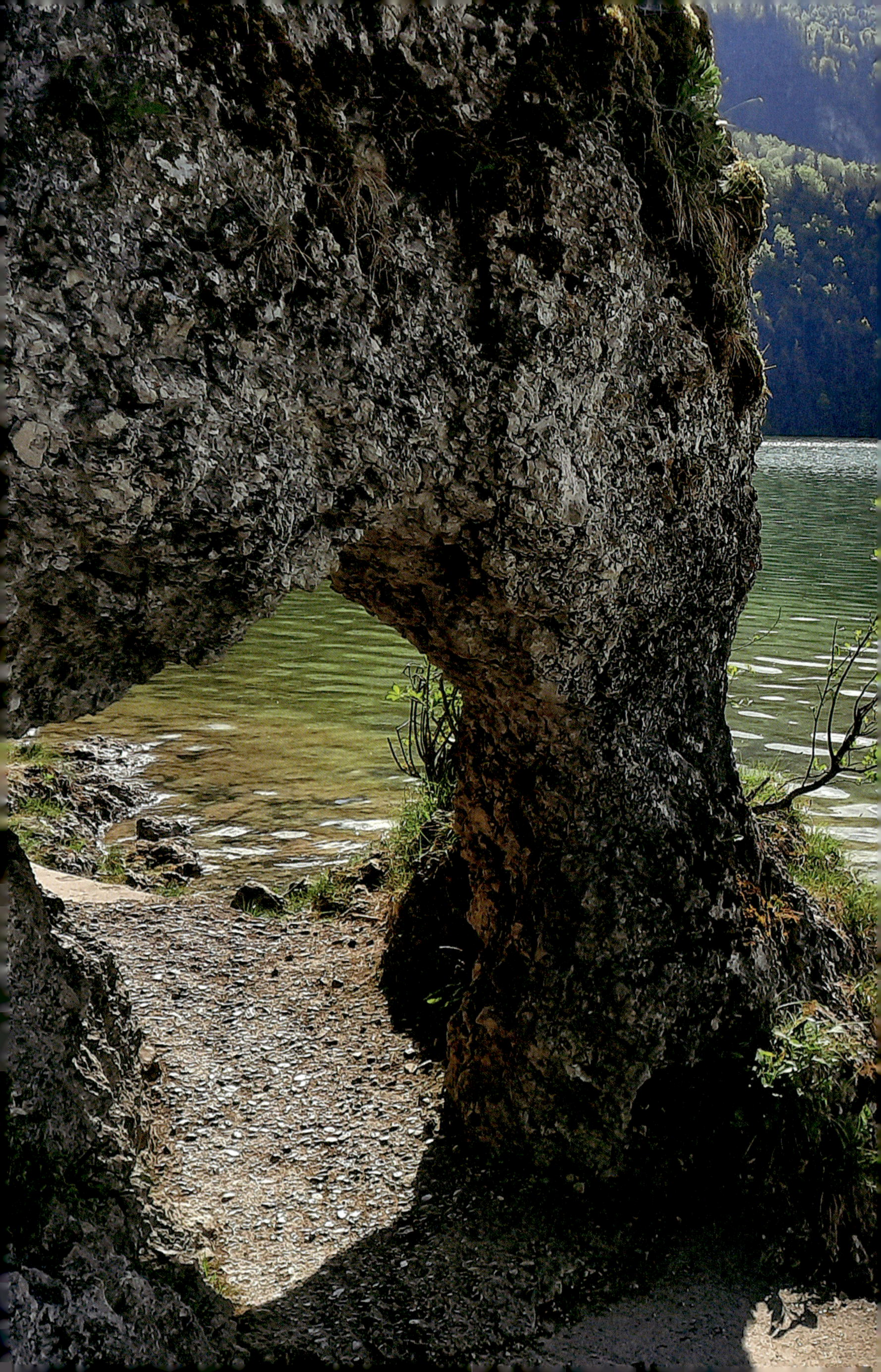

Seen prägen das Allgäu ebenso wie die Berge. Hier der Weißensee bei Füssen (Tour 97)

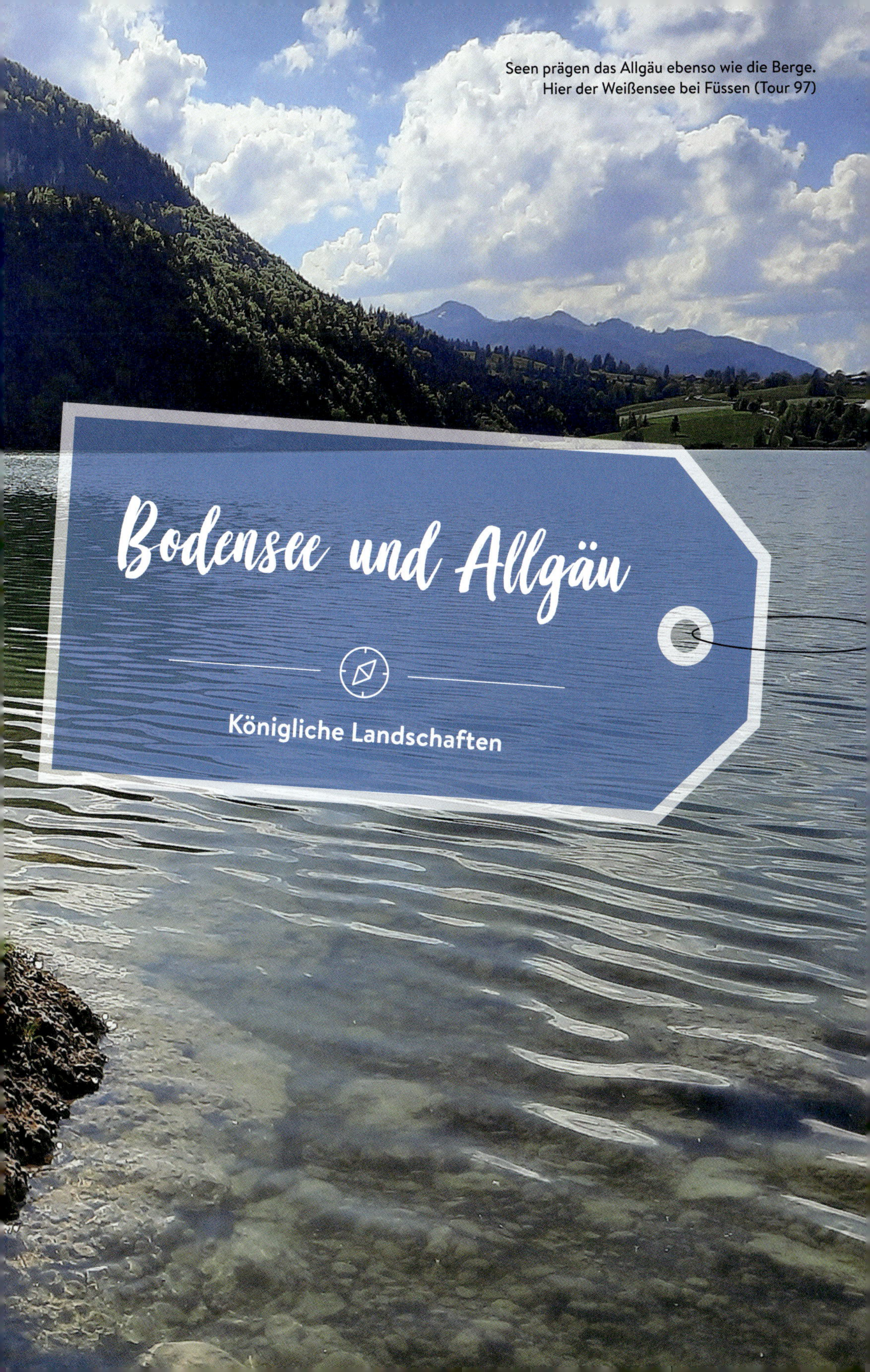

Bodensee und Allgäu

Königliche Landschaften

CAMPINGPLATZ

Campinggarten Wahlwies

Inmitten von Streuobstwiesen entspannen

Westlich des Bodensees erstreckt sich der Hegau, gekennzeichnet von aufragenden Vulkankegeln: Der nahtlose Übergang vom Bodensee in die toskanisch anmutende Hügellandschaft macht die Region zu einem guten Ausgangspunkt für Aktivitäten aller Art.

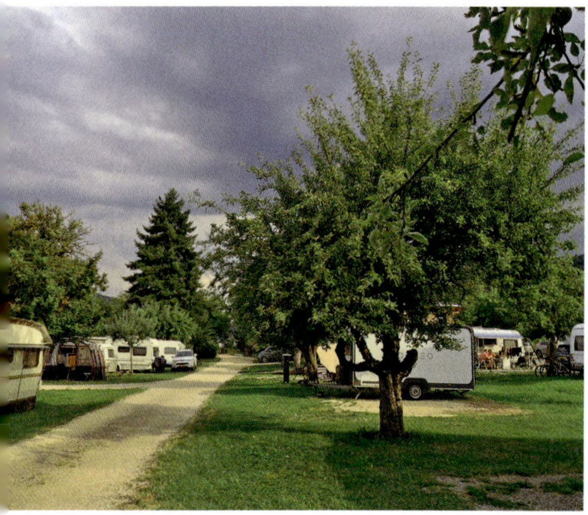

Besser geht's nicht: Der Platz nicht weit vom Bodensee liegt naturnah, ist nicht zu groß und sehr gepflegt. Im topmodernen Sanitärgebäude fehlt es an nichts. Bei den freundlichen Betreibern an der Rezeption gibt es jede Menge gute Tipps, dazu in einem Kühlschrank auch Getränke, einen kleinen Shop mit regionalen Lebensmitteln, oft aus ökologischem Anbau, und alles, was das Hundeherz begehrt (insgesamt sehr hundefreundlicher Platz mit eingezäunter Hundespielwiese). Für den nächsten Morgen kann man Brötchen vorbestellen. Vor der Zufahrt zum Platz befindet sich ein Wohnmobilhafen mit weiteren Stellplätzen.

Info

GEEIGNET ALS
Wochenendtrip

ADRESSE
Stahringer Straße 50, 78333 Stockach, Tel. 07771/3511, E-Mail: info@camping-wahlwies.de, camping-wahlwies.de

ANFAHRT
Über die B34/Radolfzeller Straße von Bodman Richtung Ludwigshafen fahren, der Campingplatz ist nach rechts ausgeschildert.

GPS
49.102222, 7.863889

BESONDERHEIT
Der Platz liegt inmitten typischer Bodenseelandschaft, 5 km vom Seeufer entfernt – die perfekte Ausgangslage für Wanderungen am Untersee.

CAMPINGPLATZ

Wohnmobilstellplatz Hochgratblick

Frühstück mit bester Aussicht

Das Oberallgäu mit dem Ort Oberstaufen im Zentrum ist der südlichste Landkreis Deutschlands. Das alpine und voralpine Umfeld macht die Gegend besonders reizvoll für Wanderer: Die Bergwelt ist fantastisch, und die Bergwiesen mit dem Kuhglockengeläut wirken auf alle Wanderer entschleunigend.

Einer der schönsten Stellplätze, die man sich vorstellen kann, befindet sich hier am Rand des entzückenden Orts Steibis bei Oberstaufen. Der Ausblick in die Bergwelt des Allgäus ist einfach sensationell! Er entschädigt dafür, dass sich der Stellplatz auf einem Parkplatz befindet. Ver- und Entsorgung sowie die Versorgung mit Frischwasser bei der 150 Meter entfernten Kfz-Werkstatt, dort befinden sich Toiletten für nicht-autarke Camper, und es kann auch Gas gekauft werden. 40 Stromanschlüsse sowie gut funktionierendes W-LAN sind ebenfalls vorhanden. Der nette Betreiber gibt gute Wandertipps. Reservierungen sind nicht möglich.

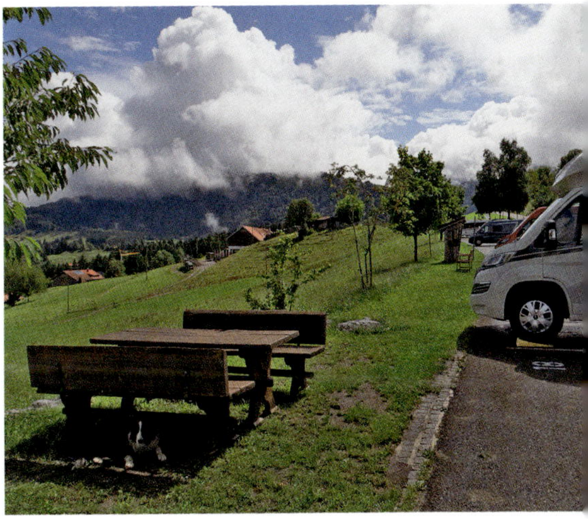

Info

GEEIGNET ALS
Wochenendtrip oder Mehrtagesurlaub

ADRESSE
Im Dorf 37, 87534 Oberstaufen, Tel. 08386/8180, E-Mail: info@womo-hochgratblick.de, womo-hochgratblick.de

ANFAHRT
Von Oberstaufen über die St2005 und die Mühlenstraße Richtung Süden bis Steibis fahren, der Stellplatz folgt ausgeschildert am südlichen Ortsausgang links.

GPS
47.526824, 10.027509

BESONDERHEIT
Die Wanderungen zu den Buchenegger Wasserfällen und zum Dreiländerblick starten direkt am Platz. Bergwanderungen auf den Hausberg Imberg, dort hinauf fährt auch eine Seilbahn.

CAMPINGPLATZ

Camping Bannwaldsee

Campen nahe der Königsschlösser

Das Ostallgäu und die Gegend um Füssen – das ist mehr als nur Schloss Neuschwanstein. Als »Land der Seen, der Schlösser und der Berge« wird diese Region bezeichnet und oft als das schönste Fleckchen Bayerns beschrieben. 46 Seen und die liebliche Voralpenlandschaft machen das Ostallgäu zum Bade- und Wanderparadies.

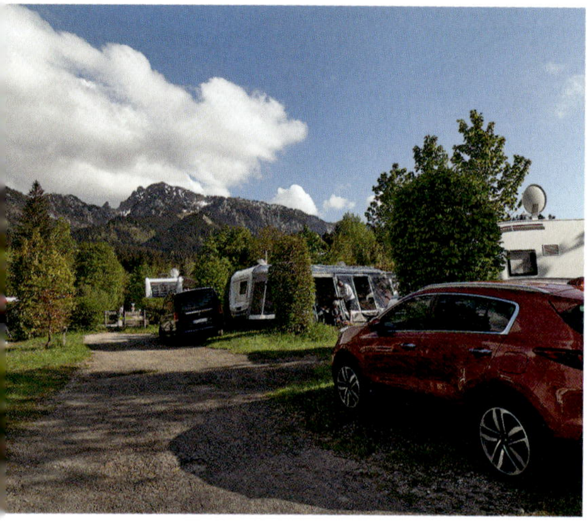

Der zweiter Standort im Allgäu für alle Wanderungen im Bereich von Füssen: Im Gegensatz zum ruhig gelegenen Stellplatz im beschaulichen Steibis ist dies ein eher trubeliger 4-Sterne-Platz mit allerhand Infrastruktur wie Pizzeria, Biergarten, Kinderbetreuung, Spielplatz und Volleyballfeld sowie diversen Veranstaltungen. Perfekte Lage direkt am Bannwaldsee, deshalb auch eigene Badestrände, Bootsverleih, Badesteg und Liegewiese. Herausragend schöne Sanitärgebäude! Wunderschöne Sonnenuntergänge und höchst empfehlenswerte Stellplätze am See. Zu den rund um Füssen beschriebenen Wanderungen sind die Anfahrtswege kurz.

Info

GEEIGNET ALS
Mehrtagesurlaub

ADRESSE
Münchener Straße 151, 87645 Schwangau, Tel. 08362/930 00, E-Mail: info@camping-bannwaldsee.de, camping-bannwaldsee.de

ANFAHRT
Aus Richtung Oberstaufen über die A7 bis Ausfahrt 139 Füssen fahren, dann über die Kemptener Straße und die B17 in nordöstliche Richtung. Der Campingplatz liegt – gut ausgeschildert – links an der B17

GPS
47.591805, 10.772061

BESONDERHEIT
Berge, Schlösser, Seen und wunderschöne Wanderungen sind von diesem Platz im Ostallgäu aus gut erreichbar.

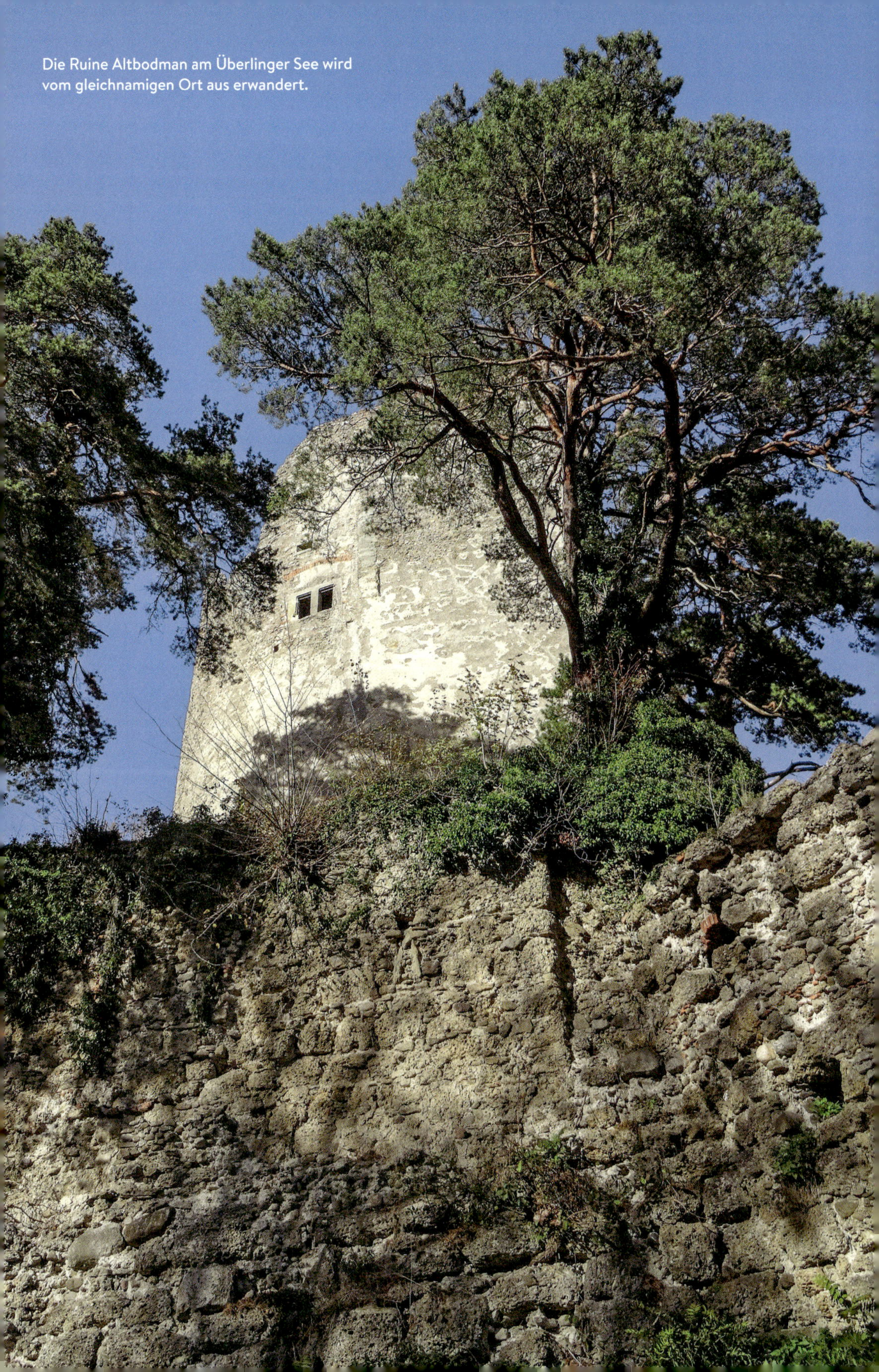

Die Ruine Altbodman am Überlinger See wird vom gleichnamigen Ort aus erwandert.

WANDERUNG

92 Zur Ruine Altbodman

Panorama-Wanderung am Überlinger See

Startpunkt ist die Tourist Information in Bodman, bei der man auch parken kann. Von dort aus geht es am idyllischen Ufer des Überlinger Sees entlang, vorbei am malerischen Hafen und dem herrschaftlichen Gut Bodman, in dem der Familien-Landwirtschaftsbetrieb des Grafen von Bodman untergebracht ist. Dann wenden wir uns nach ein paar Hundert Metern rechts hinauf zum »Neuen Weg« – schöne Blicke bieten sich bereits von hier. Durch den Wald geht es angenehm schattig an heißen Sommertagen bergauf, bis der Pfad auf den Höhenweg trifft. Moderatere Anstiegen führen nun auf den Bodanrück, vorbei an einer Bisonherde und der Gaststätte Bisonstube Bodenwald. Danach folgt das Highlight der Wanderung, die Ruine Altbodman. Schmale Pfade machen die Ruine zugänglich und leiten um sie herum. Von einer Aussichtsplattform aus ergeben sich tolle Blicke auf den Bodensee und die weitere Umgebung. Über schmale Waldwege und ein Stückchen durch ein Wohngebiet gelangt man zurück in den Ort Bodman.

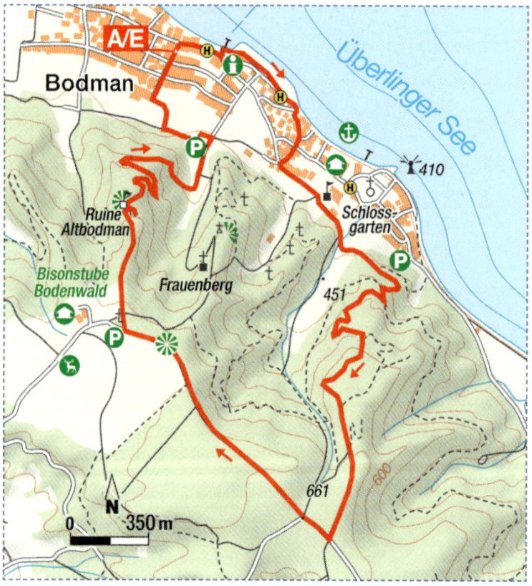

↗ Bitte Platz nehmen und den Blick auf den Überlinger See genießen!
→ Prachtvoll verfärbtes Herbstlaub am See-Ufer in Bodman

Info

DAUER
2 Std.

HÖHENMETER
300 Hm

LÄNGE
7,4 km

SCHWIERIGKEIT
Mittel

TOURENCHARAKTER
Gut begehbare Wege, steiler Anstieg auf einem schmalen, schattigen Waldpfad

AUSGANGS-/ENDPUNKT
Parkplatz der Tourist Information Bodman-Ludwigshafen

ANFAHRT
GPS: 47.800578, 9.037986

WoMo: Über die B34 oder die B313 Richtung Bodman fahren, in Espasingen über die Espasinger Straße nach Bodman, die Tourist Information ist in der Seestraße 5.

EINKEHR
Bisonstube Bodenwald

INFORMATION
bodenseespur.de

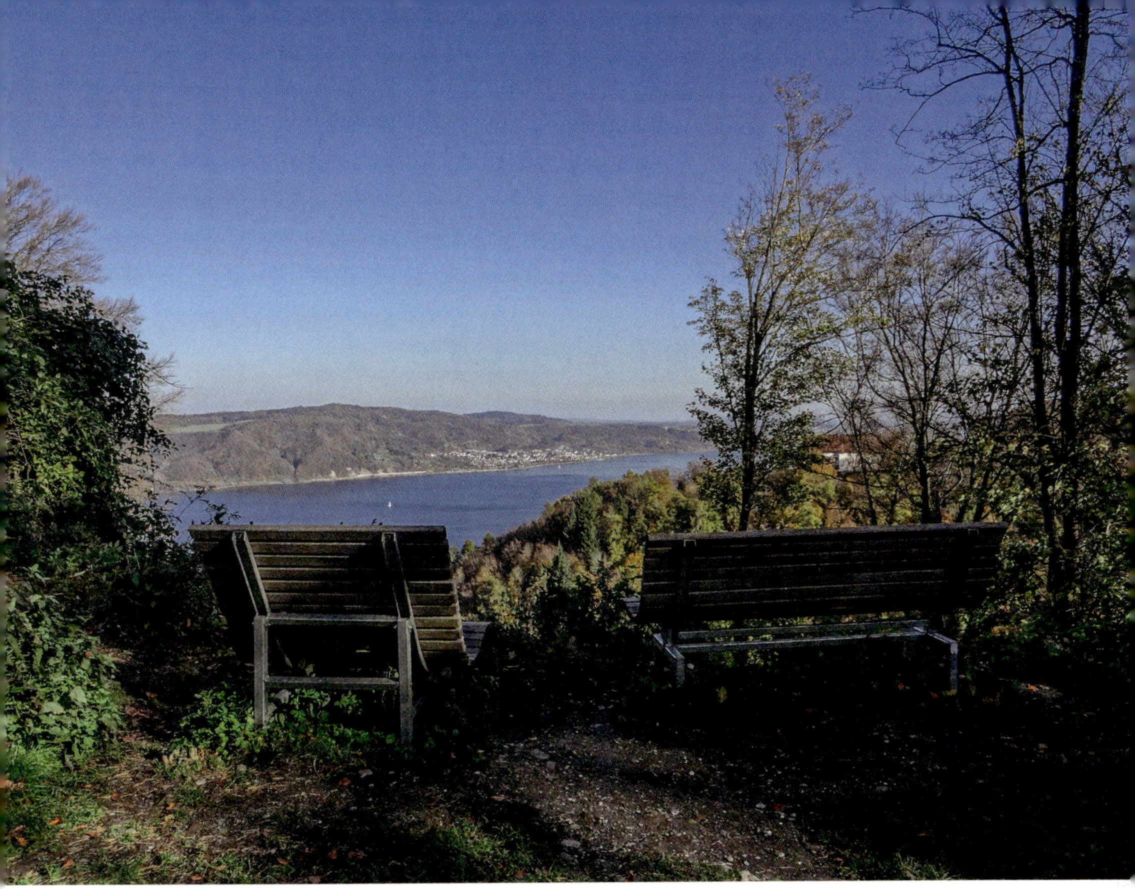

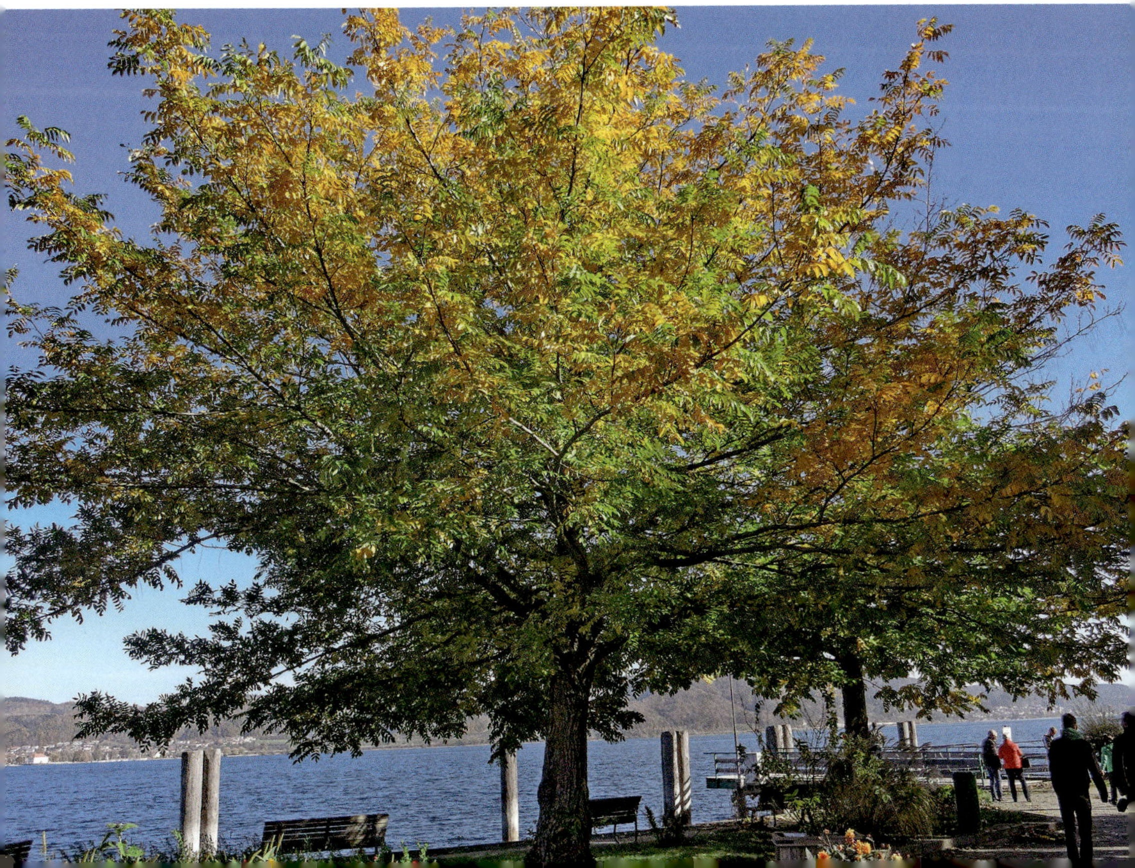

WANDERUNG

93 Drei auf einen Streich

Schloss Salem, Affenberg und Pfahlbauten erwandern

Gleich drei Attraktionen warten an der Nordseite des Überlinger Sees: das Kulturdenkmal Kloster und Schloss Salem, der Affenberg, Deutschlands größtes Affenfreigehege mit 200 Berberaffen, und die Pfahlbauten von Unteruhldingen. Das archäologische Freilichtmuseum zeigt Nachbauten von Pfahldörfern aus der Stein- und Bronzezeit. Im Rahmen einer sehr schönen Wanderung lassen sich alle drei Ziele miteinander verbinden – inklusive Rückfahroption per Bus.
Los geht's am Schloss Salem, wo uns am Ende der Tour der Erlebnisbus auch wieder abliefert. Hinter der Schlossmauer folgen wir nach Überqueren der Aachbrücke der Ausschilderung »Prälatenweg«. Bei der Kreuzung Polenkreuz halten wir uns rechts, genießen gleich darauf den schönen Ausblick und tauchen dann in einen Wald ein. Nach etwa 250 Metern biegt man links ab und umrundet den sogenannten Bühl Richtung Affenberg. Nach dem Affenberg und dem Überqueren der Kreisstraße wandern wir bergauf und anschließend wieder hinab bis zum Hofgut Birnau und weiter zur barocken Klosterkirche Birnau. Anschließend geht's zu einem weiteren Prachtbau, dem Schloss Maurach direkt am Seeufer. Nach dem Naturschutzgebiet Seefelder Aach erreichen wir Unteruhldingen, wo das Freilichtmuseum mit den Pfahlbauten wartet. Hier hält der Erlebnisbus 1 an der Haltestelle Hafen und bringt die Wanderer zurück zum Schloss Salem.

↗ Für das Schloss Salem am Startpunkt sollte man sich auch ein wenig Zeit nehmen.
↘ Die niedlichen Berberäffchen bewegen sich frei in der gesamten Anlage des Affenbergs und sind sehr verfressen. Futter gibt's zu kaufen.

Info

DAUER
2.10 Std.

HÖHENMETER
300 Hm

LÄNGE
7,4 km

SCHWIERIGKEIT
Mittel

TOURENCHARAKTER
Gut begehbare Wege, der erste Teil mit viel Schatten, der zweite der Sonne ausgesetzt (am Ufer des Bodensees entlang)

AUSGANGS-/ENDPUNKT
Bushaltestelle Schloss Salem

ANFAHRT
GPS: 47.778076, 9.277149
WoMo: Über die B31 bis Ausfahrt Richtung Bad Saulgau/Frickingen/Salem, dann über die Überlinger Straße bis Schloss Salem fahren

EINKEHR
Markgräflich Badischer Gasthof Schwanen, Affenberg Schenke, Weinstube Birnauer Oberhof

INFORMATION
erlebnisbus.de, salem.de, affenberg-salem.de, pfahlbauten.de

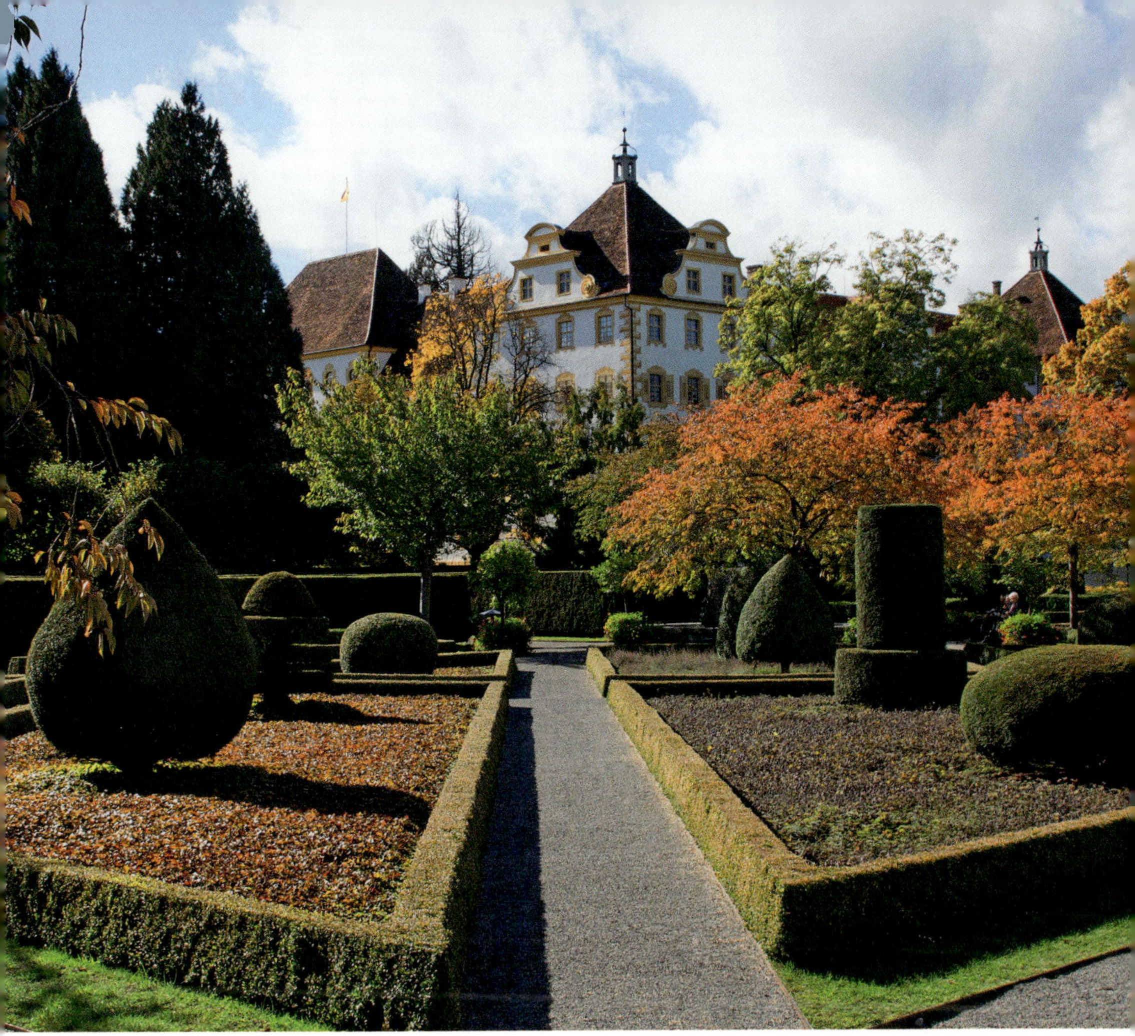

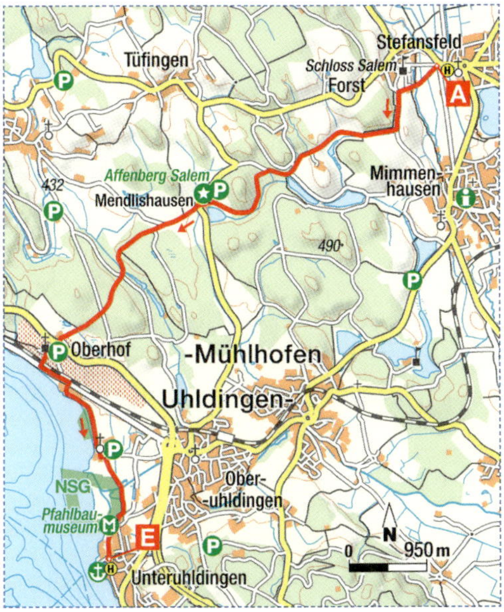
Stefansfeld
Tüfingen
Schloss Salem
Forst
A
Affenberg Salem
432
Mendlishausen
Mimmen-
hausen
490
Oberhof
-Mühlhofen
Uhldingen-
NSG
Pfahlbau-
museum
E
Ober-
-uhldingen
N
0
950 m
Unteruhldingen

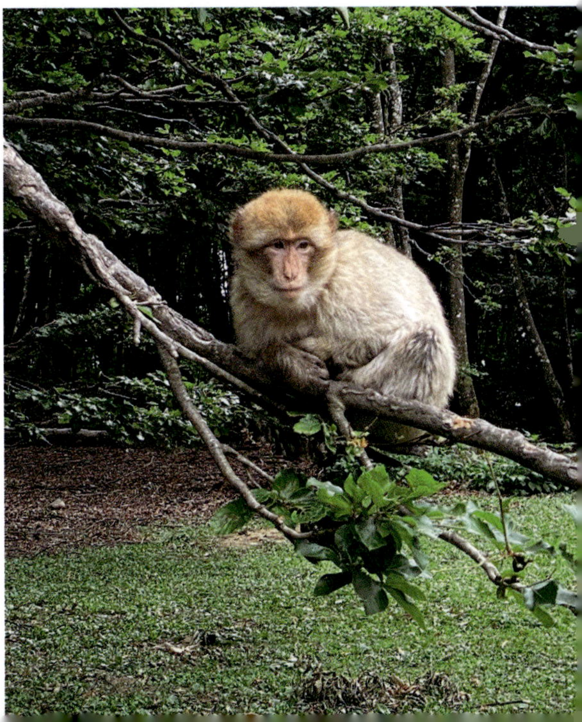

WANDERUNG

94 Insel-Feeling

Rund um die Welterbestätte Reichenau

Sowohl die berühmten Kirchen der Insel Reichenau als auch ihre außergewöhnliche Landschaft gehören bereits seit dem Jahr 2000 zum UNESCO-Weltkulturerbe. Es ist der reine Genuss, die flächenmäßig größte Insel des Bodensees zu umrunden, denn weite Strecken führen direkt am Seeufer entlang und an schönen Gärten vorbei. Badestellen verheißen Abkühlung. Stärkung bieten sowohl Restaurants als auch die Stände der Reichenauer Gärtner. Wir starten an der Anlegestelle »Schiffslände« und gehen im Uhrzeigersinn den Uferweg entlang (dessen Ausschilderung wir zuverlässig folgen können). Als erste Kirche erreichen wir am Nordzipfel der Insel die dreischiffige Basilika St. Peter und Paul in Niederzell, gefolgt vom Münster St. Maria und Markus in Mittelzell, der ältesten Kirche auf der Insel, in der eine Reliquie des Evangelisten Markus verwahrt wird. Im Anschluss durchwandern wir einen prächtig blühenden Teil der Insel, bevor wir zur karolingisch-ottonischen Kirche St. Georg gelangen – außen wie innen eine beeindruckende romanische Pfarrkirche mit original erhaltenen Fresken. Wir spazieren durch die Weinberge zurück zum Südufer der Insel, erhaschen vom Aussichtspunkt Hochwart 43 Meter über Seeniveau einen Panoramablick und kehren im Café der Galerie für Kunsthandwerk ein, bevor es zurück zur Schiffslände geht.

↗ Die gepflegte Fähranlegestelle empfängt die Gäste auf der Insel.
→ Die wunderschöne romanische Säulenbasilika St. Peter und Paul

Info

DAUER
2.30 Std.

HÖHENMETER
60 Hm

LÄNGE
11,2 km

SCHWIERIGKEIT
Leicht

TOURENCHARAKTER
Bequem begehbarer, gut ausgeschilderter Rundweg am Seeufer, der alle Sehenswürdigkeiten der Insel integriert (teilweise schmale Pfade).

AUSGANGS-/ENDPUNKT
Schiffsanlegestelle Schiffslände

ANFAHRT
GPS: 47.690460, 9.054330
WoMo: Von der B33 die Ausfahrt Reichenau nehmen und über den Inseldamm auf die Reichenau fahren. Parkplätze bei der Schiffslände vorhanden

EINKEHR
Strandhotel Löchnerhaus, Campingplatz Sandseele, Pier 5, Werkgalerie Hochwart

INFORMATION
reichenau-tourismus.de

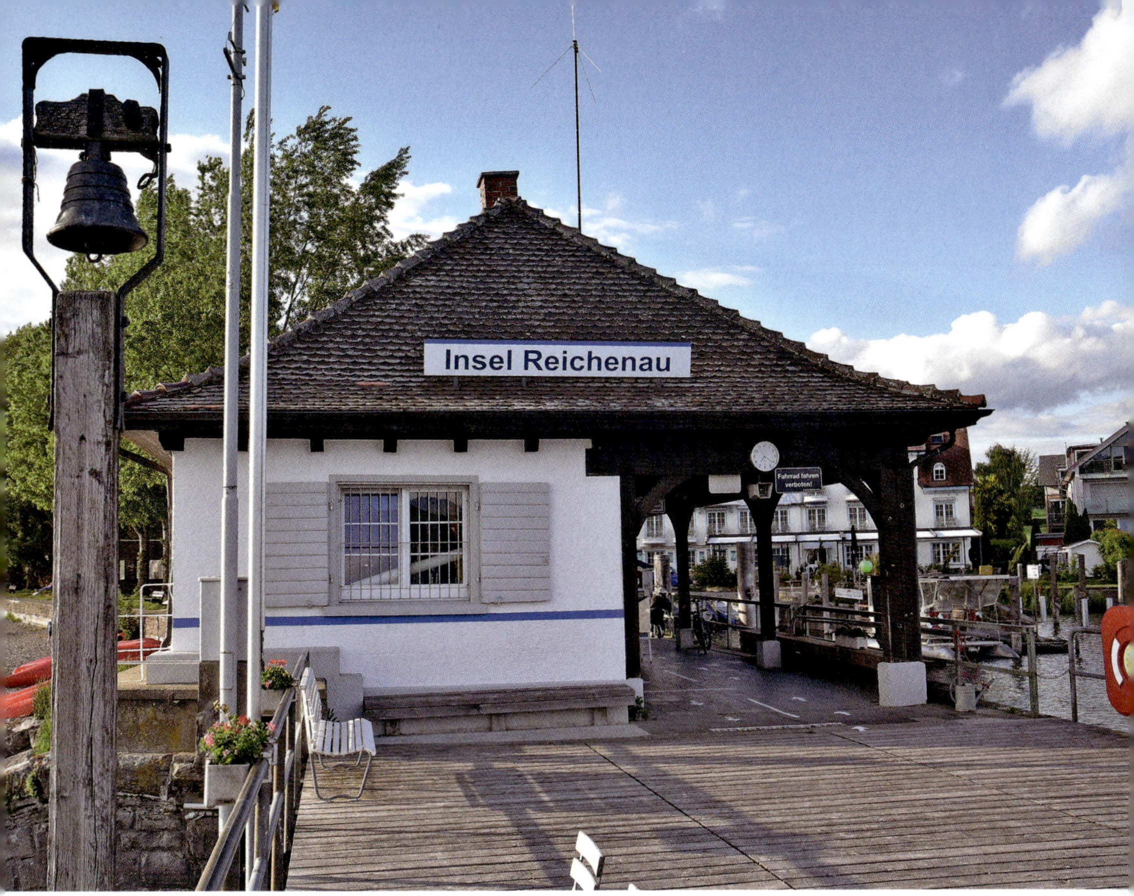
Insel Reichenau
Fahrrad fahren
verboten!

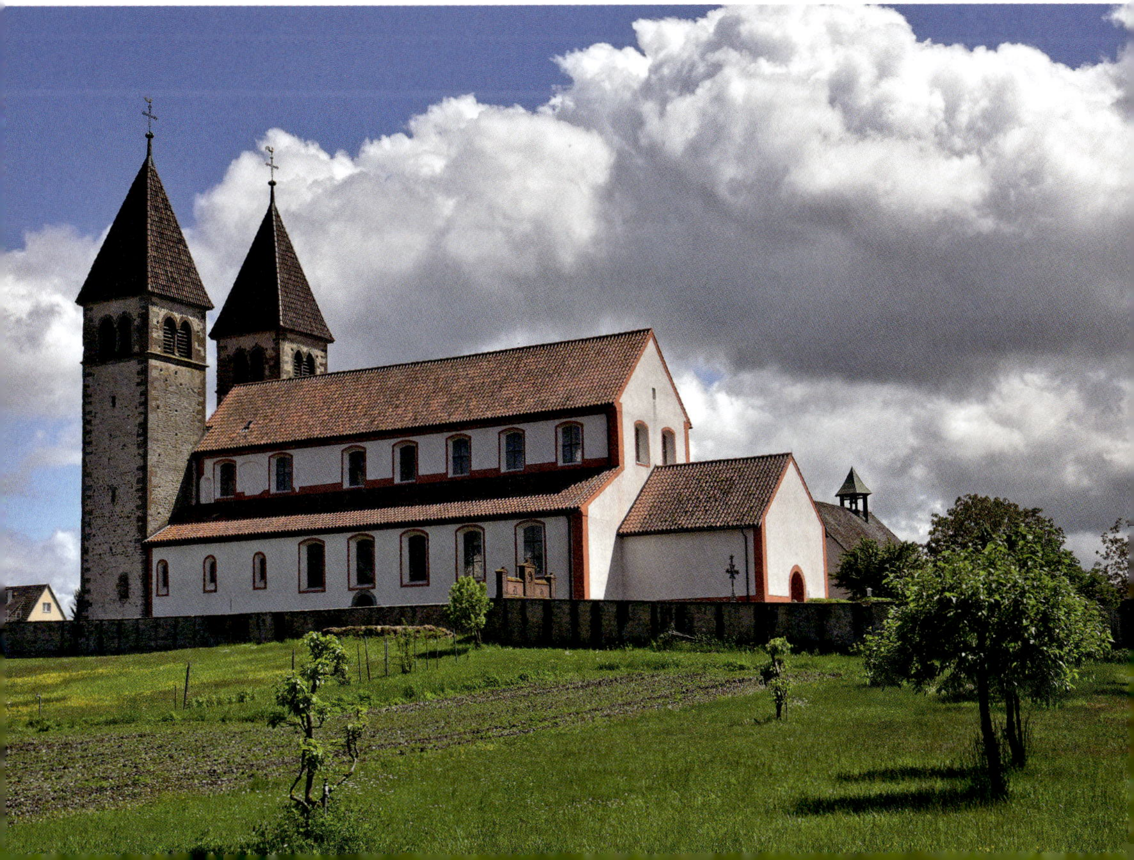

WANDERUNG

95 Naturjuwel in der Nagelfluh-Kette

Eindrucksvolle Buchenegger Wasserfälle

Kein Geheimtipp, aber ein echtes Erlebnis sind die tosenden Buchenegger Wasserfälle, die vom Stellplatz in Steibis aus zu Fuß erreichbar sind. Die Weißach hat hier eine Schlucht geschaffen mit Wasserfällen und Naturgumpen – Badesachen also nicht vergessen (auf Strömungen und Strudel in den Gumpen achten)! Da mehrere Wege zu den Wasserfällen führen, gibt es keine eindeutige Ausschilderung; die hier abgebildete Karte hilft bei der Orientierung.
Nachdem wir Steibis verlassen haben, treffen wir auf den Walderlebnispfad mit interaktiven Stationen. Bald tauchen wir in die ursprüngliche Natur der Schlucht ein, überqueren Brücken und wandern auf schmalen Wurzelpfaden. Dann öffnet sich die Landschaft, und die Alpe Neugreuth (montags Ruhetag) lädt zur Einkehr ein. Frisch gestärkt nehmen wir den zum Teil beschwerlichen, aber wunderschönen Abstieg in die Weißachschlucht und zu den beiden wilden Wasserfällen in Angriff. Wir genießen die Naturgewalt der rauschenden Wassermassen, deren Sprühnebel die Haut erfrischt.
Nach dem Aufstieg (derselbe Weg wie der Abstieg) geht es diesmal oberhalb der Alpe Neugreuth durch die idyllische Allgäuer Landschaft und vorbei an urigen, teils verlassenen Hütten. So führt uns der Weg entspannt und zuletzt noch einmal auf dem Walderlebnispfad zurück zum Wohnmobil.

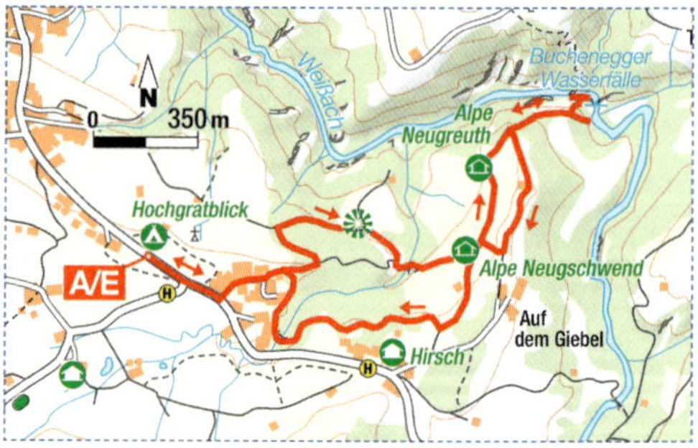

Info

DAUER
2.30 Std.

HÖHENMETER
120 Hm

LÄNGE
6,1 km

SCHWIERIGKEIT
Schwer

TOURENCHARAKTER
Steile Auf- und Abstiege, Metallleitern und -brücken sowie rutschige Passagen. Gute Trittsicherheit und festes Schuhwerk erforderlich

AUSGANGS-/ENDPUNKT
Wohnmobilstellplatz Hochgratblick

ANFAHRT
GPS: 47.526824, 10.027509
WoMo: Keine Anfahrt nötig, da Startpunkt am Wohnmobilstellplatz

EINKEHR
Alpe Neugreuth

INFORMATION
oberallgaeu.de, oberstaufen.de

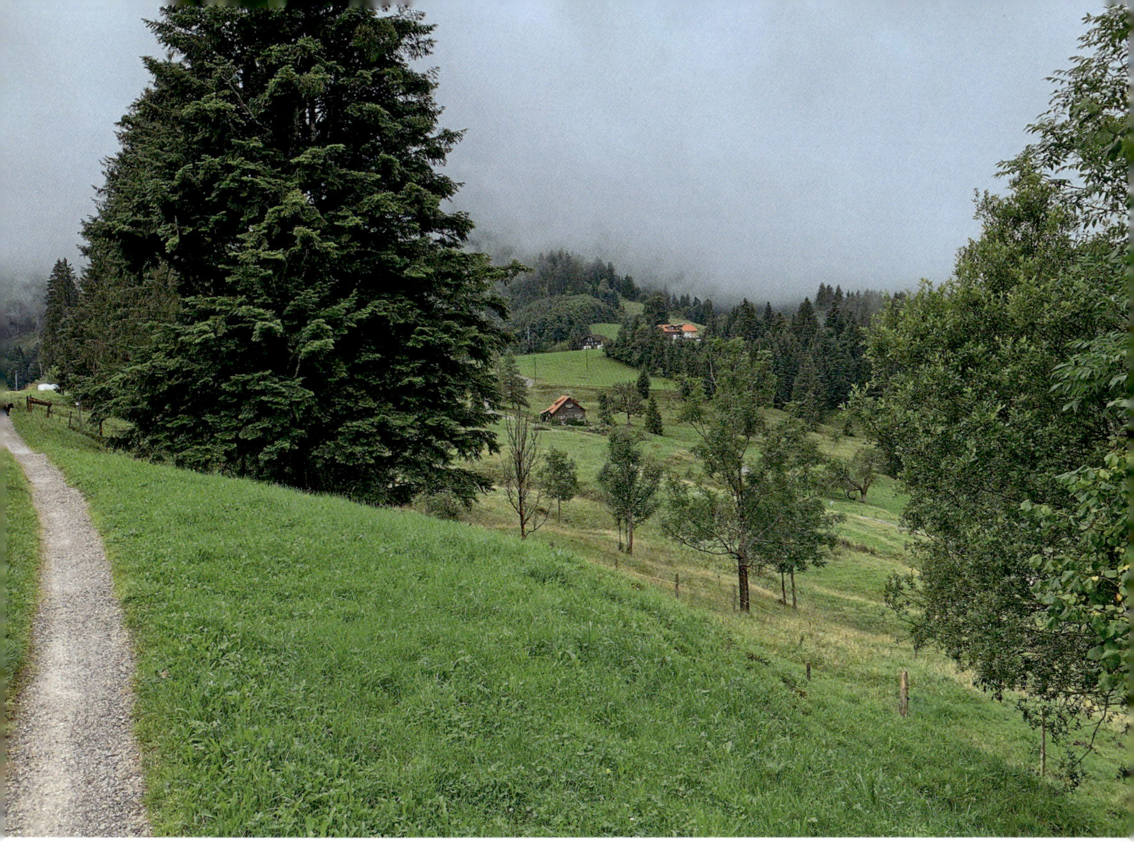

↑ Auf dem Rückweg von den Wasserfällen zum Stellplatz gibt es Allgäu vom Feinsten.
↓ Die Wege sind zum Teil beschwerlich, aber reizvoll. ↓ Tosender Wasserfall

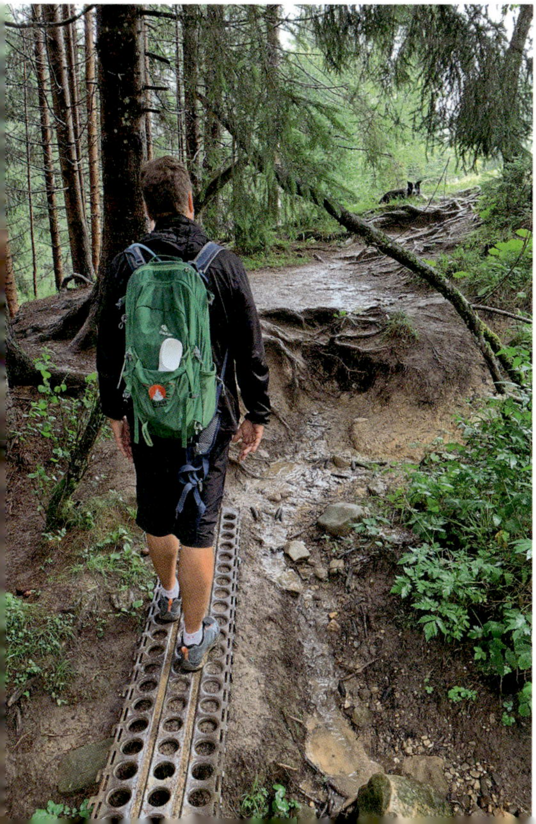

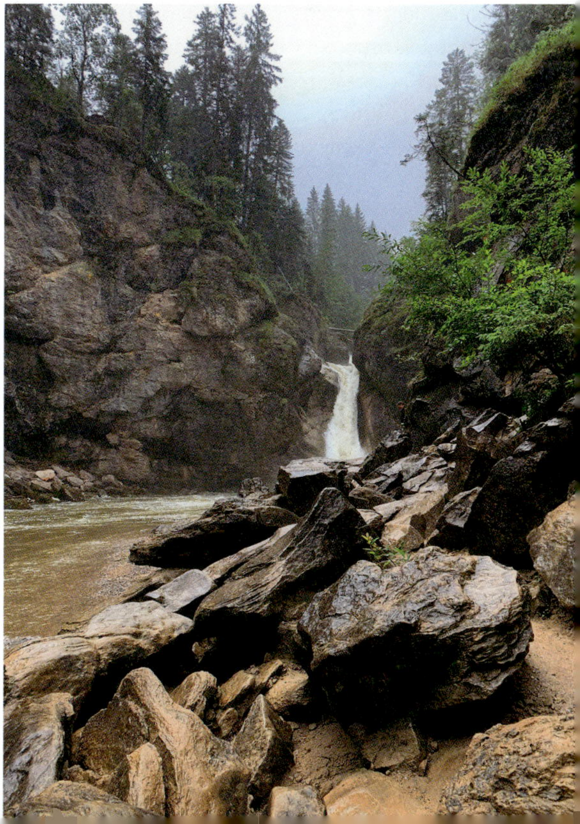

96 Allgäu pur!

Zum Gipfelkreuz am Dreiländerblick

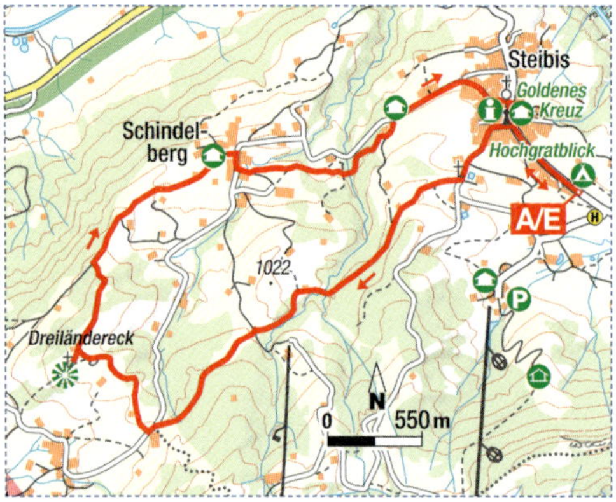

Auch die zweite Wanderung im Oberallgäu startet am Wohnmobilstellplatz Hochgratblick. Sie führt uns zum Gipfelkreuz am Dreiländerblick, wo man auf Deutschland, Österreich und die Schweiz schauen kann. Diese selbst zusammengestellte Wanderung ist ein Geheimtipp des Stellplatzinhabers, die abgedruckte Karte weist den Weg.

Vom Stellplatz geht es zunächst in den Ort und über die Straße Am Gemsholz in südwestliche Richtung. Dann folgen wir dem bequemen Wanderweg zum ausgeschilderten »Bärenloch«. Es geht bergauf, vorbei an der Bärenloch-Alpe in Richtung Hagspiel. Über einen Wiesenpfad und durch den Wald erreichen wir eine Fahrstraße, die wir überqueren. Wir gehen an einem Feld mit Kühen entlang und tauchen in den Wald ein. Kurz darauf ist das Gipfelkreuz am Dreiländerblick erreicht. Bei klarem Wetter ist die Aussicht traumhaft. Zurück geht es bergab durch den Wald und anschließend – begleitet vom Läuten der Kuhglocken – an Viehweiden vorbei über Schindelberg zurück nach Steibis.

↗ Nach dem Anstieg ist diese wundervolle Hochebene erreicht.
→ Der Name Dreiländerblick verrät es schon: Im Bild sind Deutschland, Österreich und die Schweiz.

Info

DAUER
3.30 Std.

HÖHENMETER
330 Hm

LÄNGE
9,8 km

SCHWIERIGKEIT
Mittel

TOURENCHARAKTER
Der Weg zum Gipfelkreuz steigt stetig, ab der Bärenloch-Alpe steil bergauf. Alle Wege bequem und gut begehbar

AUSGANGS-/ENDPUNKT
Wohnmobilstellplatz Hochgratblick

ANFAHRT
GPS: 47.526824, 10.027509
WoMo: Keine Anfahrt nötig, da Startpunkt am Wohnmobilstellplatz

EINKEHR
Restaurant Hotel Schindelberg

INFORMATION
oberallgaeu.de, oberstaufen.de

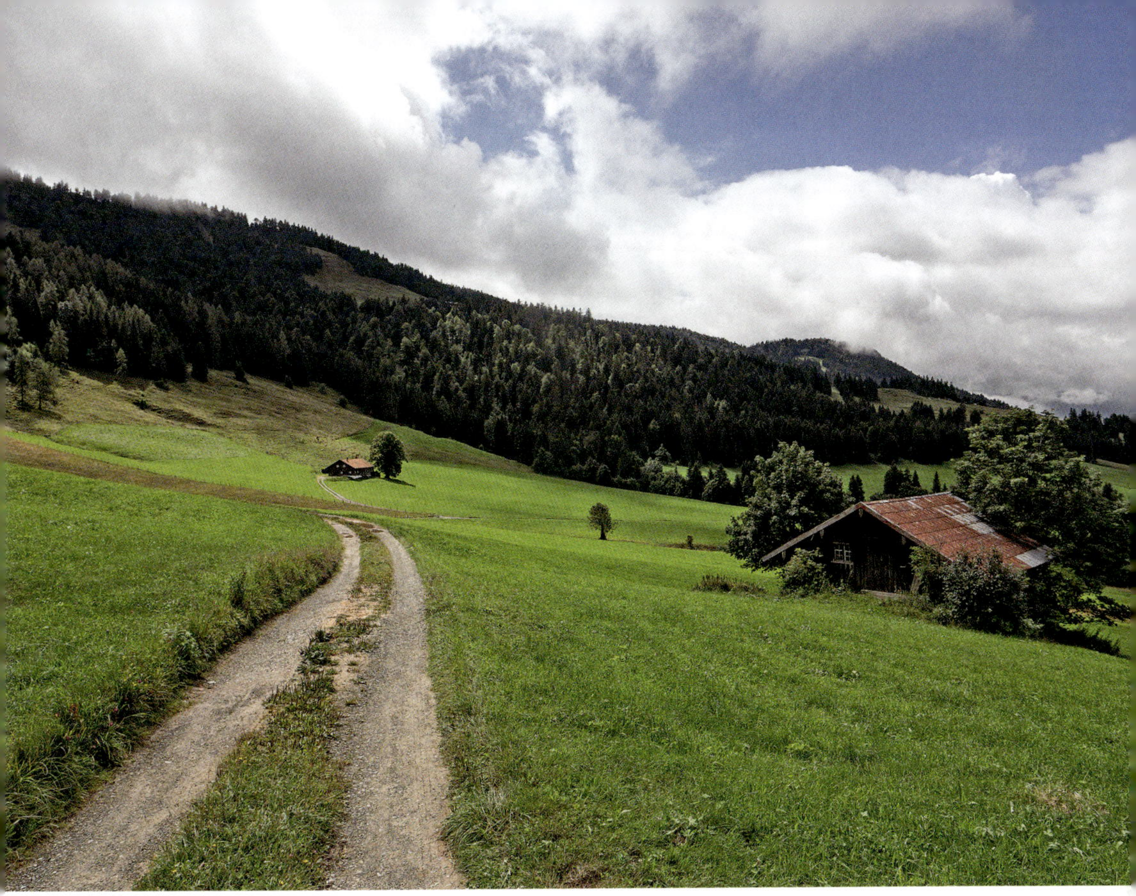

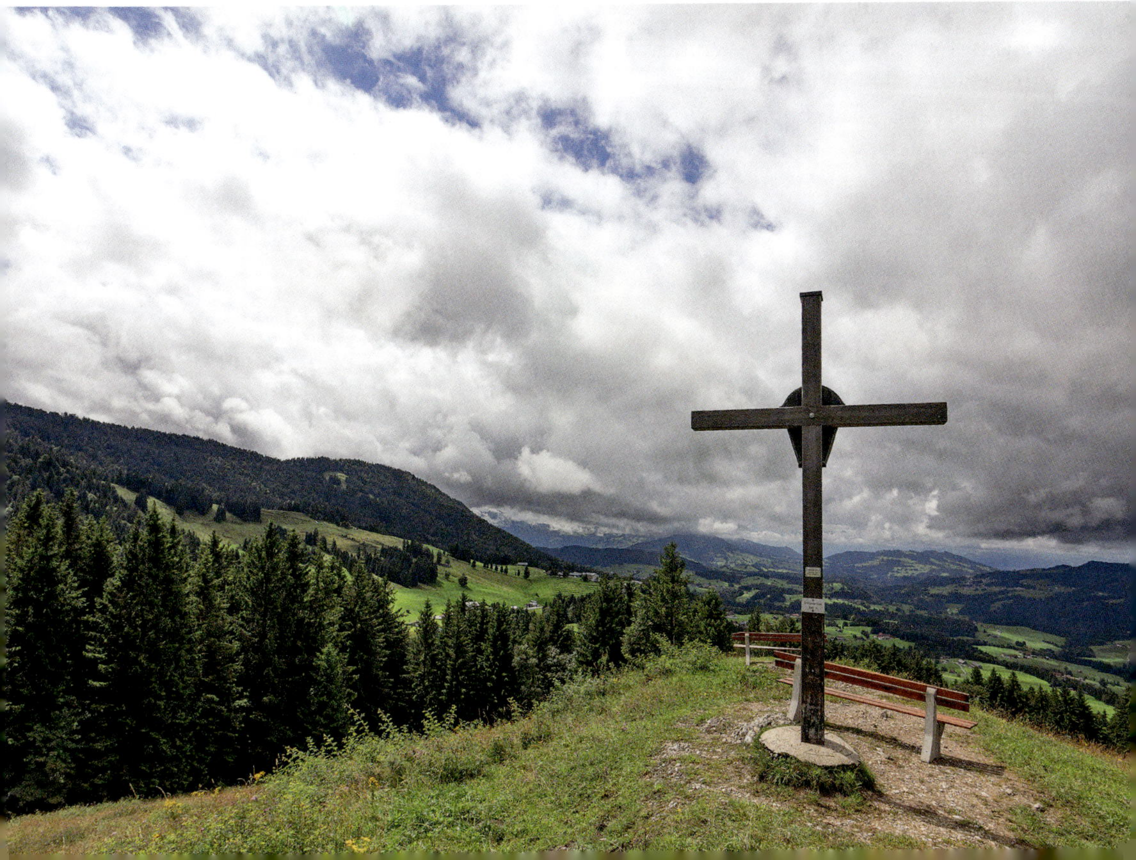

WANDERUNG

97 Zwei Seen und ein Felsentor

Tour zu Alatsee und Weißensee

Auf dem ersten Wegteil dieser gemütlichen Runde treffen wir auf wenige Mitwanderer. Am Kraftwerk oberhalb des Parkplatzes geht es links vorbei und einen breiten Schotterweg bergauf. Es folgt der anstrengendste Teil der Wanderung, denn der Weg steigt kontinuierlich an, bis wir am höchsten Punkt etwa 160 Höhenmeter absolviert haben. Die breite Forststraße verjüngt sich zu einem Waldpfad und stößt auf den Hahnenkopfweg. Einen kurzen, etwa 100 Meter langen Stichweg übersieht man leicht – er führt zu meinem persönlichen Highlight der Tour, dem Aussichtspunkt »Zweiseenblick«: Uns zu Füßen liegt links der türkisfarbenen Alatsee und rechts der große Weißensee.

Zurück auf dem Hauptweg leitet ein wurzeldurchsetzter Waldweg hinab zum Alatsee. An seinem Ufer laden Bänke und Liegewiesen zum Entspannen ein. Empfehlenswert ist eine Einkehr im Restaurant Alatsee. Nach der Pause wenden wir uns gen Osten, gehen vorbei am Parkplatz und dem beschilderten Abzweig zum Weißensee. Ein schattiger, oft auch schmaler, felsiger und von Wurzeln durchzogener Pfad führt oberhalb des Weißensees entlang und trifft schließlich auf den Uferweg, dem wir nun in die entgegengesetzte Richtung folgen. Wir treffen auf das Felsentor, ein Felsüberhang mit Durchgang. Der herrliche Uferweg mit vielen direkten Wasserzugängen bringt uns zurück zum Parkplatz.

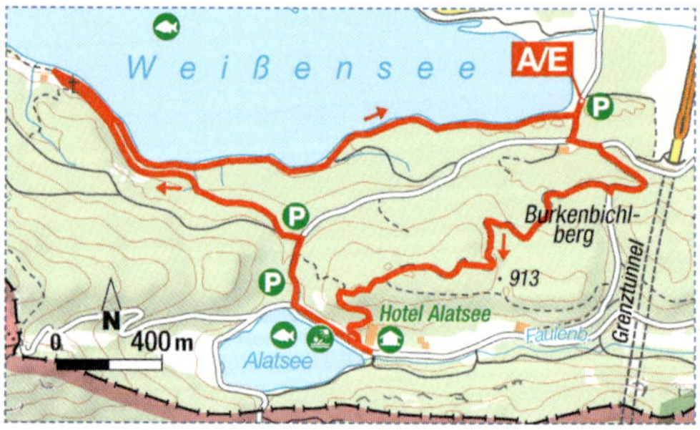

Info

DAUER
2 Std.

HÖHENMETER
160 Hm

LÄNGE
7 km

SCHWIERIGKEIT
Mittel

TOURENCHARAKTER
Steiler Anstieg zu Beginn, ansonsten wechseln Schotter-, wurzeldurchsetzte und felsige Waldwege sowie betonierte Abschnitte

AUSGANGS-/ENDPUNKT
Unterer Parkplatz des Alatsees

ANFAHRT
GPS: 47.569852, 10.654686
WoMo: Über die A7 bis Ausfahrt 139 Füssen oder aus Richtung Füssen über die B310, Richtung Westen und gleich nach der Autobahn links in die Saloberstraße. Der Parkplatz liegt an deren Ende.

EINKEHR
Alatsee Hotel & Restaurant

INFORMATION
pfronten.de/baeder-seen/badeseen/alatsee, allgaeu.de/a-weissensee

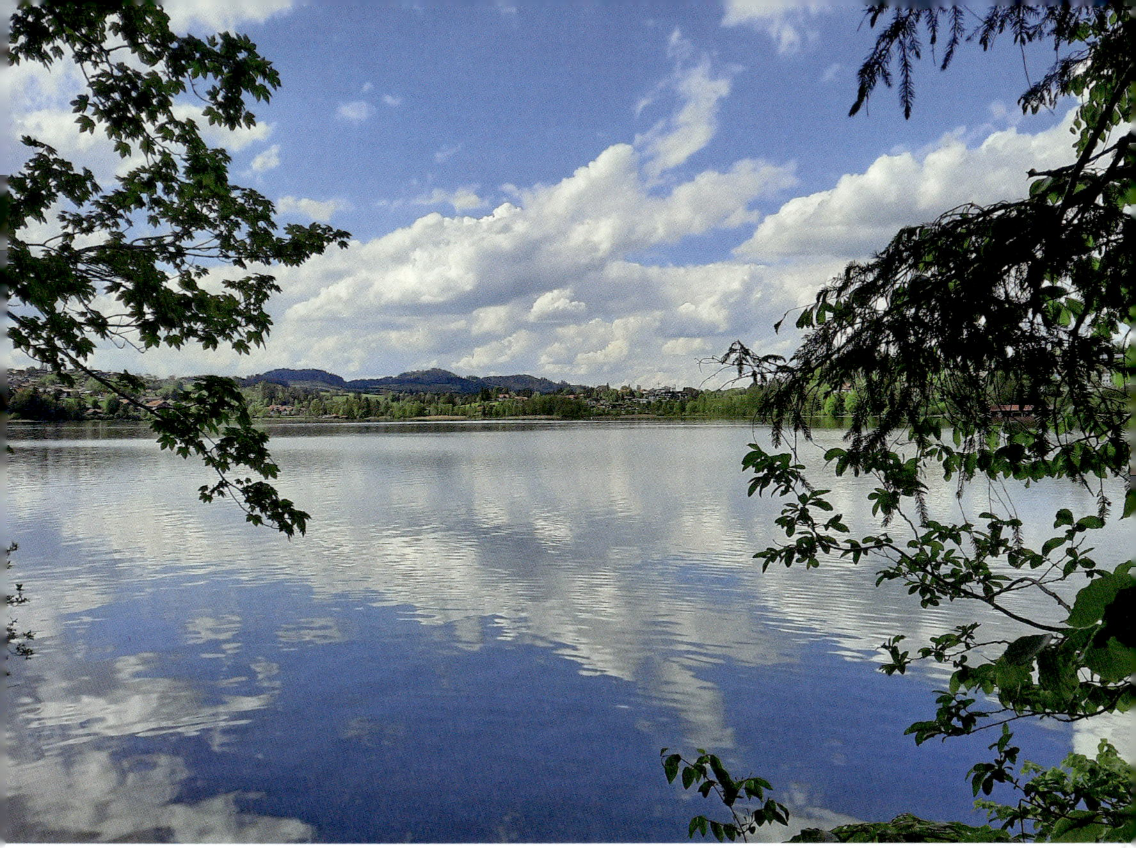

↑ Schöne Spiegelung auf der Wasseroberfläche des Weißensees
↓ Die Qual der Wahl am Alatsee: Einkehr im Restaurant oder Rast am See-Ufer?

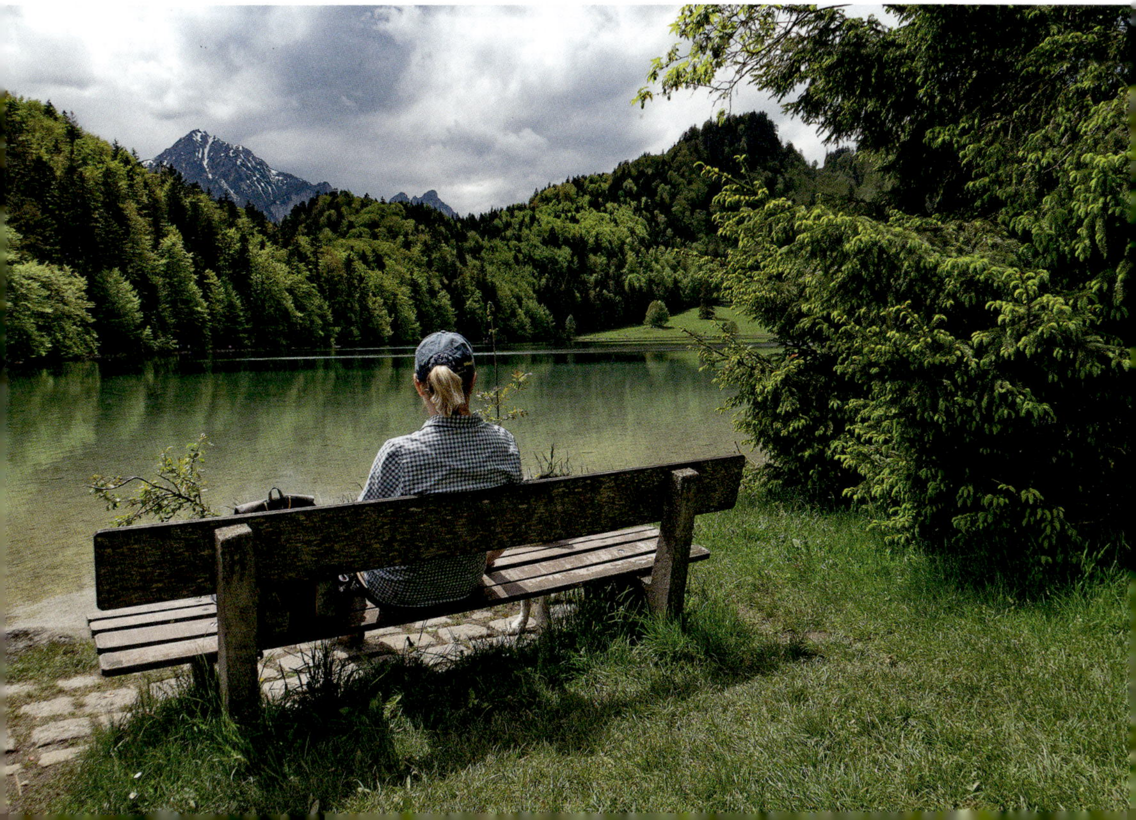

WANDERUNG

98 Von einem Klassiker zum anderen

Die Neuschwanstein-Hohenschwangau-Kombination

Ein Aufenthalt im Allgäu ohne den Besuch der berühmten Königsschlösser ist undenkbar – warum diese also nicht in eine Wanderung integrieren und gleich weitere Attraktionen abklappern? Kontrast- und abwechslungsreich gelangen wir zu Bergseen, einer Schlucht und den Königsschlössern. Zunächst führt uns der Weg entlang der Ostseite des Alpsees mit Blick zu den Schlössern Hohenschwangau und Neuschwanstein. An der Südspitze des Alpsees biegen wir nach links auf den Lechweg ein – es geht bergauf, den Wegmarkierungen »L« und »Gnomensteig« folgend.

Der Lechweg biegt vor der Marienbuche scharf rechts ab – hier wandern wir geradeaus auf den »Oberen Winterzugweg«. Hierbei handelt es sich um einen schmalen Pfad, von dem aus man immer wieder Blicke auf die Seen und das Schloss Hohenschwangau erhaschen kann. Ein Abstecher nach rechts führt uns zur Marienbrücke; von ihr schaut man geradewegs auf das majestätische Schloss Neuschwanstein, das auf einem senkrecht abfallenden Felsen thront – die vielleicht schönste Perspektive des Ludwig-Schlosses! Zurück auf dem Hauptweg nähern wir uns Neuschwanstein, biegen aber kurz vorher rechts ab und steigen hinab in die Pöllatschlucht (wegen Felsabstürzen bis auf weiteres gesperrt, Umgehung ausgeschildert) unterhalb der Marienbrücke (aufgrund von Sanierungen bis Ende 2022 gesperrt). Die Schlucht ist abenteuerlich, aber durchweg gut gesichert zu durchqueren über einen eisernen Steg, Steinstufen und ausgebaute Wege. Viele kleine Wasserfälle kühlen die Luft, eine Wohltat im Hochsommer. Am Ende der Schlucht geht es in einem weiten Linksbogen zurück zum Parkplatz in Hohenschwangau.

Info

DAUER
2.45 Std.

HÖHENMETER
240 Hm

LÄNGE
9,2 km

SCHWIERIGKEIT
Mittel

TOURENCHARAKTER
Angenehme Gebirgspfade, moderate Steigungen, in der Pöllatschlucht kann es rutschig sein.

AUSGANGS-/ENDPUNKT
Parkplatz Hohenschwangau

ANFAHRT
GPS: 47.554397, 10.736124
WoMo: Über die B16 oder B17 nach Füssen fahren, der Beschilderung Hohenschwangau folgen und über Parkstraße und Alpseestraße zum Parkplatz P4 Königsschlösser

EINKEHR
Einkehrmöglichkeiten am Start-/Endpunkt im Ort Schwangau

INFORMATION
schwangau.de, hohenschwangau.de, neuschwanstein.de

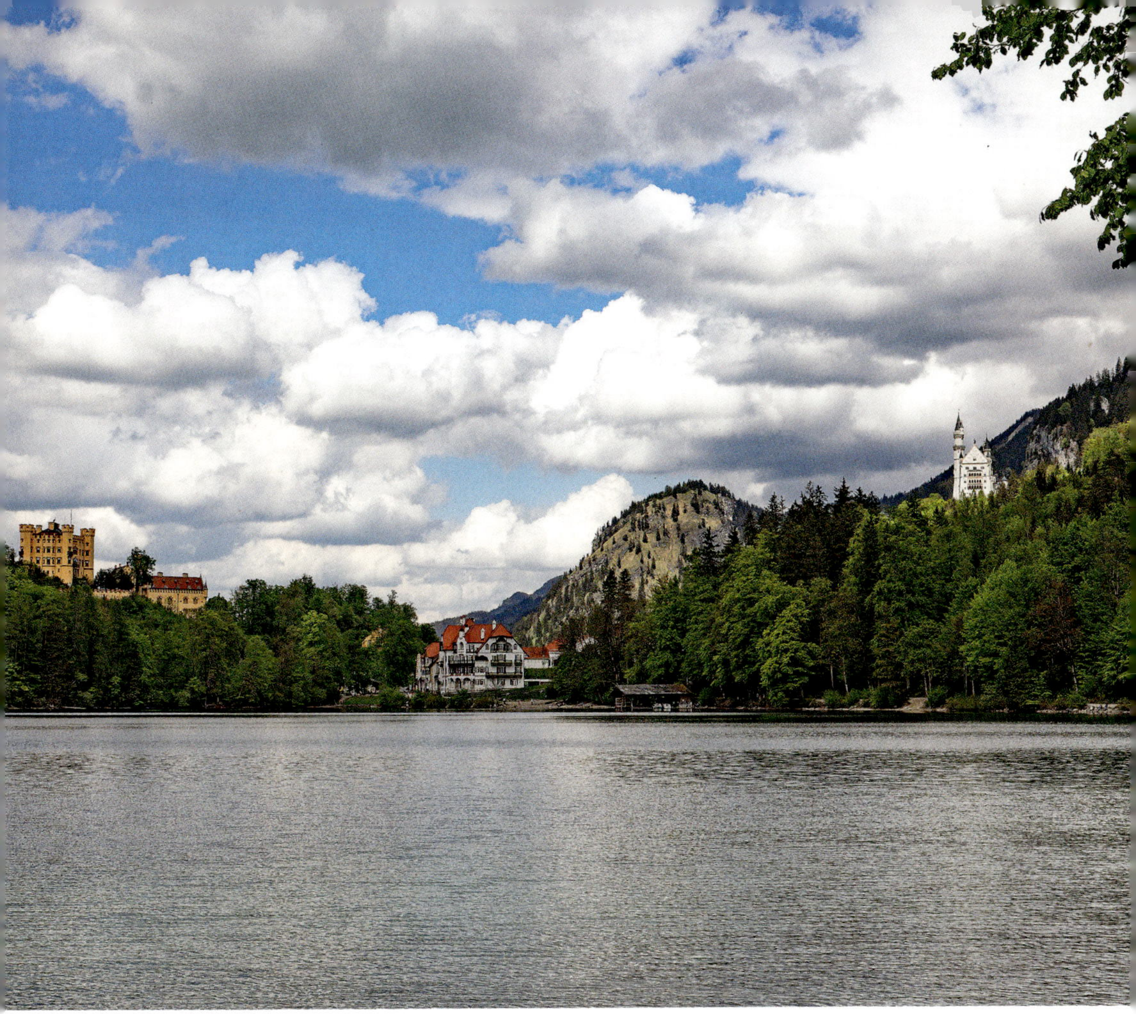

↑ Zwei Königsschlösser auf einen Streich: links Hohenschwangau, rechts Neuschwanstein
→ Wenn auf der Wanderung das monumentale Schloss Neuschwanstein unvermittelt auftaucht, ist das nahezu überwältigend!

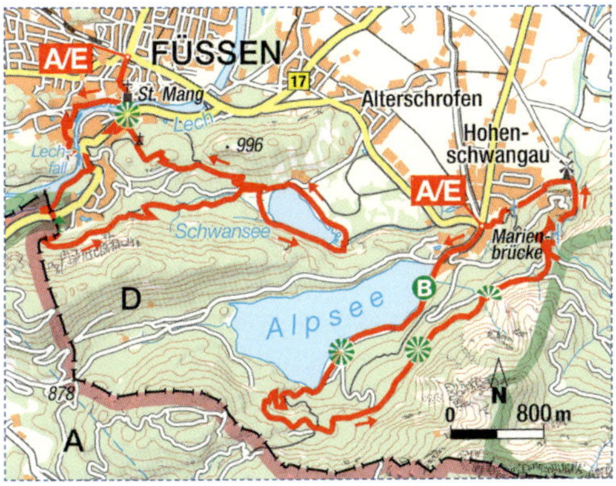

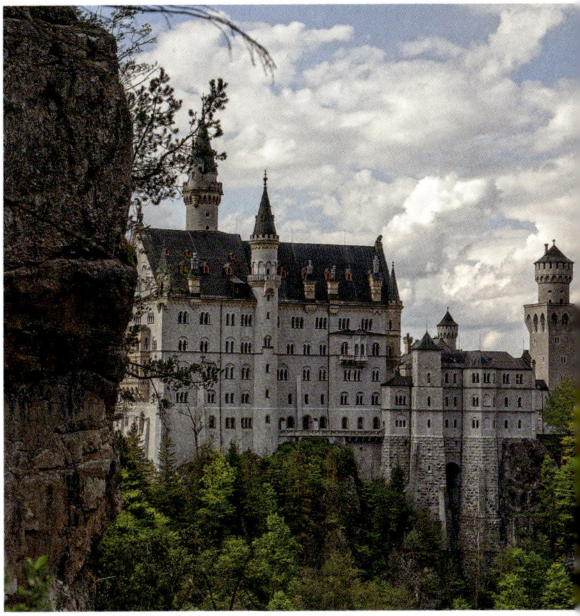

WANDERUNG

99 Panorama auf Schritt und Tritt

Über den Kalvarienberg und um den Schwansee

Zu Beginn durchstreifen wir die romantische Altstadt von Füssen mit dem herrschaftlichen Hohen Schloss. Entlang des Flusses und von der Lechbrücke aus ergeben sich erste schöne Blicke auf das smaragdfarbene Wasser des Lechs mit Füssen und dem Schloss im Hintergrund und auf den Lechfall. Anschließend geht es vorbei am Naturerlebniszentrum Ziegelwies und an der Staatsgrenze zu Österreich (markiert durch entsprechende Grenzsteine), der Weg beschreibt einen scharfen Linksknick.

Nun wandern wir eine Weile geradeaus, bevor wir das Ufer des Schwansees erreichen. An dieser Stelle können wir abkürzen und direkt zum Kalvarienberg aufsteigen oder aber den Schwansee umrunden. Er ist ein idyllisch gelegener Weiher, in dessen Hintergrund sich das Schloss Neuschwanstein perfekt einfügt. Eine Umrundung des Schwansees dauert nur etwa 35 Minuten (zwei Kilometer) – am Nordufer gibt es eine Bademöglichkeit und im Sommer einen Imbiss.

Das nächste Highlight der Wanderung steht bevor: Wir bezwingen den Kalvarienberg. Das Panorama, das sich aus 953 Metern Höhe bietet, wird nur noch überboten durch den Blick vom Aussichtsturm der Kirche aus. Auf einer Plattform mit Marterl rasten wir und schauen auf den Schwansee und die Türme und Zinnen von Schloss Neuschwanstein. Über den Kapellenweg wandern wir dann zurück Richtung Füssen. Der Weg trägt seinen Namen zu Recht, denn er ist gesäumt von Kreuzwegstationen und kleinen Kapellen. Wir verlassen den Weg auf von Gras überwachsenen Steintreppen und gelangen wieder in die Altstadt von Füssen.

Info

DAUER
3 Std.

HÖHENMETER
290 Hm

LÄNGE
9,7 km

SCHWIERIGKEIT
Mittel

TOURENCHARAKTER
Überwiegend gut begehbare Wege mit Anstieg auf den Kalvarienberg, Trittsicherheit von Vorteil

AUSGANGS-/ENDPUNKT
Tourist Information in der Altstadt von Füssen

ANFAHRT
GPS: 47.561472, 10.725922
WoMo: Über die A7, die B16 oder B17 nach Füssen fahren. Im Bereich der Altstadt gibt es für Wohnmobile zum Beispiel den großen und kostengünstigen Parkplatz Innere Kemptener Straße.

EINKEHR
Unterwegs: Kiosk am Lechfall, Waldimbiss des Walderlebniszentrums Ziegelwies und Kiosk am Schwansee (nur im Sommer); am Start-/Endpunkt: Einkehrmöglichkeiten in der Altstadt von Füssen

INFORMATION
fuessen.de, www.walderlebniszentrum.eu

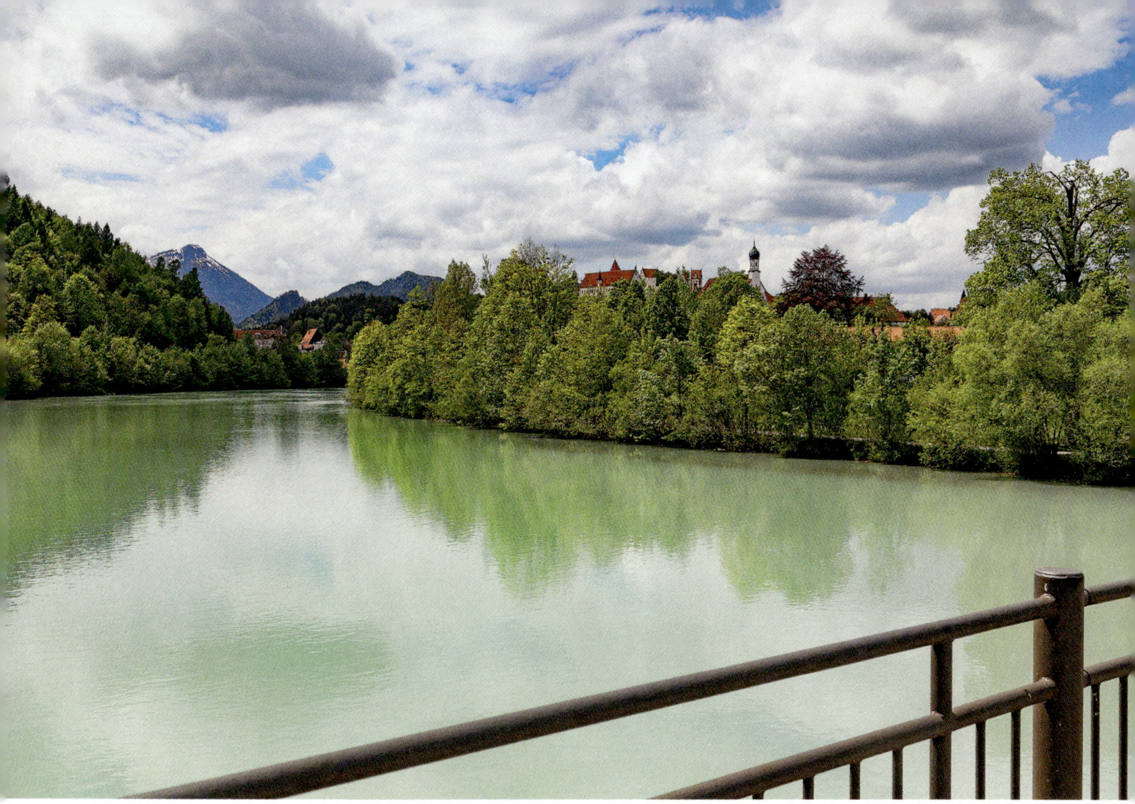

↑ Der hohe Mineraliengehalt und die niedrige Wassertemperatur sind verantwortlich für die magisch hellblau-türkis-jadegrüne Farbe.
↙ Ein Grenzstein markiert die Ländergrenze.
↘ Im Mittelalter transportierten Füssener Flößer Holz und Handelswaren auf dem Lech.

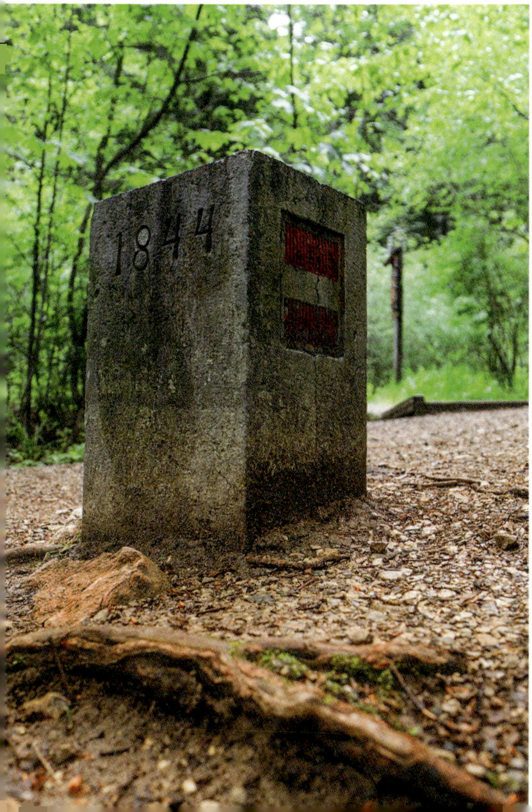

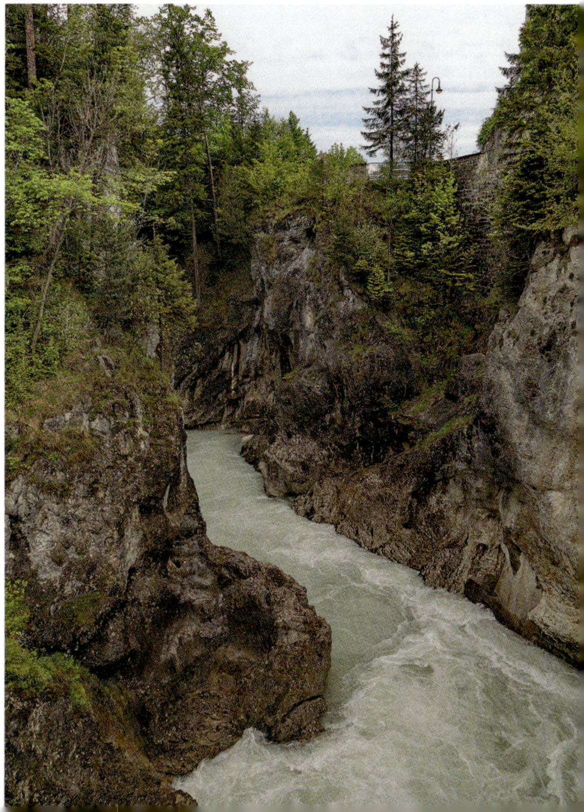

WANDERUNG

100 Entspannt von See zu See

Vom Hopfen- zum Faulensee mit Burg-Abstecher

Ein abwechslungsreicher Rundweg führt uns von Hopfen am See zum verträumten Faulensee und über das Koppenkreuz und die Hopfer Burg zurück nach Hopfen. Startpunkt ist die Tourist Information in Hopfen am See, von wo aus es gegen den Uhrzeigersinn durch eine traumhafte Allgäu-Kulisse über Wiesen sanft bergauf geht. Wir erreichen den schattigen Wald, aus dem wir am Südufer des kleinen Faulensees wieder heraustreten. Der See wird einmal halb umrundet, bevor die Einkehrmöglichkeit Faulenseehütte lockt. Im einladenden Biergarten, am Strandbad (Hunde nicht erlaubt) oder auf der großen Wiese auf einer Holzliege lässt es sich herrlich entspannen.

Frisch gestärkt nehmen wir den Rückweg in Angriff. Er führt zunächst vorbei am imposanten Koppenkreuz. An Weiden mit neugierigen Kühen entlang und das Gebimmel der Kuhglocken im Ohr wandern wir wieder in den Wald hinein. Nun weist die Ausschilderung »Burgruine Hopfen« den Weg. Dieses Highlight ist kurz vor der Rückkehr nach Hopfen erreicht. Die Ruine einer mittelalterlichen Höhenburganlage thront auf einem Hügel, der einen fantastischen Blick auf den Hopfensee und die Alpen eröffnet. Anschließend geht es bergab zurück in den Ort.

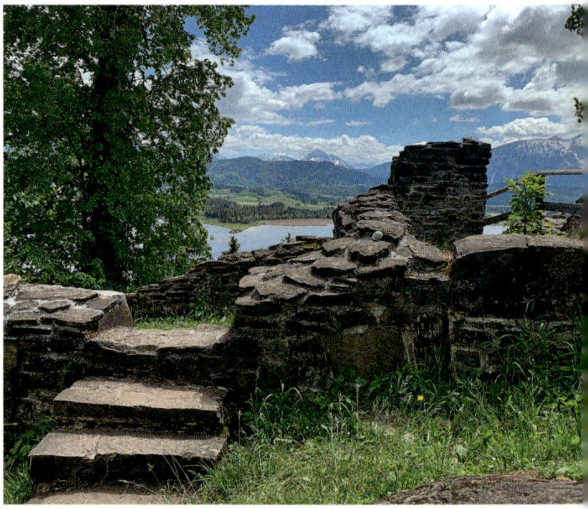

Info

DAUER
2 Std.

HÖHENMETER
160 Hm

LÄNGE
8 km

SCHWIERIGKEIT
Leicht

TOURENCHARAKTER
Ausschließlich gut begehbare Wege und moderate Anstiege

AUSGANGS-/ENDPUNKT
Tourist Information in Hopfen am See

ANFAHRT
GPS: 47.621212, 10.705887
WoMo: Über die A7 oder B16 nach Hopfen am See fahren. Auf der Uferstraße zur Tourist Information, in unmittelbarer Nähe (ebenfalls Uferstraße) befinden sich zwei Parkplätze.

EINKEHR
Rainis Faulenseehütte

INFORMATION
allgaeu.de/a-tourist-information-hopfen-am-see

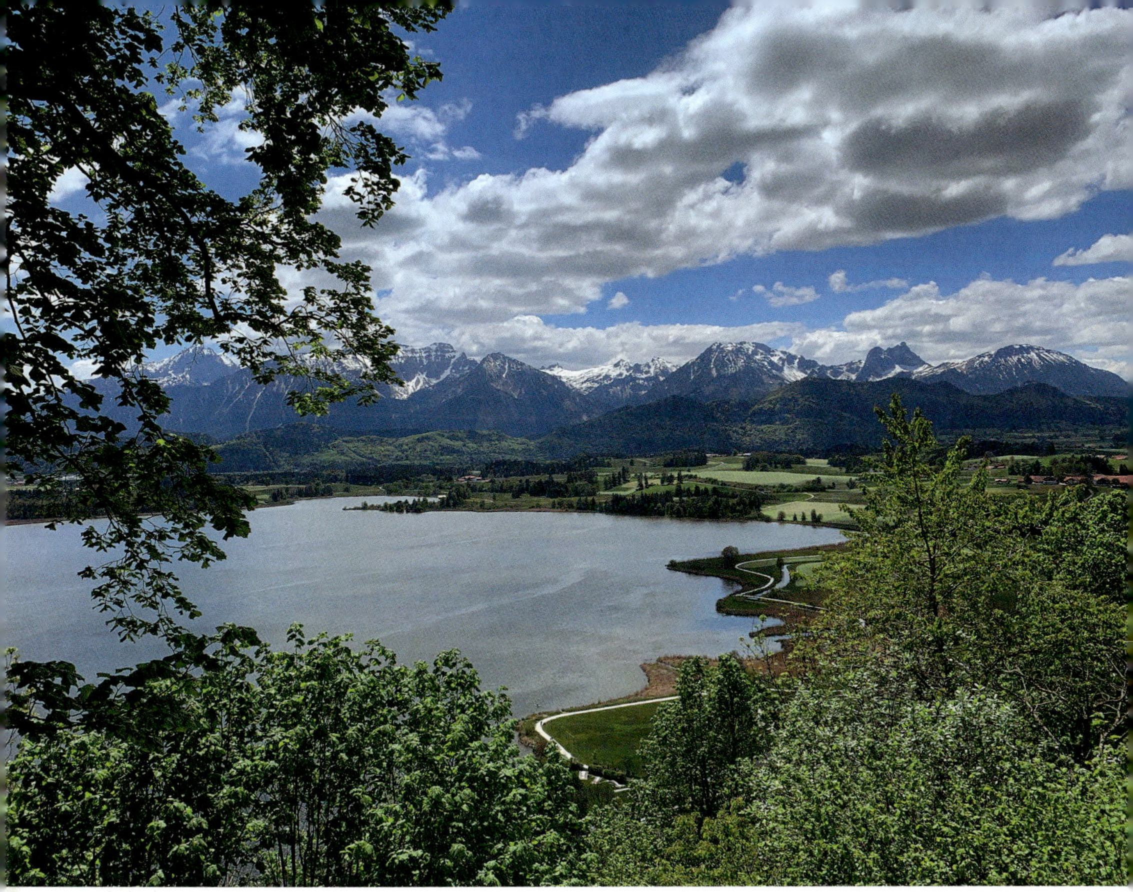

↗ Blick von der Hopfner Burgruine auf den Hopfensee
← Die im 11. Jahrhundert erbaute Hopfenburg ist die älteste Steinburg im Allgäu.
→ Die Atmosphäre des Faulensees (im Hintergrund) wirkt einfach entspannend.

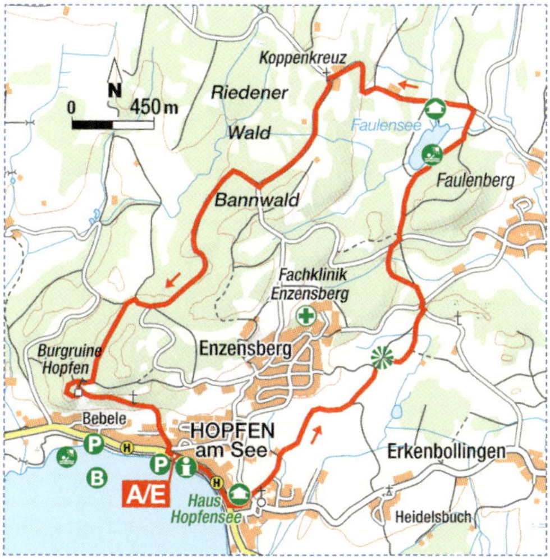

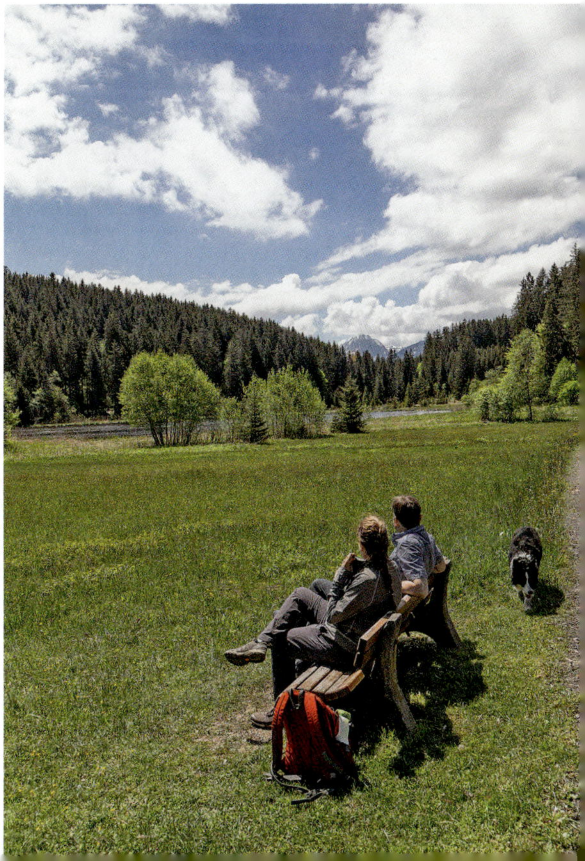

Register

Camping- und Stellplätze

Impressum

Verantwortlich: Kerstin Thiele
Lektorat: Britta Mentzel
Layout: Helen Garner
Repro: LUDWIG:media
Kartografie: Heidi Schmalfuß
Herstellung: Anna Katavic
Printed in Slovenia by Flojancic

Exklusiv für Sie als Leser:

MIT GPS-DATEN ZUM DOWNLOAD

unter: gps.bruckmann.de

★★★★★

Sind Sie mit diesem Titel zufrieden? Dann würden wir uns über Ihre Weiterempfehlung freuen.
Erzählen Sie es im Freundeskreis, berichten Sie Ihrem Buchhändler, oder bewerten Sie bei Onlinekauf. Und wenn Sie Kritik, Korrekturen, Aktualisierungen haben, freuen wir uns über Ihre Nachricht an Bruckmann Verlag, Postfach 40 02 09, D-80702 München oder per E-Mail an lektorat@verlagshaus.de.

Unser komplettes Programm finden Sie unter www.bruckmann.de

Alle Angaben dieses Werkes wurden von der Autorin sorgfältig recherchiert und auf den neuesten Stand gebracht sowie vom Verlag geprüft. Für die Richtigkeit der Angaben kann jedoch keine Haftung übernommen werden, weshalb die Nutzung auf eigene Gefahr erfolgt. Insbesondere bei GPS-Daten können Abweichungen nicht ausgeschlossen werden. Sollte dieses Werk Links auf Webseiten Dritter enthalten, so machen wir uns die Inhalte nicht zu eigen und übernehmen für die Inhalte keine Haftung.

In diesem Buch wird aus Gründen der besseren Lesbarkeit das generische Maskulinum verwendet. Weibliche und anderweitige Geschlechteridentitäten werden dabei ausdrücklich mitgemeint, soweit es für die Aussage erforderlich ist.

Autorenempfehlung
Sie sind auf der Suche nach weiterführender Literatur? Von der Autorin sind außerdem in der Reihe Wochenend & Wohnmobil erschienen: Pfalz, Schwarzwald, Bodensee und Mecklenburgische Seenplatte

Bildnachweis: Alle Fotos im Innenteil und auf dem Umschlag stammen von Marion und Robert Landwehr außer: Robin Landwehr: S. 13, 14, 15, 16 o, 16 u li, 16 u re, 17, 271; Petra Schwegler: S. 22, 23, 25 o und u, 29 o und u; Christin Wagner: S. 80/81, 93 o und u, 94 o und u, 95, 96, 97; Bernd Neugebauer: S. 179, 273 o und u; Susi und Frank Reiser: S. 214, 215; Gaby Blum: 230, 231; Silke Thode: S. 262/263, 270 o.

Umschlagvorderseite: Bild o. Adobe Stock/ Carola Vahldiek: Wanderer in der Lüneburger Heide; Bild u. Deutschland bietet herrliche Campingplätze, einige direkt am Wasser wie hier an der Mosel.
Umschlagrückseite: (in der Reihenfolge von oben nach unten): Entspannung nach einer Wanderung im Thüringer Wald; Imposante Felsformation Drachenfels in der Pfalz; Moselschleife vom Calmont-Klettersteig aus betrachtet; Idyllische Bergwelt des Allgäus!

Die Deutsche Nationalbibliothek verzeichnet diese Publikation in der Deutschen Nationalbibliografie; detaillierte bibliografische Daten sind im Internet über http://dnb.d-nb.de abrufbar.

ISBN 978-3-7343-2159-7